KB130415

GROUNDED THEORY APPROACH

현장 기반 이론 생성을 위한 질적 연구

근거이론적 방법

변기용 저

학지사

머리말

교육행정학을 포함한 거의 대부분의 사회과학 분야에서는 오랜 기간 동안 양적 연구방법론이 주류적 연구방법의 자리를 차지해 왔다. 하지만 최근 들어 이러한 움직임에도 조금씩 변화가 생기고 있다. 질적 연구방법론에 대한 관심이 점차적으로 늘어나고, 질적 연구방법을 적용하여 산출되는 학위 논문과 학술지 게재 논문 수도 크게 증가하였다. 이에 따라 질적 연구방법론에 대한 강좌와 교과서도 예전보다 많이 늘어나고 있다. 이러한 기존 강좌와 교과서들은 필자가 질적 연구자로서 기초 역량을 키워 나가는 데 많은 도움을 주었지만, 상당한 아쉬움이 있었던 것도 사실이다. 질적 연구에 관심을 가지게 된 이래 학회나 연구소에서 제공하는 질적 연구 특강들을 간간이 찾아 듣고, 동시에 국내에서 출판된 주요 질적 연구방법론 교과서들을 구입해서 열심히 읽어 보았지만, 필자의 입장에서는 마음에 품었던 의문이 해소되기는커녕 오히려 증폭되었던 경우가 더 많았던 것 같다. 즉, 질적 연구방법론에 대한 학습을 하면 할수록, 필자로서는 "모든 것이 맥락 특수적이어서 모든 해석은 동등한 정도로 타당하다"는 구성(해석)주의적 질적 연구 방식에 천착해 있는 국내 다른 연구자들의 견해에 동의할 수 없었던 경우가 하나둘씩 늘어 가는 것을 느낄 수 있었다. 필자가 질적 연구방법론에 대한 학습을 하면서 지속적으로 마음속에 새겨 두고 있던 의문들은 대개 다음과 같은 것들이었다.

1. 내가 원하는 연구질문에 대한 답을 찾기 위해서는 구성(해석)주의 관점의 연구와는 뭔가 다른 유형의 질적 연구를 해야 하는데 왜 다른 사람들은 그건 질적 연구가 아니라고 할까?

- 왜 질적 연구는 반드시 구성(해석)주의적 패러다임에 근거해서 해야 되고, 반드시 '다중적 실재'를 전제해야만 하는 것일까?
- 예컨대, 교육행정학의 상황에서는 잠정적이기는 하지만 주어진 시점과 상황에서 하나의 최선의 대안을 찾아 정책결정자나 프로그램 운영자에게 제시해야 하는 경우가 많다(예컨대, A 대학 교수학습개발센터 프로그램 운영자의 입장에서 '다음 학기 시행하는 학습법 향

상 프로그램에 학생들을 많이 참여시키는 가장 효과적 방안은 무엇인가?'를 연구하는 경우).

- 이러한 경우 '다중적 실재'에 천착하여 서로 다른 구성원들의 견해가 모두 동등하게 중요하다고 이야기하는 것이 도대체 무슨 도움이 될까?

2. 질적 연구 분야에서는 왜 양적 연구 분야와는 달리 다양한 접근방식이 있음에도 불구하고 연구목적에 따라 이를 정확히 적용해야 한다는 문제 인식이 별로 없을까?

- 양적 연구에서는 연구 목적과 문제 상황에 따라 적용될 수 있는 연구방법을 체계적으로 분류하여 제시하고 있는데(예컨대, 같은 회귀분석인 경우라도 종속 변수가 연속형 변수인 경우 OLS를 적용하고, 범주형인 경우 로짓이나 프로빗 모형을 적용), 질적 연구 분야에서는 왜 다양한 질적 연구 접근방식(예컨대, 내러티브, 문화기술지, 현상학, 사례연구, 근거이론적 방법, 실행연구 등)이 있음에도 불구하고 연구목적에 따라 이를 정확히 적용해야 한다는 문제 인식 없이 그냥 단순히 '~에 대한 질적 연구' 등으로 두루뭉술하게 넘어갈까?
- 연구자로서 나는 연구를 통해 다중적 현실에 대해 단순히 이해를 하는 데 그치기보다는, 구체적 원인 파악(주어진 맥락에서 그러한 현상이 발생한 이유와 과정 분석)을 통해 이를 개선하는 데까지 이르는 연구를 하고 싶은데 이 경우 다양한 질적 연구방법 중에서 어떤 방식이 가장 적합한 것일까?

3. 교사나 행정가가 자신의 업무 수행과정을 통해 경험적으로 체득한 통찰력은 연구를 방해하는 편견으로만 작용하는가?

- 나는 교육부에서 16년간이나 교육정책을 기획하고, 집행하면서 개략적이긴 하지만 교육정책이 성공 · 실패하는 데 영향을 미치는 요인들을 경험을 통해 직간접적으로 체득하고 이에 대한 나름의 통찰력을 가지고 있는데, 학계의 사람들은 왜 이러한 내 경험과 통찰력을 연구과정에서 쓰면 안 된다고 할까?
- 왜 내가 16년 동안 쌓은 경험은 현상과 사태를 분석하는 데 필요한 유용한 통찰력이 아니라, 편견으로만 작용한다고 말할까? 내가 교육정책 결정의 현장에서 경험한 것은 '완전한 참여관찰'이라고 할 수는 없는 것일까?
- 내가 이해하기로는 '경험 많은 유능한 교사'는 새로운 환경, 즉 다른 학교의 다른 학급에 가서도 자신이 그동안 쌓아 놓았던 경험적 통찰력을 통해 어떻게 하면 잘 가르칠 수 있을지 아는 것이 '당연'한 것인데 말이다. 이 숙련된 교사가 자신이 맡은 어떤 학급에서 어떻게 하면 잘 가르칠 것인가를 스스로 연구한다고 한다면, 자신의 축적된 경험을 통찰력이라고 할까, 편견이라고 할까?

4. 질적 연구 방법에서는 '이론적 틀'을 가지고 연구를 시작해서는 안 되는 것일까?

- 내가 수행하는 교육행정학 연구에서는 면담을 할 때 기존의 선행연구 분석과 이론적 틀을 가지고 체계적으로 접근하면 '대부분'의 경우 분명히 훨씬 효과적이었는데, 왜 질적 연구는 이론적 틀을 가지고 시작해서는 안 된다고 이야기할까?

5. 왜 질적 연구는 일반화(이론 생성)를 위한 연구가 아니라고만 할까?

- 물론 자연과학에서처럼 맥락을 초월한 하나의 보편적 법칙을 탐색하는 것은 사회과학 분야에서 타당하지 않다. 하지만 특정한 맥락에서 도출한 '타당한 경험적 지식'을 보다 넓은 범위에 적용할 수 있는 범용적(일반적) 지식으로 만드는 '일반화'가 왜 질적 연구를 통해 가능하지 않다고 말하는 것일까? 그게 안 된다면 교육행정학에서 질적 연구를 하는 의미는 무엇인가?
- 다중적 실재를 전제한 사람들은 서로 다른 관점에 따른 해석을 모두 동등하게 타당하다고 받아들여야 한다고 하는데, 주어진 제약조건하에서 어쨌든 하나의 대안을 도출해서 교육현실을 개선해야 하는 교육행정 실천가들에게 그런 말은 얼마나 무책임한가?

6. 조직이나 정책을 대상으로 하는 교육행정학 연구에서 '면담참여자로부터 더 이상 새로운 정보가 나오지 않을 때'는 언제인가?

- 질적 연구에서 면담을 멈추는 시점은 '면담참여자로부터 더 이상 새로운 정보가 나오지 않을 때'라고 하는데, 실제 개인을 대상으로 하는 미시적 수준의 연구가 아니라 복잡한 조직이나 정책을 대상으로 하는 연구에서 더 이상 새로운 정보가 나오지 않을 때가 언제인지를 판단하는 것은 사실상 불가능하지 않을까?
- 실제로 내가 읽어 본 정책과 조직을 다루는 대부분의 질적 연구 논문에서도 '더 이상 새로운 정보가 나오지 않을 때'에 대해 구체적인 근거를 제시하고 있는 연구는 찾아보기 힘들었던 것 같은데, 교과서에서는 왜 항상 이상적인 기준에 대해서만 이야기할까?

7. 연구자가 가진 관심과 연구목적에 따라 적용할 수 있는 특정한 질적 연구방법을 좀 더 알기 쉽게 체계적으로 제공해 줄 수는 없을까?

- 왜 질적 연구 분야에서는 양적 연구와는 달리 초보연구자가 관심을 가지고 입문하게 되더라도 자신의 연구목적에 맞는 질적 연구방법론을 배우기가 사실상 불가능할 정도로 어려운가?
- 양적 연구 강좌에서는 사전에 수집한 샘플데이터 세트를 공유하면서 수업 중에 실습을

통해 자료 분석 기법을 숙련시키도록 하는 강좌를 제공하는데, 왜 질적 연구 강좌에서는 사전에 수집한 샘플데이터(전사자료), 필드노트, 성찰일지 등을 공유하지 못하는 것일까?

- 질적 연구 강좌에서 이러한 중간 자료들을 적극적으로 활용하여 실습을 할 수 있도록 하는 인프라나 강의 방식이 제대로 자리 잡지 못한 이유는 무엇일까?

이러한 국내 대학과 학계의 현실 속에서 필자는 솔직히 질적 연구방법을 공식적 강의나 출판된 교과서들을 통해 배운 것은 아니다. 아니 어쩌면 공식적 강의나 출판된 교과서들을 통해서는 배울 수 없었다고 말하는 것이 보다 적합할지도 모르겠다. 이 책은 질적 연구방법론에 대해 완전한 문외한이었던 필자가 지난 10여 년에 걸쳐 실제 연구를 수행하는 과정에서 학습한 결과들과 성찰의 내용들을, 같은 고민을 하고 있는 다른 초보연구자들과 공유하여 그들의 시행착오를 조금이라도 줄여 줄 수 있지 않을까 하는 생각에서 기획되었다.

필자가 질적 연구방법에 '본격적'으로 입문한 것은 2013년 다수의 연구진이 참여하는 「잘 가르치는 대학의 특징과 성공요인 분석(K-DEEP 프로젝트)(2013~2015)」이라는 다중적 사례연구를 수행하면서부터였다. 솔직히 고백하자면 필자가 2013년 말 「학부교육 우수대학의 특징과 성공요인 연구」를 시작할 당시만 하더라도 질적 연구방법론에 대한 이해가 깊지 못했다. 따라서 지금 생각해 보면 K-DEEP 프로젝트 연구 과정에서 필자가 적용했던 방법이 '근거이론적 방법'과 상당히 유사한 것이었지만 그 당시에 필자는 실제 이것이 근거이론적 방법이라는 생각 없이 연구를 수행하였다. 당시 연구를 수행할 때 필자는 사실 후기 실증주의적 관점에서 쓰인 Yin(2014/2016)의 사례연구방법에 커다란 관심을 가지고 있었다. Yin(2014/2016)의 책을 읽으면서 당시 필자의 관심을 강하게 끌었던 가장 인상적이었던 문구는 다음과 같은 것이었다.

> 중요한 것은 사례연구의 자료 수집 과정이 기계적으로 자료를 기록하는 것이 아니라 그 자체가 또 하나의 연구라는 점이다. 연구원은 수집된 정보를 있는 그대로 해석할 수 있어야 하며 서로 상반된 정보들을 재빨리 식별하여 추가적으로 필요한 증거들이 무엇인지 알아낼 수 있어야 한다. 이는 훌륭한 탐정이 되는 것과 비슷한 것이다.
> 실제로 탐정과 같이 행동하는 것은 사례연구 현장에서 조사를 할 때 풍부한 통찰력을 제공해 줄 수 있다. 탐정은 사건이 발생한 후에 사건 현장에 도착해서 실제로 무슨 일이 일어났는지 추론을 하게 된다. 이때 추론은 상식적인 정황 요소들과 물리적 증거, 그리고 목격자로부터 수집된

정보들을 하나로 모으는 것을 기반으로 하여 이루어진다. 마지막으로 다른 여러 범죄에 대해서도 추론을 하고, 동일한 범죄자가 사건을 저질렀는지 판단할 것이다(Yin, 2014/2016: 144-145).
* 밑줄은 필자

그 당시 필자는 (1) 구체적 맥락을 제대로 고려하기 힘든 '보편 이론'을 추구하는 양적 연구와 (2) 모든 것이 맥락 특수적이어서 모든 해석은 동등한 정도로 타당하다는 '강한 구성(해석)주의'적 질적 연구 접근방법 모두 필자가 수행하는 'K-DEEP 연구'의 효과적 수행을 위한 연구방법으로는 적절하지 않다는 생각을 가지고 있었다. 그런 상황에서 사례연구 분야에서 판을 거듭하며 전 세계적으로 광범위한 영향력을 미치고 있는 Yin(2014/2016)의 접근방식은 매우 매력적이었다. 기존 교육학계, 혹은 교육행정학계에서 주류로 받아들여지던 교육인류학적 전통(구성/해석주의 관점)에 기초한 질적 연구와는 전혀 다른 새로운 관점을 가지고 있었기 때문이다.

예컨대, 앞의 인용문에서 Yin(2014/2016)이 어떤 사건이 일어났을 때 탐정은 "수집된 정보를 있는 그대로 해석할 수 있어야 하며 서로 상반된 정보들을 재빨리 식별하여 추가적으로 필요한 증거들이 무엇인지 알아낼 수 있어야 한다"라고 한 지적은, 사실 연구자가 "어떤 현상의 특성과 발생 원인을 이해하기 위해 자료의 형식(양적, 질적)에 관계없이 수집 가능한 모든 자료를 수집한 후(자료 수집), 그러한 자료에 대한 분석을 기초로 연구자가 판단(해석)을 하고(코딩과 성찰을 통한 자료 해석), 미진하면 다시 자료를 수집 · 분석(이론적 표집)하여 자신의 판단(해석)을 보완해 나가는 과정과 활동"을 말하는 '근거이론적 방법'의 수행 논리와 매우 유사한 것이라고 할 수 있다.

당시 K-DEEP 프로젝트의 연구책임을 맡고 있었던 필자는 이 책을 읽은 후 연구를 수행함에 있어 Yin(2014/2016)이 제안한 후기 실증주의적 관점에 기초한 사례연구 방식을 최대한 활용해 보아야겠다는 생각을 하고 있었다. 물론 K-DEEP 연구에 참여한 공동연구진 모두가 이러한 필자의 생각에 동의한 것은 아니었기 때문에, 연구책임자로서 연구에 참여하는 공동연구진들이 가진 질적 연구에 대한 다양한 견해를 최대한 존중하며 협의를 통해 수렴점을 찾아 나가자는 암묵적 합의를 가지고 연구를 수행했다.

어쨌든 이러한 상황 속에서 필자는 2013년 말부터 사실상 2016년 상반기까지 이루어진 K-DEEP 프로젝트를 통하여 한동대(2014년)와 충북대(2015년) 사례연구를 직접 수행했다. K-DEEP 프로젝트는 총 8명의 공동연구진이 참여하여 수행한 다중적 사례연구였으므로, 필자는 본인이 직접 담당한 2개 대학뿐만 아니라 다른 공동연구진이 수행한 6개 대학의 사례연구에도 연구책임자 혹은 공동연구진의 자격으로 직간접적으로 참여할 기회가 있었다. 예컨대, 사례연구 수행 과정에서 해당 대학을 담당한 다른 연구자들과 함께 대학 구성원들에 대한 면담에 직접적으로 참여한다든가, 면담 전후에 이루어진 연구진 워크숍, 현장 방문 후 공동연구진들 간 필드노트와 경험 공유, 사례연구 보고서 발표 및 토의 등을 통해 개인 연구자로서 생각하지 못했던 많은 추가적 통찰력을 얻을 수 있었다. 거의 2년 반에 걸쳐 수행된 K-DEEP 프로젝트를 통해 면담, 참여관찰, 자료의 분석, 보고서 작성 등을 수행하는 과정에서 개인적으로 질적 연구에 대한 많은 학습을 해 나갔지만, 학습을 해 나갈수록 필자는 구성(해석)주의적 질적 연구 방식에 천착해 있는 다른 연구자들의 견해에 쉽게 동의할 수 없는 상황들이 하나둘씩 늘어났다.

평소 스스로 납득하지 못하면 절대로 받아들이지 못하는 고약한 성격 때문에 대학 교수로 재직한 지난 10년여 간 이러한 질문은 반드시 답을 구해야만 하는 '핵심적 화두'로 내 마음속에 깊숙이 자리 잡고 있었다. 고민을 계속하면서 국내외에서 출판된 거장들의 주요한 저작물들을 대부분 구입하고 틈이 날 때마다 열심히 읽었다. 고려대 고등교육정책연구소 소장을 맡고 있다는 점을 십분 활용하여 오랜 질적 연구 경험과 내공을 가진 교육학계와 다른 인접 학문 분야의 학자들도 초청하여 특강을 듣거나, 개인적으로 찾아 뵙고 수시로 많은 이야기를 나누었다. 필자 나름대로는 지난 10여 년 동안 이에 대한 답을 찾기 위해 많은 노력을 기울인 셈이다. 이 책은 이러한 필자의 지난 10년간의 고민의 과정들이 응축되어 나타난 조그만 결과물이라고 할 수 있다. 하지만 공부가 어느 정도 쌓여 갈수록 필자에게는 '하나의 절대적 답이 있는 것이 아니다', 가장 중요한 것은 '자신이 어떤 목적을 가지고 연구를 하는가라는 문제가 핵심이 되어야 한다', 그리고 '그 문제를 푸는 데 적절하다면 어떤 연구방법이든지 쓸 수 있다'라는 실용주의 철학에 기초한 유연한 관점이 그동안 품었던 내 질문에 대한 가장 적절한 답을 제공하고 있다는 생각이 들기 시작했다.

이러한 나름의 깨달음을 얻고 난 후 필자는 '그렇다면 과연 내가 관심을 가진 연구문제들은 무엇이며, 이를 탐구하기 위해 가장 적절한 연구방법은 무엇일까?'라는 문제에 대해 본격적으로 고민하기 시작했다. K-DEEP 프로젝트의 결과를 바탕으로 출판된 필자의 저작물 『잘 가르치는 대학의 특징과 성공요인 I/II』(학지사)를 읽어 본 독자들이라면 이미 짐작하고 있겠지만, 필자의 주된 연구 관심은 기본적으로 '현재 시대적으로 요구되고 있는 대학 구조개혁 상황과 이제까지의 공급자 중심 대학 문화 속에서 잘 가르치는 대학(혹은 학부교육 우수대학)을 어떻게 만들 수 있을 것인가'에 있다(질 높은 학부교육의 제공을 위한 대학 조직의 혁신). 이러한 필자의 문제 인식은 보다 구체적으로 '(1) 대학 본부, 단과대학, 학과, 부속기관 등에서 시행하는 학생들을 위한 프로그램과 행정 서비스를 어떻게 효과적으로 운영할 수 있을 것인가? (2) 교수 현장에서 학생들에게 가장 도움이 되는 교수법은 무엇일까? 이를 어떻게 개발하고, 적용하여 학생들에게 최선의 결과를 얻어 낼 수 있을 것인가? (3) 대학이 추구하는 개혁 노력과 프로그램에 어떻게 하면 교수들과 학생들을 효과적으로 참여시킬 수 있을 것인가? (4) 적용된 행정 프로그램 및 티칭 서비스의 질을 평가해서 어떻게 하면 효과적으로 개선할 수 있을 것인가? (5) 이러한 활동을 지원하기 위해 도입되어야 하는 정부와 개별 대학 차원의 효과적인 제도와 정책은 무엇인가? (6) 궁극적으로 단기적, 중장기적 관점에서 학부교육 우수대학을 규정하는 특징과 성공요인은 무엇인가? 이러한 특징들은 어떻게 형성되며, 이 과정에서 나타나는 요인들 간의 역동적 관계를 어떻게 규명할 수 있을까?' 등의 연구문제로 나타날 수 있다.

실제로 지난 수년 간 필자가 수행한 연구('잘 가르치는 대학의 특징과 성공요인 분석', '대학 구조개혁 시대에 지역 소규모 대학의 특성화 전략 탐색', '한동대 학생설계융합 전공의 성공요인과 발전방안' 등) 수행과정에서 만난 대학 총장들과 보직 교수, 일반 교수와 직원들은 어떻게 하면 자신들의 대학이 구조개혁의 질곡에서 벗어나 당면하고 있는 현실에 효과적으로 대응할 수 있을 것인가에 대한 답을 찾기 위해 모두가 열심히 노력하고 있었다. 따라서 필자가 보기에 이러한 연구주제는 현재 우리 고등교육체제가 당면한 문제의 심각성을 고려할 때 교육행정학 분야에서 가장 집중적 연구가 필요한 새로운 연구의 '블루 오션' 영역이 아닌가 생각한다.

"그렇다면 이러한 연구주제들은 '어떤 연구방법'으로 수행하는 것이 가장 타당할까?"라는 것이 필자의 다음 성찰의 주제였다. 지난 10여 년 동안 나름대로 열심히 공부한 결과에 기초해 생각해 보면, 필자의 관심 연구문제들을 탐구하기에 가장 적절한 접근방법 중 하나는 '근거이론적 방법'이라고 생각한다. 근거이론적 방법은 현장의 당사자들로부터 수집한 자료를 통해 중요한 현상을 인과적 · 맥락적으로 설명할 수 있는 과정과 논리를 구성하는 데 매우 유용하기 때문이다. 즉, 근거이론적 방법은 자신들이 처한 현상에 대한 사람들의 해석 및 그에 대한 반응과 행위가 연구의 주제가 되는 영역, 보다 구체적으로 교육행정학 분야의 경우 조직행태 및 조직관리 분야에서 이론을 개발하는 데 매우 유용하게 사용될 수 있다. 또한 근거이론은 현상의 이야기를 관찰과 면담 등을 통하여 수집 · 분석하기 때문에 (1) 조직 관리에서 일어나는 현상과 과정들의 복잡성을 파악하고, (2) 조직 구성원들만이 내부적으로 공유하고 있는 노하우와 같은 암묵지를 파악하여 이를 통해 학술적 이론과 실제 현장 사이의 괴리를 좁혀 나가는 데 커다란 도움이 될 수 있을 것으로 생각된다(김준현, 2010).

한편, 근거이론은 질적 연구방법임에도 불구하고 다른 질적 연구방법과 달리 '이론 개발

(일반화)'을 목적으로 한다는 점에서 양적 연구방법과 연결되는 지점이 있다. 또한 비교적 체계화된 분석 방법을 제시하면서 동시에 현장에서 수집한 자료를 통한 이론화를 지향하고 있기 때문에, 그동안 한계로 지적되어 오던 질적 연구방법의 약점을 보완하여 새로운 방향으로 질적 연구의 지평을 넓힐 수 있다는 점에서 커다란 기대를 받고 있다. 실제로 제2세대 근거이론가들이 모였던 2007년 밴프 심포지엄에서 Morse(2009/2011)는 근거이론적 방법은 "가장 자주 이용되는 질적 연구방법으로 1967년에 개발되었음에도 불구하고 북미와 전 세계적으로 가장 광범위하게 이용되고 있다"고 말하고 있다. Titscher 등(2000)이 수행한 연구에 따르면 근거이론적 방법은 1991년에서 1998년까지 양적 연구와 질적 연구를 포함한 모든 연구방법에 대한 총 4,134건의 SSCI 인용 중에서 2,622건의 인용을 받아 전체 인용의 거의 64%를 차지하고 있었다고 한다. 이러한 발견사항을 근거로 이들은 "근거이론적 방법이 자료 분석에 대한 질적 연구 접근방식 중에서 가장 독보적인 위치를 차지하고 있다"고 주장한 바 있다. 이러한 주장을 뒷받침하기라도 하듯이, 실제 국내 사회과학 분야에서도 최근 근거이론에 대한 관심이 높아지고 있으며, 관련 연구도 꾸준히 출판되고 있다. 특히 사회복지학 분야에서는 근거이론을 활용한 연구가 질적 연구의 절대 다수를 차지할 만큼 근거이론이 널리 활용되고 있으며, 행정학 및 정책학 분야의 경우에도 2010년대에 들어서면서 근거이론을 적용한 논문 편수가 급속히 증가하고 있는 추세에 있다.

근거이론이 다른 질적 연구방법들에 비하여 이렇게 사회과학 분야에서 커다란 관심과 영향력을 보이고 있는 이유는 무엇일까? 권향원(2016)은 그의 논문에서 이를 다음과 같이 체계적으로 설명하고 있다.[1)]

> 첫째, 근거이론은 다른 질적 연구방법들과는 달리 '이론(theory)'을 연구의 산출물로 삼고 있고, 이는 근거이론적 질적 연구에게 높은 융통성과 적용성을 부여한다. 근거이론은 기존의 해석적 질적 연구의 전통에서 빗겨나 오히려 양적 연구와 유사하게 '이론'을 연구 산출물로 수용한다. 이는 결과적으로 근거이론으로 하여금 '이론'을 매개로 양적 연구와 질적 연구 사이에 놓인 심리적인 장벽을 완화하는 역할을 수행하도록 하였으며, 양적 연구와 질적 연구의 존재론적, 인식론적 기반을 화학적으로 결합한 새로운 연구방법으로서 실증적 질적 연구의 가능성을 제시하고 있다.

1) 가독성을 높이기 위해 머리말에서는 권향원(2016)이 인용한 참고문헌을 삭제하였다. 참고문헌에 대해서는 권향원(2016)의 같은 부분을 인용한 제1장을 참고하기 바란다.

> 둘째, 근거이론은 현실에 질적-귀납적으로 비롯한 '토착화된 이론'에 관심을 두고 있다는 점에서, 최근 사회과학의 논쟁과 화두 중 하나인 이론적 '한국화' 및 '실학화'의 측면에서 대안적 방법론으로 관심을 받는 일면이 있다. 근거이론은 "현실에 기반"한 자료에 '근거'하여 이론을 도출할 것을 제안하고 있다. 이는 그동안 제기되었던 "위로부터 내려온 외래이론"의 독재성 문제에 대하여 현실에 기반하여 "아래로부터 발견된 우리이론"의 대안적 모색을 가능하게 해 준다. 이는 현실에 기반한 '내생적 이론화'(indigenous theorization)를 가능케 해 줄 수 있다는 점에서 현실에 가까운 이론적 토착화를 위한 방법론적 대답으로서 의미를 지닌다. * 밑줄은 필자

필자가 보기에 근거이론은 이처럼 혼합연구방법 등 양적 연구와 질적 연구의 물리적 결합을 촉진하는 방법론적 토대일 뿐만 아니라, 근본적으로 양적 연구와 질적 연구의 존재론적, 인식론적 기반을 화학적으로 결합한 제3영역의 새로운 연구방법으로서 실용주의적 질적 연구의 가능성을 제시하고 있다는 점에서 큰 의미가 있다. 오랫동안 사회과학 분야에서 지배적 위치를 점해 왔던 양적 연구방법론의 한계에 대한 우려가 지속적으로 제기되고 있고, 특히 취업과 재정지원 사업 평가에서 요구되는 논문 수를 충족하기 위해 심지어는 양적 연구방법을 남용하여 단순히 논문을 '찍어 내다시피 하는 행태'까지 나타나게 되면서 양적 연구방법을 지나치게 강조해 온 학계의 행태에 대해서도 반성의 움직임이 나타나고 있다. 물론 이를 계기로 수치로 나타나는 결과만을 가지고 사회 현상을 총체적으로 파악하는 것은 많은 한계가 있다는 당연한 사실을 다시금 인식하게 된 것도 많은 연구자가 질적 연구방법으로 눈을 돌리게 만든 중요한 요인 중 하나라고 할 수 있다. 그러나 질적 연구방법은 현상을 보다 심층적으로 들여다보고 맥락에 기반한 풍부한 분석을 이끌어 낸다는 장점이 있지만, 양적 연구방법에 비해 연구의 절차가 체계화되어 있지 않고 일반화하기 어렵다는 점 등이 한계로 지적되고 있다. 이에 따라 각기 장단점이 있는 두 가지 연구방법론을 조화시켜 연구의 효과를 극대화하고자 하는 시도가 나타나고 있는데, 이러한 시도 중에서도 가장 특징적인 노력이 근거이론적 방법인 것이다.

필자가 질적 연구방법을 공부하는 과정에서 여러모로 큰 배움을 얻고 있는 사람 중 한 사람인 고려대 행정학과 윤견수 교수는 필자와의 대화 과정(2019. 7. 1.)에서 "질적 연구방법은 그 속성상 매우 유연한 적용 가능성을 내재하고 있고, 따라서 연구자에 따라 다양한 방식의 연구방법을 제안하여 적용해 볼 수 있다. 문제는 자신의 연구방법을 단순히 새롭게 제안하는 데 그치는 것이 아니라, 자신이 제안한 연구방법으로 어떤 가치 있는 연구 산출물을 낼 수 있는지를 함께 보여 주어야 한다"라는 취지의 이야기를 한 바 있다. 이 책은 이러한 견지

에서 사회과학 분야의 보다 많은 연구자가 '근거이론적 방법'을 본인의 연구 관심과 목적에 맞게 제대로 적용하여 좋은 연구 성과들을 많이 산출할 수 있도록 '특성화된 근거이론적 방법'을 제시하려는 목적도 있다. 즉, 현재 국내 학계에서는 외국의 주요 근거이론가들이 저술한 '근거이론적 방법'을 소개하는 번역서는 꽤 되지만, 국내 실정과 사회과학이라는 학문 분야의 특성을 고려하여 국내 학자들에 의해 직접 저술된 '근거이론적 방법에 대한 교과서'라고 할 만한 책은 아직까지 나오지 않은 것으로 알고 있다. 그런데 해외에서 저술된 근거이론 방법론 교과서는 대부분 주로 간호학 분야에서 나온 것이 많아, 기존의 근거이론 교과서에 제시된 기법과 설명을 서로 다른 학문적 특성을 가진 교육행정학 혹은 다른 사회과학 분야의 연구에 그대로 적용하는 것은 문제가 있다고 생각한다.

이러한 현실적 문제점들을 감안하여 필자가 2018년 「한국 교육행정학의 학문적 정체성과 연구방법론에 대한 비판적 성찰: 이분법적 배타성 극복을 통한 대안적 지점의 모색을 중심으로」(교육행정학연구, 36권 4호)라는 졸고를 통해 교육행정학 연구에서 근거이론적 방법 활용의 가능성과 잠재력에 대해 처음으로 문제를 제기한 이래, 이를 구체화하기 위한 나름의 노력을 지속해 왔다.

먼저, 국내외에서 이미 출판된 거의 모든 근거이론적 방법 교과서와 논문을 읽고, 이를 체계적으로 분석하고 이해하려고 노력하였다. 이러한 과정을 통해 구축한 필자의 '근거이론적 방법'에 대한 종합적 이해를 바탕으로 특히 초보연구자들이 보다 알기 쉽게 이해하고 적용할 수 있도록 이 책을 집필하였다. 즉, 초보연구자들이 근거이론적 방법을 통해 연구를 설계하고, 자료를 분석하여 '근거이론'을 도출하는 방법과 그 과정을 필자의 경험을 바탕으로 가능한 한 체계적으로 보여 주고자 한 것이다. 또한 단순히 근거이론적 방법의 기법을 설명하는 것뿐만 아니라, 지난 10년간 필자의 연구경험을 바탕으로 최종 연구결과물과 그 과정에서 산출된 모든 성찰의 과정과 기초자료들을 함께 보여 줌으로써 질적 연구에 입문하여 어려움을 겪고 있는 초보연구자들에게 도움이 될 수 있도록 배려했다.[2] 필자의 경험상 기존의 질적 연구방법론 교과서에서는 초보연구자들이 참고할 수 있는 연구과정에서 산출된 중간 자료(예컨대, 성찰일지, 전사자료 및 이에 대한 분석 과정 등)가 제공되지 않아 실제 질적 연구가 어떻게 수행되는지 알 수 없는 경우가 많았기 때문이다. 필자의 이러한 조그만 노력이 근거이론적 방법에 관심을 가지는 연구자들의 외연을 넓혀, 교육행정학 나아가 사회과학계 전반에서 새로운 질적 연구방법론으로서 근거이론적 방법을 적용한 연구가 보다 활발히 이루어졌

2) 필자가 수행한 구체적인 연구 프로젝트와 과정에서 산출된 자료를 모아 조만간 이 책과는 별도의 단행본을 펴낼 계획이다.

으면 하는 바람이 간절하다.

이 책은 총 2부 11개 장으로 구성되어 있다. 먼저, 1부는 새로운 질적 연구방법론으로서 근거이론적 방법의 필요성(제1장), 근거이론의 발전과정과 유형(제2장), 근거이론적 방법에서의 이론화 논리, 근거이론적 방법의 인식론적 배경(제3장), 그리고 근거이론적 방법과 유사한 문제인식을 가지고 수행될 수 있는 실용적 사례연구 및 실행연구와 근거이론적 방법 간의 관계(제4장) 등 총 4개 장으로 구성되어 있다. 필자가 볼 때 근거이론적 방법을 활용한 연구를 수행하기 이전에 이 연구방법에 대한 최소한의 기초적 이해가 반드시 필요하다는 생각이 들었기 때문이다. 특히 근거이론적 방법은 1967년 Glaser와 Strauss에 의해 최초로 소개된 이후 같은 근거이론 진영 내에서도 치열한 방법론적 논쟁을 거치면서 다양한 버전의 근거이론적 방법이 존재하고 있으므로, 근거이론을 활용하고자 하는 연구자들은 먼저 이러한 논의와 각 접근방식의 공통점과 차이점에 대한 충분한 학습을 선행하는 것이 필요하다. 한편, 이 책에서는 근거이론적 방법에 대한 독자들의 심층적 이해를 돕기 위해 근거이론적 방법의 인식론적 토대를 제3장에서 자세히 기술하고 있는데, 아직 과학철학적 이해가 부족한 초보연구자들은 일단 다른 부분을 먼저 읽고 필요할 때 이 부분을 읽는 것도 보다 효과적으로 이 책을 활용하는 접근방식이 될 수 있을 것이라 생각한다.

이어지는 2부는 근거이론적 방법을 활용하여 논문을 쓰려는 초보연구자들이 실제적으로 참고할 수 있도록 연구설계부터 논문(보고서) 작성에 이르기까지 매우 구체적인 설명들이 제시되어 있다.

먼저, 2부의 첫 부분인 제5장에서는 '우리 교육행정학계에서 출판된 학술지 논문들에서 실제 근거이론적 방법을 양적으로 얼마나 활용하고 있는가?' 그리고 구체적으로 이들 논문에서는 '근거이론적 방법을 어떻게 적용하여 논문을 쓰고 있는가?'를 심층 분석하는 것으로 시작한다.

이어서 제6장(근거이론 연구의 설계)에서는 어떠한 연구주제가 근거이론적 방법을 적용하여 수행하기에 적절한 것인지에 대한 설명과 함께, 일반적으로 연구주제를 포착하여 이를 연구계획서로 만들어 나가는 전반적 과정을 필자의 대학원 학생 지도 경험을 바탕으로 자세히 기술하고 있다.

제7장(현장에 나가기 전까지 사전 준비사항)과 8장(현장에서의 자료 수집: 면담과 참여관찰)에서는 연구설계 후 본격적 자료 수집을 위해 현장에 나가기 전까지 어떠한 준비가 이루어져야 하는지, 그리고 실제 면담과 참여관찰을 통해 자료 수집을 하는 과정에서 유의해야 할 사항들에 대한 현실적인 조언을 제공하고 있다. 필자가 보기에 기존 질적 연구방법론 교과서

에서는 필요하기는 하지만 규범적 내용을 너무 복잡하게 제시하고 있는 경향이 있어 그러한 내용들은 이 책에서는 과감히 생략하고, 질적 연구의 초보자 중 한 사람이었던 필자가 실제 교육행정학 연구를 수행하는 과정을 통해 느꼈던 꼭 필요한 유의사항들만을 추려서 간략히 정리하였다.

제9장(근거이론적 방법에서의 자료 분석)은 '수집한 자료를 어떻게 분석하여 근거이론을 도출하는가?'라는 이 책의 가장 핵심적 부분에 대한 설명을 제공하고 있다. 앞서 언급했듯이 주요 근거이론가들마다 각기 다른 코딩 방식을 제공하고 있기 때문에 초보연구자들로서는 많은 혼란을 겪을 수밖에 없다. 이러한 점을 감안하여 제9장에서는 기존의 주요 근거이론가들의 코딩 방법을 필자 자신의 이해를 바탕으로 체계적으로 제시하고, 이를 기반으로 초보연구자들이 가장 쉽고도 직관적으로 이해할 수 있는 코딩 방법을 필자의 연구경험을 바탕으로 가능한 한 자세히 설명하려고 했다. 또한 코딩 기법에 대한 설명뿐만 아니라, 필자가 수행했던 연구에서 산출한 각종 중간 자료들(예컨대, 전사자료, 성찰일지, 면담일정표 등)을 함께 제공함으로써 초보연구자들이 실제 연구가 어떻게 수행되는지에 대해서도 감을 잡을 수 있도록 하였다.

제10장(근거이론 논문 작성의 실제)에서는 초보연구자들이 자신의 학위 논문이나 학술지 게재 논문을 실제로 어떻게 작성할 수 있는지를 국내외에서 출판된 주요 근거이론 논문을 사례로 들며 구체적으로 설명하고 있다. 특히 대학원에 처음 입학하여 논문 작성이 막막한 초보연구자의 입장에서 입학한 시점부터 연구계획서를 작성할 때까지 어떻게 준비해야 하는지, 그리고 근거이론적 방법을 사용한 논문은 다른 연구방법을 사용한 논문과 구성 및 체제가 어떻게 다른지를 실제 사례를 예로 들어 자세히 설명하고 있다. 이 책에서 제시된 국내외에서 출판된 주요 근거이론 논문들을 실제로 읽어 보면서 독자들은 근거이론적 방법을 활용한 자신의 연구결과를 어떻게 구조화하여 제시할 수 있는지에 대한 감을 잡을 수 있을 것이다.

마지막 제11장(학생들이 흔히 제기하는 질문들)에서는 필자의 강의를 수강한 학생들이 직접 제기한 질문들을 정리하고 이에 대한 필자의 답변을 제시하였다. 근거이론적 방법에 처음 입문하는 독자들은 학생들이 실제 제기한 이러한 질문들을 살펴봄으로써 자신과 비슷한 상황에 처해 있는 초보연구자들이 흔히 제기하는 기본적 질문들이 무엇인지를 개괄적으로나마 살펴볼 수 있을 것이다.

필자의 지난 10여 년 동안의 학습과 성찰과정의 일차적 결과물이라고 할 수 있는 이 책을 완성하는 데 정말 많은 사람의 도움을 받았다. 먼저, 필자가 2013년 K-DEEP 프로젝트를 통해 질적 연구방법론 학습에 본격적으로 입문한 이후 오늘까지 학문적 동료로서 항상 변함없이 따뜻한 조언과 지지를 아끼지 않고 있는 경희대학교 김병찬 교수, 그리고 의문이 생길 때마다 그냥 물어보는 편안한 선배이자 앞으로도 든든한 학문적 동지로 함께하고 싶은 같은 학과의 신현석 교수와 고려대학교 행정학과의 윤견수 교수는 이 조그만 성과가 세상에 나올 수 있도록 도움을 준 가장 고마운 사람들이다. 사실 자신의 일이 너무 바빠 긍정적이든 부정적이든 간에 학계의 동료가 깊이 고민한 결과에 대해, 같이 고민할 만한 시간과 마음을 내기조차 힘든 우리 교육행정학계의 현실에서 이 세 분 교수님의 적극적 지지와 성원은 필자가 10년간의 공부를 지속할 수 있었던 주요한 동력이었다. 세 분 교수님의 높은 내공과 배려에 감사와 함께 깊은 존경의 뜻을 표한다.

이 책을 쓰는 과정에서 개최한 스터디와 학회 심포지엄을 거치면서 연구방법론에 대한 교육행정학계의 기존 패러다임의 관성이 생각보다 훨씬 두텁다는 생각도 들었다. 하지만 필자는 '학문 발전의 과정'은 물론 험난하기는 하겠지만, (1) 연구자는 자신이 열심히 학습한 내용을 학문공동체에서 과감히 주장하고, (2) 이에 대해 상대연구자들의 다른 의견과 비평을 열심히 경청하고, (3) 만약 이에 대해 납득되지 않는 부분이 있다면 충분히 성찰하여 다시 반론하고, (4) 그 반론에 대해 비평자는 다시 열심히 성찰하여 반반론을 제기하는 체계적 토론 및 성찰 과정과 이를 통한 집단적 지성의 축적으로 이루어진다고 믿는다. 이 책에 쓰인 필자의 주장과 제안들은 이러한 관점에서 앞으로 학문공동체 내에서의 치열한 토의과정을 통해 추가적 수정과 발전을 이루어 나가야 할 것으로 생각한다. 이런 의미에서 필자는 이 책에 쓰인 필자의 생각에 대해 다른 입장을 가지는 학문공동체 내 연구자들의 합리적 비판을 겸허히 수용할 것임을 분명히 밝혀 둔다.

마지막으로, 지난 2019년 2학기 필자의 '근거이론 방법론' 강의를 들으면서 필자에게 많은 추가적 통찰력을 제공해 주었던 고려대학교 일반대학원과 교육대학원의 학생들에게 진심으로 감사의 말씀을 드린다. 특히 현장 경험에 기초한 생동감 있는 연구 수행을 통해 필자에게 많은 영감을 주었던 박수아 선생, 바쁜 일과에도 불구하고 시간을 쪼개 학생들의 질문을 체계적으로 분류 · 정리해 준 박유민, 이승희 선생에게는 특별한 감사의 말씀을 드린다. 그들의 날카로운 통찰력과 예리한 비판, 그리고 부족한 선생에 대한 따뜻한 지지가 없었다면 필자가 이 책을 절대 완성할 수 없었을 것이다.

항상 필자의 옆에서 부족한 선생의 빈 곳을 메워 주는 조교 선생들, 특히 필자와 같이 연구를 수행하면서 이 책을 집필하는 데 많은 도움을 주었던 강지은 선생, 그리고 마무리 과정에서 필자를 헌신적으로 도와 준 이현주, 홍바울 선생에 대해서는 이 지면을 빌려 특별한 고

마음을 전하고 싶다. 어려운 출판 환경 속에서도 이 책의 출판을 허락해 주신 학지사 김진환 사장님과 임직원 여러분께도 진심으로 감사의 말씀을 드린다.

2020년 9월
안암동에서 변기용

차례

제 1 부

근거이론적 방법으로의 안내

제1장 왜 근거이론적 방법인가[1]

제1장에서는 먼저 근거이론적 방법이 아직까지 생소한 초보연구자들을 위해 “현 시점에서 왜 근거이론적 방법이 필요한가?”라는 가장 근본적 이슈로부터 논의를 시작한다. 이를 통해 다양한 질적 연구 접근방식 중 특히 근거이론적 방법이 사회과학 분야에서 커다란 영향력을 발휘하고 있는 이유가 무엇인지, 그리고 이 접근방식이 교육행정학 분야의 질적 연구방법론 확장 논의에서 어떤 의미와 잠재력을 가질 수 있는지에 대해 살펴본다. 이어서 이 장에서는 다양한 질적 연구 접근방식 중에서 근거이론적 방법이 어떠한 위치를 차지하고 있는지를 내러티브 연구, 현상학적 연구, 문화기술지, 사례연구 등과 비교하면서 살펴본다. 특히 필자는 이 책에서 질적 연구 접근방식을 기존의 접근방식과는 달리 ‘이론 개발을 직접적인 목적으로 하지 않는 구성(해석)주의적 질적 연구’와 ‘이론 개발을 명시적 목적으로 하는 실용주의적 질적 연구’로 나누고, 근거이론적 방법을 실용주의적 질적 연구의 하나로 위치시킨다. 마지막으로 이 장에서는 근거이론적 방법의 특성과 역할을 보다 명확히 하기 위해 실용주의적 질적 연구와 양적 연구 사이에 존재하는 차이도 함께 살펴본다. 기본적으로 양적 연구가 ‘인과적 효과(causal effect)’를 밝히는 것을 목적으로 한다면, 실용주의적 질적 연구는 양적 연구에서 밝혀지지 않고 남겨진 ‘복잡한 인과적 과정(causal process)’을 규명하는 것을 주된 목적으로 수행된다.

1) 이 장의 내용은 변기용 · 이인수(2020). 근거이론적 방법이 교육행정학 연구방법론 확장에서 가지는 의미. 교육행정학연구, 38(2)의 내용을 발전시켜 기술한 것임을 밝혀 둔다.

1. 교육행정학 연구방법론 확장 논의에서 근거이론적 방법의 의의

오늘날 교육행정학 분야를 제외한 다른 사회과학 분야에서 근거이론적 방법은 매우 높은 관심을 받고 있다(권향원, 2016; 김인숙, 2011). 김인숙(2011: 352)은 "오늘날 근거이론이 질적 연구 시장의 리더에 해당하며, 이에 상응한 인기와 명성을 누리고 있다"는 평가를 내어놓기도 하였다. 근거이론가인 Morse(2009/2011)의 경우에도 제2세대 근거이론가들이 모였던 2007년 밴프 심포지엄에서 근거이론적 방법은 "가장 자주 이용되는 질적 연구방법으로 민속기술지보다 앞선다. 근거이론은 상당히 새롭고 1967년에 개발되었음에도 불구하고 북미와 전세계적으로 가장 광범위하게 이용되고 있다"고 언급하였다. 실제로 Titscher 등(2000)이 질적 연구에 대한 문헌분석적 방법(bibliometric survey of qualitative research)을 통해 분석한 결과 1991~1998년까지의 기간 동안 근거이론적 방법은 양적·질적 연구를 포함한 모든 유형의 연구방법에 대한 총 4,134건의 SSCI 인용 중에서 2,622건의 인용을 받아 전체 인용의 거의 64%를 차지하고 있었다. 이러한 발견사항[2)]을 근거로 이들은 "근거이론적 방법이 자료 분석에 대한 질적 연구 접근방식 중에서 가장 독보적인 위치를 차지하고 있다"고 주장한 바 있다. 나아가 Morse(2009/2011)는 근거이론이 "사회과학의 얼굴을 바꾸어 왔다"고 주장하며, 근거이론은 "하나의 환경이나 특별한 사건에서 무엇이 진행되고 혹은 무엇이 일어나고 있는지를 설명하도록 허용"하며, 또한 "자료를 통합하고 개념을 발달시키는 도구"로서의 역할을 하고, "또 다른 상황과 미래의 상황에도 일반화가 가능"한 사회과학 연구를 위한 매우 강력하고 유용한 도구라는 점을 강조하고 있다.

왜 근거이론적 방법이 다른 질적 연구방법들에 비하여 이렇게 사회과학 분야에서 커다란 관심과 영향력을 보이고 있는 것일까? 권향원(2016: 182)은 그의 논문에서 이를 다음과 같이 설명하고 있다.

> 첫째, 근거이론은 다른 질적 연구방법들과는 달리 '이론(theory)'을 연구의 산출물로 삼고 있고, 이는 근거이론적 질적 연구에게 높은 융통성과 적용성을 부여한다……. 근거이론은 기존의 해석적 질적 연구의 전통에서 빗겨나 오히려 양적 연구와 유사하게 '이론'을 연구산출물로 수용한다. 이는 결과적으로 근거이론으로 하여금 '이론'을 매개로 양적 연구와 질적 연구 사이에 놓인 심리적인 장벽을 완화하는 역할을 수행하도록 하였으며, 양적 연구와 질적 연구의 존재론적, 인

2) 이와 유사한 연구결과가 Coffey et al. (1996), Lee & Fielding(1996)에서도 보고되고 있다.

식론적 기반을 화학적으로 결합한 새로운 연구방법으로서 실증적 질적 연구의 가능성을 제시하고 있다(Creswell & Clark, 2007; 심준섭, 2009).

둘째, 근거이론은 현실에 질적-귀납적으로 비롯한 '토착화된 이론'에 관심을 두고 있다는 점에서, 최근 사회과학의 논쟁과 화두 중 하나인 이론적 '한국화' 및 '실학화'의 측면에서 대안적 방법론으로 관심을 받는 일면이 있다(권향원 · 최도림, 2011; 김현구, 2013). 근거이론은 "현실에 기반"한 자료에 '근거'하여 이론을 도출할 것을 제안하고 있다. 이는 그동안 제기되었던 "위로부터 내려온 외래이론"의 독재성 문제에 대하여 현실에 기반하여 "아래로부터 발견된 우리이론"의 대안적 모색을 가능하게 해 준다. 이는 현실에 기반한 '내생적 이론화'(indigenous theorization)를 가능케 해 줄 수 있다는 점에서 현실에 가까운 이론적 토착화를 위한 방법론적 대답으로서 의미를 지닌다(권향원 · 최도림, 2011; 권영민 외, 2013: 169; 윤견수, 2013).

이렇게 근거이론은 필자가 보기에 혼합연구방법 등 양적 연구와 질적 연구의 물리적 결합을 촉진하는 방법론적 토대일 뿐만 아니라, 보다 근본적으로 양적 연구와 질적 연구의 존재론적, 인식론적 기반을 화학적으로 결합한 대안적 연구방법으로서 실용주의적 질적 연구의 가능성을 제시하고 있다는 점에서 큰 의미가 있다. 제3장에서 자세히 설명하겠지만 이는 '비판적 실재론'이나 '약한 구성주의' 등 제3영역에 존재하는 새로운 과학철학에 기초하여, 실증주의에 정초하고 있는 양적 연구와 구성(해석)주의를 기반으로 하고 있는 기존의 전통적 질적 연구의 빈 곳을 채워 줄 수 있는 제3의 연구방법론으로서의 가능성을 제시하고 있다고 생각한다.

근거이론은 권향원(2016)이 지적하고 있듯이 현실에 질적-귀납적으로 바탕을 둔 '토착화된 이론'에 관심을 두고 있다는 점에서, 토착적 교육행정이론의 구축을 위한 대안적 방법론으로서도 그 가능성이 크다. 신현석(2017)은 한국 교육행정학 연구와 이론의 문제점으로서 (1) 교육행정학의 정체성에 부합하는 이론이 적다, (2) 우리나라의 토양에서 개발된 교육행정학 이론이 없다, (3) 연구결과의 집적을 통한 이론화, 지식화 작업이 부족하다, (4) 교육행정학의 이론과 지식의 현장 적응성이 낮아 정합성에 문제가 있다 등의 네 가지를 들고 있다. 나아가 그는 "교육행정학의 이론들로 소개되는 대부분의 것은 미국 교육행정학 이론들이다. 서구의 교육행정 이론을 소개하고, 이론이 생성된 맥락과 환경을 거두절미하고 수입된 이론을 우리 현실에 적용하고 잘 안되면 우리 현실을 탓하고, 실제의 종사자들에게 잘못을 돌리는 우를 지속적으로 범해 왔다"고 비판하며, "중범위이론의 개발은 방법적인 측면에서 양적 연구의 모집단 축소, 질적 연구의 적용범위 확장, 그리고 양적 · 질적 연구의 장점을 추출한 혼합연구 등과 같은 전통적인 방법론의 응용을 통해 가능할 것이다"라는 제언을 한 바 있다.

필자는 2018년 졸고 「한국 교육행정학의 학문적 정체성과 연구방법론에 대한 비판적 성찰: 이분법적 배타성 극복을 통한 대안적 지점의 모색을 중심으로」(교육행정학연구, 36권 4호)를 통해 신현석(2017)이 언급한 중범위이론의 활성화를 위한 세 가지 제언 중 '질적 연구의 적용 범위 확장'이란 제언이 실제 어떻게 연구전략으로 적용될 수 있는지를 살펴보면서, 교육행정학 분야의 질적 연구에서도 '실증적 질적 연구(김승현, 2008; Yin, 2014/2016: 16)'를 통해 질적 연구의 활용 범위 확장 가능성을 제안한 바 있다. 즉, 우리 교육행정 현실을 적절하게 설명할 수 있는 '중범위이론'의 생성은 무엇보다 교육행정 현장에서 우리의 고유한 개념을 탐색하는 작업에서부터 시작될 수 있고, 이를 위한 가장 효과적인 방법 중의 하나는 근거이론적 방법(grounded theory approach)과 같은 귀납적–질적 연구방법을 통해 현장으로부터 우리의 행정 현실을 설명할 수 있는 개념을 채집하고, 이를 통해 이론화를 추구하는 것임을 역설하였다. 그동안 교육행정학계에서 지배적 위치를 점해 왔던 구성(해석)주의적 질적 연구의 경우 통상적으로 이론의 생성(일반화)을 연구의 직접적 목적으로 설정하고 있지 않을 뿐만 아니라, 연구자가 수집한 질적 자료를 어떤 과정과 방법을 통해 분석할 것인지에 대해 구체적인 전략과 접근방식도 명확히 제시하지 못해 온 경향이 있다. 하지만 이에 비해 근거이론적 방법은 다른 유형의 질적 연구방법들(예컨대, 현상학, 문화기술지, 내러티브 연구와 같은 해석적 질적 연구)과는 달리 이론 생성을 가장 핵심적 연구 목적으로 설정하고 있을 뿐만 아니라, 구체적 코딩 절차를 통해 개념과 이론(혹은 가설) 구축의 절차와 논리를 상대적으로 명쾌하게 제시하고 있다(권향원, 2016; 윤견수, 2013)는 차이점이 있다.

'기본적 사회 과정(basic social process)'(Glaser & Strauss, 2011/1967)을 밝히는 것을 주된 목적으로 하는 근거이론적 방법은 제도 및 환경과 조직 내 구성원들의 역동적 상호작용 과정과 효과의 발생 메커니즘 등 정량적인 지표로 양화하기 어려웠던 교육행정학의 조직과 정책 연구에서 특히 활용도가 높을 것으로 기대된다. 근거이론적 방법과 같은 귀납적–질적 접근을 통한 이론화의 아이디어는 우리의 현실과 현장으로부터의 발견의 맥락에서 개념을 채집하고 이론을 구성한다는 접근방식을 취하고 있기 때문에, 기존에 연역적–양적 연구들이 단순한 분석적 편의성에 기반하여 블랙박스(blackbox) 혹은 심지어 분석 불가의 영역으로 치부해 두었던 행정의 과정(process), 행태(behavior) 및 작동 메커니즘(mechanism)의 요소들을 다시 (교육)행정학 이론의 분석단위로 가지고 올 수 있는 장점을 제공할 것으로 생각된다(권향원 · 최도림, 2011). 필자는 이러한 현장 중심 접근방식들이 교육행정학 연구의 중요한 연구방법으로 자리매김할 때 신현석(2017)이 이야기하는 중범위이론의 개발이 가능하고, 이에 따라 향후 이론과 실제 간의 간극이 상당 부분 메워질 수 있을 것으로 믿는다.

2. 다양한 질적 연구 접근방식과 근거이론적 방법의 위치

연구 목적과 문제 상황에 따라 적용될 수 있는 기법을 체계적으로 분류하여 제시해 온 양적 연구 분야와는 달리, 질적 연구 분야에서는 다양한 접근방식의 장 · 단점을 정확히 파악하여 연구목적에 따라 이를 제대로 활용해야 한다는 논의가 상대적으로 매우 부족했다. 예컨대, 같은 회귀분석이라 하더라도 종속 변수가 연속형인 경우 OLS를, 범주형인 경우 로짓이나 프로빗 모형을 쓸 때 보다 정교한 추정치를 얻을 수 있다. 이러한 논리를 질적 연구 접근방법에 적용하면, 질적 연구방법에서 연구의 목적이나 문제에 따라 보다 적절한 접근방식을 적용하는 것이 타당하다는 주장을 할 수 있다. 예컨대, 현상의 두터운 기술과 맥락성 특수성의 이해에 초점을 맞추어 온 구성(해석)주의적 관점에서 이루어져 왔던 기존의 질적 연구방법(예컨대, 내러티브, 문화기술지, 현상학 등)도 필요하지만, 실천적 문제해결이나 이론 생성(일반화)이라는 실용주의적 관점을 가지고 접근하는 경우에는 다른 유형의 질적 연구방법(예컨대, 실용적 사례연구, 근거이론적 방법, 실행연구 등)이 보다 적절한 접근방법이 될 수 있다는 것이다. 그동안 우리 교육행정학계에서는 이러한 질적 연구 접근방식의 차이를 간과한 채, 질적 연구방법 전체를 하나의 동일한 범주로 간주해 온 경향이 없지 않았다(변기용, 2018). 이 절에서는 이러한 문제 인식하에 현재 국내외 학계에서 활용되고 있는 다양한 질적 연구 접근방식의 유형을 제시하고, 근거이론이 이러한 다양한 질적 연구 접근방식 중 어떤 위치에 자리매김될 수 있는지를 살펴보기로 한다.

1) 질적 연구에 대한 그간 교육행정학계의 지배적 관점

"질적 연구는 이론화(일반화)를 지향하지 않는다", "질적 연구에서는 이론적 틀을 가지고 자료 수집과 분석을 시작해서는 안 된다" 양적 연구와 질적 연구로 대별되는 이분법적 구도가 자리 잡고 있었던 우리 교육행정학계에서 필자가 지난 10여 년 동안 교수로 재직하면서 학회와 논문 심사과정 등 다양한 학문공동체의 모임에서 무수히 들어 왔던 이야기들이다. 예컨대, 필자의 생각에는 다음과 같은 입장이 그동안 우리 교육행정학계에서 질적 연구를 보는 주된 관점으로 자리 잡아 온 것이 아닌가 생각한다.

> 세상의 실체와 법칙이 인간의 인식 밖에 객관적으로 존재한다고 보는 기존의 실증주의 인식론과는 달리, 질적 연구는 "구성주의 인식론"을 토대로 하고 있는데, 구성주의 인식론에서는, 세상을 하나의 절대적 진리나 객관적 실체로 존재하는 것이 아니라 인간들 각자의 인식에 의해 구성되는 것으로 본다. 따라서 구성주의에서는 인간의 인식, 즉, 마음(mind)을 중시한다(Cobb, 1994). 이 관점에서는 '지식'은 개인들의 인지적 작용에 의해 지속적으로 구성, 재구성되는 것이며, 특정 시대적, 사회적, 문화적, 상황적 맥락 속에 존재하는 것이다. 따라서 질적 연구에서는 연구대상자들이 구성하는 사회적 실체, 특히 '의미'에 관심을 둔다(김병찬, 2013a: 135-136). * 밑줄은 필자

김승현(2008)이 이미 10여 년 전에 행정학계의 맥락에서 지적했던 비판과 유사하게, 우리 교육행정학계에서도 "양적 분석을 실증주의(positivism)에 일치시키고, 질적 연구를 해석적 입장(interpretivism)에서만 이해"하는 관점을 취하면서 그동안 교육행정학 연구를 위한 방법론적 논의를 단순화시켜 왔던 경향이 없지 않다. 하지만 최근까지의 방법론적 논쟁 중 상당 부분은 우리 교육행정학계를 지배하는 이런 단순한 이분법적 논리로는 이해할 수 없는 것이 사실이다(Sil, 2000: 김승현, 2008: 293−294에서 재인용).

실제 우리 교육행정학계에서 활용되는 질적 연구의 방법과 범위, 활용 목적을 다른 학문 분야와 비교해 보면 새로운 접근방법에 대한 관심과 적용이 상대적으로 미약하다는 것을 알 수 있다(변기용 외, 2020). 같은 질적 · 귀납적 연구방법이라 하더라도 이론 형성을 목적으로 하는 '근거이론 연구'와, 현상을 두텁게 기술하고 이를 다중적 실재(multiple reality)의 관점에서 이해하려는 '내러티브 연구', '현상학적 연구', '문화기술지 연구' 등은 연구의 목적과 접근 방식 등이 근본적으로 다르다(Creswell, 2013/2015; 권향원 · 최도림, 2011). 그럼에도 불구하고 우리 교육행정학계에서 수행된 연구동향 분석연구(예컨대, 임연기 · 김훈호, 2018; 김병찬 · 유경훈, 2017)에서는 연구목적에 따라 질적 연구의 유형을 구분하지 않거나, 구분하더라도 자료 수집 방식을 기준으로 구술기록, 면접관찰 범주 수준으로만 분류하는 경우가 많아 아직까지 질적 연구를 기본적으로 하나의 통합적 범주 혹은 연구방법으로 인식하고 있는 경향이 암묵적으로 존재한다는 것을 말해 준다. 즉, 교육행정학계에서 질적 연구는 "대개 구성주의에 과학철학적 기반을 두고 연구의 초점이 개인 혹은 집단에게 맞추어지면서 각 개인 혹은 집단이 구성하는 '의미'를 중점적으로 탐구한다"는 구성(해석)주의 관점이 지배적으로 보인다. 그 결과 필자는 실천성을 중요시하는 응용학문으로서 교육행정학이라는 학문적 성격에 맞도록 질적 연구의 다양한 유형들을 보다 적절히 활용해 오지 못했던 것은 아닌지 지속

적으로 의문을 제기해 왔다(예컨대, 변기용, 2018).

하지만 이러한 교육행정학계에서의 상황과는 달리 인접 학문 분야라고 할 수 있는 행정학계에서는 '양적 vs. 질적 연구'를 엄격히 구분하는 전통적 관점에서 벗어나, 이분법적 경직성이 가져올 수 있는 문제점에 대한 우려와 이를 극복할 수 있는 다양한 인식론 · 방법론적 논의들이 지속적으로 이루어져 왔다(심준섭, 2006; 이영철, 2006; 김승현, 2008; 이영철, 2009; 권향원 · 최도림, 2011; 권향원, 2017 등).

> 우리는 현실의 문제를 "X→Y"의 간명한 도식체계로'만' 단순화하여 재단하는 것이 얼마나 비현실적이고 억지스러운지를 역시 잘 인지하고 있다……. 문제는 이들이 '이념성'과 '종교성'을 바탕으로 교리화되고, "스스로 진실임을 강하게 주장하는 교조주의"로 표명될 때에 나타난다……. 현실과 빗나간 채 공고화된 흑백논리와 비대칭성은 다른 견해 간의 건강한 소통과 변증법적 조응을 저해할 수 있기 때문이다(권향원, 2017: 2). * 밑줄은 필자

특히 김승현(2008)은 양적 연구와 질적 연구로 구분되는 이런 이분법적 논쟁 때문에 "질적 연구를 해석적 입장에서만 이해함으로써 방법론에 관한 논의를 지극히 단순화하고 있다"고 비판하며, "질적 연구방법은 실증주의적 입장에서부터 해석적 입장에 이르기까지 다양한 과학철학적 배경을 갖고 논의"되고 있으며,[3] 이에는 "실증적 사례연구와 해석적 사례연구를 포괄한다(294)"고 주장하고 있다.

필자가 볼 때 행정학계에 비해 교육행정학계에서 이러한 문제점에 대한 인식이 그동안 상대적으로 부족했던 것은 교육행정학이 모학문인 교육학의 분과학문으로서 '교육을 위한 행정'이라는 이념적 가치를 근저에 두고 연구를 수행해 왔다는 점에 기인하는 측면이 큰 것으로 보인다. 이에 따라 학문의 성격상 교육행정학은 인문학보다는 사회과학에 훨씬 가까운 분야임에도 불구하고, 그동안 인문학적 성격을 일정 부분 띠게 된 측면이 있지 않나 추측해 본다. 신현석(2017)이 적절히 지적하고 있는 바와 같이 "교육행정학은 행정학과 교육학을 모두 모 학문이라 부를 수 있지만 현실적으로 교육행정학은 교육학 지향성이 강하며 학자 사회는 교육학 분야에 더 강한 소속감을 갖고 교육학계에서 주로 학술활동을 전개(219)"하는 경향도 영향을 미쳤을 것으로 생각된다. 그 결과 교육행정학에서 수행되는 질적 연구가 같

3) 예컨대, Healy와 Perry(2000)는 질적 연구는 비판이론(critical theory), 구성주의(constructivism), 비판적 실재론(realism) 등 세 개 패러다임에 기초해서 모두 수행될 수 있으며, 마케팅 연구에서는 비판적 실재론 패러다임이 가장 중요한 역할을 하고 있다고 주장한다.

은 교육학 분야인 교육인류학(질적 연구의 문화기술지적 관점)이나 교육철학(질적 연구의 현상학적 관점)에 의해 강한 영향을 받아, 질적 연구는 반드시 구성(해석)주의적 관점에서만 수행되어야 한다는 지배적 견해가 형성된 것이 아닐까 조심스럽게 추측해 본다.[4] 하지만 교육행정학 분야의 질적 연구가 사회과학적 이해와 문제해결의 수단이라는 본령을 넘어 '지나치게' 구성(해석)주의적 관점으로만 치닫게 되면, 모든 지식은 맥락 특수화된 것이기 때문에 사회과학에 근거해서 어떠한 구체적 행동을 취하는 것은 불가능하다고 주장하는 인식론적 상대주의라는 자기 모순에 빠질 수도 있다. 지나치게 개인의 인식과 의미를 강조하다 보면 '보편적 지식의 의미와 필요'에 대해서는 상대적으로 둔감해질 수밖에 없기 때문이다.

이와 유사한 맥락에서 박선형(2011)은 "상호 갈등에 근거하여 이론의 정당화에 필요한 합리적 논의와 상호 비교 · 분석을 방해하는 (양적 연구와 질적 연구의) 불가공약성(incommensurability)의 문제"는 "이론 생성의 체계성 확립 저해와 연구 활동의 분절화를 초래"할 우려가 크다고 비판하고 있다. 필자가 보기에 현재의 상황은 무엇보다 학문의 건전한 발전에 부정적 영향을 미칠 수도 있다는 점에서 우려가 크다고 생각된다. 예컨대, 학문공동체에 새로 입문하는 학문 후속세대들이 만약 이러한 논쟁적 아이디어를 연구 및 강의, 논문 심사 과정을 통해 아무런 비판의식 없이 그대로 받아들이게 되는 경우(필자의 생각에는 그동안 실제로 그런 일들이 일정 부분 발생하고 있었다고 생각한다), 최악의 경우 "곡해의 상식화(Suddaby, 2006; Locke, 2001; Walker & Myrick, 2006: 권향원, 2016에서 재인용)" 현상이 발생할 수도 있다는 데에 그 문제의 심각성이 있는 것이다.

2) 질적 연구의 다양한 접근방식: 구성(해석)주의적 vs. 실용주의적 질적 연구

앞서 언급한 바와 같이 같은 질적 연구방법이라 하더라도 이론 개발(일반화)을 명시적 목적으로 하는 '근거이론 연구'와 현상의 깊이 있는 묘사(thick description)를 목적으로 하는 '내러티브 연구', '현상학적 연구', '문화기술지 연구' 등은 연구의 목적과 접근방식 등이 서로 다르다(Creswell, 2013/2015; 권향원 · 최도림, 2011). 따라서 질적 연구를 연구방법으로 채택할 것을 결정했다고 하더라도 구체적으로 어떤 접근방식을 채택할 것인가라는 문제는 쉽게 대답할 수 있는 성질의 것이 아니다. 구체적 접근방식의 선택은 연구의 목적, 연구자가 갖고 있

4) Creswell(1998)은 학문 분야에 따라 주로 활용되는 질적 연구의 유형이 다르다고 주장하며, 예컨대 인문학에서는 전기, 심리학과 철학에서는 현상학적 접근, 사회학에서는 근거이론적 방법, 문화인류학에서는 문화기술적 방법, 그리고 일반 사회과학에서는 사례연구방법을 주로 사용한다고 설명하고 있다(윤견수, 2008: 259).

는 방법론적 친밀도 혹은 자료의 성격과 연구 맥락의 조화 여부 등에 의해 좌우될 것이다.

근거이론적 방법은 다른 질적 연구방법들과는 달리 '이론(theory)'을 연구의 산출물로 삼고 있다. 이는 근거이론적 방법이 다른 질적 연구방법에 비해 높은 융통성과 확장성을 부여받고 있는 가장 중요한 원인이 되고 있다(권향원, 2016). 이와 관련하여 명확히 해 두어야 할 중요한 논점 중 하나는 "다양한 질적 연구의 유형 중에서 과연 '이론 개발을 명시적 목적으로 하는 실용주의적 질적 연구'와 '이론 개발을 직접적 목적으로 하지 않는 구성(해석)주의적 질적 연구'는 어떻게 구분될 수 있으며, 그 차이는 무엇인가?"라는 점이다. 필자가 볼 때 기존에 교육학계에서 지배적으로 통용이 되어 왔던 '이론 개발을 직접적 목적으로 하지 않는 구성(해석)주의적 관점에 따른 질적 연구는 대체적으로 다음과 같은 특징을 가지는 것으로 생각된다.

- 두터운 기술(thick description)에 기초한 현상의 깊이 있는 이해가 목적이고, 이론이 연구로부터 출현할 수도 있지만 이론 개발에 대한 주장은 명시적으로 하지 않음(Appleton, 2002). 개인의 주관적 경험에 초점을 맞춘 데이터를 그 내용을 충실히 살리는 형태로 분석을 하고, 두텁고 풍부하게 기술된 연구내용은 그 풍부함과 두터움 때문에 읽는 사람에게 사실감을 느끼게 해 주어 내용에 대한 이해를 깊이 있게 해 줄 뿐만 아니라 생동감 있고 울림이 있게 전달이 될 수 있음
- 다중적 실재(사람에 따라 진실은 다르게 구성되는 것)를 전제하므로 객관적인 하나의 실재는 존재하지 않는다고 봄(구성주의적 관점). 극단적으로 치우칠 경우에는 개인의 가치관과 맥락에 따라 모든 해석이 동등한 타당성을 가진다고 주장하는 '인식론적 상대주의'에 빠질 우려가 있음
- 질적 연구 접근방법의 선택은 예상되는 독자, 즉 "누구에게 연구결과를 제시할 것인가?"라는 문제와도 관계가 있음. 예컨대, 사회계층적으로 주변화된 세계를 살아가는 사람 및 특정 질병 등을 앓고 있는 사람들의 인생 및 경험과 같이 사회적으로 충분히 이해받지 못한 현상을 연구하는 경우에는 이들의 경험이 그대로 드러나는 두터운 묘사가 충분히 활용된 연구는 일반적인 독자들이 현상의 의미를 이해하는 데 있어 강력한 방법이 될 수 있음(기노시타, 2013/2017)
- 내러티브[5](생애사)[6] 연구, 현상학적 연구,[7] 문화기술지 연구,[8] 본질적 사례연구(Stake,

5) 지연정 · 김병주(2015). 여고생의 입시준비와 학교생활에 대한 내러티브 탐구. **교육행정학연구**, 33(3), 29-53.
6) 박소연(2017). 북한 이탈여성의 생애사 재구성: 주체사상에서 벗어나 자본주의 사상의 미망으로. **한국사회복지질적연구**, 11(2), 5-30.
7) 정영선(2018). 인신매매를 경험한 북한이탈여성의 삶에 대한 질적 연구. **여성연구**, 98(3), 95-135.
8) 권지성(2008). 쪽방 거주자의 일상생활에 대한 문화기술지. **한국사회복지학**, 60(4), 131-156.
김동환(2018). 빅데이터 정책 유행: 한 행정학자의 '간증(testimony)'으로서의 자문화기술지. **한국행정학보**, 52(1), 3-25.

1995)[9] 등이 넓게 보면 이 범주에 속하는 것으로 볼 수 있음

반면, 이와는 대비되는 관점에서 수행이 되고 있는 이론 개발을 명시적으로 지향하는 '실용주의적 질적 연구'[10]의 경우에는 대체적으로 다음과 같은 특징을 가지고 있다.

- (1) 기존의 이론적 개념이 포착하지 못했던 새로운 개념적 범주의 생성(개념적 이론화)과 (2) 그러한 개념을 중심으로 다른 개념과의 인과 관계의 탐색(관계적 이론화)을 명시적 목적으로 함
- 주어진 맥락에서만 설명력을 가지는 현장밀착형 이론(실체이론, substantive theory)의 창출과 이를 기초로 보다 범용적 설명력을 가지는 보다 발전된 형태인 다맥락적 이론 혹은 '중범위이론(middle range theory)'의 구축을 지향함
- 발견된 이론(지식)은 해당 이론의 적용과 검증을 통해 반증이 되면서 지속적으로 발전해 나가는 (잠정적으로만 타당한) '과정으로서의 이론(a theory as a process)'이라고 믿는 실용주의적 입장에 기초하고 있음
- 실용주의적 질적 연구는 '인과적 효과(causal effect)'를 탐구하는 양적 연구에서 규명되지 않고 남겨진 '복잡한 인과적 과정(causal process)'을 분석하여 이론화하는 것이 주된 목적임. 이러한 관점에서 실용주의적 질적 연구는 주어진 맥락에서 최선의 전략을 탐색하거나, 양적 연구로 규명되지 않고 남아 있는 조직 구성원들의 노하우(암묵지)의 탐색, 특정한 문제의 발생 기제와 해결 메커니즘 등 그동안 정량적인 지표로 양화하기 어려웠던 교육행정학의 조직과 정책연구에서 필요한 질적 연구의 필요성을 뒷받침하는 토대가 될 수 있음
- 구성(해석)주의적 질적 연구가 '특정한 사람의 어떤 주관적 경험에 대한 있는 그대로의 이해'에 초점을 맞춘 것이라면, 실용주의적 질적 연구는 개인의 주관적 경험은 그것대로 중요하지만 이를 넘어 연구목적에 따라 특별히 설정된 가상적인 집단('분석초점자' 기노시타, 2013/2017)의 관점에서 본 현상에 대한 '목적적 해석'에 초점을 맞춘 것이라고 볼 수 있음
- 실용주의적 관점의 사례연구(Yin),[11] 근거이론적 방법, 실행연구(Greenwood & Levin)[12] 등이

---

9) Stake, R. E. (1995). *The art of case study research*. Thousand Oaks, CA: Sage. 부록에서 제시한 'Harper School' 사례 연구.

10) 당초 '실증주의적 질적 연구'로 명명했으나 2020년 8월 1일 열린 '한국교육행정학회 연구방법론 위원회' 토론과정에서 해당 용어가 실증주의가 표상하는 지나치게 경직적인 인상을 줄 수 있다는 지적을 반영하여 '실용주의적 질적 연구'로 명칭을 수정하였다. 근거이론적 방법, 실행연구를 관통하는 과학철학적 배경이 실용주의라는 점에서 적절한 수정이었다고 생각한다. 이러한 통찰력을 제공한 정바울 교수(서울교대)께 감사의 말씀을 드린다.

11) 강지은(2019). 한동대학교의 학생설계 전공 운영방안에 대한 사례연구. 고려대학교 일반대학원 석사학위논문.

12) 김성수 · 이형빈(2016). 중학교 교육과정 통합운영에서의 난점과 해결과정에 대한 실행연구 (Action Research). **통합교육과정연구**, 10(4), 71-99.

실용주의적 질적 연구의 범주에 속하는 대표적인 접근방식이라고 할 수 있음

여기에서 유념해야 할 것은 '이론 개발을 직접적 목적으로 하지 않는 구성(해석)주의적 질적 연구 vs. 이론 개발을 지향하는 실용주의적 질적 연구'의 구분은 상호 배타적인 범주로 엄격히 구분되는 것은 아니라는 점이다. 이는 오늘날까지 이어지고 있는 "'설명(explanation, 'Erklären')'과 '이해(understanding, 'Verstehen')'로 대별되는 자연과학(natural science)과 인간과학(human science) 간의 연구목적의 차이가 과연 명확하게 구분될 수 있는가?"라는 해묵은 논쟁과도 맞닿아 있다(Schwandt, 2000). 따라서 여기서 '이론 개발을 직접적 목적으로 하는 실용주의적 질적 연구'로 분류되었다 하더라도 연구 목적과 필요에 따라 '구성(해석)주의적 질적 연구'와 유사한 방식으로 수행되는 중간적 지점에 위치하는 질적 연구방식(예컨대, Charmaz의 구성주의적 근거이론적 방법)도 얼마든지 존재할 수 있다. 이론을 '서로 연계되어 있는 일련의 개념들도 구성된 설명 틀('관계적 이론화')(Birks & Mills, 2015/2015)'이라는 좁은 의미로 보지 않고, '기존 이론에 의해 제대로 포착되지 않은 특정한 현상의 속성과 의미를 새롭게 발견하는 것('개념적 이론화')이라고 보는 보다 광의의 관점에서는 사실상 이론 형성'에 전혀 영향을 미치지 않는 연구는 거의 없다고 해도 과언이 아니기 때문이다. 이렇게 볼 때 이론 개발을 직접적 목적으로 하는 질적 연구와 그렇지 않은 질적 연구의 구분도 엄격한 이분법적 개념보다는, 상호연결된 연속선상에서 일정한 정도의 차이를 가지는 연속적 개념으로 보는 유연한 관점이 보다 적절한 것이라고 생각된다.

3) 실용주의적 질적 연구에서 근거이론적 방법의 위치

실용주의적 질적 연구에서 근거이론의 위치를 살펴보기 위해서는 질적 연구 접근방식, 특히 '이론화를 목적으로 하는 질적 연구'에 구체적으로 어떤 유형이 있는지 살펴보는 것이 필요하다. 학자들마다 질적 연구방법론의 분류 방식이 다르지만 현재 가장 널리 인용되고 있는 것은 Creswell(2013/2015)의 분류방식이 아닌가 한다. 그는 다양한 질적 연구 유형들을 단순화하여 (1) 내러티브 연구, (2) 현상학적 연구, (3) 근거이론 연구, (4) 문화기술지, (5) 사례연구의 다섯 가지 접근방식으로 구분하고 있다.

〈표 1-1〉 질적 연구 접근방식의 주요 특징

접근방식	주요 특징
내러티브 연구	• 특정한 사람 혹은 소수의 사람들의 상세한 이야기 혹은 인생 경험들을 포착하는 데 가장 적합 • 연대기적으로 연결된 하나의 사건/행동 또는 일련의 사건/행동들에 관한 이야기들을 제공(Czarniawska, 2004) • 연구 참여자의 내러티브나 스토리가 원 자료가 되기 때문에, 대개 여러 차례의 심층면접을 시도하여 그것들을 전사한 텍스트가 분석에 활용됨 • 개인적, 사회적, 역사적 맥락에 놓인 개인 경험의 연대기, 살아온 경험에서 중요한 주제를 포함하는 개인의 이야기 → 내러티브 연구에서는 인생의 다층적 맥락을 설명하는 '카펫 아래의 현상'을 드러내는 것이 중요 • 세부적으로 (1) 전기연구(biographical study), (2) 자문화기술지(autoethnography), (3) 생애사(life history), (4) 구술사(oral history) 등의 유형으로 구분됨 예시) 대안학교 교장의 생애사 연구, 여고생의 입시준비에 대한 내러티브
현상학적 연구	• 하나의 개념이나 현상에 대한 여러 개인의 주관적 체험(lived experience)의 공통적 의미를 기술 → 현상학의 기본적인 목적은 현상에 대한 개인의 경험들의 보편적 본질에 대한 기술('사물의 바로 그 본성을 포착하는 것', van Manen, 1990: 177)로 축소하는 것(예컨대, 배우자를 잃은 사람들의 경험의 본질: '분노, 애도, 불면증, 남겨지는 것' 등) • 가장 적합한 연구문제의 유형은 한 가지 현상에 대한 여러 개인의 공통된 또는 공유된 경험을 이해하는 것이 중요한 경우 • 현상을 경험한 사람들에 대한 심층면접으로부터 자료를 수집하고 모든 개인에게 나타나는 경험의 본질에 대한 복합적인 기술을 전개(Moustakas, 1994) • 일부 현상학에서 연구자는 현상과 관련된 개인적 경험을 논의하면서 '판단중지' 및 '괄호치기'를 하기도 함 • 세부적으로 해석학적 현상학 vs. 초월론적 또한 심리학적 현상학으로 구분됨 예시) 우리나라 학교에서 여교장으로 산다는 것, 외모지상주의 사회에서 과체중 여성으로 산다는 것, 비정규직 입학사정관의 삶
문화 기술지	• 문화공유집단(culture-sharing group)이 가지고 있는 가치, 행동, 신념, 언어의 공유되고 학습된 패턴을 기술하고 해석 • 문화집단이 작동하는 방법을 기술하고 신념, 언어, 행동, 그리고 권력, 저항, 지배와 같이 집단이 직면한 이슈들을 탐색하는 경우에 적합 • 대개 연구자가 일상생활에 몰입된(immersed) 참여관찰(participant observation)을 통해 해당 집단에 대한 장기간의 관찰을 하게 되며, 이와 함께 면접을 수행, 자료 수집을 위한 시간은 긴 편이며 현장에서 보내는 장기간의 시간을 포함하게 됨 • 최종 산물은 연구자의 관점(외부자 관점)뿐만 아니라, 연구참여자의 관점(내부자 관점)을 통합하는 것으로서 집단에 대한 총체적인 문화적 묘사를 목표로 함 • 세부적으로 (1) 실재론적 문화기술지(realist ethnography) vs. (2) 비판적 문화기술지로 분류 예시) BTS의 팬 클럽인 ARMY에 대한 연구, 학교 일진 문화 연구

접근방식	주요 특징
사례연구	• 분명하게 확인할 수 있는 경계를 가진 사례가 있고, 사례에 대한 깊은 이해나 여러 사례에 대한 비교를 하고자 할 때 좋은 접근임. 좋은 질적 사례연구의 특징은 사례에 대한 철저하고 상세한 이해를 제시하는 것이며, 사례를 넘어 일반화하기보다는 사례의 복잡성을 이해하는 것이 목적임(해석적 사례연구의 관점)(Stake, 1995) • (1) 현상과 맥락의 경계가 명확하지 않은 상황 속에서 특정한 맥락 내에서 현재 발생하고 있는 현상에 초점을 두고, (2) 이를 특정한 맥락 속에서 밀착하여 그리고 총체적 관점에서 살펴봄으로써 복잡한 사회적 과정의 심층적 이해를 목적으로 하는 연구임. 사례연구에는 (1) 설명적, (2) 기술적, (3) 탐색적 사례연구가 있으며, 설명적(explanatory) 연구는 '현상에 대한 인과적 관계'를 검증하는 데 목적이 있음(실용적 사례연구의 관점)(Yin, 2014/2016) • 연구자는 면접, 관찰, 문서, 시청각 자료 등 여러 형태의 자료를 수집하며 사례 기술(case description)과 사례 주제(case theme)를 보고함. 일반적으로 하나의 자료원에만 의존하는 것은 철저하고 상세한 이해를 개발하는 데 충분하지 않음 • 사례연구는 특별한 사례를 확인하는 것으로 시작. 사례는 개인, 소집단, 조직, 혹은 파트너십 같은 구체적인 독립체일 수 있으며, 보다 덜 구체적인 수준에서는 지역사회, 관계, 의사결정과정, 혹은 특정 프로젝트일 수 있음(Yin, 2009 참조) 예시) Stake(1995) Harper School 사례연구(본질적 사례연구) vs. 잘 가르치는 대학의 특징과 성공요인 규명을 위한 사례연구(도구적 사례연구)

출처: Creswell (2013/2015); Yin (2014/2016); Stake (1995)의 내용을 기초로 재구성.

하지만 필자의 생각으로는 Creswell(2013/2015)의 다섯 가지 질적 연구 유형 분류에서 하나의 범주로 제시되고 있는 '사례연구'의 경우 다른 네 가지 질적 연구의 유형과 병렬적으로 구분되기에는 문제가 있어 보인다. 즉, '연구방법으로서의 사례연구'에 대해서는 자신이 가지는 과학철학관에 따라 주요 학자들(예컨대, Stake, 1995 vs. Yin, 2014/2016)이 서로 다르게 해석[13]하고 있기 때문에 먼저 이에 대한 공통적 이해가 먼저 이루어질 필요가 있다.

먼저, 메리암-웹스터 사전(2009: Flyvbjerg, 2011에서 재인용)에 따르면 사례연구는 "환경과 관련된 발달의 요인을 강조하는 (사람이나 공동체와 같은) 개별단위에 대한 심층적 분석"으로 정의한다. 한편, 연구방법으로서의 '사례연구'와 관련 가장 많이 인용되는 저작들 중의 하나인 Yin(2014/2016)은 사례연구(case study)를 "(1) 현상과 맥락의 경계가 명확하지 않은 상황 속에서 특정한 맥락 내에서 현재 발생하고 있는 현상에 초점을 두고(where the focus is

13) 아울러 현재 우리 교육행정학계에서는 '연구방법으로서의 사례연구'라는 의미와 '연구대상으로서의 사례에 대한 연구'를 모두 사례연구로 지칭하는 경향이 있다(변기용 외, 2020).

on studying a contemporary phenomenon within its real-life context and where the boundaries between the phenomenon and context are not clearly evident), (2) 이를 특정한 맥락 속에서 밀착하여 그리고 총체적 관점에서 살펴봄으로써 복잡한 사회적 과정의 심층적 이해를 목적으로 하는(focus on in-depth understanding of complex social processes up close within their national contexts and holistically) 연구"라고 정의하고 있다. 또한 그는 사례연구(Case study)를 "(1) 설명적, (2) 기술적, (3) 탐색적 사례연구로 구분하고 있다.[14] 한편, 이러한 Yin의 견해와는 차이를 보이는 Stake(1995)의 경우 사례를 '경계가 있는 하나의 체제(a bounded system)'로 정의하고, 사례연구의 목적은 특수화(particularization)이지 일반화(generalization)에 있는 것은 아니라고 주장한다. 그는 사례의 독특성을 강조하며, 이를 다른 사례들에 대한 지식에 적용하기도 하지만 무엇보다도 '사례 자체를 이해하려는 것'을 사례연구의 목적으로 강조한다. 이렇게 연구방법으로서의 사례연구는 서로 상치되는 Stake(1995)의 관점[주로 구성(해석)주의적 관점에 기초한 사례연구]과 Yin(2014/2016)의 관점(주로 후기 실증주의적 관점에 기초한 사례연구)을 포괄하는 매우 광범위한 개념으로 사용되고 있다. 따라서 필자가 보기에 Stake(1995)가 지향하고 있는 '자연주의적, 총체적, 문화기술적, 현상학적, 전기적인 연구방법들로부터 도출되는 본질적 사례연구'와 Yin(2014/2016)이 지향하고 있는 '실용적 사례연구'의 접근방식은 지향점이 다르며, 이에 따라 하나의 유형으로 분류하기에는 무리가 따른다고 생각된다.

그렇다면 이러한 상황에서 해법은 무엇일까? 비록 Stake는 자신의 사례연구방법은 자연주의적 접근방식(본질적 사례연구)을 따르고 있다고 말하고 있지만, 일단 사례연구의 유형을 다시 '본질적 vs. 도구적 사례연구'로 구분하고 있다(Stake, 1995).[15] 이때 '본질적 사례연구(intrinsic case study)'는 해당 사례를 연구함으로써 다른 사례에 일반화하기 위함이 아니라(즉, '이론화'가 목적이 아니라), 연구자가 특정한 사례를 단순히 이해해 보려는 목적으로 시행되는 연구를 의미한다고 한다. 예컨대, 교사가 '우연히' 학습에 어려움을 겪는 특정한 학생을 발견했을 때 단지 '해당 학생'을 심층적으로 이해해 보려고 수행하는 연구가 이에 해당한다. 따라서 이러한 사례연구에서는 인과 관계의 설명보다는 두터운 기술과 묘사가 글쓰기의 주안점

14) 여기서 설명적(explanatory) 연구는 '현상에 대한 인과적 관계'를 검증하는 데 목적이 있다. 즉, 기술적(descriptive) 연구가 단순히 고립된 변수에 대해 정보를 찾는 데 목적을 두는 반면, 설명적 연구는 변수들 사이에 존재하는 관계를 설명'하는 연구를 말한다. 한편, 탐색적(exploratory) 연구는 '연구주제가 새로운 것이거나 특이한 것이어서 많이 알려지지 않은 상황일 경우' 이루어진다. 종속변수에 대한 명확한 구분이 없고 무엇이 중요한지 누구를 면담하는지 연구자가 알기 힘든 연구를 말한다(Yin, 2014/2016).

15) 김승현(2008)이 사례연구를 '해석적 사례연구'와 '실증적 사례연구'로 구분하고 있는 것도 이와 유사한 맥락이라고 할 수 있다. 아울러 크게 보아 Yin(2014/2016)의 설명적 연구는 Stake(1995)의 도구적 연구와, Yin(2014/2016)의 탐색적 연구 및 기술적 연구가 Stake(1995)의 본질적 연구와 상통하는 측면이 있다.

이 된다. 이와는 달리 '도구적 사례연구(instrumental case study)'는, 예컨대 연구자가 일반화의 필요성을 느끼는 연구문제가 있고, 따라서 특정한 사례를 연구함으로써 그러한 연구문제에 '일반적 통찰력(general understanding)'을 얻으려는 목적으로 시도하는 연구를 말한다. 예컨대, '정부에 의해 새롭게 도입된 대학에서의 새로운 평가방식(예컨대, 절대평가)이 과연 교사들의 교수방식을 의도한 대로 변화시킬 수 있을 것인가?'라는 연구문제가 설정되었다고 하자. 이 경우 연구자가 특정한 교사들를 선택하여 사례 연구를 한다고 할 때 면담에 참여한 개별 교사가 어떻게 가르치는지 살펴보기는 하지만, 이러한 사례연구의 경우 개별 교사보다는 '교사 집단'이 학생들의 성취를 어떻게 평가하며, 그러한 평가방식이 교사 집단의 (기존의) 교수방식에 어떤 영향을 미치는지의 영향 관계에 특별한 관심을 두게 된다. 이 경우 사례연구는 연구의 대상인 '특정한 교사'의 행동에 대한 두터운 묘사를 넘어, 다른 어떤 목적(예컨대, 다른 사례로의 '일반화', 즉 변인과 변인 간에 나타나는 일반적 패턴의 파악)을 성취하려는 도구적 성격을 띠게 되므로, 이러한 유형으로 수행되는 연구를 '도구적 사례연구'로 지칭하는 것이라고 한다.[16)]

필자는 이러한 Stake(1995)의 관점을 채택하여 (1) 먼저 Creswell(2013/2015)의 다섯 가지 질적 연구 접근방식 중 하나의 접근방식으로 설정된 '사례연구'를 '본질적 사례연구' vs '도구적(실용적) 사례연구'의 두 가지 범주로 보다 세분화한다. 이와 함께 (2) 각각의 질적 연구 접근방식을 '구성(해석)주의 ↔ 실증주의'의 연속선상에서 차지하는 위치를 기준으로 (1) 내러티브 연구, (2) 현상학적 연구, (3) 문화기술지, (4) 본질적 사례연구, (5) 도구적(실용적) 사례연구, (6) 근거이론적 방법, (7) 실행연구의 일곱 가지 유형으로 분류하여 제시하는 방식을 제안한다.

16) 이에 따라 Appleton(2002)은 다음과 같이 Stake와 Yin의 사례연구방법의 차이를 요약하여 설명하고 있다. Stake(1995)는 주로 본질적 사례연구를 지향하며, 본질적 사례연구는 구성주의적 과학철학관(Interpretivism-constructivism)에 기초하여 현상의 자세하고 두터운 기술과 이해에 초점을 두고, 이론이 사례연구로부터 출현할 수도 있지만 이론개발에 대한 주장은 하지 않는다. 반면, Yin(2011)의 경우 후기 실증주의적 과학철학관에 기반하고 있다. 이에 따라 Yin의 사례연구방법에서는 이론적 명제(theoretical propositions)에 의해 연구가 가이드되는 것이 이상적이며, 통계적 일반화와는 다른 분석적 일반화(analytic generalization)를 통해 사례연구의 결과를 일반화하는 것을 목표로 한다. 즉, Yin의 사례연구방법의 경우 변수들 사이에 존재하는 관계 패턴를 설명하는 연구에도 적극적으로 활용될 수 있다고 본다.

〈표 1-2〉 질적 연구의 일곱 가지 접근방식

특성	구성(해석)주의적 질적 연구 (이론 개발이 직접적 목적이 아닌 질적 연구)				실용주의적 질적 연구 (이론 개발을 명시적으로 지향하는 질적 연구)		
	(1) 내러티브	(2) 현상학	(3) 문화 기술지	(4) 본질적 사례연구[1]	(5) 실용적 (도구적) 사례연구[2]	(6) 근거이론적 방법	(7) 실행연구
초점	개인의 인생을 탐색	다수인이 겪은 경험의 본질(구조)	문화공유 집단을 기술하고 해석	이론화보다는 특정 사례의 심층적 이해가 목적	사례를 통해 '일반적' 통찰력 획득이 목적	현장에서 나온 자료를 근거로 한 이론 개발	현실개선을 위한 현장 밀착형지식의 개발과실천적 적용
키워드	소수의 인생, 스토리	주관적 경험의 이해 심층면접	장기간의 몰입적 참여관찰	현상과 맥락의 경계가 명확하지 않음 특정한 맥락 속에서 복잡한 사회적 과정의 심층적 · 총체적 이해		이론적 표본 추출과 포화 실체이론의 생성	실천적 적용을 통한 이론의 타당성 검증

주 1) '본질적(intrinsic)' vs. 도구적(instrumental) 사례연구'는 Stake (1995)의 구분에 따른 것이며, 본질적 사례연구는 큰 틀에서 Yin (2014/2016)의 '탐색적(exploratory)' 사례연구(또는 일부 기술적 사례연구), 김승현(2008)의 '해석적' 사례연구와 유사한 개념으로 볼 수 있다.

2) 도구적(instrumental) 사례연구는 큰 틀에서 Yin (2014/2016)의 설명적(explanatory) 사례연구나 김승현(2008)의 '실증적 사례연구'와 유사한 의미를 가지는 개념이라고 할 수 있다.

물론 질적 연구의 접근방식은 이보다 훨씬 더 복잡하게 분류될 수 있지만(예컨대, 김영천, 2012), 이 책의 목적인 질적 연구가 주로 어떤 방식으로 이루어지는가를 개괄적으로 파악하는 데 있어서는 이 정도 수준으로도 충분하다고 판단된다. 필자의 견해로는 이렇게 단순화하여 분류하는 것이 별다른 체계 없이 질적 연구의 모든 세부적 영역을 어지럽게 제시[17]하는 것보다는, 질적 연구에 입문하는 초보자들이 주요 질적 연구방법의 개요와 특징을 명료하게 이해하는 데 오히려 도움이 되지 않을까 한다.

이러한 질적 연구의 분류방식에 기초한다면 기존의 질적 연구에 대한 지배적인 관점인 '이론 개발이 직접적 목적이 아닌 구성(해석)주의적 질적 연구'에는 내러티브, 현상학, 문화기술지, 그리고 본질적 사례연구가, 그리고 '이론 개발을 명시적으로 지향하는 실용주의적 질적 연구'에는 실용적(도구적) 사례연구, 근거이론적 방법, 실행연구가 포함된다고 볼 수 있

17) 예컨대, 김영천(2012)는 질적 연구의 아홉 가지 지적 전통을 시카고 사회학, 현상학, 상징적 상호작용, 생태학적 심리학, 민속방법론, 문화기술지, 비판문화기술지, 페미니스트 질적 연구, 포스트모더니즘 등으로 나열하고 있다.

을 것이다. 물론 이러한 필자의 초동적 생각은 추후 학문공동체 내의 토의과정을 통해 추가적 수정과 발전을 이루어 나가야 할 것이다. 이런 의미에서 필자는 향후 필자의 제안에 대해 다른 입장을 가지는 학문공동체 내 연구자들의 합리적 비판을 겸허히 수용할 것임을 명확히 밝혀 둔다.

3. 양적 연구와 대비한 실용주의적 질적 연구의 특징

'Greenfield-Griffiths 논쟁(박선형, 1999)'이 상징적으로 보여 주고 있듯이 서구에서는 오랜 기간 동안 사회과학 분야에서 지배적 위치를 차지해 왔던 양적 연구의 토대인 실증주의(positivism)의 한계를 중심으로 질적 연구 진영에서 치열한 문제 제기가 이루어진 바 있다. 김승현(2008)은 이와 유사하게 양적 연구와 실용주의적 질적 연구(사례연구) 방법 간에도 오랜 논쟁이 이루어져 왔음을 상기하면서, "실증적 사례연구는 계량적 분석에 의존하는 양적 연구가 제공하지 못하는 다양한 긍정적 특성을 가지고 있다"고 주장하고 있다. 이 절에서는 실용주의적 질적 연구가 구성(해석)주의적 질적 연구와 어떤 차이가 있는지에 대한 앞서의 논의에 더하여, 실용주의적 질적 연구가 양적 연구와 대비하여 어떠한 차이가 있는지를 구체적으로 살펴보고자 한다.

1) 실용주의적 질적 연구와 대비한 양적 연구 접근방식의 기본적 한계

교육행정학 분야의 주류적 연구방법으로서 오랜 기간 동안 지위를 확고히 하고 있는 양적 연구는 그 역할과 필요성이 분명히 존재한다. 하지만 현재 우리 교육행정학계에서 양적 연구가 활용되는 수준과 방식에는 상당한 문제점 또한 존재하는 것으로 보인다. 기본적으로 양적 연구는 설정된 변수들 간의 인과적 효과를 측정하는 데 있어서는 매우 효과적이나, 인간 사회에서 나타나는 복잡다기한 현상의 이해 혹은 다양한 변인 간의 복잡한 인과적 과정을 규명하는 데 있어서는 많은 한계를 보이고 있다. 이러한 맥락에서 최병선(2006: 188-189)은 계량적 연구를 통한 이론의 검증은 (1) 연구자가 인과 관계에 있다고 파악된 변수 외의 변수들은 통제변수로 처리되기 때문에 처음부터 반증가능성이 제약되는 방향으로 진행되기 쉽다, (2) 특이사항이 축적됨으로써 궁극적으로 과학 패러다임의 전환이 가능해지는 것인데, 계량적 연구에서는 이런 특이사항을 이상치(outliers)로 간주하여 배제하는 경향이 있다,

(3) 기본적으로 계량적 연구에서 데이터는 맥락을 사상하고 수집된 자료이므로 맥락과 관련된 변이(variations)를 제대로 설명할 수 없다고 지적한다. 그는 이러한 내재적 한계로 인해 계량적 연구는 통계학적으로 신뢰할 만한 결과를 얻게 해 주기는 하지만, '그래서 뭐(So what)?'라고 되묻지 않을 수 없는 결과를 얻게 되는 경우가 많다고 주장하고 있다.

반면, 이론을 생성, 검증하려는 목적의 '(실용적) 사례연구'에 있어서는 (1) 계량적 연구 모형에서 고려되지 못하거나 통제변수로 처리된 것들이 모두 가능한 고려대상이고, (2) 변수와 함께 맥락이 고려되며, (3) 이론의 검증에서 한 걸음 더 나아가 다른 가설(이론)의 구성을 자극한다는 점에서 이점이 있다고 볼 수 있다. 일반적으로 양적-통계적 연구는 연역적 접근을, 질적-탐색적 연구는 귀납적 접근을 선호하며, 근거이론은 이론화에 있어서 후자를 전자에 비해 선호하는 입장에 있다. 그렇다면 근거이론가들이 이러한 입장에 서 있는 이유는 무엇이며, 후자가 전자에 비하여 가지는 가치와 의미는 무엇인가? 이를 위해 일단 다음의 예시를 살펴보자.[18] 먼저, 한 연구자가 'C 학교에서 교원 성과급이 교원의 사기에 어떠한 부정적 영향을 미치는가?'에 대한 질문을 바탕으로 이론적 앎을 추구하고 있는 상황에 있으며, 가설-연역적 이론화 전략을 채택하고자 하는 상황이라고 가정해 보자.

박스 1-1 **근거이론의 이론화 전략인 질적-귀납적 접근과 양적-통계적 방법의 이론화 전략인 가설-연역적 접근의 차이**

기존이론: 보편 명제(맥락 자유)
교원 성과급은 교사들의 사기를 저하시킨다.

선행연구 결과: 맥락기속 이론(해당 맥락에서만 설명력을 가지는 이론)
A 학교에서 교원 성과급은 교사들의 사기를 저하시킨다.
B 학교에서 교원 성과급은 교사들의 사기를 저하시킨다.

실제현상:
C 학교에서 교원 성과급은 교사들의 사기를 저하시키지 않았다.
C 학교에서 교원 성과급은 교사들의 소집단 결속력을 높였다.

18) 이하에서 제시되는 예시는 권향원(2016)에서 제시된 가상사례의 내용을 바탕으로 하되 예시와 기술방법을 교육행정학의 맥락으로 바꾸고 이에 대한 논의를 필자의 시각에서 좀 더 구체화하여 제시한 것임을 밝혀 둔다.

이 경우 연구는 대체로 다음의 절차를 따를 것으로 생각할 수 있다. (1) 교원 성과급의 사기에 대한 부정적 영향에 대한 후보 가설을 선정하기 위한 기존의 이론(선행연구) 검토, (2) 이를 통해 A, B 학교에서 이루어진 기존연구를 발견하고 이를 기초로 '교원 성과급은 교사들의 사기를 저하시킨다'라는 연구 가설을 도출, (3) 해당 가설이 C 학교에서도 타당한지 검증하기 위해 측정도구를 설계하고 자료를 수집하여 경험적으로 확인, (4) 연구결과 C 학교에서 '교원 성과급은 교사들의 사기를 저하시키지 않는다'라는 점을 확인 등.

만약 기존의 어떤 이론도 '교원 성과급이 교사들의 소집단 결속력을 높였다'는 사실을 밝히지 못해 왔으며, 이는 C 학교가 지닌 맥락의 특수성 때문이라고 가정해 보자(예컨대, C 학교에서는 A/B 학교에서와는 달리 교원 성과급을 개인별 성과에 따라 지급하지 않고, 동학년 소그룹 교사 모임 단위로 지급하는 차별화된 전략을 통해 교원 성과급을 시행해 왔다). 아울러 '교원 성과급이 교사들의 결속력을 높였다'는 이론적 진술이 현실적으로 매우 큰 의미를 가지고 있으며, 앞서 새로운 이론으로 채택했던 '교원 성과급은 교사들의 사기를 저하시키지 않는다'는 것은 타당성 여부를 떠나 현실적으로 커다란 의미가 없다고 가정한다(현실적으로 교육부가 알고 싶어 하는 것은 교원 성과급이 어떤 분야에 효과가 있는지를 아는 것이지, 단순히 부정적인 효과가 나타나지 않는다는 것을 아는 것이 아니라고 가정). 이때 기존의 이론(선행연구)들이나 연구자의 직관 중 어느 것도 '교원 성과급이 교사들의 결속력을 높였다'는 새로운 아이디어를 가설에 반영하지 못했다면, 해당 연구는 정작 중요한 가설과 이론을 앎의 지평으로 끌어올리지 못하는 한계를 가진다. 요컨대, 이러한 가설-연역적 방식으로 접근할 때 연구자에게 남는 것은 '교원 성과급은 교사들의 사기를 저하시킨다'라는 가설을 기각하였다는 제한된 정보일 뿐이다.

이와는 반대로 근거이론적 접근을 통한 질적-귀납적 접근의 경우, 만약 연구가 제대로 수행되었다면 연구자로 하여금 '교원 성과급이 교원들의 집단 결속력을 높였다'라는 새로운 개념과 현상을 포착하는 것을 가능하게 만든다. 이렇게 포착된 개념과 현상은 '이론적 앎'으로서 추후 다른 가설-연역적 연구자로 하여금 '후보 가설'로 설정하여 활용할 수 있도록 만든다. 이는 결과적으로 현상에 대한 이론적 앎의 지평이 확장되는 효과를 거두게 된다(Edmondson & McManus, 2007: 1168: 권향원, 2016에서 재인용). 요컨대, 당초 근거이론적 방법은 가설-연역적 접근(양적 연구방법)에 내재하는 이러한 한계를 극복하여 기존의 이론적 스펙트럼 밖에 빗겨나 위치하는 이론적 개념들을 앎에 반영할 수 있도록 함으로써, 기존의 '가설-연역적 실증주의' 이론화가 지닌 비맥락성과 비실용성을 극복하고자 도입된 것이라고 할 수 있다(권향원, 2016).

2) 인과 관계 측정에 있어서 양적 연구의 한계

이와 함께 양적 연구의 가장 큰 장점인 변인 간의 인과관계를 추정하는 것 자체에도 방법론적으로 많은 한계가 있다. 특히 연구를 새로 시작하는 초보자일수록 양적 연구에 대한 일종의 환상이 있는 듯하지만, 수치에 가려져 있을 뿐 실제 양적 연구의 인과 관계 추정방식에도 많은 내재적 한계가 있다. 이를 위해 먼저 [박스 1-2]에 제시된 허위변수와 혼란변수의 문제를 간략히 설명하고 넘어가자.

박스 1-2 **허위변수(spurious variable)와 혼란변수(confounding variable)**

편향(BIAS)

- $Y = \beta_0 + \beta_1 * X + \varepsilon$(모집단 수준의 회귀선)
- $Y = b_0 + b_1 * X$(표본을 이용해 실제로 구한 회귀선)
- $Corr(X, \varepsilon) = 0$인 경우라면 b_1은 β_1의 편향없는 추정치(unbiased estimate)가 된다.

X(학습시간 증가)가 Y(학업성취도 증대)의 원인으로 추론되었지만, 사실은 Z(공부의욕)라는 제3의 변수가 X와 Y에 동시에 영향을 미치는 독립변수(원인)로 작용하고 있기 때문에, 결과적으로 X와 Y 간에 인과관계가 있는 것으로 나타났다고 하자.

이때

(1) X와 Y 사이에는 전혀 관계가 없는데 Z로 인해서 그렇게 보였다면 X는 허위변수이며, (2) X와 Y 사이에는 약간의 관계만 있는데 Z로 인해서 과장되었다면 X는 혼란변수가 되고, X와 Y의 이러한 잘못된 상관관계를 허위 상관관계라고 한다.

'실험설계'에 의해 허위변수나 혼란변수의 영향을 제거하려는 방법이 설계에 의한 통계(design control)인 반면, 이와는 달리 통계적 방법에 의해 허위변수나 혼란변수의 영향을 제거하려는 방법이 통계적 방법에 의한 통제(statistical control)라고 할 수 있다. 하지만 이에는 현실적으로 다음과 같은 어려움이 있다. 먼저, 허위변수나 혼란변수를 정확하게 측정했는지에 대한 확신을 가지기 어려운 경우가 적지 않다(예: 학습 의욕, 투입된 사교육비 등). 둘째, 특정한 종속변수는 수많은 변인의 영향을 받는다. 실제적으로는 혼란변수나 허위변수를 모두 다 파악하는 것은 거의 불가능하며, 많은 경우 심지어 혼란변수나 허위변수가 무엇인지 모르는 경우가 매우 많다(예컨대, 특정한 학생의 학업 성취도 증진이 공교육 정상화의 효과인가? 사교육비 투입 증가 때문인가? 혹은 입학 전 선행학습 때문인가?). 이러한 문제를 극복하기 위해 서로 유사하게 구성된 실험그룹과 비교그룹을 사용하는 실험 설계를 통한 연구에 대한 관심이 높아지고 있지만, 인간을 대상으로 하는 사회과학 연구에서는 실행 자체가 매우 어렵다는 한계가 있다. 이에 대한 대안으로 동일한 사람을 일정한 기간 동안 지속적으로 추적하면서 데이터를 수집하여 처치의 효과를 보다 정확하게 측정할 수 있는 패널 데이터도 요즘 크게 주목을 받고 있다. 하지만 문제는 패널 데이터 구축의 경우 시간과 돈이 많이 들고, 처음에 잘못 설계된 경우 패널 데이터로서의 기능을 제대로 수행하지 못하게 되는 문제점도 있다. 아울러 이미 구축되어 있는 패널 데이터를 사용할 경우 연구 목적에 따라 자신이 조작적으로 정의하기를 원하는 변수에 대한 정보가 해당 패널 데이터에 충분히 존재하지 않아 연구에 쓰인 지표가 정작 측정하려는 개념의 중요한 요소들을 간과하는 경우가 발생하여 변수의 타당성이 의심되는 경우도 적지 않게 발생한다.

이와 함께 현실적으로 양적 연구에서도 기본적으로 변수의 정의, 모형의 설정, 효과 크기의 기준 설정 등 연구의 각 단계에서 결국 연구자의 주관적 판단이 강하게 개입될 수밖에 없다는 너무도 당연한 사실이 종종 정량화된 수치에 가려져 제대로 인식되지 못하고 있는 경우가 많다는 것도 문제이다. 예컨대, 회귀분석에서 특정한 독립변수가 종속변수에 미치는 영향이 통계적으로 유의미하다는 것은 회귀계수가 0이 아니라($b1 \neq 0$)는 것이지 추정치가 정확하다는 뜻은 아니다. 앞서 언급했듯이 다른 모든 변수가 종속변수와 전혀 상관없다는 비현실적 가정[$Corr(X, \varepsilon) = 0$]이 충족되어야 이 추정치가 정확하다는 것을 의미하기 때문이다. 통계적 유의성이 가지는 한계를 보완하여 실질적 유의미성을 보기 위해 살펴보는 '효과 크기(effect size)'의 경우에도 '기준점이 없고 주관적인 판단만이 가능'하다. 즉, 효과 크기(추정치인 b1의 크기; X가 Y에 얼마 만한 영향을 미치는가의 문제)를 살펴보기 위해서는, 기존 선행연구에서 보고된 회귀계수와 비교해서 회귀계수 1크기의 의미를 설득력 있게 제시하는 것이 필요하다. 하지만 이미 논문 심사 단계의 오류(Publication bias)가 있어 문제가 있는 논문이 많이 출판되어 있는 경우라면 이러한 방식에 의한 효과크기의 측정에도 많은 문제가 발생한다. 흔히 학계에서는 통계적 유의미성을 중심으로 출판 여부가 결정되고 이러한 출판 관행 때문에 실제는 많은 문제가 생길 수 있다. 예컨대, 통계적으로는 경계선상($p = .051$)에 있지만 회귀계수가 매우 클 때($b1 = .203$)는 해당 변수의 실질적 유의미성이 높을 가능성이 있다. 이 경우 학계의 관행 때문에 해당 논문이 출판될 가능성은 매우 적다. 반대로 통계적으로는 유의미하지만 실질적 유의미성이 별로 없는 경우도 있다. 예컨대, 고교생의 운동시간이 비만 발생률에 미치는 영향을 조사하는 연구에서 하루에 운동을 10시간 이상 하면 비만 발생률이 1% 낮아졌다는 결과가 나온 경우, 이것이 설령 통계적으로 유의미하다고 하더라도 이러한 결과가 실질적으로 어떤 의미를 가질 수 있을까? 현재 취업과 졸업 자격 요건으로 논문의 질적 수준보다는 단순한 논문의 숫자를 강조하는 문화가 지배하는 상황 속에서 우리 교육행정학계에서 이러한 문제가 있는 연구가 출판될 개연성은 상시적으로 존재한다. 이러한 상황 때문에 만약 혹시라도 문제가 있는 연구결과가 계속 출판되어 왔다면 학문 발전에 적지 않은 문제를 초래할 수 있다는 점에서 항상 유의할 필요가 있다.

3) 양적 연구와 대비한 실용주의적 질적 연구의 특징

앞서 질적 연구방법에도 다양한 갈래가 있다고 설명하였다. 크게 볼 때 이론 개발을 직접적 목적으로 하지 않고 '두터운 기술(thick description)'을 통해 개별 행위자의 인식에 따른 다중적 의미와 그러한 사회적 현상의 의미를 울림 있게 전달하는 것을 목적으로 하는 구성(해석)주의적 질적 연구(내러티브, 현상학, 문화기술지 등)와 이와는 다른 관점에서 현장에서 수집한 데이터에 기반하여 맥락기속적(현장밀착형) 실체이론(substantive theory)을 생성하고, 궁극적으로 이를 발전시켜 보다 범용적 설명력을 가지는 중범위이론(middle range theory) 구축을 명시적으로 지향하는 실용주의적 질적 연구로 대별됨을 살펴본 바 있다.

실용주의적 질적 연구는 '인과적 효과(causal effect)'를 밝히는 것을 목적으로 하는 양적 연구와는 달리, 양적 연구에서 밝혀지지 않고 남겨진 '복잡한 인과적 과정(causal process)'을 규명하는 것을 목적으로 수행된다. 따라서 실용주의적 질적 연구는 구성(해석)주의적 질적 연구와 양적 연구가 제공하지 못하는 연구방법론상의 빈 공간을 채워 줄 수 있는 새로운 대안적 연구방법론이 될 수 있는 잠재력을 가지고 있다. 이러한 관점은 "실증주의(positivism)와 해석적 입장(interpretivism)으로 양분하여, 양적 분석을 실증주의에 일치시키고 질적 연구를 해석적 입장에서만 이해함으로써 방법론에 관한 논의를 지극히 단순화(김승현, 2008)"하고 있었던 교육행정학계의 기존 논의에 내재해 왔던 본질적 한계를 극복 내지 보완할 수 있다는 점에서 매우 커다란 의미가 있다고 할 수 있다.

이와 관련하여 필자가 여기서 특별히 강조하고 싶은 것은 '양적 연구 vs. 질적 연구, 그리고 다양한 질적 연구 접근방식 분류의 의미'는 문제 상황의 특성과 연구의 목적에 따라 적절한 연구방법이 사용되어야 한다는 것을 의미하는 것이지, 기본적으로 어떤 접근방식은 맞고 어떤 접근방식은 틀리다라는 옳고 그름의 문제로 오해되어서는 안 된다는 점이다. 물론 특정 시점에서 학문 공동체의 구성원에 의해 보다 선호되는 연구방법이 존재하는 경우가 많지만, 이러한 특정한 범주에 속하는 연구방법의 득세가 마치 연구의 목적과 상황에 관계없는 '만병통치약'으로 오해되어서는 안 된다. 연구자의 개인적 선호에 따라 연구방법을 취사선택하는 것은 당연하지만, 기본적으로 연구방법은 '연구목적과 구체적 연구질문에 따라 어떠한 접근방식이 보다 적합한 것인가'라는 기준에 따라 판단되어야 하는 문제라는 점을 특히 초보 연구자들은 반드시 명심할 필요가 있다.

제2장 근거이론의 개념, 발전과정과 유형

1. 근거이론의 개념

2. 근거이론적 방법의 발전과정과 이에 대한 이해가 중요한 이유

3. 근거이론적 방법의 제 유형과 기본 입장
   1) 네 가지 근거이론적 방법의 특징과 기본 입장
   2) 종합 및 비평

근거이론이란 용어는 (1) '현실에 기반한 자료(data)에 근거(grounded)'하여 '귀납적 발견의 맥락'에서 '이론'을 도출할 것을 제안하는 '질적 연구의 방법론적 전통'을 의미함과 동시에 (2) 그렇게 도출된 '이론 그 자체'를 아울러 의미하는 개념으로 동시에 사용되고 있다. 따라서 근거이론을 처음 접하는 사람들에게 '근거이론(grounded theory)'이란 용어는 상당한 혼란을 초래한다. 근거이론적 방법은 1967년 Glaser와 Strauss가 처음 소개한 이래 같은 근거이론 진영 내에서도 오랜 기간 동안 치열한 방법론적 논쟁을 거쳐 왔다. 제1세대 근거이론가라고 할 수 있는 Glaser와 Strauss 사이의 의견차로 인한 최초의 분기를 계기로 같은 근거이론적 방법이라고 하더라도 주요 근거이론가들 간에 서로 다른 접근방식을 사용하기 시작했다. 이러한 혼란은 이후 Charmaz의 구성주의적 근거이론, 일본의 사회학자인 기노시타의 수정근거이론 등 자신의 과학철학적 배경과 학문 분야의 특성을 감안한 다양한 근거이론 접근방식이 속속 나타나면서 더욱 가속화되었다. 따라서 근거이론적 방법을 사용하려고 하는 연구자들은 서로 다른 근거이론적 방법이 서로 어떻게 다른지를 명확히 이해하는 것이 필요하다. 즉, 자기가 설정한 연구목적과 문제인식에 터하여 가장 적합한 근거이론적 방법은 무엇인가에 대해 명확히 이해할 수 있는 기초역량을 갖추어야 비로소 이 연구방법을 제대로 활용할 수 있기 때문이다.

1. 근거이론의 개념

엄밀히 말해서 근거이론은 바로 '근거이론적 방법의 적용을 통해 도출된 이론(a theory that has resulted from the use of GTM)(Bryant & Charmaz, 2007a)' 그 자체를 의미한다. 하지만 권향원(2016)이 적절히 지적하고 있는 것처럼 실제 근거이론이란 용어는 "(1) '현실에 기반한 자료(data)에 근거(grounded)'하여 '귀납적 발견의 맥락'에서 '이론'을 도출할 것을 제안하는 '질적 연구의 방법론적 전통'을 의미함과 동시에 (2) 그렇게 도출된 '이론 그 자체'를 아울러 의미하는 개념"으로 동시에 사용되고 있다. 따라서 근거이론을 처음 접하는 사람들에게 '근거이론(grounded theory)'이란 용어는 상당한 혼란을 초래한다. 이러한 혼란을 피하기 위해 이 책에서는『근거이론 핸드북(The SAGE handbook of grounded theory)』(Bryant & Charmaz, 2007a)에서 제안된 용례와 같이, 이 두 가지를 서로 구분하는 의미에서, 원칙적으로 전자의 용례를 의미하는 경우 '근거이론적 방법' 혹은 '근거이론 연구(Grounded Theory Method: GTM)'라는 용어를 사용하고, 후자의 경우에는 그냥 '근거이론(Grounded Theory: GM)'이란 용어를 사용하기로 한다.

근거이론적 방법에 의해 이루어진 연구들은 개인과 사건을 그대로 기술하는 것보다는 이러한 자료를 바탕으로 '공통으로 분석된 이야기'를 주된 결과물로서 제시한다. 즉, 도출된 개념으로 이루어진 범주들과 이들의 관계를 체계화하여 제시하는 것이 연구 참여자와 사건에 대한 두터운 기술과 자료의 요약보다 중요하다. 또한 근거이론 연구에서는 이전에 존재하지 않던 새로운 개념의 채집과 이러한 개념과 개념(혹은 복수의 개념이 보다 상위 수준에서 통합된 범주와 범주, 개념과 범주) 간의 관계를 명료하게 설명하기 위해, '자료 수집 · 분석과 성찰 · 자료 수집'의 과정을 지속적으로 반복한다.

제2절에서 자세히 논하겠지만 근거이론적 방법은 발전과정에서 주요 근거이론가들 간에 치열한 방법론적 논쟁을 거치면서 다양한 분파로 분기되어 왔다. 따라서 근거이론을 다른 연구방법과 구분하는 핵심적 요소 혹은 기준이 무엇인가라는 질문에 대한 대답은 그렇게 간단하지만은 않다. 이와 관련하여 Bryant와 Charmaz가 편찬한『근거이론 핸드북(The SAGE handbook of grounded theory)』에서는 다음의 두 가지 견해를 제시하고 있다.[1)]

1) Bryant & Charmaz(2007a: 12-13)는『근거이론 핸드북』의 서문에서 구체적 출처의 언급 없이 근거이론의 특정적 요소가 무엇인지에 대해 논의한 많은 근거이론가 중 Weiber와 Urquhart 두 사람의 견해를 언급하고 있다.

(1) 자료 수집, 분석과 이론 구축이 동시에 이루어짐, (2) 코딩은 첫 번째 면담과 함께/또는 필드노트와 함께 시작함, (3) 메모 작성 또한 첫 번째 면담과 함께/또는 필드노트와 함께 시작됨, (4) 이론적 표집(theoretical sampling)은 초동적으로 발견된 패턴과 변이를 공고히 하기 위한 목적적인 탐색 과정임, (5) 메모의 이론적 분류는 최종 논문을 작성하기 위한 개요(outline)를 구성함, (6) 이론적 포화는 더 이상 데이터를 수집할 필요가 없다는 판단을 의미함, (7) 대부분 관찰된 행동을 설명하는 기본적 사회 과정(a basic social process)의 파악을 목표로 함(Wiener). * 번호는 필자

(1) 방향을 잡기 위한 문헌 분석 수행, (2) 피상적 주제가 아니라 이론을 위해 코딩, (3) 이론적 메모 활용, (4) 출현하는 이론을 생성하고 다른 이론들과 연계(building the emerging theory and engaging with other theories), (5) 절차의 명료성과 증거의 사슬(chain of evidence)을 활용(Urquhart). * 번호는 필자

한편, 제3세대 근거이론 연구자라고 할 수 있는 Birks와 Mills(2015/2015)는 이를 좀 더 구체화하여 근거이론적 방법은 기본적으로 다음의 9가지 요소를 포함하여야 한다고 보다 체계화하여 제시하고 있다.

(1) 자료의 1차(초기) 코딩과 범주화, (2) 동시에 행해지는 자료의 생성, 수집 및 분석, (3) 메모 작성하기, (4) 이론적 표집, (5) 귀납적 그리고 가추적(abductive) 논리를 사용한 지속적 비교 분석, (6) 이론적 민감성, (7) 2차(중간) 코딩, (8) 핵심범주 선정, (9) 3차(고급) 코딩과 이론적 통합

필자는 정도의 차이는 있겠지만 이러한 9가지 요소가 근거이론적 방법을 규정하는 핵심적 특징이라는 데 대부분의 근거이론 연구자가 동의할 것이라고 생각한다. 하지만 그럼에도 불구하고, 근거이론적 방법의 발전과정에서 서로 다른 특징적 요소를 가지는 다양한 근거이론적 방법이 제안 · 활용되어 왔던 특수한 상황을 감안할 때, 초보연구자들로서는 실제 연구 수행과정에서 어떤 근거이론적 방법을 따라야 할지에 대해서는 여전히 혼란스러운 것이 사실이다. 이에 대해서는 다음 소절에서 자세히 살펴보기로 하고, 여기서는 일단 다른 질적 연구방법에 비해 근거이론적 방법을 가장 특징적으로 대표하는 요소는 무엇보다 '이론적 표집(theoretical sampling)', '귀납적 그리고 가추적 논리를 사용한 지속적 비교 분석과 이론적 포화', '3차(고급) 코딩과 이론적 통합' 정도로 간단히 정리하고 넘어가기로 한다. 필자가 보기에 이 세 가지가 근거이론적 방법의 목적인 '이론의 생성'을 위해 가장 핵심적인 요소라고 생

각되기 때문이다.[2)]

2. 근거이론적 방법의 발전과정과 이에 대한 이해가 중요한 이유

근거이론은 Anselm Strauss와 Barney Glaser라는 개발자가 명확히 존재한다. 1967년 Glaser와 Strauss가 공동 저술한 『근거이론의 발견: 질적 연구 전략(The discovery of grounded theory: Strategies for qualitative research』(1967/2011)은 당시 사회적으로 큰 반향을 불러일으켰다. 근거이론적 방법은 당시 소위 위에서 만들어진 '거대이론(예컨대, Marx의 유물론과 계급 갈등이론, Talcott Parsons의 구조기능주의 권력이론 등)'을 통해 현실을 설명, 예측, 처방하는 것에만 몰두하고 있던 미국 사회과학의 지배적 연구 동향에 대해 비판을 제기하며, 지금-여기의 맥락적 현실에 커다란 의미를 부여하는 실용적 이론화에 대한 문제인식(권향원, 2016)에 기반하여 대두되었다. 이후 출간된 Glaser의 『이론적 민감성(Theoretical sensitivity)』(1978), Strauss의 『사회과학자를 위한 질적 분석(Qualitative analysis for social scientists)』(1987)은 근거이론의 방법론적 체계화에 중요한 이정표를 제공하였다(Morse, 2009/2011). 근거이론적 방법은 특히 이론의 창시자인 Strauss와 Glaser의 특별한 노력과 헌신, 예컨대 학생들에 대한 멘토링, 집단 모임, 공동 프로젝트 수행 등을 통해 많은 학문 후속 세대를 양성함으로써 미국 내에서 하나의 학파를 이루고, 나아가 이들 학문공동체에 속하는 근거이론 연구자들의 저술을 통해 미국을 넘어 전 세계로 그 영향력을 확대해 나갔다(Morse et al., 2009/2011). 2007년 9월 24일 캐나타 밴프에서 열린 제2세대 근거이론가들의 심포지엄에서 Morse(2009/2011)는 근거이론의 계통을 (1) Strauss 학파(Straussian GT, Strauss, 1987), (2) Glaser 학파(Glaserian GT, Stern, 1995), (3) Schatzman(1991)의 차원 분석(Dimensional Analysis), (4) Charmaz(2000, 2006)의 구성주의 근거이론(Constructivist GT), (5) Clarke(2003, 2005)의 '상황 분석(Situational Analysis)'의 다섯 가지 서로 다른 접근방식을 가진 분파로 분류하여 제시하였다. 1967년 근거이론적 방법이 최초로 제안된 이래 주요 발전과정을 중요한 전환점을 기초로 요약해 보면 〈표 2-1〉과 같다.

---

2) 역시 정확한 출처는 제대로 인용되고 있지 않았지만 『근거이론 핸드북』에서는 Green, Creswell, Shope, Plano Clark의 근거이론에 대한 다음과 같은 정의를 언급하고 있다. "탐구자가 많은 참여자의 견해에 의해 형성된 특정한 과정, 행위 또는 상호작용(집합적 행위)에 대한 일반적 설명(이론)을 창출하는 질적 연구설계(a qualitative research design in which the inquirer generates a general explanation(a theory) of a process, action, or interaction shaped by the views of a large number of participants)"

〈표 2-1〉 근거이론의 발전과정과 주요 문헌들

연도	저자	출판물
1967	Glaser & Strauss	『근거이론의 발견(The Discovery of Grounded Theory)』 * 근거이론의 시작
1978	Glaser	『이론적 민감성(Theoretical Sensitivity)』
1987	Strauss	『사회과학자를 위한 질적 분석(Qualitative Analysis for Social Scientists)』
1990	Strauss & Corbin	『질적 연구의 기초: 근거이론 절차와 기술(Basics of Qualitative Research: Grounded Theory Procedures and Techniques)』 * Strauss와 Glaser파 근거이론의 분기의 결정적 전환점
1990	Charmaz	만성질환의 발견: 근거이론을 사용하여(Discovering chronic illness: Using grounded theory). *Social Science & Medicine*, *30*, 1161-1172 * 구성주의 근거이론의 초동적 발현
1991	Schatzman	'차원 분석(Dimnsional analysis)' 방법의 제안
1992	Glaser	『근거이론 분석의 기초(Basics of Grounded Theory Analysis)』 * 객관주의적 근거이론(Glaser의 반박)의 대두
1994	Strauss & Corbin	『근거이론 방법론: 개요 질적 연구 핸드북(초판)』 북챕터
1998	Strauss & Corbin	『질적 연구의 기초: 근거이론 절차와 기술』(개정판)
1999	기노시타 야스히토(木下康仁)	『グラウンデッド・セオリー・アプローチ: 質的実証研究の再生(근거이론 접근법: 질적 실증 연구의 재생)』 * 수정근거이론
2000	Charmaz	『근거이론: 객관주의자와 구성주의자 방법론 질적 연구핸드북(개정판)』 북챕터 * 구성주의적 근거이론의 본격적 대두(2세대 근거이론가)
2003	기노시타 야스히토(木下康仁)	『グラウンデッド・セオリー・アプローチの実践: 質的研究への誘い(근거이론 접근법의 실천: 질적 연구로의 권유)』
2003	Clarke	'상황 분석(Situational Analysis: Grouned Theory mapping after the postmodern turn) 방법'의 제안
2005	Clarke	『상황적 분석: 포스트모던 이후의 근거이론(Situational Analysis: Grounded Theory after the Postmodern Turn)』
2006	Charmaz	『근거이론의 구성(Constructing Grounded Theory)』 출간
2007	Bryant & Charmaz	『The SAGE Handbook of Grounded Theory』 발간
2008	Corbin & Strauss	『질적 연구의 기초: 근거이론 개발을 위한 기법과 절차 3판(Basics of Qualitative Research: Techniques and procedures for Developing Grounded theory)』

연도	저자	출판물
2011	Birks & Mills	『근거이론의 실천(Grounded Theory: A Practical Guide)』 * 기존 근거이론의 종합(제3세대 근거이론가)
2014	Charmaz	『근거이론의 구성: 질적 분석을 통한 실용안내서(개정판)(Constructing Grounded Theory: A Practical Guide Through Qualitative Analysis, 2판)』
2014	Corbin & Strauss	『질적 연구의 기초: 근거이론 개발을 위한 기법과 절차(4판)(Basics of Qualitative Research: Techniques and procedures for Developing Grounded theory)』
2015	Birks & Mills	『근거이론의 실천(Grounded Theory: A Practical Guide)(2판)』
2017	Clarke, Friese, & Washburn	『상황 분석(Situational Analysis: Grouned Theory mapping after the interpretive turn) 방법』(2005년 판에 대한 개정판)
2019	Bryant & Charmaz	『The SAGE Handbook of Current Developments in Grounded Theory』(2007년 판에 대한 개정판적 성격)

출처: Birks와 Mills (2015/2015)의 표 1.1과 Bryant & Charmaz (2007b)의 기술 내용을 기초로 최근의 동향을 업데이트, 보완하여 작성.

이러한 근거이론의 전체적인 발전과정을 살펴보면 몇 단계의 중요한 전환점이 존재한다. 먼저, 첫 번째 계기는 Strauss가 그의 제자인 Corbin과 함께『질적 연구의 기초: 근거이론 절차와 기술(Basics of qualitative research: Grounded theory procedures and techniques)』(1990)을 출간하는 데서 비롯된다. 즉, 이때부터 Glaser와 Strauss는 근거이론적 방법의 공동 창시자이지만 완전히 다른 길을 가게 된다. 특히 Glaser는 1992년 출간한『질적 연구의 기초: 근거이론 절차와 기술(Basics of qualitative research: Grounded theory procedures and techniques)』에서 장별로 문제점을 조목조목 거론하면서 Strauss와 Corbin(1990)을 혹독하게 비판하고 있다(Stern, 2009/2011). 즉, Strauss와 Corbin(1990)의 주요내용에 대한 Glaser의 비판을 통해 두 주요 인물 간 근거이론적 방법에 대한 견해의 차이가 명확해진 것이다. 컬럼비아 대학교에서 Paul Lazerfeld와 Robert Merton에게 주로 양적 연구 훈련을 받았던 Glaser와 시카고 대학에서 Herbert Blumer를 지도교수로 모시며 George Herber Mead의 상징적 상호작용론에 강한 영향을 받은 Strauss 간의 이러한 견해 차이는 어쩌면 드러나지 않았을 뿐 처음부터 예견되어 있었다고 볼 수도 있다(이영철, 2014). Stern(2009/2011)에 따르면 대인관계 유형에서도 Strauss가 학생과 동료 교수들이 사랑하고 존경하는 완벽한 멘토였다면, Glaser는 이기적 행동 등 상당한 인간적인 결점을 가졌다고 전해진다.

근거이론의 발전과정에서 다음으로 중요한 전환점은 1990년대 중반 이후에 등장한 1세대 근거이론가들의 제자 그룹(예컨대, Corbin, Charmaz, Clarke, Stern 등)이라고 할 수 있는 2세대 근거이론가의 대표 주자들이 본격적으로 목소리를 내면서부터이다. 이들 중 한 사람인 Charmaz는 Glaser의 근거이론적 방법을 '객관주의적 근거이론(objectivist grounded theory)'으로 Strauss와 Corbin의 방법은 '후기 실증주의적 근거이론(postpositivist grounded theory)'으로 분류하면서, 자신의 근거이론적 방법은 이와는 차별화되는 관점을 취하고 있다고 주장한다. Charmaz는 1990년에 발표한 논문을 통해 자신이 주창하는 '구성주의적 관점의 근거이론(constructivist grounded theory)'의 맹아를 제시한 후, 2000년에 발간된 『질적 연구 핸드북 제2판(Handbook of qualitative research)』을 통해 본격적으로 구성주의적 근거이론을 세상에 알리기 시작했다(Bryant & Charmaz, 2007b).[3)]

> 근거이론은 세 가지 관점으로 발달하는 '일반적' 질적 연구방법이 되었는데, 이 세 관점은 구성주의자, 객관주의자, 후기실증주의자이다……. 구성주의적 근거이론(constructivist grounded theory)은 방법론적 전략에 대한 Glaser와 Strauss의 고전적인 설명을 채택하지만, 연구의 전 과정에서 상대성과 성찰(reflexivity)을 통합시킨다. 그런 방식으로 이 관점은 근거이론이 기존에 가졌던 실증주의와 객관주의의 뿌리로부터 근거이론을 멀어지게 하고, 연구자의 역할과 행동에 초점을 맞춘다. 구성주의적 근거이론에서 사용하는 방법론적 전략들은 객관주의적 근거이론(objectivist grounded theory)의 대변인인 Barney Glaser에 의해 개발되었으나, Strauss의 상징적 상호작용 관점에 내재된 사회적 구성주의를 기반으로 한다(Charmaz, 2006; 2007; 2008). 구성주의적 근거이론은 지식이 시간, 공간, 상황에 놓여 있다고 보며, 드러나는 개념들을 연구자들이 구성한다는 사실을 고려한다. 객관주의적 근거이론에서는 드러나는 개념들의 구성을 강조하는 점은 공유하지만 시간, 공간, 구체적인 사람들과는 독립적인 추상적인 일반화를 목표로 하면서, 연구자 중립성과 함께 실증주의적 경험주의를 강조한다(Glaser, 1978, 1998, 2001)……(Charmaz, 2011/2014: 540-541). * 밑줄은 필자

한편, Charmaz와 거의 동일한 시기에 근거이론의 본거지인 UCSF(University of California at San Francisco)에서 제2세대 근거이론가들과 함께 수학하고 귀국한 일본의 사회학자 기노시타(木下, 1999)는 Glaser와 Strauss의 기존 저작들을 기초로 하면서 자신만의 독특한 관점을

3) 이외 Strauss의 제자인 Clarke는 2003년 모스트 모더니즘적 관점에 기초한 상황 분석(situational analysis) 방법을 제안하고, 2005년에 단독으로 단행본을, 2017년에는 제자들과 함께 개정판을 낸 바 있다.

덧붙인 수정근거이론(modified grounded theory: MGTA)을 제안하였다.[4] 기노시타가 일본의 학자이고 주로 일본어로만 관련 저술이 이루어진 관계로 영어권 학계나 우리나라에 수정근거이론에 대한 소개가 상대적으로 늦긴 했지만, '분석초점자'의 도입, 데이터의 기계적 절편화의 반대, 자료의 분석 대상이 되는 기초데이터의 범위 한정, 현실 적용을 통한 도출된 이론의 타당성 검증 등의 아이디어는 매우 흥미로운 것이다. 특히 기노시타의 수정근거이론은 실용주의적 입장에서 서비스 제공자와 이용자의 관계(사회적 상호작용)의 이해와 이에 기초한 개선을 강조하고 있어 향후 교육행정학 분야의 연구에 있어서 적극적 활용이 기대된다.

마지막으로 최근에는 소위 이들 1세대(Glaser와 Strauss), 2세대 근거이론가들(Glaser와 Strauss의 제자들인 Corbin, Charmaz, Clarke, Stern 등)의 대립적 관점들을 통합하여 보다 균형 잡힌 근거이론적 방법에 대한 관점을 제공하려는 움직임도 나타나고 있다. 예컨대, 대표적인 제3세대 근거이론가들 중 하나인 Birks와 Mills는 『근거이론의 실천(Grounded theory: A practical guide)』(2011; 2015/2015)이라는 책을 2판까지 출간하면서 Glaser파와 Strauss파, 이후 Charmaz파로 분기한 복잡한 근거이론적 방법에 대한 비평과 함께 종합적 시각을 축약적으로 제시하고 있다. 즉, 이들은 Glaser나 Strauss로 대표되는 이분법적인 관점을 넘어 '근거이론 방법에 대한 균형 잡힌 관점을 제공하는 것이 목적'이라는 점을 그들의 저서에서 명확히 밝히고 있다.

이렇듯 근거이론적 방법은 1967년 Glaser와 Strauss가 처음으로 창안한 이래 근거이론 진영 내부에서도 매우 치열한 방법론적 논쟁을 거쳐온 바 있다. 근거이론적 방법은 간헐적으로 구성주의 과학철학관의 전통에 충실한 질적 연구자들로부터 실증주의에 경도되었다는 비판을 받기도 했지만, 새로운 질적 연구방법으로서 다양한 학문 분야에서 막강한 영향력을 발휘하고 있다(Charmaz, 2006/2013). 문제는 근거이론의 다양한 분파 때문에 구체적 발전과정과 내용에 대한 이해가 부족한 연구자들, 특히 초보연구자들 사이에서 실제 근거이론적 방법이 무엇인지에 대한 혼선이 벌어지고 있다는 데 있다. 즉, 근거이론의 역사적 발전단계에서 나타난 다양한 접근방식에 대한 충분한 이해 없이 "전통적인 Glaser의 근거이론이나 Strauss의 근거이론을 때로는 광적으로 고수(Birks & Mills, 2015/2015)"하는 사람이 있다는 것이 문제이다. 유연한 연구설계와 연구자의 해석이 중요시되는 질적 연구의 특성상 어느 하

4) 기노시타는 1984년 미국 UCSF에서 박사학위를 취득하고 1999년 일본에서 수정근거이론학회(https://m-gta.jp/en/index.html)를 창설하고 활발한 저술 및 강의 활동을 펼쳐온 일본의 대표적인 근거이론가이다. 최종혁(2012)이 그의 수정근거이론을 한국에 최초로 소개하였고, 2017년 황경성이 그의 수정근거이론 강의 자료[기노시타(2013/2017)]를 번역하여 출간하면서 사회복지학 분야에서는 그의 수정근거이론이 비교적 널리 활용되고 있다.

나의 접근방식이 절대적으로 옳다고 주장하는 편협한 접근방식은 현장에 기초한 이론의 생성을 강조하는 근거이론의 도입취지에 절대 부합되지 않는다. Charmaz(2011/2014)가 적절히 지적하는 바와 같이 "근거이론 연구는 객관주의자 관점에서 구성주의자 관점까지의 범위를 가지며, 종종 이 두 가지 관점의 요소를 모두 포함(554)"하므로, 자신의 연구목적과 연구문제에 따라 보다 적합한 연구방식을 단독으로 혹은 적절히 혼합하여 적용하면 되는 것이다.

3. 근거이론적 방법의 제 유형과 기본 입장

앞서 언급했듯이 근거이론은 발달 과정에서 치열한 방법론적 논쟁을 펼쳐 오면서 같은 근거이론 진영 내에서도 매우 다른 접근방법을 보이고 있다. [그림 2-1]에서 볼 수 있듯이 근거이론의 발전과정에서 나타난 다양한 접근방식 중 Glaser의 근거이론이 객관주의(실증주의)적 관점을 기반으로 수행되는 것이라면, Charmaz의 근거이론은 구성주의적 접근방식, Strauss와 Corbin의 근거이론은 약한 구성주의 혹은 약한 실증주의적 관점에서 수행되는 것이라고 볼 수 있다. 아울러 연구결과의 실제 사용(활용)자를 분석초점자로 설정하고 연구결과를 통한 현실 개선에 대한 강한 지향성을 가진 일본의 사회학자 기노시타(2013/2017)의 '수정 근거이론(MGTA)' 접근방식의 경우는 Strauss와 Corbin의 약한 구성주의 혹은 후기 실증주의자 관점에서 좀 더 실증주의 관점으로 나간 접근방식이라고 볼 수 있다.

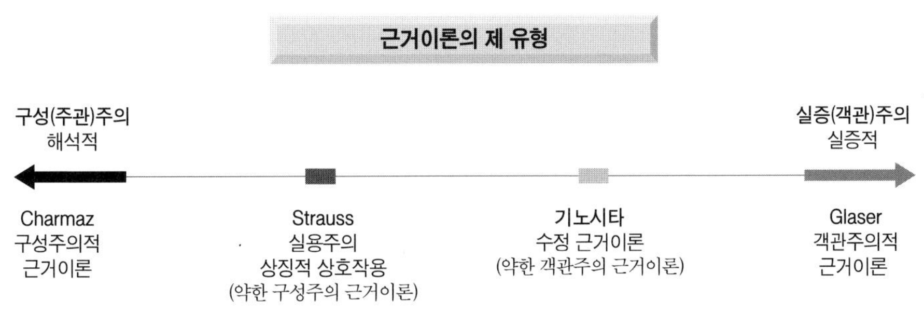

[그림 2-1] 과학철학적 관점에 따른 근거이론의 제 유형 분류

1) 네 가지 근거이론적 방법의 특징과 기본 입장

Glaser의 객관주의적 근거이론과 Charmaz의 구성주의적 근거이론은 같은 근거이론 진영에 속해 있긴 하지만 매우 다른 접근방식을 취하고 있다. 즉, 객관주의적 근거이론이 드러나는 개념들의 구성을 강조하는 점은 다른 근거이론적 방법과 문제인식을 공유하지만, 데이터를 해석하는 데 있어서 연구자의 중립성을 강조하는 실증 · 경험주의적 입장을 견지한다(Glaser, 1978, 1998, 2001). 반면, 구성주의적 근거이론은 Glaser의 객관주의와 차별화되는 상대주의적 관점에 기초한 다중적 실재(multiple reality)를 전제하면서, 이론적 일반화보다는 해석적 이해를 연구의 주된 목적으로 강조한다(Charmaz, 2011/2014). 근거이론 진영 내에서 존재하는 방법론적 차이를 극명하게 대조하여 보여 주기 위해 두 가지 접근방법의 차이를 간략히 살펴보면 다음 〈표 2-2〉와 같다.

〈표 2-2〉 Glaser의 객관주의 vs. Charmaz의 구성주의적 근거이론적 방법 비교

Glaser의 객관주의적 근거이론 방법	Charmaz의 구성주의적 근거이론 방법
• 존재론적으로는 순진한 실재론(naive realism), 인식론적으로는 순진한 경험주의, 객관주의, 방법론적으로는 귀납적 사고에 입각 • 근거이론 방법을 통해 파악하려는 세계는 "우리의 앞에 '실재(the reality)'로서 놓여 있으며, 그 실재를 파악하는 방법은 합리주의적인 연역이론/가설을 통한 방법이 아니라, 눈으로 확인할 수 있는 자료와 사실에 근거를 두고, 귀납적 방법이어야 함 • 특정한 이론에 따라 질문을 만들고 연구를 하거나, 특정한 이론적 코딩양식을 따르면 안 됨. 즉, 선행연구나 기존이론은 좋은 연구를 방해하는 선입견일 뿐 • 질적 연구에서 연구자의 역할을 부인하고 객관적 연구자의 입장에서 '이론이 자료로부터 그냥 출현'하도록 해야 한다고 주장	• 실재는 다중적이고, 과정적이며 구성된 것. "연구자가 단일 방법과 단일지식을 가정한다면, 결국 반대자의 들리지 않는 목소리와 고통으로 인한 침묵과 같은 미묘한 차이들을 알기에는 부족(Charmaz, 2011/2014: 555)" • 자료는 연구과정의 산물이지 단순히 관찰된 대상물이 아님. 연구자와 참여자는 상호작용을 통해 함께 자료를 구성 • 연구자는 말할 것도 없이 백지상태로 출발하는 게 아니라, 사전 지식과 기존 개념을 가지고 연구를 시작 • 구성주의적 근거이론은 이론적 일반화를 목표로 하는 대신에 해석적 이해를 목표로 함(Charmaz, 2011/2014: 540-541) • 구성주의자들에게 '일반화'는 여전히 편파적이고, 조건적이고, 특정상황에 놓인 것임. 더욱이 일반화는 중립적이지 않음

출처: 이영철(2014); 이종주(2017); Glaser (1992/2014); Charmaz (2011/2014).

하지만 국내 학계 전반에 지배적인 영향력을 행사하고 있는 Strauss에 비해 Glaser의 근거이론적 방법은 일부 비평 논문(예컨대, 김인숙, 2011; 이영철, 2014; 이종주, 2017)에서 구체적으로 언급되는 것을 제외한다면 국내 근거이론 연구가들에게 상대적으로 잘 알려져 있지 않고, 이에 따라 이를 적용하는 연구자들도 제한적인 것으로 보인다. Glaser의 1992년 저작인 『근거이론 분석의 기초: 글레이저의 방법(Basics of grounded theory analysis)』을 번역한 김인숙(2014)의 해제에 의하면 Glaser의 근거이론적 방법은 "근거이론을 세상에 탄생시킨 『근거이론의 발견』의 원리를 충실히 따르고 있고, Strauss의 방법에 비해 자연스럽고 간단"하며, "분석과정에서 과잉 개념화로 인한 혼란을 줄일 수 있다"고 주장한다. 그는 Glaser의 근거이론적 방법의 강점들을 다음 5가지로 요약하여 제시하고 있다. (1) 당초 『근거이론의 발견』에서 제시된 '출현'과 '비교'의 원리를 충실히 계승하고 있다, (2) 스트라우스의 방법보다 자연스럽고 간단하다, (3) 분석과정에서 '출현하는' 뜻밖의 즐거움을 누릴 수 있다, (4) 과잉 개념화로 인한 혼란을 줄일 수 있다, (5) 지속적 비교를 통해 명명의 범위가 조정됨으로써 명명의 타당성과 일관성을 높일 수 있다. 김인숙(2014)은 Glaser는 Strauss와는 달리 자신의 근거이론적 방법을 이용자 중심으로 체계화하여 제시하지 않았기 때문에 그 전모를 파악하기는 매우 어렵다고 하며, 〈옮긴이 해제〉를 통해 Glaser의 근거이론적 방법의 골격과 주요 내용들을 비교적 체계적으로 설명하고 있다. 이와 관련한 자세한 내용은 Glaser(1992/2014)를 참고하도록 하고, 여기서는 이 책의 논지 전개상 반드시 언급할 가치가 있는 내용들만을 몇 가지 간략하게 언급하고 넘어가도록 한다.[5)]

- Glaser는 당초 『이론적 민감성(Theoretical sensitivity)』(1978)에서의 입장에서와는 달리 '줄별 코딩(line-by-line coding)'에 대해 비판적 입장을 취하고 있다. 단어별로 각각의 사건과 아이디어에 현상을 나타내 주는 라벨을 부여하고 유사점과 차이점을 중심으로 그룹핑하는 Strauss의 방법[Charmaz도 마찬가지 *필자 주]은 전적으로 불필요하고 시간 낭비라고 보았다. 그는 이러한 방법은 단일 사안에 대한 '과잉 개념화'라는 무질서를 가져오며, 분석 없이 너무 많은 범주와 속성을 양산한다고 비판한다(Charmaz, 2006/2013). 줄별 코딩을 지지하는 Strauss나 Charmaz와는 반대로 Glaser는 자료를 해체하고 개념화한다는 것은, 사건과 사건, 사건과 개념을 지속적으로 비교하는 것을 의미하며 이 과정에서 범주들은 비교를 통해 나타나고 속성들은 더 많은 비교를 통해 출현한다고 주장한다.

5) 이 부분은 Glaser(1992/2014)에 있는 김인숙(2014)의 〈옮긴이 해제〉의 내용을 필자의 이해를 바탕으로 요약 · 재구성하여 제시한 것임을 밝혀 둔다.

- Glaser의 이론 생성과정은 우선 자료에서 사건과 사건, 사건과 개념을 비교하여 범주와 속성을 발견하고, 이들 속에서 패턴을 찾아 개념화한다. 그리고 개념화된 패턴들 안에 존재하는 주제를 발견하고, 이로부터 많은 범주 및 속성과 관련되고 설명력 있는 하나의 핵심범주를 선택한다. 이때 선택된 핵심범주는 확정된 것이 아니다. 선택된 핵심범주를 중심으로 이론적 표집을 해 나가면서 이 범주와 속성들을 지속적으로 정교화하고, 명확히 하며, 포화시켜 나간다. 핵심범주와 속성들이 포화되어 정교화되면 이론적 코드를 사용해 이들을 통합하고, 이로부터 하나의 개념적 가설을 도출한다. 이 개념적 가설이 바로 근거이론이 되며, 이것은 핵심범주의 변이를 설명할 수 있어야 한다.
- 핵심범주는 근거이론에 필수적 요소로서 핵심범주가 없으면 근거이론은 불가능하다. Strauss의 방법에서 핵심범주는 '개방-축-선택코딩'으로 이어지는 분석의 후반, 즉 선택코딩 단계에서 나타나지만, Glaser의 경우 개방코딩 단계에서 핵심범주가 발견된다……. 연구자가 개방코딩을 그만두고 선택코딩으로 넘어가는 시점은 이론에 대한 전망을 보면서 하나의 핵심범주로 제한하는 것이 합당하고 적합하다고 여겨질 때이다. 이때 핵심범주 주변의 다른 범주들은 가능한 한 핵심범주에 도움이 되는 역할로 강등된다. 반면, Strauss는 선택코딩을 핵심범주를 선택하는 코딩으로 정의한다.
- Glaser는 Strauss의 축코딩은 근거이론 방법을 훼손하고 혼란에 빠뜨리며, 개념적으로 강제된 서술을 산출하기 때문에 근거이론이 아니라고 비판한다.
- Glaser는 '서술'을 현상의 전 범위를 설명하는 것으로, 근거이론은 핵심범주를 중심으로 현상의 '변이'를 설명해 주는 것으로 구분하였다. 연구자가 서술이나 개념적 서술이 아닌 이론, 특히 근거이론을 창출하기 원한다면 이론적 표집은 필수적이다.
- 근거이론은 기본적 사회 과정의 창출에 제한되지 않으며, 기본적 사회 과정은 핵심범주의 한 유형에 불과하다. '기본적 사회 과정'은 '기본적 사회심리적 과정(basic social psychological process)'과 '기본적 사회구조적 과정(basic social structural process)'으로 구분되는데, 기존의 대부분의 연구는 '기본적 사회심리적 과정'에 초점을 두고 '기본적 사회구조적 과정'은 전제된 것으로 본다. 이는 '기본적 사회심리적 과정'을 이해하기 위해 '기본적 사회구조적 과정'이 필요하지 않다고 보기 때문이다. 그는 어떤 연구이든 기본적 사회심리적 과정을 강조할 수도 있고, 기본적 사회구조적 과정을 강조할 수도 있으며, 또 어떤 연구에서는 이 둘의 혼합을 강조할 수도 있다고 본다.

- Glaser는 근거이론 접근은 실체영역에 대한 귀납적 이론을 산출하기 위한 방법이고, 그 산물은 실체영역에 대한 '이론적 형식화'나 '개념적 가설' 혹은 '모델'의 형태로 제시되어야 한다고 한다. 이론의 생성은 좀 더 축적적인 이론체계를 개발하는 맥락에서 보아야 한다. 이는 결과로서의 이론이 아니라 과정으로서의 이론, 즉 이론적 논의를 통해 지속적으로 확장, 수정될 수 있는 이론을 의미한다.

한편, 상징적 상호작용론과 실용주의에 기초한 Strauss의 후기 실증주의적 근거이론적 방법은 Glaser의 객관주의적 근거이론적 방법과 Charmaz의 구성주의적 근거이론적 방법이라는 두 가지 접근방법의 중간 영역에 위치한다고 할 수 있다(Charmaz, 2011/2014). Strauss의 근거이론적 방법은 상징적 상호작용론과 실용주의에 기초하면서, 양극단에 위치한 Glaser나 Charmaz에 비해 상대적으로 유연한 접근방식을 취하고 있다. 이는 Strauss의 근거이론적 방법이 현재 전 세계적으로 가장 광범위하게 활용되고 있는 접근방식으로 자리매김하고 있는 중요한 원인 중 하나로 생각된다. Strauss의 근거이론적 방법은 다음과 같은 기본적 입장을 가지고 있다(이영철, 2014; 이종주, 2017; Strauss & Corbin, 1998/2001; Charmaz, 2011/2014).

- 인간의 상호작용으로 구성되는 사회현상을 복잡하고 변화하는 것으로 보지만, 사회현상의 실재성을 부정하지는 않는다(진리란 '새로운 진리가 나타나기 전까지 잠정적으로 인정되는 타당한 진리'라고 생각하는 실용주의적 진리관과 유사).
- 이론은 자료와 밀접한 관계를 가져야 한다. 하지만 이론이 자료 속에서 그냥 출현하는 것이 아니라, 연구자와 자료 사이의 상호작용의 산물로 보아야 한다. 물론, 연구자의 편견이 이론화에 미칠 수 있는 위험성은 존재하는데, 이는 자료 수집, 코딩, 이론적 메모 작업에 의해서 관리될 수 있다.
- 자료에 입각한 귀납적 접근뿐만 아니라, 연역적 접근의 중요성을 인정한다. Glaser가 이론의 형성에 장애가 된다고 보는 검증도 어떤 아이디어나 가설이 현실에 적용되는가를 알아보는 연구의 한 측면으로 인정한다.
- 질적 연구 초보자에 대한 일종의 가이드라인으로서 '코딩 패러다임' + '조건/결과 매트릭스(conditional & consequential matrix)'를 도입하여 코딩 절차를 구조화하여 제시하였다.

박스 2-1 Strauss와 Corbin의 코딩 패러다임(Strauss & Corbin, 1998/2001)

Strauss와 Corbin(1990)은 다음과 같은 패러다임 모형을 제시하였다. 그들은 "분석자가 축코딩을 할 때 이들은 왜, 어떻게, 어디서, 언제, 어떤 결과로와 같은 질문에 대한 답을 찾으며, 그렇게 함으로써 범주들 간의 관계를 밝혀낸다" 하지만 범주들 간의 관계를 밝혀내는 것은 종종 명확하지 않은 경우가 많기 때문에 "드러나는 관계를 정렬하고 조직화하는 데 사용될 수 있는 도식을 가지고 있는 것이 유용[하며]……. 그러한 도식 중 하나가 소위 패러다임"이라고 설명한다.

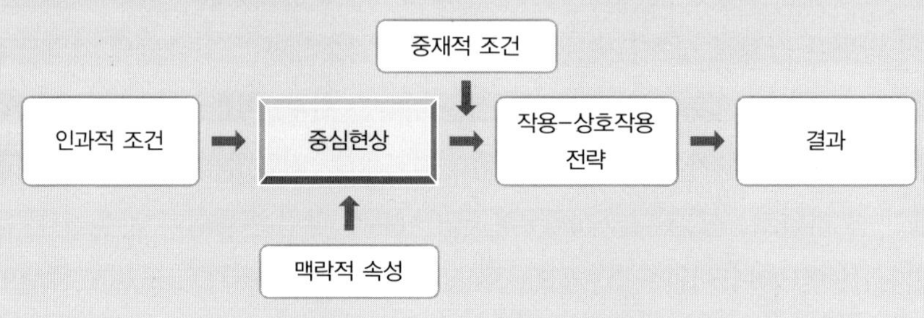

Strauss와 Corbin의 패러다임 모형

출처: 권향원(2016: 202).

패러다임 모형은 크게 다음의 네 가지 요소로 구성되어 있다. (1) 현상, (2) 조건(conditions), (3) 행위/상호작용(actions/interactions), (4) 결과(consequences). 이때 조건은 다시 ① 인과적 조건(causal condition, 특정한 현상에 영향을 미치는 사건이나 일), ② 중재적 조건(intervening condition, 인과적 조건이 현상에 미치는 영향을 경감시키거나 변화시키는 것), ③ 맥락적 속성(contextual condition, 특정한 현상에 영향을 미치는 상황적 특성)으로 구분된다. 패러다임 모형은 매우 직관적이고 체계적인 틀을 제시하여 특히 초보연구자들에게 많은 도움을 주고 있으며, 실제로도 현재 우리나라 사회과학 분야(사회학, 교육학, 사회복지 분야 등)의 국내 학술지에 출판된 대부분의 논문들은 Strauss와 Corbin의 패러다임 모형을 사용하고 있다(김인숙, 2012; 김은정, 2017; 변기용 외, 2020).

권향원(2016)의 지적대로 패러다임 모형이 잘만 활용된다면 특히 초보연구자들에게 "분석의 모호성 및 연구자의 인식주관의 개입을 최소화할 수 있는" 하나의 방안이 될 수 있겠지만, 문제는 "근거이론은 반드시 패러다임 모형을 따라야 한다는 독재적인 태도(Kelle, 2007b: 권향원, 2016에서 재인용)"를 가지는 경우이다. 이런 점에서 기존에 국내에서 이루어진 거의 대부분의 근거이론 연구가 대개 (1) 연구의 목적, '개념의 포화 여부'와 '발견된 중점사항이 무엇인지'에 관계없이, 그리고 (2) 인과적(causal) 조건, 맥락적(contextual) 조건, 중재적(intervening) 조건(conditions)의 의미에 대해 충분한 이해가 부족한 상태[6]에서 주어진 코딩 패러다임의 각 영역에 개방코딩을 통해 찾아낸 개념들을 기계적으로 배분하는 행태를 보이고 있는 점은 매우 우려가 되지 않을 수 없다.

패러다임은 이를 제안한 Strauss와 Corbin(1998/2001)이 명확히 지적하고 있는 바와 같이 "자료를 분석하는 데 있어 취할 수 있는 하나의 관점 이상의 것은 아니다". 즉, 이것은 체계적으로 구조와 과정이 통합될 수 있는 방식으로 자료를 수집하고 정돈하는 것을 돕는 하나의 분석적 관점에 지나지 않는다. 하지만 현재까지 산출된 근거이론 방법을 적용한 연구들은 이러한 가이드라인을 무시하고 '코딩 패러다임의 구성 요소'를 위한 코딩을 하는 경향이 있다. 특히 우려되는 점은 이들 연구들이 자신이 발견한 요소들이 나타내는 관계의 본질과 유형에 대해 제대로 성찰하거나 이해하지 못한 채 기계적으로 이러한 코딩을 하는 경향이 있다는 것이다. Strauss와 Corbin(1998/2001)이 적절히 언급하고 있듯이, "정말로 중요한 것은 오히려 범주들이 서로서로 연결되는 패턴과 방식을 발견하는 것이다. 코딩 패러다임은 유용하기는 하지만, 결코 경직된 방식으로 사용되어서는 안 된다. 그렇지 않으면 이것은 수단이라기보다는 목적이 되어 버릴 것이다"라는 경고를 귀담아 들을 필요가 있다(※ 패러다임 모형의 보다 바람직한 활용방식과 관련한 추가적 논의는 제9장을 참조).

한편, 기노시타(木下)의 수정근거이론은 Strauss와 Corbin의 근거이론보다는 좀 더 객관주의적인 입장을 취하고 있다. 하지만 기본적으로 두 접근방식이 모두 실용주의를 근거이론적 방법의 중요한 인식론적 기초로 깔고 있어서 이에서 연유하는 공통된 지점도 많이 존재한다. 차이가 있다면, 전자는 행정 서비스를 염두에 두고 제공하는 서비스의 실천적/직접적 개선에 초점을 두고 있고, 후자의 경우는 현상의 실제적 개선 보다는 행위 혹은 현상의 설명에 보다 중점을 두고 있는 점이라고 할 것이다. 기노시타의 수정근거이론은 필자가 이 책에

6) 물론 이러한 오용이 발생하는 것은 패러다임 모형을 제안한 Strauss와 Corbin(1998/2001) 등이 저술한 근거이론 교과서(그리고 이를 번역한 번역서)에서 인과적(causal) 조건, 맥락적(contextual) 조건, 중재적(intervening) 조건(conditions)의 의미에 대해 매우 모호하게 기술하고 있는 것도 중요한 이유 중 하나를 제공하고 있다. 또한 이는 근거이론이 태동한 간호학 분야와 교육행정학 등 사회과학 분야에서 수행되는 연구의 성격 차이에도 그 이유가 있는 것으로 생각된다.

서 제시하고 있는 근거이론 방법에 대한 중요한 기초를 제공하고 있으므로 이를 좀 더 구체적으로 살펴볼 필요가 있다. 기노시타의 수정근거이론은 앞서 언급했던 기존의 근거이론 방법에 비해 크게 다음의 여섯 가지 측면에서 차이를 보이고 있다(기노시타, 2013/2017).

첫째, 자료 분석과정에서 '얕은' 개념을 과잉 생산하는 데이터의 '기계적' 절편화를 반대한다. 흔히 질적자료 분석 S/W를 사용하는 연구에서는 주로 줄 단위 코딩을 통해 데이터의 '기계적' 절편화를 하는 경향이 있다. 이 경우 '데이터'와 '개념'을 1 대 1 대응에 가까운 형태로 코딩을 하게 되어 코딩된 개념 자체가 맥락을 반영하지 못한 피상적인 것인 경우가 많다. 기노시타(2013/2017)에 따르면 물론 이러한 접근방식도 "철저하게, 즉 컴퓨터가 행하듯이 한다"라면 하나의 분석방법(예컨대, 특정 행위의 빈도수 체크를 통한 초등학생들이 수업행동 분석)은 되기는 할 것이지만, 이는 수정근거이론에 사용하는 개념 생성 방식과는 크게 차이가 있다는 점을 분명히 하고 있다.[7] 이런 방식으로 간단하게 개념을 만들기 시작해 버리면 맥락과 유리되어 연구자가 개념에 대한 정교한 이해가 부족한 가운데 데이터와 멀어져 가게 될 우려가 있다는 것이다. 데이터를 '해석'하여 생성하는 개념은 '하나의 구체적인 예의 의미'에 직접적으로 대응하여 개념을 생성하는 것이 아니라, 이와 유사한 또 다른 구체적인 예까지도 설명할 수 있는 보다 상위의 개념을 생각해야 하기 때문이다. 즉, 수정근거이론에서 생성되는 개념은 어느 정도 다양성에 관한 설명 가능성이 요구되기 때문에 개념은 어느 정도 추상화된 것이 되며, 비유적으로 말하면 "데이터(구체적인 예)와 개념 간 1대 1 대응의 관계가 아니라 1 대 10 대응이 될 필요가 있다"는 것이다(기노시타, 2013/2017). 최근 우리나라에서 출판된 근거이론을 사용한 논문(특히 질적 자료 분석 S/W를 사용하여 자료를 분석한 논문)에서 흔히 나타나는 문제점은 기계적 절편화를 활용한 '얕은' 개념을 많이 만드는 것이라고 할 수 있다. 이러한 경향은 기노시타(2013/2017)가 지적하는 것처럼 하나의 구체적 예와 그 것을 설명하는 개념이라는 1 대 1 대응관계라는 입장에서 개념을 생성하는 경향이 있기 때문이다. 수정근거이론에서는 연구자의 창의성이 최대한 발휘되어 자료 분석 과정에서 의미의 심층적 해석을 할 수 있도록 자료의 기계적 절편화를 반대하는데, '워크시트'(제9장에서 자세히 설명)는 이러한 개념 생성작업을 도와주면서 이 과정에서 이루어진 성찰 과정과 해석을 연구자가 체계적

7) 기노시타(1999: 209-211)는 이러한 줄단위 코딩 방식을 'Glaser적 속박(기노시타, 1999: 209-211)'이라고 지칭하며, 수량적 연구방법을 토대로 한 인식론을 가지고 있는 Glaser가 수량적 분석과 동등 정도의 엄밀함을 담보하기 위하여 분석자를 데이터에서 분리하여 중립적, 객관적 위치에 두기 위하여 취한 방법이었다고 비판하고 있다. 즉, Glaser가 가지고 있는 실증주의적 인식론을 고려하면 이해할 수 있는 것처럼, 그가 이러한 기계적 절편화 방식을 도입한 이유는 질적 데이터라 하더라도 양적 자료 분석에 가까운 엄밀함을 담보하는 방법이 필요했기 때문이라고 한다. 하지만 앞서 살펴보았듯이 Glaser는 당초의 입장(1978)과는 달리 Glaser(1992/2014)를 통해 줄단위 코딩에 대한 지지를 철회한 것으로 보인다(Charmaz, 2006/2013).

으로 기록하는 도구라고 할 수 있다.

둘째, 연구자 정체성을 명확히 반영하기 위해 '연구하는 인간'이라는 시점을 명시적으로 도입한다. 수정근거이론에서는 의미 해석과 관련된 판단을 행하는 사람을 '연구하는 인간'으로 규정하고 이를 일관되게 강조하고 있다(기노시타, 2013/2017). 따라서 자료에서 획득한 의미에 대해 무엇보다 연구자 자신이 이론적 민감성을 바탕으로 사실감(reality)을 느낄 수 있는지 여부가 중요하다. 이 때문에 연구자는 자신의 문제와 관심을 가급적 명확하게 인식할 필요가 있다. 이로부터 해석 작업에 대한 연구자의 진지한 성찰과 판단이 가능할 수 있기 때문이다. 이론적 민감성에 기초한 나름의 해석적 통찰력은 분석과정에서 그냥 얻어지는 것이 아니라, 분석과정에서 연구자 개인이 가지는 이론적 민감성이 효과적으로 발휘될 때 비로소 얻어질 수 있는 것이다. 그러므로 이론적 민감성의 획득은 특정한 기법에 대한 숙달만을 가지고 이루어지는 것이 아니라, 오랜 기간에 축적된 연구자의 실천적 경험과 선행연구의 숙지 등으로 달성되는 이론에 대한 친밀감이 함께 결합됨으로써 나타나는 것이라고 볼 수 있다. 이렇게 보면 문제는 자료 수집이나 분석과정에서 연구자가 초동적 코드를 얼마나 많이 만들어 내는가가 중요한 것이 아니라, 만들어진 코드가 연구자가 가지고 있는 이론적 민감성에 기초하여 얼마나 의미 있게 해석될 수 있는지 여부가 보다 중요한 것이라고 볼 수 있다.

한편, 수정근거이론에서는 연구자의 주관성을 완전히 배제하는 것은 불가능하기 때문에 오히려 이를 명시적으로 인정한다. 따라서 사람에 따라 해석내용에 일정 부분 차이가 나는 것은 매우 자연스러운 일이라고 주장한다. 다만, 연구자들 간 연구의 목적의식과 연구주제에 대한 이해가 충분히 공유된 상태라면 결과적으로 해석 결과의 차이가 크지는 않을 것이라고 가정한다(기노시타, 2013/2017). 따라서 수정근거이론에서는 근거이론 방법을 포함한 다른 질적 연구에서처럼 연구자의 지나친 주관성의 개입을 최소화하기 위해 다양한 안전 장치(예컨대, 자료, 연구자, 이론의 다원화 기법, '붉은 깃발 들기' 등)(Strauss & Corbin, 1999/2001)를 철저히 시행하되, 실현 불가능한 '판단중지'보다는 오히려 연구자의 정체성을 명확히 기술함으로써 다른 사람들에게 연구자 자신의 주관성의 개입을 이해 가능한 형식으로 명확하게 제시하는 방식이 보다 합리적이라고 보고 있다. 즉, '어떻게'를 이야기하기 전에 '누가'를 명확히 하여 연구자가 도출한 결론에 도달한 판단의 과정과 근거를 '워크시트' 등을 통해 언어화, 외재화하여 보여 주는 작업이 필요하다는 점을 강조한다. 이러한 '사고의 언어화'를 통한 외재화의 목적은 연구자가 자신의 선행지식과 이론적 민감성을 객관적인 분석을 위해 판단정지, 혹은 동결하는 것에 있지 않고, 오히려 연구자가 가진 통찰력을 가능한 한 적극적으로 활용하여 의미 해석을 충실히 할 수 있도록 만들어 주는 데 있다(기노시타, 2013/2017).[8)]

셋째, 기노시타가 명시적으로 언급한 것은 아니지만, 수정근거이론에서 개념 생성을 위해 사용되는 '워크시트'를 통해 연구자가 분석결과를 도출한 과정과 근거의 외재화를 추구할 수 있다. 수정근거이론에서는 연구자의 판단 과정, 내용과 근거에 대해 해당 연구를 읽는 다른 사람이 이해할 수 있는 형태로 제시할 수 있는가가 중요하다. 즉, 연구자 개인이 자신이 도출한 연구결과에 이르게 된 과정과 근거를 명확히 외재화하여 보여 줌으로써 (1) 연구자 스스로 자신의 판단에 대해 '왜 그렇게 생각하게 되었는가?'를 지속적으로 질문하면서, 자신의 최종적 판단의 과정과 근거를 심사자 등 타인들에게 보여 줄 필요가 있다. 이것이 가능할 때 비로소 분석의 결과와 그 과정에 대한 신뢰성이 보다 적절히 확보될 수 있다고 보는 것이다. 기노시타가 제시한 '워크시트'를 사용한 개념 생성은 전혀 새로운 접근방식이라고 할 수는 없지만, 분석 워크시트라는 하나의 정형화된 포맷은 분석결과의 외재화와 타인에 의한 분석 결과 검토의 타당성을 높일 수 있는 좋은 방안의 하나로 생각된다.[9)] 즉, 질적 연구에 경험이 없어 단순히 기존 이론과 개념을 바탕으로 '끼워 맞추기식' 분석을 하려는 유혹을 느끼기 쉬운 초보 질적 연구자들이 연구과정에서 자신의 개념 도출 과정과 근거를 분석결과의 타당성을 뒷받침하는 자료(예컨대, 부록)로서 첨부하도록 하면 연구의 진실성과 타당성 향상에 많은 도움이 될 수 있다고 생각된다.

넷째, 데이터의 해석에 있어서 '분석초점자'라는 시각을 도입한다. 기노시타에 따르면 '분석초점자'란 실제로 면담에 응해 준 학생 A, B와 같이 특정한 개인을 가리키는 것이 아니라, 그 대상자를 추상화한 집단을 대변하는 가상적 존재를 말한다. 여기서 한 가지 주의할 사항은 분석초점자 관점에서 의미를 생각한다는 것은 면담 대상자인 학생 A 및 B가 어떻게 생각하는지를 이해하는 것과는 다르다는 점이다. 물론 그것은 그것대로 중요하지만, 면담참여자 본

---

8) 이는 권향원 · 최도림(2011: 295)이 자신의 논문에서 펼친 다음의 주장과도 맥을 같이한다. "질적 연구 수행방식에 대한 가장 흔한 오해 중의 하나는 연구를 수행할 때 선행연구에 대한 검토 없이 백지상태 혹은 판단중지(epoche) 상태로 임해야 한다는 것이다. 이는 다양한 질적 연구 접근방식의 특성에 대한 심층적 이해 없이, 특히 현상학적 접근의 인식론적 가정인 '사태를 사태 자체'로 보기 위해서는 선행지식이 주는 선입견을 최소화해야 한다는 입장을 다른 질적 연구방법(예컨대, 근거이론적 방법)에 그대로 대입하면서 나타나게 된다. 근거이론적 접근방법은 우리의 지식의 근원은 '기존에 가지고 있던 선행지식과 경험을 통해 얻은 관찰과의 변증법적 상호작용'에서 온다고 가정한다. 따라서 근거이론적 논리에서는 선행연구나 개념의 분석 없이 백지상태로 연구에 임한다는 것은 현실적으로 불가능할 뿐만 아니라, 이렇게 철저하게 비구조적인 연구는 무작위적이고 형체가 없는 것으로 전락되어 버릴 가능성이 농후한 것으로 비판한다."

9) 초보연구자들이 질적 연구 논문을 쓸 때 지도나 심사과정에서 어려운 점은 그러한 분석결과를 어떠한 과정과 논리를 통해 도출했는지를 체크하기가 매우 어렵다는 점이다. 워크시트는 이러한 점에서 분석과정을 외재화하여 심사자나 지도교수가 체크할 수 있는 좋은 방법이 아닌가 한다.

인은 의식하고 있지 않는 사항, 알지 못하고 있는 사항까지도 연구의 목적상 필요하다면 분석초점자의 관점에서 연구자가 이를 읽어 나가야 한다. 즉, 분석초점자를 시점으로 경유하지만 의미의 해석은 결국 연구자가 책임을 가지고 행하지 않으면 안 된다는 것이다(기노시타, 2013/2017). 예컨대, 교수학습센터에서 운영하는 특정한 학습법 향상 프로그램의 운영자라면 참여 학생 A, B의 개인적 경험과 의견도 중요하지만 해당 프로그램에 참여하는 학생 전체(예컨대, 1학기 참여자 100명)의 경험과 의견을 총체적으로 파악해야 다음 단계(2학기)에서의 프로그램 개선방향을 효과적으로 도출해 낼 수 있다.[10)]

이렇게 연구목적에 따라 설정된 특정한 사람(예컨대, 학습법 향상 프로그램 운영자) 혹은 추상화된 가상적 집단(예컨대, 프로그램 참여 학생들)의 시점에서 자료의 해석이 이루어지므로, 특히 교육행정학 분야에서 필요한 주어진 여건에서 시행을 전제로 하나의 가장 타당한 잠정적 대안을 찾는 것을 목적으로 하는 실행지향적 연구(예컨대, 다음 학기 A 학교에서 시행할 학습법 향상 프로그램의 구안 연구)에서 '분석초점자'의 설정은 매우 유용한 측면이 있다. 즉, 이 경우 외부자로서의 전문 연구자는 자신이 가진 이론적 민감성과 통찰력을 가지고 연구결과를 활용하기를 원하는 '분석초점자'(예컨대, 프로그램 운영자)의 관점에서 다양한 구성원(참여 학생들)의 의견과 경험을 종합적으로 해석하여 잠정적으로 타당한 하나의 대안(현장밀착형 이론)을 도출하게 된다. 연구자가 목적적으로 설정한 '분석초점자'의 입장에서 데이터의 해석이 이루어지기 때문에, 독자(문제의 해결을 원하는 사람, 예컨대, '프로그램 운영자')의 입장에서는 이해가 용이한 것뿐 아니라 연구결과를 실천에 활용하기 쉬워진다. 따라서 분석초점자를 설정하여 연구목적(분석의 관점), 자료 수집과 분석의 범위를 명확히 하는 것은 자신의 해석결과에 명확한 설득력을 부여하기 위한 적극적인 연구 활동이라고 할 수 있다. 반면, 다양한 구성원이 해석 · 구성하는 사실을 '다중적 진리'로서 존중하는 입장에서는 기본적 연구목적이 개별 구성원들이 실제 경험한 주관적 실재를 그대로 생생하게 드러내는 것을 강조하기 때문에 이 경우에는 목적적으로 설정된 집합적 개인들을 대변하는 '분석초점자'의 설정이 의미가 없는 것이라고 보면 될 것이다. 이렇게 보면 특히 교육행정학 분야에서 기노시타가 제안한 '분석초점자' 개념의 도입은 연구의 실천적 활용가능성을 높일 수 있는 매우 큰 잠재력을 가지고 있다. 따라서 필자가 볼 때 이는 기노시타의 수정근거이론의 가장 핵심적 공헌이라고 생각된다.

10) 물론 이때 참여학생들 중 특별히 어려움을 겪는 소수의 학생들(예컨대, 시각장애를 가진 학생인 C)의 어려움을 생생하게 드러내고 이에 대한 대책을 촉구하는 연구도 가능하지만 이는 완전히 별개의 연구로 접근하는 것이 타당하다.

다섯째, 기존 근거이론 방법론 교과서에 제시된 '이론적 포화화' 개념의 실제 적용상 어려움을 감안하여 보다 현실적 접근방식을 채택한다. Strauss와 Corbin(1998/2001)은 "특별한 범주에 적절한 최종적 자료생성이나 수집에서 새로운 코드가 더 이상 나오지 않을 때, 그리고 범주는 모든 하위범주와 이들의 속성과 차원들이 명백하게 연결되고 통합되는 지점까지 개념적으로 잘 발전되었을 때, 이론적 포화에 도달하는 것으로 정의"하고 있다. 하지만 초보연구자들뿐만 아니라 심지어 숙련된 연구자들조차도 근거이론의 핵심적 개념 중 하나인 '이론적 포화화'에 대한 판단 기준이 애매한 상황에 처할 경우가 많다. 따라서 기노시타(2013/2017)는 이렇게 대부분의 연구자가 직면하고 있는 자료 수집과 관련한 물리적 한계를 인정하여, 좀 더 현실적으로 실천 가능한 방법을 제안하고 있다. 즉, 분석대상으로 하는 데이터를 연구설계 시에 1차적으로 명확하게 한정하여 분석을 진행하고, 연구 수행과정에서 데이터의 추가 수집이 필요하다고 판단하는 경우에도 현실적 제약으로 말미암아 곤란한 경우에는 어디까지 데이터의 확인을 할 수 있었는지를 구체적으로 명시하는 것을 조건으로 데이터의 범위를 한정하는 접근방식을 허용한다. 만약 이러한 현실적 접근을 하지 않고 실제로 교과서적 '이론적 포화화'에 대한 개념에 기초하여 자료 수집 종료의 판단을 하는 경우 실제 연구자들이 많은 문제점에 부닥칠 수밖에 없다는 것이다. 특히 그는 Glaser, Strauss, Corbin, Charmaz와 같은 근거이론가들이 교과서적 '이론적 포화화'란 개념에 천착할 수 있었던 이유는 이들의 연구가 주로 간호학 분야, 특히 개인을 분석단위로 하고 있었으므로 이론적 포화화를 하기 상대적으로 쉬웠기 때문이라고 주장한다. 기노시타의 접근방식은 사실 "초기 문화인류학자들과 같이 한 연구주제에 대해 장기간 조사에만 전념할 수 있는 사람은 지극히 선택받은 소수에 불과하고, 실제 사회과학 분야의 대부분의 연구자는 제한된 기간과 자원 속에 한정적으로 데이터 수집을 하지 않을 수 없다"라는 당면한 현실에 대한 고려를 바탕으로 하고 있다. 만약 이러한 현실적 제약 조건을 고려하지 않고 규범적인 측면만 강조하게 되면 오히려 이상과 현실의 괴리가 커지게 되고, 연구자들로 하여금 윤리적 딜레마에 빠지게 만들 우려가 커진다는 것이다.[11]

11) 예컨대, 이를 현재 우리 교육행정학계의 상황에 대입해 보면 근거이론을 활용한 대부분의 논문에서 실제 이론적 포화화에 도달했다고 보기 어려운 상황에서도 교과서에 쓰인 내용("더 이상 새로운 내용이 나오지 않아")만을 기계적으로 반복하는 부작용이 생기고 이 경우 연구자들은 어쩔 수없이 윤리적 딜레마에 빠질 가능성이 크다. 필자의 연구결과 이러한 문제점이 출판된 선행연구들에서 광범위하게 나타나고 있는 것으로 나타났다(변기용 외, 2020).

여섯째, 현실에서의 적용을 통해 도출된 근거이론의 타당성을 검증한다. 기노시타(2013/2017)는 "생성된 이론은 논문의 발표에서 완결되는 것이 아니라, 연구결과가 현실에서 실천을 통해 검증된다"고 주장한다. 즉, 응용이 연구결과의 타당성 검증도 된다는 '이론의 실천 지향성'을 강조하고 있다. 수정근거이론에서 산출된 이론은 응용하는 사람이 자신이 놓여 있는 상황 특성을 감안하여 수정을 계속하면서 활용해 나가게 된다. 이런 의미에서 그는 "완성된 이론이란 없으며, 지속적으로 발전해 나가는 것"이라는 진리에 대한 실용주의적 입장을 견지하고 있다. 특히 기노시타는 "아무리 훌륭한 근거이론이라 해도 그것만으로 문제를 해결할 수는 없으므로 반드시 주체적 행위자로서 응용하는 인간이 필요[하며]……. 행정서비스 분야는 실천을 빼고는 성립하지 않으므로 연구자와 실무자가 협조하여 이 과제를 풀어 나가야 한다"는 점을 강조하고 있다. 본인이 이에 대해 명시적으로 이야기하고 있지는 않지만, 필자가 보기에 이러한 기노시타의 주장은 방법론으로서 '근거이론적 방법'과 연구자의 가치 지향성으로서 '실행연구'가 적절히 접목될 수 있는 새로운 가능성을 제시해 주는 것으로 생각된다.

2) 종합 및 비평

이상에서 정리한 네 가지 주요 근거이론 접근방식의 특징과 기본입장을 간략히 요약하여 제시하면 〈표 2-3〉과 같다.

〈표 2-3〉 네 가지 주요 근거이론의 주요 특징과 기본 입장

<table>
<tr><th></th><th>Glaser</th><th>기노시타</th><th>Strauss & Corbin</th><th>Charmaz</th></tr>
<tr><td rowspan="2">주요
관점</td><td rowspan="2">실증(객관)주의
순진한 실재론</td><td>약한 객관주의</td><td>약한 구성주의</td><td rowspan="2">구성주의</td></tr>
<tr><td colspan="2">사회실재론, 실용주의</td></tr>
<tr><td>연구자
역할</td><td>객관적 연구자
이론은 자료로부터 출현하는 것</td><td colspan="2">이론은 자료 속에서 출현하는 것이 아니라,
연구자와 참여자 간 상호작용의 산물,
하지만 참여자의 통찰력을 보다 강조</td><td>이론은 연구자와
참여자의
상호작용의 산물</td></tr>
<tr><td>선행
연구
검토</td><td>선행연구나 기존이론은
선입견 형성을 통해
좋은 연구를 방해</td><td colspan="2">이론적 틀이 어느 정도 실용적 가치를 지니고
있으며, 특히 연구결과의 해석에 중요하게 기여</td><td>연구자 인식 여부와
관계없이 연구자는
자신이 구성한
이론의 일부분</td></tr>
<tr><td>코딩
방식</td><td colspan="2">'단어/줄 코딩'은 맥락과 동떨어진 피상적 개념을
과잉 생산하기 때문에 반대
'코딩 패러다임'은 개념적으로 강제된 서술을 강제하므로 반대</td><td>단어/줄 코딩
초보자를 위한 일종의
가이드라인으로서
'코딩 패러다임' 제안</td><td>단어/줄 코딩
코딩 패러다임'은
개념적으로 강제된
서술을 강제하므로
반대</td></tr>
<tr><td>핵심
범주에
대한
생각</td><td>핵심범주가 없으면 근거
이론은 불가능
개방코딩에서 선택코딩
(2단계)으로 넘어갈 때
1개의 핵심범주 확정
추후 이론적 표집은 핵심
범주와 관련된 범주를
포화시키는 것으로 제한</td><td>핵심범주를 발견할 수
있다면 좋지만 반드시
선택할 필요는 없음
범주 간의 관계를
체계적으로 파악하여
근거이론 형성이 가능
하다면 그것으로 좋음</td><td>핵심범주가 없으면 근거
이론은 불가능
하지만 핵심범주의 선택은
선택코딩(3단계)을 통해
이루어짐</td><td>핵심범주를 발견할
수 있다면 좋지만
반드시 하나의
핵심범주를 선택할
필요는 없음</td></tr>
<tr><td>기타
특징</td><td>『근거이론의 발견』의
'출현'과 '비교'의 원리를
충실히 계승
'구성주의적 근거이론'은
매우 제한된 범위에서만
적용 가능</td><td>데이터의 '기계적'
절편화 반대
'분석초점자'라는 시각
을 명시적으로 도입
현실 적용을 통해 이론
의 타당성 검증 강조</td><td>초보자에 대한 일종의
가이드라인으로서 '코딩
패러다임' 제시
가장 광범위한 추종자
그룹을 가지고 있음</td><td>구성주의적 근거
이론은 이론적
일반화를 목표로
하는 대신에 해석적
이해를 목표로 함</td></tr>
<tr><td>국내
번역본</td><td>Glaser & Strauss
(1967/2011);
Glaser (1992/ 2014)</td><td>최종혁(2012)
기노시타(2013/2017)</td><td>Glaser & Strauss
(1967/2011); Strauss &
Corbin 2판(1998/2009),
3판(1998/2001)</td><td>Charmaz
(2011/2014)</td></tr>
</table>

이상에서 소개한 네 가지 근거이론적 방법들은 각기 장단점을 가지고 있으며, 따라서 연구자들은 자기가 추구하는 연구 목적과 관심사에 따라 어느 하나의 접근방법을 택하거나, 혹은 각 접근방식을 특징짓는 핵심적 요소들을 부분적으로 보완하여 활용하는 방식으로 접근하면 될 것이다. 하지만 필자가 볼 때 근거이론의 방법론적 발달과정에서 가장 핵심적 토대를 제공한 것은 누가 뭐라 해도 'Strauss의 근거이론적 방법'이라고 생각한다. 다만, Strauss의 근거이론적 방법은 주로 간호학 분야에서 주로 만성질환자 등 개인을 연구대상으로 삼아 도출된 것이므로, 조직과 프로그램의 변화와 효과성 등을 주된 연구대상으로 하는 교육행정학 분야에서 활용할 때는 일정 부분 수정과 보완이 필요하다고 생각된다. 즉, 조직이나 프로그램이 분석 대상이 되는 교육행정 및 학교 조직과 정책 연구 분야에서 사회적 과정, 구성원들의 행태, 특정한 프로그램/조치의 작동 메커니즘에 대한 탐색을 하는 경우, 특히 연구결과가 현실적으로 문제가 된 사회적 현상의 해결 및 개선을 위해 실천적 활용이 기대되는 연구를 수행할 경우에 Strauss의 근거이론적 방법을 토대로 수정을 가미한 기노시타의 수정근거이론이 보다 적절한 접근방식이라고 생각된다.

이상의 논거를 종합적으로 정리할 때 필자가 생각하는 교육행정학 분야의 연구에 근거이론적 방법을 활용할 때 핵심적으로 고려해야 하는 요소들은 다음과 같다.

먼저, 상징적 상호작용론과 실용주의에 기초한 Strauss의 근거이론적 방법은 현재 우리 사회과학계에서 가장 폭넓게 받아들여지는 방법으로서 절대적 영향력을 발휘하고 있다. 즉, (1) Glaser의 상대적으로 경직적인 접근방식에서 초래되는 다양한 문제점(예컨대, 선행연구 검토 및 이론 활용의 부인, 연구자의 적극적 역할을 부인하고 객관적인 연구자 입장 견지, 이론은 단순히 자료에서 도출되는 것)을 극복하고, 또한 (2) 상대적으로 강한 구성주의적 입장을 견지하고 있는 Charmaz와는 달리 '약한 구성주의(Schwandt, 2000)'에 입각하여 보다 유연한 근거이론 방법을 제안하고 있는 점은 필자가 보기에 Strauss와 Corbin의 근거이론 방식이 왜 이제까지 우리나라뿐만 아니라 전 세계적으로 지배적 위치를 차지해 왔는가라는 점을 웅변으로 증명해 주고 있다고 생각한다. 이런 관점에서 필자는 기본적으로 Strauss의 '근거이론 접근방식'을 필자가 추구하는 교육행정학 연구에서도 주된 접근방법으로 채택하는 데 별다른 주저함이 없다. 필자가 특히 주목하는 Strauss와 Corbin의 근거이론 방법의 특징은 다음과 같다.

1) 실용주의는 문제를 해결하는 과정에 초점에 두면서 행위자의 관점에서 그들의 대응 과정을 분석한다. 시카고학파는 자료 수집의 방법으로 현장관찰과 심층면담 방법을 중시한다 (1987: 5–6).

2) 인간의 상호작용으로 구성되는 사회현상을 복잡하고 변화하는 것으로 보지만, 사회현상의 실재성을 부정하지는 않는다. 이는 진리가 단순히 '저 밖에 있는 세계(the world out there)'라고 생각했던 Glaser의 순진한 실재론과는 차이가 있으며, 실용주의 철학자(예컨대, Dewey, Rorty)들이 말하는 '새로운 진리가 나타나기 전까지 잠정적으로 인정되는 타당한 진리'라는 관념과 상통하는 진리관이라고 할 수 있다.
3) 자료에 입각한 귀납적 접근뿐만 아니라, 연역적 접근의 중요성을 인정한다. 이론은 자료와 밀접한 관계를 가져야 하지만, 이론이 자료 속에서 나오는 것이 아니다. "이론은 연구자와 자료 사이의 상호작용의 산물이다." 이론을 개발함에 있어서 연구자의 '경험적 자료(experiential data)', 즉 '머릿속에 있는 자료(data in the head)'의 중요성을 강조한다.

하지만 필자는 Strauss와 Corbin이 제안한 '코딩 패러다임'이 현재 우리나라 사회과학계에서 수행하고 있는 근거이론의 그릇된 적용에 대한 일종의 단초를 제공했고, 현재 학계의 출판 관행상 앞으로도 그러한 오남용이 크게 우려된다(예컨대, 별다른 문제의식 없이 코딩 패러다임에 자료를 기계적으로 끼워 맞추는 행태의 만연)는 점에서 '코딩 패러다임'에 관한 Glaser와 Charmaz의 비평이 현 시점에서 귀 기울일 필요가 있는 중요한 지적이라는 데 동의한다. 앞서 논의했듯이 그러한 오남용으로 인한 폐해의 문제가 코딩 패러다음을 제안한 Strauss와 Corbin의 책임이라는 점에는 동의하지 않지만, 현재 우리 교육행정학계에서는 '코딩 패러다임'의 제시가 당초 초보자에게 나름의 기준을 제시한다는 긍정적 기능보다는, 근거이론적 방법의 본령인 연구자의 창의적 통찰력을 통한 이론의 생성을 저해하는 부정적 효과를 초래할 가능성이 훨씬 더 크다는 점에서 필자는 현재와 같은 '코딩 패러다임'의 무분별한 활용은 명확히 반대한다.

둘째, 필자는 앞서 소개했던 기노시타의 수정근거이론이 제안하고 있는 몇 가지 중요한 관점과 접근방식이 Strauss와 Corbin이 제안한 근거이론 접근방식이 가지고 있는 일정한 한계를 보완해 주고 있다고 생각한다. 특히 앞서 제시했던 다음 여섯 가지의 수정근거이론의 기본적 요소들은 필자가 추구하는 교육행정학 분야에서의 근거이론적 방법의 보다 적절한 활용을 위한 중요한 통찰력을 제공해 준다고 생각한다. (1) 자료 분석과정에서 '얇은' 개념을 양산하는 데이터의 '기계적' 절편화 반대, (2) 연구자 정체성을 명확히 반영하기 위해 '연구하는 인간'이라는 시점을 명시적으로 도입, (3) '워크시트' 도입을 통한 분석결과의 외재화, (4) 데이터의 해석에 있어서 '분석초점자'라는 시각을 도입, (5) '이론적 포화화'에 대한 현실적 접근방식 채택, (6) 현실에서 적용을 통해 도출된 이론의 타당성을 검증.

마지막으로, 필자는 구성주의에 기초하여 구성(해석)주의적 질적 연구의 전통에서처럼 '다중적 실재'를 강조하는 Charmaz의 구성주의 근거이론 방법은 '필자'가 추구하는 교육행정학 연구를 위한 접근방법으로는 상대적으로 적절하지 않다고 생각한다. Charmaz의 구성주의 근거이론은 사실 다른 세 가지 근거이론 접근방법들과는 상당히 다른 입장을 취하고 있다. 예컨대, Charmaz는 "구성주의적 근거이론은 이론적 일반화를 목표로 하는 대신에 해석적 이해를 목표로 한다", "구성주의자들에게 '일반화'는 여전히 편파적이고, 조건적이고, 특정상황에 놓인 것이다……. 연구자가 단일 방법과 단일지식을 가정한다면, 결국 반대자의 들리지 않는 목소리와 고통으로 인한 침묵과 같은 미묘한 차이들을 알기에는 부족하다"라고 주장하고 있다. 이러한 Charmaz의 견해는 물론 공식적 학교 제도에서 소외되는 소수의 장애학생, 외국인 학습장애학생 등 소수의 개인이 분석단위가 될 경우에는 충분히 의미가 있다. 하지만 필자가 추구하는 학교 조직, 프로그램 등을 대상으로 특정한 시점에서 전체 학교(프로그램)의 질적 개선을 종국적 목적으로 조직 혁신, 프로그램, 교수 방식의 효과성을 탐구하는 형태의 연구에서는 그 유용성이 떨어질 수밖에 없다고 생각한다. 아울러 다중적 실재를 강조하는 Charmaz의 근거이론이 과연 기존의 구성주의적 질적 연구와 어떤 차이가 있는지에 대해서도 여전히 의문이 남는다.

이와 관련 일찍이 Glaser는 Charmaz의 구성주의 근거이론 방법에 대해 그 방법론적 가능성을 인정하지만, 그런 사례는 불치병 환자의 연구와 같이 대단히 제한된 부분에만 적용될 수 있다고 논평한 바 있다. 즉, Glaser가 제시한 비판의 요지는 Charmaz의 구성주의적 분석은 매우 제한된 특정한 사회현상을 분석할 때만 유용하다는 지적이다(이영철, 2014). 필자는 이러한 Glaser의 지적에 전적으로 동의하는 바이며, 각자의 연구 목적에 맞는 접근방식이 필요함을 여기서도 확인할 수 있다는 점을 다시 한번 강조하고 싶다.

제3장 근거이론적 방법의 이론화 논리

1. 근거이론적 방법에서 추구하는 이론과 이론화 논리
   1) 근거이론적 방법에서 추구하는 이론
   2) 이론의 중층적 구조: 실체이론 vs. 공식이론(중범위이론) vs. 일반이론
   3) 근거이론 접근 방법에서 추구하는 이론화의 논리
2. 근거이론적 방법에서 추구하는 귀납적-질적 이론화의 정당화 문제
   1) 워크시트를 통한 분석결과의 외재화
   2) 이론의 타당성 검증 수단으로서 '문제해결 가능성'
   3) 전문가들 간의 지속적 상호작용과 대화를 통한 연구결과의 타당성 제고
3. 근거이론적 방법의 인식론적 토대

제3장에서는 '현재 학문공동체에서 흔히 받아들여지고 있는 이론과 근거이론적 방법에서 추구하는 이론의 개념은 어떻게 차이가 있는가?'라는 기초적 질문으로부터 논의를 시작한다. 근거이론적 방법은 현장에서 수집한 데이터에 근거(grounded)하여 주어진 맥락에 타당한 설명력을 가진 실체이론을 생성하고, 이를 발전시켜 보다 다양한 맥락에서 범용적 설명력을 가지는 중범위이론을 만드는 것을 최종적 목적으로 한다. 이어지는 제2절에서는 연구자의 주관이 많이 작용할 수밖에 없는 질적 연구에서 도출된 이론의 타당성을 높이는 방법을 선행연구에서의 설명을 기초로 구체적으로 논의한다. 결국 질적 연구에서는 연구자가 선택한 판단의 과정과 근거를 언어화(외재화)하여 타인에게 있는 그대로 보여 주는 것이 가장 현실적인 대안이며, 이 외 실행연구에서 강조하는 도출된 이론의 타당성 검증 수단으로서의 '문제해결 가능성', '전문가들 간의 지속적 상호작용과 대화를 통한 연구결과의 타당성 제고(실용주의적 엄밀함)' 등을 추가적 대안으로 소개하였다. 마지막 3절에서는 근거이론적 방법은 기존의 실증주의와 구성(해석)주의의 이분법적 패러다임의 중간 영역에 위치하는 제3의 인식론적 배경을 가지고 있으며, 이는 곧 양적 연구와 질적 연구가 화학적으로 결합된 새로운 질적 연구 접근방식인 '실용주의적 질적 연구'의 가능성을 제시하고 있는 것임을 밝히고 있다.

1. 근거이론적 방법에서 추구하는 이론과 이론화 논리[1)]

1) 근거이론적 방법에서 추구하는 이론

'개념(concept)'은 현상을 요약하여 이를 추상화된 언어로 표현한 것이고, 이러한 개념과 개념들이 논리적으로 연결되어 진술의 형태로 표현된 것을 흔히 '이론(theory)'이라 부른다. 하지만 구체적으로 "이론이 무엇을 의미하는가?"에 대해서는 연구자 각자의 철학적 뿌리를 반영하여 각기 다른 양상으로 나타나기도 한다. 예컨대, '실증주의자'들은 이론을 개념들 사이의 설명적 관계로 정의하는 반면에, '해석주의자'들은 이론을 좀 더 추상적이고 비결정적인 방식으로 정의하는 경향이 있다(Birks & Mills, 2015/2015). 즉, 이론을 지나치게 개념과 개념 간의 관계에 치우쳐 현상에 대한 인과적 진술만을 이론으로 간주하는 입장에서 탈피하여, '현상의 특징을 포착하는 개념[예컨대, 유민봉 · 심형인(2009)의 체면, Stone(2012)의 정책 패러독스]'이나 '특정 개념의 속성을 좀 더 구체적으로 이해하려는 목적에서 도출된 현상의 유형을 분류하려는 노력[예컨대, Birnbaum(1988)의 동료형, 관료형, 정치형, 무정부형, 자율조절형 조직 모형]' 등도 이론에 포함시켜야 한다는 입장이다(윤견수 교수. 2019년 10월 26일 안암질적 연구 스터디 토론). 이때 전자의 이론을 만드는 것을 '관계적 이론화'(기존의 이론적 개념들 간의 상호관계에 대한 새로운 규명), 후자의 이론을 만드는 것을 '개념적 이론화'(기존의 이론적 개념들이 잘 포착하지 못하였던 현상에 대한 새로운 개념적 범주의 제시)라고 할 수 있다(권향원 · 최도림, 2011).

하지만 개념적 이론화와 관계적 이론화는 사실 상호 분절적 개념은 아니다. 오히려 이론 발전의 전체적 도정 속에서 서로 연계되어 있는 별개의 단계로 생각하는 것이 보다 적절하다. 즉, 사회 현상의 설명을 위해서는 통상적으로 '기존의 이론적 개념들이 포착하지 못했던 새로운 개념적 범주의 생성(개념적 이론화)'이 먼저 이루어지고 난 후, 그러한 개념을 중심으로 다시 다른 개념과의 인과 관계를 탐색하는 단계(관계적 이론화)로 넘어가는 것이 일반적이다. 따라서 '개념적 이론화'는 '관계적 이론화'라는 보다 심화된 이론 발전의 단계로 가기 위한 하나의 중간적 단계라고 보는 것이 타당할 것이다.

한편, 근거이론에서 추구하는 이론은 선험적이고 '불변의 진리(the truth out there)'가 아니라, 지속적 발달 과정에 있는 '과정으로서의 이론'[2)]이다. Glaser와 Strauss는 『근거이론의 발

1) 이 절의 내용은 변기용(2020). 근거이론적 방법의 이론화 논리와 과정: K-DEEP 프로젝트와 후속 연구과제 수행(2013~2019)을 중심으로. **교육행정학연구**, 38(3)에 수록된 2장의 내용을 발전시켜 기술한 것임을 밝혀 둔다.

2) 이 절에서 제시된 '과정으로서의 이론(Theory as Process)'에 대한 설명은 Strübing(2007: 585-586)의 내용을 연구자의 이해를 바탕으로 요약하여 제시했음을 밝혀 둔다.

견(Discovery of Grounded Theory』(1967/2011: 40)이란 책에서 "출판된 원고는 최종적인 것이 아니라, 이론을 형성하는 끝없는 과정 속에서 단지 하나의 기착지에 불과하다(The published word is not the final one, but only a pause in the never-ending process of generating theory)"라고 언급하고 있다. 만일 이론적 주제와 관련된 문제가 실재(reality)가 형성되어 가는 과정의 어떤 특정한 시점에 놓여 있다면, 이러한 실재를 포착하려는 이론들은 해당 시점의 상태뿐만 아니라, 실재가 발전되어 가는 과정 또한 전달할 수 있어야 한다. 이러한 관점에서 Strauss와 Corbin은 근거이론이 특히 다음과 같은 특징을 가지고 있음을 강조하고 있다.

> 근거이론은 다수 행위자의 상호작용을 포괄하고, 또한 시간적, 과정적 측면을 강조하기 때문에 놀랄 만한 유동성을 가지고 있다……. 근거이론은 모든 이론의 '영원히' 잠정적인 성격(the 'forever' provisional character)에 기초하여 연구자의 개방성(an openness of the researcher)을 요청하고 있다(Strauss & Corbin, 1994: 279).

발견 가능한 불변의 진리나 선험적으로 존재하는 사물의 속성이 존재하지 않는다는 입장에서 보면, 이론은 행위자들이 자신들이 지각한 실재를 상호작용을 통해 만드는 과정에서 적용하는 일종의 개념적 사고틀(conceptual thinking)에 불과하다. 이러한 관점에서 Dewey는 행위자들이 일상생활 속에서 발생하는 문제들을 해결하는 데 사용하는 '일반상식적인 이론(the common sense theories)'과 사람들의 행위, 그리고 행위의 기저에 깔려 있는 동기와 원인을 전문적 연구자들이 과학적 방법을 통해 생성한 '실증적 사회과학에서의 이론(theories of empirical social science)'을 기본적으로 동일한 범주로 인식하고 있다. 즉, 이러한 두 가지 유형의 이론을 이분법적 시각으로 바라보기보다는, 지식의 유형을 나타내는 연속선상의 어느 특정 지점에 위치하고 있는 상대적인 개념으로 보고 있는 것이다. 물론 과학적 이론은 일반상식적 이론에 비해 논리적 추론의 정도나 이론의 구축 과정에서 확보된 타당성의 정도라는 측면에서 차이가 있는 것이 사실이다. 하지만 과학적 이론이 가지는 이러한 속성들은 일정 정도는 일상적 문제해결 과정에서 습득된 개념적 지식에도 나타나는 것이다. 따라서 전통적으로 학문공동체에서 보다 추상화되고 공식화된 이론에 부여해 온 가치와 권위와는 대조적으로, 근거이론적 방법은 "모든 지식은 근본적으로 이론이다(all knowledge is theoretical to its core)"라는 생각으로부터 출발한다. 즉, 근거이론적 방법에서 이론은 가장 기초적 수준의 추상화로부터 시작되며, 최종적 목적은 도출한 이론의 추상화 수준을 높여 특정한 연구 목적에 따라 정의된 문제를 해결하는 데 필요한 정도까지 정련화시키는 데 있다. 다음 소절에서는 이와 관련된 논의를 '이론의 중층적 구조'라는 제목 하에 좀 더 자세히 논의해 보기로 한다.

2) 이론의 중층적 구조: 실체이론 vs. 공식이론(중범위이론) vs. 일반이론

'이론이 무엇을 의미하는가?'라는 질문과 관련하여 또 하나의 중요한 쟁점은 우리가 추구해야 하는 바람직한 이론은 (1) 맥락을 초월하여 적용될 수 있는 보편적 이론(예컨대, 맥락자유이론)인가 아니면 (2) 우리에게 주어진 크고 작은 특정한 맥락에서 발생하는 문제를 해결할 수 있는 현장에 밀착된 특수성을 가진 이론(예컨대, 실체이론/맥락기속이론, 혹은 공식이론/다맥락적 이론)인가라는 것이다. 이와 관련 권향원(2017)은 이론이 단일한 층위로 구성되어 있는 것이 아니라 추상도를 기준으로 다음과 같이 중층적으로 구성되어 있다고 설명하고 있다.

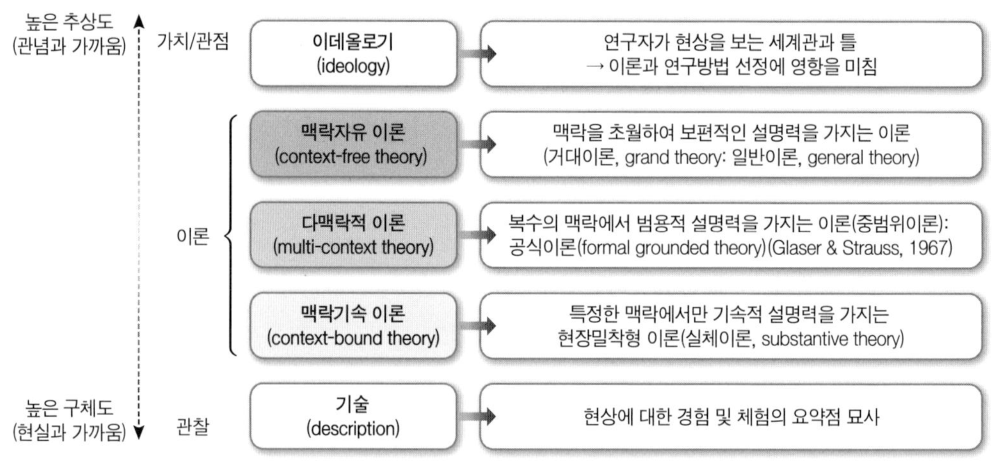

[그림 3-1] 이론의 중층구조 개념도

출처: 권향원(2017: 16)의 [그림 1]의 구조와 내용을 참조하되, 필자의 이해를 바탕으로 수정 · 재구성함.

주: 권향원 논문의 [그림 1]과 달라진 주된 내용은 (1) 공식이론(formal theory)에 대한 이해[이를 맥락자유이론으로 해석한 권향원(2017)과는 달리 필자는 Glaser(2007)에 근거하여 이를 다맥락적 이론, 중범위이론과 유사한 층위로 이해], (2) 맥락기속 이론과의 의미 전달상의 혼란을 막기 위해 권향원(2017)이 '맥락 특화이론(context-specific theory)'이라 명명한 것을 '다맥락적 이론(multi-context theory)'으로 명칭을 수정함. 아울러 (3) substantive theory를 '실질이론'으로 번역하는 권향원(2017)과는 달리 필자는 이를 '실체이론'으로 번역하여 이 책 전반에 걸쳐 사용함. 예컨대, 'substantive area'는 실질 영역으로 번역하는 것보다는 실체 영역으로 번역하는 것이 훨씬 자연스럽다고 생각했기 때문임.

이러한 관점에 따르면 이론의 유형은 "(1) 특정한 하나의 맥락에서만 설명력을 가지는 맥락기속이론(Glaser와 Strauss가 말하는 substantive theory: 실체이론) → (2) 복수의 맥락에서 보다 범용적 설명력을 가지는 다맥락적 이론(Glaser와 Strauss가 말하는 formal theory: 공식이론) → (3) 맥락에 관계없이 보편적으로 타당한 맥락자유이론(일반이론, general theory)"으로 개념화될 수 있다.

근거이론적 방법에서 일차적으로 생성하는 이론은 현장에서 수집한 자료에 근거하여 도출되는 실체이론(substantive theory)이다. 이 실체이론은 기본적으로 해당 이론이 도출된 맥락에서만 타당성을 가진다. 예컨대, 한동대의 맥락에서 도출된 '학부교육 우수대학의 특징과 성공요인', 혹은 '한동대 자기설계전공의 성공요인'은 일단 해당 대학의 맥락에서만 설명력을 가진다. 따라서 이를 현장밀착형 이론(기노시타, 2013/2017)이라고 부르기도 한다. 실체이론은 유사한 맥락에서 도출된 다른 실체이론 혹은 기존 일반이론과의 연계를 모색하는 과정에서 보다 범용적 설명력을 가지는 다맥락적 이론으로 발전해 나갈 수 있다. 예컨대, 필자가 한동대에서 도출한 학부교육 우수대학의 특징과 성공요인에 대한 '실체이론'을 K-DEEP 프로젝트에 참여한 다른 4개 대학에서 도출한 실체이론과 연계하여 보다 범용적 설명력을 가지는 다맥락적 이론을 제시(변기용 · 이석열 외, 2017)한 것은 그 예가 될 것이다. 실체이론이 당초 도출된 맥락의 범위를 넘어 이렇게 범용적 설명력을 가지게 될 때 Glaser와 Strauss(1967/2011)는 이를 공식이론(formal theory)이라고 불렀다. 그 이후 대부분의 근거이론가(예컨대, Kearney, 2001/2003; Gilgun et al., 1992; Dey, 1999; Alvesson & Skoldberg, 2000)는 개념적 추상성 혹은 보편성의 정도(degree of conceptual abstraction or generality)에 따라 실체이론과 공식이론을 구분하는 경향을 보이고 있다. 특히 Kearney(2001/2003)은 이를 '중범위이론(middle range theory)'과 같은 개념으로 이해하고 있다.[3)]

> 공식이론(Grounded formal theory)은 실체적 질적 연구(substantive qualitative research)에 기초한 중범위이론(middle range theory)이다. Glaser와 Strauss(1967/2011)는 공식이론을 "상황과 맥락에 걸쳐 나타날 수 있는 인간 경험의 특정한 유형을 기술하고 있는 것(describing a discrete kind of human experience that could be demonstrated across situation and context)"이라고 설명하고 있다(Kearney, 2001/2003: 228).

3) 한편, Glaser(2007)는 『근거이론 핸드북』에서 공식이론(formal grounded theory: FGT)을 "동일한 실체영역 그리고 다른 실체적 영역들에서, 다른 데이터와 연구를 가능한 한 광범위하게 활용하여 실체이론(substantive grounded theory)의 핵심범주에 대한 보다 일반적 함의를 모색한 이론(a theory of a FGT core category's general implications, using, as widely as possible, other data and studies in the same substantive area and in other substantive areas)이라고 정의하고 있다. 특히 그는 공식이론은 소위 거대이론(grand theory), 일반이론(general theory), 중범위이론(middle range theory)과는 다른 개념이라는 점을 강조하고 있다. 그는 자신이 인용한 다른 근거이론가들(예컨대, Kearney, 2001/2003; Dey, 1999; Alvesson & Skoldberg, 2000)이 모두 공식이론(formal grounded theory: FGT)의 의미를 잘못 이해하고 있다고 비판한다. 즉, 공식이론은 실체이론과 '추상성이나 보편성의 정도'로 구분되는 것이 아니며, 이는 바로 다원적 대화(pluralistic dialoguing)와 같은 핵심변인(혹은 범주)의 일반적 함의를 창출하는 것이라는 점을 강조하고 있다. 하지만 필자가 보기에 이런 Glaser(2007)의 주장은 매우 모호하여 다른 주요 근거이론가들에게 별로 지지를 받고 있지 못하는 것으로 보인다.

> 실체이론(substantive theory)과 공식이론(formal theory) 간의 차이는 명확하지 않다……. 결국 '높거나 낮은 수준의 일반화 가능성의 문제(a matter of a lower or higher level of generality)'로 귀결된다. 그리고 실제 실체이론과 공식이론은 두 개의 명확한 층위로 구분되는 것이 아니라, 임의적으로 결정되는 다양한 층위를 가지는 다수의 이론 유형으로 구분되는 것으로 이해하는 것이 타당하다(Alvesson & Skoldberg, 2000).

> 실체이론(substantive theory)과 공식이론(formal theory) 간의 차이는 개념적 추상화 정도(degree of conceptual abstraction)에 달려 있다. 우리는 높은 수준의 보편성(generality) 정도에 초점을 두거나(by focusing on a high level of generality) 동일한 공식적 이론의 함의를 가진 다른 실체적 영역으로부터 추가적 발견사항을 통합함으로써(by incorporating material from other substantive areas with the same formal theoretical import) 한 유형에서 다른 유형으로 옮겨 갈 수 있는 것이다(Dey, 1999).

한편, 실체이론(substantive theory)과 공식이론(formal theory)을 구분하는 데 있어서 반드시 유념할 것은 이들 근거이론가들이 '공식이론'과 '실체이론'을 이분법적 흑백논리로 구분하고 있지는 않다는 점이다. 예컨대, Alvesson과 Skoldberg(2000: Glaser, 2007: 102-103에서 재인용)가 지적하고 있는 바와 같이, 이 두 가지 유형의 이론들은 대체로 일반화(추상화) 정도의 차이에 따라 구분된다. 다만, 두 가지 층위가 단속적으로 존재하는 것이 아니라 추상성(보편성) 정도에 따른 연속선상에 다양한 수준의 중범위이론 혹은 공식이론이 존재할 수 있다고 지적하고 있다. 보편성과 특수성이 이분법적 구분이 아니라 이를 양극단으로 하는 연속선상에 다양한 층위의 이론이 존재하고 있다고 가정하는 이러한 Alvesson과 Skoldberg의 관점은 방법론적으로 매우 중요한 의미를 가진다. 만약 보편성과 특수성으로 엄격히 구분된 경직된 이분법적 관점을 가지게 되면, 특수성에 초점을 맞춘 실체이론(substantive theory)의 개발이 보다 범용적 설명력을 가지는 중범위이론(혹은 다맥락적 이론)으로 발전된다는 근거이론의 이론화 논리의 가장 핵심적 전제가 흔들릴 수밖에 없기 때문이다.

이와는 달리 맥락자유이론은 그야말로 구체적 맥락에 관계없이 보편적 타당성을 가질 수 있는 일반이론(general theory)을 말한다. 사회과학 분야에서는, 예컨대 일반체제이론(general systems theory), 동형화 이론(isomorphism), 주인-대리인 이론(principal-agent theory) 등이 여기에 해당될 수 있을 것이다. 하지만 맥락에 관계없이 적용되는 보편이론을 추구하는 자연과학 분야와는 달리 사회과학 분야는 학문의 속성상 맥락자유이론이 존재할 개연성은 매우 적다고 할 것이다. 이는 [그림 3-2]에 제시된 학문 분야별 지식 구조의 특징을 살펴보면 보다 쉽게 이해할 수 있다.

소위 '경성 과학(hard science)'라고 불리는 자연과학의 경우 산출된 다양한 과학적 지식들은 엄격한 위계적 구조를 가지고 있다. 즉, 전체적 지식 구조하에서 개별적 지식들은 체계적으로 계층화되어 존재한다. 이때 자연과학의 궁극적 목적은 물론 맥락에 따라 달라지는 지식들(하위 계층에 속하는 지식)보다는 맥락과 관계없이 통용되는 하나의 보편적 진리를 창출해 내는 데 있다. 예컨대, 다양한 실험과 관찰의 축적을 통해 물리현상에 대한 초기적 지식을 산출하고, 이를 체계적으로 발전시켜 나가면서 종국에는 '만유인력의 법칙', '상대성 원리'와 같은 하나의 보편적 진리를 만들어 내는 것이 그 예가 될 것이다. 반대로 소위 '연성과학(soft science)'의 대표적 분야라고 할 수 있는 인문학 영역에서는 이러한 보편적 진리를 찾기는 사실상 불가능하다. 여기서는 진리가 하나의 실체로서 '존재'하는 것이 아니라, 개인이 가진 서로 다른 철학과 세계관에 따라 '결정'되기 때문이다. 예컨대, 불교도와 기독교인에게 불경과 성경 중 어느 것이 진리냐라고 묻는 것은 매우 어리석은 질문인 것과 마찬가지이다. 따라서 어떤 의미에서 인문학의 경우 사실상 모든 것이 이론인 셈이다. 이를 [그림 3-2]에서는 자연과학의 경우 지식구조가 하나의 위계적 삼각형 구조(hierarchical knowledge structure)로 제시되는 반면, 인문학의 경우 모든 지식이 하나의 평면에 존재하는 수평적 지식 구조(horizontal knowledge structure)로 표시하고 있다. 즉, 인문학의 경우는 이론이란 과학적 타당성의 문제가 아니라 옳고 그름, 즉 신념의 문제가 되는 경우가 많다.

한편, 이 두 가지 학문 영역의 중간 지점에 위치하는 사회과학의 경우 하나의 보편적 진리를 추구하는 자연과학이나, 연구자의 철학과 세계관에 따라 모든 것이 이론이 될 수 있는 인문학과는 달리, 주어진 사회적 맥락에서 얼마나 타당한 설명력을 가지는가에 초점을 맞추는 '중범위이론(middle range theory)'을 추구하게 된다. [그림 3-2]에서는 이를 서로 치열하게 경쟁하는 다수의 크고 작은 삼각형으로 표시하고 있다. 물론 이때 사회과학에 주어진 맥락은 매우 다양한 범위로 해석될 수 있다. 크게 보면 하나의 국가, 지역이 될 수도 있고, 작게 보면 한 명의 개인, 프로그램, 조직, 정책 하위체제가 될 수도 있는 것이다. 사회과학 내부에서도 학문 분야의 특성에 따라 고려되어야 하는 주어진 맥락의 범위에 차이가 날 수 있는 것이다. 예컨대, 사회과학 중 주로 미시적인 측면에 초점을 맞추는 경향이 있는 심리학의 경우 주어진 맥락이 비교적 좁게 설정되고, 거시적인 측면에 보다 많은 관심을 가지는 정치학, 행정학, 사회학 등의 경우는 주어진 맥락이 상대적으로 넓게 설정될 가능성이 크다.

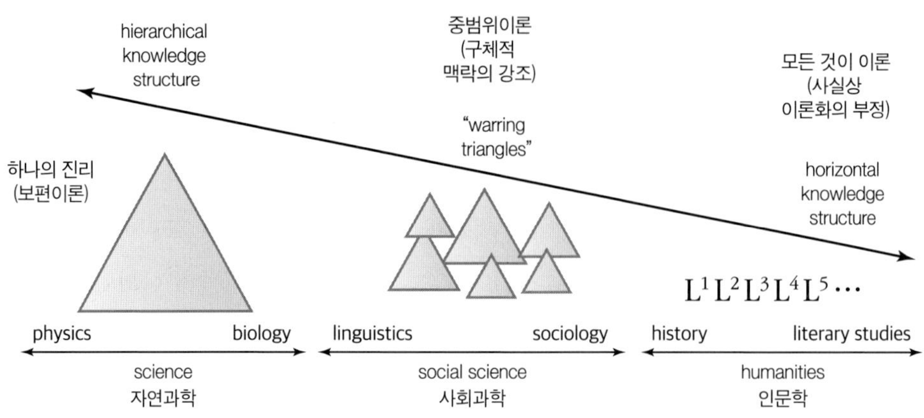

[그림 3-2] 학문 분야별 지식구조의 특징

출처: Martin(2011: 42-43: Kuteeva & Airey, 2014: 538에서 재인용); 한글 부분은 필자가 추가.

요약하자면 경험 세계의 폐쇄성을 가정하고 맥락에 관계없는 '보편이론'을 추구하는 자연과학과는 달리, 개방체제(open system)를 기본 전제로 하는 사회과학의 세계에서는 관심의 대상이 되는 일정한 맥락적 범위 내에서 제한된 설명력을 가지는 '중범위이론'을 추구하는 것이 보다 타당하다는 것이다. 미국에서 타당한 이론이 우리나라에서 반드시 타당하지 않고, 고려대에서 타당한 특정한 프로그램과 제도가 다른 대학에서 반드시 타당하지 않을 것이기 때문이다. 특히 외래 이론에 크게 의존해 온 우리 교육행정학계의 현실(신현석, 2017)을 감안하면, 현 시점에서 우리나라의 맥락에 맞는 이론, 즉 중범위이론의 탐색에 보다 큰 관심을 가질 필요가 있다. 또한 우리 교육행정학계의 고질적 병폐 중의 하나인 '이론과 실천의 괴리(임연기, 2003; 신현석, 2017)'를 줄이기 위해서라도 맥락을 초월한 보편적 법칙보다는 적절한 조직적 · 상황적 맥락에서 타당성을 가질 수 있는 이론, 바로 '중범위이론'의 형성에 보다 큰 관심을 가질 필요가 있다. 필자가 볼 때 이를 위한 새로운 연구방법론이 바로 근거이론적 방법인 것이다.

3) 근거이론 접근 방법에서 추구하는 이론화의 논리

근거이론적 방법은 현장에서 수집한 경험적 자료에 근거하여 일차적으로 특정한 맥락에서 제한된 설명력을 가지는 '실체이론(substantive theory)'을 도출하는 것을 목적으로 한다. 이른바 이론의 특수성을 강조하는 입장이라고 할 수 있다. 하지만 근거이론적 방법을 통해 추구하는 이론화는 실체이론(맥락기속 이론)의 생성 단계에 머무르지 않고, 실체이론의 축적과 연계를 통해 다수의 특수한 맥락들의 권역 안에서 범용적 설명력을 갖는 '중범위이론(다맥락적 이론)'을 구축하는 것을 최종적인 목적으로 한다. 앞서 제시한 [그림 3-1]에서 볼 수 있듯이 공식이론과 실체이론은 이분법적으로 분절된 상태로 존재하는 것이 아니라, 실체이론에서 중범위이론(다맥락적 이론)으로 이어지는 연속선상에 존재한다. 이에 따라 Kearney(2001/2003: 권향원, 2016에서 재인용)는 "근거이론가들은 오히려 '보편이론'과 '특수이론'은 서로 유기적인 상호관련성을 맺고 있다는 견해를 제시하며, 근거이론이 이상적인 이론화의 목적으로 삼아야 하는 적정한 '이론의 추상 수준'은 실질이론의 개별성-국지성보다는 높은 추상 수준, 그리고 공식이론의 일반성-관념성보다는 낮은 추상 수준의 중범위 수준(middle range level)에 기반을 두어야 한다"고 주장하고 있다.

근거이론 연구에서 추구하는 '이론화(일반화)'는 양적 연구에서 말하는 통계적 이론화(일반화)와는 다르다. 양적 연구에서 일반화 진술을 하기 전 항상 필수적인 가정으로 사용되는 '다른 모든 조건이 동일하다면(ceteris paribus: everything being equal)'이라는 가정은 엄밀한 실험적 설계에 의한 연구가 사실상 불가능한 사회과학의 영역에서는 거의 적용이 불가능한 것이나 다름없다. 주지하다시피 비현실적인 가정을 전제로 하는 일반화가 실제 현실을 제대로 설명하는 데는 여러 가지 한계가 존재하기 때문이다. 이와 관련하여 박찬종(2012)은 오랜 기간 동안 주류적 연구방법의 지위를 차지해 왔던 실증주의 모델의 근본적 한계를 다음과 같이 비판하고 있다.

오랫동안 지배적 과학모델로서 기능해 왔던 표준적 실증주의 모델[에서]……. 인과성의 문제는 현상의 실재적인 원인을 밝히기보다는 사건들 사이의 규칙성을 근거로 선형방정식을 설정하고, 이러한 변수들 사이에서의 통계적이고 수학적인 관계를 지칭하는 것으로 이해되었다(Abbott, 1998: 163; Porpora, 2011: 153)……. 하지만 여전히 남는 문제는 인과적 요소임에도 불구하고 변수화하기 힘든 대상이 존재할 뿐만 아니라, 어떤 변수들을 선택하여 인과모델을 구성할 것인가에 관해서도 연구자의 직관이 중요한 역할을 수행한다는 사실이었다(McKim, 1997: 9-11)……(185-186).

'현실적합성'이 현실에 대한 보다 정확한 이해를 제공할 수 있고 또 그러한 현실에 직·간접적인 영향력을 행사할 수 있는 사회연구의 역량을 지칭한다면, 사회학의 위기란 형식화된 원인개념을 수용함으로써 사회현실들의 원인을 설명하지 못하는 '표준적 실증주의 모델'의 무능력에서 비롯되는 것이라고 말할 수 있을 것이다……. 현실적합성의 문제는 경험적이고 실증적인 연구의 부족 때문이 아니라, 바로 그러한 연구들이 근거하고 있는 과학적 모델의 한계와 모순에서 기인했던 것이다(203). * 밑줄은 필자

우리가 사는 사회체제와 그 사회체제의 일부분이라고 할 수 있는 교육체제는 개방체제의 성격을 가지고 있다. 우리가 속한 하나 하나의 체제는 폐쇄적인 진공 속에서 존재하는 것이 아니라 종적 · 횡적으로 서로 연계되어 지속적 · 역동적으로 변화를 거듭하면서 상호 영향을 주고 받고 있는 살아 움직이는 유기적 실체라고 할 수 있다. 이러한 관점에서 보면 '어떤 시점에 나타난 특정한 결과(현상)'는 참여자들의 행위를 포함하여, 환경적 조건, 참여하는 사람들, 그리고 다양한 역사적 사건이 교차되는 특정한 맥락에서 그 맥락의 특성을 반영하여 실현된 것이라고 할 수 있다. 따라서 현재의 상황들에 대한 모든 설명은, 특수한 맥락에 실제적으로 존재하면서 어떤 특정 기관에 영향을 미치고 있는 '역사적 순간들'과 '영향 요인들'에 대한 설명이라고 할 수 있다.

이러한 점을 감안할 때 지속적 비교와 성찰을 핵심적 특징으로 하는 근거이론적 방법에서 이론화(일반화)의 요체는, 과거에 특정한 맥락에서 산출되었던 맥락기속적 지식을 새로운 맥락에서 어떻게 적용할 것인지와 관련된 가능성과 방법을 판단하는 적극적인 성찰의 과정이다. 즉 (1) 해당 지식이 창출되었던 특정한 맥락적 조건에 대한 이해와 (2) 창출된 지식이 적용될 새로운 맥락적 조건에 대한 이해라고 할 수 있다. 이것은 해당 지식이 창출된 맥락과 어떠한 차이가 있는지, 그리고 해당 지식을 새로운 맥락에 적용했을 때 어떠한 결과가 발생할 것인지에 대한 성찰을 포함하는 것이다(Greenwood & Levin, 2007/2020).

서로 다른 맥락에서의 적용 경험을 통해 자연스럽게 전문가적 통찰력을 가지게 되는 교사의 경우를 예를 통해 보다 쉽게 설명하자면 다음과 같다. 예컨대, '경험 많은 우수교사는 매년 다른 학급을 담당하면서 새로 맡은 학급의 학생에게 무엇이 효과적 교수방법인지를 어떻게 파악하는가?'라는 문제를 생각해 보자. 실제 우리의 경험을 돌이켜 보면 각 교육청에서 소문난 유능한 교사들은 다년간의 교직 경험을 통해 어떻게 하면 새로운 맥락(예컨대, 새로 부임한 학교에서 새로 맡은 학급)에서도 자신이 경험을 통해 얻은 지식과 통찰력(암묵지, tacit knowledge, knowing how)을 바탕으로 무엇이 가장 효과적인 교수방법인지를 비교적 쉽게 파악해 낼 수 있다. 이는 양적 연구를 통해 효과적으로 검증된 교수방법을 적용하는 것과는 본질적으로 다른 것이다.

또한 양적 연구를 통해 효과적으로 검증된 교수방법이라고 하더라도 반드시 모든 상황에

효과적인 것은 아니다. 아울러 같은 교사가 지난해 같은 학년에 적용하여 효과적이었던 교수방법을 올해 같은 학년에 적용했다고 해서 반드시 효과적이라는 법도 없다. 하지만 경험 많은 유능한 교사는 매년 새로운 상황에 직면하여 (1) 자신이 경험했던 과거의 맥락적 조건과 그러한 조건에서 나타난 결과의 분석, 그리고 (2) 현재 자신이 직면하고 있는 특정한 맥락적 조건에 대한 성찰 등 과거의 경험과 통찰력을 바탕으로, 과연 어떤 교수법이 현재의 맥락에서 가장 효과적인지를 지속적인 성찰 과정을 통해 파악할 수 있다. 즉, 우리가 경험으로부터 알고 있듯이 통상적으로 유능한 교사는 약간의 시행착오를 거칠망정, 결국은 해당 학급에 가장 적합한 교수법을 찾아내서 다시 높은 성과를 내는 것이 보통이다. 비단 교사뿐만 아니라 대학의 유능한 직원, 보험판매왕 등도 마찬가지이다. 우리가 현실의 경험을 통해 느끼고 있는 서로 다른 맥락에 적용가능성이 있는 축적된 경험 혹은 전문가적 통찰력(우리는 이것을 흔히 '암묵지'라 부른다)이야말로 또 다른 의미에서의 '중범위이론(다맥락적 이론)'이라고 할 수 있는 것이다.

이와 관련하여 Flyvbjerg(2011)는 현재 사회과학 분야에서 널리 퍼진 오해 중 하나는 "일반적으로 이론적인 지식[* 필자 주: 이론의 보편성을 중시하는 입장]이 [특정한 맥락에 기초하여 도출된] 사례에 대한 구체적인 지식[* 필자 주: 이론의 특수성을 강조하는 입장]보다 가치 있다"라는 생각이라고 지적하고 있다. 그는 지식 형성과정에 대한 현상학적 연구에 기초하여, 모든 전문가가 가진 공통점은 자신의 전문영역에서 축적된 수천 가지의 구체적인 사례에 대한 경험적 지식에 근거하여 자신의 업무를 수행하는 것이라고 지적하고 있다. 즉, '맥락 의존적 지식과 경험'이 전문적 행동의 핵심이며 "인간이 교과서에 있는 맥락 독립적 지식과 규칙(소위 이론과 명제)에 의존하는 초보자에서 명인 수준의 전문가로 발전하기 위해서는 반드시 구체적인 맥락의존적 지식이 필요하다"라고 주장하고 있다. 단순히 개념, 명제, 이론을 아는 초보적 전문가에서 한 걸음 더 나아가, 이러한 이론들을 서로 다른 맥락에 어떻게 적용할 것인지에 대한 통찰력을 가진 숙련된 전문가가 되는 것이 사회의 개혁과 발전을 위해 훨씬 중요하기 때문이다. 초보 교사가 교과서에 있는 교수-학습이론을 달달 암기하여 모두 숙달한다고 해서 바로 유능한 교사가 되는 것은 아니다. 초보 행정가가 행정이론에 달통한다고 해서 유능한 행징가가 되는 것도 아니다. 교과서에 있는 그러한 이론과 기법을 특정한 시기와 장소라는 고유한 맥락에서 효과적으로 적용할 수 있는 전문가적 통찰력을 깨달았을 때, 우리가 이들을 비로소 유능한 교사, 유능한 행정가로 부르는 것과 마찬가지 이치라고 할 수 있다. 현장과 괴리된 채 교실에서 배운 이론적 지식만으로 특정한 맥락에 이론적 지식을 적용할 수 있는 통찰력을 가진 유능한 교사, 유능한 행정가가 될 수 있다고 생각하는 것은 현실과 인간을 다루는 사회과학에서는 애당초 어불성설이다. 이러한 관점에서 보면 근거이론적 방법에서 이론화(일반화)는 연구자 자신의 학습을 위해서도 매우 중요한 의미를 가진다. "구체적인 경험은 연구되는 현실과 지속적으로 친밀성을 유지하고 연구대상으로부터 환류를 함으로써 얻어질 수" 있으며, "연구대상으로부터 너무 멀리 떨어지거나 환류가 부족하면 학습과정은 무의미하게 되고, 연구의 결과나 유용성이 불분명하고 검증되지 않는 의례적인 학문적 막다른 골목에 봉착(Flyvbjerg, 2011)"하게 되기 때문이다(변기용, 2018).

이러한 근거이론적 방법의 이론화 논리를 또 다른 관점에서 실천적 예를 통해 설명할 수 있다([그림 3-3] 참조).

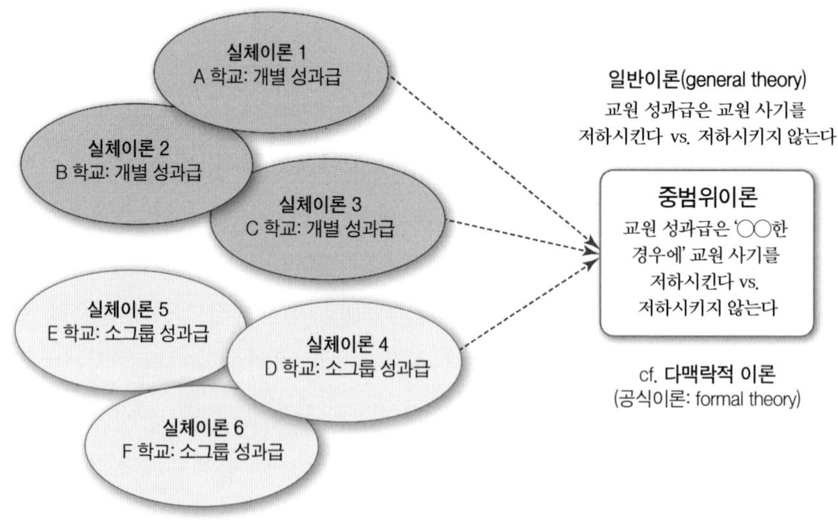

[그림 3-3] 근거이론적 방법에서 이론화의 논리

먼저, 연구자 X가 A 학교(대도시에 위치한 대규모 학교)에서 '교원 성과급은 교원 사기를 저하시킨다'라는 주어진 맥락에서만 타당한 실체이론(잠정이론)을 도출했다고 하자. 이 연구자는 이어서 자신이 도출한 실체이론이 다른 맥락에서도 적용되는지를 보기 위해 여건이 다른 B 학교(농어촌 지역에 위치한 소규모 학교), C 학교(공단 지역에 위치한 중규모 학교)를 연구하여 자신이 A 학교에서 도출한 실체이론과 유사한 결과를 얻었다고 하자. 이 경우 X 연구자는 '교원 성과급은 교원의 사기를 저하시킨다'는 A 학교에서 도출한 자신의 실체이론을 다른 맥락에서 도출된 실체이론들과 연계함으로써 보다 다양한 맥락에서 범용적으로 적용될 수 있는 일종의 다맥락적 이론(중범위이론)으로 확장시켜 나갈 수 있는 것이다.

한편, 이 연구자와는 달리 또 다른 연구자 Y가 '과연 교원 성과급이 정말 교원 사기 제고에 전혀 영향을 미치지 못할까?'라는 데 의문을 품고 추가적 연구를 수행하기로 했다고 가정하자. 1995년 5 · 31 교육개혁방안이 발표된 이래 20여 년이 훨씬 넘는 기간 동안 추진되어 온 교육부의 신자유주의적 교원 동기 유발 정책의 전제가 바로 '위임자-대리인 이론(principal-agent theory)'에 기초한 '교원 성과급은 교원 사기를 높인다'라는 가설이라고 할 수 있기 때문이다. 연구자 Y는 '왜 같은 제도의 효과에 대해 교육부는 교원 사기를 높인다 하고, 교원단체는 교원 사기를 저하시킨다고 완전히 다르게 주장할까?'라는 점에 의문을 품고, '이들 양자의 주장 중 한쪽은 완전히 맞고 한쪽은 완전히 틀리다고 가정하는 것이 과연 일반적 상식에 비추어 보아 타당한 것일까?'라고 생각하고, '교원 성과급이 적용되는 맥락에 따라 교원 사기 제고에 미치는 효과가 달라질 수도 있지 않을까?'라는 문제인식을 가지고 연구를 수행하기로 했다고 가정하자.

이에 따라 연구자 Y는 '교원 성과급이 시행되는 방식'이 성과에 중요한 영향을 미친다고 가정하고, X 연구자와는 달리 통상적인 방식에 따라 성과급을 시행(교사들 대다수가 동의하지 않는 연공서열 혹은 형식적이고 정량적인 평가기준, 예컨대 경력, 연수 참여 횟수, 기피 업무 담당 여부 등에 따라 교사 개개인에게 성과급을 배정)하는 A, B, C 학교가 아니라, (1) 교사들의 치열한 논의과정을 거쳐 성과급을 교사 개인이 아니라 동학년 교수-학습연구 모임에게 지급하고, (2) 교사들 다수가 동의할 수 있는 평가지표, 예컨대 학습연구 모임 운영의 진지성(모임 운영 포트폴리오 평가)과 학생에게 도움이 되는 성과물의 창출(교장/교감과 외부전문가에 의한 연구결과 보고서의 질 평가) 등을 평가지표로 선정하여 운영하고 있는 D, E, F 학교를 의도적으로 선정하였다고 하자. 이 경우 연구자 X가 선정한 A, B, C 학교에서는 교원 단체가 주장한 대로 교원 성과급이 교원의 사기를 저하시킨 것으로 나타난 반면, 연구자 Y가 선정한 다른 맥락을 가진 D, E, F 학교에서는 교사들이 교수-학습모임의 효과적 운영을 통해 소그룹 결속력이 높아지고 그 결과 오히려 교원들의 사기가 높아졌다는 다른 연구결과를 도출했다고 치자. 물론 가상적 예이기는 하지만, 이러한 사례가 말해 주고 있는 것은 '교원 성과급은 교원 사기를 저하시킨다 vs. 저하시키지 않는다'라는 우리가 일반적으로 이론이라고 받아들이고 있는 '명제적 주장'의 설명력은 맥락에 따라 매우 달라질 수 있다는 것이다.

물리적 법칙을 탐구하는 자연과학 분야와 달리 복잡한 인간 사회를 다루는 사회과학 분야에서 어떤 맥락에서나 보편적으로 통용될 수 있는 일반이론을 추구하는 것이 과연 사회 현실의 개선을 위해 타당할 것인지에 대한 의문은 오랫동안 학문공동체 내에서 제기되어 왔다(권향원, 2017). 근거이론적 방법은 이러한 문제인식을 바탕으로 그 성격상 주어진 맥락에 대한 설명력이 떨어질 수밖에 없는 보편이론보다는 주어진 맥락에 대해서 보다 높은 설명력을 가질 수 있는 중범위이론을 추구하는 것이다. 즉, 앞서 제시한 사례에 따르면 일반이론인 '교원 성과급은 교원 사기를 저하시킨다(혹은 교원 사기를 제고시킨다)'라는 일반적 명제가 맥락적 조건에 따라 어떻게 달라질 수 있는지 탐구함으로써 이론과 실제의 괴리를 줄이는 데 기여하고 있는 것이다. 앞의 두 가지 예를 종합해 보면 근거이론적 방법에서는 (1) 보편성을 강조하는 '일반이론'에 대해 '~한 경우에'라는 맥락적 조건을 추가하거나, 혹은 (2) 특정한 맥락에서 도출된 '실체이론(잠정이론)'을 다른 맥락에서 도출된 실체이론과 연계시키는 과정을 통해 보다 다양한 맥락에서 범용적으로 적용될 수 있는 중범위이론을 생성하는 것을 목적으로 하고 있다.

2. 근거이론적 방법에서 추구하는 귀납적-질적 이론화의 정당화 문제

필자가 근거이론에 대한 강의를 하면서 학생들에게 가장 많이 받는 질문 중 하나는 '연구자의 주관성이 강하게 반영될 수밖에 없는 근거이론에서 코딩 절차를 통해 연구자가 도출한 이론이 신뢰성과 타당성에서 문제가 있지 않느냐'라는 것이었다. 질적 연구에 있어서 연구의 신뢰성과 타당성을 높이기 위한 방법으로서 연구방법론 교과서(예컨대, Yin, 2014/2016, Creswell, 2013/2015, Strauss & Corbin, 1998/2001 등)에서는 흔히 (1) 복수의 연구자들이 독립적인 코딩을 하고 난 후 결과를 상호 검토 혹은 비교하게 함(멤버 검토), (2) 연구자에 의한 잘못된 해석과 오류를 줄이기 위해 면담참여자들로 하여금 연구결과를 검토하게 함(참여자 검토), (3) 수집한 서로 다른 형태의 자료(예컨대, 면담 vs. 참여관찰 자료)가 각각 같은 방향을 가리키는가를 검증하는 자료의 다원화 기법(triangulation) 활용, (4) 연구자가 도출한 이론과 가능한 경쟁이론과의 비교를 통한 최선의 설명 찾기(경쟁이론과의 비교), (5) 붉은 깃발 흔들기(연구자가 연구수행과정 전반에 걸쳐 자신의 편견을 항상 성찰하면서 그러한 느낌이 들 때마다 스스로 경종을 울리기, Strauss & Corbin, 1998/2001)[4] 등의 기법을 제시하고 있다.

4) '붉은 깃발을 흔들기'는 연구자 자신이나 응답자의 편견과 가정, 믿음이 분석에 끼어들고 있는지를 항상 경계하면서 공정한 분석을 위해 한걸음 물러나서 어느 정도 객관성을 가지고 자료를 조사해야 해야 한다는 연구자의 자세를 의미한다. 물론 연구자가 완전히 편견에서 벗어나는 것은 가능하지 않지만, 편견이 분석에 끼어들고 있다는 것을 총체적으로 지적해 주는 단서가 존재(예컨대, 응답자가 한 말이나 설명을 표면적 가치 그 자체로 수용하거나, 무엇이 말해지는지 질문조차 하지 않은 채 완전히 거부해 버리는 것 등)하며, 이러한 현상이 발생했을 때 연구자는 한 걸음 물러나서 '여기서 과연 무슨 일이 일어나고 있는가?'를 질문하면서 스스로에게 붉은 깃발을 흔들어 주어야 한다는 것이다(Strauss & Corbin, 1998/2001).

물론 근거이론적 방법으로 도출된 이론의 신뢰성과 타당성을 높이기 위해 연구자들은 자신이 가진 주관을 최소화하기 위해 이러한 기법들을 최대한 활용할 필요가 있다. 하지만 필자의 실제 연구 경험에 비추어 보면 질적 연구에서 연구자의 주관을 완전히 통제하는 것은 사실상 불가능하다. 아울러 상당수의 연구(특히 초보연구자가 학위 논문 작성을 목적으로 수행하는 연구)는 혼자 수행하는 경우가 많으며(즉, 멤버 체킹이 가능하지 않은 경우가 많다), 면담참여자에 의한 검토는 교육행정학 연구에서 해석상의 오류를 수정하기보다는 대부분 면담참여자가 자기에게 불리한 민감한 이슈에 대한 삭제를 요청하는 '게이트 키핑' 기능에 치중되는 경우가 많다. 이러한 점을 감안하여 기노시타(2013/2017)는 근거이론적 방법에 연구자의 주관이 개입되는 것을 완전히 통제하는 것은 사실상 불가능하다는 것을 인정하고, 오히려 이를 솔직히 밝히는 동시에 연구자가 자신이 만든 개념의 도출과정과 논리를 명시적으로 제시하는 방식으로 이에 대처하는 것이 타당하다고 주장하고 있다. 그는 질적 연구 과정 전반에 결쳐 연구자의 전문 지식과 관심이 반영되는 것은 오히려 정상적인 것이며, 연구자가 같지 않은 이상 분석 결과가 다른 것은 당연하다고 주장한다. 다만, 연구자가 연구주제와 분석단위가 같은 상태에서 충분한 관심과 노력을 기울인다면, 완전히 같은 결과는 아니더라도 어느 정도 유사한 결과를 도출하는 것으로 보는 것이 타당하다고 보고 있다. 필자도 기본적으로 이러한 기노시타의 주장에 동의하며, 이하에서는 근거이론적 방법에 의해 도출된 이론의 정당화 혹은 타당성 확보를 위한 몇 가지 방법을 선행연구들에 기반하여 제시해 보고자 한다.

1) 워크시트를 통한 분석결과의 외재화

기노시타(2013/2017)의 수정근거이론에서는 연구자의 판단과정, 내용과 근거에 대해 해당 연구를 읽는 다른 사람이 이해할 수 있는 형태로 제공하고 있는가가 매우 중요시된다. 즉, 연구자 개인이 자신이 도출한 연구결과에 이르게 된 과정과 근거를 '워크시트'를 통해 명확히 외재화하여 보여 줌으로써 연구자 스스로 자신의 판단에 대해 '왜 그렇게 생각하게 되었는가?'에 대해 지속적으로 질문을 하도록 한다. 이를 통해, 연구자가 최종적으로 선택한 판단의 과정과 근거를 심사자 등 타인들에게 보여 줄 수 있을 때 분석의 결과와 그 과정에 대한 신뢰성이 보다 적절히 확보될 수 있다고 보는 것이다. 〈표 3-1〉은 필자가 기노시타의 '워크시트'를 활용하여 개념을 형성했던 과정을 한동대 사례연구 과정에서 수집한 자료를 기초로 재구성해 본 것이다.

〈표 3-1〉 워크시트를 사용한 개념 형성 과정 예시

개념명		(연구보다는) 학부교육에 중요한 가치 부여
정의		교수들이 다른 일반적인 대학과는 달리 연구보다는 학부 교육이 중요하다고 생각하고, 이런 교육을 통한 세상 변화에 대한 강한 신념을 가지고 있음
구체 예	유사 예	저는 여기 오기 전까지만 해도 research 쪽으로……미국에서도 뭐 거의 탑의 company에서 (일하고 있었는데) 사람들이 한국에 들어온다 그럴 때 뭐 하러 가나 이제 그런 식으로 이야기를 했는데 어쨌든 제 철학도 있고 그래서 한국에 들어와서 학생들 키우는 것이 뭐 신앙인이니까……. (이공자연 평교수 A) 여기 보면, 교수님들이 되게 좋은 직장이나 세상의 좋은 것들을 포기하고 오신 분들이 많이 계세요. 아이비 리그나 이름만 대면 다 아는 대학 나오신 분들 많은데, 더 좋은 곳으로 갈 수 있는데, 그런 하나님의 뜻을 품고 비전과 소망을 갖고 오신 분들이 많은데, 그래서 더 뜻이 있고……. (기계/전자제어, 2학년, 학생 TS) 기회가 주어졌을 때 저를 움직이게 되었던 동기 자체는 정말로 사람을 변화시키는 한 사람을 변화시키는 게 얼마나 어려운 건지를 알게 되어서 그 사람의 변화를 하는 그곳이 한동대학교고, 그 한동대학교에서…… 학생들의 인생을…… 변화시키고 싶다 그런 마음으로. (인문사회 평교수 A) 저는 사실 신앙적인 동기가 없다고는 할 수 없는데……. 여기는 보면 이제 커리큘럼이 굉장히 좀 합리적이었죠. 제가 밖에서 봤을 때 내가 이렇게 됐으면 좋겠다 하는 그런 형태를 많이 띠고 있었습니다. 컴퓨터와 전자, 전기 요런 거는 굉장히 이제 아주 가까운 사촌인데 대개 이게 나누어져 있거든요, 다른 학교 보면은. 거기가 아주 결합이 되어 있는 게 너무 이상적으로 보이더라구요. (이공자연 평교수 B)
	대극 예	
이론적 메모		대부분의 교수는 개인적 명예와 보상이 주어지는 연구 활동에 초점을 맞추게 되는데 한동대 교수들은 왜 일찍부터 노력과 시간이 많이 드는 학부교육에 이렇게 집중하게 되었을까? 이들이 세속적으로 알아주는 직장을 뿌리치고 한동대에 온 이유는 무엇인가? 이러한 것이 가능하게 만든 제도적, 문화적 요인은 무엇인가? 신앙이 중요한 요인이겠지만, 그 이외의 요인은 무엇이 있을까?

즉, 질적 연구에 경험이 없어 단순히 기존 이론과 개념에 의존하여 '끼워 맞추기식' 분석을 하기 쉬운 초보 질적 연구자들로 하여금 연구과정에서 자신이 수행한 개념 도출 과정과 근거를 이러한 '워크시트'에 기록하고 이를 도출한 분석결과의 타당성을 뒷받침하는 하나의 자료(예컨대, 부록)로서 첨부하도록 하면 연구의 진실성과 타당성 확보에 많은 도움이 될 수 있다고 생각한다.

2) 이론의 타당성 검증 수단으로서 '문제해결 가능성'

연구를 통한 실천적 문제해결을 특히 강조하고 있는 실행연구 과정에서 신뢰성에 대한 첫 번째 도전은 연구현장에서 제기되는 문제의 실제 해결 가능성(workability)과 관련되어 있다. 즉, 실행연구에서 문제해결 가능성 검증 문제는 매우 중요하다. 실용적 실행연구(pragmatic action research)를 주창하고 있는 Greenwood와 Levin(2007/2020)은 이와 관련하여 다음과 같은 주장을 하고 있다.

> 우리는 실행연구 과정에서 취해진 행동들이 해당 문제를 해결할 수 있는 대안을 도출했는지 여부를 반드시 확인해야 한다. 이는 연구과정에 대한 Dewey(1976)의 생각과 동일 선상에 있는데, 그는 주어진 상황에 대한 행동을 통해 지식이 창출되거나 혹은 의미가 구성된다고 주장하고 있다. Johannesen(1996)도 실행연구의 타당성 기준에 대해 논의하는 과정에서 이와 유사한 개념을 발전시키고 있다. 따라서 직접적으로 실용주의자들의 사고 체계에 기초하여(Diggins, 1994), 필자들은 (1) 탐구의 과정을 행동과 반성적 성찰이 통합된 과정으로, 그리고 (2) 손에 잡히는 가시적 결과인가에 대한 검증이 바로 문제해결 가능성인 것으로 이해한다. * 밑줄은 필자

전통적인 사회과학적 관점에서는 전문가들만이 연구의 신뢰성과 타당성 문제를 결정할 수 있다고 주장한다. 반면, 실행연구에서는 지식의 신뢰성과 타당성은 오직 실행 과정에서 생산되고 검증될 수 있다고 본다. 이때 외부 연구자뿐만 아니라, 집합적으로 도달한 결론을 받아들이고 그에 따라 행동하려는 지역 내 이해당사자(연구참여자)들의 의지(willingness)가 연구결과의 타당성을 판단하는 중요한 기준이 되는 것이다. 이러한 생각은 만약 외부 연구자들이 도출한 이론(지식)이 현장에서 제기된 문제를 제대로 해결할 수 있다는 가능성을 연구참여자(지역 구성원들)에게 명확히 보여 준다면, 이들은 기꺼이 외부연구자들이 주장하는 소위 '객관적인' 이론을 문제해결 과정에 적용할 것이라는 전제에 기초한다. 반대로 만약 도

출된 이론이 현장의 맥락과 동떨어진 것일 경우, 연구참여자(예컨대, 현장 교사들)들은 외부 연구자들(예컨대, 교수와 연구자들)이 주장하는 소위 '객관적인 이론'을 신뢰롭고 타당한 이론으로 받아들이지 않을 가능성이 높다. 왜냐하면 이런 경우 지역 구성원(현장 교사)들도 외부 연구자들이 사용한 분석 체계(framework)가 너무 추상적이거나 혹은 자신들이 처한 맥락과는 동떨어지는 타당성이 낮은 대안이라는 것을 오랜 현장 경험을 통해 체화된 자신들의 경험적 지식을 통해 충분히 판단할 수 있기 때문이다. 이러한 관점에서 보면 연구의 결과로서 연구 참여자(현장 교사)들의 사회적 행동 패턴에 수정이 일어났다는 것 자체가 해당 연구 결과의 신뢰성과 타당성에 대한 검증이 이루어졌다는 것을 의미한다. 이러한 연구결과의 검증 방식은 기존의 사회과학의 사고 체계(framework) 속에서는 제대로 관심을 받지 못하고 있었던 새로운 관점이라고 할 수 있다(Greenwood & Levin, 2007/2020).

근거이론적 방법과는 연구기법이나 초점이 약간 다르기는 하지만, 실행연구의 경우에도 현장에서 수집한 데이터를 기초로 문제해결을 위한 실체적 지식(이론)을 창출한다는 점에서 서로 유사한 측면이 있다. 특히 기노시타(2013/2017)는 "생성된 이론은 논문의 발표에서 완결되는 것이 아니라, 연구결과가 현실에서 실천을 통해 검증된다" 그리고 "아무리 훌륭한 근거이론이라 해도 그것만으로 문제를 해결할 수는 없으므로 반드시 주체적 행위자로서 응용하는 인간이 필요"하며, "행정서비스 분야는 실천을 빼고는 성립하지 않으므로 연구자와 실무자가 협조하여 이 과제를 풀어 나가야 한다"는 점을 강조하고 있다. 근거이론적 방법과 실용적 실행연구는 모두 "완성된 이론이란 없으며, 지속적으로 발전해 나가는 것"이라는 진리에 대한 실용주의적 입장을 가지고 있다는 점에서, 적용을 통해 도출된 실체이론의 타당성을 검증한다는 이러한 실용적 실행연구의 관점은 근거이론적 방법을 통해 도출된 이론의 타당성 검증에도 커다란 시사점을 제공하고 있다고 생각한다.

3) 전문가들 간의 지속적 상호작용과 대화를 통한 연구결과의 타당성 제고

양적 연구 수행과정에서 연구자의 주관을 최소화하기 위해 주로 채택되는 전략은 '연구대상과 연구자와의 철저한 분리'이다. 연구자는 자료 수집과정에서 혹시라도 있을지 모르는 주관성과 편견으로 인한 오염을 최소화함으로써 지식의 객관성을 확보하려고 노력한다. 반면, 질적 연구에서 지식의 객관성에 대한 판단기준은, 연구 수행과정에서 연구자와 연구대상 간, 연구자와 연구자 간의 끊임없는 상호작용과 소통을 통해 얼마나 연구결과의 엄밀성이 담보되었는지에 둔다(권향원 · 최도림, 2011). 이들은 이것을 실용주의적 엄밀함(pragmatic rigorness)이라고 명명하고 있다. 즉, 이들은 '간주관적(inter-subjective)인 개별성들이 서로 간의 상호작용적 담론을 통해 합의에 이르렀을 때 객관성(일반성)을 인정할 수 있다'고 보는 것이다.

이러한 생각은 신실용주의의 대표적 학자라고 할 수 있는 Richard Rorty에게서도 볼 수 있다. 그는 다음과 같이 '연대성을 지향하는 자문화 중심주의'와 '강제되지 않은 지속적 대화'를 통해 점진적인 지식의 발전이 가능하다고 주장하고 있다.

> 로티가 말하는 역사주의란 역사적 상황이나 맥락을 뛰어 넘는 초월성이나 보편성의 추구가 의미 없다고 보아 부정하는 입장이다……. 따라서 네오프래그머티즘은 객관성이나 절대성의 추구를 수용할 수 없다……. 반면에 로티는 특이하고도 다양한 담론들 간에 '자유롭고도 개방된 만남'을 통해 '강제되지 않은 합의'를 도출해 가는 연대성을 강조한다. 사람은 누구든 각각의 자문화를 중심으로 출발하지 않을 수 없으며, 우리가 노력해야 할 일은 오류 가능주의와 개방성을 견지하여 대화를 통해 최선의 사회적 실행을 도출하는 것이라고 그는 주창한다.
>
> 자문화중심주의는 이따금씩 발생될 혁명적 변화의 수용도 배제하지는 않겠지만, 그것은 대체로 자문화를 출발점으로 삼되 오류가 발견되면 개선해 나가자는 점진적 개혁주의의 노선이다(262)……. 연대성은 강제되지 않은 합의를 통해서, 가령 과학자들이 어떤 문제에 대해 최적의 해답을 구해 발표하거나, 가장 신뢰성이 높은 이론을 채택하는 것 등과 같은 절차와 합의를 통해 모색해 가야 한다……. 자문화 중심주의는 인류의 대화나 강제되지 않은 합의라는 절차를 통해, 양립하기 어려워 보이는 두 관념, 즉 우연성과 연대성을 연결시키는 주요한 장치로서 기능하고 있다(김동식, 2002: 278). * 밑줄은 필자

Peirce, Dewey, Rorty 등 (신)실용주의자들에게 있어서 절대적인 진리는 없다. 이들에게 있어서 진리란 절대 불변의 것이 아니라, '그때까지 발견한 사회문제해결에 대한 가장 타당한 방식'에 불과한 것이다. 이런 관점에서 보면 이론(지식)은 잠정적으로만 타당한 것이어서, 지식의 타당성은 특정한 시점에서 주어지는 것이 아니라, 전문가들 간의 '강제되지 않은 지속적 대화'를 통해 끊임없이 검증과 재검증을 반복해 나가면서 지속적으로 그 질을 높여 나가는 과정적 개념으로 보는 것이 타당하다. 근거이론적 방법의 가장 특징적 요소 중의 하나가 '귀납적 그리고 가추적 논리를 사용한 지속적 비교 분석과 이론적 포화'라는 점을 감안하면 근거이론적 방법에서 도출된 이론의 타당성 검증도 이러한 실용주의적 관점과 긴밀히 맞

닿아 있다고 할 것이다. 즉, 근거이론적 방법에서 지속적 비교 분석은 특정한 연구에서 하나의 실체이론이 도출된 후 종료되는 것이 아니라, 연구가 종료된 후에도 연구자들 간, 그리고 실체이론 간, 실체이론과 중범위이론과의 지속적 비교 분석을 통해 이론(지식)의 타당성이 점차적으로 제고되어 나가는 끊임없는 발전과정으로 보는 것이 타당하다.

3. 근거이론적 방법의 인식론적 토대[5)]

1) 전통적인 과학철학관과 대안적 관점의 필요성

실증주의와 구성(해석)주의, 구조(structure)와 행위자성(agent)의 문제는 오랫동안 학계에서 치열한 논쟁의 대상이 되어 왔던 해묵은 이슈 중의 하나이다(이성회 · 정바울, 2015). 사람의 인식 주관에 따라 구성된 다중적 실재를 강조하는 구성(해석)주의 질적 연구자들은, 하나의 (잠정적) 객관적 실재(예컨대, 근거이론을 통해 도출한 '실체 이론')를 인정하는 전제하에서 이를 찾기 위해 질적 연구방법(예컨대, 근거이론적 방법)을 사용하는 것은 문제가 있다는 주장(예컨대, 이영철, 2014, '존재론과 인식론의 어그러짐')을 해 왔다.

이러한 상황 속에서 교육학계의 일부 학자들(예컨대, 조용환, 1999)도 서로 다른 과학철학적 배경을 가진 이 두 가지 접근방식이 함께 사용되는 것은 문제(양적 · 질적 연구의 '불가공약성: incommensurability', 박선형, 2010)라는 견해를 가지고 있기도 하다. 사실상 이러한 견해가 우리 교육학계에서 오랜 기간 동안 지배적 위치를 점해 왔던 저간의 상황을 돌이켜 본다면 사회적으로 연구가 필요한 문제가 있음에도 불구하고 '이러한 이분법적 사고 때문에 활용할 수 있는 연구방법이 제약될 수밖에 없었던 경우는 혹시라도 없었을까?'라는 의문이 필자가 대안적 관점을 모색해야겠다는 생각을 하게 된 가장 근본적인 문제인식이었다. 제1장에서 언급하였던 바와 같이 필자는 지난 10년이 넘는 기간 동안 대학 교수로 재직하면서 학회와 논문 심사과정 등 다양한 학문공동체의 모임에서 '질적 연구는 이론화(일반화)를 지향하지 않는다', '질적 연구에서는 이론적 틀을 가지고 자료 수집과 분석을 시작해서는 안 된다' 등 이분법적 사고에 기초한 언급과 비판을 무수히 들어온 바 있다.

---

5) 이 절의 내용은 변기용 · 이인수(2020). 근거이론적 방법이 교육행정학 연구방법론 확장에서 가지는 의미. **교육행정학연구, 38**(2)의 내용을 발전시켜 기술한 것임을 밝혀 둔다.

〈표 3-2〉 질적 연구와 양적 연구의 비교

구분	질적 연구	양적 연구
인식론	실제는 인간의 지각에 따라 변화, 구성되는 것(구성주의, 현상학, 해석학)	실제는 변화되지 않는 사실과 법칙으로 구성(객관주의, 실증주의, 정초주의)
연구목적	인간의 행동과 지각에 대한 이해 및 해석	인간행동의 원인과 결과 탐색
연구초점	전체적이고 종합적인 상황에 초점	미리 설정된 가설 검증에 초점
연구맥락	구체적인 현장의 맥락 중시	구체적인 현장의 맥락과 분리
연구접근	귀납적 접근	연역적 접근
연구자	연구대상과 상호작용	연구대상과는 분리된 존재

출처: Bogdan & Biklen (1982); Stainback & Stainback (1988); 김춘일(1998); 조용환(1999); 김병찬(2010: 139)에서 재인용.

양적 연구와 질적 연구의 이분법적 배타성을 주장하는 사람들은 '무엇이 질적 연구인가?'라는 근본적 질문에 대해 필자와는 좀 다른 생각을 가지고 있는 듯하다. 이들은 양적 연구를 실증주의에 그리고 질적 연구를 구성(해석)주의에 일치시키고, 질적 연구는 구성(해석)주의적 인식론에 근거해서만 이루어질 수 있다고 주장하는 경향이 있다. 하지만 최근 사회학(박찬종, 2012)과 행정학(이영철, 2006; 김승현, 2008; 김선희, 2009; 권향원, 2017) 등 인접학문 분야뿐만 아니라, 교육학 학문공동체 내부에서도 기존의 실증주의와 구성(해석)주의의 경직된 이분법적 배타성에 기초한 과학철학관을 극복하기 위한 다양한 담론 지형이 펼쳐지고 있다(예컨대, 이성회 · 정바울, 2015; 변기용, 2018; 곽태진, 2018 등).

이 절에서는 이러한 문제인식을 바탕으로 '그동안 양적 연구의 기반을 제공했던 실증주의와 질적 연구의 기반이었던 구성(해석)주의의 중간에 위치하는 제3의 영역에 존재하는 새로운 질적 연구방법론으로서 근거이론적 방법이 어떠한 과학철학적 토대에 정초하고 있는가?'라는 문제에 대해 간략히 언급하고 넘어가기로 한다. 어찌 보면 혼합연구가 양적 연구와 질적 연구의 '물리적 융합'을 의미한다면, 근거이론적 방법은 양적 연구와 질적 연구의 화학적 융합을 의미하는 제3의 연구방법론으로서 잠재력을 가지고 있다고 볼 수 있다.

2) 구성주의 vs. 약한 구성주의

실증주의의 대척점에서 교육행정학 연구를 수행하는 연구자들에게 커다란 영향력을 미치고 있는 과학철학적 관점 중 하나는 구성주의라고 할 수 있다. 구성주의에서는 "세상이 하나의 절대적 진리나 객관적 실재로 존재하는 것이 아니라 인간들 각자의 인식에 의해 구성되며……. '지식'은 개인들의 인지적 작용에 의해 지속적으로 구성, 재구성되는 것이며……. 따라서 질적 연구에서는 연구대상자들이 구성하는 사회적 실체, 특히 '의미'에 관심을 둔다(김병찬, 2013a: 135-136)". 그리고 김영화(2010: 55: 이성회 · 정바울, 2015: 193에서 재인용)는 "해석주의는 사회구조와 같은 거시적 차원 대신 미시적 차원의 행위자 간의 상호작용과 의미체제에 더 많은 관심을 기울인다"고 주장한다.

이와 관련 이영철(2014)은 Schwandt(1994; 2000)를 인용하면서 (사회)과학자는 넓은 의미에서 모두 구성주의자며, 다만 '어느 정도 수준(예컨대, 약한 vs. 강한)의 구성주의자인가'에 차이가 있을 뿐이라는 흥미로운 주장을 하고 있다. 즉, 모든 사람은 자신의 사회화 과정에서 형성된 일종의 준거 틀에 따라 움직인다는 측면에서 모두 구성주의자란 것이다. 이러한 견지에서 '약한 vs. 강한 구성주의'의 관점에 어떤 구체적 차이가 있는 것인지를 살펴보는 것은 이 책의 논지 전개를 위해 중요한 의미가 있다. 구성(해석)주의가 하나의 분절된 층위가 아니라 '정도의 차이'로 구분되는 연속적 층위를 가지고 있다는 사실은 실증주의 vs. 구성주의의 이분법적 사고를 완화시킬 수 있는 또 하나의 중요한 단초가 될 수 있을 것이기 때문이다.

Schwandt(2000)에 따르면 사회적 구성주의(social constructionism)의 일반적 가정은 '지식(knowledge)은 인간의 인식이나 정치적 지향과 무관하게 존재하는 것이 아니라, 일정 부분 이념적, 정치적, 가치적 지향성과 결부되어 있다'는 것이다. 이러한 가정은 약한/강한 구성주의 모두에게 적용된다. 즉, '사회적 요소들(social factors)'이 정당하고, 타당한 해석을 구성하는 데 어떤 역할을 하느냐에 대한 인식의 차이가 '약한 구성주의'와 '강한 구성주의'라는 관점의 차이를 만들어 내는 것이다. 예컨대, 정당한 지식(legitimate knowledge)을 구성하는 데 있어 사회적 요소들이 차지하는 역할에 대해 급진적 혹은 강한 입장을 취하게 되는 경우, 이는 곧 인식론적 상대주의(relativism)로 빠지게 되어 회의적, 허무주의적 관점으로 이어질 가능성이 커지는 것이다.

이와 관련하여 근거이론적 방법의 인식론적 토대 중 하나인 '상징적 상호작용론'은 약한 구성주의의 한 유형을 보여 준다. Bryant와 Charmaz(2007a; 2007b)는 『근거이론 핸드북』에서 자신들은 "모든 그리고 어떠한 실재의 표상도 동일한 가치를 가지고 있다(according to equal status to all and any representations of reality)"는 인식론적 상대주의를 반대한다는 입장을 명확히 하면서, 상징적 상호작용주의(symbolic interactionism)와 근거이론적 방법을 기반으로 도출되는 이론들은 "주어진 상황에 따른 조건부적인 성격(contingent on specific conditions)을 가지며, 또한 이러한 조건이 변화함에 따라 이론은 언제든지 수정 가능하다"는 주장을 하고 있다.

이와 유사한 생각은 Longino(1990, 1993a, 1993b, 1996: Schwandt, 2000에서 재인용)에서도 발견된다. Longino는 많은 페미니스트 인식론은 기술적으로는 타당하지만(descriptively adequate), 규범적 혹은 처방적 측면에서는 타당(normatively or prescriptively)하지 않다고 주장한다. 기술적 · 규범적 차원의 문제에 대한 이러한 그녀의 해법은 그녀가 소위 '맥락적 경험주의(contextual empiricism)'라고 부르는 관점이다. 그녀는 온건한 경험주의(modest empiricism), '실재하는 세상은 우리의 지식 구성을 제약한다는 것'을 옹호한다. 동시에 그녀는 데이터를 생성, 분석, 조직하거나 증거를 가설에 연계시키는 데 적용되는 방법들은 이념과 무관한 행위자들의 통제하에 객관적으로 이루어지는 것은 아니라고 주장한다. 오히려 그러한 방법들은 '간주관적으로 결정되는 암묵적 가정(background assumption)'에 의해 구성되는 '맥락적'인 것이라고 본다. 탐구와 지식 생성은 사회적인 것이며, 또한 객관성은 사회적 상호작용의 산물인 것이다. 이와 함께 그녀는 과학적 지식이 '온전히' 사회적 타협의 산물이 아니라, '일정 정도(in part)' 사회적 타협 과정에서의 산물이라고 주장하며 중간적 지점을 모색하고 있다. 또한 객관성을 지지하고, 탐구의 이론에 대한 규범적 측면(the normative aspects of a theory of inquiry)을 강하게 옹호함으로써 그녀는 어떤 해석이든 간에 다른 해석과 동일하게 타당하다는 상대주의자의 관점을 명확하게 거부한다.

반면, 이와는 달리 Wittgenstein의 언어 게임(language games)에 단초를 얻고 있는 '강한 구성주의적 관점'도 존재한다. 강한 구성주의자들은 언어는 사회적 관행(social practices)이나 생활양식(forms of life)에 내재화(embedded)되어 있다는 데서 논의를 출발한다. 더욱이 특정한 생활양식을 지배하는 규칙들은 해당 생활양식을 특정한 범위 내로만 제한시키고, 이를 통해 내부 구성원들을 다른 사람들로부터 유리시킨다고 주장한다. 따라서 특정한 행위의 의미가 기술되거나 해석될 수 있는 것은, 특정한 생활양식의 맥락 내 혹은 (맥락 내에 존재하는) 고유한 준거 틀을 참조해서만 이루어질 수 있는 것이라고 본다. 이러한 주장에 따르면 서로 다른 언어 게임(different language games) 혹은 생활양식의 의미는 서로 비교될 수 없다. 이러한 견해가 급진적인 인식적 차이에 대한 주장(insistence on radical conceptual difference)과 결합되는 경우, 바로 인식론적 상대주의(epistemological relativism)로 이어지게 된다(Schwandt, 2000). Fay(1996: Schwandt, 2000에서 재인용)가 설명하는 바와 같이, 인식론적 상대주의에서는 "내용, 의미, 진리, 옳고 그름에 대해 서로 다른 해석 간의 상호비교(no cross-framework judgements)가 허용되지 않는다. 인지적, 윤리적, 미학적 신념, 주장, 경험 혹은 행위들에 대한 합리성(reasonableness)은 단지 특정한 인식적 체계(conceptual scheme) 내에서만 그 의미가 있기 때문이다(77)."

3) 실증주의 vs. 약한 실증주의

오랜 기간 동안 그리고 현재까지도 사회과학의 주류적 연구방법의 자리를 확고히 하고 있는 실증주의적 과학관은 다음과 같은 기본적 입장을 가지고 있다.

> 실증주의적 과학관은 현실세계가 실재하며(real) 파악 가능하다고 보는 점에서 실재론이며, 우리는 실험과 관찰에 의하여 그 실재하는 현실 세계를 알 수 있다고 보는 점에서 인식론상 객관주의적 입장을 취한다……. 실증주의자에게 있어 과학은 외부세계에 대한 예측적이고 설명적인 지식을 획득하려는 시도이다……. 그런데 규칙성을 표현하는 진술의 진리성은 논리적 필연성의 문제가 아니고, 실험과 관찰에 의해서 객관적으로 검증되어야 하며, 실험과 관찰은 확실하고 분명한 경험적 지식의 유일한 원천으로 상정된다……. 실증주의자는 우리는 '무엇'을 알 수 있는가가 아니라, '어떻게' 알 수 있는가라고 물어야 한다고 말한다. '무엇'을 알 수 있는가, 혹은 '왜'라고 묻게 되면 우리는 과학적으로 증명할 수 없는 형이상학에 빠지게 된다고 실증주의자는 경고한다(Carnap, 1993: 29; 이영철, 2006: 75) * 밑줄은 필자

박찬종(2012)에 따르면 실증주의가 '지배적인' 이론적 이데올로기로 부상한 것은 과학주의를 확립하기 위한 수단으로서 통계적 방법의 도입과 함께, 체계화된 메타이론으로서 Popper와 Hempel의 '포괄법칙모델(covering-law model)(Turner, 2001: 박찬종, 2012: 184에서 재인용)을 도입한 시점부터였다고 한다.

> 이 모델은 귀납과 연역의 결합을 통해 관찰과 이론 및 검증을 연결시키고, 인과성보다는 경험적 규칙성을 근거로 '일반법칙'을 확립하는 것을 목표로 했다. 왜냐하면 굳이 현상의 원인을 특정하지 않더라도, 그 현상을 이미 확립된 일반법칙 아래로 '포괄'함으로써 설명이 이루어진다고 보았기 때문이다. 뿐만 아니라 이렇게 확립된 일반법칙은 선행조건만 주어진다면 아직 일어나지 않은 사건을 예측하는 데에도 기여할 수 있다고 주장되었다. 따라서 포괄법칙모델은 인과성의 문제를 우회했던 동시에, 설명과 예측을 서로 대칭적인 것으로 파악하면서 과학의 성공 여부는 곧 예측의 정확성에 달려 있다고 단정했다. 과학주의를 매개로 이루어진 통계적 방법과 포괄법칙모델의 종합은 1960년대에 전개되었던 '이론구성운동(theory construction movement)'에 의해 가장 체계화된 형태로 완성되었으며, 사회학적 설명과 방법에 관한 주류적이고 표준적인 과학모델로 자리 잡게 되었다(Gartrell & Gartrell, 2002; 박찬종, 2012: 184-185). * 밑줄은 필자

하지만 이러한 표준적 과학모델에서는 인과성을 탐구하는 문제가 현상의 실제적인 원인을 밝히는 것보다는 변수들 사이의 통계적이고 수학적인 관계를 의미하는 것으로 대체되었다. 즉, '다른 모든 변수가 일정하고 C라는 선행변수의 변량이 E라는 후행변수의 변량과 관계될 때, 인과관계가 성립'하는 것으로 규정했다. 물론 실험실처럼 다른 변수들의 완전한 통제가 불가능한 사회연구에서는 상관관계로부터 인과성을 직접적으로 추론할 수 없다는 지적이 원칙적으로 수용되었지만, 이는 통계기법의 발전으로 어느 정도 해결 가능한 것으로 인식되었다(박찬종, 2012: 185−186).

이러한 통계적 방법과 포괄법칙모델의 한계와 문제점을 극복하기 위해 1970년대 이후 사회학 분야를 중심으로 다양한 노력이 전개되어 왔다. 이하에서는 이 장의 중심 주제인 '근거이론적 방법의 존재론적, 인식론적 토대 구축이라는 관점에서 어떤 시사점을 제공할 수 있는가?'라는 목적의식을 가지고 이러한 노력들을 크게 (1) 분석사회학과 (2) 비판적 실재론의 두 가지로 나누어 간략히 살펴보기로 한다. 이와 관련한 보다 구체적 논의는 박찬종(2012), 이영철(2006), 이성회 · 정바울(2015), 변기용(2018) 등을 참고하기 바란다.

(1) 분석사회학(analytical sociology)[6)]

- 분석사회학은 실증주의 모델의 두 가지 자원인 '포괄법칙모델'과 '통계분석'에 비판의 초점을 맞춘다. 포괄법칙모델은 특정 현상을 이미 정립되어 있는 법칙 아래로 포괄함으로써 설명이 이루어진다고 본다. 이 모델에서의 법칙이란 경험적 일반화로서, 동일한 조건이 주어진다면 '무엇이' 발생하는지에 관해서는 말해 줄 수 있을지 모르지만 그것이 '왜' 발생했는지에 관해서는 여전히 입을 다물고 있다. 하지만 올바른 설명이라면 그러한 법칙 자체, 즉 경험적 규칙성의 원인이 설명되어야 한다.
- 이러한 비판을 근거로 분석사회학은 사회학적 설명의 목표로서 '메커니즘' 분석을 대안으로 제시한다. 메커니즘의 정의에 대해서는 학자들마다 다소 의견을 달리하지만 대개 '경험적 현상들 이면에서 그것을 발생시키는 원인과 그 과정'을 지칭한다. 그리고 메커니즘을 포착하기 위해서는 특정 현상을 그것의 구성요소로 분해하고 그러한 요소들 사이의 상호관계가 만들어 내는 과정에 주목해야 하며, 이러한 의미에서 사회연구의 '분석적 전환(analytical turn)'이 필요하다고 주장한다.

6) 이 부분은 이 장의 논지 전개를 위해 필요한 범위 내에서 박찬종(2012)의 내용을 간략히 요약하여 제시하였음을 밝혀 둔다.

- 분석사회학에 따르면 사회에서 발생하는 모든 현상의 구성요소와 그것의 작동은 곧 인간행위자들과 그들의 행위이며, 메커니즘을 통해 현상의 원인을 분석한다는 것은 행위에 기반한 설명(action-based explanation)을 제공하는 것이다(Hedström, 2005: 28-29). 이는 사회현상을 행위로 환원해야 한다는 사실을 의미하는데, 분석사회학은 환원주의적 설명이 메커니즘 분석을 활용하는 모든 과학의 공통적인 특징이라고 단언한다. 예컨대, 화학적 현상은 물리학의 메커니즘을 통해 설명 가능한 것처럼, 거시적 사회현상은 그것을 구성하고 있는 개인 및 그들의 행위 메커니즘을 통해 설명할 수 있다는 것이다. 왜냐하면 실제로 어떤 변화를 가져오는 것은 변수라는 인식적 범주 그 자체가 아니라 '살아 숨쉬는' 행위자들이기 때문이며, 이러한 의미에서 모든 거시현상과 변수는 행위자들의 미시적 메커니즘으로 환원해야만 한다(Elster, 1998: 47; Hedström & Swedberg, 1998b: 24).
- 분석사회학이 가정하는 개인은 모든 정보를 취합하여 객관적인 판단을 내릴 수 있는 '원자화된' 존재가 아니라, 비합리적인 욕구와 신념에 빠질 수 있으며 또한 타인의 욕구와 신념으로부터도 끊임없이 영향을 받는 '사회화된' 존재이다. 원인에 관한 해명은 사회화된 개인들의 상호작용으로서의 메커니즘을 분석해야 한다.
- 즉, A와 B라는 사회현상의 연관성을 설명하기 위해서는 ① 사회적 조건이 어떻게 개인들의 행위를 제약하고 문화적 배경이 어떠한 과정을 통해 개인들의 욕망과 믿음을 형성하는지('상황적 메커니즘')를 밝혀야 하고, ② 이러한 개인들의 욕망과 믿음 등이 어떻게 그들의 행동으로 이어지는지('행위 구성 메커니즘')를 규명해야 하며, ③ 이러한 행위와 행위자들 사이의 상호작용이 가져오는 의도하거나 의도하지 않은 사회적 결과('변형적 메커니즘')를 파악해야 한다.

(2) 비판적 실재론(Critical Realism)[7)8)]

- 비판적 실재론은 Hempel의 포괄법칙에 대한 비판을 분석사회학과 공유하지만, 동시에 실증주의가 전제하는 경험주의적 가정을 비판함으로써 보다 근본적인 문제를 제기한다. 실증주의는 오직 인간이 관찰할 수 있는 것, 혹은 경험 가능한 것만이 존재하며, 인간의 경험적 영역을 넘어서는 모든 것을 '형이상학적인 것'으로 치부한다. 하지만 비판적 실재론에서는 이와는 달

7) 이 장에서의 논지 전개를 위해 반드시 필요한 비판적 실재론에 대한 기초적 이해를 제공하기 위해 필자는 박찬종(2012), 이영철(2006), 이성회(2018), 이성회 · 정바울(2015), 변기용(2018) 등의 내용을 적절히 발췌 · 요약해서 제시하였다. 독자의 이해를 돕기 위해 원래의 내용을 필자의 이해를 바탕으로 가능한 범위에서 쉽게 풀어서 재구조화하여 제시하였으므로, 해석 과정에서 나타난 오류와 관련한 책임은 전적으로 필자에게 있음을 밝혀 둔다.

리 "세계는 인간의 경험에 의존하는 것이 아니라 인간의 지각과 경험으로부터 독립적으로 존재한다"고 가정하는 것이 보다 타당하며, 인간에 의해 경험 가능한 것만이 존재한다는 주장은 인간중심주의의 편견에 불과하다고 본다. [박찬종, 2012]

- 따라서 비판적 실재론은 우리의 의식작용과는 상관없이 독립적으로 존재하는 연구대상, 즉 실재(the real)가 있다는 점을 논구의 출발점으로 삼는다. 우리가 경험주의를 따르든 합리주의를 따르든, 우리의 존재와 상관없이 우리의 과학적 연구를 아랑곳하지 않고 존재하는 대상의 세계를 인정해야 올바른 과학의 철학이 가능하다는 것이다. [이영철, 2006]
- 자연 혹은 사회의 원인을 탐구하는 과학이 존재하기 위해서는 '세계에 대한 존재론적 가정'이 불가피하다. 사실 일체의 존재론을 형이상학으로 간주하는 실증주의 또한 암묵적인 존재론적 가정에 입각해 있다고 볼 수 있다. 왜냐하면 실증주의는 오직 관찰 가능한 현상들로만 이루어진 '평평한 세계'를 전제하고 있기 때문이다. 즉, 실증주의는 원인과 결과 모두가 '경험 가능한 영역'이라는 동일한 지평 위에 존재한다(Bhaskar, 2008: 67)는 잘못된 생각에 기초하고 있다. [박찬종, 2012]
- 하지만 비판적 실재론은 세계가 경험적 영역(the empirical), 현상적 영역(the actual), 실재적 영역(the real)의 세 가지 차원으로 층화되어 있다고 본다(이성회, 2018). 이때 경험적 영역과 현상적 영역은 경험 가능한 사건들의 층위이다. 현상적 영역은 실제적으로 발생한 현상적 사건을 의미하는 반면, 경험적 영역은 실제로 경험한 특정 현상과 대상에 대한 행위자의 다양한 해석을 의미한다. 반면, 실재적 영역은 현상적 영역과 경험적 영역의 기저에서 현상적으로 나타난 사건과 경험적 해석을 발생시키는 기저 메커니즘이 작동하는 층위이다. [이성회 · 정바울, 2015]

---

8) Scott(2007)이 요약하고 있는 비판적 실재론의 주된 특징은 다음과 같다. (1) (궁극적으로는 인식론을 포함하지만) 인식론과는 명백히 구분되는 존재론적 차원의 논의의 필요성에 대해 옹호한다, (2) 이론적 지식을 (a) 보편성에 어느 정도 근접한 '실재적 지식(real)', (b) 보편성의 개연성을 지닌 '현상적 지식(actual)', 그리고 (c) 특정한 맥락에 기속적인 '경험적 지식(empirical)'의 세 가지 층위로 구분하고, 상위층에 있는 실재적인 지식을 현상적 지식과 동일시하거나, 현상적 지식을 경험적 지식과 동일시하는 것을 비판한다, (3) 사회에 존재하는 객체(objects)와 발생적 메커니즘(generative mechanisms)은 그것이 실세 작동되고 있든 그렇지 않고 있든 간에 내재적인 인과적 힘(causal powers)을 가지고 있으며, 인간의 인식 혹은 인간이 그것을 파악할 수 있는 능력과 관계없이 독립적으로 '존재'한다, (4) 인간과는 무관하게 존재하고 작동하는 자동적 차원(intransitive world of being, 예컨대, 실재 존재하는 사물과 구조, 발생적 메커니즘 등)과 인간의 인식과 사회적 상호작용을 통해 만들어지는 사회적 산물이라고 볼 수 있는 타동적 차원(the transitive world of knowing)을 구분한다, (5) 사회적 실재는 (a) 다층으로 구성되어 있고, (b) 서로 다른 층에서의 발생적 메커니즘들이 서로 연계 · 통합되어 있으며, (c) 이들 각 메커니즘의 요소들은 그들이 발현되어져 나온 층의 요소들로 환원될 수는 없다고 믿는다, (6) 따라서 객체들은 서로 간 상호작용하는 발현된 속성들을 가지고, 그 결과 새로운 속성들은 과거 객체들의 조합으로부터 생성되거나 발현된다고 본다, (7) 존재론적 수준에서의 주요 논리적 틀로서 사회구조와 행위자 간의 관계를 중요시한다.

이를 보다 쉽게 이해하기 위해 초등학교 때 막대자석으로 쇳가루를 붙이면서 자기장의 존재를 체험했던 실험 활동을 상기해 보자. 자석의 자기력이 작용하는 공간을 자기장이라고 하는데, 자기력은 눈에 보이지 않지만 자석 주위에 쇳가루를 뿌렸을 때 이들이 배열되는 모양을 보면 자기장을 확인할 수 있다(자기장을 선으로 나타낸 것을 자기력선이라 함). 즉, 행위자가 경험하든 하지 않든 자기장은 존재(현상적 영역)하며, 행위자는 실험을 통해 이를 실제로 관측하는 경험을 할 수 있는 것이다(경험적 영역). 물론 자기장의 발생 원인은 인간의 경험 너머에 깊숙이 존재하는 인과적 구조(underlying causal structures)(Bhaskar, 1975: 35)와 힘이며, 자기장은 아마도 우주 속에 존재하는 다른 천체의 영향 혹은 지구 자체의 특성에서 연유한 물리적 현상이 복합적으로 작용하여 발생할 것이다. 비판적 실재론에서는 이를 실재적 영역이라 부르고 과학의 대상으로 삼는다.

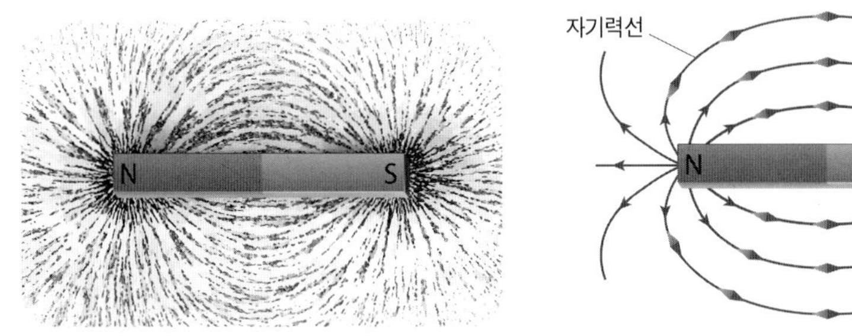

[그림 3-4] 자기장을 통해 보는 경험적 영역, 현상적 영역, 실재적 영역의 예시

- 따라서 이러한 경험/지각과 실험활동의 본질을 분석해 볼 때 과학활동이 가능하기 위해서는 인간과 무관한 인과 구조와 발생기제, 활동하는 사물을 구성요소로 하는 존재론이 요청된다(이영철, 2006). 비판적 실재론에서는 종종 비가시적이지만 분명한 힘을 가진 작동기제를 밝혀내고 이를 경험적, 현상적 영역과 연관지어 설명한다. 즉, 비판적 실재론은 실재적 영역을 탐색하면서, 경험적 영역과 현상적 영역을 도외시하지 않는다. [이성회, 2018]
- 비판적 실재론의 '층화된 존재론'은 과학이 대상으로 하는 세계가 단순히 경험 가능한 세계로 한정될 수 없음을 전제하는 동시에, 우리가 경험하는 현상들의 원인은 그것을 발생시키는 '실재'라는 또 다른 층위에 있음을 보여 준다. 즉, 인과성이란 서로 분리되고 구분된 두 개의 경험적 현상들 사이의 관계에서 해명될 수 있는 문제가 아니라, 그것을 발생시키고 어떤 속성이나 경향들을 부여하는 '힘'을 밝히는 문제와 관련된다는 것이다. 그리고 '메커니즘'이란 바로 이러한 실재의 층위에서 작동하는 힘이자, 경험적 사건을 발생시키는 원인을 지칭한다. 이는 실

증주의와의 명백한 단절점을 가리키는 지점이다. 실증주의가 경험적 층위의 사실들만을 대상으로 한다면, 비판적 실재론은 경험적 사실들의 원인이자 경험적 사실과는 다른 존재적 층위에 있는 구조와 그것의 메커니즘을 포착하는 것을 목표로 하기 때문이다. 다만, 메커니즘은 경험 이면에 존재하는 실재의 영역과 관련되기 때문에, 경험과 지각을 통해 직접적으로 알 수 없으며 오직 추측되거나(Bunge, 1997), 추상화를 통해(Sayer, 1992/1999: 135) 간접적으로만 접근할 수 있을 뿐이다. [박찬종, 2012]

• 복잡다기한 현실로부터 중심요소들을 개념적으로 검출하는 추상화는 사회과학을 포함하는 모든 과학이 전제하는 방법이다(Sayer, 1999: 85, 133-136; 이기홍, 2003; Danemark et al., 2004/2002: 78-83). 그런데 비판적 실재론이 '추상'의 방법을 채택하는 것은 단지 중립적 경험의 존재불가능성 때문만은 아니다. 자연과 사회는 모두 '개방체제(open system)'로서 다양한 구조가 존재하고 다양한 메커니즘이 동시에 작동할 뿐만 아니라, 무수한 우연적 요소들이 출현하는 장소이다. 하지만 자연과학은 '실험'의 방법을 통해 인위적으로 현실의 자연과는 다른 '폐쇄체제(closed system)'를 구축함으로써 특정의 메커니즘이 작동하는 양상을 추출해 내며, 메커니즘에 관한 지식을 바탕으로 자연현상에 대한 설명을 제공할 수 있다. 비판적 실재론자들은 사회에서는 자연 과학과 달리 인위적 폐쇄체제를 구성하는 것이 사실상 불가능하지만, '추상화'를 통해 자연과학에서의 실험과 마찬가지로 사회에서 작동하는 메커니즘을 추론하는 것이 가능하며, 또 그렇게 해야 한다고 주장한다(Bhaskar, 2008: 46, 52-53; Danemark et al., 2004/2002: 78-83, 81). 비판적 실재론에 따르면 우리가 직접적으로 경험할 수 있는 것은 구체적인 사건들로서, 어떤 구조와 메커니즘의 효과이다. 이는 비판적 실재론에서의 '추상'의 방법은 곧 '구조적 분석'이라는 사실을 보여 준다(Danemark et al., 2004/2002: 83). 그리고 이때 구조의 실재성은 그것의 존재를 경험적으로 확인할 수 있는가의 여부(존재의 경험적 기준)가 아니라, 그것이 존재하고 작동한다면 나타날 결과들(존재의 인과적 기준)을 추론함으로써 판단되어야 한다(Bhaskar, 2008: 143-144; 이기홍, 1998). [박찬종, 2012]

• 개방체제하에서 특정 체제에서 발생하는 현상들은 (1) 해당 체제가 가지는 속성, (2) 해당 체제와 영향을 주고 받는 환경과 다른 체제의 속성과 영향, 그리고 (3) 그러한 영향들이 오랜 기간에 걸쳐 축적된 역사(history)에 의해 주로 영향을 받는다. 어떠한 체제도 고립된 채 운영되지 않으며, 다른 이웃한 체제들과 연계되어 역사적으로 형성된 구조와 과정들에 의해 영향을 주고받게 되는 것이다. 즉, 하나의 체제는 상호 분절된 채 움직이는 것이 아니라 서로 연계된 전체로서 작동하는 것이다. 개방체제에서는 근본적으로 성격이 다른 발생기제가 둘 혹은 그 이상 작용하기 때문에, 우리는 사건이 발생하기 전에 어떤 기제가 작동할지 알 수 없고 따

라서 사건은 연역적으로 예측될 수 없다. 개방체제 내의 대부분의 사건은 다양한 요소가 종적(역사적 측면), 횡적(다른 체제들과의 복합적 연관)으로 상호 관련되어 영향을 미치는 가운데 발현되는 '국면적 결합' 혹은 복합적 요인의 결과물로 이해되어야만 한다. 이런 차원에서 보면 사회과학에서 추구하는 이론은 경험세계의 폐쇄성이라는 가정을 바탕으로 맥락에 관계없이 적용되는 자연과학에서의 일반이론(공식이론)과는 달리, 다양한 요인이 상호연관된 개방체제에 대한 가정을 전제로 제한된 맥락에서만 타당성 있게 적용될 수 있는 '중범위이론'이 보다 타당하다고 볼 수 있다. 실증주의적 과학관은 설명의 구조와 예측의 논리적 구조가 같으므로, 설명할 수 있으면 예측할 수 있다고 주장하지만, 비판적 실재론에 의하면 설명은 발생 기제의 작동 과정을 이해함으로써 어떤 사건의 발생을 해석하는 것이고, 지식의 대상은 개방체제 속에 있기 때문에 설명할 수 있다고 해서, 곧바로 우리가 예측을 할 수 있는 것은 아니다. 예측은 제한적일 수밖에 없다. 비록 제한적이지만, 대상의 특정한 힘과 성향이 경험적인 영역에서 현현하는 조건을 밝힘으로써, 실증적 사례연구는 어떤 형식의 사건이 발생할 수 있고, 어떤 사건이 발생할 수 없는가에 분석적인 빛을 던져 준다. [이영철, 2006]

- 층화된 존재론의 또 다른 중요한 이론적 함의는 실재적 영역의 메커니즘이 경험적, 현상적 영역과 구분되는 독립된 인과적 힘을 가지고, 경험적 영역과 현상적 영역과 상호작용하면서 사회현실을 끊임없이 변화시키거나 재생산한다는 점이다. 이는 비판적 실재론이 끊임없이 생성되고 변화하는(morphogenetic) '개방체제(open system)'를 상정하고 있음을 의미한다(Archer, 1995). 게다가 개방체제 안에는 생각, 감정, 욕망, 의도가 있고 하루에도 수십 번씩 마음이 바뀔 수 있는 복잡한 인간들이 존재한다. [이성회, 2018]
- 비판적 실재론은 사회적 실재를 인식하는 데 있어서 능동적 주체로서의 행위자들(agents)이 지니고 있는 상이한 인식의 역할을 인정하기는 하지만, 이와 함께 행위자의 인식과 독립적으로 존재하는 실재(예컨대, 사물의 인과적 발생 메커니즘)의 구조적 속성(structural properties)을 동시에 상정하기 때문에 구성주의를 전적으로 인정하지는 않는다. 즉, 실증주의자들은 '현실은 실재하며 파악 가능하다'고 주장하고, 구성주의자들은 '실재는 특정한 맥락을 반영하여 다중적으로 구성된다'고 생각한다. 하지만 비판적 실재론자들은 사회적 현상과 경험을 총체적으로 이해하기 위해서는 인식의 주체로서의 행위자들과 이들과 독립하여 존재하고 있는 실재의 구조적 속성(structural properties) 모두를 고려할 필요가 있다고 주장한다. 따라서 어떠한 사회현상이나 경험에 대한 사회과학이 지향하는 총체적 이해(totality of the social experience)는 (1) 특정한 사건과 행동이 행위자에게 무엇을 의미하는지를 이해하는 것과 (2) 사회의 구조와 속성이 이러한 사건과 활동에 어떠한 영향을 미쳐 이러한 일이 일어났는

지를 이해하는 "인과적 이해"를 포함한다고 주장한다(Bhaskar, 1998: 신희영, 2013에서 재인용).[9] 따라서 과학의 역할은 인과관계의 기저를 이루는 실재의 구조적 속성(structural properties)을 고려하지 않은 채 주체로서 행위자(agents)의 의도나 역할만을 해석하거나, 반대로 인간의 의도나 신념을 무시한 채 구조적 속성만을 파악하는 문제로 축소될 수는 없다고 주장한다(Scott, 2007; 변기용, 2018). 이렇게 볼 때 비판적 실재론은 해석학적인 연구전통의 밑받침이 된 Kant로 대변되는 선험적 관념주의와는 철학적 기조를 달리하며, 해석학적 방법에 따른 연구에 전제되어 있는 주관주의와 지적 상대주의를 부정한다. 하지만 그렇다고 해서 비판적 실재론이 절대적인 진리를 찾을 수 있다고 주장하는 것은 아니며, 현실은 '실재'하기는 하지만 불완전하게, 개연적으로만 파악가능하다고 주장할 뿐이다(이영철, 2006). 이렇게 비판적 실재론(critical realism)은 '실재론(realism)'이면서도 실증주의의 '순진한(naive)' 실재론을 보완할 수 있는 '비판적(critical)'인 성격을 가지고 있는 것이다(Scott, 2007). [변기용, 2018]

- 비판적 실재론에서 사회 구조와 제도는 인간의 행위(이들의 상호작용)로부터 발현된(만들어진) 것이지만 후자로 환원될 수 없고 인과적으로만 후자에 영향을 미칠 수 있다. 사회구조와 제도의 인과적 힘은 '시차'를 가지는 행위자를 통해 조정되기 때문이다. 예컨대, 현재(t 시점) 존재하는 사회구조와 제도는 과거(t-1 시점)의 행위자의 의도적 행위와 상호작용에 의해 만들어진 산물이어서 현재(t 시점)의 행위자의 입장에서 보면 (사회구조와 제도는) 사회에 대한 인식과 개념작용에 영향을 미치는 주어진 조건으로 작용한다. 즉, 현재의 행위자의 입장에서 보면 현재 존재하고 있는 사회구조와 제도는 자신이 영향을 미칠 수 있는 대상이라기보다는 자신에게 주어진 일종의 제약조건 혹은 고정된 상수에 가깝다. 현재 존재하는 행위자들의 행위와 상호작용은 추후 미래(t+1 시점)의 행위자가 당면하게 될 사회구조와 제도의 형성에 영향을 미칠 뿐이다. 사회구조와 제도가 특정한 시점에서 행위자의 행위를 구속하는 인과적 힘을 가지고 있다고 가정하는 것은 곧 존재론적으로 이들이 가능한 과학적 탐구의 대상으로서 실재하고 있다는 것을 의미하는 것이 된다. [변기용, 2018]

9) 비판적 실재론에서 지식은 두 가지 차원으로 구성되어 있다. 먼저, 지식의 자동적 차원은 우리가 연구하는 세상에 존재하는 사물과 구조, 발생적 메커니즘 등 자동적 객체(intransitive objects)를 말하며 이들은 인간에 의해 생산되지 않고 따라서 이러한 차원의 지식은 인간의 의식이나 활동과는 무관하게 존재한다. 지식의 또 다른 측면은 인간의 인식과 사회적 상호작용을 통해 만들어지는 타동적 객체(transitive objects)로서의 지식(예컨대, 개념, 이론, 패러다임 등)인데 이러한 유형의 지식은 지식의 생산에 있어 인간의 매개를 통하지 않고서는 생성될 수 없다. 지식의 자동적 차원과 타동적 차원을 구분하여 개념화하지 않으면 실재와 지식을 같은 것으로 보는 인식론적 오류를 범하게 된다. 실증주의는 세계가 우리의 감각 경험의 범위와 일치하는 것으로 봄으로써, 우리의 인식과 독립하여 존재하는 실재와 감각 경험을 통해 인식되는 객체를 동일한 것으로 보는 인식론적 오류를 범하고 있다(신희영, 2013).

이와 유사한 주장은 Archer의 분석적 이원론에서도 발견되는데, 이는 다음의 두 가지 가정을 전제로 하고 있다. (1) 구조는 반드시 그 구조를 바꾸는 행동에 앞서 존재한다, (2) 구조적 정교화(변화)는 꼭 이 행동들 뒤에 일어난다. 즉, Giddens(1984: 이성회 · 정바울, 2015에서 재인용)의 구조화 이론과는 달리 Archer는 "시간 변수를 반드시 포함하여 '시간의 흐름에 따른 구조와 행위자성의 상호작용'을 조사하여야 우리는 비로소 구조와 행위자성 사이의 관계를 명확히 이해(Archer, 1995: 65: 이성회 · 정바울, 2015: 195에서 재인용)"할 수 있게 되며, "'분석적 이원론'이란 분석틀을 제공함에 있어 Archer의 가장 큰 관심사는 구조만을 강조하거나 행위자성만을 강조하는 양극단을 피하는 것(이성회 · 정바울, 2015: 195)"이라는 점을 강조하고 있다. 그리고 Archer가 "실제 이러한 인과적 메커니즘 분석방식을 통해…… 탐구하고자 했던 바는 '누구에' 의해 일어난 '무슨' 행동이 '어떤' 영향력을 미치며 '왜' 이렇게 되었는가를 밝혀내는 것"이었다. 이러한 Archer의 분석적 이원론은 그동안 교육행정학계에서는 비교적 생소한 개념이었다. 하지만 구조와 함께 행위자성을 강조하는 분석적 이원론의 기본 구조는 교육행정학계에서 많이 논의되어 왔던 신제도주의의 기본적 관점(하연섭, 2011)과 상통하는 것으로 보인다. 즉, 인간 행위에 대한 제도 결정론을 주장하는 전통적 제도주의와는 달리, 신제도주의에서는 인간에 대한 제도의 영향력과 함께 행위자의 제도 형성에 대한 능동적 역할을 동시에 강조한다(변기용, 2018).

4) 근거이론적 방법: 제3영역 과학철학관에 기초한 새로운 연구방법론

이제까지 살펴본 바와 같이 그동안 교육학계를 지배해 왔던 양적 연구와 질적 연구 사이를 엄격히 가르는 이분법적 관점은 최근의 방법론적 논의의 발전 동향과는 상당한 거리가 있다는 것을 알 수 있다. 앞서 살펴본 약한 구성주의, 분석사회학, 비판적 실재론 등의 새로운 논의 동향들은 모두 양적 연구와 질적 연구를 배타적으로 구분하는 그동안의 지배적인 관점에 대한 비판과 동시에 대안적 접근방식을 제공할 수 있는 다양한 가능성을 제공해 주고 있다.

이 세 가지의 관점은 정도의 차이는 있지만, 기본적으로 객관적이고 유일한 실재를 전제하는 '순진한 실증주의(naive positivism)'나, 지식을 특정 그룹의 관점이나 이해 관계로 환원하여 궁극적으로 지식의 생산 혹은 진리의 추구를 불가능한 것으로 간주하는 '강한 구성주의(인식론적 상대주의)'를 거부하고 있다. 예컨대, 구성주의적 근거이론을 주창하고 있는 Bryant와 Charmaz(2007b)는 자신들이 편찬한 『근거이론 핸드북(Handbook of grounded theory)』에서 다음과 같이 언급하고 있다.

> 어떤 경우에는 [이러한 논의에 기반한] 사회적 구성주의자들의 언명은 위험스럽게도 '어떤 외적 실재도 사실 존재하지 않는다(in fact no external reality existed)'라는 결코 지지될 수 없는 극단적인 주장을 하는 것으로 이어지기도 한다. 좀 덜 극단적인 버전의 주장은 완전한 상대주의(complete relativism), 즉 '모든 그리고 어떠한 실재의 표상도 동일한 가치를 지닌다(according equal status to all and any representations of reality)'로 나타난다. 우리는 이 두 가지 입장 중 모두에 대해 반대의 입장을 명확히 한다. 하지만 우리는 세상에 대한 사회적 행위자(social agent)의 이해가, 자의적이나 즉흥적인 방식이 아니라(not in any arbitrary or ad hoc fashion), 사회적으로 구성된다(socially constructed)는 점을 인정하는 것이 매우 중요하다는 것을 특히 강조하고자 한다(37). * 밑줄은 필자

동일한 맥락에서 형태발생론적 접근(morphogenetic approach)을 주창한 영국의 교육사회학자 Archer의 경우에도 자신이 비판적 실재론과 상대적 인식론에 관심을 가진 것은 바로 "지식을 특정 그룹의 관점이나 이해관계로 전환하여 궁극적으로 지식의 생산 혹은 진리(the truth)의 추구를 불가능한 것으로 간주하는 포스트 포더니즘에 대항하여, 지식(a knowledge)을 생산하고 진리를 추구해 가는 것이 교육학을 포함한 사회과학의 주된 임무"라고 생각했기 때문이라고 강조하고 있다(이성회 · 정바울, 2015).

한편, 이와는 다른 각도에서 박찬종(2012)은 사회학 분야에서 표준적 실증주의 인과 모델을 다음과 같이 비판하면서, 메커니즘 분석을 추구하는 분석사회학과 비판적 실재론이 이제까지 주류적 위치를 차지해 왔던 표준적 실증주의 모델에 대한 유의미한 대안이라고 주장하고 있다.

> 실증주의 과학모델은 단순히 원인이나 인과관계에 관한 특정한 관점만을 확립했던 것은 아니다. 오히려 이 모델이 가져온 중요한 효과 중 하나는, '과학적' 지식과 '비과학적' 지식을 구분하는 가상 강력한 기준으로 작용했다는 데 있다(202).
>
> 이에 따라 실증주의적 인과성 개념과 방법을 수용할 때에야 '과학적' 연구로 인정되었고, 다른 대안적 개념과 방법에 의존하는 연구들은 다양성 차원에서 사회학적 연구로 수용될 수는 있지만 비과학적인 연구로 치부되었다……. 그 결과 '방법론'은 통계기법과 동일시되었고, '이론'은

구체적 연구와 유리되어 별도의 영역으로 유폐되었으며, '실증성'에 대한 강조는 통계적 기법을 활용하거나, 1차 자료를 체계적으로 수집하고 해석하는 것으로 단순하게 이해되었다……. 즉, 실증주의 모델은 하나의 이론적 대상으로서 연구되거나 논쟁되기보다는, 당연히 따라야만 하는 과학적 표준으로 기능함으로써 다양한 사회연구의 방향과 방법을 사전에 규율하는 효과를 낳았던 것이다(203). * 밑줄은 필자

이러한 최근의 논의 동향은 바로 우리 학계에서 오랫동안 존재했던 '실증주의 vs. 구성(해석)주의', '이론의 보편성 vs. 특수성', '연역 vs. 귀납', '연구자와 연구참여자(데이터)의 분리 vs. 연계', '제도(institution) vs. 행위자(agent)', '양적 연구 vs. 질적 연구' 등의 경직된 이분법적 사고가 좀 더 유연하게 바뀔 필요가 있다는 것을 의미한다. 즉, 이러한 각각의 측면을 이분법적 개념으로 이해하기보다는, 두 개의 극단(예컨대, 실증주의 vs. 구성주의, 보편성 vs. 특수성)을 각각의 끝으로 하는 연속선으로 보고 이 선상의 어느 지점에 순차적으로 존재하는 개념으로 이해하는 보다 유연한 사고가 필요하다. 이런 관점에서 본다면 존재론, 인식론, 방법론의 문제는 양자택일의 문제가 아니라, 이 두 가지 측면을 서로 연계하고 보완하여 활용하게 되는 방식으로 전환하게 된다. 즉, 이러한 유연한 관점을 통해 기존의 연구방법론을 보는 관점에도 근본적 변화를 불러일으킬 수 있게 되는 것이다.

필자는 이러한 견해가 최근에 새롭게 등장한 견해라기보다는 20세기 초 · 중반 미국을 중심으로 등장했던 실용주의 철학자(예컨대, George Herber Mead, James Peirce, John Dewey, 그리고 이후에 등장한 신실용주의자인 Richard Rorty)들이 펼친 다음과 같은 실용주의(pragmatism)적 사고 체계들에 깊숙이 뿌리박고 있다고 생각한다. 그리고 이러한 실용주의적 사고 체계는 양적 연구와 질적 연구를 매개하는 새로운 접근방법으로서 대두된 근거이론적 방법의 이론적 발전에도 커다란 영향을 미치고 있다(Strübing, 2007)고 생각한다.

- 모든 의식적 행위는 '추상화의 과정(the process of abstraction)'을 거친다. 연구자가 데이터를 수집하는 행위는 우리가 바닷가에서 조약돌을 줍듯이 이미 존재하는 대상을 그대로 가져오는 것과는 다르다. 우리의 선택 행위는 의식적이든 무의식적이든 간에 연구자 자신의 내부에 존재하는 선입견에 영향을 받을 수밖에 없기 때문이다. 대상(objects)을 개념화하는 것, 그럼으로써 실재를 찾아가는 것은 행위자가 가진 서로 다른 관점들이 전제되지만, 개인들은 실제 '일반화된 타자(generalized other)'로 지칭되는 공유된 사회적 관점을 바탕으로 구체적 행위를 하게 된다. 따라서 개개인의 관점은 종종 같은 방향을 가리키거나, 동일한 경우도 많

다. 그렇다고 '일반화된 타자'가 개인의 행동을 결정(determina)하는 것은 아니며 다만 개인이 취하는 행동의 경계를 설정해(shape) 나갈 뿐이다[Mead의 객관적 실재(objective reality)]. [Strübing, 2007]

- 실용주의에서 탐구의 과정은 문제해결과정이다. Peirce는 "관점(perspective)으로부터 출발하여 문제(problem)에 다가가는 것보다, 문제(problem)로부터 출발하여 가장 적합한 관점(perspective)을 찾아가는 것"을 보다 타당한 해소 방안으로 제안한다(권향원, 2017: 12).
- 문제해결 과정은 지속적이고 순환적인 과정이다. 따라서 행위자가 문제가 해결되었다는 확신을 가질 때까지 지속적으로 반복된다. 연구자가 도출한 제안은 완벽한 논거에 바탕한 논리적 추론이라기보다는 확률적인 것에 불과하기 때문에, 문제해결 상황에 근접하기 위해서는 항상 오류가능성을 전제하고, 반복적이고 순환적 탐구 과정을 지속적으로 시행해 나가는 것이 필요하다[Dewey, 문제해결에 대한 지속적 · 순환적 이해(iterative-circular understanding of problem-solving processes)]. [Strübing, 2007]
- 기존의 개념과 법칙을 통해 현상(자료)을 설명하는 연역적 추론(deduction)이나, 현상(자료)를 통해 개념과 법칙을 만들어 나가는 귀납적 추론(induction)이라는 일방향적인 추론을 통해 새로운 지식을 창출하는 것은 불가능하다. Peirce가 주창한 가추법(abduction)은 논리의 형식(a form of logic)이라기보다는 특정한 실천적 습관으로서, 이는 비의도적 · 즉흥적이며, 그야말로 번개처럼 스쳐 지나가는 통찰력에 가깝다. 이러한 즉흥적인 통찰력이 바로 기존의 생각과 새로운 법칙을 연계시키는 원천이지만, 그 과정에서 사람들은 여전히 기존의 지식을 그대로 혹은 일정 부분 수정한 채로 활용하게 된다. 인식론적인 기초라는 측면에서는 다르지만, 가추법과 매우 유사한 개념으로서 Peirce는 '질적인 귀납(qualitative induction)'에 대해서도 언급하고 있다. 질적인 귀납은 연구자로 하여금 문제해결 상황에서 현재 지각한 내용(the contents of 'current' perception)에서 과거에 지각한 내용들의 범주들을 알아차릴 수 있게 만든다고 주장한다. 이러한 방법으로 연구자들은 이미 알고 있었던 개념들과 새롭게 지각된 특정한 속성과의 유사성에 기초하여, 특정한 속성들이 연구자가 탐구하고 있는 현상에 존재하고 있다는 것을 추론할 수 있게 된다[Peirce의 가추법(abduction)과 질적인 귀납법(qualitative induction)]. [Strübing, 2007]
- 모든 편견을 배제한 초월적 · 보편적 지식은 존재하지 않는다. 절대적, 객관적 진리란 설명적 의미를 지니지 못하며, 최선의 상호적 실행이 오히려 그 자리를 차지해야 한다. 탐구의 길은 영원불변한 진리의 추구가 아니라 모든 것이 역사적 발전과정에서 특정한 시점에서 사회적, 문화적, 언어적으로 구성된 우연과 기회의 산물임을 직시하는 철저한 역사주의자의 안목에

> 서 '최선의 사회적 실행'을 찾으려는 노력이 되어야 한다. (최선의) 사회적 실행이란 현재 우리가 실행하고 있는 것들 중 사회적으로 널리 인정된 것을 의미한다. 인간은 참신한 '메타포'(문제 상황을 잘 타개하게 도움을 주는 천재적 발상)의 창안을 통해 끊임없이 자아의 확대를 이루어 가는 존재이며, 따라서 사람은 누구든 이러한 각자의 자문화를 중심으로 출발하지 않을 수 없다. 이러한 상황에서 우리가 노력해야 할 일은 오류 가능성과 개방적 입장을 견지하는 가운데, 외부의 위력에 의해 강제되지 않은 개인들 간의 지속적 대화를 통해 점진적으로 지식의 발전(최선의 사회적 실행)을 추구해 가는 것이다(Rorty의 자문화 중심주의, 메타포, 지속적 대화를 통한 지식의 발전)(김동식, 2002).

〈표 3-3〉에서는 독자들의 이해의 편의를 위해 연속체상에 있는 과학철학관을 앞서의 논의에 기초하여 네 가지 유형으로 구분하여 제시해 보았다. 이렇게 보면 (1) 구성주의의 대척점에 있는 '약한 구성주의', (2) 실증주의의 대척점에 있는 '약한 실증주의'가 위치하고 있는 '제3의 영역'에 걸맞는 새로운 연구방법론이 얼마든지 존재 가능하고, 그 대표적인 것이 바로 근거이론적 방법이 되는 것이다.

이렇게 독자의 편의를 위해 필자가 편의상 이를 네 가지 유형으로 구분하여 제시하긴 했지만, 각각의 유형은 상호 배타적으로 존재하고 있는 것은 아니라는 점을 유의할 필요가 있다. 실제 필자가 보기에 제3영역에 위치하고 있는 '약한 구성주의'와 '약한 실증주의'는 개념적 유형으로는 어느 정도 구분될 수 있지만 실제 그 경계를 획정하기는 거의 불가능하다고 생각된다. 그보다는 오히려 연속선상의 왼쪽 끝에 '실증주의 과학관'이 오른쪽 끝에는 '구성(해석)주의 과학관'이 존재하고 있는 가운데, 다양한 유형의 혼합적 과학철학관과 이에 따른 연구방법론들이 연속체상에 존재하는 것으로 이해하는 것이 훨씬 논리적으로 타당하고 사회 문제해결에도 훨씬 유용한 접근방식이 아닌가 생각한다.

실용주의에 기초한 해석 틀을 가진 연구자들은 연구방법론에 대한 관심보다는 연구되는 문제와 문제에 대한 해결책에 보다 관심을 가지고, 연구자들은 연구의 필요와 목적에 가장 부합하는 연구방법, 기술, 절차를 '자유롭게' 선택할 수 있다고 믿는다(Creswell, 2013/2015). 이러한 관점에서 보면 '해결할 문제가 있고 나서 그에 필요한 방법론을 선택하는 것이지, 방법론이 선행되고 해결할 문제가 뒤따른다'는 생각은 타당하지 않다. 마치 개의 꼬리가 몸통을 흔드는 격이기 때문이다. 이런 관점에서 양적 연구와 질적 연구, 그리고 질적 연구 내부에서도 이론 개발을 명시적으로 지향하는 실용주의적 질적 연구와 그렇지 않은 질적 연구, 근거이론 내에서도 Charmaz의 구성주의적 근거이론, 기노시타의 보다 실증주의적인 수정

근거이론, Strauss와 Corbin의 근거이론과 Glaser의 근거이론은 문제 상황에 맞게 적절하게 사용된다면 모두 의미 있는 연구결과를 도출할 수 있다는 지극히 당연한 사실을 연구자들은 반드시 명심할 필요가 있다.

〈표 3-3〉 과학철학관에 따른 존재론, 인식론, 방법론적 관점 비교

구분	실증주의 (positivism)	제3의 영역 ↔ 약한 실증주의 ↔ 약한 구성주의 ↔	구성주의 (constructivism)
존재론	'순진한' 실재론 현상의 이면에는 이를 설명하기 위한 절대적 규칙과 패턴의 코드가 실재로서 존재 맥락과 관점에 관계없는 보편성을 중시	비판적 실재론/실용주의 분석사회학/온건한 경험주의 • '제한된 범위'에서만 타당한 '중범위이론'을 지향 • 새로운 진실이 발견될 때까지 '잠정적'으로 타당한 진실의 존재를 가정(과정으로서의 이론) • 개방체제에서 실재는 특정한 시점에서 사회적, 문화적, 언어적으로 구성된 우연과 기회의 산물 • 실재들이 다중적으로 구성되어 존재하나 연구자의 가치(사회적 맥락)에 따라 타당성 비교 평가가 가능	인식론적 상대주의 맥락에 따라 구성된 다중적 실재들의 의미와 특수성을 강조 경험 혹은 행위에 대한 타당성은 특정한 인식적 체계 내에서만 타당하기 때문에 상호 비교 불가
인식론	객관주의적 (실증적) 이론(법칙) 중심 연구자는 연구대상자(자료)와 철저히 분리	약한 객관주의/약한 주관주의 연구자 중심 • 연구참여자가 의미 형성에 공동으로 관여하지만 궁극적으로 연구자의 주관적 연구 가치에 주목 • 연구 참여자 개개인의 주관적 경험보다 집합적 경험이 가지는 사회적 의미에 주목	주관주의적(구성적) 데이터 중심 연구자와 연구참여자의 가치는 의미형성에 공동으로 관여
방법론	연역: 양적 방법 자료들 간의 관계를 숫자로 확인 서베이, 실험	가추(abduction) (연역과 귀납의 순환적 적용) 양적, 질적 연구방법을 모두 사용 실용적 사례연구, 근거이론적 방법, 실행연구	귀납: 질적 방법 자료를 요약하여 의미를 발견 내러티브/현상학/문화기술지/본질적 사례연구

주) 이 표의 작성에는 2019년 9월부터 필자가 운영하고 있는 '안암 교육행정학회 질적 연구 스터디 모임'에 토론자로 참석해 준 고려대 행정학과 윤견수 교수의 토론 지료(2019. 10. 26.)와 이를 기초로 출간한 논문(윤견수, 2019)에서 제시된 통찰력이 큰 영향력을 미쳤음을 밝혀 둔다. 특히 인식론과 관련 '이론(실증주의) vs. 연구자 vs. 데이터(구성주의) 중심'으로 구분한 것은 그의 견해를 빌린 것임을 밝혀 둔다.

제4장 실용적 사례연구, 근거이론적 방법과 실행연구

이 책의 제1장에서 필자는 '이론 개발을 직접적 목적으로 하지 않는 구성(해석)주의적 질적 연구'를 '이론 개발을 목적으로 하는 실용주의적 질적 연구'와 구분하여 그 차이를 설명하였다. 필자는 전자에 해당하는 것으로서 내러티브, 현상학, 문화기술지, 본질적 사례연구의 네 가지를, 후자의 경우 실용적(도구적) 사례연구, 근거이론적 방법, 실행연구의 세 가지를 예시로 제시하였다. 앞서 1장에서 언급했듯이 이렇게 질적 연구 접근방식을 분류하는 것이 역사적 발달단계에 따라 나타난 질적 연구의 세부적 영역을 별다른 기준 없이 모두 나열하는 것보다는, 질적 연구에 입문하는 초보자들이 질적 연구방법의 주요 내용과 특징을 파악하는 데 오히려 도움이 되지 않을까 하는 생각이 들었기 때문이다. 하지만 근거이론적 방법 강의를 하다 보면 여전히 초보연구자인 대학원생들로부터 실용적 사례연구, 근거이론적 방법, 실행연구의 차이가 무엇인지에 대해 질문을 받게 되는 경우가 많다. 이 장에서는 제2부(제5~10장)에서 근거이론의 실제 수행방법에 대해 구체적으로 설명하기 전에 이 세 가지 연구방법이 구체적으로 어떻게 차이가 나는지를 다시 한번 설명함으로써, 근거이론적 방법과 다른 두 가지 연구방법의 특징과 역할, 그리고 이들이 어떻게 상호 연계되어 보완적으로 사용될 수 있는지를 간략히 설명하기로 한다.

1. 실용적 사례연구, 근거이론적 방법과 실행연구

1) 실용적 사례연구와 근거이론적 방법

앞서 제1장에서 사례연구와 근거이론적 방법, 실행연구의 관계에 대해 개략적으로 설명한 바 있다. 사례연구는 (1) '본질적 사례연구(이론 개발이 직접적 목적이 아닌 질적 연구)'와 (2) '실용적(도구적) 사례연구(이론 개발을 지향하는 질적 연구)'로 구분된다. 실용적 사례연구의 입장을 취하고 있는 학자 중 가장 널리 인용되고 있는 Yin(2014/2016)의 경우 사례연구를 탐색적, 기술적, 설명적 사례연구로 분류하고 있다. 설명적(explanatory) 연구는 '현상에 대한 인과적 관계'를 검증하는 데 목적이 있다. 기술적(descriptive) 연구가 단순히 고립된 변수에 대해 정보를 찾는 것에 목적을 두는 데 비하여, 설명적 연구는 변수들 사이에 존재하는 관계를 설명하는 데 주된 목적을 둔다. 한편, 탐색적(exploratory) 연구는 연구주제가 새로운 것이거나 특이한 것이어서 많이 알려지지 않은 상황일 경우 이루어진다. 즉, 종속변수에 대한 명확한 구분이 없고, 무엇이 중요한지 누구를 면담하는지에 대해 연구자가 알기 힘든 연구를 말한다(Yin, 2014/2016).

근거이론 연구는 구체적인 연구 수행방식에는 차이가 있지만, Yin(2014/2016)이 말하는 세 가지 사례연구의 유형 중 하나와 유사한 목적을 가지고 수행될 수 있다고 본다. 예컨대, 개념적 이론화(속성) 연구는 탐색적 · 기술적 사례연구와 상대적으로 그 목적이 유사하고, 관계적 이론화(인과적 조건 탐색)는 설명적 사례연구와 목적이 유사하다고 보면 크게 문제가 없다고 생각된다. Yin(2014/2016)의 실용적 사례연구와 근거이론적 방법은 둘 다 '사회적 현상의 속성 이해 혹은 사회적 현상을 발생시키는 조건과 과정에 대한 이해'를 목적으로 하고, 이를 통해 일반화(이론화)를 추구한다는 점에서 연구목적과 수행방식의 측면에서 중첩되는 부분이 상당히 많다.

특히 교육행정학 분야에서는 이제까지 학문공동체 전반에 걸쳐 근거이론적 방법에 대한 이해가 상대적으로 부족한 상황에서, 많은 질적 연구자가 근거이론적 방법보다는 본인에게 보다 친숙한 (실용적) 사례연구방법을 통해 주로 연구를 수행해 온 것으로 보인다(변기용 외, 2020). 즉, 대부분의 연구자가 비록 자신의 연구를 '사례연구'라고 칭하고 있다 하더라도, 사실상 근거이론 연구자들이 가지고 있는 "현장에서 수집한 자료에 근거하여 이론을 생성한다"는 것과 유사한 문제인식을 가지고 연구를 해 온 경우가 적지 않다(예컨대, 변기용 외, 2015; 변기용 · 이석열 외, 2017). 따라서 필자가 볼 때 실용적 사례연구는 현 단계에서 교육행정학 분야에서 근거이론적 방법의 외연 확장과 활성화를 위한 중요한 '씨앗'의 역할을 할 수 있다고 생각한다. 즉, 두 가지 접근방식은 이론 개발을 지향한다는 기본적 문제인식 자체를 공유하고 있기 때문에, (1) 기존에 수행했던 실용적 사례연구의 결과나 (2) 수행 중인 실용적 사례연구의 경우에도 근거이론적 기법을 활용한 추가적 연구(예컨대, 이론적 표집, 이론적 포화, 생성된 이론의 제시 등)를 통해 근거이론적 방법이 추구하는 것과 유사한 실체이론과 중범위이론의 생성으로 이어질 수 있는 가능성이 얼마든지 열려 있다고 생각된다.

그렇다면 이 두 가지 질적 연구 접근방식은 구체적으로 어떤 차이가 있을까? 사실 이에 대해 현 시점에서 명확한 답을 제시하는 것은 매우 어렵지만, 독자의 편의를 위해 다소간의 무리를 무릅쓰고 다음과 같이 그 차이를 제시해 본다. 먼저, 근거이론적 방법으로 지칭되기 위해서는 이론적 표집(theoretical sampling)', '귀납적 그리고 가추적 논리를 사용한 지속적 비교 분석과 이론적 포화', '3차(고급) 코딩과 이론적 통합'이라는 근거이론의 핵심적 기법을 충실히 적용하여야 한다. 이 세 가지 기법이 근거이론적 방법의 목적인 '이론의 생성'을 위해 가장 핵심적인 요소이기 때문이다. 또 하나 실용적 사례연구와 근거이론 연구 간에 가장 차이가 나는 지점은 논문에서 분석한 연구결과를 제시하는 방식이라고 할 수 있다. 실용적 사례연구를 연구방법으로 채택한 논문의 경우 '서론' 부분에서 연구문제가 설정되면, '연구결과' 부분에서 이 연구문제들을 중심으로 연구결과를 구조화하여 제시하는 것이 일반적이다. 예컨대, 서론에서 연구문제가 '(1) 자기설계전공의 성과는 무엇인가? (2) 이러한 성과를 거두는 데 영향을 미친 요인은 무엇인가?'로 설정되었다면, 통상적으로 '연구결과' 부분에서는 분석결과를 이러한 연구문제에 따라 구조화하여 제시한다. 예컨대, (1) 자기설계전공의 성과, (2) 성과에 영향을 미친 요인. 하지만 근거이론적 방법을 사용한 논문의 경우 이러한 일반적인 논문의 기술방식을 따르지 않고 연구목적과 문제(예컨대, '개념적 속성 연구 vs. 인과적 조건 연구' 또는 '연구가 많이 이루어진 영역에서 중재적 변인을 찾는 연구 vs. 연구가 이루어지지 않은 경우 인과적 조건을 찾는 연구' 등)에 따라 다양한 방식으로 연구결과를 제시한다. 이에 대해서는 근거이론적 방법을 적용한 논문 작성의 실제를 설명하고 있는 제10장에서 보다 자세히 설명하기로 한다.

2) 근거이론적 방법과 실행연구

근거이론적 방법에 비해 실행연구는 용어 자체로만 보면 이미 교육학계에서도 비교적 폭넓게 활용되고 있다(이용숙 외, 2005; 강지영 · 소경희, 2011). 실행연구의 유형도 매우 다양하지만 이론과 실천의 괴리라는 고질적 문제를 해결하기 위한 하나의 연구 형태로서 실용적 실행연구(Greenwood & Levin, 2007/2020)는 다음과 같은 특징을 지니고 있다([그림 4-1] 참조).

(1) 실행연구는 맥락 의존적인 특정한 현장의 실제 문제를 총체적 관점으로 다룬다. 외부 전문가와 문제해결을 원하는 내부 구성원 간 연구문제를 공동으로 결정한다.
(2) 실행연구는 질적 연구뿐 아니라 활용가능한 모든 연구방법을 사용한다.
(3) 실행연구는 외부 연구자와 내부 구성원들의 협력적 의사소통을 통한 새로운 지식의 창출을 강조한다. 특히 내부 구성원들의 다양한 경험과 역량을 연구-실행과정의 풍성화를 위한 중요한 계기로 생각한다.
(4) 실행연구는 도출된 해결책의 적용 및 실행과정에 대한 학습과 성찰을 강조한다. 탐구과정에서 만들어진 의미들은 실제적 조치로 이어지거나, 또는 이러한 조치에 대한 성찰들이 다시 새로운 의미의 구축(학습과정)으로 이어진다.
(5) 실행연구 지식의 신뢰성, 타당성은 실제 적용가능성으로 평가한다. 연구의 타당성, 신뢰성은 연구결과가 실제 문제를 얼마나 해결할 수 있는가(workability)에 달려 있다. 즉, 내부 구성원들이 자신들의 운명을 걸고 기꺼이 해당 연구의 결과(제언)에 따라 행동할 수 있을 것인가의 여부로 평가된다.
(6) 실행연구 보고서는 통상적으로 사례연구 보고서의 형식을 가진다.

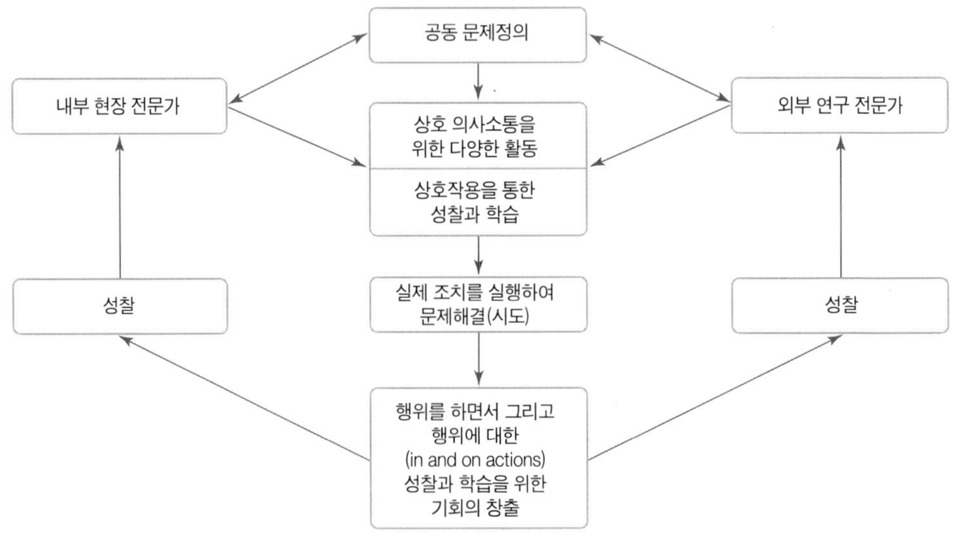

[그림 4-1] 내부 현장 전문가와 외부 연구 전문가의 공동생성적 실행연구 모형

출처: Greenwood & Levin (2007/2020).

실행연구에서 지식은 외부전문가로서의 연구자와 오랜 기간 현장 경험을 바탕으로 경험적 지식을 체화하고 있는 내부자가, 의도적으로 구성된 협동적 의사소통 과정을 통해 공동으로 생성해 낸다. 따라서 실행연구에서 생성된 모든 지식은 맥락기속적(context-bounded)인 실체적 지식(substantive knowledge)의 형태를 띤다. 그 당연한 귀결로서 실행연구에서 '일반화'는 양적 연구에서 말하는 통계적 일반화와는 다르다. 따라서 앞서 언급했듯이 실행연구에서 일반화는 과거에 특정한 맥락에서 산출되었던 맥락기속적 지식을 새로운 맥락에서 어떻게 적용할 것인지와 관련된 가능성과 방법을 판단하는 적극적인 성찰의 과정이라고 볼 수 있다. 이것은 해당 지식이 창출된 맥락과 현재의 맥락이 어떠한 차이가 있는지, 그리고 해당 지식을 새로운 맥락에 적용했을 때 어떠한 결과가 발생할 것인지에 대한 성찰을 포함하는 것이다. 따라서 이러한 실행연구의 일반화에 대한 관점은 근거이론에서 말하는 '현장에서 수집한 데이터에 기반한 실체이론의 생성(특정한 맥락에서 설명력을 가지는 맥락기속적 이론)과 이에 기반한 중범위이론(보다 넓은 맥락에서 범용적 설명력을 가지는 다맥락적 이론)의 구축'이라는 생각과 매우 유사하다는 것을 알 수 있다.

그렇다면 실행연구와 근거이론적 방법 간의 차이는 무엇일까? 근거이론적 방법과 비교했을 때 실행연구의 가장 큰 특징이라고 할 수 있는 부분은 [그림 4-2]에서 제시되고 있는 것과 같이 연구과정에서 명시적으로 '순환적 피드백 사이클(cyclical feedback loop)'을 강조한다는 점이다.

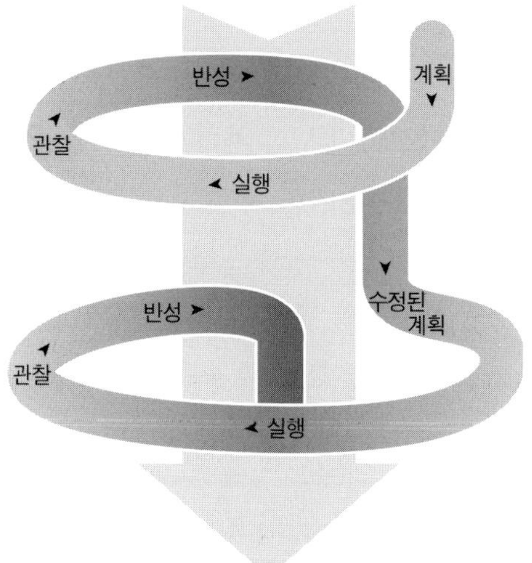

[그림 4-2] Kemmis와 McTaggart(1988)의 자기 반성적 실행연구 사이클 모형

출처: 이용숙 외(2005: 36).

실행연구에서는 도출된 지식(이론)을 해당 지식이 생성된 맥락에 실천적으로 적용해 봄으로써 이론의 타당성을 검증하는 접근방식을 취한다.[1] 즉, 사유(연구)와 행동(실천)이 연구과정 속에 통합되어 있을 뿐만 아니라, [그림 4-2]에서 볼 수 있듯이 실행연구는 '계획(연구) → 실행 → 관찰(자료 수집)과 성찰 → 계획의 수정 → 실행 → 관찰(자료 수집)과 성찰'이라는 반복적 과정을 통해, 연구를 통해 현상을 단순히 이해하고 설명하는 것을 넘어 도출된 실천적 지식(실체이론, 현장밀착형 이론)을 통해 현장의 문제를 직접적으로 개선하는 데 그 목표를 둔다. 하지만 근거이론적 방법의 경우 연구결과를 상대적으로 용이하게 행동(실천적 조치)으로 변환시킬 수 있긴 하지만, 실행연구에 비해 실천을 명시적으로 강조하지는 않는다. 대신 근거이론적 방법은 어떤 이론을 어떤 방식으로 개발할 수 있는가에 보다 초점을 두고 있다(Dick, 2007).

따라서 실천적 개선을 목적으로 하는 실행연구의 경우 일단 도출된 방안의 타당성을 주어진 맥락에서 실제 적용을 통해 다시 검증을 해야 하기 때문에, 잠정적이긴 하지만 해당 시점과 여건에서 가장 타당한 대안(예컨대, 특정학교의 1학기 교육과정)을 반드시 도출할 필요가 있다. 반면, 도출된 이론의 현장에서의 실제 적용을 전제하지 않는 근거이론적 연구의 경우 '다음 단계에서의 적용을 위한 주어진 여건하에서의 하나의 가장 타당한 대안(하나의 객관적 실재)' 제시라는 요구로부터는 상대적으로 자유롭다. 따라서 실재나 이론을 보는 시각에 있어서 실행연구는 '수정 가능하기는 하지만 해당 시점에서 가장 타당한 잠정적 실재'를 가정하게 되어, 근거이론적 연구보다는 좀 더 '객관주의적 입장'을 취하게 되는 것이다.

실행연구가 근거이론적 방법과 차이를 보이는 또 하나의 중요한 측면은 실행연구는 앞서 언급했듯이 연구 수행과정에서 현장 이해당사자의 '참여(participation)'를 중요한 요소로 강조한다. 물론 실제 연구 수행과정에서는 정도의 차이가 있겠지만, 실행연구에서는 현장 이해당사자들이 문제 정의, 연구의 수행과정 전반에 걸쳐 적극적으로 관여한다. 반면, 근거이론적 방법에서 연구의 대상이 되는 이해당사자들은 단지 특정한 사회적 과정에 대해 관여하는 정보제공자(informants)의 역할을 담당할 뿐이다(Dick, 2007). 실행연구에서 이론(지식)은 연구자와 참여자 간의 의도적 상호작용을 통해 공동으로 생성되는 것인 반면, 근거이론적 방

1) 이용숙 외(2005)는 "실행연구는 객관성이나 이론 정립에 대한 관심보다 실천의 개선에 관심을 가지며 반성적 실천의 자기순환 과정을 강조한다"라고 하고 있으나, 이는 기본적으로 '이론'을 무엇으로 보는지에 대한 필자와의 관점 차이에서 비롯된 것으로 생각된다. 필자는 앞서 언급한 바와 같이 맥락초월적인 이론(일반이론)뿐만 아니라 현장에 기반하여 도출된 실천적 지식(실체이론, 현장밀착형 이론, 맥락기속적 이론)과 이것이 발전하여 보다 넓은 맥락에서 범용적 설명력을 가지는 중범위이론(다맥락적 이론)까지도 모두 이론으로 생각하는 관점을 가지고 있다.

법에서 이론은 주로 연구자에 의해 생성되는 것으로 보는 경향이 있다(Dick, 2007).[2)]

3) 실용적 사례연구, 근거이론적 방법, 실행연구의 관계

이상의 논의를 종합하여 실용적 사례연구, 근거이론적 방법, 실행연구 등 세 가지 연구방법의 공통점과 차이점을 요약하여 제시하면 〈표 4-1〉과 같다.

〈표 4-1〉 실용적 사례연구, 근거이론적 방법, 실행연구의 특징 비교

구분	실용적 사례연구	근거이론적 방법	실행연구
공통 특징	기본적으로 이론 개발을 명시적 목적으로 수행되는 연구		
개별 특징	• '사례(Ragin, 1992)'를 연구대상으로 하는 연구 • 명시적으로 '맥락'의 역할을 강조. 특정한 맥락 속에서 개인적/사회적 현상을 총체적 관점에서 탐구 • 연구목적을 달성하기 위해 질적 연구와 함께 양적 연구방법도 사용	• 현장에서 수집한 자료에 근거한 '이론' 생성이 가장 핵심적 목적임을 명시적으로 강조 • 이론적 표집, 지속적 비교분석과 성찰을 통한 이론적 포화, 이를 통한 실체이론의 생성과 이를 기반으로 다맥락적 범위에 범용적으로 적용될 수 있는 '중범위이론'의 생성을 추구 • 질적 연구방법의 하나(* Glaser는 양적 자료도 근거이론에서 사용 가능하다고 주장)	• 연구(사유)와 실행(실천)의 통합, 연구를 통한 현실의 개선이라는 강한 지향성 • '연구를 통한 실체이론 도출-실행-자료 수집과 성찰-실체이론의 수정'의 순환적 피드백 사이클을 강조 • 연구 수행과정에서 현장 이해당사자들의 참여를 명시적으로 강조. 연구는 연구자와 참여자 간의 공동생성적 지식(실체이론) 창출의 과정 • 연구목적을 달성하기 위해 질적 연구방법과 양적 연구방법도 함께 사용
예시	Yin (2014/2016)	Strauss & Corbin (1990)	Greenwood & Levin (2007/2020)

2) 물론 주로 Glaser의 근거이론적 방법에 기초한 Dick(2007)의 주장에 대해 Charmaz와 같은 근거이론가들은 근거이론적 방법에서도 면담참여자의 역할을 보다 강조해야 한다고 하며 구성주의적 근거이론을 주창하기도 했다. 하지만 실행연구에서 '참여'를 명시적으로 강조하는 것과 대비할 때 근거이론은 여전히 '참여'에 대한 강조가 상대적으로 약하다고 볼 수 있다.

이렇게 보면 일견 실용적 사례연구, 근거이론적 방법과 실행연구의 구분이 가능한 것처럼 보인다. 하지만 필자가 볼 때 실제 적용 과정에서는 여전히 이들 간의 구분이 쉽지 않다. 이는 다음의 두 가지 이유에 기인한다.

첫째, 우리 학문 공동체에서는 사례연구란 용어가 (1) '질적 연구방법의 하나'로 인식되는 동시에, (2) '(연구대상으로서의) 사례에 대한 연구'로 혼용되어 사용되기 때문이다. 아울러 정작 '사례'가 무엇을 의미하는 것인가라는 기초적 질문에 대한 대답도 간단치 않다. 대개 사례연구방법론 교과서에서 사례는 Stake(1995)에서와 같이 '경계가 있는 하나의 체제(a bounded system)' 정도로 매우 애매하게 정의되고 있기 때문이다.

사례가 무엇인지와 관련하여 Ragin(1992: 강은숙 · 이달곤, 2005: 97-98에서 재인용)은 사례를 경험성과 일반성 정도라는 두 가지 차원을 교차시켜 〈표 4-2〉와 같이 네 가지 유형으로 제시하고 있다. (1) 발견 단위로서의 사례(예: 개별 교육 정책), (2) 객관적 대상으로서의 사례(예: 학생, 교사, 교장, 학교), (3) 구성 단위로서의 사례[예: 학벌주의, 입시위주 교육, 그림자 교육(shadow education), 비정규직 교사의 근무 경험, 위계적 교직 문화], (4) 관습적 단위로서의 사례(예: 전통적 학교 체제, 엘리트 고등교육체제, 평생학습체제).[3)]

〈표 4-2〉 사례의 의미에 관한 개념지도

사례에 대한 이해		일반성 정도	
		구체적(specific)	일반적(general)
경험성 정도	경험적 단위 (empirical units)	(1) 발견 단위로서의 사례 (예: 세계체제, 지역사회, 개별정책, 권위적 성향 등)	(2) 객관적 대상으로서의 사례 (예: 개인, 조직, 가족, 회사, 도시 등)
	이론적 구성개념 (theoretical constructs)	(3) 구성단위로서의 사례 (예: 전제정치체제, 테러리즘 등)	(4) 관습적 단위로서의 사례 (예: 산업사회)

출처: 강은숙 · 이달곤(2005: 98).

3) 특히 이론적 구성개념인 '구성단위로서의 사례'와 '관습적 단위로서의 사례'는 사실 구분하기가 쉽지 않다. Ragin(1992: 9-11: 강은숙 · 이달곤, 2005: 98에서 재인용)은 이와 관련 "……구성단위로서의 사례는 연구과정에서 만들어지는 구체적인 이론적 구성 개념으로 본다. 이 관점에서는 사례가 경험적으로 주어진 것은 아니며, 연구과정에서 점진적으로 모습을 갖추어 가는 것으로 본다. 여기에서는 이론적 구성 개념으로 이해되는 사례의 개념이 아이디어와 증거의 상호작용을 통하여 점진적으로 세련화된다……. '관습적 단위로서의 사례'는 일반적 구성개념이면서, 동시에 관련 학자들의 집합적인 공동노력과 상호작용의 산물로 보는 입장이다. 여기에서 이론적 범주는 주로 공동의 학술적 관심 때문에 존재한다. 각 연구자는 이론적 범주에 속하는 경험적 사례들을 연구할 수 있다. 이러한 관점에서 보면 사례는 사회과학자 공동체의 집합적 노력의 산물이며, 따라서 사회과학 연구를 수행하는 데 있어서 지침이 되는 동시에 제약을 가한다"라고 설명하고 있다. 매우 애매한 설명이 아닐 수 없다.

사례가 무엇인지를 이렇게 광범위하게 정의하고, 또한 '이러한 사례에 대한 연구'가 모두 사례연구라면 우리가 수행하는 대부분의 사회과학 연구에서 사례연구가 아닌 것은 거의 없다고 해도 과언이 아닐 것이다. 특정한 사회적 현상이나 현장의 실천적 문제에 대해 특정한 맥락에서 수집한 자료에 근거하여 실체이론을 도출하려는 것을 목적으로 하는 근거이론적 연구와 실행연구는 이러한 의미에서 실용적 사례연구와 그 경계가 매우 애매하게 되지 않을 수 없다.

둘째, 앞에서 살펴본 바와 같이 일단 개념적으로는 실용적 사례연구, 근거이론적 방법, 실행연구의 구분이 일견 가능한 것처럼 보이나, 실제 연구를 수행하는 연구자들의 관점에서 보면 세 가지 접근방식의 차이가 애매한 경우가 종종 발생한다. 예컨대, 단기간에 소규모로 수행되는 대부분의 개인 연구의 경우 설령 자신의 연구방법을 근거이론적 방법이나 실행연구라고 지칭하더라도 실제로는 '근거이론적 연구(예컨대, 이론적 표집, 이론적 포화)'나 '실행연구(실제 적용을 통한 도출된 실체이론의 검증과 수정의 반복적 작업)'의 특징적 요소를 충분히 반영하는 단계까지 연구가 진행되지 못하는 경우가 많다. 이 경우 결과적으로 당초 의도한 연구의 접근방식과 실제 수행된 연구의 접근방식 간에는 차이가 있을 수밖에 없고, 따라서 예컨대 이론적 표집과 이론적 포화의 단계에 도달하지 못한 대부분의 근거이론적 연구는 당초부터 실용적 사례연구를 표명한 연구와 현실적으로 별다른 차이가 없어지는 경우가 생기게 되는 것이다.

이상의 논의를 종합하여 이들 세 가지 연구방법의 관계를 좀 더 단순화하여 설명하면 다음과 같다. 먼저, 〈실용적 사례연구〉는 일단 '이론 개발을 직접적 목적으로 수행되는 연구'를 가장 넓게 포괄하는 개념으로 볼 수 있다. 특히 실용적 사례연구의 특징을 '(1) 이론 개발을 목적으로 하되, (2) 현상과 맥락의 경계가 명확하지 않은 상황에서 사례를 통해 특정한 맥락에서 발생하는 사회적 과정의 심층적 · 총체적 이해를 목표로 하고 있다'로 본다면, 사실상 '근거이론적 방법'과 '실행연구'의 두 가지 접근방법 모두 이러한 '실용적 사례연구'의 특징을 기본적으로 공유하고 있다고 볼 수 있다. 다만, 이에 더하여 두 가지 접근방법은 다음과 같은 추가적 특징을 가지고 있다. 즉, 〈근거이론적 방법〉은 '이론적 표집과 지속적 비교를 통한 이론적 포화, 이를 통한 실체이론(중범위이론)의 생성'이라는 특징을 명시적으로 가지고 있고, 〈실행연구〉는 '현실 개선을 위한 현장밀착형 지식의 개발'이라는 명시적 목적과 함께 '이론 개발–적용–성찰–이론 수정'이라는 순환적 피드백 루프와 '연구 수행과정에서 연구대상자의 참여를 강조'하는 추가적 특징을 가지고 있다고 이해할 수 있다. 실용적 사례연구, 근거이론적 방법, 실행연구 간의 관계를 도식화하여 제시하면 [그림 4–3]과 같다.

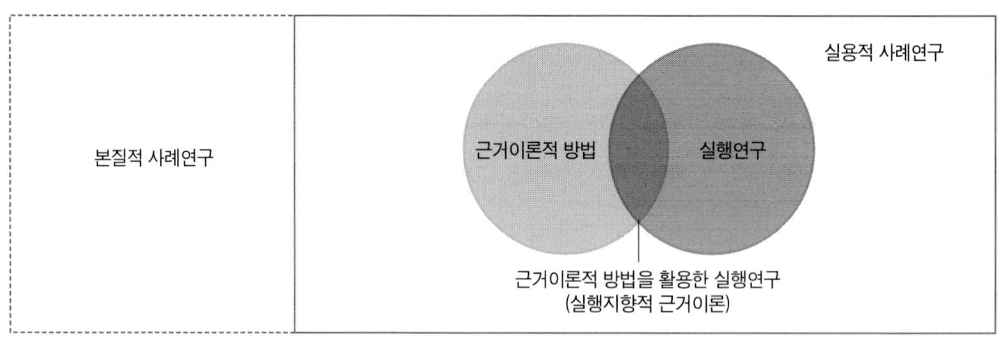

[그림 4-3] 실용적 사례연구, 근거이론적 방법, 실행연구 간의 관계

실행연구와 근거이론적 방법은 물론 개별적으로도 사용될 수 있지만, 이 두 가지 접근방법을 혼합하여 새로운 제3의 접근방식을 만들어 낼 수도 있다. 예컨대, 필자는 실행연구의 경우 응용 지향적 학문임에도 불구하고, 그동안 지나치게 소위 '이론지향적 연구'에만 우월한 가치를 부여하면서 실제 학교와 대학의 교육 현실 개선에는 상대적으로 제한된 역할만을 수행해 온 우리 교육행정학계의 연구의 편향성과 이에 따른 연구방법상의 한계를 보완할 수 있는 상당한 가능성과 잠재력을 가지고 있다고 생각한다. 특히 Greenwood와 Levin(2007/2020)이 주창한 실용적 실행연구는 "(1) 연구는 실제 문제해결을 위해 수행되어야 한다, (2) 연구의 타당성은 해당 연구가 얼마나 문제의 해결가능성을 가지고 있느냐에 달려 있다"는 기본 입장을 견지하고 있다. 이러한 실행연구의 철학적 지향성은 교육행정 현실을 실제적으로 '개선'하기 위해 교육행정 연구를 한다는 필자의 기본 입장과 매우 유사하다. 하지만 실행연구는 이러한 강점에도 불구하고 근거이론적 방법과는 달리 연구 수행과정에서 데이터를 어떻게 분석해야 하는지, 어떻게 이론이 개발되는지에 대해 명료한 설명을 제공하지 못하고 있다. 따라서 연구자들이 실행연구가 가지는 이러한 단점을 근거이론적 방법을 통해 보완하려는 시도를 해 온 것은 그리 놀랄 만한 일은 아니다. 특히 해외에서는 이러한 문제인식을 가지고 실행연구와 근거이론을 접목하려는 시도를 이미 상당한 수준으로 발전시켜 왔다.[4] 이러한 연구들은 대부분 실행연구의 관점을 가지고 시작되지만, 보다 체계적

4) 예컨대, Dick(2007)은 실행연구의 한계를 보완하기 위해 근거이론적 방법을 사용한 사례로서 다음의 연구들을 제시하고 있다. 정보체계(information system) 분야에서 Henfridsson & Lindgren(2005), Kock(2004), Baskerville & Pries-Heje(1999), Wastell(2001); 지역사회 건강(community health) 분야에서 Regehr(2000), Gerald Mohatt & colleagues (2004a, b), Schachter et al. (2004; Teram et al., 2005), Paul Greenall(2006); 기타 Richard Hale(2000), Su Wild River (2005), Taylor, Schauder, & Johanson(2005). 한편, Birks와 Mills(2015/2015)의 경우에도 '비판적 실재론적 근거이론(critical realist grounded theory)(Oliver, 2012)' 혹은 '혁신적 근거이론(transformational grounded theory)(Redman-MacLaren & Mills(2015)'의 형태로 이러한 시도가 이루어지고 있음을 보고하고 있다.

이고 엄격한 이론 형성을 뒷받침하기 위해 근거이론적 방법이 부가되는 방식으로 연구가 이루어지는 경향이 있다(Dick, 2007).[5] 이어지는 제2절에서는 근거이론적 방법과 실행연구의 조합이 교육행정학 연구에서 어떠한 잠재력과 새로운 가능성을 창출할 수 있는지를 보다 자세히 살펴보기로 한다.

2. 실행지향적 근거이론 방법의 가능성 탐색

1) 기본적 문제인식

사회과학으로서 교육행정학이 존재하는 이유는 무엇인가? 연구자들마다 각기 다른 견해를 가지고 있겠지만 필자가 사회과학으로서 교육행정학을 하는 이유는 사회체제의 일부로서의 교육행정체제와 여기서 발생하는 현상을 단순히 '이해'하고 '설명'하는 데 그치는 것이 아니라, 이러한 현상의 이해와 설명을 통해 우리 사회가 보다 나은 방향으로 발전할 수 있도록 교육행정 현실을 실제적으로 '개선'하는 데 있다. 물론 '이해'와 '설명'이 수반되지 않고 '개선'이 이루어질 수 없다는 관점에서 보면 '이해'와 '설명'도 개선을 위한 전체 도정에서 중요한 역할을 하는 것은 틀림없다. 따라서 이제까지 필자가 설명한 '근거이론적 방법'은 이러한 1차적 단계에서 매우 중요한 역할을 담당할 수 있다. 이와 함께 도출된 이론을 주어진 제약 조건을 충분히 감안하여 적용함으로써 실제 교육 현실을 개선하기 위해서는, (1) 연구자가 보다 높은 전문가적 통찰력을 가져야 하고, 또한 (2) 지역 혹은 현장의 문제 소유자(problem owner)들과의 연구 과정 전반에 걸친 상호협력적 의사소통이 매우 중요하다. 이러한 추가적 제약 조건을 감안한다면 특히 연구 경험이 적은 초보연구자에게 처음부터 도출된 이론을 바탕으로 교육현장을 개선하는 구체적 대안을 제시하라고 요구하는 것은 현실적이지 않은 측면도 있다.

하지만 그럼에도 필자는 교육사회학 등 다른 학문 분야와 별도로 교육행정학이 존재해야 하는 필요성은, 최소한 연구가 단순한 '이해'와 '설명'을 넘어 현실의 '개선'을 교육행정학 연구의 '최종적 목적'이자 '중심 활동'으로 설정할 때 명확해질 수 있다고 생각한다. 즉, 모

5) 이러한 지배적 방식에 대한 유일한 예외가 있다면 Schachter et al. (2004: Dick, 2007: 404에서 재인용)을 들 수 있다. 이 연구에서는 근거이론적 방법과 실행연구가 연구의 단계에 따라 각각 적용되는 방식으로 수행되었다. 즉, 이론적 이해가 근거이론적 방법을 통해 먼저 도출되고, 도출된 결과에 기초한 실행계획에 따라 실행연구가 수행되는 방식으로 연구가 진행되었으며, 여기서 실행연구와 근거이론적 방법의 조합은 매우 효과적이었다고 보고되고 있다(Dick, 2007).

든 개별 연구가 이러한 최종적 목적을 달성하는 것을 기대하는 것은 어렵지만, 이해와 설명을 바탕으로 한 '현실의 개선'이 교육행정학의 궁극적 목표이자 정체성이 될 때 (1) 연구자들이 교육 현실을 개선하기 위해 현장 실천가들과 보다 활발하게 협력을 하거나, 혹은 (2) 필요하다면 현장 실천가가 스스로 연구 역량을 키워 직접 연구를 수행하는 것의 당위성을 보다 강하게 주장할 수 있다고 본다. 특히 필자가 보기에 이제까지 근거이론적 방법을 포함한 대부분의 사회과학 연구는 '현상의 심층적 이해 → 현상이 발생한 원인의 파악'이라는 단계에 머물러 있을 뿐, 교육행정학의 중요한 책무 중 하나라고 할 수 있는 '교육 현실 개선'에 대한 실천적 기여가 매우 제한적이었다. 이런 현실을 고려할 때 연구결과가 교육현장 개선에 보다 실천적으로 기여하기 위해서는 어떠한 고민이 필요할 것인지에 대한 학문공동체 차원의 추가적 논의가 필요하다. 격변기를 맞아 다양한 교육개혁 실험을 하고 있는 우리나라의 대학 그리고 학교 현장에서는 다양한 실천적 문제에 대한 해답을 찾기 위해 많은 노력을 하고 있으나, 우리 교육행정학계의 학자들은 최소한 아직까지는 이러한 역할이 자신의 주된 학문 활동 영역에 속하지 않는 것이라고 생각하면서 이러한 현장의 필요에 충분히 응답하지 못하고 있다.

이 책의 집필 과정에서 가졌던 질적 연구 스터디 모임(2019. 11. 30.)에서 토론자로 초청된 한 교수는 "근거이론 연구가 다른 질적 연구 접근방식에 비해 현실 개선에 더 적용력이 높다고 말하기는 어렵다"라고 주장한 바 있다. 모든 연구가 현실 개선에 직간접적으로 도움이 된다고 생각하는 사람들의 시각에서는 이러한 주장도 반드시 틀렸다고 보기는 어렵다. 하지만 필자가 보기에 근거이론적 방법은 현장밀착형 '이론' 창출과 이를 기초로 한 다맥락적 이론(중범위이론) 구축을 목적으로 한다는 점에서 '이론화를 직접적 목적으로 하지 않는 기존의 질적 연구 접근방식(내러티브 연구, 현상학적 연구, 문화기술지 연구)'에 비해서는 상대적으로 현실 개선에 보다 적용력이 높다고 생각한다. 2007년 『근거이론 핸드북』을 공동으로 편찬한 Bryant와 Chamaz(2007a)의 경우에도 서문에서 "근거이론적 방법의 몇 가지 핵심적 아이디어를 고려할 때, 근거이론적 방법은 맥락에 부합하고/데이터에 근거한 중범위이론을 산출해야 하며, 적용 가능하고/유용한 분석적 설명을 제공해야 한다. 심지어 초기 단계에서부터, [근거이론적 방법은] 실천지향적 연구의 중요한 한 분파라는 점이 명확하다는 점을 언급해 두는 것은 매우 의미가 있다[6]"라고 주장하며 필자의 생각에 힘을 실어 주고 있다.

6) 보다 정확한 의미의 전달을 위해 원문을 그대로 제시하면 다음과 같다. "Given some of the key ideas about GTM, that it should produce mid-range theories grounded in the data, 'fit' the context, and generate applicable and useful analytic explanations, it is important to note that even from the outset a significant strand of practice-oriented research was manifest."(Bryant & Charmaz, 2007a: 6)

근거이론이 추구하는 이론화의 속성은 바로 (1) 연구자가 관심을 가지고 있는 중심현상에 영향을 미치는 요인들(인과적, 맥락적, 중재적 요인)이 무엇이며, (2) 이러한 현상에 대해 현장 이해관계자들이 어떻게 반응/상호작용하며, (3) 그러한 반응/상호작용에 따라 나타나는 결과가 무엇인지를 인과적으로 이해하려는 것이기 때문이다. 따라서 근거이론 연구에서는 시작과 결말, 선행조건과 결과와 같은 인과적 관계를 파악하여 연구대상자가 인식하고 있는 주요한 문제를 찾아내고, 이들이 문제를 해결하거나 대처해 나가는 기본적인 사회 심리적 과정을 발견할 수 있게 해 준다(김준현, 2010). 이러한 의미에서 근거이론적 방법은 현실 문제해결과 밀접한 관련성을 가지고 있다.

여기서 한 걸음 더 나아가 '방법론적 측면'을 의미하는 근거이론적 방법과 연구결과의 적용을 통한 현실 개선이라는 '가치지향성'을 의미하는 실행연구가 결합(근거이론적 방법을 활용한 실행연구)되면 그 성격이 완전히 달라지게 된다. 특히 필자가 보기에 Greenwood와 Levin(2007/2020)이 제안하고 있는 '실용적 실행연구(pragmatic action research)'는 근거이론과 함께 '교육행정학의 성격에 맞는 질적 연구방법의 탐색'이라는 필자의 문제인식에 매우 중요한 통찰력을 제공해 주고 있다. 즉, 근거이론적 방법이 방법론적인 측면에서 하나의 돌파구를 제시했다면, 실행연구는 '현실개선을 위한 교육행정학'이라는 필자의 문제인식을 철학적 측면에서 뒷받침해 주는 중요한 논거라고 할 수 있다. 다음 소절에서는 근거이론적 방법이 실행연구와 결합될 때 어떠한 새로운 가능성을 보여 줄 수 있는지를 보다 자세히 살펴보기로 한다.

2) 교육행정학 연구에서 '실행지향적 근거이론 방법'의 가능성

'근거이론적 방법을 활용한 실행연구(실행지향적 근거이론 방법)'는 '근거이론적 방법'과 '실행연구'라는 두 가지 요소로 구성되어 있다. 첫 번째 요소인 (1) '근거이론적 방법'이 기존 질적 연구의 경계를 넘어 '이론화를 직접적인 목적으로 하는 질적 연구'라는 새로운 영역으로 방법론적 확장을 추구하는 것이라면, (2) 두 번째 요소인 '실행연구'는 '가치론'적 지향점의 양 측면(학문적 vs. 실천적) 중에서 학문적 측면보다는 '실천적' 측면에 보다 초점을 맞추고 있다는 것을 의미한다.[7] 따라서 '실행지향적 근거이론' 역시 앞서 설명했던 여러 근거이론 접근

7) 본 발제문을 작성하는 과정에서 개최된 안암교육행정학 연구회 질적 연구 스터디 10월 모임(2019. 10. 26.)에서 고려대 행정학과 윤견수 교수는 토론문에서 연구의 과정과 연구의 차원들을 논하는 과정에서 (1) 가치론: 학문적 vs. 실천적, (2) 존재론: 실재론 vs. 구성론, (3) 인식론: 법칙적 vs. 해석적, (4) 방법론: 연역적 vs. 귀납적 vs. 가추, (5) 자료 정리 기법: 양적 vs. 질적으로 구분하여 제시한 바 있다. 특징적인 것은 우리가 흔히 연구방법론적 차원에서 논의하고 있는 양적 vs. 질적 연구방법의 구분을 인식론이나 방법론보다는 '경험자료를 어떻게 수집하고 정리할 것인가의 관점'이라고 보고 질적/양적 연구방법이 되려면 '경험자료와 연구자가 설정한 잠정이론의 결합'이 전제되어야 한다고 보고 있다는 점이다.

방식 중의 하나라고 보면 될 것이다. 이 접근방식은 이미 언급했던 기존의 근거이론 접근방식들 중에서는 기노시타(2013/2017)의 수정 근거이론과 가장 유사성이 높다.

실행지향적 근거이론 연구는 연구방법에 따라 연구문제가 결정되기보다는 연구문제에 따라 연구방법이 결정된다는 실용적인 입장을 강하게 견지하고 있다. 실용주의에 기초한 해석 틀을 가진 연구자들은 연구방법론에 대한 관심보다는 연구되는 문제와 문제에 대한 해결책에 보다 관심을 가지고, 연구자들은 연구의 필요와 목적에 가장 부합하는 연구방법, 기술, 절차를 '자유롭게' 선택할 수 있다고 믿는다(Creswell, 2013/2015). 즉, 모든 방법론적 논의는 배타적인 관점에서 상호 배척하기보다는 맥락에 따라 서로 대등하게 타당하다는 점을 자각하는 것이 무엇보다 중요하며, 이러한 유연한 사고가 전제될 때 이분법적 배타성을 극복하고 패러다임과 연구방법들 간의 장점을 극대화할 수 있는 '실용적인 상호작용과 소통'이 가능할 수 있다고 보는 것이다(권향원 · 최도림, 2011). 이러한 관점에 따르면 거시적 측면에서 이론의 생성 · 축적을 위해서는 질적 · 양적 연구의 상보적 역할이 필요하고, 질적 연구는 구성주의(해석주의)적 관점뿐만 아니라 다양한 탐구 패러다임에 기초하여 수행될 수 있다. 특히 근거이론적 방법은 '특정한 맥락에서 적용될 수 있는 잠정적으로 가장 타당한 지식과 전략(이걸 우리는 '근거이론'이라 부를 수 있다)'을 코딩을 통해 체계적으로 생성하는 것을 목적으로 하기 때문에 실행연구와 매우 적절히 결합될 수 있다.

이런 견지에서 필자는 '실행연구'의 현실 개선이라는 지향성과 '근거이론적 방법'의 방법론적 특징을 결합한 새로운 질적 연구방법이 교육행정학 연구에 있어 상당한 가능성을 가지고 있다고 생각한다. 필자는 일단 이 새로운 연구방법을 잠정적으로 '실행지향적 근거이론 방법'이라고 부르기로 한다. 실행지향적 근거이론 방법의 특징은 다음과 같다.

(1) 실재에 대해 기본적으로 실용주의적 관점을 취한다. 절대적이고 객관적 진리는 없으며 해당 시점에서 발견된 최선의 사회적 실행방식을 더 나은 실행방식이 나올 때까지만 잠정적으로 진리로 간주한다.
(2) 이론 개발을 연구의 주된 목적으로 하는 실용주의적 질적 연구의 입장을 취한다. 현장에 기반한 연구를 통해 실체이론(substantive theory) 혹은 현장밀착형 이론의 생성을 하되, 이러한 실체이론을 기반으로 보다 다양한 맥락에 적용될 수 있는 '중범위이론(middle range theory)'의 개발을 궁극적 목적으로 한다.
(3) 새로운 가설 형성 혹은 양적 연구가 밝히지 못하고 남긴 복잡한 인과 관계의 규명을 목적으로 한다.

(4) 연구결과는 현상의 이해에 그치는 것이 아니라 실천의 개선에 직접적으로 이바지하는 것을 목표로 한다. 따라서 연구와 실행은 분리될 수 없다는 실행연구의 기본 입장과 동일한 관점을 가진다.

'연구결과의 현실 개선에 대한 기여 필요성'이란 이슈에 대한 필자의 특별한 관심은 "(우리) 교육행정학의 이론과 지식의 현장 적응성이 낮아 정합성에 문제가 있다(임연기, 2003; 신현석, 2017)"는 그간 우리 학계에서의 공통된 문제인식에서 비롯된 것이다. 필자는 우리 교육행정학계에 존재하는 이러한 이론과 실제의 괴리가 최소한 부분적으로 "교육행정학 연구에서 '연구자'들과 '현장 실천가'들의 역할이 명확히 구분되어 있고, 구분되어야 한다"는 기존의 관점(예컨대, 김병찬, 2019. 11. 30. 필자의 발제문에 대한 토론과정)에서 초래되었다고 생각한다. 어쩌면 연구자들과 현장 실천가들의 역할을 철저히 구분하는 이러한 견해가 교육행정학 분야에서 이론과 실제의 괴리를 가져오고, 또한 이론의 현장 적용을 통한 교육 현실 개선을 더디게 만든 하나의 원인은 아닌지 진지하게 반성해 볼 필요가 있다. 필자가 보기에 기본적으로 '교사가 적용할 티칭 프로그램과 방법을 구안하여, 적용하고, 그 효과를 성찰하는 일' 혹은 '교육행정가가 시행할 특정한 프로그램을 구안하고, 적용하여, 그 효과를 평가하는 일' 등은 기본적으로 학자들이 수행하는 연구와 성격이 매우 유사하다고 생각한다. 이는 제3장에서 언급했듯이 행위자들이 일상생활 속에서 발생하는 문제들을 해결하는 데 사용하는 '일반 상식적인 이론(the common sense theories)'과 전문적 연구자들이 과학적 방법을 통해 생성한 '실증적 사회과학에서의 이론(theories of empirical social science)'을 기본적으로 동일한 범주로 간주하는 Dewey의 생각과도 상통하는 것이다. 따라서 필자는 현재 존재하는 이론과 실제와의 괴리를 줄이기 위해서는 연구자와 행정가의 역할을 엄격히 분리하기보다는 이 양자가 만나는 접점을 보다 넓혀 나갈 필요가 있다고 생각한다. 필자가 보기에 이는 크게 다음의 두 가지 방식으로 이루어질 수 있다.

첫 번째는 연구과정에서 연구자들이 '현장 행정가들과의 긴밀한 협력을 통해 연구를 수행하는 방법'이다. 이는 필자가 지난 2013년부터 「잘 가르치는 대학의 특징과 성공요인 사례연구」와 이후의 후속 연구들을 실제 수행해 온 방식이기도 하다. 실행지향적 근거이론 연구에서 지식은 외부전문가로서의 연구자와 오랜 기간 현장 경험을 바탕으로 경험적 지식을 체화하고 있는 내부자가, 의도적으로 구성된 협력적 의사소통 과정을 통해 공동으로 생성해 낸다고 본다. 따라서 실행지향적 근거이론 연구에서 생성된 모든 지식은 맥락기속적(context-bounded)인 실체적 지식(substantive knowledge)의 형태를 띤다. 사실 대학과 같은 거대하고 복잡한 조직의 연구에 있어서는 외부자인 연구자들만의 지식과 전문성을 가지고서는 현장에서 발생하는 문제들의 전모를 제대로 파악할 수 없는 것은 당연하다고 할 수 있다. 필자의 연구수행 경험에 비추어 볼 때 이 경우 연구는 (1) 해당 대학에서 그러한 문제들을 직접 몸으로 부대끼며 고민하면서 오랜 시간 경험적 지식과 통찰력을 축적해 온 내부의 전문가들(예컨대, 보직교수, 현장 교수 및 직원, 교수학습센터 연구원 등)과 (2) 해당 분야에서 오랜 연구경험을 축적해 온 외부인으로서의 전문 연구자들의 통찰력이 (3) 지속적인 대화와 협력적 상호작용을 통해 결합하면서 '새로운 지식과 통찰력을 공동 생성해 나가는 과정(co-generative process of knowledge creation; Greenwood & Levin, 2007/2020)'이라고 생각된다. 따라서 이러한 연구가 성공적인 것이 되려면 연구의 대상이 되는 대학의 구성원들이 연구의 목적에 공감하도록 하는 적절한 문제 설정, 구성원들의 연구과정에 대한 적극적인 참여와 소유감(ownership)의 형성, 그리고 실현이 어려운 포장만 그럴듯한 프로그램과 방법보다는 이들이 실제로 실현 가능한 구체적인 행동계획의 창출과 이에 대한 공감대 형성(sense-making)이 무엇보다 중요하다고 할 수 있다(변기용, 2018).

두 번째는 현장(해당 맥락)에 필요한 지식(이론)을 누구보다 잘 알고 있는 교사(교수)와 현장 행정가들이 연구 역량을 배양하여 '직접' 연구를 수행하는 방법이다. 물론 교사(교수)와 현장 행정가들이 앞서 언급한 대로 전문연구자들과 함께 협업하여 연구를 수행할 수도 있다. 이러한 방식의 연구는 미국의 고등교육 맥락에서는 기관연구(institutional research)의 형태로 이미 활성화되어 해당 대학에 필요한 현장밀착형 이론(실체적 지식)을 산출하는 데 기여하고 있다. 심지어 이러한 현장 연구자들이 주축이 된 학회(Association for Institutional Research: AIR)까지 오래전부터 매우 활발하게 운영되고 있다. 우리나라 고등교육의 맥락에서도 최근 대학들이 학령인구 감소와 재정난 속에서 (1) 어떻게 하면 학생들의 교육을 제대로 할 것인가, (2) 어떻게 하면 대학 운영을 효과적으로 할 것인가라는 두 가지의 핵심적 문제에 대해 관심을 가지게 됨에 따라 교수학습센터(Center for Teaching and Learning), 교육의 질 관리 센터 등에 전문 연구자 채용이 늘어나고 있다. 따라서 이들을 중심으로 해당 대학의 맥락에 기초한 현장밀착형 이론(지식) 창출을 목적으로 하는 연구가 증가하고 있다. 또한 이들이 함께 모여 연구결과를 공유하는 장들도 점차적으로 늘어나고 있다. 한편, 초중등교육의 맥락에서도 이미 오래전부터 이용숙, 조용환 교수 등을 중심으로 교사들의 교육현장 개선 연구 역량 배양과 이들이 직접 수행하는 '실행연구'를 활성화하려는 움직임이 있어 왔다. 이용숙 외(2005)에 실린 다음의 인용문은 그러한 문제인식을 단적으로 보여 주고 있는 한 예라고 할 수 있다.

> 이제까지의 연구가 현실을 제대로 반영하지 못하였거나 반영하였다고 하더라도 현장에 적용하기에는 너무 이상시 되어 온 것이 사실이다……. '연구를 위한 연구', '현실과 유리된 연구'가 아닌 이론을 현장에서 직접 실천해 나가며, 체계적으로 반성하고, 개선해 나가는 실행연구를 통해 현장에 보다 가치 있는 공감을 주고, 가까운 연구를 하고자 하였기 때문이다(이용숙 외, 2005: 19).

하지만 문제는 현재 실행연구 교과서(이용숙 외, 2005; Mills, 2003/2005 등)에 기술된 실행연구 수행방식이 질적 연구의 초보자가 많을 수밖에 없는 교사 연구자가 받아들여 적용하기에는 지나치게 복잡하고 어렵거나 혹은 너무 간략하게 쓰여 있다는 점이다. 따라서 설령 실행연구의 취지에 공감하는 교사들이 있다고 하더라도 방법론적 측면에서 어려움을 겪을 가능성이 크다. 김병찬(2013b)에 따르면 핀란드 교사 교육 프로그램에서 예비교사들은 학위 논문 외에 교직학 과정 이수 과정에서 실행연구 논문을 작성하면서 연구 역량을 키워 나간다고 한다. 따라서 핀란드 대학에서는 실행연구에 대한 이해 및 연구수행을 위해 필요한 다양한 연구방법론 강좌를 운영하고 있으며, 예비교사들은 이 연구방법론 강좌를 반드시 이수해야 한다. 필자가 볼 때 우리나라에서도 이러한 핀란드의 사례를 주의 깊게 살펴볼 필요가 있다. 이 경우 다양한 질적 연구방법 중 자신의 연구 분야에 유용한 이론의 발달로 직결되는 자료 분석 절차를 가장 체계적으로 제시(김준현, 2010)하고 있는 근거이론적 방법과 이를 기초로 한 실행지향적 근거이론적 방법이 이러한 관점에서 질적 연구의 초보자인 교사들에게 유용한 방법론적 지침을 제공해 줄 수 있지 않을까 생각해 본다. 근거이론적 방법은 연구자의 관심 영역에서 관찰되는 행위의 다양성을 설명하고 해석할 수 있는 개념들을 발견하고, 발견된 개념들 사이의 관계를 만들어 내는 방법을 매우 구체적이고 체계적으로 제시하고 있기 때문이다.

하지만 이 모든 것을 넘어 필자가 생각할 때 연구자에게 가장 중요한 것은 '연구자 자신의 가슴을 뛰게 하는 연구주제가 무엇인가?'를 제대로 파악하는 것이라고 할 수 있다. 또한 실행지향적 근거이론의 새로운 연구방법으로서의 발전은 '현재 우리 사회에서 해결되어야 할 중요한 이슈가 무엇인가?', 그리고 '이것을 해결할 수 있는 방안이 무엇인가?'에 대한 해답을 갈구하는 연구자들이 얼마나 되는가라는 문제와 밀접하게 관련이 되어 있다. 최근 필자의 주된 연구 관심은 기본적으로 '현재 시대적으로 요구되고 있는 대학 구조개혁 상황과 이제까지의 공급자 중심 대학 문화 속에서 잘 가르치는 대학(혹은 학부교육 우수대학)을 어떻게 만들 수 있을 것인가'에 있다. 이러한 필자의 문제 인식은 보다 구체적으로 (1) 대학 본부, 단과대학, 학과, 부속기관 등에서 시행하는 학생들을 위한 프로그램과 행정 서비스를 어떻게 효과적으로 운영할 수 있을 것인가? (2) 교수 현장에서 학생들에게 가장 도움이 되는 교수법은 무엇일까? 이를 어떻게 개발하고, 적용하여 학생들에게 최선의 결과를 얻어 낼 수 있을 것인가? (3) 대학이 추구하는 개혁 노력과 프로그램에 어떻게 하면 교수들과 학생들을 효과적으로 참여시킬 수 있을 것인가? (4) 적용된 행정 프로그램 및 티칭 서비스의 질을 평가해서 어떻게 효과적으로 개선할 것인가? (5) 이러한 활동을 지원하기 위한 효과적인 제도와 정책은 무엇인가? (6) 궁극적으로 단기적, 중장기적 관점에서 학부교육 우수대학을 규정하는 특징과 성공요인은 무엇인가? 이러한 특징들은 어떻게 형성되며, 이 과정에서 나타나는 요인들 간의 역동적 관계를 어떻게 규명할 수 있을까? 등의 연구문제로 나타날 수 있다.

실제 지난 수년간 필자가 수행한 연구(「잘 가르치는 대학의 특징과 성공요인 분석」, 「대학 구조개혁 시대에 지역 소규모 대학의 특성화 전략 탐색」, 「한동대 학생설계융합 전공의 성공요인과 발전방안」 등) 수행과정에서 만난 대학 총장들과 보직 교수, 직원들은 어떻게 하면 자신들의 대학이 구조개혁의 질곡에서 벗어나 당면한 현실에 효과적으로 대응할 수 있을 것인가에 대한 답을 찾기 위해 모두 열심히 노력하고 있었다. 따라서 필자가 보기에 이러한 연구주제는 현재 우리 고등교육체제가 당면한 문제의 심각성을 고려할 때 교육행정학 분야에서 가장 집중적 연구가 필요한 블루오션 영역들 중 하나라고 생각한다. 언젠가는 이에 관심을 가지는 많은 연구자가 서로 협력하여 이러한 문제를 필자와 함께 고민하며 연구하는 끈끈한 학문 공동체를 만들 수 있게 되기를 진심으로 희망한다.

제 2 부

근거이론적 방법을 활용한 논문 쓰기

제5장 근거이론적 방법의 활용 실태와 비판적 성찰[1)]

제5장은 교육행정학 분야에서 근거이론적 방법이 얼마나, 그리고 어떻게 활용되고 있는지 그 실태를 심층적으로 분석해 보기로 한다. 이를 위해 먼저 양적 측면에서 교육학 내의 다른 세부 전공 분야와 비교할 때 교육행정학 분야에서 근거이론적 방법이 얼마나 활용되고 있는지를 살펴보았다. 또한 질적 연구방법을 활용하여 출판된 교육행정학 분야의 학술지 논문 중에서 특히 근거이론적 방법을 사용한 논문은 얼마나 되는지 그 실태를 분석해 보았다. 이러한 양적 실태 분석과 함께 교육행정학 분야의 논문에서 근거이론적 방법을 실제 어떻게 적용하고 있는지를 살펴보기 위해 필자가 제시한 분석틀에 따라 이제까지 출판된 근거이론 논문 7편을 심층적으로 분석해 보았다. 이 장에서는 이러한 실태 파악을 통해 향후 교육행정학 분야에서 질적 연구방법론을 확장해 나가는 전체 도정에서 근거이론적 방법의 활용 가능성과 향후 발전 방향에 대한 구체적 시사점을 도출하는 것을 목표로 한다.

---

1) 이 장은 변기용 외(2020). 교육행정학 연구에서 근거이론 접근방식 활용 실태와 비판적 성찰. **교육행정학연구, 38(1)**의 내용을 이 장의 맥락에 맞게 일부 수정하여 제시한 것임을 밝혀 둔다.

1. 문제인식

최근 국내에서도 질적 연구방법에 대한 관심이 과거에 비해 현저히 높아지고 있다. 그러나 질적 연구방법은 현상을 보다 심층적으로 들여다보고 맥락에 기초한 풍부한 분석을 이끌어 낸다는 장점이 있지만, 양적 연구방법에 비해 연구의 절차가 체계화되어 있지 않고 일반화하기 어렵다는 점 등이 한계로 지적되고 있다. 이를 극복하고자 각기 장단점이 있는 두 가지 연구방법을 조화시켜 연구의 효과를 극대화하고자 하는 시도가 나타나고 있다. 이러한 시도 중에서도 가장 특징적인 움직임 중 하나는 '근거이론적 방법(grounded theory method)'이라고 할 수 있다. 근거이론적 방법은 다른 질적 연구방법과는 달리 이론 개발을 목적으로 한다는 점에서 양적 연구방법과 연결되는 지점이 있다. 또한 비교적 체계화된 분석기법을 제시하면서 동시에 현장에서 수집한 자료에 기반한 이론화를 지향하고 있기 때문에, 그동안 지적되어 왔던 질적 연구방법의 한계를 보완하여 지평을 넓힐 수 있는 방법으로서 커다란 기대를 받고 있다. 이러한 기대에 부응하듯 우리나라 사회과학 분야에서도 최근 근거이론적 방법에 대한 관심이 부쩍 높아지고 있으며, 관련 연구도 꾸준히 출판되고 있다. 특히 사회복지학 분야에서는 근거이론적 방법을 활용한 연구가 질적 연구의 절대 다수를 차지할 만큼 널리 활용되고 있으며(김인숙, 2012), 행정학 및 정책학 분야의 경우에도 2010년대 이후 근거이론적 방법을 활용한 논문 편수가 급속히 증가하고 있다(권향원, 2016).

하지만 이러한 인접 학문 분야에서의 동향과는 달리 교육행정학 분야에서는 아직까지 근거이론적 방법에 대한 관심이 매우 미약한 상황이다. 후술하듯이 교육행정학 분야에서 이루어진 질적 연구 중에서 근거이론적 방법을 활용한 연구는 극히 찾아보기 힘들다. 하지만 현재 한국의 교육행정학계에서 토착적으로 개발된 이론은 극히 제한적이며 미국에서 들여온 이론을 그대로 적용하는 데 그치고 있다는 비판(신현석, 2017)을 감안하면, 필자가 보기에 지금 우리 교육행정학 분야야말로 근거이론적 방법의 활용이 보다 절실히 요구되는 곳이 아닌가 생각된다. 근거이론적 방법은 현장에서 수집한 자료에 근거를 두어(grounded) 실체적인 이론을 개발하는 것에 목적을 두고 있으므로(권향원, 2016; 김인숙, 2012), 토착화된 이론 창출을 위한 새로운 질적 연구방법론으로서의 커다란 잠재력을 가지고 있다. 또한 도출된 실체이론을 접점으로 질적 연구와 양적 연구를 연결할 수 있는 수단을 제공한다는 점에서 방법론적으로도 그 의미가 매우 크다.

2. 근거이론 연구 동향 분석을 위한 기본 틀 및 연구절차

1) 근거이론 연구동향 분석을 위한 분석틀 설정

근거이론적 방법을 구체적으로 어떻게 활용하고 있는지 심층적으로 분석하기 위한 기준을 도출하기 위해 먼저 다른 사회과학 분야에서 본 연구와 유사한 문제인식을 가지고 수행된 선행연구들(김준현, 2010; 김인숙, 2012; 권향원, 2016; 김은정, 2017; 김가람, 2019)을 고찰하였다. 본 연구는 이 가운데 특히 김인숙(2012)과 권향원(2016)의 연구에서 사용한 기준들을 참조하여 〈표 5-1〉과 같이 분석틀을 설정하였다. 분석틀에 포함되어 있는 분석의 준거들을 자세히 살펴보면 다음과 같다.

첫째, 연구주제를 김인숙(2012)에 따라 (1) 미시와 거시, 그리고 (2) 속성과 실천의 두 가지 차원을 기준으로 네 가지 유형으로 분류하였다. (1) 거시–속성, (2) 거시–실천, (3) 미시–속성, (4) 미시–실천. 근거이론적 방법의 핵심은 기본적 · 사회적 관점을 파악(Glaser, 1992/2014)하는 데 있으므로, 연구주제를 사회구조나 제도 등의 거시적 측면 혹은 개인의 행동과 특성에 초점을 맞춘 미시적 측면, 그리고 연구주제가 개인의 경험 등 속성에 초점을 맞추고 있는지 혹은 제도나 정책 등의 실천에 주목하고 있는지를 등을 기준으로 구분해 볼 수 있다.

〈표 5-1〉 교육행정학 분야 근거이론 연구 분석의 준거

분석의 준거	하위 준거
Ⅰ. 연구주제	① 거시–속성, ② 거시–실천, ③ 미시–속성, ④ 미시–실천
Ⅱ. 코딩 및 이론화 방법	① 구성주의 근거이론(Charmaz) ② 약한 구성주의 근거이론(Strauss & Corbin) ③ 수정 근거이론(기노시타) ④ 객관주의 근거이론(Glaser)
Ⅲ. 자료 수집 · 샘플링 방법 · 이론적 포화	① 수집한 자료의 종류와 방식 ② 이론적 표집에 대한 인식과 시행 여부 ③ 이론적 포화에 대한 연구자의 태도
Ⅳ. 도출된 근거이론의 유형과 성격	① 이론의 유형 ② 추상성의 정도 ③ 이론 축적 지향 ④ 현상과 맥락과의 연계성

둘째, 특히 근거이론적 방법은 발달 과정에서 치열한 방법론적 논쟁을 펼쳐오면서 심지어 같은 근거이론 진영 내에서도 매우 다른 접근방법을 보이고 있다. 이 과정에서 특히 '코딩 및 이론화 방법'과 관련하여 다양한 근거이론적 방법 중 어떤 것을 적용하고 있는지를 파악하는 것은 그 의미가 크다. 따라서 필자는 근거이론 논문들이 주요 근거이론가 중 누구의 이

론을 사용하고 어떤 근거로 활용하고 있는지 분석하고자 한다.

Glaser의 근거이론적 방법이 객관주의(실증주의)적 관점에서 수행되는 것이라면, Charmaz의 근거이론적 방법은 구성주의적 관점, 그리고 Strauss와 Corbin의 근거이론적 방법은 약한 구성주의 혹은 후기 실증주의적 관점에서 수행되는 것이라고 볼 수 있다. 아울러 연구결과의 실제 사용(활용)자를 분석초점자로 설정하고 연구를 통한 현실개선에 대한 강한 지향성을 가진 일본의 사회학자 기노시타(2013/17)의 소위 '수정 근거이론(MGTA)' 접근방식의 경우는 Strauss와 Corbin의 약한 구성주의 혹은 후기 실증주의 관점에서 좀 더 실증주의 관점으로 나간 접근방식이라고 볼 수 있다.

셋째, 근거이론적 방법의 가장 대표적 특징 중 하나는 실체이론 구축을 위한 '개념과 범주의 포화', 그리고 '개념과 개념, 범주와 범주 사이의 관계를 밀도 있게 설명'('이론적 포화')하기 위해 지속적인 비교와 성찰을 하고, 이를 위해 '이론적 표집'을 한다는 것이다. 따라서 현재까지 근거이론 연구를 수행해 온 교육행정학자들이 이러한 측면을 어떻게 이해하고 연구에 적용하고 있는지를 살펴보았다. 이를 위해 연구자들이 근거이론 연구를 위해 사용한 코딩 방식, 그리고 '이론적 표집'과 '이론적 포화'에 대해 어떤 인식과 태도를 가지고 연구를 수행하고 있는지를 심층적으로 분석하였다.

넷째, '도출된 근거이론의 유형과 성격'이 어떠한지 분석하기 위해 권향원(2016)과 김인숙(2012), 기노시타(2013/2017)의 연구를 참조하여 (1) '이론의 유형', (2) '추상성의 정도', (3) '이론 축적 지향성', (4) '현상과 맥락과의 연계성'의 네 가지 기준을 설정하여 분석틀에 포함시켰다. 먼저, '개념(concept)'은 현상을 요약하여 이를 추상화된 언어로 표현한 것이고, 이러한 개념과 개념들이 논리적으로 연결되어 진술의 형태로 표현된 것이 '이론(theory)'이라 할 수 있다. 이 책에서는 이론의 유형을 권향원(2016)이 제시한 근거이론 연구의 산출물로서 이론의 세 가지 유형, 즉 ① 인과관계적 이론화(중심현상을 둘러싼 원인과 결과의 인과구조를 개념의 재료로 삼아 설명하는 것), ② 개념 범주의 구성속성형 이론(추상도가 보다 높은 상위개념과 이를 구성하는 속성으로 구성된 이론), ③ 과정이론(현상을 구성하는 사건과 사건의 연쇄적 인과관계 혹은 발생의 메커니즘을 이론화의 대상으로 삼는 것, 즉 사건의 내러티브 구조를 이론화의 대상으로 삼는 것)을 기준으로 하여 교육행정학 분야에서 산출된 근거이론들은 주로 이들 중 어떤 유형에 속하는지를 분석해 보고자 한다. 다음으로 근거이론적 방법을 통해 도출된 이론의 '추상성의 정도'와 관련하여, 김인숙(2012)은 "연구결과를 서술적으로 기술하는 것과 이론을 구축하는 것은 다르며(Schreiber & Stern, 2003)……, 근거이론의 미래 유용성은 개념적 서술을 넘어서야 한다(Cutcliffe, 2005)"고 주장한다. 이 책에서는 현재 교육행정학 분야에서 수행된 근거이론 방법을 적용한 연구에서 도출된 실체이론이 단순히 '개념적 서술(grounded description)'(Glaser, 2019)에 그치고 있는가, 아니면 '개념적 속성 구조의 파악' 혹은 '개념과 개념 간 관계를 설명하는 이론' 생성에까지 이르고 있는가 라는 점에 초점을 맞추어 도출된 근거이론의 추상성 정도를 파악한다. 한편, 이와 밀접한 관련이 있는 것이 바로 '이론축적 지향성'이라고 할 수 있는데, 이에 대해 Glaser와 Strauss(1967)는 이론의 창출은 좀 더 축적적인 이론체계를 개발하는 맥락에서 보아야 함을 강조하였다. 이는 결과로서의 이론이 아니라 과정으로서의 이론(a theory as process), 즉 이론적 논의를 통해 이론은 지속적으로 확장·수정될 수 있다는 의미이다(김인숙, 2012). 이 책에서는 이러한 견지에서 교육행정학 분야에서 수행된 근거이론 연구들이 자신의 연구에서 도출한 결과를 기존이론이나 이미 산출된 다른 근거이론들에 어떻게 연계, 확장시키고 있는지에 대해 분석해 보고자 한다. 마지막으로, '현상과 맥락과의 연계성'과 관련하여 김인숙(2012)은 근거이론적 방법의 핵심은 연구되는 현상의 맥락과 관련해 이론을 개발하고 창출하는 것이라고 주장한다. 또한 기존의 근거이론적 방법이 주로 적용되어 왔던 간호학 분야에서 고려해야 하는 맥락은 교육행정학 분야의 맥락과는 고려해야 하는 수준과 차원이 다른 부분이 많을 것으로 생각된다. 이 책에서는 이러한 견지에서 교육행정학 분야 근거이론 연구자들이 '현상을 둘러싸고 있는 맥락적 특징이 기본적 사회적 과정의 패턴 결정에 미치는 영향을 어떻게 고려하고 있는지'라는 문제에 관심을 가지고 분석을 수행할 것이다.

2) 연구절차

본 연구는 다음의 세 가지 단계로 수행되었다. 먼저, 교육학 내 모든 세부전공 분야에서 산출된 근거이론 활용 논문 수집은 다음과 같은 절차로 진행되었다.[2] 먼저, 학술검색 데이터베이스인 학술연구정보서비스(RISS), DBpia에서 근거이론적 방법을 활용한 국내 학술논문을 검색하였다. 학술지는 교육 관련 국내 학술지로 제한하였다. 근거이론적 방법 관련 키워드(근거이론, 근거이론적 방법, 근거이론적 접근, 근거이론 연구)를 활용하여 논문을 검색하였

2) 연구자들은 수집된 논문을 대상으로 제1저자의 전공을 파악하기 위해 (1) 논문 내에 제1저자의 전공 정보가 명기된 경우에는 이를 바탕으로 전공을 분류하였고 이를 한국연구업적통합정보시스템(www.kri.go.kr)을 활용하여 확인하였다. (2) 논문 내에 제1저자의 전공 정보가 명기되어 있지 않은 경우에는 해당 연구자의 다른 학술지 논문이나 박사학위 논문을 검색해 본 후 전공을 파악하였으며, 마찬가지로 한국연구업적통합정보시스템(www.kri.go.kr)을 활용하여 이를 다시 확인하는 절차를 거쳤다. (3) 다른 학술지 논문이나 박사학위 논문이 없거나 또는 검색으로 찾기 어려운 경우, 해당 연구자의 소속 정보를 활용하여 소속 기관 홈페이지, 인터넷 기사 검색, 직접 전화 통화 등을 통해 전공을 파악하였다.

으며, 2004년부터 2019년까지 교육 관련 국내 학술지에 게재된 근거이론 논문은 총 142편이었다.

둘째, 교육행정학 분야에서 기존에 출판된 근거이론적 방법을 활용한 논문 파악을 위해서 최근 10여 년간(2009~2018년) 교육행정학 분야의 대표적 학술지인 『교육행정학연구』에 수록된 논문을 전수 검색하였다. 이 중 질적 연구방법을 활용한 논문은 총 97편으로 확인되었다.[3] 질적 연구방법 중 어떤 접근방식을 사용했는지를 보다 구체적으로 살펴보기 위해 연구자들은 Creswell(2014)이 제시한 질적 연구의 다섯 가지 접근방식[(1) 내러티브 연구, (2) 현상학적 연구, (3) 문화기술지 연구, (4) 사례연구, (5) 근거이론 연구]에 (6) 실행연구를 추가하여 총 여섯 가지 유형으로 나누어 분류를 시도하였다. 그리고 이 여섯 가지 유형에 속하지 않는 질적 연구방법은 기타 범주로 분류하였다. 질적 연구 접근방식을 분류할 때에는 먼저 (1) 제목, 키워드, 연구방법 섹션에서 특정한 연구방법을 명기한 경우 이를 유형 분류에 우선적으로 고려하였다. 하지만 (2) 해당 논문에 특정한 질적 연구 접근방식이 구체적으로 명시되어 있지 않거나(예컨대, 단순히 '질적 연구'라고 하거나 '심층면담'을 했다는 등), 명시되어 있다고 하더라도 해당 접근방식이 다양하게 해석될 수 있는 경우(예컨대, '사례연구': 대체로 질적 연구방법으로서의 '사례연구'와 분석대상으로서의 '사례' + '연구'를 혼동하여 기술하고 있는 경우가 많았음)에는 일단 해당 연구방법으로 분류하거나(예컨대, 사례연구), 연구진이 합의하에 최종 판단을 하는 방식으로 분류하였다.

마지막으로, 교육행정학 분야에서 출판된 근거이론 논문을 선정하기 위해 (1) 『교육행정학연구』에 출판된 근거이론 논문(3편), (2) 교육학 분야 국내학술지에 게재된 근거이론 논문 중 교육행정학자가 제1저자로 출판한 논문들을 조사[4]한 결과 총 7편이 있었다(〈표 5-2〉 참조).

3) 이때 연구자들이 '질적 연구방법을 활용한 논문'이라고 할 때 문헌 연구방법, 혼합 연구방법을 활용한 논문은 제외하였다는 점을 밝혀 둔다. 단, 질적 연구방법과 문헌 연구방법을 함께 활용한 논문은 질적 연구방법을 활용한 논문으로 간주하였다.

4) '교육행정학 분야에서 출판된 근거이론 논문'의 경계를 확정하는 것은 사실 어려운 문제이다. 주제 영역을 중심으로 분석하면 사실 교육사회학이나 행정학에서도 교육행정학 분야의 논문은 더러 있을 수 있다. 실제로 교육정책을 매개로 교육학 분야의 세부 분과학문 분야(예컨대, 교육사회학, 평생교육, 교육방법, 교육공학 등)에서 출판되는 많은 논문은 교육행정학과의 경계가 애매한 경우가 많다. 예컨대, 교육사회학에서 형평성(학교 간 형평성)을 다루고 그의 정책적 시사점을 논의한다면 이는 교육행정학적 함의도 충분히 가지고 있어 교육행정학 논문과 실질을 공유할 수 있다. 이러한 문제점 때문에 기존 연구(예컨대, 행정학 분야의 김준현, 2010; 권향원, 2016, 사회학 분야의 김은정, 2017, 사회복지학 분야의 김인숙, 2012 등)들은 해당 학문 분야의 대표적 학술지 논문 혹은 학과의 학술지 논문 등을 중심으로 근거이론 연구 동향을 파악해 왔다. 이 책에서도 이러한 방식을 따르려 했으나, 교육행정학연구에 실린 논문이 3편에 불과하여, 교육학 분야의 학술지에 게재된 논문 중 교육행정학자가 제1저자로 출판한 논문 4편을 추가로 포함하였다. 제1저자가 연구주제, 연구방법 등 기본적 연구설계와 관련한 주된 결정을 한다는 관행을 감안한 것이지만 연구결과 해석에 일정한 주의를 요한다.

〈표 5-2〉 교육행정학 분야 학술지에 출판된 근거이론적 방법을 활용한 논문

학회지 (편수)	근거이론적 방법을 적용한 논문
교육행정학 연구(3)	김수구(2009). 나이스 학부모서비스 신청 · 승인 절차상에 나타나는 학부모의 인식 고찰.
	이기명(2009). 초등학교 교사들이 경험하는 학교평가 실체 연구.
	김선영(2014). 중국 유학생들의 정서적, 사회적, 그리고 학업수행 측면에서의 문화적응과 만족도 탐색.
교육문제 연구(1)	신현석 · 이예슬 · 정양순(2018). '자유학년제'에 대한 학생, 학부모들의 참여경험에 대한 분석.
한국교원 교육연구(1)	정주영(2017). 교직이수 여대생들의 진로선택 및 결정에 관한 갈등분석.
열린교육 연구(1)	가신현 · 김정주(2012). 학교현장실습을 통한 중등 예비교사들의 교직태도 변화 탐색.
한국교육(1)	엄상현(2014). 초등학교 인성교육 실태 분석-근거이론 연구방법에 기초하여.

3. 교육행정학 연구에서 근거이론적 방법 활용 실태

1) 근거이론적 방법 활용 현황 개관

(1) 교육학 내 각 세부전공 분야별 근거이론적 방법 활용 논문 현황(2004~2019년)

〈표 5-3〉 교육학 분야 세부전공에 따른 근거이론적 방법 적용 논문 현황(2004~2019년)

전공	편수	비율	전공	편수	비율
특수교육	13	9.15%	교육행정	7	4.93%
유아교육 및 아동학과	13	9.15%	사회교육	5	3.52%
교육공학	12	8.45%	인적자원개발(HRD)	3	2.11%
교육과정	12	8.45%	교육사회	3	2.11%
평생교육	9	6.34%	기타 전공주)	21	14.79%
교육심리	8	5.63%	교육학 외 전공[5]	28	19.72%
교육상담	8	5.63%	합계	142	100%

주: 기타 전공(21)에는 교직(3); 초등교육(2); 지리교육(2); 체육교육(2); 스포츠교육(2); 무용교육(2); 과학교육(2); 교육평가(1); 청소년교육(1); 직업교육(1); 기술교육(1); 수학교육(1); 다문화교육(1)이 포함.

〈표 5-3〉에 따르면, 제1저자의 주전공을 기준으로 할 때 2004년부터 2019년까지의 기간 동안 근거이론적 방법을 가장 많이 활용하고 있는 교육학 세부 전공분야는 '특수교육'(13편, 9.15%)과 '유아교육 및 아동학과'(13편, 9.15%)였으며, 다음으로 '교육공학'(12편, 8.45%)과 '교육과정'(12편, 8.45%)이 뒤를 이었다. '교육행정' 전공 연구자가 제1저자인 논문은 2004년부터 16년 동안 고작 7편(4.93%)에 불과해 교육학 세부 전공 중에서도 교육행정 전공에서 그동안 근거이론적 방법의 활용이 상대적으로 많지 않았던 것으로 나타났다.[6]

(2) 교육행정학 분야 질적 연구 중 근거이론적 방법을 활용한 논문 현황(2009~2018년)

교육행정학 분야의 대표적 학술지인 『교육행정학연구』에 게재된 질적 연구 논문들이 주로 어떤 유형의 질적 연구 접근방식을 사용하고 있는지에 대해서는 〈표 5-4〉에 제시되고 있다.

〈표 5-4〉 『교육행정학연구』에 출판된 질적 연구 활용 논문 현황(2009~2018년)

질적 연구방법	편수	비율	질적 연구방법	편수	비율
(1) 내러티브 연구	2	2.06%	(5) 근거이론 연구	3	3.09%
(2) 현상학적 연구	5	5.15%	(6) 실행연구	0	0%
(3) 문화기술지 연구	8	8.25%	(7) 기타 질적 연구주)	30	30.93%
(4) 사례연구	49	50.52%	합계	97	100%

주: 기타 질적 연구: 논문 제목, 키워드 또는 연구방법 중에서 앞서 제시한 6가지 질적 연구방법 중 어떤 유형도 언급하지 않은 경우 '기타 질적 연구'로 분류했다. 이 유형으로 분류된 대다수 논문은 '심층 면담' 또는 '질적 연구'라는 용어를 많이 사용했으나, 구체적인 질적 연구방법을 명시하지 않고 있었다.

교육행정학 분야의 질적 연구자들은 대체로 자신들이 사용한 질적 연구방법의 유형을 명시적으로 제시하지 않는 경우가 많았다. 따라서 논문 제목, 키워드, 연구방법 섹션의 기술

5) 기타 교육학 분야 학술지임에도 불구하고 교육학 이외 전공자들이 제1저자로 논문을 게재했다. 상담심리(7편), 사회복지(3편), 경영(2편), 아동상담(2편), 경찰(1편), 행정(1편), 스포츠과학(1편), 인간발달환경(1편), 지역 정치(1편). 여러 가지 노력에도 불구하고 저자의 전공을 파악할 수 없었던 논문은 총 9개였다.

6) 물론 연구방법은 연구목적과 연구주제에 따라 연구자가 선택하는 것이며, 근거이론적 방법을 활용한 연구가 적다고 해서 그 자체가 문제가 있는 것은 아니다. 다만, 양적 연구에서는 연구의 목적과 수집된 자료의 성격에 따라 분산분석, OLS, 로짓/프로빗 분석 등 연구방법을 달리해야 한다고 하면서, 질적 연구는 연구목적이나 연구문제와 관계없이 단순히 '질적 연구'를 사용했다고 하거나, 연구방법에 대한 별다른 문제인식 없이 '사례'를 연구한 '연구'라는 의미에서 '사례연구'라고 하는 것은 분명 문제가 있다고 본다. 질적 연구의 경우에도 연구목적과 주제에 따라 타당한 접근방식(예컨대, 내러티브, 현상학, 문화기술지, 사례연구, 근거이론적 방법 등)이 적절히 구분되어 적용될 필요가 있다. 이런 연구자의 행태가 어쩌면 행정학 분야에 비해 교육행정학 분야에서 근거이론적 방법을 활용한 연구가 상대적으로 적은 이유의 하나가 아닐까 추측해 본다.

내용을 통해 연구자가 구체적으로 어떤 유형의 질적 연구방식을 적용하였는지를 명확하게 파악할 수 있는 경우는 매우 제한적이었다. 해당 기간 동안 질적 연구방법을 사용하여 작성된 총 97편의 논문 중 접근방식이 명확히 제시된 논문은 내러티브(2편), 현상학(5편), 문화기술지(8편), 근거이론적 방법(3편) 등으로 매우 제한적이었다. 대신 많은 연구자는 자료 수집 방법의 하나인 '심층 면담'과 연구방법인 '질적 연구'를 같은 의미로 사용하거나, '연구대상으로서의 사례(예; 인물, 상황, 사건, 정책, 조직/집단 등)에 대한 연구'와 '연구방법으로서의 사례연구'를 혼동하여 사용하는 경우가 많았다.7) 즉, 연구자들이 '사례연구'라고 지칭한 49편의 논문 중에는 '연구방법으로서의 사례연구'를 사용한 것이 아니라, 단순히 '연구대상으로서의 사례'를 다양한 질적 연구 접근방식을 통해 연구한 경우가 적지 않다고 보인다. 따라서 사례연구로 분류된 49편에 대한 심층적 분석이 추가로 필요하기는 하지만, 일단 이 책의 목적과 관련하여 이들이 근거이론적 방법을 활용하고 있지 않은 것은 분명하므로 교육행정학자들이 수행한 질적 연구 중에서 근거이론적 방법을 활용한 논문은 매우 제한적이라는 점은 명확하다.

반면, 교육행정학과 가장 유사한 학문 분야라고 할 수 있는 행정(정책)학 분야의 경우 2003년부터 2015년까지의 기간 동안 근거이론적 방법을 활용한 연구는 31편이었으며, 그 중 26편의 논문이 2010년 이후 출판된 것으로 나타나 교육행정학 분야와는 달리 근거이론적 방법에 대한 관심이 최근 크게 높아지고 있음을 보여 주고 있다(권향원, 2016). 이러한 현저한 차이가 학문 분야에 따른 성격의 차이인지, 아니면 교육행정학 분야의 학자들이 연구방법론의 발전 동향에 대해 상대적으로 민감하지 못했던 것인지에 대해서는 향후 좀 더 심도 있는 성찰과 논의가 필요한 것으로 보인다.

2) 교육행정학 분야 근거이론 접근방식 활용 실태와 비판적 성찰

앞서 제시한 분석 기준에 따라 교육행정학 분야에서의 근거이론 접근방식 활용 실태를 보다 심층적으로 분석한 결과는 다음과 같다.

---

7) 사례연구를 하나의 연구방법론으로 보는 대표적인 학자는 Creswell(2014)이다. 그는 사례연구는 "질적 연구접근의 하나로서, 연구자는 시간 경과에 따라 하나의 경계를 가진 체제(사례) 또는 경계를 가진 여러 체제(사례)를 탐색하며, 다양한 정보원(예컨대, 관찰, 면접, 시청각 자료, 문서와 보고서 등)들을 포함하여 상세하고 심층적인 자료를 수집하며, 사례 기술(case description)과 사례주제(case theme)를 보고하는 연구방법"으로 본다. 이러한 견해와 달리 사례연구를 '사례에 대한 연구'로 보는 관점에서는 이러한 연구방법적 특성과는 관계없이 '사례'를 대상으로 '연구'하는 것이라면 모두 '사례연구'가 되는 것이라는 점에서 차이가 있다.

(1) 주제: 거시와 미시, 속성과 실천

다음 〈표 5-5〉에서 제시된 바와 같이 한국의 교육행정학 분야에 있어서 근거이론 연구의 주제는 미시적 속성 연구(5편, 71.4%)에 치우쳐 있었다. 〈표 5-5〉에 의하면, 우리나라 교육행정학 근거이론 연구들은 주로 교육행정학의 실천적 접근(14.3%)보다는 교육의 장(場)에서 경험적으로 주요 변화를 겪고 있는 사람들의 속성(85.7%) 연구에 보다 천착하고 있었다. 또한 거시(28.6%)보다는 미시(71.4%) 차원의 주제에 큰 폭으로 기울어져 있고, 이 두 가지 차원을 종합하면 특히 미시적 차원의 속성 연구들이 가장 많은 것으로 나타나고 있다. 이에 반해 거시적 차원의 속성 및 실천에 관한 연구는 각각 1편씩으로 매우 적다. 이상과 같은 분석 결과는 교육행정학 근거이론 연구자들이 문제를 인식하고 사고하는 구조체계가 거시보다는 미시적 측면에 초점이 맞추어져 있고, 교육행정학의 본령인 실천보다는 사람들의 인식과 경험, 즉 속성에 더 크게 편중되어 있음을 나타내는 것이라고 할 수 있다.

〈표 5-5〉 2004년 이후 근거이론 논문의 거시-미시, 속성-실천의 분류

구분	속성	실천	계
거시	1편(14.3%)	1편(14.3%)	2편(28.6%)
미시	5편(71.4%)	-	5편(71.4%)
계	6편(85.7%)	1편(14.3%)	7편(100%)

근거이론적 방법의 핵심은 우리가 살고 있는 사회의 미시와 거시, 행위와 구조, 사건과 이념 간의 패턴과 연관 관계를 그려 내는 데 있다. 즉, 근거이론 방법론의 연구주제는 '기본적 사회 과정(basic social process)'이며, 기본적 사회 과정은 다시 '기본적 사회심리적 과정(basic social psychological process)'과 '기본적 사회구조적 과정(basic social structural process)'으로 세분된다. 그러나 앞에서 보는 바와 같이 교육행정학 분야에서 수행된 근거이론 연구의 대부분은 미시적 분석인 '기본적 사회심리적 과정'을 주제로 하고 있으며, '기본적 사회구조적 과정'과 같은 거시적 분석을 시도한 연구는 초등학교 인성교육 실태 분석을 주제로 한 엄상현(2014)의 논문과 초등학교 학교평가의 실체를 다룬 이기명(2009)의 논문 등 2편 정도에 그치고 있다.

(2) 코딩과 이론화 방법: 누구의 이론을 어떤 근거로 사용하고 있는가

교육행정학 분야에서 출판된 근거이론 논문에 적용된 코딩 방법을 살펴보면 다른 사회과

학 분야에서의 상황과 마찬가지로(예컨대, 김은정, 2017; 김인숙, 2012 등), 거의 모든 연구가 Strauss와 Corbin의 패러다임 모형에 기초하여 코딩을 진행하고, 이론화 작업을 하고 있었다. 분석대상 논문 7편 중에서 Charmaz(2005)의 구성주의적 근거이론(constructivist grounded theory)을 활용하고 있다고 언급하고 있는 김선영(2014)의 논문을 제외한 나머지 6편은 모두 Strauss와 Corbin의 코딩 패러다임에 따라 자료를 분석하고 있었다. 즉, (1) 개방코딩 후, (2) 인과적 조건, 맥락적 조건, 중심현상, 중재적 조건, 상호작용, 결과로 체계화된 코딩 패러다임에 따라 코딩된 개념들을 기계적으로 배분하고 난 후 이에 대한 설명을 제시하고, (3) 이를 기초로 이야기 윤곽을 제시하거나, 상대적으로 발전적인 연구의 경우 분석결과를 기초로 개념 유형을 제시하는 형태로 연구를 마무리하고 있었다. 이를 기초로 볼 때 교육행정학 분야에서 보다 발전적 근거이론적 방법 활용을 위해 다음의 이슈가 추가로 논의될 필요가 있다.

먼저, Charmaz(2006/2013)의 경우 "연구자가 축코딩(코딩 패러다임)에 지나치게 의존하면 연구하려는 세계에서 알아내고자 하는 바와 그 방법을 제약할 수 있다"고 문제를 제기하고 있다. 교육행정학 분야에서 기존에 이루어진 근거이론 연구들은 대개 연구의 목적, '개념의 포화 여부'와 '발견된 중점사항이 무엇인지'와 관계없이 주어진 코딩 패러다임의 각 영역에 개방코딩을 통해 찾아낸 개념들을 기계적으로 배분하는 데 그치고 있다는 점이 가장 큰 문제로 보인다. 실제 코딩 페러다임은 이를 제안한 Strauss와 Corbin(1998/2001)이 명확히 지적하고 있는 바와 같이 "자료를 분석하는 데 있어 취할 수 있는 하나의 관점 이상의 것은 아니다". 즉, 이것은 체계적으로 구조와 과정이 통합될 수 있는 방식으로 자료를 수집하고 정돈하는 것을 돕는 하나의 분석적 관점에 지나지 않는 것이다(Strauss & Corbin, 1998/2001). 하지만 현재까지 산출된 교육행정학 분야의 근거이론 연구들은 이러한 본래의 취지를 무시하고 '코딩 패러다임의 구성 요소를 위한' 코딩을 하는 경향이 있었다. 특히 우려되는 점은 이들 연구들이 자신이 발견한 요소들이 나타내는 관계의 본질과 유형에 대해 제대로 성찰하거나 이해하지 못한 채 기계적으로 이러한 코딩을 하는 경향이 있다는 것이다. Strauss와 Corbin(1998/2001)이 적절히 언급하고 있듯이, "정말로 중요한 것은 오히려 범주들이 서로 서로 연결되는 패턴과 방식을 발견하는 것이다. 코딩 패러다임은 유용하기는 하지만, 결코 경직된 방식으로 사용되어서는 안 된다. 그렇지 않으면 이것은 수단이라기보다는 목적이 되어버릴 것이다"란 경고를 귀담아 들을 필요가 있다.

특히 코딩 패러다임을 제안한 Strauss와 Corbin(1998/2001) 등이 저술한 근거이론 교과서에는 '인과적(causal) 조건, 맥락적(contextual) 조건, 중재적(intervening) 조건(conditions)'의 의

미에 대해 매우 모호하게 기술되어 있다. 그럼에도 연구자들이 명확한 이해가 부족한 상태에서 자신들이 발견한 개념들을 이 세 가지 조건에 기계적으로 배분함으로써 코딩 패러다임의 의미 자체를 퇴색시키는 것이 아닌가 하는 우려가 제기된다. 실제 필자들이 논문 작성과정에서 대상 논문들을 분석한 결과 교육행정학 분야 근거이론 논문에서 인과적 · 맥락적 · 중재적 조건으로 분류된 개념들이 왜 그렇게 분류되었는지 타당성을 찾기 힘든 경우가 적지 않았다. 근거이론 방법이 맥락지향적 실체이론과 이것이 발전된 다맥락적 이론을 지향하는 것이라고 본다면, 특정한 (1) 인과적 조건이 (2) 특정한 맥락적 조건 속에서 왜 그런 현상을 발생하게 하는지, (3) 그러한 현상에 대한 주요 이해당사자들의 행위/상호작용이 왜 달리 나타나는지(중재적 조건) 등을 보다 구체적이고 이해가 가능한 수준에서 설명할 수 있어야 한다.

셋째, 필자의 경험으로 볼 때 특히 '단기간, 소규모'로 수행된 근거이론 연구의 수준에서 이론적 통합을 의미하는 '선택코딩(이론적 코딩, 혹은 3차 코딩)'의 단계까지 나아가기는 현실적으로 거의 불가능하다. 그럼에도 현재 출판된 교육행정학계에서 근거이론적 방법을 활용한 선행연구들은 거의 획일적으로 3차 코딩(이론적 코딩, 선택적 코딩)을 통해 이론적 통합을 이루었다고 보고하는 경향이 있다. 하지만 이들 연구의 대부분에서는 이론적 통합의 전제가 되는 '이론적 표집'이나 '이론적 포화'에 대한 구체적 언급 없이, 코딩 패러다임에 따라 기계적으로 배치된 개념들을 단순히 '스토리라인'의 형식으로 기술하는 데 그치고 있어 의문을 자아낸다. 이는 연구자들이 아직까지 '이론적 통합'이 구체적으로 무엇을 의미하는지, 그리고 이것이 관련 이론의 축적에 어떻게 기여하는지에 대해 충분히 이해하지 못하고 있음을 나타내는 간접적 예가 아닌가 생각된다. 이는 물론 Strauss와 Corbin(1998/2001)이나 Charmaz(2006/2013) 등 주요 근거이론가가 저술한 방법론 교과서에서 이론적 코딩(선택 코딩)이 무엇인지, 이것은 어떻게 이루어지는지 매우 모호하게 기술[8]되어 있는 데서 비롯되는 측면도 없지 않을 것이다. 이 점에 대해서는 뒤편의 '이론 축적 지향성'과 관련한 논의에서 좀 더 자세히 기술할 것이다.

---

8) Strauss와 Corbin(1998/2001)은 축코딩에서 범주는 체계적으로 발전하고 하위/다른 범주들과 연결되지만, 주요 범주들이 '최종적으로 통합되어 하나의 큰 이론적 도식'을 형성하지는 못한 상태라고 하며, 후속적 단계인 선택코딩을 통해 "연구결과가 이론의 형태를 갖추었다고 할 수 있을 정도로 범주를 통합시키고 정교화하게 된다. 만일 이론 구축이 진실로 연구 프로젝트의 목적이라면 조사 · 발견은 반드시 일련의 상호 연결된 개념으로 제시되어야지, 주제들의 목록으로 제시되어서는 안 된다"고 설명하고 있다. Charmaz(2006/2013)의 경우 "이론적 코드는 초점코딩을 통해 개발한 범주가 맺어질 수 있는 가능한 관계를 식별하는 것이다……. 이론적 코딩은 연구자가 일관성 있는 분석적 이야기를 말할 수 있게 해 준다. 따라서 이론적 코딩은 실체적 코드가 어떻게 연결되는가를 개념화할 뿐만 아니라, 분석적 이야기가 이론적인 방향을 갖게 해 준다"라고 말하고 있다. 특히 Charmaz(2011/2014: 150)는 이 단계[이론적 코딩]가 최종 산출물의 명확성과 정확성을 향상시킨다는 것을 인정하면서도 대부분의 프로젝트가 꼭 이론적 코딩을 할 필요는 없다고 믿는다(Birks & Mills, 2015/2015에서 재인용).

(3) 이론적 표집 및 이론적 포화에 대한 연구자의 인식과 태도

① '이론적 표집'에 대한 연구자의 인식과 적용 실태

분석대상 논문 7편 중 거의 대부분인 5편(71.4%)에서 수집한 주요 연구자료는 면담 자료였다. 이기명(2009)의 경우 연구참여자에 대한 반구조화된 전화 면담과 함께 학교 평가 후의 느낌과 생각을 기술한 1~2쪽 정도의 글쓰기 자료를 함께 분석하였다. 가신현 · 김정주(2012)의 경우 개방형 설문을 통해 자료를 수집한 후 의미가 불분명하거나 추가 답변요구가 필요한 경우 보조적으로만 직접 대면, 전화, 이메일 등의 방법을 통해 추가로 자료를 수집하였다고 기술하고 있다. 한편, 이와는 달리 김수구(2009)의 경우 학부모 서비스 포털 사이트에서 제공하고 있는 질의응답 게시판에 게재된 학부모들의 글을 분석하는 방법을 시도한 점이 매우 특이했다.

한편, 면담을 수행한 경우 면담참여자들은 적게는 7명에서 많게는 20명을 선정하여 자료를 수집한 것으로 나타났다(〈표 5-6〉 참조). 근거이론적 방법을 적용한 연구에서 초기 표집은 기본적으로 연구목적과 중심 연구문제에 대해 가장 풍부한 정보를 제공할 수 있는 사람들을 의도적으로 표집하고, 이후 수집한 자료를 통해 개념과 범주 생성, 그리고 개념과 개념, 개념과 범주, 범주와 범주 간의 관계를 형성해 나가면서, 보다 밀도 높은 개념(범주) 형성 또는 이들 간의 관계를 정치화하기 위한 설명을 위해 필요한 경우 이론 구축을 위한 목적적 샘플링('이론적 표집')을 하는 것이 특징이다. 교육행정학계에서 이루어진 근거이론 연구는 대부분 편의표집으로 이루어지고 있었고, 이 과정에서 연구주제와 관련된 일부 중요한 변인들을 표집에서 감안했다는 점에서 의도적 표집의 성격도 함께 가지고 있다. 다만, 거의 대부분의 연구에서 1차적 자료 분석 후 개념과 범주 간의 관계의 밀도를 높이기 위해 근거이론적 방법에서 말하는 '이론적 표집'은 제대로 이루어지지 못하고 있었다. 특히 논문 내에서 근거이론적 방법의 가장 중요한 특징이라고 할 수 있는 '이론적 표집'에 대한 언급이 전혀 없는 연구도 4편(가신현 · 김정주, 2012; 김선영, 2014; 김수구, 2009; 이기명, 2009)이 있었고, 설령 언급이 있다고 하더라도 최소한 필자가 이해하는 근거이론적 방법에서의 '이론적 표집'과는 취지가 다른 방식으로 표집을 하고 있는 경우도 있었다.[9] 필자가 이해하는 이론적 표본 추출의 의미에 부합하는 방식으로 이론적 표집을 했다고 기술하고 있는 논문은 1편(엄상현, 2014)

9) 예컨대, 정주영(2017)의 경우 "이론적 표출이란 이론의 구축을 위해 기대되는 범주의 속성과 차원의 측면에서 최대한 비교 가능한 차이를 갖고 있는 사례를 선택하는 것이다(박선웅 · 우현정, 2013)"이라 기술하고 있어 필자가 이해하고 있는 근거이론적 방법에서의 '이론적 표집' 개념과는 거리가 있었다.

에 불과했으며, 이 역시 '이론적 표본 추출'이란 용어를 사용하고 있기는 했지만 그 과정에 대해 명확하고 구체적으로 기술하고 있지는 않았다.

〈표 5-6〉 선행연구에서의 면담참여자와 면담방식

연구자	연구 참여자 및 면담방식	이론적 표집에 대한 언급 여부
이기명 (2009)	학교평가를 받은 경험이 있는 A초등학교 교사 8명과 전화 면담. 면담 시간을 포함한 세부적 면담 시행방식에 대한 기술은 없음	없음
가신현 · 김정주 (2012)	서울 소재 A 대학에 재학 중이며 학교현장실습 경험을 한 중등 예비교사 16명. 학번, 계열, 실습학교 등 배경 특성을 고려한 연관적이고 다양한 표본 추출. 개방형 설문 + 보조적인 대면, 전화, 이메일 질문(구체적인 방법은 기술되어 있지 않음)	없음
엄상현 (2014)	성별, 연령, 경력 등을 고려하여 서울시 초등학교 재직교원 7명 선정. 2013년 6월에서 8월까지 진행되었으며 후반부의 참여자는 이전 자료에서 추출된 개념, 사건에 기초하여 비교해 가면서 선정(이론적 표집). 1시간 반에서 2시간 정도의 심층 면담	있음
신현석 외 (2018)	경기와 인천에 소재하고 있는 3개 중학교 학생 13명, 학부모 7명으로 총 20명. 성적과 자유학년제 경험 여부를 감안하여 초기 샘플링. 1회 면담은 평균 40분 소요, 필요한 경우 추가면담 실시(구체적 내용은 언급되지 않음)	있음
정주영 (2017)	수도권 4년제 사립대학에서 교직과목을 수강하고 있는 재학생 9명을 공개모집. 면접은 1회에 1시간 내외로 진행	있음
김선영 (2014)	A 대학에서 자발적으로 참여한 11명(남자 3, 여자 8)의 중국 유학생들(3, 4학년)을 눈덩이 표집. 반구조화된 면담. 1회 면담은 평균 40~60분 소요	없음
김수구 (2009)	2006년 9월부터 2009년 5월까지 초중고 학부모 357건의 질의응답게시판 내용(자료 수집은 2009년 4월에서 5월까지)	없음

② '이론적 포화'에 대한 연구자의 인식과 태도

교육행정학 분야 근거이론 논문에서는 앞에서 본 바와 같이 1차적 자료 분석 후 밀도 높은 이론을 구축하기 위해 다시 샘플링을 하는 '이론적 표집'을 하고 있는 경우는 거의 없는 것으로 나타났다. 이와 관련되는 개념인 '이론적 포화'는 근거이론적 방법의 최종적 목표인 '이론적 통합'에 필수적인 요소이다. Strauss와 Corbin(1990)은 "특별한 범주에 적절한 최종적 자료생성이나 수집에서 새로운 코드가 더 이상 나오지 않을 때, 그리고 범주는 모든 하위범주와 이들의 속성과 차원들이 명백하게 연결되고 통합되는 지점까지 개념적으로 잘 발전되었을 때, 이론적 포화에 도달하는 것"으로 정의한다. 한편, 기노시타(2013/2017)는 이론적 포화를 '작은 이론적 포화(개별 개념의 완성 상태의 판단)'와 '큰 이론적 포화(개념 상호 간의 관계, 범주 간의 관계, 전체로서의 통합성 등을 검토하고, 각각의 수준에서 중요한 부분이 누락되지 않았는지 여부의 판단)'로 나누고, '이론적 포화'의 판단은 그 성격상 어떤 경우에 있어서도 '했다 혹은 안 했다'라는 택일의 판단이 되기보다는 '어느 정도 수행했는지에 대한 상대적인 판단'이 될 수밖에 없다는 점을 강조하고 있다. 분석대상인 7편의 논문에서 '이론적 포화'를 언급한 논문은 4편이 있었는데, 주로 '새로운 개념이 발견되지 않는 포화상태에 이를 때까지(엄상현, 2014)', '더 이상 새로운 정보가 발견되지 않는(신현석 외, 2018)', '새롭고 의미 있는 자료가 나타날 때까지 새로운 면담자를 추가하면서(이기명, 2009)', '면접사례가 포화상태에 도달하도록(정주영, 2017)'이라는 식으로 기술하고 있어 '이론적 포화'를 택일 혹은 성취 여부의 판단으로 간주하는 경향이 있었다. 그 외 3편의 논문(가신현 · 김정주, 2012; 김선영, 2014; 김수구, 2009)은 아예 이론적 포화에 대해 아무런 언급을 하지 않고 있었다.

이러한 사실은 분석대상인 7편의 연구에서 코딩작업을 통해 도출한 '개념'의 숫자를 통해서도 간접적으로 짐작할 수 있다. Charmaz(2005)의 근거이론 방법을 사용한 김선영(2014)의 논문을 제외하고, 대부분의 연구에서는 마치 '이론적 포화'가 중요한 목적이 아니라는 것을 간접적으로 나타내기라도 하듯이 지나치게 많은 개념을 만드는 경향을 보이고 있었다. 논문별로 산출된 개념 수를 보면, 이기명(2009)은 27개, 김수구(2009)는 32개, 정주영(2017)은 53개, 가신현 · 김정주(2012)는 65개, 신현석 외(2018)는 학생 57개/학부모 58개, 엄상현(2014)은 110여 개 등 매우 많은 개념을 산출하고 있는데, '이론적 포화'를 고려하지 않은 지나치게 얕은 개념을 산출하고 있는 것은 아닌지 비판적으로 성찰해 볼 필요가 있다고 생각된다.

(4) 도출된 근거이론의 유형과 성격

도출된 실체이론(substantive theory)이 (1) 어떠한 유형으로 분류될 수 있는지, 그리고 (2) 실체이론이 근거이론적 방법의 취지에 맞게 의미를 가지려면 구체적으로 어떠한 조건을 갖추어야 하는지에 대해 명시적으로 합의된 기준은 아직 없는 것으로 보인다. 따라서 이 책에서는 전자와 관련해서는 권향원(2016)의 논의를, 후자와 관련해서는 김인숙(2012)을 참고하여 논의를 전개하고자 한다.

① 이론의 유형

한국 교육행정학 분야에서 산출된 논문을 분석한 결과 산출된 근거이론들은 다음 〈표 5-7〉과 같이 크게 (1) 인과구조, (2) 속성구조가 주된 유형을 차지하고 있는 것으로 나타났다. 이들 유형을 개별적으로 살펴보면, 첫째, 인과구조 연구는 교육행정학의 주요 중심현상을 둘러싼 원인을 구조적으로 밝히고자 하는 연구들로 7편의 분석대상 논문 중 2편(28.6%)을 차지하고 있었다. 보다 구체적으로 중심현상을 살펴보면 '나이스 학부모서비스', '인성교육'과 같이 정책의 맥락에서 나타나는 사업(programs)의 속성을 지닌 것들이 주로 확인되었다. 정책의 맥락에서 근거이론 연구는 주로 사업 운영에 있어 발생되는 문제점이나 사업의 내용과 방법에 영향을 미치는 요인탐색 등 실용적인 주제를 다루고 있었다. 둘째, '속성구조 연구'는 총 5편(71.4%)으로 교육행정학 분야 근거이론 연구에서 가장 전형적으로 나타나고 있는 유형이었다. 보다 구체적으로 살펴보면, '중등 예비교사', '중국 유학생', '자유학년제에 참여한 학생과 학부모', '초등학교 교사', '교직이수 여대생' 등 교육현장의 맥락하에서 개인 혹은 집단의 특정한 개인의 체험(lived experience)을 분석의 대상으로 주제화하고 있었다. 이러한 소위 체험연구는 우리 한국적 맥락에 대한 특성을 담고 있어 잘만 수행된다면 토착화된 고유한 교육행정학 이론 구축에 큰 기여를 할 수 있을 것으로 생각된다. 한편, 한국 교육행정학 분야 근거이론 연구에서 사건구조 연구는 분석대상 연구 중 단 한 편도 발견되지 않았다. 이는 인접학문인 행정학과 정책학의 근거이론 동향을 분석한 연구(권향원, 2016)에서 나타난 결과와 유사한 것이다. 근거이론적 방법의 최종적 목적인 '관계적 이론화'의 핵심이 사건들의 연쇄구조를 밝히는 데 있다고 본다면, 교육행정학에서도 향후 토착화된 이론 구축을 위해 이러한 유형의 연구에 좀 더 관심을 기울일 필요가 있다고 할 것이다.

〈표 5-7〉 한국 교육행정학 분야 근거이론 연구의 예

이론화 대상		논문명
인과구조 연구	요인	나이스 학부모서비스 신청 · 승인 절차상에 나타나는 학부모의 인식 고찰(김수구, 2009)
		초등학교 인성교육 실태 분석-근거이론 연구방법에 기초하여(엄상현, 2014)
속성구조 연구	체험	학교현장실습을 통한 중등예비교사들의 교직태도 변화 탐색(가신현 · 김정주, 2012)
		중국 유학생들의 정서적, 사회적, 그리고 학업수행 측면에서의 문화적응과 만족도 탐색(김선영, 2014)
		'자유학년제'에 대한 학생, 학부모들의 참여경험에 대한 분석(신현석 외, 2018)
		초등학교 교사들이 경험하는 학교평가 실체 연구(이기명, 2009)
		교직이수 여대생들의 진로선택 및 결정에 관한 갈등분석(정주영, 2017)

② 추상성의 정도

근거이론은 추상성을 특징으로 하는 이론의 한 형태이므로, 근거이론적 방법의 결과가 단순히 '개념적 서술'에 그치고 있는가, 아니면 '개념과 개념 간의 관계를 설명하는 이론'으로 제시되고 있는가라는 문제는 중요한 의미를 가진다. 이러한 관점에서 교육행정학 분야에서 수행된 근거이론 논문 7편에 대해 추상성의 정도를 살펴본 결과 크게 세 가지 유형으로 분류해 볼 수 있었다. (1) 개념적 서술에 그친 유형, (2) 실체이론으로 이론화를 추구하고 있지만 추상성이 약한 유형, (3) 도출한 연구결과를 바탕으로 개념적 유형화를 시도하는 유형으로 나눠 볼 수 있었다.

먼저, '개념적 서술에 그친 유형'은 전체 분석대상 논문 중 4편(57.1%)으로 가장 많은 비율을 차지하고 있었다. 예컨대, 김수구(2009)는 나이스 사용에 있어 학부모들의 낮은 가입률에 대한 원인을 찾고자 근거이론 방법을 통해 문제점과 그 대안을 결론으로 제시하고는 있지만 도출된 결과를 단순히 서술하고 있는 정도에 그치고 있다. 김선영(2014)의 경우에도 중국 유학생들의 문화적응과 학교생활 만족도에 영향을 미치는 측면을 정서적, 사회적, 그리고 학업수행 측면으로 나누어 설명하고 있지만 발견한 사항들을 서술하는 수준에 머물러 있었다.

두 번째 유형은 실체이론으로 이론화를 추구하고 있지만 추상성이 약한 유형이다. 예컨대, 이기명(2009)은 '교사들의 고정관념으로 인해 더욱 형식주의가 된 학교평가 모형'을 결론에서 제시하고 있다. 즉, 연구자의 표현에 따르면 연구대상인 A 초등학교의 맥락에서 "수집된 자료의 분석을 토대로 학교 평가기간에 교사들은 어떠한 경험을 하는지 실체이론"을 제시하고자 한 것이다. 이 모형은 이론화의 가능성을 제시하고 있기는 하지만, 제시된 학교 평가 모형에서 사용되고 있는 상당수 개념이라고 명명한 것들은 원자료 수준에 머물고 있고 추상화를 특징으로 하는 개념적 수준에서 이루어진 진술이라고 보기는 어려운 경우가 많았다(예컨대, 피드백 없는 학교 평가 결과, 학교 평가는 행정업무 중 가장 큰 업무 등). 이렇게 근거이론적 방법을 활용한 논문에서 이론적 추상성을 높이는 데 실패하는 이유에 대해 Schreiber와 Stern(2003)은 (1) 근거이론적 방법의 적용과정에서 이론적 표집을 충분히 적용하지 않은 점, (2) 부정적 사례를 이용하지 않은 점, (3) 이론적 민감성을 중심으로 추상적 사고를 하지 않은 점에 그 원인이 있다고 지적하고 있다(김인숙, 2012: 103-104). 근거이론적 방법이 다른 질적 연구방법과의 차별되는 지점은 이론구축의 체계성과 이론적 표집의 중요성을 강조하는 데 있다. 분석된 한국 교육행정학 분야 근거이론적 방법들은 추가적으로 이론적 표집을 하지 않은 단계에서 연구를 마무리하고 있고, 또한 사회복지학 분야와 마찬가지로 부정적 사례보다는 편의에 의한 유사사례만을 표집하고 있어 이론으로서의 추상성을 확보하는 데 아직까지 크게 성공적이지 못한 것으로 생각된다.

세 번째 유형은 단순히 형성된 개념을 기계적으로 코딩 패러다임에 배치하고 이를 기술하는 스토리라인의 제시를 넘어, 발견된 사항들에 기초하여 개념적 유형화를 시도하는 연구였다. 예컨대, 가신현 · 김정주(2012)의 경우 예비교사들의 교직태도 변화 패턴을 구체적으로 감성형, 성실형, 실리추구형, 무관심형 등 네 가지 유형으로 분류하여 제시하고 있다. 그리고 엄상현(2014)의 경우에도 교사들의 인성교육 실행방식을 (1) 교사의 근무지역과 열성의 차이에 따라 책임형, 사랑형, 기계형, 방관형, 그리고 (2) 행정 대응방식과 인성 교육방법의 차이에 따라 교과형, 프로젝트 실적형, 생활형으로 구분하고 있다. 따라서 단순히 발견된 개념을 나열하는 수준을 넘어 개념적 유형화를 통해 추가적인 이론화의 가능성을 제시하고 있는 이 두 논문의 경우, 다른 연구들에 비해서는 추상성의 정도에서 상대적으로 진전된 모습을 보이고 있다고 할 수 있다.

③ 이론 축적 지향성

근거이론적 방법은 궁극적으로 현장밀착형 실체 이론의 도출을 통해 궁극적으로 축적적인 이론체계를 개발하는 것을 목표로 한다. 이와 관련 Birks와 Mills(2015/2015)가 말하는 3차 코딩(Glaser와 Charmaz의 이론적 코딩, Strauss와 Corbin의 선택적 코딩)은 매우 중요한 의미를 가진다. 제3세대 근거이론가인 Birks와 Mills(2015/2015)는 "이론적 코딩이 이론 발전에 필수적인 단계는 아니지만 최종 산출물이 출현하는 이론적 코드에 의해 통합되고 형성될 때, 더 그럴듯하고, 더 적절하고, 더 향상된다"는 Glaser와 Holton(2005)의 견해를 인용하면서, "이론적 코딩이 없다면 다른 연구와 근거이론 연구를 구분하는 설명능력을 보여 주는 데 한계가 있을 것"이라고 주장하고 있다. 이와 함께 그들은 이론적 코딩의 의미와 방법에 대해서도 다음과 같이 추가적인 설명을 덧붙이고 있다.

> 자신의 이론 발전이 끝날 때까지 근거이론가는 외부 이론의 적용을 피해야 한다는 점이 오랫동안 주장되어 왔으며(Glaser & Strauss, 1967/2011), 최근에 글레이저(2013)와 차마즈(2014)에 의해 이 점이 다시 강조되었다. 외부의 이론적 코드가 귀납적으로 구축된 근거이론을 순응하도록 강요하는 선입견적 틀을 의미한다면 우리는 이러한 진술에 동의한다……. 컷클리프(2000, 1482)는 이론적 코드가 "연구되고 있는 인간의 상호작용과 사회과정에 대한 완전하고 풍부한 이해를 제공하는" 기능을 한다고 믿는다……. 그런 다음 연구자는 더 광범위한 학문적 지식의 맥락에서 자신의 이론을 위치지울 수 있다(Birks & Mills, 2015/2015).

필자 역시 이러한 Birks와 Mills(2015/2015)의 이론적 코딩과 관련한 기본적 생각에 동의한다. 이러한 견지에서 볼 때 현재까지 출판된 교육행정학 분야의 근거이론 연구들은 이론 축적 지향성의 측면에서 많은 한계를 지니고 있다. 분석대상인 7편의 논문 중 6편(85.7%)이 자신의 연구결과들 중 일부가 기존 연구결과와 유사하다는 정도의 언급 수준에 머무르고 있었다. 특정한 맥락에서 수행된 자신의 연구를 다른 맥락에 적용하여 타당성을 시험함으로써 이론의 확장을 추구한다든가, 혹은 Birks와 Mills(2015/2015)가 언급하고 있듯이 기존의 이론과의 연계를 모색하는 논의를 펼치는 연구는 전혀 없었다. 아예 선행연구나 이론에 대한 언급조차 없는 연구(예컨대, 김수구, 2009)도 있었다. 이러한 경향은 사회복지학계에서 이루어진 근거이론 연구물을 분석한 연구(김인숙, 2012)의 결과와 유사한 것이다. 분석대상이었던 모든 교육행정학 분야 근거이론 연구들은 산출된 결과들을 기존의 다른 교육행정학 이론/가설과의 연계, 또는 기존에 자신이 수행한 근거이론과의 연계를 통해 보다 상위의 이론으로서의 확대 가능성을 모색하는 등 이론적 축적 노력에는 별다른 관심을 두지 않고, 단순히 산출된 개별 결과의 실천적 함의를 제시하는 데 주안점을 두고 있었다. 앞서 언급한 바와 같이 근거이론적 방법은 현장밀착적인 실체이론의 도출과 이를 기초로 한 다맥락적 이론 형성을 통해 궁극적으로 축적적인 이론체계를 개발하는 것을 목적으로 하고 있다. 이를 감안하면 이러한 연구자들의 연구수행 행태는 현재 교육행정학에서 산출되는 근거이론 연구의 가장 심각한 문제점 중의 하나로 지적될 수 있을 것이다.

이런 차원에서 향후 한국 교육행정학 분야에서의 근거이론 연구의 발전을 위해서는 도출된 연구결과들이 상호 연계되고 확장될 수 있도록 체계적으로 수행될 필요가 있다. 이와 관련하여 행정학 분야에서 세종시 중앙부처 공무원을 대상으로 근거이론적 방법을 통해 '일과 삶 균형' 저해요인에 대한 탐색적 이론화 연구를 시도한 허준영 · 권향원(2016)의 연구와 사회학 분야에서 근거이론적 방법을 활용하여 주제어와 범주를 형성하고, 이후 '인지부조화' 이론과 연계하여 현상에 대한 설명력을 확대한 주혜진(2014)의 연구는 교육행정학 분야에서의 근거이론적 방법의 적용 가능성 확장을 위해 충분히 주목해 볼 만한 가치가 있다고 생각한다.

④ 현상과 맥락과의 연계성

근거이론적 방법의 전제는 지식은 정태적이지 않고, 사람은 늘 변화하며, 맥락은 인간의 목적과 사회심리적 과정을 촉진 · 방해하는 등 영향을 미친다는 것이다(김인숙, 2012). Glaser와 Strauss(1967/2011)도 역시 과정으로서의 이론을 강조하면서, 과정으로서의 이론은 사회적 상호작용과 그것의 구조적 맥락의 현실을 잘 보여 주어야 한다고 하였다.

이 책의 분석대상인 교육행정학 분야의 근거이론 논문 7편은 대체로 '맥락과 현상의 관계성'을 심층적으로 고려하지 않은 채 탐구하는 현상에만 초점을 맞추고 있는 것으로 나타났다. 하지만 사회적 상호작용에 초점을 맞추어 구조적 맥락의 현실을 살펴본 2편의 연구(김수구, 2009; 엄상현, 2014)는 나름대로 시사하는 바가 있다. 예컨대, 김수구(2009)는 학부모서비스 정책의 구조적 결함을 맥락적 조건으로 기술하고 있었고, 엄상현(2014)의 경우에도 특정한 중심현상과 행위/상호작용에 영향을 미치는 구조적 맥락(학교의 특성, 학부모, 지역의 특성, 정책의 변화 등)을 언급하고 있어 현상과 맥락의 연계성에 대한 중요성을 인식하고 있는 것으로 보인다. 다만, 현상과 맥락의 연계성을 설명하기 위한 충분한 자료 수집과 분석이 뒷받침되지 못해 실제적으로 의미 있는 연계를 도출하는 데 있어서는 이 논문들 역시 상당한 한계를 보이고 있는 것이 사실이다.

근거이론적 방법의 핵심은 연구되는 현상의 맥락과 관련해 이론을 개발하고 창출하는 것이다. 즉, 근거이론 연구자의 주된 관심은 환경의 맥락적 특징들이 어떻게 기본적 사회 과정의 방향과 형태에 영향을 미치는가를 결정하는 것이라고 볼 수 있다(Benoliel, 1996: 김인숙, 2012에서 재인용). 이런 관점에서 볼 때 한국 교육행정학연구 분야 근거이론 연구에서 '구조적 맥락'은 '상호작용'에 비해 잘 드러나지 못하고 있었고, 이들 간의 관계가 서로 충분히 연결되어 논의되지 못하고 있는 경향을 보이고 있었다. 그 이유는 김인숙(2012)이 사회복지 근거이론 연구에서 지적한 것과 마찬가지로, 우리 교육행정학자들의 문제의식 속에서도 현상과 맥락의 상호연관에 대한 문제의식이 약하고, 다른 하나는 Strauss와 Corbin의 '패러다임 모형'과 '상황모형'을 도그마처럼 활용하고 있기 때문이 아닌가 생각해 볼 수 있다.

4. 논의 및 향후의 발전방향 모색

이 장은 한국 교육행정학 연구에서 근거이론의 활용 실태를 살펴보고 향후 우리 교육행정학계에서 근거이론을 보다 적절히 활용하기 위해 보완되어야 할 부분들을 찾아볼 목적으로 수행되었다. 이러한 연구목적을 달성하기 위해 근거이론의 발전과정과 주요 내용을 살펴보고, 교육행정학 연구에서 근거이론 활용 실태를 심층적으로 분석하였다. 이러한 과정을 거쳐 최근까지 수행된 한국 교육행정학 근거이론 논문을 대상으로 다양한 관점에서 비판적으로 성찰해 보았고, 그 결과를 토대로 다음과 같이 한국 교육행정학 분야의 근거이론 연구에 대한 몇 가지 시사점과 개선방안을 제시하고자 한다.

먼저, 한국 교육행정학 분야의 근거이론 연구들은 개념을 큰 고민 없이 지나치게 많이 생성하는 경향이 있었다. 하나의 개념은 이를 뒷받침할 수 있는 충분한 유사 사례가 뒷받침될 때 일정한 추상성을 담보할 수 있는 개념으로 성립할 수 있는 것인데, 기존에 출판된 교육행정 분야에서의 근거이론 연구들에서는 이러한 문제인식이 상대적으로 부족한 것으로 보인다. 특히 개념으로 제시한 범주의 포화가 일어났는지, 또한 포화 여부에 대해 어떻게 판단을 했는지에 대한 기술이 제대로 제시되어 있지 않았다. 즉, 단순히 텍스트에서 언급이 되면 이것이 개념으로 성립한다고 보는 '기계적 절편화'에 따른 코딩 방식이 타당한 것인가에 대한 의문이 제기된다. 이러한 문제점을 최소화하기 위해서는 마치 양적 연구에서 변수 간 공변수 표를 첨부하도록 하는 것처럼, 질적 연구에서도 기노시타(2013/2017)가 제안하고 있는 '개념 생성 워크시트'의 적극적 활용을 통해 자료 분석 과정을 외재화함으로써 최소한 '개념을 생성해 나간 과정과 성찰 내용'을 독자들에게 객관적으로 보여 주는 방법을 고민해 볼 필요가 있다.

둘째, 다른 학문 분야와 달리 특히 교육행정 및 정책 연구 등에서는 개인들이 가진 경험의 이해를 '개인' 차원이 아니라 자신이 생각하고 있는 '의미 있는 분석단위(예컨대, 프로그램, 학교 등)' 차원에서 분석하는 것이 필요한 경우가 많다. 하지만 앞서 살펴본 바와 같이 그간의 한국 교육행정학 연구들은 대부분 미시적이고 속성적인 주제에 치중하고 있는 경우가 많았다. 교육행정학 분야의 경우 연구결과(이론)와 현실 문제해결(실제) 간의 연계성이 높아질 필요가 있다는 점에서, 실제 독자(연구결과의 활용자)의 입장(관점)에서 연구를 수행하여 도출된 실체이론의 현장 적용 가능성을 높일 필요가 있다. 이러한 필요성에 대응하기 위해 기노시타(2013/2017)가 제안한 개념이 '분석초점자' 시점이다. 예컨대, (1) 단순히 현상의 특성과 발생 원인을 파악하는 데 그치지 않고, (2) 주어진 제약 여건 속에서 시행을 전제로 개선방안(프로그램)을 도출해야 하는 것이 연구목적으로 주어지는 경우가 많은 교육행정학 연구에 있어, 조직(소그룹)과 체제 내의 다양한 이해당사자가 가지는 서로 다른 관점을 종합적으로 해석하여 잠정적으로 '가장 타당한 최선의 해법'을 제시하는 데 있어서 '분석초점자' 시점의 도입은 매우 유용할 수 있다. 아울러 초보연구자가 지나치게 연구범위를 넓게 잡지 말고, 자신의 수준에 맞는 자료 수집 및 일반화 범위의 설정(예컨대, 한동대 학부교육 성공요인 연구 vs. 한동대 학생설계융합전공 성공요인 연구)을 위해서도 '분석초점자' 시점의 적절한 사용은 매우 유용한 측면이 있다.

셋째, 다른 학문분야와 마찬가지로 교육행정학 분야에서도 Strauss와 Corbin의 '코딩 패러다임'이 문제의식 없이 지나치게 남용되고 있다는 점이다. 이번 분석결과를 통해 볼 때 기존 연구들 중 상당수는 코딩 패러다임에 데이터를 끼워 맞추는 식의 연구로 수행된 측면이 없지 않았다. 사실 '코딩 패러다임'에 있는 각 범주를 모두 '포화'시키기에는 특히 현재 수행되고 있는 '개인 수준의 소규모 연구'로는 매우 어렵다. 이 경우 지나치게 코딩 패러다임의 모든 범주를 채워야 한다는 강박관념에 얽매이지 말고, 자신이 발견한 중심 현상과 문제의식을 중심으로 가능한 범위에서 개념적 이론화, 관계적 이론화를 시도하는 것이 현장밀착형 근거이론의 발전을 위해 오히려 도움이 될 것이다. 다시 말해 코딩 패러다임의 모든 범주를 다 채우지 못하더라도 나름 의미 있는 발견이 있다면 그것을 중심으로 연구결과를 제시하고, 포화가 되지 못한 부분이 있다면 그것을 솔직하게 드러내서 한계점으로 기술하는 것이 필요하다.

넷째, 근거이론적 방법에서는 맥락을 초월하여 적용될 수 있는 보편이론보다는, (1) 특정한 맥락에서만 제한적으로 타당성을 가지는 맥락기속적 이론(실체이론)을 먼저 생성하고, (2) 이러한 맥락기속적 이론에 기초하여 보다 다양한 맥락에서 범용적으로 적용될 수 있는 다맥락적 이론(중범위이론)으로 점차적으로 발전시켜 나가는 것을 지향하고 있다. 예컨대, A 학교에서 발견된 효과적 학습 전략(실체이론)이 다른 특성을 가지는 B, C, D, E 학교에서도 모두 효과적이었다는 연구결과가 산출된다면 이는 기존의 A 학교에서 도출된 실체이론(맥락기속적 이론)이 범용적 설명력을 가지는 다맥락적 이론으로 발전될 잠재력을 가지고 있다고 말할 수 있는 것이다. 하지만 기존에 수행된 연구에서는 자신의 연구에서 도출한 연구결과가 단순한 '개념적 진술'인지, '실체이론(맥락기속적 이론)'인지에 대해 제대로 구분하지 못하는 경우가 많았다. 연구자들이 볼 때 이러한 혼란은 연구자가 근거이론적 방법이 제시하는 원칙(예컨대, 이론적 표집과 지속적 비교, 개념과 개념 간 관계의 이론적 포화화)을 제대로 따랐는가라는 기본적 문제와 함께, 다음과 같은 '2차 코딩'과 '3차 코딩'의 개념 간의 관계에 대한 이해가 제대로 이루어지지 못했기 때문에 일어난다고 생각한다.

연구자들이 생각하는 '2차 코딩'은 1단계(개방코딩)에서 생성된 개념들을 바탕으로 (1) 개념과 개념 간, (2) 하위 개념과 범주(상위 개념) 간, (3) 범주와 범주 간의 관계를 이론화를 목적으로 체계적으로 연관시키는 작업을 말한다. 현재 우리나라 연구자들이 수행하는 상당수의 근거이론 연구는 해외에서 출판된 대부분의 논문(예컨대, Battisti & Deakins, 2018; Gregory & Jones, 2009)과는 달리 2차 코딩 단계에서 그냥 종료되는 경우가 많다. 하지만 근거이론적 방법은 이러한 '속성 구조' 혹은 '개념 간의 관계'에 대한 단순한 '진술(description)'에 그치는 것이 아니라, 연구자 개인이 만든 '잠정적 이론'을 학문공동체 구성원들로부터 동의를 받는 절차를 통해 "자신이 발견한 결과가 순전히 주관적인 것만은 아니다"라는 점을 보여 주는 추가적 과정이 반드시 필요하다. 즉, 연구자가 자신의 연구결과의 타당성을 검증받기 위해 (1) 2차 코딩의 결과로 도출한 연구자의 '잠정이론'을 이미 구축되어 있는 다른 이론(일반이론/다맥락적 이론/중범위이론) 혹은 다른 실체이론들(유사한 문제인식을 가지고 다른 맥락에서 수행된 연구에서 도출된 실체이론)과 연계하거나, (2) 자신의 연구결과에 기초한 새로운 '가설의 형성'을 통해 도출한 실체이론이 중범위이론으로 발전될 수 있는 가능성을 제시하는 작업이 추가적으로 필요하다. 연구자들은 이러한 마지막 단계를 '3차 코딩'이라고 지칭하고 있다. 이는 Glaser나 Charmaz가 말하는 이론적 코딩과 유사한 개념이라고 할 수 있다. 이러한 3차 코딩 과정을 통해 연구자는 자신이 근거이론적 방법을 통해 산출한 '잠정적 이론'을 보다 광범위한 학문적 지식의 맥락에 자리매김할 수 있는 것이다.

다섯째, 기존의 근거이론이 특히 만성 질환자 등 개인을 분석대상으로 하는 '간호학' 분야의 연구주제를 바탕으로 전개되어 왔다는 점에서 기존 교과서에 제시된 고려해야 하는 맥락, 인과적 조건 등에 대한 설명을 교육행정학 분야의 주된 연구주제의 성격에 맞게 재해석하는 작업도 필요할 것으로 보인다. 예컨대, 간호학 분야에서 고려해야 하는 맥락은 필자가 관심을 가지고 있는 조직과 정책 연구의 맥락과는 고려해야 하는 수준과 차원이 매우 다를 것으로 생각된다. 따라서 단순히 기존에 간호학 분야에서 제시된 근거이론의 구조를 그대로 따라 갈 것이 아니라 '간호학' 분야에서 주로 개인의 심리 분석에서 시작한 연구방법을 사회현상과 제도의 의미, 효과 분석에 적용할 때 어떤 변용이 필요한 것인지 보다 진지한 고민이 필요하다.

마지막으로, 질적 연구에서는 연구자 자신의 정체성을 '연구하는 인간'으로서 명확히 드러내는 것이 필요하다는 기노시타(2017)의 주장도 귀 기울여 볼 필요가 있다. 종종 질적 연구의 한계로 지적되고 있는 자료 해석 과정에서 연구자 주관성의 개입을 최소화하기 위해 다양한 노력(예컨대, 자료의 다원화 기법, 복수의 경쟁 이론과 연구자의 활용 등)을 기울여야 하겠지만, 결국 근거이론을 포함한 모든 질적 연구에서 연구자의 주관과 준거틀의 개입이 완전히 통제될 수 없다는 것은 자명하다. 또한 다른 관점에서 생각한다면 연구자의 '이론적 민감성'이 근거이론 연구와 같은 질적 연구를 수행하는 데 매우 중요한 장점이 될 수도 있다. 따라서 근거이론 연구 논문에서는 김현주(2015)에서와 같이 '연구자의 정체성과 이론적 민감성과 관련한 정보'를 오히려 명확히 기술하는 것도 하나의 방법이 아닌가 생각된다.

제6장 근거이론 연구의 설계

1. 근거이론적 방법을 활용하여 수행하기에 적합한 연구

2. 근거이론 연구설계의 실제
   1) 일반적 아이디어와 초점영역 명료화하기
   2) 관련 문헌 검토를 통한 연구의 필요성 정당화, 초동적 연구문제 작성하기
   3) 연구계획서(논문 프로포절) 작성하기

제6장에서는 근거이론적 방법을 활용하여 어떤 연구를 어떻게 설계할 수 있는지에 대한 개략적 설명을 제시한다. 주지하다시피 체계적 연구를 수행하기 위해서는 먼저 자신의 연구를 어떻게 수행해 나갈 것인지에 대한 전반적 계획을 수립할 필요가 있다. 이는 크게 두 가지의 목적을 가지고 있다. 하나는 연구자 자신에게 연구 수행 과정 전반에 걸쳐 가이드라인을 제공하는 것, 두 번째는 학위 논문이나 연구비 신청 등을 위해 작성하는 연구계획서처럼 자신의 연구내용과 방법에 대해 다른 사람과 의사소통을 할 수 있는 도구로서의 목적을 가진다. 연구설계에 접근하는 방식은 본인의 연구목적과 연구방법, 그리고 현실적으로 부닥치는 제약 요건에 따라 다양한 방식으로 나타난다. 하지만 필자가 이해하는 연구설계란 기본적으로 '연구자가 설정한 연구문제에 대하여 자료를 수집 · 분석하는 일련의 과정을 체계적으로 정리한 일종의 기본계획(Yin, 2014/2016: 57)'이라고 볼 수 있다. 따라서 연구설계를 하는 과정에서는 대체로 다음과 같은 문제들에 대해 먼저 고민해 볼 필요가 있다. (1) 본인이 생각하는 연구가 왜 필요한가?(연구의 필요성), (2) 본인이 이 연구를 통해 달성하려고 하는 목적은 무엇인가? 그리고 이를 위해 관심 주제의 어떤 측면을 구체적으로 탐색할 것인가?(연구의 목적과 연구문제), (3) 설정된 연구목적과 문제에 비추어 볼 때 어떠한 연구방법이 적절할 것인가?(연구방법), (4) 어떤 자료를 누구를 대상으로 어떻게 수집할 것인가?(자료 수집), (5) 수집한 자료를 어떻게 분석할 것인가?(자료 분석), (6) 어떤 일정으로 연구를 수행해 나갈 것인가?(연구 추진 일정)

1. 근거이론적 방법을 활용하여 수행하기에 적합한 연구[1)]

Birks와 Mills(2015/2015)는 근거이론적 방법은 현장에서 수집한 데이터에 기초하여 새로운 지식과 이론을 생산하는 것을 목적으로 하므로 '아직까지 제대로 알려지지 않은 미지의 영역'에서 가장 가치로운 기여를 할 수 있다고 한다. 이러한 유형의 근거이론 연구는 (1) 특정한 현상의 속성을 탐색하는 '개념적 이론화' 연구, (2) 개념적 이론화에 그치지 않고 개념과 개념의 관계에 대한 탐색을 통해 '관계적 이론화'를 추구하는 연구로 구분할 수 있다. 하지만 기존 선행연구가 별로 이루어지지 않은 경우라 하더라도 연구목적이 특정한 현상을 설명하는 이론의 생성보다는 단순히 현상을 탐색하고 기술하는 데 있다면, 근거이론보다는 그 목적에 맞는 다른 접근방법(예컨대, 현상의 두터운 기술을 목적으로 하는 본질적 사례연구, 문화기술지 등)을 찾아야 한다고 조언하고 있다.

한편, Suddaby(2006)는 근거이론적 방법은 연구자가 하나의 객관적 실재(an objective reality)에 대한 지식 주장(knowledge claim)을 하려고 할 때는 적절하지 않으며, 행위자들의 간주관적 경험(intersubjective experience)을 통해 '사회적으로 구성되는 실재(social reality)'를 전제하고, 그러한 사회적 실재가 어떻게 지식화될 수 있는지를 탐구하려고 하는 경우 보다 적절히 활용될 수 있다고 본다. 즉, 근거이론적 방법을 통해 생성하려는 이론은 맥락을 초월하여 존재하는 절대적이고 보편적 진리가 아니라, 주어진 맥락에서 행위자들이 구성한 사회적 실재, 특정한 맥락적 범위 내에서만 타당성을 가지는 진리라는 점을 강조하고 있다. 이런 관점에서 특히 해외에서 이루어진 근거이론적 방법을 활용한 상당수의 연구(예컨대, Gregory & Jones, 2009; Battisti & Deakins, 2018; Deeter-Schmelz et al., 2019)[2)]는 많은 선행연구를 통해 이미 상당 수준으로 이론이 구축되어 있는 주제 영역에서 소위 '일반이론'에 가까운 지위를 가진 기성 이론이 특정한 맥락에서 설명력을 높이기 위해서는 어떤 요인들(중재적 조건)이 추가적으로 고려되어야 하는가를 탐색하는 목적으로도 이루어지고 있다. 이는 곧 근거이론적 방법이 탐색적 목적을 가진 실체이론 형성을 목적으로 하는 것이기는 하지만, 항상 '실체이론의 형성 → 중범위이론으로 발달'이라는 획일적 발전 도정을 거치는 것은 아니라는 것을 명확히 해 주고 있다. 즉, 연구자가 관심을 가지는 영역에서 기존에 존재하는 소위 일반이론을 특정한 맥락에 맞게 수정, 정련화하는 연구도 얼마든지 근거이론적 방법의 적용 영역이 될 수 있는 것이다.

---

1) 이 절의 일부 내용은 논지 전개상 변기용 · 김한솔(2020 출판 예정)의 내용을 활용하여 기술하였음을 밝혀 둔다.

2) 국내에서 이와 유사한 접근방식으로 이루어진 연구로는 허준영 · 권향원(2016)이 있다.

예컨대, 외국에서 개발되어 도입된 이론, 경영학 등 다른 영역에서 개발된 이론이 우리나라 혹은 교육학 분야에서도 타당성을 가지기 위해서는 '어떤 부분이 추가적으로 고려되어야 하는가?'라는 관점에서도 근거이론적 방법을 활용할 수 있다는 것이다. 이러한 관점에서 볼 때 교육행정학 분야에서 특히 기존 연구가 많이 축적되어 있는 영역(예컨대, 리더십 등의 영역)에서는 통용되고 있는 기존 이론(예컨대, '감성적 리더십은 교원 사기를 올린다')이 특정한 맥락(예컨대, 서울 강남 지역, 서울 강북 지역, 농어촌 지역)에서 설명력을 높이기 위해서 어떤 부분을 추가적으로 고려하거나 보완해 나가는 것이 타당할 것인지 라는 문제인식 하에 근거이론적 연구를 시도해 볼 수 있다고 본다.

이와 유사한 맥락에서 권향원 · 최도림(2011)의 경우에도 근거이론은 조직과 정책연구에서의 과정, 구성원의 행태, 변화 발생의 메커니즘 등 양적 지표로 측정하기 어려운 분야의 연구에서 활용도가 높을 것(Davis & Marquis, 2005: 권향원 · 최도림, 2011: 290에서 재인용)이라고 주장하면서, 이는 (1) 귀납적–탐색적인 측면에서 기존에 제대로 밝혀지지 못했던 이론적 개념들을 발견해 나가는 유형의 '탐색적 선행연구'와 (2) 기존 이론이나 연역적–양적 분석 결과의 설명력 및 적합성을 특수한 맥락에서 직접 검증받음으로써 이론의 맥락성을 높이는 이론의 질적 정교화를 추구하는 '검증적 후행연구'로 크게 대별되어 수행될 수 있다고 설명하고 있다.

박스 6-1 근거이론적 방법의 활용모델(권향원 · 최도림, 2011: 291–293)

'이론 탐색적 선행연구'와 '이론 검증적 후행연구'

[1] 연구설계 모델 1: 귀납적-탐색적 연구

…근거이론적 방법의 첫 번째 활용방안은 귀납적–질적 국면을 연구과정에 전치시켜 선행연구화함으로써 맥락적 민감도가 높은 설명 변수들을 도출해 내거나 설문지 항목의 구조화 등에 있어서 가이드라인으로 활용하는 것이다(Sash & Corley, 2006; Uzzi, 1997)… 이는 근거이론적 방법이 근본적으로 가지는 귀납적–탐색적 발견이라는 성격에 부합하는 연구설계 방식이다……. 서로 다른 연구대상은 가령 그것이 조직이든 혹은 정책대상자이든 서로 다른 맥락적 특수성을 가지고 있다. 따라서 기존 연구 및 직관에 기댄 이론의 구조화는 필연적으로 맥락적 민감성을 결여하게 된다(Martin & Turner, 1986). 이 지점이 바로 외래이론의 한국 사례에 대한 적용이 연구의 엄밀성을 약화시키는 지점이라고 할 수 있다. 따라서 연구자는 가설 형성 및 설문 구조화에 앞서서 질

적인 방법을 동원한 귀납적-탐색적 접근으로 연구대상을 분석하고, 분석결과를 코딩을 통해 구조적 완결성을 갖춘 이론으로 만들어 냄으로써 후행하는 일반화 검증을 위한 양적 연구의 자원을 마련해 줄 수 있다……. 이러한 귀납적-탐색적 선행연구와 연역적-양적 후행연구는 하나의 독립 연구에서 혼합 연구방법의 구조로 설계될 수도 있고, 하나의 탐색적 선행연구가 마련한 연구영역에 복수의 양적 검증을 통해 진행됨으로써 이루어질 수도 있다.

2 연구설계 모델 2: 이론의 질적 정교화

…근거이론적 방법의 두 번째 활용방안은 귀납적-질적 국면을 연구과정에 후치시켜 후행 연구화함으로써 분석결과의 설명력을 연구대상에게 직접 검증받는 연구설계 방식이다(Aldridge et al., 1999)……. 이는 외래이론 혹은 기존이론의 특정 맥락에서의 검증에 있어서 연역적 분석결과가 실제 현상의 특성을 반영하고 있는지를 연구대상에게 질적으로 확인(validation)함으로써 이론의 맥락적 정교화를 꾀하는 것을 목적으로 한다(Creswell & Clark, 2007: 48). 가령, 일반적으로 강한 설명력을 갖는 것으로 생각되는 특정 변수가 실제 분석에서 낮은 분석력을 갖는 것으로 나타났을 경우, 직접 연구대상에게 이론과 분석이 놓치고 있는 부분을 근거이론적 방법으로 연구하여 이론과 실재 사이의 간극을 줄여 가는 분석방법 등이 고려될 수 있을 것이다……. 일반적으로 양적 연구에서 분석의 실제 결과가 낮은 통계적 유의성을 가지고 있는 경우, 통계모델의 구조(specification), 데이터의 구조, 혹은 변수의 구성을 변화시켜서 높은 통계적 유의성을 획득할 때까지 기교적으로 분석을 반복하는 것이 일반적이다. 반면, 이 연구설계는 통계모델이 보여 주는 이론의 관계적 구조가 놓치고 있는 부분을 근거이론적 방법을 통해 보완으로 활용함으로써 전체 연구의 연역성을 놓치지 않는 수준에서 이론의 맥락적 정교성을 기대할 수 있게 한다고 볼 수 있다(Rogers et al., 2003).

마지막으로, 근거이론적 방법을 직접적으로 적용한 연구는 아니지만, 근거이론적 방법이 추구하는 문제 인식과 가장 유사하고, 보완적 후속 연구를 통해 근거이론 도출로 연결될 수 있는 연구의 유형으로서 '실용적 사례연구'가 있다. 물론 제4장에서 언급하였듯이 근거이론적 방법으로 지칭되기 위해서는 이론적 표집, 지속적 비교와 이론적 포화, 이론적 통합 등 근거이론의 핵심적 기법을 충실히 적용하여야 하기 때문에, 실용적 사례연구는 엄밀히 말해서 근거이론 연구와는 구분되는 연구방법이다. 하지만 특히 교육행정학 분야에서는 이제까지 근거이론적 방법에 대한 이해가 매우 부족한 상황에서, 연구자들이 사실상 근거이론 연구자들과 유사한 문제인식을 가지고 사회적 현상의 속성에 대한 이해와 그러한 현상의 발현 조건에 대해 (실용적) 사례연구를 통해 연구들을 수행해 온 경향이 있다(변기용 외, 2020). 따라서 이 책의 제4장에서 이미 언급했듯이, 실용적 사례연구와 근거이론적 방법은 연구목적(이론의 생성)과 기초적 자료 분석 방법 등의 측면에서 중첩되는 부분이 적지 않다고 할 수 있다. 이러한 견지에서 향후 교육행정학 분야에서 근거이론적 방법에 관심을 가지는 학문공동체의 외연 확장과 이를 통한 근거이론 연구의 활성화를 위해 실용적 사례연구는 귀중한 '씨앗'의 역할을 해 줄 수 있다고 생각한다. 따라서 이 책에서는 논리적으로는 많은 무리가 있지만 독자들의 편의를 위해 '근거이론 도출을 위한 전체 도정'에서 기초적 토대를 구축하는 역할을 할 수 있는 실용적 사례연구도 일단 근거이론적 방법을 활용하여 수행할 수 있는 연구의 범위에 포함하여 설명하기로 한다.

이상의 논의를 종합하여 이 책에서는 표방하는 근거이론 연구의 목적을 기준으로 일단 다음과 같이 근거이론적 방법을 활용하여 수행할 수 있는 연구의 유형을 구분한다.

1. '근거이론의 씨앗'을 만들기 위한 실용적 사례연구

근거이론을 적용한 연구는 아니지만, 실제로 근거이론의 문제인식과 가장 가깝고 후속 연구를 통해 근거이론 도출로 연결될 수 있는 연구

2. 특정한 맥락에서 새로운 이론(실체이론)을 형성하기 위한 연구

연구자가 관심을 가지고 있는 주제 영역에서 '기존에 수행된 연구가 별로 없는 경우' 특정한 맥락에서 새로운 이론(실체이론)을 생성하는 것을 목적으로 수행하는 연구

2-1. 개념적 이론화: 기존의 이론적 개념들이 제대로 포착하지 못하였던 현상에 대한 새로운 개념적 범주의 제시

2-2. 관계적 이론화: 이론적 개념들 간의 구조적 상호관계에 대한 규명

3. 기존 이론의 타당성을 새로운/특수한 맥락에서 보완·정련하는 연구

연구자가 관심을 가지고 있는 주제 영역에 '기존에 수행된 선행연구가 많이 존재하는 경우' 특정한 맥락에서의 기존 이론의 설명력을 높이기 위해 수행되는 연구

한편, 이와는 다른 맥락에서 Strauss와 Corbin이 제시하고 있는 코딩 패러다임의 각각의 구성요소를 중심으로 근거이론적 방법을 활용하여 수행할 수 있는 연구를 다음과 같이 유형화해 볼 수도 있다.[3)]

연구유형 1 '중심현상'의 개념적 속성을 탐구하는 연구

예컨대, 기존 이론에 의해 포착되지 않은 새로운 개념의 생성을 통해 현상에 대한 심층적 이해를 도모하는 연구를 말한다. 권향원(2016)은 이를 다시 행정학 분야에서 출판된 근거이론 논문들의 분석을 통해 ① 특성(features), ② 체험(lived experience), ③ 행태(behavior)의 속성 구조에 대한 연구로 세분화하여 제시하고 있다.

- (특성) 예컨대, 잘 가르치는 대학의 특징, 잘 가르치는 교수의 특징, 성공적 교장의 특징, 민주화 이후의 장관의 리더십 특성 등
- (체험) 예컨대, 대학 비정규직 직원의 소외 경험, 다문화 가정 학생의 체험, 다문화 가정 어머니의 자녀양육 체험 등
- (행태) 사기 저하된 교사의 행태적 특성에 대한 연구, 교원 성과급 제도에 대한 교원들의 대응 양상, 대학 본부의 영어강의 의무화에 대한 대학 교원의 대응 양상, 정부의 대학재정 지원사업에 대한 일선 대학의 대응 양상 등

연구유형 2 '인과적 조건'을 탐색하는 연구

이는 특정한 사회 현상, 구성원들의 행태, 프로그램의 효과 등에 대한 인과적 설명을 목적으로 하는 경우(인과적 조건)에 수행되는 연구이며, 다시 다음의 두 가지 유형으로 구분된다.

연구유형 2-1 선행요인과 후행적 결과에 대한 탐색

특히 인과적 조건의 탐색이 조직 구성원 혹은 정책 결정/집행자들이 내부적으로 공유하고 있는 노하우와 같은 암묵지를 파악함으로써 이루어질 수 있는 경우(예컨대, 학부교육 우수대학의 성공요인, 혁신학교의 성공요인) 효과적으로 수행될 수 있는 연구이다.

권향원(2016)은 이를 다시 (1) 선행 요인(antecedents)과 (2) 후행적 결과(consequences)로 세분화하여 설명하고 있는데, 전자는 본인이 관심을 가지는 현상이 발현하는 데 영향을 미

3) 권향원(2016)이 제시한 (1) 근거이론 연구의 산출물로서의 이론의 세 가지 유형(① 인과 관계, ② 개념적 속성, ③ 사건의 내러티브 구조)도 이와 유사한 문제인식을 가지고 있다고 보인다.

친 요인의 탐색, 후자는 본인이 관심을 가지는 정책/프로그램이 어떤 결과를 초래했는가를 탐색하는 것이라고 보면 된다.

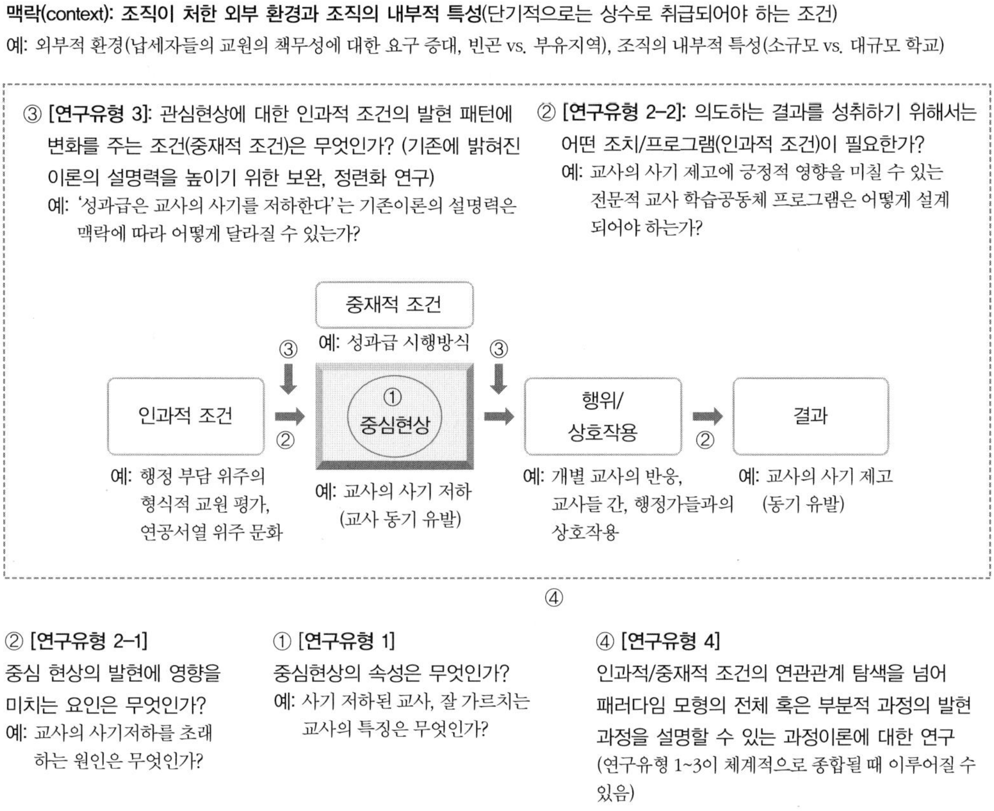

맥락(context): 조직이 처한 외부 환경과 조직의 내부적 특성(단기적으로는 상수로 취급되어야 하는 조건)
예: 외부적 환경(납세자들의 교원의 책무성에 대한 요구 증대, 빈곤 vs. 부유지역), 조직의 내부적 특성(소규모 vs. 대규모 학교)

③ **[연구유형 3]**: 관심현상에 대한 인과적 조건의 발현 패턴에 변화를 주는 조건(중재적 조건)은 무엇인가? (기존에 밝혀진 이론의 설명력을 높이기 위한 보완, 정련화 연구)
예: '성과급은 교사의 사기를 저하한다'는 기존이론의 설명력은 맥락에 따라 어떻게 달라질 수 있는가?

② **[연구유형 2-2]**: 의도하는 결과를 성취하기 위해서는 어떤 조치/프로그램(인과적 조건)이 필요한가?
예: 교사의 사기 제고에 긍정적 영향을 미칠 수 있는 전문적 교사 학습공동체 프로그램은 어떻게 설계되어야 하는가?

중재적 조건
예: 성과급 시행방식

인과적 조건 → ① 중심현상 → 행위/상호작용 → 결과

예: 행정 부담 위주의 형식적 교원 평가, 연공서열 위주 문화

예: 교사의 사기 저하 (교사 동기 유발)

예: 개별 교사의 반응, 교사들 간, 행정가들과의 상호작용

예: 교사의 사기 제고 (동기 유발)

② **[연구유형 2-1]**
중심 현상의 발현에 영향을 미치는 요인은 무엇인가?
예: 교사의 사기저하를 초래하는 원인은 무엇인가?

① **[연구유형 1]**
중심현상의 속성은 무엇인가?
예: 사기 저하된 교사, 잘 가르치는 교사의 특징은 무엇인가?

④ **[연구유형 4]**
인과적/중재적 조건의 연관관계 탐색을 넘어 패러다임 모형의 전체 혹은 부분적 과정의 발현 과정을 설명할 수 있는 과정이론에 대한 연구
(연구유형 1~3이 체계적으로 종합될 때 이루어질 수 있음)

[그림 6-1] 코딩 패러다임의 부분적 구성요소에 초점을 맞춘 근거이론 연구의 유형

- (중심현상을 발현시키는 데 영향을 미친 선행 '요인') 예컨대, 교사의 사기 저하(중심현상)에 영향을 미치는 요인, 잘 가르치는 대학의 성공요인, 교원학습공동체의 성공적 운영에 영향을 미친 요인, A 고등학교 메이커스 교육 프로그램의 성공요인 분석 등
- (특정한 조치/프로그램이 초래한 결과의 분석) A 대학교 자기설계융합전공의 도입 성과, 여성 교원의 증가가 승진 기피 현상에 미치는 영향, 교원 노조 합법화가 교원의 정치적 참여 수준에 미치는 영향 등

연구유형 2-2 대안 탐색 및 프로그램 개발

인과적 조건 탐색과 관련되어 이루어지는 연구이기는 하지만 향후에 적용할 '대안 탐색

및 프로그램 개발'을 주된 목적으로 이루어지는 연구를 말한다.

이는 앞에서 설명한 인과관계 연구와 연계되어 수행될 가능성이 많으며 통상적으로 도출한 원인과 결과를 바탕으로 대안을 제시하기 위해 수행된다. 한편, 원인 분석을 토대로 개선방안 마련을 위한 '기본방향' 정도를 제시하는 수준에서 한 발 더 나아가, 실행지향적 근거이론 연구에서는 '주어진 제약 조건을 감안하여' 특정한 조직이나 집단에서 실제로 시행하는 것을 전제로 특정한 대안 혹은 프로그램을 개발하는 것을 목표로 연구가 수행될 수도 있다. 이러한 실행지향적 근거이론 연구에서는 도출된 대안을 현장의 맥락에서 실제 적용을 하고, 실행과정에서 나타난 문제점을 바탕으로 개발된 프로그램을 수정하는 절차가 후속적으로 이루어지는 순환적 · 반복적 방식으로 연구가 수행될 것이다.

- (일반적 대안 탐색 연구) A 학교에서 교원 사기 제고를 위한 교원 성과급의 시행방안, 외국인 유학생들의 학업 성취도 제고를 위한 지원 방안, 교수학습개발원 학습지원 프로그램에 대한 학생들의 참여 활성화 방안 등
- (실행지향적 프로그램 개발 연구) 주어진 제약 여건을 감안하여 실제 시행을 전제로 한 프로그램 개발 연구, 예컨대 2020년 2학기 A 대 인성교육 프로그램 개발, A 학교에서 2020년부터 시행할 학교 폭력의 감소 방안, A 학교의 2학기 사회과 통합교과의 효과적 팀티칭 프로그램 개발 연구 등

연구유형 3 '중재적 조건'을 탐색하는 연구

이는 인과적 조건이 발현되는 패턴에 영향을 미치는 특정한 맥락적 조건(중재적 조건)이 무엇인지를 살펴봄으로써, 이론의 구체적 설명력을 높이려는 목적으로 시도되는 연구라고 할 수 있다.

[연구유형 1]과 [연구유형 2]의 목적이 연구가 거의 이루어지지 않은 영역에서 상향적 접근방식(bottom-up)을 통해 새로운 실체이론을 만들어 내려는 것이라면, [연구유형 3]은 상대적으로 많은 연구가 수행된 영역에서 구축된 이론을 연구자가 관심을 가지는 특정한 맥락에 적용하기 위해 어떠한 조건(중재적 조건)이 추가적으로 고려되거나 보완되어야 하는지를 살펴보는 데 목적이 있다. 따라서 이러한 연구의 경우 먼저 해당 분야에서 이루어진 기존 선행연구에서 제시되고 있는 이론들을 철저히 검토하는 것으로부터 시작하는 것이 보통이다(Top-down). 연구의 목적은 기존 이론의 보완 · 정련화를 통해 특정 맥락에서 해당 이론의 설명력을 높이기 위한 것으로 설정된다.

[연구유형 3]의 사례로는, 예컨대 특정 변인 간의 관계에 대해 외국(예컨대, 미국)에서 개발된 이론이나 다른 분야(예컨대, 경영학)에서 개발된 이론(성과급은 구성원의 성과를 높인다)이 한국이나 학교 조직의 맥락에서 타당성을 가지는지, 그러한 차이를 가져오는 데 영향을 미치는 특수한 맥락적 요인(중재적 조건)은 무엇인지를 탐색하는 연구의 형태로 수행될 수 있다. 이와 관련한 구체적 예는 [박스 6-2]를 참고하기 바란다.

박스 6-2 '중재적 조건'을 탐색하는 연구의 예시

앞서 언급한 교원 성과급 혹은 정부의 대학 평가는 신자유주의 교육정책의 대표적 이론적 기반 중인 하나인 '위임자-대리인 이론(principal-agent theory)'에 기초하고 있다. 고전적인 위임자-대리인 이론의 관점에 따르면, (1) 위임자와 대리인은 모두 자신의 이익(self-interest)을 극대화하려는 존재이기 때문에 '목표의 상충(goal conflict)'이 나타나는 경우가 많고, (2) 이러한 위임자와 대리인의 목표의 상충의 상황에서 대리인은 업무 수행과 관련한 '정보의 비대칭성(information asymmetry)'을 최대한 활용함으로써 위임자의 이익에 반하여 자신의 이익을 극대화하려는 '도덕적 위해(moral hazard)'를 범할 가능성이 높아지게 된다. 즉, 주인-대리인 이론에서는 기본적으로 대리인이 도덕적 위해를 범하려는 행태를 '목표의 상충'과 '정보의 비대칭' 상황에서 자연스럽게 나타나는 일종의 전략적 행동으로 설명하고 있다(Lane & Kivisto, 2008).

하지만 Waterman과 Meier(1998)의 확장된 위임자-대리인 이론의 관점에 따르면 위임자-대리인 관계는 동 이론을 구성하는 두 가지 핵심적 개념인 (1) '목표의 상충'과 (2) '정보의 비대칭성' 정도에 따라 다시 [참고자료 1]에 제시된 여덟 가지 모형으로 구성될 수 있다고 설명한다. 즉, 위임자-대리인 간의 목표가 항상 서로 상충되고, 대리인이 위임자보다 훨씬 많은 정보를 가진 정보 비대칭적 상황을 전제하는 〈모형 2: principal-agent(고전적 위임자-대리인) 상황〉이 고전적 위임적-대리인 상황이라고 할 수 있다. 따라서 이 경우에는 대리인이 '도덕적 위해(moral hazard)'를 범할 가능성이 크기 때문에 '성과급'이나 '대학평가' 등의 정책이 효과를 발휘할 가능성이 상대적으로 크다. 반면, 대리인이 위임자보다 훨씬 많은 정보를 가진 정보 비대칭적 상황이긴 하지만, 위임자와 대리인의 목표가 서로 합치되는 〈모형 6: Bottom Line(최소한의 위임자의 개입이 상정되는 상황)〉에서는 '고전적 위임자-대리인 상황'과는 달리 서로의 목표가 합치되기 때문에 대리인으로서는 '도덕적 위해'를 범할 가능성이 상대적으로 적어지고 이

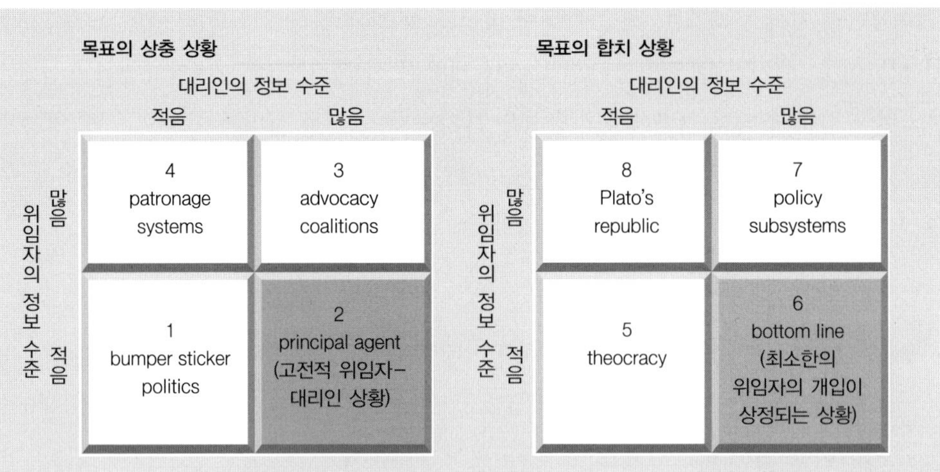

[참고자료 1] 확장된 위임자-대리인 이론(Waterman & Meier, 1998)

때문에 위임자가 굳이 개입할 필요도 없게 된다(변기용 · 송인영, 2018).

이러한 설명을 종합해 보면 이제까지 교육부(위임자)가 시행해 온 교원 성과급, 혹은 대학 평가 정책 등 신자유주의(신공공 관리주의) 정책에 기초한 책무성 확보 기제들은 현장의 맥락적 조건과는 관계없이 획일적으로 '고전적 위임자-대리인 상황'을 가정하여 지나친 개입을 해 왔다는 점을 알 수 있다. 즉, 이미 충분히 동기 유발되어 '도덕적 위해'를 범할 가능성이 별로 없는 대학 혹은 학교(예컨대, 위기상황에서 정부가 추구하는 질 높은 교육 제공이라는 목표에 충분히 동의하고 있는 상위권 자율개선대학 혹은 이미 잘 운영되고 있는 혁신학교)에 대해서는 획일적으로 시행되는 교원 성과급이나 대학평가 정책이 성과 제고라는 정부의 정책목표를 달성하기보다는 오히려 부작용을 일으킬 가능성이 크기 때문이다.

이러한 상황을 감안할 때 근거이론 연구자들에게 주어진 연구질문은 "외국(혹은 다른 영역)에서 개발된 '위임자-대리인 이론'이 우리나라 교육 현장의 맥락에서 설명력을 가지기 위한 '중재적 조건'은 무엇인가?"라는 것이 될 것이다. 즉, 이 경우 외국에서 개발된 이론이 항상 타당한 것이 아니라, 특정한 중재적 조건이 충족되는 상황[예컨대, 개인/조직은 자신의 이익을 추구하고, 위임자(정부)와 대리인(교사/학교) 간에 목표의 상충과 정보의 비대칭성이 존재하는 경우]에만 그 설명력이 확보되며, 이러한 조건이 충족되지 않을 경우 '위임자-대리인'의 설명력은 그 타당성이 낮아진다는 사실을 근거이론 연구를 통해 제시할 수 있다. 이러한 방식으로 '중재적 조건'을 탐구하는 연구의 예시는 허준영 · 권향원(2016), Gregory & Jones(2009), Deeter-Schmelz et al. (2019)을 참고할 수 있다.

연구유형 4 '사건의 내러티브 구조 탐색 혹은 과정이론 연구'

이는 '현상을 구성하는 사건(event)과 사건(event)의 연쇄적 인과 관계 혹은 발생의 메커니즘(mechanism)을 이론화의 대상으로 삼는 연구(Langley, 1999; Pajunen, 2008: 권향원, 2016: 196에서 재인용)'를 말한다. Strauss와 Corbin의 코딩 패러다임에서 제시된 중심현상과 관련 범주들 간의 관계, 혹은 현상을 구성하는 사건과 사건의 연쇄적 인과 관계 혹은 발생의 메커니즘을 이론화의 대상으로 삼는 보다 고차원적 연구가 이에 해당된다. Strauss와 Corbin(1998/2001)은 과정을 위해 자료를 분석하는 것은 "…목적을 가지고 행위/상호작용을 살펴보고 그 움직임과 순서와 변화 및 맥락이나 상황의 변화에 대해 그것이 발전하는 것(변화하거나 똑같이 남아있는 것)을 주시하는 것"이며, 이는 "이론에 '생명'이나 움직임을 주는 것 이외에도……, 통합과 변화의 발견을 돕는다"고 지적하고 있다. 또한 권향원(2016)도 "사건(event)과 사건(event)은 이론을 구성하는 개념(concept)의 의미를 갖는다고 전제"하며, "사건과 사건의 연결고리를 이론적으로 파악하고 어떠한 패턴이나 유형을 발견할 수 있다면, 유사한 다른 현상에 대한 이론적-직관적 이해를 얻을 수 있음을 함의"한다고 주장한다. 나아가 "이러한 사건들의 연쇄구조를 밝히는 것이 '관계적 이론화'의 골자가 될 것"이라는 점을 강조하고 있다. 사건의 내러티브 구조를 파악하는 연구는 조직 관리나 정책과정에서 일어나는 현상과 과정들의 복잡성을 체계적으로 파악하는 데 매우 유용할 것으로 보이지만,[4] 행정학 · 정책학 분야에서는 아직까지 이러한 유형에 속하는 연구가 출판되지 않은 것으로 보인다(권향원, 2016). 대신 권향원(2016)은 사건들의 상황적 연쇄구조를 다루는 근거이론 연구로서 문성미(2003)의 박사학위 논문인 「간질을 가진 청소년의 사회심리적 적응 과정에 대한 근거이론」과 김미향(2002: 332-333)의 논문인 「여가, 레크리에이션: 근거 이론적 접근을 통한 스키 매니아의 경험 연구」를 예시로 제시하고 있다. 교육행정학 분야에서는 필자가 2013년부터 2016년까지 수행했던 'K-DEEP 프로젝트(잘 가르치는 대학의 특징과 성공요인 분석 연구)'와 후속적인 대학 컨설팅 연구 등의 수행과정을 거치면서 발견해 온 결과들을 종합하여 학부교육 우수대학을 만들기 위한 성공전략을 사건의 내러티브 형식으로 제시한 것(변기용 외,

4) 김준현(2010)은 "근거이론은 현장과 당사자들로부터 수집한 자료를 통해 중요한 현상을 인과적 · 맥락적으로 설명할 수 있는 과정과 논리를 구성하는 데 매우 유용하다"고 주장하면서, 구체적으로 (1) 행정학 분야의 경우 조직행태 및 조직관리 분야에서 이론을 개발하는 데 있어서, (2) 정책학 분야의 경우 정책결정 혹은 집행 분야 연구를 중심으로 근거이론이 유용하게 사용될 수 있을 것이라고 제언하고 있다. 또한 일본의 사회학자 기노시타(2013/2017)의 경우 근거이론은 사회복지, 교육서비스 등 대인서비스 영역, 즉 서비스가 행위로서 제공되고, 이용자도 행위로 반응하는 직접적 관계(사회적 상호작용)의 연구에서 유용하며, 특히 현실적으로 문제가 된 사회적 현상으로 연구결과가 그 해결 및 개선을 위해 실천적인 활용이 기대되는 경우 근거이론의 유용성이 제대로 발휘될 수 있다고 지적하고 있다.

2019)이 이러한 유형의 연구를 보여 주는 가장 근접한 사례가 아닌가 생각된다. 이 연구에서는 '학부교육 우수대학으로의 조직 변화: 구성원의 학부교육에 대한 가치관과 태도의 변화'라는 중심 현상이 어떠한 사건의 연쇄구조를 통해 만들어지는지에 대해 '과정이론 형성'이라는 관점에서 도식화하여 제시하고 있다.

이상의 논의를 종합하여 근거이론적 방법을 통해 수행하기에 적합한 연구의 유형을 표로 제시하면 다음과 같다.

〈표 6-1〉 근거이론적 방법을 통해 수행하기에 적합한 연구의 유형

기존 이론의 존재 정도	연구유형
1. 기존에 연구가 별로 이루어지지 않은 '아직까지 제대로 알려지지 않은 미지의 영역'	**[연구유형 1]** '중심현상'의 개념적 속성을 탐구하는 연구(Interzari & Pauleen, 2017; 변기용 외, 2015; 변기용 · 배상훈 외, 2017; 유민봉 · 심형인, 2009) **[연구유형 2]** '인과적 조건'을 탐색하는 연구 연구유형 2-1: 선행요인과 후행적 결과에 대한 탐색(Browing et al., 1995; 주혜진, 2014; 변기용 · 이석열 외, 2017) 연구유형 2-2: 대안 탐색 및 프로그램 개발(이용숙, 2014)[5] **[연구유형 4]** '사건의 내러티브 구조 탐색 혹은 과정이론 연구'(예: 김미향, 2002; 문성미, 2003; 변기용 외, 2019)
2. 이미 많은 선행연구를 통해 상당한 이론이 구축되어 있는 영역	**[연구유형 3]** '중재적 조건'을 탐색하는 연구(Deeter-Schmelz et al., 2019; Battisti & Deakins, 2018; Gregory & Jones, 2009; 허준영 · 권향원, 2016)

이렇게 크게 네 가지로 근거이론적 방법을 활용하여 수행하기에 적합한 연구의 유형을 제시했지만, 초보연구자로서 시간과 연구 역량이 절대적으로 부족한 연구자들의 경우 우선 자기가 감당할 수 있는 주제를 선택하는 것이 무엇보다 중요하다. 필자의 경험에 기초해 보면 개인이 근거이론적 방법을 적용하여 수행하는 소규모 연구, 특히 초보연구자가 수행하는 연구의 경우 지나치게 욕심을 부리지 말고 [그림 6-1]에서 제시된 네 가지 연구유형 중 [연구유형 1(속성 구조 연구)], [연구유형 2(인과적 조건 탐색 연구)], [연구유형 3(중재적 조건 탐색 연구)] 중 어느 하나에 초점을 맞추어 연구를 수행할 것을 권한다. 필자의 대학원생 지도경험을 보면 특히 초보연구자들의 경우 실제 연구를 수행하는 과정에서 당초에는 근거이론적 방법을 적용하는 것을 목적으로 연구를 시작하지만, 결과적으로 시간과 자원의 제약으로 인해 근거

5) 이용숙(2014). 「예비교수와 신임교수를 위한 〈대학교수법 코스〉 개발 실행연구」는 근거이론적 방법을 적용한 연구는 아니지만, 프로그램 개발 연구가 어떻게 이루어지는지를 예시적으로 보여 주기 위해 제시하였다.

이론의 핵심적 기법인 이론적 표집과 이론적 포화화에까지 이르지 못하는 경우가 흔히 발생한다(예컨대, 강지은, 2019). 이 경우 이를 근거이론적 방법을 적용한 연구라고 부를 수는 없지만, 문제의식이나 연구목적은 근거이론적 방법과 매우 흡사한 것이어서 보완적 연구를 통해 근거이론의 목적인 실체이론의 형성과 중범위이론의 추구로 이어질 수 있다. 이런 의미에서 필자는 이러한 연구를 '근거이론의 활성화를 위한 씨앗'의 역할을 하는 연구라고 보며, 특히 석사과정 단계에서 질적 연구를 초보적으로 시작하는 학생들의 경우 이러한 실용적 사례연구로부터 시작하는 것도 좋은 전략이라고 생각한다.

이렇게 각각의 유형의 연구가 축적되어 일정한 수준의 지식체계가 구축되면 마치 조각 조각의 퍼즐이 합쳐져 큰 그림을 만들어 내듯이, 중심 현상을 보다 총체적으로 설명할 수 있는 보다 종합적 연구인 [연구유형 4]로 발전할 수 있게 되는 것이다. [연구유형 4]에서 추구하는 과정이론은 개인이 짧은 기간 동안 수행하는 소규모의 연구로는 이론적 포화를 달성하기가 매우 어렵거나, 사실상 불가능한 경우가 많다. 즉, 중심 현상과 관련된 인과 관계의 패턴이 발현되는 양상을 보다 종합적으로 이해할 수 있는 과정이론을 도출하기 위해서는, 먼저 연구의 관심 주제인 '중심현상'에 대해 (1) 개인 연구자의 오랜 기간에 걸친 다양한 연구(연구유형 1~3)가 축적이 되거나, (2) 혹은 동일한 주제에 관심을 가지는 다수의 연구자가 축적한 연구 성과(연구유형 1~3) 축적이 먼저 이루어질 필요가 있다. 이렇게 오랜 기간의 연구 혹은 유사한 문제인식을 가진 학문 공동체의 집합적 연구를 통해 경험과 자료가 축적되면, 그러한 기존의 연구결과를 바탕으로 사건의 내러티브 구조 탐색 연구 혹은 과정이론 연구([그림 6-1]의 연구유형 4)가 순차적으로 가능한 단계가 되는 것으로 이해하는 것이 현실에 가깝다고 볼 수 있다.

2. 근거이론 연구설계의 실제

1) 일반적 아이디어와 초점영역 명료화하기

연구설계를 할 때 가장 핵심적인 요소는 먼저 '자신의 가슴을 뛰게 하는 주제는 무엇인가?'를 찾는 일이다. 따라서 연구자가 연구를 하면서 충분한 의미를 부여하면서 열정을 느낄 만한 주제를 찾기 위해 연구설계의 초기 단계에서 시간을 충분히 가지는 것이 필요하다. 물론 어떤 사람들에게는 연구주제의 발견이 상대적으로 빠른 시간 내에 용이하게 이루어질 수도 있다.

박스 6-3 초보연구자들을 위한 연구 아이디어 탐색을 위한 팁

- 자신이 담당하고 있는 일, 경험한 일과 관련하여 일상적으로 성찰하기
- 선행연구의 검색과 학회 참석을 통한 연구주제 및 방법 탐색
- 자기 전공 학문 분야뿐만 아니라 다른 학문 분야, 예컨대 행정학, 사회학, 경영학, 심리학 등의 유관 학문 분야에서 출판된 논문에 대해서도 관심 가지기
- 외국의 학문 공동체에서 출판된 논문에 대해 관심을 가지고 주기적으로 검색해 보기
- 자신이 잘 알고 있는 분야에서 타인이 한 좋은 연구를 맥락을 달리해서 유사한 방식으로 다시 수행해 보기

예컨대, 직장에 다니면서 학업을 수행하고 있는 대학원생이거나(혹은 과거에 직장에 다녔던 경험이 있는 대학원생들의 경우) 자신이 현재 하고 있는 (혹은 과거에 담당했던) 일을 중심으로 (1) 해당 사회 현상의 속성은 무엇인가? (2) 그러한 속성을 초래한 원인은 무엇인가? (3) 이를 어떻게 개선할 수 있을 것인가?의 순서로 생각해 보면서 구체적 연구 아이디어를 착안해 볼 수 있을 것이다. 다음에 나오는 일반적 아이디어의 예를 보면 자신이 수행하고 있는 업무와 관련된 현상과 사건에 대한 관찰을 바탕으로 근거이론을 활용한 연구를 어떻게 구상할 수 있을지를 개략적으로 짐작해 볼 수 있을 것이다.

박스 6-4 일상적 업무와 관련한 연구 아이디어의 탐색

☑ 진술/관찰: 학부모들은 교사가 주관하는 정기적인 학부모 회의를 좋아하지 않는다.

☞ (성찰) 부모들은 학부모 회의에서 어떤 행태를 보이는가? 그러한 행태를 보이는 이유는 무엇일까? 이를 어떻게 개선할 수 있을 것인가?

☑ 진술/관찰: 지도가 정말 필요한 학생들은 대학의 교수학습개발원에서 제공하는 학습법 개선 프로그램에 참여하지 않는다.

☞ (성찰) 실제 지도가 필요한 학생들은 현재 대학의 교수학습개발원에서 제공하는 학습법 개선 프로그램에 얼마나 참여하는가? 이들은 왜 학습법 개선 프로그램에 참여하지 않는가? 어떻게 하면 지도가 필요한 학생들이 교수학습법 프로그램에 참여하도록 만들 수 있을까?

☑ 진술/관찰: 왜 어떤 대학은 성공적인 학부교육을 시행하고 있는데 어떤 대학은 질곡에서 헤매고 있을까?

☞ (성찰) 학부교육 우수대학의 특징은 무엇인가? 이러한 특징들은 어떻게 만들어질 수 있었을까? 그 과정에서 사용한 전략은 무엇인가?

☑ 진술/관찰: 왜 어떤 대학에서는 자기설계전공이 성공적으로 운영되고 있는데 어떤 대학에서는 자기설계전공이 제대로 운영되고 있지 못할까?

☞ (성찰) 잘 가르치는 대학(예컨대, 한동대)에서는 자기설계전공을 어떻게 운영하고 있는가? 어떤 성과를 거두고 있는가? 성과를 거두는 데 영향을 미친 요인은 무엇인가?

하지만 자신이 수행하는 업무와 관련해서 연구주제를 만들어 낼 수 있는 일반적 아이디어에 대해 감을 잡는 것이 어려운 사람들도 당연히 존재한다. 이때 너무 서두를 필요는 없다. 동료 학생이나 지도 교수와 연구주제에 대해 이야기하면서 자신이 평소 관심을 가지고 있던 주제(예컨대, 정말로 참여가 필요한 학생들은 교수학습개발원의 학습법 프로그램에 왜 참여하지 않을까?)가 무엇이었는지를 주의 깊게 살펴보는 데서 시작할 필요가 있다. 또한 일반적 아이디어는 선행연구의 검색과 학회 참석 등을 통해 발견되는 경우도 종종 있다. 자기 전공 학문분야뿐만 아니라 다른 학문 분야, 교육행정학의 경우, 예컨대 행정학, 사회학, 경영학, 심리학 등의 유관 학문 분야에서 출판된 새로운 연구방법과 이론을 적용한 논문이 논문 작성을 위한 일반적 아이디어를 얻게 되는 데 중요한 계기를 제공하기도 한다. 또한 국내에서 출판된 논문만이 아니라 외국의 학문공동체에서 출판된 논문들을 주기적으로 살펴보는 것도 좋은 전략이다. 초보연구자들의 경우 대개 가장 용이하게 시작할 수 있는 연구는, 자신이 잘 알고 있는 분야에서 타인이 한 좋은 연구를 맥락을 달리해서 유사한 방식으로 다시 수행해 보는 것이기 때문이다. 특히 석사논문 수준에서는 이러한 접근방식이 초보연구자가 연구에 친숙해지기 위해서라도 매우 효과적인 방법 중 하나라고 생각한다.

경험이 많은 연구자들도 종종 타인의 연구에 영감을 받아 새로운 연구를 구상하는 경우도 많다. 필자가 2013~2016년에 수행했던 '잘 가르치는 대학의 특징과 성공요인 연구(K-DEEP 프로젝트)'는 George Kuh 등이 미국에서 수행한 『Student success in college: Creating conditions that matter』(Kuh et al., 2005)란 연구에서 커다란 영감을 받아 이루어졌다. 따라서 모든 연구자는 평소 자신이 관심을 가지고 있는 주제에 대해 국내외에서 출판된 교육행정학, 고등교육학, 행정학(정책학), 사회학 분야 등 인접 학문 분야의 주요 학술지와 학회에 발표된 흥미로운 논문을 주기적으로 살펴보는 습관을 들이는 것이 좋다.

박스 6-5 '학부교육 우수대학의 특징과 성공요인' 연구의 시작

필자가 학부교육 우수대학의 특징과 성공요인을 탐색하기 위한 사례연구(K-DEEP 프로젝트)를 구상한 것은 2010년으로 거슬러 올라간다. 이 해에 석사논문을 쓰고 있던 필자의 지도학생 중 하나가 참고자료로 가져온 『Student success in college: Creating conditions that matter』(Kuh et al., 2005)란 책이 필자의 마음속에 강렬한 인상을 남겼기 때문이다. 후에 안 일이지만 미국 Indiana University의 NSSE(National Survey of Student Engagement) Institute에서 수행한 DEEP(Documenting Effective Educational Practice) 프로젝트의 최종 결과물인 이 책은, 미국의 20개 학부교육 우수대학의 사례연구를 바탕으로 이들 대학의 학부교육의 특징과 성공 전략을 심층적이고 종합적으로 기술함으로써 당시 미국 고등교육 학계와 현장에서 상당한 반향을 불러일으켰던 역작 중 하나였다. 이 책을 읽으면서 필자도 언젠가는 한국의 학부교육 우수대학들을 대상으로 이와 유사한 심층적 사례연구를 반드시 해 보아야겠다는 생각을 마음속 한 켠에 숙제로 담아 두었다. 하지만 바쁜 일상과 다른 우선순위 과제에 밀려 이러한 생각을 좀처럼 실행에 옮기지 못하고 있다가 2013년 말 마침내 마음속의 오랜 숙제를 실천에 옮기기로 마음먹었다.

이렇게 마음을 먹게 된 것은 사실 필자와 교육부 시절부터 고락을 같이하면서 친분을 쌓았고 이제는 평생의 '지기(知己)'로 교유하고 있는 성균관대 배상훈 교수의 조언이 큰 역할을 했다. 주지하다시피 배상훈 교수는 공직에 있으면서 '학부교육 선진화 선도사업(ACE 사업)' 도입과 설계에 중요한 역할을 담당한 바 있다. 또한 대학교수로 자리를 옮긴 이후에도 한국대학교육협의회(이하 '대교협') 기초교양연구원과 협력하여 2011년부터 현재까지 한국 대학생들의 학습참여 실태를 파악하기 위한 '학부교육 실태조사 연구'를 수행해 오고 있다. 배 교수는 공사석에서 필자를 만날 때마다 "변 교수님은 소위 명문대를 나와 명문대 교수를 하고 있어 현장을 너무 모른다. 명문대의 시각으로 지방대학의 문제를 재단해서는 타당성 있는 해결책이 나오기 어렵다"는 취지의 애정 어린 조언을 곧잘 하곤 했다. 우리나라 대학에는 얼마 되지 않는 소위 '고등교육 전공' 교수로서 배상훈 교수의 이러한 지적은 필자에게 일말의 부끄러움과 함께 연구자로서의 새로운 의욕과 도전의식을 불러일으키는 중요한 계기가 되었다.

> 다행스럽게도 최근 들어 우리 사회에서도 학부교육의 질을 어떻게 개선할 것인가에 대한 문제인식이 크게 늘어나고 있다……. '학생들의 학습참여(student engagement)', '학습 성과(learning outcome)'라는 개념을 통해 학생들이 대학 재학 중 겪는 다양한 경험과 그 결과로서의 지식(knowledge), 기술(skills), 소양(competencies)에 대한 관심이 커지고 있다. 전자의 경우 대교협의 '학부교육 실태조사(K-NSSE), 한국교육개발원의 NASEL(National Assessment of Student Engagement in Learning), 후자의 경우 한국직업능력개발원의 K-CESA(Korea Collegiate Essential Skills Assessment), 개별 대학의 학습성과 측정도구 개발 노력 등으로 나타나고 있으며, 이러한 노력들은 현재 일선 대학들이 자신들의 학부교육의 질을 한 단계 끌어올리는 데 있어서 없어서는 안 될 유용한 도구들을 제공하고 있다.
>
> 하지만 이러한 평가(조사) 도구들은 학생들의 경험과 성취결과의 단면들을 객관적 수치를 통해 일정 부분 제시해 주기는 하지만 그러한 결과가 왜 나타나게 되었는지에 대한 속 시원한 대답을 제공해 주지는 못한다. 바꾸어 말해 학부교육의 질 개선에 관심을 가진 많은 대학이 가지고 있는 '어떻게 하면 학부교육을 잘할 수 있을 것인가?'라는 가장 핵심적 질문에 대한 대답을 제공하는 데 있어 이들 도구와 조사결과들은 내재적으로 많은 한계를 가지고 있다는 점이다. 본 연구를 시작할 당시 연구진들이 주목한 것도 바로 이러한 문제인식이었다(변기용 외, 2015).

일반적 아이디어와 그에 따른 초점영역을 결정할 때는 다음의 기준을 염두에 둘 필요가 있다.

- 초점영역은 사회적으로 의미가 있어야 하고, 남에 의해 이미 연구된 것이 아니어야 한다.
- 초점영역은 연구자의 통제 범위 내에 있거나, 자료 수집을 위한 연구자의 접근이 가능한 것이어야 한다.
- 초점영역은 연구자가 변화 혹은 개선시키고 싶은 현상 등 스스로 열정을 느낄 만한 주제라면 더욱 좋다. 근거이론적 방법을 적용한 연구는 종종 지난한 자료 수집과 성찰이 수반되는 과정이며, 이때 만약 연구주제가 연구자의 '가슴을 뛰게 하는 것'이 아니라면 중간에 포기하고 싶은 충동을 피할 수 없을지 모른다.

초점영역의 설정은 당초 자신이 가지고 있는 문제인식에 비추어, "이 연구가 무엇을 위해, 왜 수행될 필요성이 있는 것인가?(연구의 필요성과 목적)"라는 점을 명확하게 해 둘 필요가 있다. 연구의 필요성과 목적은 원칙적으로 타인의 판단과 심사를 받기 이전에 연구자 자신이 납득하지 않고는 정당화될 수 없다. 그렇지 않다면 논문 심사 과정에서 중심을 잡지 못하고 심사위원의 지적에 휘둘려 적절한 대답을 하지 못하는 경우도 생기게 된다. 아울러 연구주제는 문득 떠오르는 것이 아니라 대부분 연구자가 상당한 시간과 노력을 들여서 만들어 내는 것이라고 생각하는 것이 좋다. 물론 가끔씩 좋은 연구 아이디어가 번개처럼 떠오를 수도 있겠지만 이는 연구자가 사전에 자신의 경험, 선행연구의 숙독과 성찰 등 지속적 노력이 있었기 때문인 경우가 많다. 좋은 연구란 결국 개인의 경험과 성찰의 반복적 상호작용을 통해 도출되는 것이므로, 경험이 부족한 초보연구자일수록 초기 단계부터 자신이 무엇을 위해서 왜 이 연구를 하려고 하는지 끊임없이 성찰하는 과정이 필요하다.

근거이론 연구 과정의 초기에, 앞서 언급한 구체적 기준을 적용하여 초점영역을 설정하려고 노력하면 추후 모호한 연구문제를 설정하여 혼란에 빠지는 문제를 상당 부분 예방할 수 있다. 근거이론 연구가 가지는 생생하고 역동적인 측면, 즉 이 연구가 연구자 자신이 정말 관심을 가지고 있는 현장의 문제들을 제대로 이해하기 위해 수행되며, 그 결과는 궁극적으로 자신이 운영하는 프로그램과 조직의 효과성, 그리고 보다 궁극적으로 학생들의 성취를 개선할 것이라는 점은 연구수행 과정 전반에 걸쳐 연구자의 열정과 관심을 지속해 나가는 데 큰 역할을 할 수 있다.

다만, 근거이론 연구에 있어서 초동적으로 설정한 초점영역과 연구문제는 본격적으로 자료를 수집해 나가는 과정에서 얼마든지 수정될 수 있고, 수정되어야 한다. 조금 과장해서 말한다면 초기에 설정한 연구문제는 일단 연구를 시작하기 위한 잠정적 연구문제로서의 의미를 지닐 뿐이라고도 말할 수 있다. 물론 이는 초기 연구문제나 초점영역의 설정이 의미가 없다고 말하는 것은 아니다. 연구를 시작하기 전에 설정한 초점영역이나 연구문제는 그 당시의 시점에서 최선을 다해 설정되어야 한다. 다만, 질적 연구의 특성상 복잡한 맥락에서 새로운 이해가 이루어진 경우 필요하고 충분한 의미가 있다면 연구문제의 수정, 추가, 삭제가 얼마든지 가능하다는 것을 강조하는 것으로 이해하면 된다.

2) 관련 문헌 검토를 통한 연구의 필요성 정당화, 초동적 연구문제 작성하기

(1) 관련 문헌 검토

선행연구 검토는 자기가 관심을 가진 주제에 대해 다른 연구자들은 어떻게 접근했는지를 종합적으로 살펴보는 과정을 통해 자신의 연구 수행을 위한 시사점을 발견해 나가는 과정이다. 즉, 검토한 선행연구를 통해 자신이 관심을 가지고 있는 주제에 대해 어떤 방식으로 이미 연구가 이루어졌는지, 그리고 자신이 계획하고 있는 연구 내용이나 방법에 대해 지지하는 입장을 발견하거나, 다른 연구자들이 해당 연구를 수행하면서 산출한 다양한 자료(예컨대, 설문지, 면담질문 등)를 획득하거나, 또는 그들이 그러한 연구결과를 도출하기 위해 고민해 나간 방식에 자극받을 수도 있다. 선행연구와 관련 문헌을 검토하는 것은 연구설계 단계에서 연구자가 고려해야 할 문제들을 명확히 하는 데 있어서 많은 도움이 된다.

근거이론적 방법을 활용한 전체 연구과정에서 관련 문헌 검토는 크게 두 가지 방향으로 이루어진다. 첫 번째는 자신이 희미하게 관심을 가지고 있는 일반적 아이디어에 대해 초점영역을 보다 명확하게 하기 위해 기존에 이루어진 선행연구들을 포괄적으로 살펴보는 단계이다. 이것은 앞서 언급했던 일반적 아이디어의 획득과 초점영역을 보다 구체화하는 데 도움이 된다. 두 번째 단계에서는 이러한 첫 번째 탐색과정을 통해 일단 초점영역이 어느 정도 구체화되고 난 후, 해당 초점영역에서 기존에 어떤 연구가 수행되었는지를 보다 면밀하게 살펴봄으로써 자신이 어떤 연구(연구주제)를 어떤 방식(연구방법)으로 수행할 수 있을 것인지에 대해 보다 구체적인 감을 잡을 수 있다. 이러한 두 번째 단계에서 선행연구 검토는 첫 번째 단계에서 수행한 검토와는 달리 관련 문헌에 대한 검토가 보다 심층적이고, 목적적으로 이루어질 필요가 있다. 즉, 두 번째 단계에서의 심층적 선행연구 검토를 통해 연구자들은 연구계획서에 쓸 수 있을 정도로 연구의 목적과 필요성, 초기 연구문제, 연구방법 등에 대한 자신의 생각을 발전시켜 나갈 필요가 있다. [박스 6-6]에서 말하고 있는 관련 문헌 검토는 주로 후자의 목적과 관련된 것이라고 할 수 있다.

박스 6-6　초보연구자들을 위한 관련 선행연구 검토 팁

- 일단 연구주제를 정했으면, 이와 관련한 선행연구를 KERIS, 국회도서관, Google 학술, 소속 대학 도서관 통합검색 시스템, 교보문고 등 다양한 검색 엔진을 통해 관련 선행연구를 철저히 검색, 해당 연구주제에 대해 어떤 연구가 이루어졌는지를 파악한다.

- 자신의 연구주제와 관련이 있는 논문은 요약을 읽어 보고, 도움이 된다고 생각되면 다운, 대출, 구입해서 전반적으로 읽어 본다.
- 이 중 자신의 논문 작성에 도움이 된다고 생각하는 핵심 논문들을 대상으로 (1) 연구의 필요성 및 목적, (2) 연구문제, (3) 연구방법 및 절차, (4) 연구결과, (5) 내 논문 작성에 참고할 사항(내용적 측면, 방법론적 측면−특히 서베이 도구 등)을 정리해 본다.
- 이러한 과정을 통해 일단 자신이 수행할 연구의 필요성을 도출하는 것이 관련 선행연구 검토의 핵심이다.

(2) 연구의 필요성에 대해 정당화하기

관련 문헌 검토의 가장 핵심적 목적은 자신이 수행할 연구의 필요성을 도출하는 것이다. 관련 문헌 검토 작업 과정에서 이루어지는 지속적 성찰을 통해 자신이 관심을 가지는 특정한 문제가 현재 사회적으로, 학문적(이론적)으로 왜 연구가 이루어질 필요성이 있는 것인지에 대해 정당화 논리를 도출할 필요가 있다. 연구자에 따라 차이가 있지만 이는 대체적으로 다음의 두 가지 단계로 이루어진다.

먼저, 연구 혹은 해결하려고 하는 문제가 이론적, 실천적으로 어떤 의미가 있는지에 대해 스스로 성찰해 보는 것이다. 이는 주로 자신의 경험과 선행연구 검토 등을 통해 개인적으로 문제 인식을 가지게 된 이슈가 연구를 수행하고자 하는 시점에서 개인, 특정한 조직이나, 때로는 전체 사회라는 보다 큰 맥락에서 어떤 의미를 가지고 있는가를 성찰해 보는 것과 관련된다. 연구자 자신이 가진 이념적 지향과 가치(예컨대, 실천지향성 vs. 학문지향성, 혹은 페미니즘 등)에 따라 해당 연구를 하는 것이 어떤 의미가 있는지라는 질문도 연구자가 수행해야 하는 성찰 과정에서 일종의 지침이 될 수 있다. 이는 수행하려고 하는 연구가 단순히 논문 편수를 늘리거나 학위를 따기 위한 도구적 목적이 아니라, 연구자 스스로 '가슴 떨리는 연구'가 될 수 있는지 스스로에게 물어보고 확신을 다져 나가는 과정이라고 할 수 있다. 이런 연구문제를 설정할 수 있다면 연구 수행과정에서 연구자는 자연스럽게 연구를 지속할 수 있는 동기가 부여될 수 있을 것이다.

둘째, 아무리 개인적, 사회적으로 중요한 이슈라고 하더라도 이미 다른 연구자에 의해 충분히 연구된 주제라면 연구의 필요성을 정당화하기 힘들다. 앞서 언급했던 초점영역 설정 후 이루어지는 선행연구 분석은 이러한 측면에서 자신이 수행하려고 하는 연구가 기존에 이루어진 선행연구가 있음에도 불구하고 이 시점에서 수행하는 것이 왜 필요한 것인가를 구체적으로 제시하는 것에 가장 큰 목적이 있다. 선행연구 분석 과정을 통해 기존 연구와 자신의 연구가 주제, 연구방법에서 어떠한 차이가 있으며, 기존에 이루어진 연구의 한계 등을 구체적으로 적시하면서 기존 연구가 있음에도 불구하고 자신의 연구가 왜 추가적으로 필요한 것인지를 정당화하는 체계적 논리를 만들어 제시할 필요가 있다. 특히 다른 연구자들에 의해 이미 많이 연구된 주제(예컨대, 교원평가, 입학사정관제, 정책흐름모형을 통한 정책 분석 등)의 경우 다른 선행연구와 자신의 연구를 어떻게 차별화시킬 것인가라는 점에서 정당화 논리를 발견해 내는 것이 매우 중요하다.

(3) 초동적 연구문제 작성해 보기[6)]

다음 단계는 누가, 무엇을, 언제, 어떻게 등에 초점을 맞추어 여러분이 개선하려고 하는 문제(예컨대, 한동대 학생설계융합전공의 개선방안)들을 가능한 한 자세히 기술해 보는 것이다. 예컨대, 한동대 자기설계 전공에 대한 연구라면 여러분은 다음과 같은 질문을 자신의 문제 인식을 명확히 하기 위해 일단 기술해 볼 수 있을 것이다.

박스 6-7 연구의 초기 단계에서 초동적 연구문제 작성해 보기

한동대에서

1) 자기설계전공은 구체적으로 어떻게 운영되고 있는가?(한동대 자기설계전공의 특징)
2) 자기설계전공 운영을 통해 달성한 효과는 무엇인가?(학생/학교의 관점 등)
3) 이러한 성과를 달성하는 데 영향을 미친 요인은 무엇인가?(프로그램 구조, 기타 요인)
4) 자기설계전공 운영과정에서 나타난 문제점은 무엇인가?
5) 향후 이러한 문제점이 나타난 원인은 무엇인가?
6) 주어진 제약조건을 감안할 때 이를 해결할 수 있는 가장 효과적 방안은 무엇인가?

물론 연구 진행과정에서 이러한 초동적 연구문제에 대한 수정은 얼마든지 가능하다. 하지만 근거이론 연구의 초점영역을 명료화하기 위해 연구설계 단계에서 이러한 중심적 질문들에 대해 충분히 성찰하고 나면, 추후 연구수행 과정에서 겪을 수 있는 어려움이 그만큼 줄어

6) 이 장에서는 연구자가 근거이론적 방법을 연구방법으로 채택하였다는 것을 가정하고 논의를 하고 있으나, 통상적이라면 여기서 어떤 연구방법을 사용할 것인가에 대한 성찰이 함께 이루어지게 된다.

들 수 있다는 점을 명심하기 바란다. 특히 초보연구자의 경우 초기 단계에서 충분한 시간을 들이지 못해, 설정한 연구문제의 포커스가 모호하거나 자신의 역량에 비추어 지나치게 어려운 연구문제를 설정하면 나중에 헤어날 수 없는 늪에 빠지게 되기 십다는 점을 특히 유의할 필요가 있다. 이 단계에서 작성하는 연구문제는 연구자가 자신이 수행할 연구와 관련하여 깊이 있는 성찰 기회를 처음으로 제공하게 되며, 따라서 자신이 관심이 있는 주제의 어떤 부분을 어떻게 연구할 것인지를 연구자 스스로 명료화하는 데 큰 도움이 된다. 이는 추후 연구의 중심 질문(연구를 통해 연구자가 알고 싶어 하는 내용)이 되며, 연구문제와 구체적 면담질문을 만드는 기초자료가 된다.

3) 연구계획서(논문 프로포절) 작성하기

연구계획서 작성은 대부분의 초보연구자에게 매우 어려운 일이다. 하지만 만약 여러분이 앞서의 작업들을 충분한 시간을 들여 성공적으로 수행해 왔다면 연구계획서 제출 마감 시간에 맞추기 위해 허둥대지 않고 연구계획서를 작성할 수 있을 것이다. 사실 연구계획서의 분량은 별로 길지 않지만, 철저한 선행연구 분석과 오랜 기간 동안에 걸친 진지한 성찰의 결과를 논리적으로 종합하여 제시하는 것이기 때문에, 집중적인 노력없이 단기간에 좋은 연구계획서를 작성하는 것은 불가능하다. 연구계획서가 전체 연구과정의 거의 50%를 차지한다는 말도 있다.

근거이론 연구를 위한 연구계획서는 통상적으로 다음의 구성요소를 가지고 있는 것이 보통이다.

(1) 연구의 필요성, 연구목적, 연구문제 기술하기

연구의 필요성은 일반적으로 연구자가 관심이 가지는 주제가 현 시점에서 어떤 사회적 의미를 가지고 있는지(예컨대, 4차 산업혁명 시대를 맞아 융 · 복합 교육이 강조되는 시점에서 대학교육에서 학생 자기설계전공의 의미가 커지고 있다는 등)에 대한 진술로 시작하여, 해당 주제에 대해 이미 이루어진 선행연구의 분석을 통해 연구의 필요성을 정당화하는 순서로 기술된다. 해당 주제에 대해 선행연구가 이루어지지 않았다면 당연히 연구의 필요성이 쉽게 정당화되겠지만, 이미 많은 연구가 이루어진 분야라고 하더라도 연구주제, 연구대상, 연구방법 등의 조정 혹은 수정을 통해 이론적 · 실천적으로 추가적으로 기여할 영역이 있다면 해당 연구의 필요성을 충분히 정당화할 수 있다. 아울러 특히 초보연구자의 경우 중요한 사회적 의미가 있는 이슈에 대해 선행연구의 결과가 서로 다르게 나타나고 있다면, 맥락을 달리하여 반복연구(replication study)를 하는 것도 충분히 의미가 있다고 생각한다.

연구목적은 해당 연구를 통해 달성하려고 하는 바를 명료하게 기술한다. 문제를 해결하는 연구라면 그 문제에 대한 해법을 발견하여 문제를 해결하고자 하는 것이 연구의 목적이 된다(예컨대, 한동대 학생설계융합전공이 어떻게 운영되고 있는지를 분석함으로써, 융복합 교육이 강조되는 시기에 소규모 대학에서 자기설계전공을 어떻게 운영할 것인지에 대한 시사점을 도출하는 것을 목적으로 한다 등). 연구문제는 이러한 상위 수준에서 진술된 연구목적을 달성하기 위해 구체적으로 해당 이슈의 어떤 측면(예컨대, 특징은 무엇인가? 성과는 무엇인가? 문제점은 무엇인가 등)을 연구할 것인지를 제시하는 것이 된다.

연구계획서에서 가장 중요한 것은 연구를 통해 무엇을 알고 싶어 하는 것인가, 즉 연구의 실질적인 질문이 무엇인가를 제대로 밝히는 것이다(Yin, 2014/2016). 연구의 중심 질문, 즉 연구목적을 달성하기 위해 반드시 대답해야 하는 질문은, 기본적으로 연구자 자신이 연구의 전 과정을 통해 스스로에게 지속적으로 묻고 성찰하면서 연구자가 그 답을 찾아내야 하는 질문이라고 할 수 있다. 이런 의미에서 '중심 질문'은 연구자가 면담참여자들에게 묻는 '면담질문'과는 구별되는 것이다. 다른 방식으로 설명하자면 연구의 중심 질문은 연구를 수행하는 목적을 달성하기 위한 근간이 되는 질문이고, 이러한 질문에 답하기 위해서는 면담뿐만 아니라, 관련 문헌, 통계, 설문조사 자료 등이 모두 활용될 수 있다. 면담질문은 이 중에서 면담을 통해 수집할 자료를 체계적으로 가이드하는 질문이라고 볼 수 있다.

연구계획서에서 제시하는 중심 질문은 이 연구를 위해 어떤 자료를 수집하여야 하는지, 왜 그 자료가 수집되어야 하는지에 대해 연구자에게 지침을 제시해 주는 역할을 한다. 물론 어떤 연구질문은 면담 과정에서도 그대로 활용될 수 있다. 그러나 연구계획서에서 제시된 중심 연구질문의 기본적인 목적은 연구자로 하여금 해당 연구의 목적을 달성하기 위해 대답해야 할 질문을 체계적으로 제시하는 데 있다. 따라서 연구계획서에 제시된 연구질문은 해당 연구에서 수행할 조사 활동을 위한 개략적인 뼈대만을 형성할 뿐, 실제적 면담에서 무엇을 질문할 것인지를 말하는 '면담질문'과는 차이가 있다는 점을 유의할 필요가 있다

또한 연구문제의 진술은 연구방법의 선택과 밀접한 관련이 있다. 통상적으로 근거이론적 방법의 연구문제는 '어떻게, 왜'의 질문의 형태로 기술된다. 다만, 다음에서 보는 것처럼 연구가 거의 이루어지지 않은 새로운 영역이거나, 또는 특정한 현상(예컨대, 우수한 학부교육의 모습)이 구체적으로 이루어지는 모습(프로그램/제도 등)을 파악하여 자세히 기술할 때는 '무엇'의 형태로 기술되는 경우도 있다.

박스 6-8 **구체적 연구문제의 설정 예시**

1 변기용 외(2015)의 '잘 가르치는 대학의 특징과 성공요인: 한동대 사례연구'의 연구문제

1. K-DEEP 대학의 특징: 학부교육 우수대학은 무엇이, 어떤 점에서 우수한가('What')?
2. 해당 대학은 어떻게 이런 수준의 우수함을 달성했는가('How')?
3. 해당 대학의 학부교육의 질과 성과가 우수한 배경과 원인(맥락)은 무엇인가('Why')?

2 강지은(2019)의 '한동대학교 학생설계전공 운영방안에 대한 사례 연구'의 연구문제

1. 학생설계전공 프로그램의 운영을 통해 나타난 성과는 무엇인가?
2. 학생설계전공 프로그램 운영과정에서 나타난 문제점 혹은 어려움은 무엇인가?
3. 학생설계전공 프로그램의 이러한 결과를 만들어 낼 수 있었던 주요한 맥락은 무엇인가?

(2) 선행연구 분석

선행연구에 대한 분석은 단순한 요약이 아니라, 해당 이슈와 관련하여 이미 이루어진 선행연구의 주제, 방법론적 타당성, 연구결과의 적절성과 한계를 분석적으로 검토해 봄으로써, 어떤 영역에 추가적 연구가 필요한 것인지에 대해 연구자 나름대로의 정당화 논리를 도출해 나가는 작업이라고 할 수 있다. 즉, 동일한 연구의 단순 중복을 피하되, 선행연구에 터하여 연구자가 어떤 추가적 학문적, 실천적 기여를 해 나갈 수 있는지에 대해 판단해 볼 수 있는, 논문 작성을 위한 제1차적 작업이라고 할 수 있다.

한편, 근거이론 연구설계에서 선행연구 검토와 기존 이론의 활용 문제에 대해서는 근거이론적 방법의 발달과정에서 근거이론 진영 내부에서도 치열한 논쟁이 이루어져 왔다. 예컨대, Glaser(1992/2014)는 연구자들이 기존 연구에 사로잡히지 않고 최대한 자유롭게 자료 자체로부터 개념이나 해석을 출현시키고 발견하도록 하기 위해, 연구주제와 관련된 문헌을 사전에 읽는 것을 피해야 한다고 주장한 바 있다. 반면, Corbin과 Strauss(1998/2001)는 이론적 틀이 어느 정도 실용적 가치를 지니고 있으며, 특히 연구결과의 해석에 중요하게 기여하고 있다고 하면서 Glaser와는 다른 입장을 표명하고 있다. 아울러 실용적 사례연구를 주장하는 대표적 학자인 Yin(2014/2016)의 경우 여기서 한 걸음 더 나아가 "완전한 연구설계에서는 연구대상이 되는 '이론'을 반드시 포함해야 한다"고 주장한다. 물론 여기서 이론이란 '사회과학

에서 인정되는 유명한 이론의 형식을 갖추어야 하는 것은 아니며, 연구를 위한 충분한 청사진을 가진다는 의미'를 가지는 것이라고 설명하고 있다. 또한 Yin(2014/2016)은 연구설계는 무슨 자료를 수집할 것인지, 자료 분석은 어떻게 할 것인지를 결정하는 데에 매우 강력한 지침을 제공하는 역할을 한다고 주장한다. 이러한 이유로 자료를 수집하기 전에 이론을 개발하는 것은 사례연구를 수행하는 데 매우 중요한 것이며, 연구와 관련된 이론의 전체적인 영역을 숙지할 필요가 있다고 강조한다. 다른 말로 하면 연구자가 관심이 있는 영역과 관련된 실질적인 이론과 선행연구에서 밝혀진 내용이 무엇인지를 체계적으로 이해하게 되면 연구의 본질적인 부분이 아닌 다른 부분에 초점이 맞추게 되는 불필요한 시행착오를 피할 수 있게 된다는 것이다.

이와 유사한 맥락에서 권향원 · 최도림(2011)의 경우에도 "근거이론적 접근방법은 우리의 지식의 근원은 '기존에 가지고 있던 선행지식과 경험을 통해 얻은 관찰과의 변증법적 상호작용'에서 온다고 가정"한다고 주장하며, "근거이론적 논리에서는 선행연구나 개념의 분석 없이 백지상태로 연구에 임한다는 것은 현실적으로 불가능할 뿐만 아니라, 이렇게 철저하게 비구조적인 연구는 무작위적이고 형체가 없는 것으로 전락되어 버릴 가능성이 농후한 것으로 비판"하고 있다. 필자도 이러한 입장에 동의하며, Dey(1999)가 이야기한 바와 같이 "텅 빈 머리와 열린 마음은 다르다"라는 점을 강조한다. 즉, 중요한 것은 선행연구나 이론의 고찰을 하지 않는 것이 아니고, 그것이 연구과정에서 연구자에게 미치는 영향에 대해 얼마나 인식하면서 적절한 방식으로 연구를 수행할 수 있을 것인가의 문제인 것이다. '뛰어난 통찰력과 혜안이 있는 선행연구자의 발자취를 찾는 작업은 후학이 자신의 종착지로 가는 길에 반드시 넘어야 할 고지(Charmaz, 2006/2013)'라는 사실은 사실 의문의 여지가 없다. [박스 6-9]에 제시된 김은정(2018)의 실제 경험은 이와 유사한 고민을 하고 있는 초보연구자들에게 많은 시사점을 제공해 줄 수 있을 것이다.

박스 6-9 보다 나은 질적 연구방법 모색기(김은정, 2018)

내 자신도 근거이론을 통해서 연구 프로젝트를 수행하기로 결심했던지라 이러한 지침을 따라, 선행연구를 되도록 검토하지 않은 상태로 면담을 하고 데이터 분석을 하고자 하였다. 그러므로 '2010년대 한국 사회의 20대들의 성인기 준비 과정은 어떻게 전개되고 있는가?'라고 하는 연구주제하에, 선행연구 고찰을 일부러 피하면서 면담을 시작하였다. Glaser를 비롯한 1세대 근거이론가들의 논의에 기반하여 연구자인 내 자신의 선입견이나 인식의 틀 없이 데이터만을 통해서 의미 있는 설명을 도출하고자 한 것이다. 그런데 막상 면담을 시작하니, 너무 막연하여 무엇을 중심으로 질문을 작성하여 면담을 수행하고 연구를 진행해야 할지 잘 알 수 없었다. 우선 면담 스케줄을 잡고 면담 대상자에게 20대 시기를 보내는 방법을 통해서 질문을 하면서 성인기 준비/모색 과정을 밝히고자 하였으나, 구체적인 계획과 그에 따른 질문에 대한 선행 지식이 별로 없는 상태에서의 면담은 일상의 신변잡기만을 듣는 자리가 되었다. 수합된 면담 데이터가 일관된 주제를 통해 이루어진 것이 아니라 신변잡기식 수다로 구성되어 있었기 때문에 성인기 모색이라는 주제와 어떤 식으로 연결해야 할지 매우 혼란스러웠다.

결국, 문헌연구를 철저히 다시 시작할 수밖에 없었다, 이후 문헌연구를 통해 도출된 연구영역을 기반으로 연구질문을 설정하여 다시 면담을 수행하였다. 문헌연구를 기반으로 준비를 하고 이루어진 면담은 이전의 혼란스럽고 소득이 없었던 면담보다 훨씬 생산적이었다. 또한 면담 데이터가 연구주제에 관한 내용을 풍부히 가지고 있었기 때문에, 데이터 분석과 이후 실제이론을 도출하는 데도 도움이 되었다. 이러한 경험을 통해서 볼 때 데이터를 수합하기 전에 문헌 연구를 하는 것은 실제이론을 형성하는 데 방해가 되기보다는 도움이 된다고 판단할 수 있었다. 사실, 근거이론의 창시자들이 강조하는 것처럼 데이터만을 기반으로 하여 실제이론을 형성한다는 것은 이상에 가깝고 거의 불가능한 일이다. 선행연구의 도움 없이 면담에 착수하는 것은 실제 연구를 진행할 때 효과적이지 못할뿐더러, 연구 과정 전체를 실패로 만들 위험도 내포하고 있기 때문이다. * 밑줄은 필자

(3) 연구방법

① 분석대상과 분석범위 결정하기

연구문제의 결정과 함께 이루어져야 하는 것은 해당 문제를 어떤 연구방법으로 탐구할 것인가의 문제이다. 일단 우리는 '근거이론적 방법'을 통해 선정한 연구대상(예컨대, 잘 가르치는 대학, 학생 자기설계전공)을 연구하기로 결정한 상태이기 때문에 연구방법의 결정에 대한 자세한 논의는 여기서 생략한다. 하지만 근거이론적 방법으로 연구를 수행하기로 결정했다 하더라도 다음과 같은 추가적 결정이 필요하다.

먼저, 분석대상 혹은 분석범위의 결정이 필요하다. 분석대상과 분석범위를 설정함에 있어서는 왜 그러한 결정이 이루어졌는지에 대한 합리적 논거가 반드시 제시되어야 한다. 물론 실제로는 연구의 타당성이라는 기준뿐만 아니라, 자료에 대한 현실적 접근 가능성과 시간과 자원의 제약도 분석대상과 범위를 결정하는 데 있어 중요한 고려요인이 되는 경우가 많다. 하지만 그렇다고 하더라도 연구자는 심사자를 설득할 수 있는 분석대상과 범위를 결정한 합리적 논거를 반드시 제시하여야 한다.

근거이론적 방법에서 분석대상과 범위에 따른 연구의 설계 유형은 〈표 6-2〉와 같이 네 가지로 분류될 수 있다(Yin, 2014/2016). 먼저 '다중 사례연구(복수사례가 분석 대상이 되는 경우)'는 '단일 사례연구(단일사례가 분석대상이 되는 연구)'보다는 신뢰로운 연구결과와 풍부한 정보를 제공할 가능성이 높다. 하지만 복수의 분석대상(사례)을 연구하는 것은 당연히 단일 사례를 연구하는 것에 비해 많은 시간과 노력이 투자되어야 한다. 이 때문에 개인이 하는 소규모 연구에서는 다중 사례연구를 채택하는 것이 어려운 경우가 적지 않다. 이와 관련하여 Yin(2014/2016)은 다음 다섯 가지의 경우에는 단일 사례연구가 정당화될 수 있다고 주장하

〈표 6-2〉 분석대상과 분석단위에 따른 연구설계의 유형

구분	단일 사례(분석대상)	복수 사례(분석대상)
단일 분석단위 (분석범위)	유형 1: 단일 분석단위 단일 사례연구 • 연구를 위해 하나의 사례(분석대상, 예컨대, A 대학)를 선정하고, 분석대상 전체를 하나의 분석단위로 간주하여 분석 • 조직이나 프로그램의 전체적인 속성을 조사하기 위한 경우	유형 3: 단일 분석단위 다중 사례연구 • 연구를 위해 복수의 사례(분석대상, 예컨대, A, B, C 대학)를 선정하되, 각각의 분석대상을 하나의 분석단위로 간주하여 분석
복합 분석 단위 (분석범위)	유형 2: 복합 분석단위 단일 사례연구 • 연구를 위해 하나의 사례(분석대상, 예컨대, A 대학)를 선정했지만, 해당 분석대상 이외에 하위 분석단위(cmbedded unit)를 분석에 포함 • 즉, 하나의 전체 연구에서 여러 개의 하위 분석단위들이 포함되어 있는 경우 • 예컨대, A 대학 전체를 사례로 연구하되, (1) 그 대학에서 가장 중핵적인 사범대학과 공과대학 혹은 (2) A 대학에서 특징적인 창의융합교육원과 학부대학 조직을 별도의 분석단위로 설정하여 추가로 연구하는 경우	유형 4: 복합 분석단위 다중 사례연구 • 복합 분석단위를 가진 단일 사례가 복수로 존재하는 연구

출처: Yin (2014/2016)의 내용을 바탕으로 재구성.

고 있다. (1) 이미 잘 알려진 이론을 검증하는 데 '매우 중요한 하나의 사례(critical case)'가 있는 경우(예컨대, '외상 후 스트레스 장애를 경험한 학생들의 학업 성취' 연구에서 세월호 참사를 겪은 경기 단원고 사례), (2) 해당 사례가 매우 독특하거나 극단적인 상황이어서 이론상으로나 일상에서 관찰할 수 없는 경우(unusual case)(예컨대, '잘 가르치는 대학의 특징과 성공요인' 연구에서 한동대), (3) 하나의 사례가 매우 평범하고 일반적이어서 대다수의 사례를 대표하거나 매우 전형적인 특징을 가진 경우(common case)(예컨대, '국립대 교원 성과급적 연봉제의 실패요인' 연구에서 A 거점 국립대학), (4) 하나의 사례가 기존에 몰랐던 것을 알게 해 주는 사례(revelatory case)(예컨대, '족벌 사학의 비리 행태' 연구에서 비리가 심한 A 사립대학), (5) 종단적인 사례연구의 경우(longitudinal case)(예컨대, 2014년 '잘 가르치는 대학의 특징과 성공요인' 연구에 참여한 A 대학을 5년이 지난 후 다시 연구하는 경우).

이와 같이 근거이론적 연구에서 구체적으로 어떤 사례를 어떻게 선정할 것인가는 양적 연구에서 사례를 선택하는 논리와는 매우 다르다. 양적 연구에서는 모집단을 효과적으로 대표하는 사례를 선택하기 위해 주로 '무작위 표집(random sampling)'이나 '층화 표집(stratified sampling)' 기법을 사용한다. 하지만 근거이론적 방법에서는 연구목적에 맞게 가장 풍부하고 적절한 정보를 제공해 줄 수 있는 사례를 '의도적'으로 표집하게 된다.

한편, 이와는 달리 복수의 사례를 선택하는 경우는 다음의 세 가지 경우가 있는 것으로 생각된다. 첫째, 필자가 수행했던 'K-DEEP 프로젝트(잘 가르치는 대학의 특징과 성공요인)'에서 적용했던 '최대편차 사례(Flyvbjerg, 2011)'를 선정하는 경우이다. 이는 다양한 상황(예컨대, 규모, 조직 형태, 위치, 특성화 및 남녀 공학 여부 등)에 있는 다양한 분석대상 사례들의 공통점과 차이점을 분석함으로써 연구대상에 대한 보다 풍부한 정보를 획득하고자 할 때 활용될 수 있다.

박스 6-10 K-DEEP 프로젝트에서의 사례 대학 선정 근거

K-DEEP 프로젝트는 2013년 10월부터 2016년 상반기까지 2년이 넘는 기간에 걸쳐 8개의 '학부교육 우수대학'을 선정하여 이들의 특성과 성공전략을 파악하는 다중적 사례연구의 방식으로 수행되었다. 이 연구에서 분석단위는 개별 대학으로 비교적 쉽게 결정되었지만, 구체적으로 어떤 대학을 '학부교육 우수대학'으로 선정하여야 할 것인지에 대해서는 참여 연구진들 간에 치열한 토론과정이 있었다. 이러한 토론과정을 통해 최종적으로 결정된 선정 기준은 다음과 같다.

먼저, 연구진이 K-DEEP 프로젝트 연구 참여대학 후보군을 선정하는 데 있어서는 2011년부터 2013년까지 시행된 과거 3년간의 '학부교육 실태진단 조사(K-NSSE)'의 데이터가 활용되었다. 후보대학은 기본적으로, (1) 설문조사가 이루어진 3년간 학부교육 실태진단 조사에 포함된 6개 영역에서 탁월한 성과를 보여 준 대학들과 (2) 2011년 대비 2013년 성과가 현저히 향상된 대학들을 중심으로 선정되었다.

이렇게 선정된 '우수대학 후보군'을 중심으로 최종 사례연구 참여대상 대학들을 선정함에 있어서는, (1) 대학들이 본 연구결과를 보다 효과적으로 활용할 수 있도록 다양한 대학 특성들(예컨대, 국립/사립, 수도권/비수도권, 대규모/중소규모, 종합/특성화 대학, 남녀공학/여대 등)을 최대한 고려하여 서로 다른 유형의 대학들이 가급적 골고루 포함될 수 있도록 하고, (2) 현실적으로 연구진들이 접촉이 가능한 대학인가라는 점을 고려하여 최종적으로 연구 1차년도인 2014년의 경우 건양대, 대구가톨릭대, 포항공대, 한국기술교육대, 한동대, 2차년도에는 아주대, 충북대, 서울여대, 총 8개 대학을 최종 연구대상으로 선정하였다(변기용 외, 2015).

둘째, 성과나 성공요인 연구 등 긍정적 측면을 밝히는 연구가 아니라, 폭로성 사례연구를 위해 근거이론적 방법을 선택하는 경우 분석대상이 되는 사례(예컨대, 대학이나 학교)의 협조를 얻기가 현실적으로 매우 어렵다. 아울러 연구결과가 발표되면 어렵게 시간을 내어 자료수집에 협조해 준 면담참여자들이 해당 기관에서 매우 어려운 처지에 빠지는 경우도 발생한다. 필자의 학위 논문 지도 경험을 통해 보면, 폭로성 사례연구에서는 이러한 문제점을 최소화하기 위해 의도적으로 부정적 현상을 전형적으로 나타내는 단일 사례를 선정하기보다는 유사한 상황에 있는 분석대상(사례)을 복수로 선정하는 것이 연구결과의 공표로 인한 면담참여자들의 부담을 덜어 줄 수 있다. 이 경우 당연히 면담에 대한 협조를 유도하기도 그만큼 쉬워지게 된다. 이때 물론 면담참여자나 소속기관은 반드시 익명으로 처리하고, 특정한 기관의 실체가 드러나지 않도록 각별히 주의하여 연구결과를 발표해야 한다.

셋째, Yin(2014/2016)의 경우 매우 독특한 '반복연구(replication)의 논리'를 들어 복수 사례의 선택을 정당화하고 있다. 즉, 그는 "6~10개의 사례연구를 수행하는 것은 6~10개의 실험을 실시하는 것과 같은 논리이다……. 만약 사용된 모든 사례가 예측한 대로 결과가 나타났다면 이는 연구 초기에 설정한 연구명제를 매우 강력하게 지지할 수 있다. 만약 사례들이 부분적으로 상반된 결과를 도출하였다면 초기의 연구명제는 수정되거나 다른 사례들로 재검증을 해 봐야 한다(114–115)"고 주장하고 있다. 또한 Yin(2014/2016)에서는 다중 사례연구와 관련 '단순 반복연구'와 '이론적 반복연구'를 구분하고 있다. 전자는 문자 그대로 2~3개의 사례를 선택해서 적용한 잠정적 이론(가설)이 동일한 조건을 가진 다른 사례에도 적용되는지를 밝히는 연구이며, 이 경우 사례선택은 적용한 이론에서 상정한 결과가 도출될 수 있는 사례를 선택하는 것이 적절하다. 후자의 경우 서로 다른 조건에서 잠정적 이론(가설)을 검증하는 것이 목적이다. 따라서 이론적 반복연구는 단순 반복연구에 비해 보다 복잡한 연구설계를 가지게 된다. 예컨대, 완전히 다른 조건을 가진 극단적인 사례들을 복수로 선택하는 경우가 이에 해당되는데, 이때 서로 다른 조건을 가진 사례집단 각각이 최소한 두 개 이상의 사례들을 하위집단으로 가져야 한다. 조건이 다른 사례집단 간에는 이론적 반복연구가 수행되는 것이고, 각 사례집단에 속한 하위 집단들 내에서는 단순 반복연구가 수행되는 것이라고 본다(Yin, 2014/2016).

한편, 개인이 수행하는 대부분의 근거이론적 연구(실용적 사례연구도 마찬가지)는 단일 분석단위로 수행되는 경우가 많지만, 대규모 프로젝트로 수행되는 경우 하나의 분석대상 내에 복수의 분석단위를 가지는 복합적 연구설계를 가지는 경우도 있다. 이때 주의할 점은 사례연구가 하위에 존재하는 분석단위(하위 분석단위)에 집중한 결과, 당초 분석대상에 대한 전체적 이해에 실패하는 경우가 발생하지 않도록 유의하는 일이다. 즉, 당초 A 대학을 사례로 선정하여 연구를 하면서 이 대학의 핵심적 단과대학인 사범대학과 공과대학을 추가로 분석하는 연구과제에서, 연구자가 사범대학과 공과대학 수준에서만 자료 수집과 분석을 했다면 이는 당초 의도했던 '복합적 분석단위 단일 사례연구(여기서는 연구의 중심이 A 대학)'가 아니라, '단일 분석단위 다중 사례연구(여기서는 연구의 중심이 A 대학이 아니라 A 대학의 '사범대학'과 '공과대학')'로 변질될 수 있다는 점을 유의해야 한다.

이와 관련하여 고려되어야 할 이슈는 분석대상을 선정할 때 분석범위를 함께 고려해야 한다는 것이다. 이는 앞서 이야기했던 기노시타(2013/2017)의 '분석초점자'의 설정과 관련한 논의와 밀접한 관련이 있다. 예컨대, 같은 주제(예컨대, '학부교육 성공요인')를 연구하는 경우라도 분석단위를 넓게 잡으면(예컨대, 한동대학교 전체) 도출되는 근거이론의 추상성이 높아질 수밖에 없고, 수집해야 될 자료의 범위도 넓어지게 된다. 따라서 분석단위를 좁게 잡는 경우(예컨대, 한동대 인문사회계열 혹은 더욱 좁게 특정학과가 분석단위가 되는 경우)보다는 시간과 노력이 훨씬 더 많이 들게 된다. 특히 연구 경험이 일천한 초보연구자의 경우 분석단위를 지나치게 넓게 잡게 되면(즉, 넓은 범위에서 일반화를 시도하는 경우에는) 타당한 연구결과를 도출하기 쉽지 않으므로, 자신이 가지고 있는 이론적 민감성(해당 주제에 대한 직간접적 경험을 통해 습득한 통찰력)과, 자신이 투입 가능한 시간과 노력을 감안하여 감당할 만한 수준에서 분석단위(범위)를 설정하는 것이 필요하다. 예컨대, 분석단위로서 한동대 전체(예컨대, '한동대 학부교육의 특징과 성공요인 분석')를 설정하는 것과 한동대의 특정한 프로그램(예컨대, '한동대 자기설계전공의 특징과 성공요인 분석')을 설정하는 것은 연구의 범위와 난이도 측면에서 커다란 차이가 있다.

박스 6-11 강지은(2019)의 석사논문에서 사례 대학 선정 근거

본 연구의 사례 선정 과정과 기준은 다음과 같다. 우선 변기용 외(2015)의 연구진들이 K–DEEP 프로젝트 1차년도 연구 참여대학 후보군으로 선정한 대학들을 1차적 고려대상으로 선정했다(1차년도 연구에서는 5개의 대학으로 구성되었다). 또한 학생설계전공의 운영을 가장 잘 나타내 줄 수 있는 대학의 특징으로는 융복합 교육과 학생 중심의 대학교육이 비교적 오랜 시간을 걸쳐 시행되고 있어야 한다고 판단하였다. 한동대학교의 경우 2000년대 초중반부터 교육중심대학의 대표성을 가지는 학교로, 여러 학교에서 벤치마킹을 하기도 했다(변기용 외, 2015). 또한 오래전부터 무전공 · 무학과 입학과 자유로운 전공 선택 제도 및 복수전공 의무화 제도 등을 실시해 오고 있었기 때문에, 한동대학교가 융복합교육을 잘 설명해 줄 수 있는 사례가 될 수 있다고 생각하였다. 특히 학생설계전공 제도는 융합교육의 한 갈래에서 나온 제도라는 점과 이를 창의융합교육원이라는 조직을 신설하여 운영하고 있는 한동대학교의 학생설계전공은 실제로 이 전공 제도를 운영하는 데에 있어서 유용한 시사점을 줄 수 있다. 마지막으로 선행연구에서 고찰하였던 미국의 교양교육 중심의 소규모 대학인 바사대학(Vassar College)과 베이츠 대학(Bates College)이 소규모 단과대학이라는 약점을 학생설계전공으로 보완해 나가는 것과 같이(안동현, 2016), 한동대학교의 학생설계전공 운영과정이 학생 중심의 전공 제도를 모색하고 있는 지방의 소규모 대학에게 의미 있는 사례가 될 것이라 생각하였다(강지은, 2019: 42).

* 가독성을 높이기 위해 필자가 일부 내용을 수정하여 제시하였음.

② 연구의 중심 질문을 기초로 수집할 자료의 종류, 수집 절차와 방식에 대해 생각해 보기

일단 설정한 연구질문에 답하기 위해 필요한 자료의 수집 범위와 계획에 대해 언제, 어디서, 무엇을, 어떻게 수집할 것인지를 중심으로 간략히 기술해 본다. 자료의 수집 범위가 결정되었으면 각각의 수집 자료에 대해 어떻게 이를 수집할 수 있을 것인지에 대해 기술한다. 특히 면담이나 참여관찰로 수집할 자료에 대해서는 누구(무엇)를 언제, 몇 명(얼마나) 면담(참여 관찰)할 것인지에 대해 대체적인 계획을 기술한다. 면담자의 수, 면담자의 선정 기준에 대한 기술도 필요하다. 이때 (1) 타당한 연구결과를 도출하는 데 필요한 정도와 함께 (2) 연구자의 능력과 시간을 감안할 때 실현 가능한 정도 두 가지 요소를 항상 염두에 두고 상황에 맞게 작성하는 것이 중요하다. 연구재단에서 지원되는 연구비를 바탕으로 대규모 프로젝트로 수행된 K-DEEP와는 달리 석사논문 작성을 위해 개인적 수준에서 수행된 강지은(2019)의 사례를 기초로 이를 제시하면 다음과 같다.

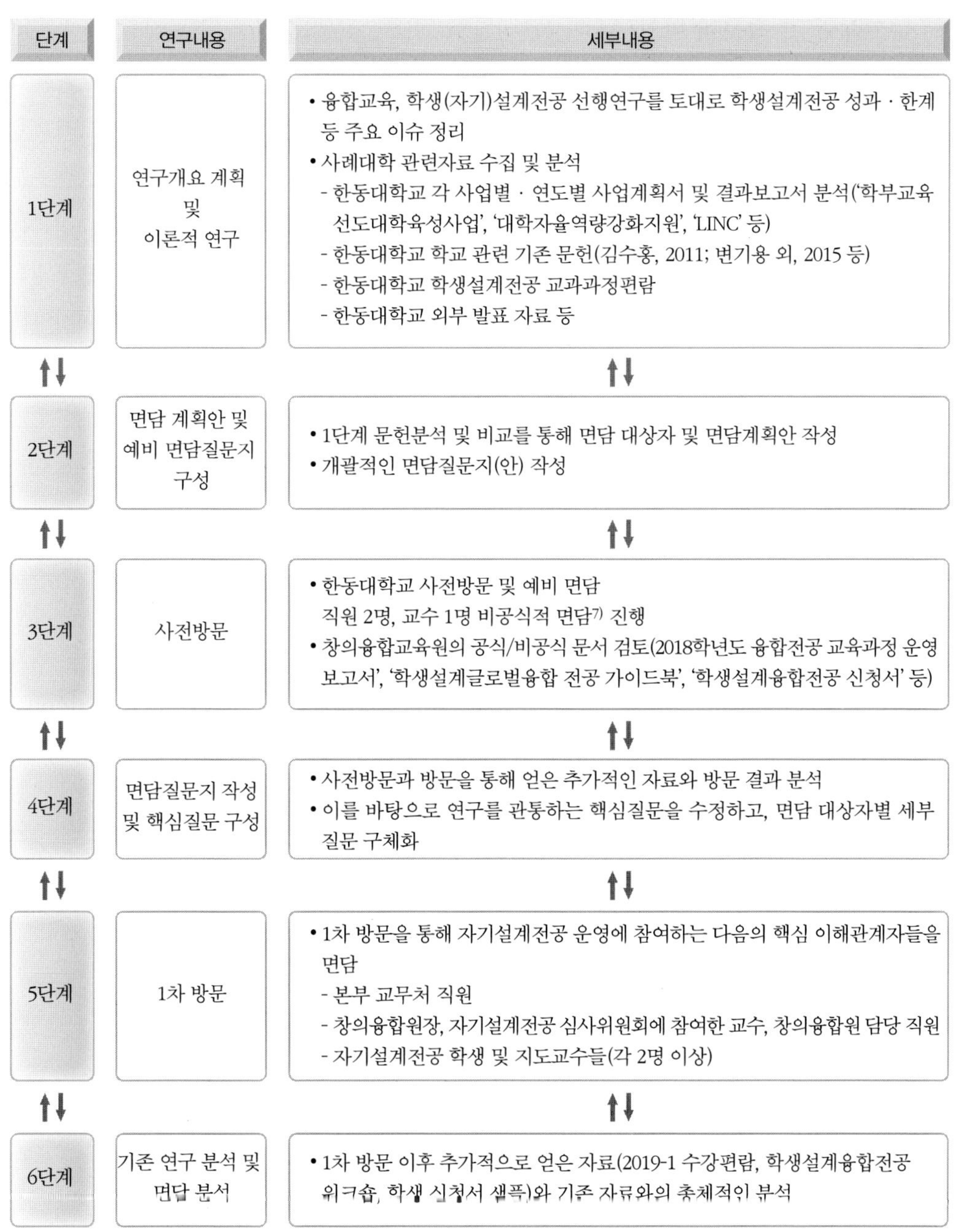

[그림 6-2] 연구 진행 절차: 각 연구단계별 수집이 필요한 자료 및 방식

7) 사전 방문 당시, 면담이 목적이 아니라, 창의융합교육원의 개괄적인 운영 및 소개에 대한 정보를 얻고자 하였다. 그러나 사전 방문을 통해 직원 2명과 교수 1명을 만날 수 있었고, 이를 통해 다양한 기본 정보를 얻을 수 있었다. 이는 사전방문 결과를 작성하여 관련 정보를 보존하려고 하였으며, 공식적으로 면담 요청을 하지 않았던 이유로 '비공식적 면담'이라고 칭하였다.

(4) 보고서 윤곽 작성해 보기

흔히 연구계획서 작성 과정에서 초보연구자들은 최종 보고서의 대체적인 구조와 기본적 내용에 대해 깊이 생각하지는 않는 것 같다. 하지만 복수의 연구자가 참여하는 프로젝트형 연구에서는 연구계획서(혹은 연구 프로토콜)에 잠정적인 보고서의 구조와 기본적 내용이 포함되어 있어야 한다. 이는 추후 연구 수행 과정에서 관련된 자료를 적합한 형식으로 수집하는 데 도움을 준다. 물론 최종 보고서의 구조와 기본 내용을 미리 생각해 본다는 의미가, 연구계획서(연구 프로토콜)에 처음 제시된 것이 최종 보고서에 그대로 유지되어야 한다는 것을 의미하는 것은 아니다. 앞서 언급했듯이 근거이론 연구의 계획은 자료를 수집해 보고 얼마든지 변경할 수 있다. 실제로 K-DEEP 프로젝트(잘 가르치는 대학의 특징과 성공요인 분석 연구)에서도 초기에 개발된 사례연구 프로토콜[8]에서는 학부교육 실태조사(K-NSSE) 데이터의 해석을 중심으로 (1) '우수한 학부교육'의 모습과 (2) '우수한 학부교육'을 가능하게 하는 맥락적 요인이 무엇인지를 탐구하는 데 초점을 두고 작성이 되었다. 하지만 실제 연구가 진행되면서 이러한 초기의 초점 영역과 함께 (3) 우수한 학부교육을 시행하는 '대학의 특징'과 '그러한 특징이 형성되게 된 과정과 전략'이 무엇인지에 대한 연구로 변경, 확장되어 나간 바 있다. 필자의 경우에는 새로 추가된 (3)번 영역이 K-DEEP 프로젝트 수행과정 전반에 걸쳐 가장 큰 관심을 가졌던 부분이었다.

박스 6-12 다중적 질적 사례연구 수행 시의 사례연구 프로토콜(Yin, 2014/2016: 142)

사례연구 프로토콜의 개발은 모든 사례연구에 있어서 매우 중요하지만 특히 다중 사례연구에 있어서는 더욱 중요하다. 프로토콜은 사례연구의 신뢰도를 높이는 가장 중요한 방법이며 연구원이 모든 사례로부터 올바르게 자료를 수집할 수 있도록 인도하는 목적을 가진다. 사례연구 프로토콜은 일반적으로 다음과 같은 내용을 포함하고 있어야 한다.

- 연구 개요: 프로젝트 목적과 후원자, 연구의 이슈, 그리고 연구주제와 관련된 문헌들
- 현장조사 절차: 연구 현장 접근 승인, 내부 정보원 확보, 진행상의 주의사항
- 연구문제: 자료 수집 시 연구자가 염두에 두어야 할 구체적인 질문사항, 자료 배열을 위한 테이블 구조, 질문에 대답할 정보원
- 보고서 작성 지침: 전체적인 윤곽, 자료 형식, 참고자료 사용방법, 참고문헌 목록

8) K-DEEP 프로젝트에서 사용된 사례연구 프로토콜은 곧 출간될 예정인 제2권에서 제공할 예정이다.

제7장 현장에 나가기 전까지 사전 준비사항

1. 근거이론 연구에서 필요한 자료의 종류와 수집 절차
   1) 문제와 연구의 분석단위
   2) 근거이론적 방법에서 사용될 수 있는 자료의 유형
   3) 데이터 수집과 분석의 지속적 반복
2. 면담참여자 선정과 현장 방문(면담) 일정표 작성
   1) 근거이론에서의 면담참여자 선정과 '이론적 표집'
   2) 면담참여자 선정과 일정표 작성의 실제
   3) 면담참여자 선정과 관련한 현실적 이슈 및 논의사항
3. 면담질문의 작성

연구계획서가 완성되어 일단 본인이 연구할 주제와 연구문제가 개략적으로 확정되고 난 뒤에 이루어져야 하는 작업은 연구문제에 답하기 위한 자료를 수집하는 일이다. 이를 위해서는 책상에 앉아 가용한 문헌자료를 수집하는 것 이외에도, 현장에 나가 면담과 참여관찰 등을 통해 본격적으로 자료 수집을 하는 것이 필요하다. 하지만 현장으로 나가는 것은 연구자의 입장에서 많은 시간과 노력이 드는 활동이며, 더욱이 면담에 응하는 사람들의 입장에서 보면 자신의 귀중한 시간을 어찌 보면 자기와는 직접적 관련이 없는 연구를 위해 할애하는 특별한 배려를 한 것이라고 볼 수 있다. 따라서 근거이론 연구자는 현장에서의 본격적인 자료 수집이 효과적으로 진행될 수 있도록 사전에 충분한 준비를 해 놓을 필요가 있다. 이 장에서는 연구설계가 완료된 후 자료 수집을 위해 현장에 나가기 전까지 연구자가 준비해야 할 것은 무엇인지에 대해 구체적으로 기술해 보기로 한다.

1. 근거이론 연구에서 필요한 자료의 종류와 수집 절차

연구자가 자료 수집을 위해 현장에 나가기 전까지 연구자들은 먼저 다음과 같은 사항들을 체계적으로 점검해 볼 필요가 있다.

1) 문제와 연구의 분석단위

먼저, 자료 수집에 앞서 본인의 연구를 관통하는 기본적 문제 인식에 따라 '중심 연구문제'를 다시 한번 명확히 해 둘 필요가 있다. 질적 연구에서 설정하는 연구문제는 연구진행 과정에서 얼마든지 수정이 가능하다. 하지만 연구 시작 단계에서 연구의 전반적인 과정을 안내하는 준거점으로서 중심 연구문제를 명확히 해 두는 것은 자료 수집을 위해 매우 중요하다. 이는 자료 수집 과정에서 초보연구자들이 자신도 모르게 범할 수 있는 '본래의 연구와 동떨어진 다른 길로 빠질 가능성'을 최소화하는 데 많은 도움이 된다. 중심 연구문제는 기본적으로 '연구과정 전반에 걸쳐 설정한 연구문제 해결을 위해 연구자 자신에게 묻고 연구자가 그 답을 찾아내야 하는 핵심적 질문'이라고 할 수 있다. 따라서 이는 개별 면담참여자에게 묻는 면담질문과는 구별되는 것이다.

K-DEEP 프로젝트('잘 가르치는 대학의 특징과 성공요인') 수행과정에서 필자가 초기 단계에서 염두에 두었던 중심 연구질문은 개략적으로 [박스 7-1]에 제시된 것들이었다. 물론 연구의 진행과정에서 이러한 중심 연구질문도 일정 부분 조정 과정을 거치게 되는 것이 보통이다. 결국 연구란 이러한 중심 연구질문에 대한 답을 구하기 위해 자료를 수집 · 해석하면서 처음에 설정한 중심 연구문제가 타당한지에 대한 조정을 거치고, 이러한 조정 과정을 거쳐 최종적으로 확정한 연구문제에 대해 연구자가 제시할 수 있는 가장 설득력 있는 답을 내 놓는 지속적인 성찰의 과정이다. 따라서 근거이론적 방법을 적용한 연구에서 이러한 중심 연구문제를 연구 시작단계에서 잘 설정하고, 연구과정에서 나타나는 다양한 상황을 고려하여 적절히 수정해 나가는 것은 연구의 중요한 과업 중 하나이다. 이를 감안하면 초기단계에서 설정하는 중심 연구문제는 일단 연구자가 시작 단계에서 초동적으로 가지게 된 문제인식에 기초하여 비교적 큰 범위의 수준에서 기술하는 것이 좋다.

박스 7-1 K-DEEP 프로젝트('잘 가르치는 대학의 특징과 성공요인') 수행과정에서 필자가 초기단계에서 설정한 중심 연구문제

1. 학부교육 우수대학들의 내적 특징과 맥락은 어떠한가?
   ① 학부 교육기관으로서 이들의 구조적 강점과 약점은 무엇인가?
   ② 지금까지 대학 역사를 볼 때 이들은 자신들의 강점을 어떻게 강화하고 약점은 어떻게 보완해 왔는가?
2. 이 중 어떤 것들이 해당 대학의 학부교육 우수성에 특히 기여하였는가? 즉, 대학들이 인식하는 학부교육 성공요인은 무엇인가?
3. K-NSSE의 6개 요인을 기준으로 해당 대학의 학부교육 성공 요인을 분석할 때 교육당사자(교수와 학생)들이 인식하기에 효과적이었던 교육 프로그램, 제도, 내적 환경은 무엇인가?
4. 여건과 환경이 비슷한 다른 대학들이 학부교육에서 성과를 내기 위해 벤치마킹할 만한 성공요인은 무엇인가?

둘째, 분석단위와 자료 수집의 단위가 다른 경우 특히 초보연구자들의 경우 혼란에 빠지는 경우가 있다. 동일한 연구주제(예컨대, 초등학교 여성교원이 경험하는 번아웃 현상)라 하더라도 '개인'이 분석단위인 경우(초등학교 기혼 A 여성 교원이 경험하는 번아웃 현상)와 '조직'이나 '프로그램'(즉, A 초등학교 교원들에게 나타나는 번아웃 현상과 대처방안)이 분석단위인 경우는 데이터를 수집하는 관점에서 차이가 있을 수밖에 없다. 예컨대, 분석의 단위가 조직(예컨대, 학교, 대학교)인 경우라고 하더라도, 실제 자료의 수집은 (분석단위가 개인인 경우와 마찬가지로) 그 학교의 개별 구성원(위의 예의 경우 개별 교원)을 면담함으로써 이루어진다. 하지만 이때 분석단위가 조직이라면 면담을 수행할 때 얻어야 하는 것은 면담참여자 개인의 주관적 경험에 한정되는 것이 아니라, 그러한 개인의 주관적 경험과 의견을 바탕으로 연구자가 조직에서 나타나는 번아웃 현상들의 전체적 정도와 의미를 종합적으로 해석할 수 있어야 한다. 따라서 이러한 경우 면담 과정에서 면담대상자 개인의 경험과 의견뿐만 아니라, 조직에 있는 다른 사람의 경험과 의견은 어떤지를 함께 물어봄으로써 이를 간접적으로 보완하기도 한다.

다음에 제시된 면담개요는 필자가 책임연구자로 수행했던 'K-DEEP 프로젝트(2013~2016)'에서 참여 연구진들이 개발하여 사용한 것이다. 이 '면담개요'에서도 분석단위가 학교(조직)인 점을 감안하여, 자료 수집 과정에서 공동연구진들이 다음과 같은 원칙을 참조하여 면담을 진행할 것을 제안하였다.

> 면담을 통해 개인의 의견을 듣지만 이 연구는 개인 차원의 연구가 아니라 한 대학 차원의 연구이기 때문에, 개인의 의견을 바탕으로 학교 차원의 의미를 찾아내도록 해야 하며, 관련 후속 질문들을 상황에 맞게 개발하여 해 나갈 필요가 있습니다(예를 들어, 당신은 그렇게 생각하는데, 다른 동료나 학생들은 어떻게 생각할까 등의 질문은 필요한 경우에는 적절하게 해 볼 필요가 있습니다). * K-DEEP 프로젝트 '면담개요' 중에서

교육행정학 분야에서 이루어지는 근거이론 연구(혹은 실용적 사례연구)의 경우 조직이나 프로그램의 효과성 등 조직 관리나 구성원들의 행태를 연구대상으로 하는 경우가 많은데, 이 경우 개인을 면담하더라도 연구결과를 일반화할 분석단위는 어디까지나 해당 구성원이 소속한 프로그램이나 조직이다. 따라서 연구자는 개인의 의견을 듣지만 개인의 경험과 의견 자체가 아니라 특정 개인의 경험과 의견을 바탕으로 프로그램, 조직 차원의 의미를 찾아내는 것이 최종 목표라는 점을 명심해서 자료를 수집할 필요가 있다. 이 경우 앞서 설명했던 기노시타(2013/2017)가 제안한 '분석초점자'의 설정은 중요한 의미가 있다고 할 것이다(질적 자료 분석에 있어 분석초점자의 의미에 대한 보다 자세한 설명은 제9장 참조).

2) 근거이론적 방법에서 사용될 수 있는 자료의 유형

근거이론적 방법을 적용한 연구에서 사용될 수 있는 자료의 유형은 문서정보, 기록정보, 면담, 직접관찰, 참여관찰, 그리고 물리적 인공물 등 매우 다양하다. Glaser와 Strauss(1967/2011)는 근거이론을 질적 그리고 양적 자료를 모두 포용하는 접근법이라고 주장하였다. 아울러 Glaser와 Strauss(1967/2011)는 해당 연구과정에서 수집한 자료뿐만 아니라 다른 문헌, 자료들도 연구수행을 위해 도움이 되는 것이라면 모두 데이터로 취급하여 분석할 수 있다고 말하고 있다. 이때 유의해야 할 점은 여기서 의미하는 '양적 자료'란 연구자가 분석이 진행되는 과정에서 필요한 것이라고 생각해서 수집하는 데이터를 말하는 것이며, 그러한 목적으로 수집한 데이터의 형식이 수량적인 것이어도 무방하다는 정도로 해석하면 될 것이다(기노시타, 2013/2017). 이는 Greenwood와 Levin(2007/2020)이 그들이 주장하는 실용적 실행연구(pragmatic action research)에서 연구수행을 위해 필요하다면 질적 연구 혹은 양

적 연구방법 등 어떤 연구방법이든 사용이 가능하다고 주장한 것과 유사하다. 기본적으로 근거이론적 방법이나 실행연구 모두 실용주의적 관점에 기반하고 있기 때문이다. 하지만 근거이론적 방법은 개인의 경험을 보다 심층적으로 이해하려고 하는 경우가 많기 때문에 참여자에 대한 면담과 참여관찰 등이 가장 많이(대부분의 소규모 연구에서는 거의 전적으로) 사용되며, 많은 경우 면담자료가 가장 핵심적인 자료가 된다. 하지만 면담자료가 근거이론 연구에서 중요하기는 하지만 면담자료에 맹목적으로 과도한 의미를 부여하는 것은 주의할 필요가 있다. 연구문제에 따라 반드시 면담을 통하지 않고도 다른 형태(문헌, 통계 자료 등)의 자료를 통해 대답을 얻을 수 있다면 면담으로 수집하는 자료의 의미는 그만큼 제한될 것이기 때문이다.

〈표 7-1〉 면담 전 사전에 수집한 자료 예시: 한동대 사례연구

	한동대에 사전에 요청할 자료	연구진 자체 검색 자료
주자료	1. ACE 사업 관련 자료 2. *2013 한동대 자체평가보고서 3. 한동대 중장기 발전계획 or 교육역량강화 계획서 4. 교육개발센터 보고서 5. 글로벌리더십 학부 신입생 조사 보고서 6. 교원들이 학술지에 게재한 교육 관련 각종 학술논문 7. RC 관련 자료들(학생처, 혹은 각 RC가 작성한 사업 보고서 같은 것이 있는지 확인 필요) 8. 교수/팀의 허락하에 팀(공동체리더십 훈련)의 SNS(Facebook 이나 블로그) 관찰	1. *변수연 박사학위 논문 (2013) 2. *김수홍 석사학위 논문 (2010) 3. *주요신문사 한동대 관련 기사 4. *[한동웹진]-[한동매거진] www.hgupress.com
부자료	1. 입학 홈페이지 자료: 입학자 성적 및 지역/출신고 분포 3. *한동인 이야기(http://story.handong.edu/) 4. *새내기 알림 책자 5. *졸업생 설문조사보고서 6. 『갈대상자』 7. 후원자 매거진『갈대상자』 8. *학교소개 동영상 9. 한동대 교목실 사역 안내서 (참여 현황 및 소감을 알 수 있는 자료 필요)	1. *네이버 '한동대' 검색 자료

주: *로 표시되어 있는 자료는 인터넷에서 검색 가능한 자료임.

특히 면담은 대개 제한된 시간 내에 이루어지기 때문에 시간이 한정된 연구자로서는 연구계획서에서 설정한 연구질문들을 검토하여 (1) 반드시 면담을 통해서만 정보를 획득할 수 있는 연구질문과 (2) 다른 자료원을 통해서도 대답될 수 있는 연구질문을 구분하여 자신이 처한 맥락(시간과 자원의 제약 등)에서 무엇이 보다 효과적인가를 판단하여 접근하는 것이 더 적절할 것이다. 특히 학위 논문 작성을 위한 대부분의 연구에서는 동일인에 대해 여러 차례 면담을 진행하는 것이 사실상 쉽지 않기 때문에, 사전에 꼭 면담을 통해서 얻어야 할 자료의 범위를 명확히 설정해 두고 면담 상황에서 이를 감안하여 좀 더 효율적으로 면담 시간을 관리해 나가는 것이 필요하다. 참고로 필자가 K-DEEP 프로젝트의 일환으로 수행했던 한동대 사례연구에서는 이러한 문제인식하에 면담에 들어가기 전 〈표 7-2〉에 제시되어 있는 자료를 미리 수집하여 철저히 분석한 후 면담에 임하였다.

특히 초보연구자일수록 연구 초기단계에서 먼저 중심 연구질문에 따라 수집해야 할 데이터를 생각해 보고 〈표 7-2〉와 같은 자료 수집 매트릭스를 작성해 보는 것이 좋다(Mills, 2003/2005). 예컨대, 필자의 석사과정 지도학생인 강지은(2019)이 필자와 함께 수행했던 「한동대 학생설계전공의 운영방안에 대한 사례연구」의 경우 초기 단계에서 연구문제에 따라 〈표 7-2〉와 같은 자료 수집 매트릭스를 작성한 바 있다.

〈표 7-2〉 한동대 학생설계전공 연구 중심 연구질문과 이에 기초한 자료 수집 매트릭스

중심 연구질문	수집자료
1. 한동대에서 학생설계전공을 시행하는 목적은 무엇인가? • 한동대에서는 융합교육을 왜 강조하는가? • 실제 학생들에게 융합전공이 얼마나, 무슨 도움이 되는가? • 한동대에 독특한 맥락은 무엇인가?	• 문헌자료: ACE 사업 보고서, 학생설계융합전공 교육과정 운영 보고서, 학생설계 글로벌 융합전공 가이드북, 학생설계전공 워크숍 자료 • 논문 및 발표 자료: 변기용 외(2015). 김수홍 석사학위 논문(2010) • 면담: 원장, 심사위원회 교수, 지도교수, 직원, 참여학생, 졸업생
2. 한동대에서는 학생설계전공을 어떻게 시행하는가? • 한동대에서 시행하는 학생설계전공의 특징은 무엇인가?	• 문헌자료: ACE 사업 보고서, 학생설계융합전공 교육과정 운영 보고서, 학생설계 글로벌 융합 전공 가이드북, 방청록(2018), 박혜경(2018), 김우성(2018), 이원섭(2018) 교수 발표 자료 등 학생설계전공 워크숍 자료 • 면담: 원장

중심 연구질문	수집자료
3. 현재까지 한동대에서 학생설계전공을 시행해 본 결과 어떤 성과가 있는가? • 학생, 교수, 학교의 입장	• 문헌자료: 학생설계융합전공 교육과정 운영 보고서 • 면담: 원장, 심사위원회 교수, 지도교수, 직원, 참여학생, 졸업생
4. 학생설계전공 시행 과정에서 나타난 가장 큰 어려움은 무엇인가? • 학생들에게 얼마나 가이던스를 제공하여 시행착오를 막을 수 있는가? • 자기설계전공의 질적 수준을 어떻게 관리할 수 있는가?	• 문헌자료: 학생설계융합전공 교육과정 운영 보고서 • 면담: 원장, 심사위원회 교수, 지도교수, 직원, 참여학생, 졸업생
5. 성과 혹은 문제점이 발생한 원인은 무엇인가? • 한동대에 특유한 성공요인은 무엇인가? 한동대의 맥락은 무엇인가? • 교수들은 이를 어떻게 보고 있는가? 교수들의 참여를 어떻게 이끌어 내고 있는가?	• 면담: 원장, 심사위원회 교수, 지도교수, 직원, 참여학생, 졸업생
6. 향후 개선을 해 나가기 위해 고려해야 되는 요인들은 무엇인가?	• 면담: 원장, 심사위원회 교수, 지도교수, 직원, 참여학생, 졸업생

3) 데이터 수집과 분석의 지속적 반복

근거이론 연구에서는 "데이터 수집 → 분석 → '이론적 표집'을 통한 보완적/목적적 자료 수집 → 분석…" 등 순환적 과정을 통해 이론적 포화(데이터와 분석결과의 최적화 단계)가 될 때까지 데이터 수집과 분석을 지속적으로 반복해 나가는 것이 원칙이다. 이를 보다 구체적으로 살펴보면, 먼저 연구설계 단계에서 일단 연구의 목적을 감안하여 수집할 데이터의 범위를 설정한다. 이후 1차적으로 수집된 자료를 기초 데이터로 하여 분석하고 이러한 과정을 통해 연구하려는 현상에 대한 개념(범주) 형성 및 개념(범주) 간의 관계에 대한 기초적 분석이 이루어진다. 이러한 기초적 분석이 이루어지고 난 후 추동적으로 생성된 개념(범주)의 포화 혹은 개념(범주) 간의 관계를 보다 정교하게 설명하기 위해 필요한 추가 데이터가 있는 경우, 이러한 빈 곳을 메우기 위해 목적적으로 데이터를 수집하는 작업('이론적 표집')을 통해 필요한 자료를 다시 수집하여 분석하는 방식으로 자료 수집과 분석이 반복적으로 이루어진다.

필자가 'K-DEEP 프로젝트'의 일환으로 수행했던 한동대 사례연구에서는 [박스 7-2]에서 제시된 바와 같이 (1) 면담 전 기초적 문헌과 인터넷 자료 수집 및 분석 → (2) 예비 방문을 통한 핵심 관계자 면담 및 추가 문헌 자료 수집 및 분석 → (3) 1차 현장 방문을 통한 면담 및 참여 관찰을 통한 자료 수집 및 분석 → (4) 1차 방문 분석 결과를 바탕으로 2차 면담참여자 선정 및 현장 방문을 통한 자료 수집 및 분석 → (5) 연구보고서 초안 작성의 순으로 자료 수집과 분석이 반복적으로 이루어졌다.[1)]

박스 7-2 한동대 사례연구 수행과정에서의 자료 수집 과정 개관

1. 면담 전 기초자료 수집
   - 대학 알리미 기초 통계 자료를 통한 대학 기본 현황 파악
   - 인터넷 검색을 통한 비공식적 자료의 습득: 예컨대, 대학 내부구성원들의 입장에서 말하기는 어려운 학내 분란, 부정적 측면과 관련된 기초자료는 언론 보도, 학내 신문, 인터넷 검색 등을 통해 찾을 수밖에 없음
   - 긍정적이고 객관적인 자료는 예비 방문 전 연구진에서 사례연구와 관련해서 필요한 자료를 사전에 정리하여 대학에 직접적으로 요청하고, 민감한 자료는 학내 신문, 언론 보도 자료 등을 통해 자료를 검색하여 연구진들 간에 공유하였음
2. 예비 방문
   - 예비 방문(1일)을 통해 사례연구 대상 대학의 주요 면담대상자(교무처장, 교수학습센터장, 교무부장)를 면담하고, 필요한 자료를 추가로 수집
   - 1차 방문 전에 이를 충분히 숙지하고 전체 연구진 차원에서 만든 공통 버전의 면담 개요를 한동대의 맥락을 반영한 버전으로 수정하고, 1차 방문 시 면담자 선정, 현장 방문 일정 작성에 참조함
3. 면담 및 참여관찰을 위한 1차 현장 방문
   - 1차 현장 방문(2박 3일)을 통해 자료 수집 및 분석, K-DEEP 프로젝트 전체 연구진 회의를 통한 자료 수집 및 분석 결과 공유
   - 1차 현장 방문 분석 결과를 바탕으로 2차 면담참여자 선정, 면담질문 작성
4. 확인 면담을 위한 2차 현장 방문
   - 2차 현장 방문(1박 2일)을 통해 자료 수집 및 분석, 연구보고서 초안 작성

1) 구체적 연구추진 일정은 곧 발간되는 제2권에서 제공한다.

비단 근거이론적 방법에만 한정된 것은 아니지만 연구결과의 신뢰도와 타당도를 높이기 위해서는 자료 수집 과정에서 다음의 세 가지 원칙(Yin, 2014/2016)을 염두에 둘 필요가 있다. (1) 두 개 이상의 자료원을 상보적으로 사용(data triangulation), (2) 사례연구 데이터 베이스 구축, (3) 증거의 연결고리 만들기.

이를 좀 더 구체적으로 설명하자면, 첫째, '자료의 다원화(data triangulation)'는 어느 하나의 자료원에 지나치게 의존하지 말고, 면담, 참여관찰, 문헌, 통계자료 등 다양한 자료를 활용하여 저자가 주장하는 바를 뒷받침하는 것이 중요하다는 것을 의미한다. 특히 면담참여자가 반드시 진실을 말할 것이라고 생각하지 말고, 이를 다른 참여자의 진술, 참여관찰 자료를 통해 확인하는 작업(triangulation)을 하는 것은 연구결과의 타당성 확보를 위해 매우 중요하다.

둘째, 사례연구 데이터 베이스를 만드는 일은 기본적으로 연구자가 연구과정에서 산출한 모든 자료를 연구보고서와는 별도로 보관하고, 추후 다른 연구자들이 이러한 자료들을 직접 검토할 수 있는 기회를 제공함으로써 연구결과의 신뢰성을 높일 수 있다는 생각에 기초한다. Yin(2014/2016)은 이러한 작업을 '연구결과에 대한 추적 감사(audit trail)'라고 표현하기도 한다.

[그림 7-1] 연구결과에 대한 추적 감사를 위해 K-DEEP 프로젝트에서 구축한 웹카페

필자가 수행했던 K-DEEP 프로젝트에서도 당초 프로젝트를 계획했던 초기 단계부터 연구진들이 학습했던 기초자료들을 포함하여, 연구과정 전반에 걸쳐 산출된 모든 자료(연구계획서, 문헌자료, 통계자료, 면담개요, 전사자료, 면담 성찰일지, 학교 방문 과정을 통해 수집한 자료 등)를 [그림 7-1]에 제시된 다음 카페(http://cafe.daum.net/kdeep)를 통해 축적 · 공유하였다. 필자의 이러한 경험을 통해 볼 때 물론 이상적으로는 '연구결과의 추적 감사'를 위한 자료의 축적과 보관이라는 아이디어는 매우 타당하고 심지어 당연하기까지 하다. 하지만 현

재 우리 학계의 관행으로 볼 때(우리나라뿐만 아니라 이런 장치가 제안된 미국의 경우에도) 이러한 장치가 제대로 작동할 가능성은 솔직히 매우 희박하다는 생각이 든다. 따라서 이러한 Yin(2014/2016)의 주장이 실제적으로 연구결과의 타당성 확보 장치로서 얼마나 효과적으로 기능할 것인지에 대해 필자는 매우 회의적이다.

셋째, '증거의 연결고리 만들기'라는 원칙은 근거이론적 방법을 적용한 연구에서 특히 중요하게 고려해야 할 사항이라고 할 수 있다. 흔히 초보연구자들은 이론적 포화에 제대로 이르지 못한 상태에서 개념의 생성이나 개념과 개념, 범주와 범주 간의 관계를 섣불리 주장하는 경우가 많다. 다른 질적 연구와는 달리 현장에서 수집한 자료에 기초하여 이론을 생성하는 것을 목적으로 하는 '근거이론적 방법'의 경우, 자신이 발견한 실체이론의 타당성을 뒷받침할 수 있는 충분한 근거를 '자료 수집 → 개념의 생성 → 생성된 개념을 다시 자료와 비교 → 이론적 표집을 통한 추가 자료 수집과 개념의 견고화 → 생성된 개념과 개념 간의 관계의 발견 → 발견된 개념 간의 관계를 견고화하기 위한 이론적 표집…' 등의 반복적 과정을 통해 증거의 연결고리를 견고하게 만들어 나갈 필요가 있다는 점을 반드시 유념할 필요가 있다.

2. 면담참여자 선정과 현장 방문(면담) 일정표 작성

1) 근거이론에서의 면담참여자 선정과 '이론적 표집'

Birks와 Mills(2015/2015)는 근거이론적 방법의 가장 핵심적 특징의 하나인 이론적 표집(theoretical sampling)을 '근거이론 연구의 분석과정에 나타나는 단서를 추적해서 파악하는 과정'으로 정의하고 있다. 그들은 또한 "개념들이 분석의 가장 초기 단계에서부터 형성되기 시작하므로 이론적 표집이 처음 면담이나 처음 자료 수집에서부터 시작되어야 한다"고 주장하고 있다. 하지만 이러한 그들의 주장은 초기에 착안한 범주가 발전하여 연구자가 이러한 범주를 어느 정도 명료하게 확인하여 확장할 수 있을 때 이론적 표집이 가치가 있다고 주장하는 Charmaz(2014: Birks & Mills, 2015에서 재인용)의 입장과는 차이가 있다. 필자의 경험에 따르면 Charmaz의 주장이 교육행정학 연구에서 보다 실제적으로 적용할 수 있는 기준이 아닐까 생각한다.

이론적 표집은 다른 연구방법들에서 적용되는 표집 전략과는 다르다. 다른 방식의 연구설계에서는 통상적으로 연구자가 연구의 계획 단계에서 누구를, 언제, 어떻게 표집할 것인지를 결정한다. 특히 양적 연구에서는 모집단과 유사한 표본을 추출하는 것이 중요한 목표가 된다. 이와는 달리 근거이론에서는 일단 이론을 생성하기 위한 초기자료 수집 단계에서는 다른 질적 연구와 마찬가지로 연구목적을 달성하기에 가장 풍부한 자료가 수집될 것으로 생각하는 사람을 의도적으로 표집하게 된다. 예컨대, 필자가 K-DEEP 프로젝트의 일환으로 수행한 한동대 사례연구에서는 초기 면담참여자를 다음과 같은 과정을 통해 선정하였다.

박스 7-3 한동대 사례연구에서 초기 면담참여자 선정 과정

일단 프로젝트의 목적이 특정한 사례 대학에서 나타나고 있는 우수한 학부교육의 모습이 어떤 것인가를 찾아내고, 해당 대학의 맥락에서 어떻게 이러한 우수한 학부교육을 제공할 수 있었는지 그 성공요인을 찾아보는 것이었으므로, 사전에 문헌 조사 등을 통해 해당 대학의 일반적 상황과 함께 학부교육 실태 설문조사(K-NSSE)에서 나타난 해당 대학의 학부교육의 강점과 약점 영역을 충분히 파악하였다. 이러한 기초적 이해를 바탕으로 해당 대학의 학부교육의 모습과 성공요인을 가장 풍부하게 말해 줄 수 있는 사람들을 중심으로 1차 면담참여자를 선정하였다. K-DEEP 프로젝트의 경우 사전에 참여 대학과 접촉하여 내부 협력자인 대학별 코디네이터를 미리 지정해 두었으므로 연구자들은 면담참여자의 특성을 고려한 범주를 제시하는 역할을 했고, 이러한 특성을 고려한 실제 면담자의 선정은 해당 대학의 코디네이터가 현실적 제약들을 감안하여 연구자와 협의하여 확정하는 방식으로 진행되었다.

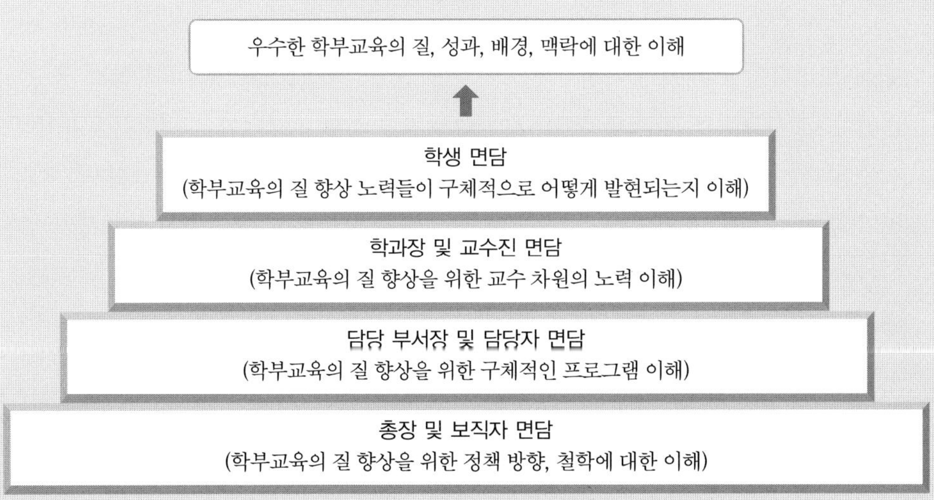

우수한 학부교육의 질, 성과, 배경, 맥락에 대한 이해

↑

학생 면담
(학부교육의 질 향상 노력들이 구체적으로 어떻게 발현되는지 이해)

학과장 및 교수진 면담
(학부교육의 질 향상을 위한 교수 차원의 노력 이해)

담당 부서장 및 담당자 면담
(학부교육의 질 향상을 위한 구체적인 프로그램 이해)

총장 및 보직자 면담
(학부교육의 질 향상을 위한 정책 방향, 철학에 대한 이해)

[K-DEEP 프로젝트 면담 구조]

우수한 학부교육의 시행과 이를 지원하기 위한 노력은 대학 본부로부터 부속기관, 학과를 거쳐 교수와 학생의 상호작용을 통해 발생하므로, 우수한 학부교육을 만들어 내는 과정에 관여하는 구성원들의 층위는 매우 다양하다. K-DEEP 프로젝트에서는 기본적으로 '우수한 학부교육의 모습'뿐만 아니라, 학부교육 우수대학을 만들어 나가기를 원하는 다른 대학들에게 일종의 시사점을 제시할 수 있도록 연구에 참여한 대학들이 어떻게 자신의 대학을 학부교육 우수대학으로 만들 수 있었는지 그 성공요인을 탐색하는 것이 또 다른 중요한 목적이었다. 이에 따라 단순히 교육을 만드는 주체인 학생과 교수뿐만 아니라, 효과적 학부교육을 시행하는 데 핵심적 지원 역할을 하고 있는 상위 차원 구성원들의 의견을 들어 보는 것이 매우 중요했다.

- 따라서 학부교육이 직접 일어나는 장면에 있는 교수, 학생뿐만 아니라 학과장, 학장, 본부 보직교수, 총장 등 보직교수들과, 교수학습센터 등 부속기관장과 행정 직원들을 망라하여 선정하였다.
- 특히 교수들의 선정에 있어서는 서로 다른 학문적 특성과 문화를 가진 인문/사회, 이공계 교수들을 별도 그룹으로 나누어 표집하여 학부교육이 일어나는 서로 다른 맥락에서 다양한 견해를 들어 보려고 했다.
- 학생들의 경우에도 일단 학생회, 총동아리 회장 등 학생 활동에 적극적으로 참여하는 핵심학생 그룹과 일반학생 그룹으로 나누어 표집하여 다양한 의견을 들어 볼 수 있도록 계획했다. 일반학생들의 경우 (선행연구를 통해 본 연구의 맥락에서 중요한 것으로 파악된) 다양한 개인적 특성, 예컨대 계열, 학년, 성별을 고려하여 가급적 골고루 표집이 될 수 있도록 노력했다. 아울러 학생들의 경우 통상적으로 면담참여자의 특성에 따라 면담에서 얻을 수 있는 정보의 질이나 양이 현저히 차이가 나므로, 일단 먼저 포커스 그룹 면담을 통해 전체 학생에 대해 면담을 한 후, 여기서 적극적으로 의견을 개진하는 주요 학생 5명 정도를 선정하여 추후 개별 면담을 진행하는 전략을 채택하였다.

이를 통해 최종적으로 선정한 1차 현장 방문에서의 면담참여자들은 다음과 같다.

(1) 본부 차원(총장 및 보직교수): 총장, 교무처장, 기획처장, 학생처장 4명(개별면담)

(2) 본부 차원(직원): 교무과장(개별면담), ACE 사업 담당직원(개별면담), 한동대 졸업생 인 직원(2개 그룹면담)

(3) 교수학습센터 차원: 센터장 및 직원 3~4명

(4) 교수 차원

- RC(Residential College) 담당교수 2명
- 일반 교수 2명: 인문 · 사회/이공 · 자연 각 1명

(5) 학생 차원

- 일반학생 16명: 각 8명씩 2그룹으로 나누어 초점집단 면담
  * 학과, 학년, 성별을 고려하여 다양하게 구성(총 16명), 일단 그룹 면담 후 풍부한 정보를 제공하는 학생을 선정하여 별도로 추가 면담
- 핵심학생: 총학생회, 총동아리 연합회, 공동체리더십 훈련팀, 새내기 섬김이 위원회 등의 간부학생 8명을 연구자 3명이 각각 개별 면담

2차 면담의 참여자 선정은 기본적으로 근거이론에서 '이론적 표집'의 논리를 본격적으로 적용하여 이루어졌다. 이론적 표집을 통해 연구자들은 다양한 각도에서 초동적으로 형성된 개념의 타당성을 확인하고, 또한 연구자가 성찰을 통해 발견한 개념 간의 관계를 좀 더 구체적으로 발전시켜 나갈 수 있는 자료들을 추가적으로 수집할 수 있다. 즉, 이론적 표집은 근거이론 생성을 위해 부족한 곳을 발견하여 이를 보완해 나가는 지속적 비교와 성찰의 순환적 과정에서 매우 중요한 의미를 가지는 것으로, 근거이론적 방법의 가장 특징적 요소 중 하나이다. 필자가 수행한 한동대 사례연구의 경우 1차 현장 방문까지 수집한 자료의 분석을 통하여 당초 설정한 주요 연구질문에 대해 이론적 포화(데이터와 분석결과의 최적화 단계)가 나타난 정도를 파악하고, 빈 곳이 발견된 경우 이를 보완해 나가기 위한 목적을 가지고 필요한 자료와 이를 위한 면담대상자를 선정하게 되었다. 예컨대, 필자가 2차 방문을 위해 작성했던 [박스 7-4]와 같은 메모는 추가로 수집이 필요한 자료가 무엇인지, 이를 위해 면담해야 할 사람은 누엇인지를 계획할 수 있는 기초자료가 된다고 할 것이다.

당시 필자는 이러한 개별 연구자 차원에서의 분석 결과와 함께, 1차 현장 방문 이후 실시한 전체 연구진 회의를 통해 다른 사례연구 대학을 방문한 공동연구진들로부터 해당 대학의 맥락에서 나타난 다양한 학부교육의 모습과 성공요인을 추가적으로 들어 볼 기회가 있었다. 이는 필자가 사례연구를 담당한 대학에서 직접 경험하지는 못했지만, 연구에 참여한 다른 유사

한 대학들에서 나타나고 있는 다양한 우수한 학부교육의 모습과 성공요인을 간접적으로 전해 들음으로써 필자가 미처 생각하지 못했던 사항을 추가로 발견할 수 있는 계기로 작용했다.

박스 7-4 성찰일지(발췌): 한동대 2차 현장 방문 준비(2014. 11. 22.)

1. 제도(공식 교육과정)는 다른 대학과 사실상 비슷하다. 한동대의 비공식 교육과정 + 문화가 덧붙여져서 차이를 만든다.
   - 제도가 잘 작동하게 하는 한동대 고유의 문화와 분위기 등은 무엇인가를 파악하는 것이 2차 방문의 핵심이 되어야 한다. 다른 대학과는 분명 다른 무엇인가가 존재한다. 제도가 같다고 같은 효과가 나는 것은 아님
   - 성공을 위한 맥락적 변인의 중요성. 한동대에서 특정한 제도가 성공하게 만드는 특유한 문화와 분위기, 여기에 영향을 미치는 요인들은 무엇일까?
   - 예컨대, '팀 프로젝트가 많다' + 'RC 생활' → 시너지 효과. 한동대에는 정말 Team project가 많은데, 이것이 좋은 성과로 이어지는 것은 기숙사 생활 등을 통해 학생들이 같이 있는 시간이 많고, 한동대가 처한 이러한 특이한 상황이 '만남이 많아야 효과를 볼 수 있는 관계지향적 교육'을 강조하는 한동대의 교육철학과 결합되어 좋은 성과를 도출하고 있음

2. 개별 '교수방법/스타일' 간의 우수/열등성의 문제는 아님. 결국은 이러한 교수방법을 적용한 후 학생이 경험하는 수업의 질 + 교육과정이 보다 중요한 요소
   - 새롭고 특이한 교수방법/스타일이 아니라 이러한 새로운 교수 스타일이 적용되고, 효과가 발현될 수 있도록 하는 문화, 시스템, 제도에 포커스를 두고 생각해 볼 필요
   - 개인별로 그러한 노력을 하도록 만드는 동기, 문화, 기제가 무엇인가? 교수들이 이에 대해 얼마나 고민을 하도록 만드나? 이에 대해 학교 차원에서 얼마나 지원하고 있나?
   - 아울러 티칭 스타일만이 아니라 시대, 환경적 변화에 맞는 '교육과정'의 개편, 보다 나아가 특성화가 중요한 것

     → 이러한 방향으로 교육과정의 개편을 위해 학과, 학교 차원에서 얼마나 노력하고 있나? 이를 장려하는 공식/비공식 제도와 문화는 무엇인지 파악하는 것이 중요

3. (전사자료 303쪽). "한동대가 변했다고 한들 여전히 한동만이 줄 수 있는 가치가 있다"라는 한동대 총학생회 간부의 자신감 있는 면담내용. 매우 인상적이었음

- '한동만이 줄 수 있는 가치'는 무엇인가? 학생들이 이토록 자신의 학교에 대해 자부할 수 있는 근거는 무엇인가? 공동체성 + 명예?

4. **문이과 경계를 허물 수 있도록 융합전공 강화, 교차수강 과목은 P/F 평가제도 도입**
   - 연계전공을 한다고 해도 한동대에서 여전히 문과 학생은 다른 문과 전공을 선택하여 연계전공(예컨대, 경영–경제)을 구성하고, 이과 학생은 다른 이과 전공을 선택하여 연계전공(예컨대, 기계–전산)을 구성하는 소극적 융합에 머무르는 경향이 나타나고 있음. 이를 해소하기 위해 신임총장 취임 후에 문이과를 아우르는 융합전공을 새로 도입하고(예컨대, IT 전공), 교차 수강과목은 P/F로 평가하여 학생들의 부담을 덜어 주려는 적극적인 행보를 보이고 있음
   - 이러한 학교의 조치에 대해 교수와 학생들은 어떻게 생각하고 있을까? 학생들은 왜 문이과를 교차하는 연계전공을 그동안 꺼려했을까? 이것을 해소할 수 있는 방안은 무엇인가? 교수들은 이에 대해 어떻게 반응할 것인가?

5. **'자기주도적 vs. 협동적 학습'이 한동대에서는 상호 연계되어 있음(전사자료 179~180쪽)**
   - 1차 방문 시 교수 집단 전사자료와 김수홍(2010)의 석사 논문 자료를 분석해 보면 한동대 학생들은 "공동학습에서 피해를 안 주려면 먼저 자기부터 열심히 하지 않을 수 없다"고 한다. 어떻게 보면 자기주도적 학습과 협동적 학습이 한동대에서는 연계되어 나타나는 측면이 있다.

     → 왜 이런 현상이 나타날까? 어느 정도로 광범위하게 나타날까? 이와 관련한 내용을 2차 방문 시에 좀 더 구체적으로 알아보는 것이 필요

6. **"다른 대학의 학생회는 하는 학생들만 하지만, 한동대의 팀 제도는 모든 학생이 참여한다"는 학생의 면담내용(전사자료 210쪽). 이것이 매우 인상적**
   - 한동대의 거의 모든 학생은 팀 모임을 통해 다양한 리더십 역할을 수행하는 기회를 부여받고 있음. 이와 함께 팀 모임 프로젝트에서 전공지식을 적용할 수 있는 기회 제공과 더불어, 팀원들과 교감하면서 진로지도에도 현실적 도움을 주는 등 다양한 긍정적 영향을 제공하는 기제로 작용하고 있음

     → 한동대 학생들의 성장에 팀 모임은 과연 어떤 역할을 하고 있을까?

7. **팀 제도(전사자료 83쪽)와 RC 도입(전사자료 153~154쪽). RC 도입 배경 이해에 매우 도움**

- 초기 단계에서는 한 팀에 학생 20명 정도로 구성되었음. 요즘은 학생 수가 많아져서 팀별로 학생이 35~40명 되니까 교수들이 힘들어서 포기해 버리는 경우도 있음. 2000년 이후 대화 시도도 하지 않고 졸업하는 학생들 많아졌다는 우려가 제기
  → 이러한 위기의식하에서 한동대는 RC를 도입해서 공동체 의식이 약해지는 문제를 해결하려고 시도. 구체적으로 이러한 한동대의 새로운 시도가 얼마나 효과적으로 작동하고 있는가?
  → RC 아이디어 자체는 매우 좋음. 교수들이 생각하는 다양한 교육방식과 모델을 서로 다른 RC를 통해 자율적으로 구현해 나갈 수는 없는 것일까? 자율성을 건전한 경쟁의 분위기로 연결시키려면 어떻게 해야 할 것인가?
  → RC 간에 존재하는 시설 격차는 어떻게 해소할 수 있을 것인가? 이에 대해 학교 측에서 생각하는 대안이 있는가?

8. 교육 vs. 연구(27쪽). 새로운 총장 취임 후 연구를 강조하는 경향과 교수들의 대응

- 교무처장은 '연구를 강조하더라도 과도한 요구를 하는 것이 아니라 교수들이 강의하는 교육영역에서 학생과 프로젝트를 하면서, 그것을 통해 연구를 장려'하는 방향으로 교수들이 느끼는 심적 충격을 줄이려고 시도
  → (확인해 보아야 할 사항) "한동대의 특성인 '관계에 중심을 둔 교육'을 놓치는 순간 한동은 끝난다"라고 말하는 교수도 있다. 교수들은 신임 총장의 이러한 연구에 대한 강조에 어떻게 반응하고 있는가? 어떤 방식으로 이 문제를 풀어 나가는 것이 가장 타당할까?
  → (연구자 생각) 이런 방향으로 하되 학문 특성에 따라 보다 유연하게 적용할 필요. 연구중심 교수 트랙을 구분해서 학교가 전략적으로 육성하는 학문 분야인 소위 '송곳 전략 영역'만 만들어 나가되, 대부분의 교수는 교육에 초점을 맞출 수 있도록 하는 것이 어떨까? 모든 교수에게 획일적으로 연구를 강조하는 것은 득보다 실이 많을 것 같음

9. 교육부 평가 시스템이 대학의 학부교육 개혁 노력에 미치는 부정적 영향

- 교육부는 학부교육 우수대학의 독특한 발전 모델들을 인정해 주는 방향으로 평가 시스템을 설계해야 함. 예컨대, 교육부가 학부교육의 질적 수준을 위해 강조하고 있는 '상대평가'는 학생들 간의 협력을 강조하는 한동대 고유의 분위기를 무너뜨

리고 있음. 재정 상황이 열악한 한동대의 경우 추가적 재원이 필요한 지표 관리는 할 수 없기 때문에 돈이 들어가지 않는 평가제도를 울며 겨자 먹기로 변경시켰는데 부작용이 많다고 함(교무처장)

→ 학점관리(지표관리) → '한동대의 고유한 문화를 왜곡시킨다', 한동대에는 절대평가가 훨씬 맞는 평가 시스템이라고 하는데, 실제로 교수와 학생들을 면담하여 확인해 볼 필요

10. 무전공제로 인한 '학과 존폐'의 문제와 건강한 긴장 상태의 조성

- 한동대의 경우 학생들이 무전공제로 입학하여 2학년 이후 자유롭게 전공을 선택할 수 있음. 따라서 학생들의 선택을 받지 못하는 경우 학생 모집에 어려움을 겪을 수밖에 없고, 결과적으로는 학과/전공의 존폐 논의로까지 이어지게 됨

→ 이것이 한동대 교수들이 분발하는 기제로 작동되어 왔는가? 이러한 학생들의 선택을 통한 전공 간의 질적 수준 향상 경쟁을 일종의 '위기의식' 조성이라고 볼 수 있는가?

→ 교무처장과 교수 면담을 통해 학생들의 선택에 의한 전공 존폐의 위기의식 문제가 한동대의 발전에 어떤 긍정적/부정적 역할을 했는지 확인해 볼 필요

2차 현장 방문 시의 면담참여자는 기본적으로 이러한 문제 인식에 기초하여 이루어진 '이론적 표집'을 통해 선정되었다. 즉, 1차 현장 방문 시 면담참여자는 5개 사례연구 대상 대학에 걸쳐 거의 유사한 기준으로 선정되었다면, 2차 현장 방문 시 선정한 면담대상자는 참여 대학별 특수성과 상황, 이론적 포화 도달 정도에 따라 서로 다른 사람들이 선정되었다(1차 방문 시 면담한 한동대 구성원은 [박스 7-3] 및 〈표 7-4〉, 2차 방문 시 면담참여자는 〈표 7-5〉 참조).

한편, 한동대 사례연구에 비해 훨씬 소규모로 시행된 강지은(2019)의 석사학위 논문 작성을 위한 실용적 사례연구(한동대 학생설계융합전공에 대한 사례연구)는 면담참여자의 선정도 훨씬 소규모로 이루어졌다. 이 연구의 목적은 운영자의 입장에서 학생설계융합전공의 효과적 운영방안을 찾는 것이었으므로, 학생설계융합전공에 대해 가장 잘 알고 있는 (1) 창의융합교육원장, (2) 학생설계융합전공 심사위원회 위원, (3) 학생설계융합전공 참여학생을 실제 지도하고 있는 지도교수, (4) 참여학생, (5) 학생설계융합전공을 행정적으로 지원하고 있는 교무처 직원, (6) 창의융합교육원 담당직원을 섭외하였다. 면담 중에 학생설계융합전공의 설계 초기 단계에서 학생들에게 조언을 해 주는 Academic Advisor도 면담이 필요할 것 같아 추가적으로 요청을 하여 면담을 진행하였다. 학생설계융합전공으로 졸업한 학생들도 면담

하는 것이 좋을 것 같아 요청을 하였으나 이는 사정상 이루어지지 못했다. 아울러 당초 1차 방문 시 수집한 자료 분석 후 이루어지는 것으로 계획되었던 2차 방문은 사정상 이루어지지 못하고 1차 방문 시 수집한 자료만을 기초로 하여 분석이 이루어졌다. 따라서 강지은(2019)의 논문은 근거이론의 가장 핵심적 요소라고 할 수 있는 '이론적 표집'을 아예 시도하지 못했으므로 엄밀하게 말하면 근거이론 연구라고 할 수는 없다.

2) 면담참여자 선정과 일정표 작성의 실제

초보연구자에게 면담참여자 선정은 쉽지 않은 일이다. 연구자로서는 자신의 연구가 당연히 매우 중요한 것이겠지만, 면담참여자의 입장에서는 해당 연구가 특별히 자신에게 관심이 있거나, 자신의 소속 기관에 도움이 되는 것이 아니라면 면담 자체가 자신의 귀중한 시간과 노력을 허비하는 일이라고 생각할 가능성이 크기 때문이다. 따라서 면담참여자를 확보하기 위해서는 자신의 연구가 면담참여자나 소속 기관에게 얼마나 의미가 있는 것인지, 혹은 사회적으로 얼마나 의미가 있는지에 대해 공감을 얻는 것이 중요하다. 이를 위해 이메일이나 편지를 보내는 경우에는 연구목적, 면담의 취지, 면담에 협력하는 것이 면담참여자와 소속 기관에게 어떤 의미가 있는지 등을 최대한 성의 있게 설명하고, 이와 함께 연구자에 대한 간단한 설명과 연구자가 알고 싶은 내용, 연구 윤리와 관련한 사항(면담참여자 익명 처리, 결과의 공개 방식 등)을 함께 기술한다(최종혁, 2011).

하지만 통상적으로 면담참여자는 대개 지인 등을 통해 섭외하는 것이 대부분이다. 이것이 여의치 않은 경우 특히 학생 면담참여자들의 경우 학교 온/오프라인 커뮤니티 게시판을 통해 모집하는 경우도 있다. 물론 이 경우 적절한 금전적 사례를 제공하면 면담참여자를 모집하기가 훨씬 쉬우며, 최근에는 기관연구윤리 심사과정(IRB)에서도 면담이나 설문참여자에게 적정한 사례비를 제공하도록 권장하고 있는 상황이다. 어떤 이는 면담 사례금을 지급하면서 면담참여자를 모집하는 것이 문제가 있다고 우려하는 경우도 있지만 사실 면담에는 면담참여자의 귀중한 시간과 노력이 요구되는 것이기 때문에 적절한 면담 사례금을 지급하는 것이 타당하다고 생각된다. 한편, 면담 일정은 연구자가 통제할 수 있는 변수가 아니기 때문에 연구제안서가 확정되고 난 이후 최대한 빨리 확정해 놓는 것이 필요하다. 즉, 일단 최대한 면담참여자의 일정에 맞추어 시간을 미리 확정하고 연구자가 조정할 수 있는 나머지 작업 일정을 그에 맞추어 진행하는 것이 좋다.

필자가 지도했던 강지은(2019)의 석사 논문 주제는 필자의 관심과도 매우 밀접하게 연관되어 있어 필자가 소장으로 있는 고려대 고등교육정책연구소의 지원을 받아 수행되었다. 필자가 2014년 K-DEEP 프로젝트의 일환으로 수행했던 한동대 사례연구를 통해 인연을 맺은 A 교수(당시 교무처장)가 마침 학생설계전공 도입과 운영을 담당했던 창의융합교육원 원장으로 있어 필자로서는 협조를 요청하기가 상대적으로 용이했다. 따라서 필자의 지도하에 논문 주제가 설정된 후, 면담대상자의 선정 및 협조 요청은 거의 필자의 개인적 인연을 통해 일사천리로 이루어졌다. 먼저, 창의융합교육원 원장에게 연구의 취지를 설명하고 협조를 요청하는 전화를 드린 결과 한동대에서 흔쾌히 협조해 준다는 동의를 얻었다. 당초 본연구가 실행지향적 근거이론의 연구의 방식으로 추진되는 것이어서 필자나 강지은 학생의 경우에도 연구를 제대로 수행한다면 한동대 창의융합교육원에도 일정한 도움이 될 것이라는 기대를 가지고 있었다. 강지은 학생이 필자와 상의하여 만든 한동대 면담대상자 요청 자료는 다음과 같다. 연구자가 면담자의 특성을 고려한 면담대상자 범주와 방문 일정을 제시하면, 창의융합원 원장이 구체적 면담대상자를 선정하고 선정된 면담대상자 일정을 고려하여 일부 시간을 조정한 후 최종적인 면담 일정표가 확정되었다(〈표 7-3〉 참조).

〈표 7-3〉 한동대 학생설계융합전공 현장 방문 면담자 및 면담 일정

구분	시간	면담자 및 주요활동	참석자
1일차 3/28 (목)	12:00~13:30	도착 및 협의	오전 11:49 포항역 도착
	13:30~14:00	학사부총장/창의융합교육원장	
	14:00~14:30	총장 면담	원장 배석
	15:00~16:15	학생설계융합전공 참여 학생 I (강지은 면담)	3시 학생 1(통일사회학) 3:40 학생 2(커뮤니티디자인) 3:45 학생 3(응용데이터과학)
	16:30~18:00	학생설계융합전공 지도교수	교수 A, 교수 B, 교수 C
2일차 3/29 (금)	09:00~09:30	일정 협의	
	09:30~10:30	교무처 학사부총장(교무처장) 및 담당자	학사부총장, 교무팀장, 교무과장
	10:30~12:00	학생설계융합전공위원회 교수	교수학습센터장, 학생설계전공 심사위원
	12:00~14:00	중식	
	13:50~17:30	학생설계융합전공 참여학생 II (강지은 면담)	1:50 학생 4(청소년인성교육학) 3시 학생 5(UI/UX공학) 4시 학생 6(뇌인지과학) 4:40 학생 7(정치철학과 커뮤니케이션)
	13:50~17:30	아카데믹 어드바이저	
	19:00~	현장 방문 마무리	추가 요청자료 협의

한편, K-DEEP 프로젝트의 일환으로 수행된 한동대 사례연구의 경우에는 이 대학이 멀리 포항에 있었기 때문에 2박 3일(1차 방문), 1박 2일(2차 방문) 일정으로 진행되었다. 이 때문에 경우에 따라 하루에 4~5개의 면담을 진행하는 무리한 일정을 잡기도 했다. 하지만 실제로 하루에 3개 이상의 면담을 하는 경우 연구자의 신체 컨디션에 따라 면담 시 정신을 집중하기가 어려운 경우도 발생하니 유의할 필요가 있다. 사실 면담은 진행 시간 내내 연구자가 필요한 정보를 최대한 획득하기 위해 지속적으로 신경을 써야 하는 매우 고된 작업이다.

아울러 반드시 유념해야 할 점은 면담시간을 너무 촉박하게 잡으면 안 된다는 점이다. 특히 면담자나 면담참여자가 뒤에 바로 약속이 있는 경우에 시간의 압박을 받으면서 하는 면담에서 충실한 정보를 이끌어 내는 것은 거의 불가능하다. 만약에 면담장소에 가서 이런 상황에 직면하게 된다면 다시 면담약속을 잡거나, 가용한 시간에 맞게 면담질문을 대폭 축소하여 해당 면담참여자로부터 반드시 획득해야 할 정보에 우선순위를 두고 전략적으로 면담을 수행하는 것이 좋다. 사실 필자의 경우 사례 대학이 지리적으로 멀리 떨어진 포항시 흥해읍에 위치했기 때문에, 수시로 방문하기가 어려워 특히 한동대 사례연구 2차 방문의 일정표는 매우 무리하게 구성할 수밖에 없었다. 면담 일정을 잡기 위해 필자가 한동대 내부 협력자에게 보냈던 1차 방문 면담 일정표와 2차 방문 일정표를 참고로 제시하면 다음과 같다(〈표 7-4〉, 〈표 7-5〉 참조).

〈표 7-4〉 1차 방문 전 협의를 위해 한동대에 보낸 면담 일정표

구분	시간	면담그룹 1	면담그룹 2
1일차 9/24 (수) 변기용	12:00~13:30	☑ 수요일이 한동대에서 중요한 활동이 일어나는 가장 중요한 날이라고 하니 서울에서 아침에 출발하면 제가 12시 정도에는 한동대에 도착할 수 있을 것 같습니다. ☑ 이를 감안해서 수요일 날 참관할 수 있는 주요행사(예컨대, 학생 채플, 수요일 팀 모임, RC별 활동 등)가 있다면 참관할 수 있도록 안내해 주시면 감사하겠습니다. 이 외에도 한동대의 교육활동을 이해하기 위해 꼭 참관해야 되는 활동에 대해 조언해 주시면, 다음 기회라도 꼭 시간을 맞추어 참관하도록 해 보겠습니다. ☑ 행사 참관 후 가능하다면 관련 교수나 학생 등을 면담할 수 있게 해 주시면 감사하겠습니다. * RC 담당교수(전 학생처장 등) 및 참여 학생 등 ☑ 1일차 저녁시간은 가능하다면 학내 코디네이터, 실무지원 요원과 함께 식사하며, 현장 방문 일정계획 등을 협의하면 어떨까 합니다.	
	13:30~14:30	* 학교 사정에 따라 면담참여자 선정	

구분	시간	면담그룹 1	면담그룹 2
	15:00~16:00	* 학교 사정에 따라 면담참여자 선정	
	16:30~17:30	* 학교 사정에 따라 면담참여자 선정	
	저녁	※ 학내 코디네이터 등과 저녁 및 방문 일정 협의(혹은 기타 일정)	
2일치 9/25 (목) 변기용 변수연 김수홍	09:00~10:00	기획처장 혹은 학생처장	연구자 2인 및 연구보조원 공동
	10:30~11:30	대학 총장 방문 및 면담(확정)	연구자 2인 및 연구보조원 공동
	12:00~13:30	중식	
	15:00~16:00	기획처장 혹은 학생처장	연구자 2인 및 연구보조원 공동
	16:30~17:30	RC 담당 교수 1(혹은 일반교수 1) RC 담당 교수 2(혹은 일반교수 2)	연구자 1 연구자 2
	저녁	※ 연구진간 식사 및 협의(혹은 기타 일정)	
3일차 9/26 (금) 변기용 변수연	09:00~10:00	RC 담당 교수 1(혹은 일반교수 1) RC 담당 교수 2(혹은 일반교수 2)	연구자 1 연구자 2
	10:30~11:30	직원 1(한동대 졸업생) 직원 2(ACE 담당직원)	연구자 1 연구자 2
	12:00~13:30	중식	
	13:30~14:30	핵심 학생 1 핵심 학생 2	연구자 1 *새내기 섬김이 연구자 2 * 공동체리더십 훈련팀장
	15:00~16:00	핵심 학생 3 핵심 학생 4	연구자 1 연구자 2
	16:30~18:00	현장 방문 마무리 · 학내 코디네이터 등과 협의회(※ 자료의 타당화 작업) · 필요시 교무처장 또는 기획처장 참석 · 추가 요청자료 협의	

〈표 7-5〉 한동대 2차 현장 방문 시 면담참여자와 일정

구분	시간	면담자 및 주요 활동	비고
	09:30~10:50	1. 교수학습개발센터 연구원/직원 면담 * 가급적이면 센터장과 함께, 센터장님이 곤란하시면 연구원들만 면담해도 좋습니다.	그룹 면담 *센터장님은 8월말 1차 면담함
1일차 11/19 (수) 변기용, 김수홍	11:00~12:20	2. 학생, 학교가 뽑은 강의우수 교수 * 강의우수 교수란 말이 좀 조심스럽기는 하지만, 대개 어느 학교나 강의평가 우수자나, 강의상 수상자 등 학생이나 학교가 뽑는 강의를 잘 하시는 교수가 있기 마련인데 이런 분을 중심으로 선정해 주시면 좋겠습니다.	그룹면담 4명(인문 2명, 이공계 2명)
	12:30~3:50	점심 식사	
	14:00~15:20	3. 타 대학 경험 있는 중견 교수 * 가급적 국내 타 대학에서 교수를 하시다가 오신 중견 교수님들을 중심으로 선정, 아니면 해외 대학에서 교수를 하시다 오신 분도 괜찮습니다.	그룹면담 4명(인문 2명, 이공계 2명)
	15:30~16:50	4. 신임 교원 * 부임한 지 5년 이내의 신임 교원 중심으로 선정, 시간이 되신다면 한동대 졸업생으로 교수로 임용되는 ○○○ 교수님을 포함해 주시면 좋겠습니다.	그룹면담 4명(인문 2명, 이공계 2명)
	17:00~18:20	5. 편입생 및 재입학생 (7교시 채플: 17:30~18:45) * 타 대학교를 충분히 경험하고 편입한 학생이나 재입학한 학생을 말합니다. 가급적 인지도가 한동대학교 이상인 학교의 경험을 가진 학생이라면 더 좋겠습니다.	그룹면담 4명(인문 2명, 이공계 2명)
	18:30~20:30	저녁식사(시간이 허락하신다면) * 교무처장 등 학교 관계자들과 식사하면서 발견한 사항들에 대해 의견을 교환하는 시간으로 활용했으면 합니다.	

구분	시간	면담자 및 주요 활동	비고
2일차 11/20 (목) 변기용 김수홍	09:30~10:50	6. 비기독교 학생 * 현재 비기독교 학생이 아니더라도, 입학 시 비기독교인 학생이라도 좋습니다.	그룹면담 4명(인문 2명, 이공계 2명)
	11:00~12:20	7. 외부 공모전/프로젝트 수상 학생 * 섭외가 어렵다면 꼭 수상을 하지 않았더라도 참가했던 학생이라도 좋습니다.	그룹면담 4명(인문 2명, 이공계 2명)
	12:30~3:50	점심 식사	
	14:00~15:20	8. GFR/GEP/GEM 참여 학생 * 해당 프로그램/수업에 참여했던 학생을 포함해 주셔도 좋음	그룹면담 4명(인문 2명, 이공계 2명)
	15:30~ 16:50	9. 팀장/RC장 학생 * 현재 RC 회장이거나 팀장을 맡고 있는 학생, 가급적 지난번 면담한 학생과는 다른 학생을 면담했으면 합니다.	그룹면담 4명(인문 2명, 이공계 2명)
	17:00	면담 종료 및 귀경	

※ 면담은 대체로 1시간 내외로 진행되며, 시간이 더 걸리는 경우를 대비 여유 시간을 두었음.

※ 면담 순서는 임의로 배정한 것이니 면담자 사정에 따라 조정 가능함. 단, 교수님들은 가급적 1일차에 할 수 있도록 해 주시고, 어렵다면 2일차 첫 번째 면담으로 잡아 주시길 부탁드림.

※ 면담 시작 및 마치는 시간은 미리 알려 주시면 한동대학교 수업시간에 맞추어 조정 가능함. 채플 참가 등으로 면담 일정 잡기가 어려우면 저녁 식사 시간을 조정해도 좋음.

3) 면담참여자 선정과 관련한 현실적 이슈 및 논의사항

일단 중심 연구문제가 선정이 되고 분석대상이 되는 현상과 이에 영향을 미친 맥락을 파악할 수 있는 기초자료의 수집과 분석이 어느 정도 이루어지고 난 후에는, 면담참여자의 특성에 따라 면담과정에서 구체적으로 어떤 정보를 획득할 것인가에 대해 명확히 해 둘 필요가 있다. 연구자가 특정한 면담에서 무슨 정보를 획득해야 하는지 목적 의식이 명확하면 할수록 그와 관련된 정보를 풍부하게 말해 줄 수 있는 사람을 특정하기가 쉽기 때문이다. 따라서 실제 면담참여자 선정은 기본적으로 자신이 원하는 정보를 풍부하게 제공해 주기에 적합한 역할과 경력을 가지고 있는 사람을 선정하게 된다. 하지만 현실은 연구자가 원하는 대로만 흘러가지는 않는다. 필자의 연구와 강의 경험을 바탕으로 면담참여자 선정과 관련하여 흔히 제기되는 문제들을 간략히 제시하면 다음과 같다.

첫째, 면담참여자를 선택하는 것은 연구자로서는 항상 최선을 다할 필요가 있는 일이지만 일의 성격상 상당 부분은 운에 의존할 수밖에 없는 일이다(최종혁, 2011). 일단 연구자가 면담하기를 원한다고 하더라도 면담대상자로 정한 사람이 여러 가지 이유로 반드시 면담을 승낙하지 않을 수도 있다. 또한 비록 외견상으로 적합한 역할과 경력을 가지고 있다고 하더라도 실제로 말을 건네어 보면 선정한 면담참여자가 반드시 면담자가 원하는 풍부한 정보를 말해 주지 않는 경우도 발생한다.

둘째, 필자의 연구방법론 강의 중에 초보연구자들이 가장 흔히 제기하는 질문 중 하나는 '소수의 면담자를 통해 조직을 대변하는 교수-학습 과정의 특징 파악은 어렵지 않은가?'라는 것이었다. 사실 필자가 수행한 한동대 사례연구에서도 한정된 교수, 학생, 직원들과의 면담을 통해 한동대라는 전체 조직의 '교수-학습 과정의 특징'을 파악하는 데는 분명 한계가 있었다. 즉, 근거이론적 방법을 포함한 질적 연구의 경우 아무리 많은 시간과 노력을 투입하더라도 면담하는 교수와 학생들의 숫자에는 제한이 있을 수밖에 없기 때문이다. 이 때문에 면담자가 개별 교수 및 학생들과의 면담을 통해 파악한 교수-학습 과정의 특징은 학교 차원의 특징이 아니라 개별 교수자 차원의 특징일 수 있고, 학생의 학습 경험 역시 면담에 참여한 개별 학생의 특징일 수 있다는 점이 흔히 문제로 제기되곤 한다. 면담에서 발견한 특징이 구성원들에게 얼마나 일반적으로 나타나는가를 파악하기 위해서는 모집단을 대표하는 표본을 추출하여 설문조사 등을 통해 알아보는 것이 가장 타당하겠지만, 하나의 연구에서 질적 연구와 양적 연구를 병행하는 것은 여러 가지 제약상 쉽지 않은 경우가 대부분이다. 따라서 분석 대상이 조직(대학 혹은 학교)인 경우 근거이론적 방법에서 1차적 면담대상자 표집은 앞서 이야기한 바와 같이 (1) 정보를 가장 풍부하게 말해 줄 수 있는 사람을 의도적으로 선정하되, (2) 선행연구 분석 혹은 이론적 틀을 통해 연구자가 관심을 가진 현상에 영향을 미치는 주요 변인(예컨대, 학문 계열, 학년, 성별 등)을 고려하여 체계적으로 면담자를 추출하고, (3) 개인이 아니라 조직이 분석단위라는 점을 유념하면서 면담을 진행할 수밖에 없다.

셋째, 초보연구자들이 가장 많이 질문을 하는 또 다른 이슈 중 하나는 '하나의 연구에서 연구자가 가지는 시간과 노력의 한계를 감안할 때 어느 정도 숫자의 면담참여자를 모집해야 할 것이냐?'라는 문제이다. 이 문제에 대한 교과서적 대답은 '면담참여자들로부터 더 이상 새로운 정보가 나오지 않을 정도로 자료를 수집하였을 때' 면담을 중단한다는 것이다. 따라서 정답은 '어떤 상황에서나 적용될 수 있는 절대적 기준은 없다'라는 것이며, 다른 말로 하자면 연구목적을 달성하기에 충분할 정도의 정보를 얻을 수 있는 규모의 면담참여자를 모집해야 한다는 것이 될 것이다. 이를 근거이론적 방법에서 사용하는 개념을 사용하여 설명하자면 '이론적 포화'가 이루어질 수 있을 때 면담을 멈추라는 것이 된다. 하지만 이런 교과서적 대답은 실제 연구 수행 과정에서는 별로 도움이 되지 않는 경우가 많다. 실제 연구자들은 시간과 자원의 제약상 가능한 범위에서, 자신의 상황에 비추어 연구목적을 대체로 달성했다고 판단되는 수준(예컨대, 이 정도면 학위 논문을 디펜스할 수 있을 것이라 라는 판단)에서 면담을 멈추게 된다. 또한 연구목적과 문제에 따라 다르기는 하지만 유사한 연구방법을 사용하여 기존에 출판된 학위 논문, 학술지 게재 논문에서 얼마나 많은 면담참여자들을 모집하여 면담을 수행했는지 등이 또 하나의 현실적 판단 기준이 될 것이다. 이와 관련한 구체적 논의는 '이론적 포화'를 설명하는 제9장에서 다시 한번 자세히 살펴보도록 할 것이다.

3. 면담질문의 작성

면담질문은 연구목적과 연구문제, 연구방법에 따라 매우 다르게 작성될 수 있다. 따라서 좋은 면담질문을 작성하기 위한 하나의 유일한 방법은 없다. 예컨대, 윤견수(2017. 8.)는 같은 질적 연구 접근방법이라도 어떠한 유형의 질적 연구 접근방법인가에 따라 면담질문이 달라져야 한다고 주장한다. 예컨대, 문화기술지 방법의 경우 '호기심의 대상에 대한 설명 부탁 → 대상의 유형과 특징, 전개과정 등의 설명 부탁 → 그것과 유사한/차이나는 것과의 비교 설명 부탁'으로 면담질문을 구성하고, 근거이론적 방법의 경우 '경험의 내용(context, event/action, impact) → 경험에 대한 반응(actual response) → 경험을 통해 얻은 교훈이나 가치관(lessons)'을 알아내는 방식으로 면담질문을 구성해야 한다고 한다. 또한 면담 목적이 (1) 사실을 확인하기 위한 면담, (2) 상대방의 의견(판단)을 확인하기 위한 면담, (3) 상대방의 경험을 듣기 위한 면담인지를 명확히 하고 들어가는 것이 면담질문 작성에 효과적일 수 있다고 조언하고 있다. 아울러 면담질문이 너무 추상적이어서 면담참여자가 답변하기 어렵거나 혹은 질문 자체가 특정한 방향을 예정하는 방식, 예컨대 긍정적인 경험만을 말하도록 유도하는 식으로 작성되어서는 문제가 있다고 설명하고 있다. 예컨대, 윤견수(2017)는 [박스 7-5]와 같이 잘못된 면담질문의 예를 제시하고 있다.

박스 7-5 잘못된 면담질문의 예(윤견수, 2017. 8.)

[잘못된 예] 공직이란 무엇인가를 알기 위한 질문

지금까지 살아오시면서 많은 일을 겪으셨을 것입니다. 그런 경험들 가운데 선생님께서 의미 있게 생각하는 것을 말씀해 주시겠습니까?

(문제점)
의미 있게 생각하는 것 → 너무 추상적
중요하게 생각하는 것/가치 있게 생각하는 것 → 긍정적인 경험만을 말하도록 유도한다.

[보다 바람직한 질문] 맥락 + 경험(사건/구체적 행동) + 의미
공직생활을 시작하신 다음부터 많은 사람을 만나고 많은 일을 겪으셨을 것입니다. 그런 경험 가운데 어떤 경험은 좋았고, 혹은 다시는 생각하고 싶지 않은 경험도 있을 것입니다. 혹시 잊을 수 없는 경험이 있다면 말씀해 주시겠습니까?

이러한 조언들은 물론 초보연구자들이 실제 면담질문을 작성하는 과정에서 일정한 도움이 될 수 있다. 하지만 현실적으로 초보연구자들이 교과서에서 제시하고 있는 이러한 원칙들을 면담질문을 작성할 때, 그리고 실제 현장에서 적용하려고 할 때 제대로 되지 않는 경우가 대부분일 것이다. 필자의 경험으로 미루어 볼 때 면담질문 작성에서 가장 중요한 것은 (1) 연구설계 단계에서 자신의 연구목적과 중심 연구문제를 명확히 설정하고, (2) 연구 혹은 면담을 진행해 나가면서 이 중심 연구문제가 필요한 자료 수집에서 얼마나 타당한지 그 적절성을 지속적으로 성찰해 나가면서 일단 초기 면담질문을 작성하고, (3) 실제 면담을 진행해 나가는 과정에서 본인이 설정한 중심 연구질문을 염두에 두고 면담질문을 지속적으로 수정해 나가는 것이다. 또한 면담질문의 수정은 면담을 수행하는 과정 속에서 그때그때 현장에서 즉시적으로 이루어질 수도 있다. 특히 초보연구자일수록 책상에서 생각하는 상황과 실제 면담에서 일어나는 상황은 매우 다를 가능성이 크기 때문에, 어떤 의미에서 면담질문은 그야말로 면담 수행을 도와주는 일종의 가이드라인의 역할에 지나지 않는다고 생각하는 것이 좋다. 면담과정은 면담참여자의 특성과 기타 연구 환경에 따라 역동적으로 전개되는 것이어서 사실상 거의 예측이 불가능하다. 따라서 연구자는 항상 자기가 대답하려고 하는 연구의 중심 질문이 무엇인지 생각하면서, 전개되는 상황에 맞게 면담질문을 개방적이고 융통성 있게 활용한다는 자세를 가지는 것이 초보연구자로서 오히려 마음의 평온을 얻을 수 있다.

실제 면담을 수행하게 되는 시간은 상황에 따라 다르기는 하지만 하나의 개별 면담이 이루어지는 시간은 통상적으로 1시간에서 1시간 30분 정도가 보통이다. 따라서 지나치게 하나의 면담에 사용되는 면담질문 개수가 많으면 곤란하다. 필자의 경험으로 보면 하나의 면담에서 사용할 질문의 개수는 면담의 큰 줄기를 이루는 '중범위 수준의 질문([박스 7-6]에서 굵

은 글씨로 표시된 부분)'을 기준으로 7~8개 정도의 수준이 적당하다. 통상적으로 10개를 초과하는 경우 질문 수가 너무 많아, 질문의 범주와 범주 사이를 전체적으로 오가면서 면담을 탄력적으로 수행하는 데 오히려 방해가 되는 경우가 많다. 일단 중범위 수준의 질문을 가지고 질문의 주요 내용을 잡되, 각각의 중범위 수준의 질문(하나의 내용 범주)의 하위에 다시 세부 질문(하범위 수준의 질문)을 개발하여 실제 면담에서 활용하도록 할 필요가 있다. 하범위 수준의 질문은 면담을 하면서 면담참여자의 지식과 정보, 허용되는 시간 등 면담 여건에 따라 재량껏 활용하면 된다. 아울러 이 범주별로 설정한 세부 질문들은 반드시 준비한 질문만 하는 것이 아니라 실제 면담을 진행하면서 피면담자의 답변을 듣고 면담자가 얼마든지 개발할 수 있고, 개발해야 하는 것이니 면담자가 주어진 면담상황에 맞게 재량껏 운영할 필요가 있다.

복수의 연구자가 참여하여 다중적 사례연구로 진행된 'K-DEEP 프로젝트(잘 가르치는 대학의 특징과 성공요인 분석 연구)'에서 사용된 면담질문은 연구의 속성상 면담질문이 상대적으로 넓은 범위를 포괄하고, 면담해야 하는 대상자도 매우 광범위하고 다양했으므로 면담질문 개발 과정에 전체 연구진이 참여하여 다음과 같은 절차를 거쳐 개발되었다. 먼저, K-DEEP 프로젝트에서는 8개의 참여대학을 연구진들이 분담하여 각각 사례연구를 수행하는 방식으로 수행되었으므로, 전체 참여연구진이 연구의 문제인식을 공유하면서 면담을 수행할 수 있도록 일단 모든 사례 대학에 기본적으로 적용될 수 있는 전반적 '면담개요'[2]를 협력적으로 개발하여 연구진들이 공유하였다.[3] 면담개요는 (1) 면담수행 시 유의사항, (2) 면담대상자별 질문지(총장, 보직교수, 교수학습센터장/ACE 사업단장, 단과대학장/학과장, 교수, 학생 등)로 구성되어 있다. 한편, 필자가 한동대 사례연구에 사용한 면담질문은 이 면담개요를 바탕으로 사전에 수집한 기초자료와 사전 방문 시 수행한 면담을 기반으로 한동대의 맥락에 맞게 일부 질문을 수정하여 활용하였다.[4]

한편, 석사논문으로 수행된 강지은(2019)의 연구는 필자가 수행한 한동대 사례연구에 비

2) 전반적 면담개요와 한동대 사례연구에서 사용한 면담질문은 곧 발간될 2권에서 제공할 예정이다.

3) 참여연구진들이 협력하여 개발하였지만 최종 면담개요는 공동연구진 중 질적 연구를 가장 오랫동안 수행해 경험과 전문성이 높았던 김병찬 교수가 책임을 맡아 개발하였다.

4) 근거이론 연구에서는 '데이터 수집 → 분석 → 이론적 표집을 통한 보완적 자료 수집 → 분석' 등 순환적 과정을 통해 이론적 포화(데이터와 분석 결과의 최적화 단계)가 될 때까지 데이터 수집과 분석을 지속해 나가는 것이 원칙이다. 따라서 2차 면담지는 1차 면담지와 완전히 다를 수밖에 없다. 한동대 사례연구에서는 기본적으로 1차 방문에서 수집한 자료들을 분석하면서 추가로 자료 수집이 필요하다고 생각하는 영역을 중심으로 2차 질문지를 작성하였다. 하지만 실제로는 필자가 개인적으로 매우 바쁜 시기였고, 필자의 스케줄에 따라 방문 일정을 전적으로 잡기 어려운 상황이 있어 1차 방문에서 수집한 자료를 완전히 분석하지 못한 채 2차 방문에 임할 수밖에 없어 사실상 2차 질문지에서 필자가 엄격하게 보완적 자료 수집을 위한 '이론적 표집'을 했다고 말하기는 어렵다. 다만, 주어진 상황 속에서 시간이 허락하는 한 최선을 다해서 2차 방문 전까지 자료를 분석하였고, 이러한 제한된 지식과 정보를 기초로 하여 2차 방문 질문지를 작성하였다.

해 분석단위가 매우 좁게 설정되었으므로, 중심 연구문제와 면담질문을 작성하는 것도 상대적으로 용이하게 이루어졌다. 기본적인 연구문제가 (1) 학생설계융합전공의 특징, (2) 성과, (3) 어려움, (4) 영향요인이었고, 1번 연구문제를 제외한 대부분은 문제는 면담질문으로 정보를 얻어야 할 것이었으므로 비교적 간단하게 면담질문을 완성할 수 있었다. 강지은(2019)의 연구에서 총장과 보직교수, 교수를 대상으로 하는 면담은 필자가 대부분 직접 수행했고, 강지은 학생은 공동연구자로서 필자와 함께 연구를 수행하면서 학생 및 직원을 대상으로 하는 일부 면담을 직접 수행하였다. 필자가 최종적으로 사용한 면담질문지는 [박스 7-6]에 제시되어 있다. 필자는 이 면담질문지를 기초로 면담대상자(교수, 학생, 직원)에 따라 질문내용을 적절하게 변형하여 활용하였다.

박스 7-6 강지은(2019)의 석사 논문(「한동대학교의 학생설계전공 운영방안에 대한 사례연구」)에서 사용한 면담질문지

1. 연구문제
   - 기존의 전공 프로그램과 대비되는 학생설계융합전공 프로그램의 특징은 무엇인가?
   - 학생설계융합전공 프로그램을 운영을 통해 얻을 수 있었던 성과는 무엇인가?
   - 학생설계융합전공 프로그램 운영 과정에서 당면한 문제점은 무엇인가?

2. 면담질문

1) 한동대에서 학생설계전공을 시행하는 목적은 무엇인가?
   - 한동대에서는 융합교육을 왜 강조하는가?
   - 실제 학생들에게 융합전공이 얼마나, 무슨 도움이 되는가?
   - 한동대의 독특한 맥락은 무엇인가?

2) 한동대에서는 학생설계전공을 어떻게 시행하는가?
   - 한동대에서 시행하는 학생설계전공의 특징은 무엇인가?
   - 질적 수준을 어떻게 담보할 수 있는가?
   - 학생들에 대한 지도는 누가, 어떻게 하고 있는가?
   - 도입과 운영, 지원을 담당하고 있는 부서는 어디인가?
   - 어떤 학생들이 주로 참여하며, 이제까지 참여한 학생은 얼마나 되는가?

3) 현재까지 한동대에서 학생설계전공을 시행해 본 결과 어떤 성과가 있는가?

- 학생, 교수, 학교의 입장에서 어떻게 볼 수 있을까?
- 학생설계전공으로 졸업한 학생들은 무엇을 하고 있는가? 실제 자신에게 어떤 도움이 되었다고 생각하는가?

4) 학생설계전공 시행과정에서 나타난 가장 큰 어려움은 무엇인가?

- 학생들에게 얼마나 가이던스를 제공하여 사전에 시행착오를 막을 수 있는가?
- 자기설계전공의 질적 수준을 어떻게 관리할 수 있는가?
- 교수들의 참여를 어떻게 이끌어 내고 있는가?

5) 성과 혹은 문제점이 발생한 원인은 무엇인가?

- 한동대에 특유한 성공요인은 무엇인가? 한동대의 맥락은 무엇인가?

6) 향후 개선을 해 나가기 위해 고려해야 하는 요인들은 무엇인가?

제8장 현장에서의 자료 수집: 면담과 참여관찰

자료를 수집하기 위한 사전 준비가 충분히 되었다고 생각하면 이제 연구대상이 되는 현장으로 직접 나가게 된다. 연구 경험이 일천한 초보연구자의 경우 이때 가슴이 두근두근할 수밖에 없다. 낯선 환경으로 가서 과연 자기가 원하는 정보를 충분히 획득할 수 있을까 하는 두려움이 엄습할 것이기 때문이다. 필자의 경험을 통해 볼 때 질적 연구방법론 교과서에 쓰여 있는 면담과 참여관찰 유의 사항 등을 먼저 숙지하는 것이 중요하기는 하지만, 실제 현장에 가면 교과서에 쓰여 있는 원칙을 그대로 적용하기 어려울 때가 많다. 이때 초보연구자일수록 너무 조급하게 생각하지 말고, 경험을 통해 배운다는 생각으로 여유를 가지고 현장으로 출발하기 바란다. 현장에서의 자료 수집 경험이 하나둘씩 늘어날수록 자신도 모르는 사이에 자신의 면담기술이 향상되고 있음을 느끼게 될 것이다. 이 장에서는 먼저 실제 면담과 참여관찰은 어떻게 이루어지는가? 그리고 주의해야 할 사항은 무엇인가? 그리고, 현장에서 자료 수집을 할 때 필드노트(field notes)는 어떻게 작성하는가? 면담(혹은 참여관찰) 직후 반드시 해 놓아야 할 일들은 무엇인가 등을 필자의 실제 연구 경험을 바탕으로 구체적으로 설명하기로 한다. 실제 교육행정학에서 이루어지는 면담과 참여관찰은 대부분의 질적 연구방법론 교과서에 쓰여 있는 교육인류학적(혹은 문화기술지적) 전통의 면담과 참여관찰의 방식과는 다르게 이루어지는 경우가 많다. 따라서 이 책의 독자들은 그러한 관점에서 쓰여진 지침을 충분히 읽고 숙지하되, 자신의 연구목적과 취지에 맞게 이를 적절히 수정하여 적용하는 융통성을 발휘하는 것이 필요하다.

1. 근거이론 연구에서 면담의 실제

교육행정학 분야에서 이루어지는 근거이론 연구, 특히 특정한 프로그램이나 조직의 효과와 성공요인을 찾는 연구에서는 문화기술지, 생애사, 현상학적 연구에서처럼 특정인을 오랜 기간 동안 심층적 · 지속적으로 만나면서 면담을 수행할 기회는 그리 흔하지 않다. 더욱이 초보연구자들이 제한된 시간과 비용을 가지고 학위 논문이나 학술지 논문 작성을 위해 수행하는 소규모 연구에서는 더더군다나 그러한 기회가 매우 드물 것이라고 보는 것이 보다 현실적이다. 물론 사람에 따라 예외는 있을 수 있지만 교육행정학 분야 근거이론 연구의 거의 대부분은 동일인을 2회 정도 만나는 것이 최대치로 진행될 개연성이 매우 높다. 따라서 질적 연구 교과서에 제시된 면담 수행의 지침은 많은 도움이 되기는 하지만, 필자가 볼 때 교육행정학 분야 근거이론 연구의 경우 질적 연구방법론 교과서에 기술된 면담 지침대로 진행되지 않는 경우가 오히려 더 많을 수도 있다. 참고로 이용숙(2015. 5.)이 리서치 회사의 심층면담과 문화인류학에서의 심층면담을 비교하여 정리한 내용을 한번 살펴보자(〈표 8-1〉 참조). 교육행정학에서 출판된 대부분의 학위 논문, 학술지 논문에서 활용되고 있는 소위 '(심층)면담'의 경우 〈표 8-1〉에 제시된 '리서치 회사의 심층면담(in-depth interview)'에 훨씬 더 가까운 것으로 생각된다. 실제

〈표 8-1〉 리서치 회사의 심층면담과 문화인류학에서의 심층면담

리서치 회사의 심층면담(IDI)	문화인류학에서의 심층면담
반구조화 면담 중심	비구조화 면담 중심(반구조화 면담도 실시)
회사 사무실에서 주로 실시	정보제공자의 집이나 직장에서 주로 실시
면담만 실시	면담하면서 관찰/참여관찰도 실시 (표정의 미묘한 변화, 몸 동작, 집이나 주변에서 일어나는 일에 대한 참여관찰 병행)
추가되는 후속질문(probing) 실시가 제한적	준비한 질문보다 답변 내용에 따라 추가되는 후속질문이 훨씬 더 많으며, 하나의 주제를 깊이 있게 다루려고 노력
전체 면담 시간의 한계가 사전에 정해져 있으며, 따라서 각 주제당 소요시간까지 가이드라인에서 미리 지정	융통성 있는 시간 운영과 가이드라인
1회 실시가 대부분이며, 간혹 2회 실시	여러 차례의 면담을 실시하도록 노력

출처: 이용숙(2015. 5.).

대부분의 교육행정학 분야 연구자에게 주어진 연구의 목적, 연구문제나 제약 조건을 감안하더라도 실제 연구수행 과정에서 문화인류학에서의 심층면담을 하는 것은 매우 예외적이라고 판단된다. 따라서 교육행정학 분야의 연구자들은 대부분 자신이 처한 연구 상황에 맞게 주로 '리서치 회사의 심층면담'의 방식을 주로 활용하되, 필요에 따라 문화인류학에서의 심층면담 기법을 보완적으로 활용하는 것이 현실적이라고 본다. 기노시타(2013/2017)가 지적한 대로 현실적으로 전혀 가능하지 않은데 교과서적 기준만을 이상적으로 교육하는 것은 이상과 실행 간의 간극을 고착화시켜 나갈 뿐이라는 지적을 유념할 필요가 있다.

교육행정학 분야에서 근거이론적 방법을 적용하여 수행되는 연구에서는 대개 반구조화된 면담을 사용한다. 김병찬(2017. 6. 2.)에 따르면 구조화된 면담, 반구조화된 면담, 비구조화된 면담은 다음과 같은 차이가 있다.

박스 8-1 구조화된 면담, 반구조화된 면담, 비구조화된 면담

1. 구조화된 면담
   - 연구자가 면담 시작 전에 면담질문지를 만들고, 면담과정에서 면담지에 있는 모든 질문을 정확하게 순서대로 질문해 나가는 면담 방식
2. 반구조화된 면담
   - 미리 만들어진 면담지를 사용하지만, 면담과정에서 질문 방식 및 내용에 있어 융통성을 갖는 면담 방식
   - 이 방식에서는 제보자의 답변과 상황에 따라 질문의 순서, 내용, 방식이 유연하게 바뀔 수 있음
   - 근거이론에서 대부분의 면담은 반구조화된 면담의 형식으로 이루어짐
3. 비구조화된 면담
   - 연구자가 질문 사항을 머릿속에 간직한 채, 질문과 답변의 형태가 아닌 대화 형식으로 면담을 진행하는 방식임
   - 우선 연구자가 질문을 하면 제보자가 답변을 하게 되는데, 제보자의 답변에 따라 이후의 후속 질문들이 만들어짐
   - 생애사 연구, 문화기술지 접근방식에서 주로 이러한 방식의 면담이 많이 이루어짐

출처: 김병찬(2017. 6. 2.).

한편, 면담은 개별면담과 그룹면담으로도 구분해 볼 수 있는데 문자 그대로 전자는 면담자와 면담참여자가 1:1로 하는 면담을 말하고, 후자는 면담참여자가 다수의 면담참여자를 대상으로 면담을 하는 형태를 말한다. 근거이론적 방법을 적용한 연구의 경우 연구문제와 성격에 따라 개별면담 혹은 그룹면담의 형태가 모두 활용될 수 있다. 그룹면담은 잘만 이루어진다면 짧은 시간에 많은 정보를 획득할 수 있는 매우 효과적인 방법이라고 할 수 있다. 특히 얻으려고 하는 정보가 민감하지 않은 경우에는 그룹면담이 훨씬 효과적일 때도 있다. 1 대 1 면담에서는 얻기 어려운 풍성한 정보가 면담참여자 간의 상보적 역할을 통해 나오는 경우가 많기 때문이다. 그룹면담의 경우에는 면담그룹의 구성이 매우 중요하다. 면담참여자 수는 대개 3~4명 정도가 적당한데 시간이 없다고 해서 이질적 그룹을 하나의 면담그룹으로 구성(예컨대, 산학협력단 직원+교수학습센터 직원)하면 면담에서 충실한 정보를 얻을 확률이 그만큼 줄어들게 된다. 면담참여자들 간에 말하고자 하는 사항이 하나로 모아지지 않고 흩어지는 경향이 있어 면담과정에서 초점을 유지하기가 쉽지 않기 때문이다. 한편, 그룹면담 혹은 포커스 그룹면담의 경우 면담참여자가 많을 경우 일단 집단으로 면담을 한 후 그중에서 가장 풍부한 정보를 가진 것으로 생각하는 사람 1~2명을 선정하여 추후 추가로 면담하는 방식으로 추진할 수도 있다. 반면, 개별면담의 경우 (1) 면담 주제와 관련하여 특별히 풍부한 정보를 가지고 있다고 판단되어 특정인으로부터 집중적으로 의견을 들을 필요가 있는 경우, (2) 면담을 통해 획득되어야 하는 정보의 성격이 민감한 것이어서 다른 면담참여자와 함께 면담을 하는 것이 적절하지 않은 경우에 통상적으로 활용하게 된다.

이하는 필자의 근거이론 연구 수행경험을 바탕으로 실제 면담 수행과정에서 유의해야 할 사항을 간략히 정리해 본 것이다.

1) 면담 전 준비사항

첫째, 면담자는 중심 연구질문을 바탕으로 작성된 면담질문을 철저히 숙지하고, 해당 면담을 통해 알아내야 할 것이 무엇인지에 대해 목적 의식을 명료히 하는 것이 무엇보다 중요하다. 아울러 면담참여자의 경력과 특성을 사전에 명확히 이해하고 특정한 면담참여자에게 반드시 얻어 내야 할 정보가 무엇인지를 염두에 두고 면담을 사전에 구상할 필요가 있다. 예컨대, K-DEEP 프로젝트(잘 가르치는 대학의 특징과 성공요인 연구) 수행과정에서 보직교수 면담을 할 때 교무처장과 국제협력처장은 같은 보직교수라도 이야기해 줄 수 있는 정보가 매우 다르다. 또한 이공계 교수와 인문사회계 교수의 경우에도 학문의 특성과 학과의 분위기상 우수한 학부교육을 시행하는 전략과 방법이 매우 다르다. 면담자는 항상 이러한 특징을 충분히 고려하여 제한된 시간 내에 특정한 면담참여자에게 가장 효과적으로 필요 정보를 획득할 수 있는 면담을 어떻게 진행해 나갈 수 있을 것인지에 대해 사전에 철저히 준비할 필요가 있다.

둘째, 면담은 면담자가 사전에 연구의 대상인 조직, 프로그램, 개인에 대한 공식 · 비공식 자료를 얼마나 철저히 조사하여 준비했느냐에 따라 면담의 효율성, 즉 면담자가 얻고자 하는 정보의 양과 질적 수준이 달라진다. 즉, 제한된 시간 내에 이루어지는 면담에서는 '면담을 통해서만 꼭 얻을 수 있는 정보'를 우선적으로 획득하는 기회로 활용하는 전략이 필요하다. 면담은 연구과정에서 가장 중요한 정보 획득의 수단이기는 하지만, 면담에서 모든 정보를 얻으려는 생각은 버리는 것이 좋다. 현상학 등의 질적 연구방법과는 달리 근거이론적 방법에서 면담은 결국 여러 가지 정보 획득 수단들 중 하나이며, 궁극적으로 다른 루트를 통해 얻을 수 있는 정보들과 연계하여 연구에서 탐색하고자 하는 질문에 대한 답을 제시하려는 목적으로 이루어진다는 점을 염두에 둘 필요가 있다. 따라서 면담질문을 할 때는 이것이 면담 이외의 다른 정보원에 의해 얼마나 대답될 수 있는 것인지 사전에 충분히 성찰한 후 면담에 임할 필요가 있다. 이렇게 사전 준비가 충분히 이루어진 상태로 면담에 임하게 되면 제한된 면담시간에 불필요한 질문을 하는 것 없이 꼭 필요한 질문에 집중해서 면담을 보다 효율적으로 이끌어 나갈 수 있다(즉, 문헌 조사나 기초 통계조사 등 사전 자료 수집 활동을 통해 자신이 알고자 하는 것에 대해 이미 알고 있는 것과 아직 알고 있지 못한 것을 명확히 파악할 필요가 있다). 아울러 면담은 (1) 이미 조사한 자료의 내용을 면담참여자에게 다시 확인하거나(예컨대, 해당 학과 입학생의 수능성적 하락 추세, 특목고 출신 입학생 비율 확대 추세), (2) 면담참여자의 경험을 듣는 것(예컨대, 융복합 교육을 시행할 때 교수자의 어려움), (3) 특정한 사안에 대해 면담참여자의 의견을 듣는 것(예컨대, 해당 대학에서 융복합 교육을 확대하는 것의 타당성, 어려움과 개선방안 등) 등 다양한 목적을 위해 이루어질 수 있다는 점을 명확히 인식하고, 자신의 면담의 목적에 따라 적절한 면담질문을 준비하는 것이 필요하다.

셋째, 면담에 임하기 전 라포 형성을 위해 필요하다면 인터넷 등을 통해 면담참여자에 대한 정보 조사를 사전에 할 필요가 있다. 이는 특히 총장, 보직교수 등 초반에 라포를 형성하기가 상대적으로 쉽지 않은 공식적 직함을 가진 면담참여자와의 면담을 진행할 때 효과적이다. 즉, 학연, 지연, 관심 논문 등 연구자와 면담참여자와의 접점을 찾고 난 후 이를 중심으로 대화를 시작하면 서먹서먹한 분위기를 해소하는 데 크게 도움이 된다. 면담참여자들, 그리고 이들이 소속하고 있는 기관에 대한 정보는 해당 조직의 홈페이지나 언론 기사 등에서 검색할 수 있으므로 가급적 초반에 대화를 부드럽게 이끌어 갈 수 있는 정보를 사전에 검색하여 어떻게 대화를 풀어 나갈지 미리 생각하고 가는 것이 효과적이다(예컨대, 해당 대학이 특정한 정부 재정지원 사업 수주를 했거나, 취업률 1등 대학으로 선정된 경우 이를 화제로 대화를 시작).

넷째, 면담 전에 면담참여자에 따라 사전에 면담질문지를 요청하는 경우가 있다. 사전에 면담질문지를 보내 주는 것은 가급적 피하는 것이 좋지만, 꼭 보내 달라고 하는 경우 중범위 질문(큰 범위의 질문) 수준에서 보내 주고 면담자가 이에 대해 사전에 생각해 보는 정도로 사용하도록 하는 것이 좋다. 지나치게 세부적인 면담질문을 보낼 경우 면담참여자가 해당 질문에 대해 답을 찾아서 그에 맞게 대답하는 경우가 있고, 최악의 경우에는 그에 맞는 답을 서면으로 미리 써서 주는 경우도 있다. 이러한 자료가 연구자에게 별로 도움이 되지 않을 것임은 자명하다.

기타 실제 면담을 수행하는 과정에서 다음의 사항들도 지엽적이기는 하지만 사전에 고려해야 하는 이슈들이다.

- 면담장소는 가능하다면 시끄러운 커피숍 등은 피하고 녹음을 하면서 대화를 나눌 수 있는 지나치게 넓지 않은 폐쇄된 공간을 찾아보는 것이 좋다. 면담자와 면담참여자 간의 물리적 거리가 너무 떨어지면 오히려 친밀감 있는 대화를 이끌어 가기 어려우므로 1:1 면담이라면 아주 소규모의 방, 4~5명 정도의 그룹면담이라면 소규모 세미나실 정도가 가장 적당하다.
- 자신에게 맞는 필기구(속필이 가능하고, 다양한 색깔이 있는 멀티 펜이 좋다)와 노트(개인의 취향에 따라 다르나 넘기기 쉽고 반으로 접었을 때 공간을 덜 차지하는 스프링 노트)를 미리 준비해 가는 것이 좋다. 또한 면담 전일에는 녹음기(일반적으로 스마트폰을 사용하지만, 혼자 가는 경우 만일을 대비해서 여분의 녹음기를 준비해서 2개의 녹음기로 녹취하는 것이 좋다) 등을 미리 준비하고 조작하는 법을 충분히 숙지해 놓는다. 면담과정에서 노트북을 펴 놓고 면담내용을 직접 기록하는 경우도 있는데 이는 면담참여자에게 혹시라도 조사를 받고 있다는 분위기를 형성할 수도 있으므로 신중하게 접근하는 것이 좋다. 아울러 효율성 측면에서도 면담보조자가 있어 이를 대신해 줄 수 있는 경우가 아니라면, 필자의 경험으로는 노트북으로 직접 면담과정에서 발견한 사항 등을 기록하기보다는 면담참여자와 이야기하면서 수기(手記)로 적절히 필요한 부분을 기록해 나가는 것이 훨씬 더 효과적이었다. 면담 중 면담참여자가 중요한 정보를 이야기했을 때, 혹은 면담을 하면서 생각난 아이디어는 반드시 노트에 기록하고 나중에 참고할 수 있도록 특별한 표시(예컨대, 다른 색깔의 별표)를 해 놓는 것이 좋다.
- 자료 수집을 위한 면담은 물리적으로 많은 시간이 들고, 지속적인 정신 집중을 요하는 매우

힘든 노동이다. 면담자와 면담참여자 모두가 집중할 수 있는 시간을 생각하면 대략 1회에 90분 정도가 한도가 아닌가 생각된다. 이 이상을 면담시간으로 약속하는 것은 여러 명의 면담참여자가 참여하는 포커스 그룹 등 특별한 경우를 제외하고는 바람직하지 않다고 생각된다. 따라서 가장 중요한 연구의 도구인 연구자 자신의 컨디션을 가능한 범위에서 항상 최상으로 유지할 필요가 있다. 하루에 복수의 면담을 하는 경우 면담과 면담 사이에는 반드시 일정한 휴식시간을 둘 수 있도록 하며, 하루에 할 면담 수는 3개 정도로 하는 것이 체력적으로는 가장 바람직하다고 생각한다.

- 면담 약속을 정했을 때 연구자의 시간 엄수는 매우 중요하다(최종혁, 2011). 익숙하지 않은 장소에 갈 경우에는 교통 체증 등을 감안해서 시간적으로 충분한 시간을 가지고 약속장소에 미리 도착해 있도록 한다. 적어도 약속장소에 30분 전에 도착하여 면담자의 정보를 살펴보거나 질문항목이나 녹음기를 점검한다거나 하면서 편안한 마음 상태를 가지도록 하는 것이 좋다. 면담시간에 늦어 면담참여자의 심기를 불편하게 한 후 시작되는 면담이 잘되기를 기대하는 것은 무리이다.
- 마지막으로 면담참여자에게 제공할 감사의 선물도 사전에 준비해 둘 필요가 있다. 필자의 경험에 따르면 학생들의 경우 커피 기프티콘 정도가 가장 선호하는 선물이었고, 교직원들의 경우 학교 기념품 우산 등을 제공하였다. 연구비가 책정된 연구 프로젝트의 경우 면담사례비를 별도로 책정하여 지급하기도 한다(중요한 면담참여자의 경우 통상적으로 10~15만 원 정도 책정하는 것이 보통이지만, 이는 예산 사정이나 면담의 성격에 따라 사안별로 판단해야 할 것이다).

박스 8-2 초보연구자를 위한 사전 면담훈련

필자가 진행한 질적 연구방법론 강의에서 면담을 처음 시작하는 초보연구자들을 위한 면담훈련은 대개 다음의 2단계로 진행된다. 강의의 성격과 수강생들의 상황에 따라 적절한 조정이 필요하지만 대체로 다음과 같은 절차로 진행하는 것도 한 방법이다.

[1단계] 학생 상호 간 면담 연습

먼저 연구주제가 정해진 후 초보연구자가 긴장하지 않도록 수강하는 학생들 간 상호 10분씩 준비된 질문으로 면담을 연습한다(최종혁, 2011). 강의를 듣는 학생들이 대부분 질적 연구 분야의 초보연구자라면 연습을 위한 공통적 연구주제를 정하여 공동으로 이 주제에 대해 학습을 한 이후 이 주제에 대해 면담을 연습하고, 면담경험과 결과를 서로 공유 · 토의하면서 면담훈련을 할 수도 있을 것이다.

[2단계] 연구주제와 관련된 면담참여자들과의 연습을 겸한 면담

1단계를 통해 초보연구자들이 면담이 어떻게 진행되는지에 대해 어느 정도 감을 잡고 난 뒤에는 자신이 수행할 연구주제와 관련된 실제 면담참여자들(대학원생, 졸업생, 교원 등)을 섭외하여 30분 정도 연습을 겸해 면담을 실시해 보도록 한다. 연습 면담을 시행해 보기 전에 다음의 사전 활동이 필요하다.

- 자신의 관심에 따라서 문헌이나 자료를 읽고 연구주제와 중심 연구질문을 확정한다.
- 중심 연구문제에 답하기 위해 어떤 자료를 수집해야 할 것인지 연구질문에 따라 수집할 자료 매트릭스를 만든다.
- 이러한 기초 분석을 토대로 면담을 통해 얻어야 할 정보를 명확히 하고 면담질문지를 만든다.
- 비록 연습 면담이기는 하지만 반드시 면담에서는 면담참여자의 허락을 받아 면담 내용을 녹취하고, 면담자가 이를 직접 전사하고 면담 시 작성한 필드노트(혹은 면담 직후 기록한 성찰일지)와 함께 이를 교수(강사)에게 제출하도록 한다.
- 교수(강사)는 전사자료와 성찰 일지를 검토하여 어떤 부분이 잘되었는지, 그렇지 못한지 피드백을 주면서 면담자가 향후 면담 수행과정에서 참고할 수 있도록 한다. 초보연구자일수록 면담에 임하는 과정에서 자신도 모르게 나타나는 경향을 파악하는 것이 중요하다. 문자로 전사된 자료를 읽으며 스스로 자신이 수행한 면담과정을 성찰하면서, 자기가 한 질문이나 응답자의 반응에 대한 자신의 보충 질문이 적절한지, 또한 질문이 지나치게 형식적이거나 지나치게 유도성 질문을 하지 않았는지 등에 대해 스스로 검토하는 과정이 필요하다.

이러한 훈련을 반복한 후 면담자 스스로 일정 수준에 달하였다고 판단된다면 초보연구자가 현장의 자료 수집에 들어가는 것에 대한 긴장감이 훨씬 줄어들 것이다.

2) 면담 시작 시 유의사항

일단 면담을 하는 경우 시작 단계에서 면담참여자와의 라포 형성이 가장 중요하다. 특히 교수 등 외부연구자가 조직 연구를 위해 기관 방문을 하는 경우 면담자와 면담참여자 간에 라포 형성을 위한 가장 좋은 방법은 연구를 의뢰한 내부 구성원들 모두에게 가급적 공손한 태도로 연구자의 진실성을 보여 주는 것이 가장 핵심적이다. 특히 학교나 대학 구성원들은 연구를 위한 면담을 외부 평가(대교협 평가인증, 정부 재정지원 사업 평가, 학교 평가)와 동일시하면서 경계를 하는 경향이 있으므로, 면담자가 수행하는 연구가 내부자들에게 어떤 의미와 가치가 있는지를 얼마나 효과적으로 설득할 수 있는가에 면담의 성패가 달려 있다고 해도 과언이 아니다. 물론 조직 대상 연구가 아닌 비공식적 연구의 경우에도 처음 만남에서 면담참여자와 라포를 형성하는 것은 매우 중요하다. 공손한 태도로 면담참여자와 자신에게 이 연구가 얼마나 의미가 있는지 진정성 있게 보여 주는 것이 역시 가장 좋은 방법이다.

면담을 시작하기 전에 스마트폰으로 녹음을 할 경우 외부 전화 등으로 방해받지 않도록 반드시 비행기/방해금지 모드 등으로 전환하여 면담에만 몰두할 수 있도록 하고, 연구참여동의서, 필기구와 노트, 면담질문지, 선물 등을 다시 한번 점검해 둔다. 면담 시작 시에는 먼저 간단한 인사 후 면담참여자에게 (1) 연구에 대한 간략한 소개와 (2) 윤리적 고려 사항에 대한 설명을 한다. 특히 면담참여자가 말한 것이 인용이 될 때 익명성이 보장된다는 점을 반드시 설명해 주어 부담을 덜어 줄 필요가 있다. 예컨대, 면담참여자의 익명성이 철저히 보장되고, 면담참여자가 원하는 경우 보고서 출판 전에 사전에 보내서 본인에게 점검을 받는 절차를 반드시 거칠 것임을 안내하는 정도면 된다. 면담 시작전 반드시 녹취 여부에 대한 동의를 받고 녹음 버튼을 누르는 것으로 면담을 시작한다. 그룹 면담을 하는 경우에는 나중에 전사할 경우 편의를 위해 각 면담참여자에게 음성을 확인하는 것을 겸한 간단한 소개를 부탁하는 것으로 면담을 시작하는 것이 좋다.

자료의 분석을 위해서는 녹취를 하는 것이 필요하다. 면담자의 메모와 기억만으로는 구체적인 내용의 파악이 아무래도 한계가 있기 때문이다. 그러나 면담참여자가 이를 허락하지 않는 경우도 있으므로, 이때는 면담 중에 가급적 자세히 메모를 하는 수밖에 없다. 특히 교육행정학 연구에서는 전/현직 공무원들을 면담하는 경우도 있는데 이들은 녹취에 대해 극도로 민감한 반응을 보이는 경우가 많으므로 공무원 등의 그룹을 면담할 경우에는 미리 이에 대한 대비를 하고 나가는 것이 좋다. 민감한 주제에 대해서는 녹취보다는 메모를 하고, 최대한 자연스러운 분위기를 조성하는 것이 원하는 정보를 조금이라도 더 이끌어 낼 수 있는 방법임을 유의할 필요가 있다.

3) 면담 과정 중 유의사항

이용숙(2015. 5. 19.)은 면담의 진행과 관련하여 유의할 사항으로 (1) 면담할 때 던질 질문의 목록을 미리 정리해 둔다, (2) 정보 제공자가 편안한 마음으로 임할 수 있도록 면담의 분위기를 만든다(라포 형성), (3) 구체적으로 질문하되 포괄적 질문(중범위 질문)을 먼저, 세부적 질문(하위 질문)은 나중에 던진다(그러나 때로는 세부적 질문을 먼저 하는 것이 적절한 경우도 있다), (4) 이야기의 흐름에 맞추어 면담자가 적절한 반응(경청과 눈 맞춤, 적절한 추임새 등)을 보여 준다, (5) 대화의 자연스러운 흐름을 타면서 융통성 있게 면담상황에서 일어나는 상황들에 대처해 나간다 등의 다섯 가지를 들고 있다. 한편, 김병찬(2017. 6.)은 심층면담 과정에서 듣기와 관련하여 다음과 같은 10가지 유의사항을 제시하고 있다. (1) 면담자가 말을 많이 하려고 하지 말고, 피면담자의 말에 집중하도록 한다, (2) 들으면서 피면담자의 태도와 특성을 파악하도록 한다, (3) 피면담자가 사용하는 용어에 주의하고 용어의 차이를 발견하도록 한다, (4) 면담자는 감정에 휩쓸려서는 안 되며, 감정을 조절할 수 있어야 한다, (5) 피면담자의 표현의 의미를 이해하기 위해 맥락과 상황을 살피는 노력이 필요하다, (6) 간단한 코멘트는 기록하면서 듣도록 한다, (7) 피면담자에게 영향을 끼칠 수 있는 연구자의 언급은 가급적 피하도록 한다, (8) 면담자가 듣기를 제대로 하고 있는지 등 자신의 듣기에 대해 비판적으로 분석해야 한다, (9) 피면담자의 상충적 표현이나 이야기에 관심을 기울여야 한다, (10) 피면담자의 유도 질문이나 유도 발언에 대해서는 주의를 기울여야 한다. 또한 최종혁(2011)과 기노시타(2013/2017)는 면담 시 좋은 자료를 얻기 위해서는 다음의 사항들을 추가적으로 유의할 필요가 있다고 언급하고 있다.

- 면담 중에 연구자가 대답을 유도하거나 제한하지 않고 면담참여자가 솔직하게 말할 수 있도록 최대한 노력한다. 이는 너무나 당연한 것 같지만 초보연구자일수록 실제 면담 과정에서 이런 방향으로 면담을 유도하는 것은 생각한 것만큼 간단하지 않다. 자기가 원하는 대답이 나오지 않을 경우 초보연구자들은 처음부터 그러한 방향으로 면담을 유도하려는 경향이 있기 때문이다. 녹취 자료를 전사했을 경우 면담참여자가 이야기한 분량이 많을수록 좋은 면담일 가능성이 크다.
- 면담참여자가 추상적이거나 피상적인 이야기를 하는 것은 나중에 분석할 때 큰 도움이 되지

않는다. 추상적인 경험과 의견은 아무리 수집한다고 하더라도 의미 있는 자료가 되기 어렵다. 가능하면 구체적으로 자신의 경험과 의견을 말할 수 있도록 면담을 진행할 필요가 있다. 그리고 주의해야 할 것은 면담자의 질문에 의해서 대답이 제한되지 않도록 해야 한다.

- 가능한 한 면담참여자가 이해하기 쉬운 언어와 문구를 사용하여 질문을 해야 하고, 면담참여자가 지나치게 대답하기 어려운 질문은 피하는 것이 좋다. 대답하기 어려운 말일수록 추상적인 답이 되돌아올 가능성이 크다. 면담참여자가 제공하기 어려운 정보(예컨대, 분석대상 대학에 대한 부정적 정보)는 다른 루트(예컨대, 학내 신문)를 통해 접근하는 것이 좋다.
- 연구자가 지레짐작하여 의미를 너무 쉽게 추측하지 않는 것도 필요하다. 면담참여자가 이야기한 내용이 명확하지 않을 경우에는 반드시 보충적 질문을 통해 확인하거나, 보다 구체적 설명을 요구할 필요가 있다. 특히 면담참여자가 너무 축약하여 이야기함으로써 구체적인 정보가 추가적으로 필요할 경우 면담자는 반드시 보충 질문을 할 필요가 있다. 그래도 잘 이해가 되지 않는 경우에는 현장에서 노트에 메모해 두고 이를 알 수 있는 다른 관련 자료를 요청하거나, 면담 종료 후 다시 한번 성찰해 본 후 필요하면 추가 면담, 혹은 전화나 이메일로 이에 대해 물어볼 수 있도록 할 필요가 있다.
- 면담참여자가 연구의 초점과는 동떨어진 이야기를 오래 지속하는 경우도 있다. 이 경우에는 면담자의 판단으로 어떤 시점에서 이야기의 흐름을 차단하고 연구의 초점과 관련된 부분으로 돌아올 수 있도록 할 필요가 있다. 즉, 기본적으로는 면담참여자가 자유롭게 이야기하도록 하되, 면담자는 단지 듣는 역할만 하는 것이 아니라 필요에 따라 내용을 확인하기 위한 보조 질문, 화제를 연구의 초점으로 돌리도록 개입하는 타이밍 등을 항상 생각하면서 면담을 진행해야 한다. 이 때문에 면담자에게 면담은 지속적 집중을 요구하는 고된 정신 노동이다. 반구조화된 질문에서 '반'의 의미는 면담자(연구자)와 면담참여자(조사협력자) 간에 존재하는 이러한 내재적 역동성 때문에 자료 수집의 실제가 사전에 예측한 대로 진행되기 어렵다는 의미로 이해되어야 할 것이다.
- 대부분의 상황에서 면담시간은 제한되어 있으므로 한정된 시간에 자신이 원하는 자료를 가능한 한 충분히 수집하고자 한다면 경우에 따라 모든 사람에게 준비해 간 질문 모두를 동일하게 질문하기보다는 면담자의 특성에 따라 그 사람에 맞는 항목들을 골라 해당 영역에 대해 보다 집중적으로 질문하여 풍부한 자료를 수집할 필요가 있다.
- 물론 동일한 면담참여자를 여러 차례에 걸쳐 면담하는 것도 가능하지만 교육행정학 분야에서 수행되는 근거이론 연구에서 통상적으로 '면담참여자가 이야기하고자 하는 것'의 대부분은 첫 번째 면담에서 나오는 경우가 많다. 따라서 추가적 자료 수집의 필요가 있는 특별한 경

우를 제외한다면 대개의 경우 같은 면담참여자를 추가로 면담하기보다는 새로운 면담참여자를 면담하는 것이 보다 풍부한 자료를 수집할 가능성이 크다.

면담과정 중 연구자가 일반적으로 유의해야 할 사항, 질문의 유형 등은 대부분 기존 방법론 교재(이용숙 외, 2005; 조영달, 2015, Seidman, 2005; Rubin, 2011; Minichiello et al., 2008)에 자세히 기술되어 있으므로 이러한 내용에 관심이 있는 독자는 해당 서적들을 참고할 것을 권한다. 여기서는 필자의 경험을 바탕으로 이 책의 주제인 근거이론적 방법을 활용한 연구수행 과정에서 특별히 유의할 점을 추가적으로 몇 가지 기술해 둔다.

첫째, 면담을 수행하는 데는 타고난 천품(gifted talent)이 가장 큰 영향을 미치는 것 같다. 분명히 면담을 잘하고, 다른 사람의 말을 잘 이끌어 낼 수 있는 유형의 사람이 있다. 하지만 연구수행에 큰 지장이 없을 정도의 정보를 이끌어 낼 수 있는 면담역량은 면담자 자신의 지속적 노력과 경험의 축적에 의해 일정 수준까지는 향상될 수 있다. 또한 공동으로 수행되는 연구의 경우에는 연구참여자들 간 연구의 취지를 충분히 공감한 뒤 면담을 잘하는 사람과 함께 면담을 수행하거나 녹취한 자료를 공유함으로써 자신의 부족한 부분을 보완하는 방법도 있다. 필자의 경우는 면담보다는 분석이 좀 더 편하게 느껴지는 경우이다. 따라서 필자가 직접 면담을 하기도 하지만, 공동연구자와 면담을 하면서 해당 연구자가 면담하는 것을 옆에서 지켜보면서 추가적 질문을 하거나, 해당 연구자가 녹취한 파일을 전사한 후에 이를 받아서 분석을 하는 방법을 쓰기도 한다.

둘째, 면담에서 가장 중요한 것은 면담참여자를 잘 선정하는 것이다. 연구의 목적을 감안하여 풍부한 정보를 제공해 줄 수 있는 사람을 선정하고, 이 사람이 스스로 다양한 이야기를 거침없이 이야기해 주는 경우에는 면담자가 특별한 역할을 하지 않더라도 질적, 양적으로 풍부한 자료를 쉽게 얻을 수 있다. 이 경우 연구자는 면담참여자의 말을 가급적 자연스럽게 흘러가도록 가끔씩 보조적 질문만을 던져 주면 된다. 이와 반대로 면담참여자가 아주 방어적이거나 짧은 답변으로 일관하는 경우, 또는 핵심을 벗어난 대답을 빙빙 돌려서 하는 경우도 있다. 이 경우는 대개 연구에 부정적 태도를 가지고 비협조적 태도를 보이거나, 혹은 외부인에게 정보 공유를 꺼리는 경우가 대부분일 것이다. 일부는 태생적으로 그러한 개인적 성향을 가지고 있는 경우도 있을 것이다. 필자의 경우 특히 학교 내부의 협조자를 통해 모집한 교수들 중 연구의 필요성에 동의하지 않는 사람들이나, 학교에 대해 잘못된 충성심을 보이는 학생회 간부 학생들을 대상으로 하는 면담의 경우에 방어적 면담참여자를 만나는 경우가 많았다. 이러한 경우 인내심을 가지고 면담을 진행하지만, 그러한 상황이 20~30분 이상 지속되는 경우 대개 큰 기대를 하지 말고 면담을 빨리 마무리하는 것이 오히려 시간의 효율적 활용을 위해 효과적인 경우가 많다. 면담을 계속해 봐야 원하는 정보를 얻어 내기 힘들기 때문에 다른 면담참여자들을 섭외해서 면담을 추진하는 것이 훨씬 효과적이기 때문이다.

필자가 볼 때 질적 연구방법론 교재에서 나타나는 '면담 시 유의사항'은 대개 이러한 양극단을 제외한 일반적 상황에서 효과를 발휘하는 것이다. 면담은 일반적으로 연구의 대상이 되는 현상, 사건 혹은 장면의 개괄적인 윤곽 파악을 위한 질문(grand tour question)으로 시작하는 것이 일반적이다(예컨대, 대학 교육을 통해 달성해야 할 가장 중요한 목표가 무엇이라고 생각하는가? 혹은 잘 가르치는 교육이란 무엇을 의미하는가? 이번 학기에 들은 수업 중 가장 인상적인 수업은 무엇이었나? 등). 하지만 윤곽 파악을 위한 질문을 반드시 하지 않아도 되는 때도 있다. 면담참여자와 상호 소개를 하면서 자연스럽게 이러한 일반적 윤곽 파악을 위한 질문과 유사한 주제로 대화가 넘어가는 경우도 많기 때문이다. 이때는 굳이 준비된 순서에 따라 질문을 하려고 하지 말고 자연스럽게 대화가 흘러가는 대로 지켜보면서 적절한 시기에 본인의 연구질문, 즉 본인이 얻고자 하는 정보의 영역으로 대화의 초점을 자연스럽게 이끌어 갈 수 있도록 노력하면 된다.

셋째, 면담은 사전에 준비한 면담지의 중범위 수준 질문(포괄적 질문)을 중심으로 질문을 해 나가면서 상황에 따라 하범위 수준의 질문(세부적 질문)을 적절히 재량껏 활용하면 된다. 중범위 수준 밑에 나열한 세부적 질문(하범위 수준의 질문)은 면담을 하면서 주어진 시간 범위와 면담참여자의 배경 등을 감안하여 면담자가 필요에 따라 재량껏 활용하면 된다. 아울러 이 하범위 수준의 질문은 준비한 질문만 하는 것이 아니라 실제 면담을 진행하면서 피면담자의 답변을 듣고 면담자가 얼마든지 개발할 수 있고 또한 개발해야 하는 것이니, 지나치게 사전에 준비한 질문에 얽매여 질문 범위를 제한시킬 필요는 없다. 각 영역 내에서 질문의 순서는 준비해 간 면담질문의 순서에 따라도 되고, 상황에 따라 순서를 조정해도 된다. 필자의 경험으로 보면 사전에 준비한 질문지의 순서에 따라 그대로 면담이 이루어지는 경우는 거의 없다. 따라서 면담자는 사전에 면담질문(그것의 기초가 되는 중심적 연구질문)을 철저히 숙지하고, 준비한 면담질문 전체를 전후좌우로 옮겨 다니면서 대화의 맥락에 맞게 적절히 질문을 해 나가는 순발력을 가질 수 있도록 하는 것이 중요하다.

넷째, 연구방법론 교재에는 다양한 면담질문의 유형을 제시하고 있다(예컨대, 이용숙 외, 2005). 물론 이러한 지식들이 전체적인 면담자의 역량을 높이는 데 도움이 되기는 하겠지만, 초보자의 경우 실제 면담상황에서 이러한 면담질문 유형의 구분이 큰 도움이 되는 경우는 드물 것으로 생각된다. 필자의 경험상 가장 중요한 원칙은 연구에서 대답하고자 하는 중심적 질문이 무엇인지를 항상 염두에 두고, 자신이 면담을 통해 당초 획득하고자 했던 정보(혹은 예상하지는 못했지만 연구의 중심적 질문에 대답하는 데 도움이 되는 정보)가 면담과정에서 충분히 획득되고 있는지, 그렇지 않은 부분이 무엇인지를 적절히 파악하면서 필요한 질문을 적재적소에서 융통성 있게 해 나가는 것이 가장 중요하다. 이런 측면에서 면담자는 면담과정에서 자신이 설정한 당초 면담의 목적(예컨대, K-DEEP 프로젝트의 경우 '해당 대학의 학부교육의 질 우수성의 맥락과 배경을 드러내는 것')을 항상 명확히 생각하는 것이 중요하다. 이것은 일견 너무나 당연한 것으로 느껴질지 모르지만, 제한된 면담시간 내에서 면담이 반드시 면담자가 원하는 대로 흘러가지 않는 경우 가끔 중간에 이러한 문제인식을 놓치고 지엽적인 것으로 대화가 흘러가 시간을 허비하는 경우가 종종 발생한다.

다섯째, 교육행정학 연구에서 이루어지는 대부분의 근거이론적 방법을 적용한 연구의 경우 면담을 통해 개인의 의견을 듣지만, 해당 연구가 개인 차원의 연구가 아니라 특정 조직(학교, 프로그램)을 분석대상으로 이루어지는 연구인 경우가 많다. 따라서 이 경우 개인의 주관적 의견을 듣지만, 이를 바탕으로 대학(학교, 프로그램) 차원의 의미를 찾아내도록 해야 한다는 점을 항상 염두에 둘 필요가 있다. 이러한 문제인식을 가지고 면담자는 관련 후속 질문들을 상황에 맞게 개발하여 해 나갈 필요가 있다. 예를 들어, 당신은 그렇게 생각하는데, 다른 동료나 학생들은 어떻게 생각하는가 등의 질문은 필요한 경우에는 적절하게 해 볼 필요가 있다.

여섯째, 분석하는 과정에서는 연구자의 관점이 중요하지만, 면담을 하는 과정에서는 최대한 내부자의 관점을 가지려고 노력할 필요가 있다. 이것은 곧 "면담참여자의 답을 일정한 방향으로 유도하는 '유도 질문'을 하지 않도록 주의해야 한다"는 이용숙 외(2005)나 최종혁(2011)[1]의 조언과도 일치한다. 필자의 경험으로 보면 면담에서 얻어지는 정보는 결국 면담자와 면담참여자 간의 상호작용의 결과이며, 따라서 면담은 외부자(연구자)와 내부자(면담참여자) 간에 새로운 지식을 공동 생성해 나가는 과정이라고 할 수 있다. 이러한 생각은 필자가 2013년부터 2016년까지 수행했던 K-DEEP 프로젝트('학부 교육 우수대학의 특징과 성공요인 연구')와 이와 문제의식을 같이하는 후속 연구 과정에서 보다 명확히 확인되었다. 다른 연구에서도 그렇지만 대학 조직과 같은 복잡하고 규모가 큰 조직에 있어, 외부 연구자가 해당 대학에서 일어난 사건과 현상, 그의 원인을 내부 전문가들의 적극적 도움 없이 단기간 내에 제대로 알아내기는 사실상 불가능하다. 따라서 이러한 경우에 면담과정은 외부자로서 전

---

1) 예컨대, "다른 선생님들은 A, B, C 중에서 A를 제일 좋아하던데, 선생님은 어떠세요?"라고 하기보다는 "선생님은 A, B, C 중에서 어느 것이 제일 좋으세요?"라는 질문을 우선적으로 해야 한다.

문 연구자(면담자)와 내부자로서 현장 전문가(면담참여자)가 면담이라는 의도적 상호작용을 통해 새로운 지식을 창출해 나가는 과정이라고 할 수 있다. 즉, 이것이 바로 Greenwood와 Levin(2007/2020)이 주장하고 있는 '공동생성적 지식 창출(cogenerative knowledge creation)'[2]인 것이다. 물론 이러한 공동생성적 지식창출을 위한 상호작용은 대학과 같은 복잡한 조직에 대한 연구과정에서 두드러지게 나타나지만, 심지어 필자가 수행한 소규모 동아리 프로그램의 개선 연구에서도 원칙적으로는 동일하게 나타난다. 즉, 이 경우 외부 전문가(지도교수)와 해당 프로그램에 참여하고 있는 내부 참여자들(프로그램 수강학생들)이 해당 프로그램 운영과정에서 발생하는 문제점을 면담을 통해 이야기하는 과정에서 프로그램 개선을 위한 새로운 지식이 창출된다고 볼 수 있다.

4) 면담 종료 시 해야 할 사항

면담의 종료는 면담자가 당초 물어보려고 했던 것을 충분히 물어본 후 끝나는 것이 원칙이지만, 당초 약속한 시간 내에 충분히 질문을 못한 채 끝나는 경우도 있다. 이러한 경우가 발생하지 않도록 면담시간을 여유 있게 잡는 것이 최선이지만, 그렇지 못할 경우 면담 전에 반드시 면담참여자에게 사전 약속이 있는지를 물어보고 면담을 시작하는 것이 좋고, 만약 사후에 약속이 있는 경우 당초 정해진 면담시간을 준수할 수 있도록 유념하면서 면담을 진행한다. 면담의 종료 시에는 대체로 면담질문지에는 없지만 마지막으로 더 하고 싶은 이야기가 있는지를 물어보는 것으로 끝내는 경우가 많다. 때로는 연구자가 사전에 생각하지 못했던 응답을 면담참여자가 마지막에 하는 경우도 있기 때문이다. 면담이 종료되면 반드시 면담참여자에게 자료 분석 후 필요하면 다시 연락해도 되는지 물어보고 연락처를 확보해 놓는다(다른 사람을 통해 면담자를 구한 경우). 특히 면담 종료 시에도 항상 공손함과 진정성을 잊지 말고, 준비한 선물을 건네며 진심으로 감사의 뜻을 표시하면서 면담을 끝내는 것이 중요하다.

---

2) 공동생성적 지식 창출의 의미와 과정에 대한 보다 상세한 논의는 Greenwood & Levin(2007/2020) 제7장. '실행연구에서의 지식의 생성: 현장 지식과 연구에 기반한 지식 간의 변증법'을 참고하기 바란다.

2. 근거이론 연구에서 참여관찰

교육행정학 분야에서 이루어지는 근거이론 연구에서는 각종 통계 및 문헌 자료와 참여관찰 등 다양한 자료원을 모두 활용하기는 하지만 가장 중요한 자료는 통상적으로 면담에서 획득되는 경우가 많다. 그만큼 근거이론 연구에서 면담은 중요한 자료 획득의 수단이다. 하지만 면담참여자가 모든 것을 정직하게 말해 줄 것이라고 믿는 것은 오산이다. 따라서 참여관찰 등 다양한 자료를 함께 수집하여 분석하는 것은 보다 신뢰로운 연구결과를 얻기 위해 매우 중요하다.

김병찬(2017. 6.)은 참여관찰이 필요한 상황으로 다음의 7가지를 들고 있다. (1) 관심 있는 현상에 대하여 알려진 사실이 없는 경우, (2) 현장의 상황, 활동, 사람, 그리고 의미를 기술하고자 하는 경우, (3) 참여자가 직접적으로 언급하지 않았지만 어떤 현상에 대해 이해가 필요한 경우, (4) 참여자가 면담상황에서 거짓 정보를 제공한 경우, (5) 외부자와 내부자 사이에 견해 차이가 큰 경우, (6) 현상에 대하여 외부자의 견해가 불분명한 경우, (7) 어떤 현상에 대해 일반인들이 잘 모르는 경우.

필자의 경험에 따르면 참여관찰은 특히 특정 조직(대학, 학교)의 문화나 해당 대학의 프로그램(예컨대, 학사경고자 지원 프로그램 등)의 성공요인을 연구하는 경우 해당 대학을 직접 방문하여 실제 해당 대학에서 이루어지는 활동(예컨대, 신입생 오리엔테이션, 팀 모임 등)을 참관해 보거나, 혹은 심지어 학교의 위치와 시설의 배치 등 물리적 환경을 세심히 살펴본다면 해당 조직이 실제로 강조하는 것이 무엇인지, 이것이 교수나 학생들에게 얼마나 체화되어 나타나는지를 면담과는 또 다른 측면에서 보다 생생하게 느낄 수 있는 경우가 많았다. 2014년 수행했던 한동대 사례연구에서 필자가 참관한 한동대의 팀 모임 진행상황([박스 8-3] 참조)은 필자에게 인성교육이 어떻게 학생들의 일상생활에서 체화되어 구현될 수 있는지를 피부로 느끼게 했던 소중한 경험으로 기억된다.

박스 8-3 **한동대 팀 모임 참여관찰 수행 시 기록한 서술적 관찰기록**

1. 팀 모임 참여관찰 개요
   - 일시: 2014년 9월 24일 수요일 5교시(2:30~3:45, 75분)
   - 학교에 온 지 10년 정도 지난 인문사회 계열의 ○○○ 교수가 지도교수로 있는 팀 모임
   - 참석학생: 24명

2. **팀 모임에 대한 서술적 관찰 기록**

[팀 모임 첫 번째 부분]

1) 팀장 학생이 기도로 시작(** 2차 방문 시 팀장 학생과 좀 만나 볼 필요)

2) 준비한 PPT를 가지고 일단 팀장이 진행

• 참석한 학생들이 원형으로 앉아 있음

• 아이스 브레이킹 활동: 새로 복귀한 학생의 근황에 대해 소개
  - [팀 CC] 진짜 사귀는 것은 아니지만 팀원들이 서로 친해질 수 있도록 하기 위해 남녀 학생을 짝으로 맺어 주는 것 → 서먹서먹하기 쉬운 남녀 팀원끼리 친해지도록 하기 위한 장치
  - 누가 제일 친해졌나 보니 ○○-○○ 학생 커플이 1등으로 밝혀짐. 점수는 팀에서 미리 정해 놓은 기준(밥 같이 먹기, 수업 같이 듣기 등등)에 따라 획득함
  - [팀 가족] 팀원끼리 소그룹을 만들어 이를 가족이라 명명함

• 교수가 적절한 시점에 개입
  - 어떻게 하면 팀 모임 운영을 좀 더 보완할 수 있을까? 수업의 일환으로서의 팀 모임이 아니라, 정말 기억에 남는 팀을 어떻게 만들수 있을까라는 기본방향을 KEY Word로 잡고 운영해 나가자. (나, 너, 우리)
  - '우리'라는 키워드를 생각해 보자. 좋은 의견이 있으면 내 주기를 바람

• 팀장이 '우리'라는 키워드에 방점을 두고 어떻게 이번 2014년 2학기 13~14번의 팀 모임을 의미 있게 만들어 나갈 수 있을 것인지에 대해 논의하자고 제안

– 12학번 ○○○ 학생. 큰 목소리로 의견을 내겠다고 말함: 학교를 그만두겠다고 생각. 그때 기도를 통해 응답. 군대 가기로 결정

– 다른 학생들도 손을 들어 의견을 내기 시작. 취업 준비 학교로 전락하지 않기 위해 항상 질문을 던져 주는 교수님이 좋았음. 동아리도 학회도 하지 않고 팀 모임만 하는 학생도 있는데 이런 학생들은 어떻게 하나 등 다양한 의견을 개진함

[연구자 생각]

☞ 팀장의 역할이 매우 중요. 전체적인 구성을 이끌어 가는 역할. 이 팀 모임에서는 교수의 역할은 최소한으로 한정되고, 꼭 필요한 경우에만 관여하고 있음

[팀 모임 두 번째 부분] 이번 학기에 진행할 '10만 원 프로젝트'에 대한 토의

1) 남녀 학생 각 1명씩 2명이 프로젝트 추진계획에 대해 발표하고 전체 학생이 토의

• [제1주제] 파급효과를 높이기 위해서는 일단 학교에서 준 10만 원을 가지고 돈을 불리자. → 무슨 장사를 어떻게 할 것인가?

• [제2주제] 불린 돈을 어떻게 의미 있게 쓸 것인가? → 번 돈으로 무엇을 할 것인가?

2) 먼저, 제2주제에 대한 토의: 진행자 학생이 전체 학생들에게 의견을 구함

• 학생들의 의견 개진

– 학생들이 '어디에 돈을 쓸 것인가?'에 대한 자신의 생각을 이야기하기 시작: (1) 장학금 지급, (2) 번 돈으로 책을 기부하거나, 학교 내 일하시는 분들께 도움을 주자, (3) 양심 우산(공용으로 우산을 만들어 각 RC에 비치하는 것)을 해 보자,

(4) 선교헌금을 하자 등

- (월드비전) 장학금을 주더라도 팀 이름으로 한 학생에게 지속적으로 장학금을 주자(정기적으로 주자).

• 이때 뒤에 앉아 있던 [지도교수]도 하나의 의견을 냄
  - '구룡포 오케스트라에 악기가 필요, 30~40만 원 정도 수준에서 사 줄 수도 있지 않을까?'라는 의견을 추가로 제시
• 학생들이 이해가 잘 안 되는 부분이 있을 경우 교수가 이에 대해 설명
  - '구룡포 오케스트라'가 무엇인지 학생들이 질문하자 교수가 설명: 읍 · 면에 있는 사람들이 어려워하는 것 중 하나는 문화 혜택이 없다는 것임. 최근 이러한 문제인식을 가진 사람들이 오케스트라를 만들고 포항시향에 있는 사람이 현재 레슨을 하고 있는 중임. 따라서 번 돈으로 이들을 도와 주는 것도 의미가 있을 듯함
  - 또한 학교 내 분들께 선물을 할 때 사회적 기업으로부터 구매해서 선물하면 두 가지 효과를 거둘 수 있다는 것을 설명함
• 토의 진행 학생이 제안된 안건에 대해 투표로 결정할 것을 제안, 이를 위해 일단 제안된 8개 안을 범주화해 보기로 함(교내/교외)
  - (1) 돈 + 책 기부, (2) 학교 내 일하시는 분들께 도움, (3) 포항 학교장학금, (4) 선교 헌금
  - (5) 학교 화단에 꽃 심기, (6) 월드비전(지속적인 도움), (7) 양심 우산, (8) 구룡포 오케스트라 지원
• 투표 결과 교외에 지원하는 것에 다수의 학생이 찬성
  - 일단 교내 지원 대안을 지우고 교외 지원 대안에 대해 다시 학생들의 의견을 모음
  - 점차적으로 대안의 범위를 줄여 나간 후(6개에서 3개 정도로 다시 축소), 다시 3개 대안에 대해 다시 토의 → 아직 시간이 있으므로 이번 모임에서는 일단 기본방향만 결정하기로 함
  - 이러한 논의과정에서 학생들이 다음과 같은 의견을 제시함: (1) 책을 기부하더라도, 책 앞에 편지를 써서 희망 메시지를 남겨 주면 좋겠다. 단순 기부가 아닌 마음을 함께한다는 의미가 될 수 있을 것, (2) 월드비전 같은 경우에도 편지가 오면 몇 명이 함께 페이퍼를 써 준다거나, 후속적인 활동을 해야 단순 기부에 그치는 것이 아니라, 같이 무엇을 한다는 의미를 부여할 수 있을 것임

[연구자 생각]

☞ '배워서 남 주자'라는 한동대 교육철학의 큰 틀 속에서 '10만 원 프로젝트'를 통해 학생들에게 '돈을 번다는 것의 의미', '박애와 봉사의 정신을 실천하는 것', '협동적 작업을 통한 해결책의 모색' 등의 교육목표를 학생들에게 가르치는 수단으로 삼고 있음

☞ 학생들의 경우 전체적으로 1/2 넓게는 2/3 정도는 적극적으로 의견을 표명하고 있음, 모든 사람이 참여하는 것은 아니나 상당히 의미 있는 아이디어가 학생들에게 많이 나오고 있음, 말미에 갈수록 학생들이 이 과정을 즐기는 느낌, 이를 통해 학생들의 친목감이 향상되고 있는 듯한 느낌

3) 다음으로 [제1주제]인 '어떻게 돈을 불릴 것인가'에 대해 토의

- 한 학생이 먼저 1학년 때 팀 장사로 돈을 불려서 장학금을 주었다. 장사를 해서 순수익이 30만 원 정도 났다. 진짜 잘된 케이스라고 이야기를 시작
- 일단 축제기간에 장사를 하는 데 대해서는 학생들이 쉽게 동의. 이후 그럼 '어떤 장사를 해서 돈을 불릴 것인가?'라는 문제에 대해 토의
  - 불리는 목표를 정해 놓고, 이를 달성하는 것이 좀 더 동기부여가 될 수 있음. 어쨌든 기부총액이 많으면 좀 더 효과적인 것도 부인할 수 없는 것 아닌가?
  - 많이 남는 장사가 무엇인지 생각해 보자. 어떤 물건이 잘 팔리나 등을 면밀히 분석. 호떡/어묵/라면 등. 한동대에는 비싼 물건은 잘 안 팔림
- 진행 학생이 이전에 장사를 해 보았던 경험이 있는 학생들에게 자신의 경험을 바탕으로 의견을 내고 다른 학생들은 이에 대한 평가를 해 주도록 요청
  - 경험 있는 학생. 결국 인맥을 통해 파는 것이니 품목에 너무 신경 안 써도 될 듯하다(현실적 관점에서 제시)는 의견 제시
  - 총학에서 아이템 중복을 통제하기도 하니 빨리 제출하는 것이 좋겠음
  - 학생들도 장사를 하기 위해 동원할 수 있는 각종 장비를 제안
- 지도 교수님이 인근 ○○교회에 붕어빵 기계가 있다는 정보를 알려 주고, 기계를 빌려주면 돈을 벌어서 ○○교회 장애인들을 도와주겠다고 협상하면 좋을 것 같다는 의견을 냄

[팀모임 마무리]

**팀장이 마무리. 마지막 기도로 마무리. 한 학생을 지정

이용숙(2015. 5.)은 참여관찰의 유형을 연구자의 참여도에 따라 다음의 5가지 유형으로 나누고 있다.

〈표 8-2〉 연구자의 참여 정도에 따른 참여관찰의 유형

비참여	소극적 참여	보통 정도 참여	적극적 참여	완전한 참여
미러룸에서 보거나 비디오 촬영화면 관찰	교실 뒤에 앉아서 수업 관찰	⟷	학교사회 연구를 위해 직접 교사처럼 수업 담당	교사를 직접 연구원으로 참여시키거나, 교사가 연구자로서 연구

출처: 이용숙(2015. 5.).

참여관찰에 대한 구체적 설명과 실제 참여관찰 시 유의할 사항과 관련된 보다 자세한 내용은 이와 관련된 연구방법론 교재(예컨대, 이용숙 외, 2005; 조영달, 2015; Lofland et al., 2005; Spradley, 1980/1988 등)를 참고하기를 권한다. 다만, 여기서는 교육행정학적 맥락에서 자료 수집 방법으로서 참여관찰의 취지가 어떻게 활용될 수 있는지에 대한 필자의 견해만을 간단히 언급하고 넘어가기로 한다.

사실 참여관찰은 질적 연구 접근방법 중 특히 문화기술지 방법에서 매우 강조되는 자료 수집 방법이다. 면담에만 의존하는 것에 비해, 면담과 참여관찰을 병행하여 수집 자료를 다원화하는 경우 연구결과의 타당성이 높아질 것은 말할 나위도 없다. 하지만 실제 교육행정학 분야에서 이루어지는 근거이론 연구를 포함한 개인적 연구는 자료 수집방법으로 면담에 거의 전적으로 의존하고 있는 것이 대부분이다. 이러한 현상이 발생하는 이유는 개인 연구자들의 경우 현실적으로 면담과 함께 충분한 참여관찰을 병행하기에는 시간과 자원의 한계가 존재하기 때문이다. 따라서 어떤 의미에서 교육행정학 연구에서 현실적으로 참여관찰의 이점을 보다 확대하기 위해서는, 자신이 소속한 조직에서 일어나는 교육행정 현상을 '완전한 참여자'로서 오랫동안 '참여관찰'을 해 온 재직자들이 연구 역량을 배양하여 직접 연구를 수행하는 것이 현실적으로 가장 타당한 방법일 수 있다. 예컨대, 교사(교수)와 현장 행정가들이 연구 역량을 배양하여 '직접' 연구를 수행하거나, 교사(교수)와 현장 행정가들이 전문연구자들과 함께 협업하여 연구를 수행함으로써 시너지 효과를 높이는 방안을 생각해 볼 수 있다.

사실 제4장에서 이미 언급한 대로 이러한 방식의 연구는 미국의 고등교육 맥락에서는 기관연구(institutional research)의 형태로 이미 활성화되어 해당 대학에 필요한 현장밀착형 이론(실체적 지식)을 산출하는 데 기여하고 있다. 심지어 이러한 현장 연구자들이 주축이 된

학회(Association for Institutional Research: AIR)까지 오래전부터 매우 활발하게 운영되고 있다. 아직 체계적으로 조직화되지는 못하고 있지만 우리나라에서도 교수학습센터(Center for Teaching and Learning), 교육의 질 관리 센터 등을 중심으로 해당 대학의 상황에 맞는 현장밀착형 이론(지식) 창출을 목적으로 하는 연구가 늘어나고 있고, 또한 이들이 함께 모여 연구결과를 공유하는 장들도 점차적으로 늘어나고 있다. 초중등교육의 맥락에서도 이미 오래전부터 교육현장 개선을 위해 교사들의 연구 역량 배양과 이들이 직접 수행하는 '실행연구'를 활성화하려는 움직임이 있어 왔다(이용숙 외, 2005). 교사들이 자신이 현장에서 실제 수행하고 있는 교수(teaching) 행위, 참여하고 있는 교원학습공동체의 운영 방식 등을 근거이론적 접근방법을 통해 직접 연구하는 경우, 오랜 기간 동안의 '완전한 참여자로서의 참여 관찰 결과'를 연구 수행과정에서 최대한 활용할 수 있게 된다. 즉, 이는 곧 교사연구자의 수행하는 연구주제에 대한 이론적 민감성 제고와 이어져 연구결과의 타당성을 높이는 데 크게 기여할 수 있게 되는 것이다.

3. 필드노트 및 성찰일지의 작성

필드노트의 작성은 매우 중요하다. 하지만 필자의 경험을 되돌이켜 볼 때 교육행정학 분야의 초보 연구자들에게는 교과서에 있는 필드노트 작성지침이 때로는 혼란을 초래하게 만드는 경우도 있다고 보인다. [박스 8-4]는 연구방법론 교재에 흔히 제시되어 있는 필드노트 작성 방식을 보여 주는 전형적 예시라고 할 수 있다.

박스 8-4 교과서에 흔히 제시되어 있는 필드노트 작성방식

현장에서 이루어지는 관찰은 필드노트 형태로 기록된다. 현장에서 기록되는 노트는 사건, 활동, 행동과 이에 대한 반응이 일어날 때 바로 기록한 것이므로 아주 중요하다……. 면담을 한 후에도 바로 필드노트를 작성하여 면담 공간이나 환경에 대해 세세히 기록하여야 하며, 상호작용에 대한 연구자의 반응을 바로 기록하여야 하고, 녹취로는 알 수 없는 참여자의 비언어적 행동도 기록하여야 한다. 현장에서 관찰한 내용을 노트에 기록할 것이며, 연구 현장에서 나눈 비공식적인 대화들도 기록해야 한다(Birks & Mills, 2015/2015: 86-87). * 밑줄은 필자

특히 필자가 주로 관심을 가지고 있는, 예컨대 조직 혁신 과정과 성공요인 혹은 특정한 프로그램의 성공요인을 찾는 연구, 즉 근거이론의 주제인 '기본적 사회 과정(basic social process)' 중 '기본적 사회심리적 과정(basic social psychological process)'보다는 '기본적 사회 구조적 과정(basic social structural process)'에 초점을 맞추는 경우[3] [박스 8-4]에서 제시된 Birks와 Mills(2015/2015)의 조언은 그다지 적절하지 않은 경우가 많다. 물론 원칙적으로 연구자들은 당연히 '상호작용에 대한 연구자의 반응을 바로 기록하여야 하며, 녹취로는 알 수 없는 참여자의 비언어적 행동도 기록'하여 분석하는 것이 필요하다. 하지만 필자가 보기에 이러한 교재의 지침은 초보연구자들이 지나치게 이러한 측면에 신경을 반드시 써야 하는 것으로 오해하게 만들 여지가 있다고 생각한다. 예컨대, 비언어적 반응(예컨대, '웃음' 등)이 해당 면담참여자가 이야기한 내용의 진실성과 의미 해석과 관련해서 의미 있는 경우도 있다. 하지만 필자의 연구 경험으로 보면 교육행정학 분야에서 이루어지는 근거이론 연구의 경우 이런 지침을 보고 일일이 비언어적 반응을 자세히 기록해야 된다는 심리적 압박감을 가질 정도는 아니라고 생각한다(녹취한 파일을 전사할 때도 마찬가지이다). 왜냐하면 조직이나 프로그램 단위에서 교육 및 행정 서비스의 질적 향상을 목적으로 하는 교육행정학 분야의 근거이론 연구의 경우에서는 이런 비언어적 반응을 일일이 기록하는 것은 실천적으로 매우 어렵고, 또한 기록한다고 하더라도 경험상 추후 분석에 커다란 도움이 되는 경우는 매우 드물기 때문이다.[4] 필자가 볼 때 면담자(연구자)의 판단에 따라 그러한 비언어적 행동이 면담 혹은 참여관찰의 맥락에서 중요한 의미가 있을 경우 필드노트에서 그 의미를 자세히 기록하고 추후 분석을 할 때 적절하게 참고하면 된다는 정도로 생각하는 것이 보다 현실적인 지침이라고 하겠다.

필드노트는 면담과정, 참여관찰 과정, 그리고 해당 조직이나 장소에 머무르는 내내 생각날 때마다 수시로 기록한다. 김병찬(2017. 6.)은 필드노트 작성과 관련한 팁을 다음과 같이 제시하고 있다. (1) 관찰 및 면담 내용뿐만 아니라 주관적인 느낌, 의문, 생각의 변화 등을 일기처럼 기록, (2) 가능한 한 매일 기록, (3) 연구대상이 생활에서 사용하는 일상 언어로 기록, (4) 시간 순서에 따라 기록, (5) 서로 다른 종류의 자료는 서로 분리하여 기록, (6) 관찰 및 면담 뒤에 곧바로 기록, (7) 관찰 및 면담 기간 동안의 해석이나 분석 등도 반드시 기록, (8) 가능하면 녹음기 활용, (9) 정직하고 정확하게 기록.

3) 우리나라 교육행정학 근거이론 연구들은 주로 교육행정학의 실천적 접근(14.3%)보다는 교육현장의 장(場)에서 경험적으로 주요 변화를 겪고 있는 사람들의 속성(85.7%) 연구에 보다 천착하고 있었다. 즉, 거의 모든 연구가 교육현장에서 경험적으로 주요 변화를 겪고 있는 사람들의 '기본적 사회심리적 과정(basic social psychological process)'에 초점을 맞추고 있는 것으로 나타났다(변기용 외, 2020).

4) 물론 개인을 분석단위로 해서 개인의 심리적 속성과 경험을 심층적으로 분석을 하는 경우에는 문제상황이 다를 수 있을 것이다.

4. 면담 직후 반드시 해 놓아야 할 일들

면담이 끝나고 나면 반드시 녹취가 제대로 되었는지, 그리고 녹음 파일에 일자별 · 면담참여자별로 파일명을 부여하여 (공동연구라면) 공동연구진과 공유하고, 해당 파일에 대한 전사가 필요한 경우 가급적 빠른 시일 내에 전사가 이루어질 수 있도록 필요한 조치를 취하는 것이 좋다. 민감한 내용의 경우 면담자가 직접 전사해야 하는 경우도 있지만, 그렇지 않을 경우 본인이 모두 전사하기보다는 전사 전문가에게 맡기는 것이 시간을 아끼는 방법이다.

이와 함께 면담이 끝난 후 기억이 희미해지기 전에 필드노트에 어지럽게 기록한 성찰의 기록들을 반드시 체계적으로 정리해 놓을 필요가 있다. 즉, 면담 수행과정 혹은 참여 관찰 등에서 수시로 필드노트에서 기록했던 사항들을 차분히 성찰하면서 추후 연구수행에 도움이 될 수 있도록 분석적 관점에서 다시 정리를 해 두는 것이다. 이것이 바로 '성찰일지'이다. 필자의 경우 대부분 면담을 수행한 지 3일 이상이 지나면 필드노트에서 정리했던 내용을 생생하게 정리하는 데 어려움을 겪게 되는 경우가 많았다. 필드노트와 목적상 유사하지만, 필자는 이를 필드노트와 구분하기 위해 이 책에서 일단 '(면담 후) 성찰일지'라고 부르기로 한다.

필자의 경험에 따르면 때로는 일정상 쉽지 않을 때도 있지만, 가급적 피곤하더라도 면담 당일 자기 전까지 필드노트에 적어 두었던 것을 (1) 연구의 중심 문제와 (2) 향후 연구 진행 방향과 대조하면서 성찰하고 그 결과를 꼭 메모로 남겨 둘 것을 권한다(만약 이것이 어렵다면 면담 시행 후 3일 내에 반드시 성찰일지를 정리하여 남겨 놓기를 강력히 권한다). 이렇게 하기 위해서는 면담참여자와 저녁 등을 같이 하더라도 가급적 간단히 마치고 과도한 음주는 하지 않는 것이 필요하다.

면담 혹은 참여관찰이 이루어진 직후 작성된 성찰일지는 면담과정에서 발견한 사항, 향후 자료 수집 및 분석과 관련된 아이디어 등 많은 통찰을 포함하고 있는 경우가 많다. 따라서 필자의 경우 성찰일지는 향후 최종 보고서 작성에 있어 가장 중요한 단초를 제공하는 경우가 많았다. 성찰일지를 쓰는 과정은 상황에 따라 다르기는 하지만, 통상적으로 면담과정에서 작성한 필드노트 등을 종합적으로 다시 한번 살펴보면서 (1) 연구진행과 관련된 전반적 느낌, (2) 개별 면담질문에 대한 특징적 발견 사항, (3) 추가적 자료 수집과 연구진행 방향과 관련한 시사점 등을 다시 한번 연구자가 성찰하면서 정리하는 과정이다. [박스 8-5]와 [박스 8-6]에 기록한 내용은 필자가 한동대 1차 현장 방문에서 (1) 앞서 제시했던 팀 모임 참여관찰 후 지도교수와 면담한 다음 기록한 면담 성찰일지와, (2) 1차 방문을 종합적으로 결산하면서 작성했던 성찰일지들이다.

박스 8-5 1차 방문 시 팀 모임 지도교수 면담 성찰일지

I. 면담 개요

- 면담 일시: 2014년 9월 24일(수) 16:00~17:15 * 팀 모임 참관 직후
- 면담 장소: 교수 연구실
- 면담자: 팀 모임 지도교수 ○○○(인문사회계열, 10년차, 남)

II. 면담 시 발견사항

[1] 팀 제도와 관련한 사항들

1. 팀구성: 25~30명
   - 여러 전공, 학년의 학생들이 함께 모여 있어 한동대에 와서 교수를 해 보니 팀의 영향력이 매우 크다는 것을 느낄 수 있음
   - 팀 모임, 채플을 해야 하기 때문에 경우에 따라 수요일에 아예 수업을 잡지 않음

[사진 설명] 스승의 날에 팀 모임 지도 학생들이 모여 교수 연구실 문을 장식해 준 것

2. 팀 모임의 성격과 운영방식

- 학생들이 가지는 한동대라는 학교에 대한 정체성이 매우 큼. 한동대를 나왔다는 사실이 학생들에게 매우 중요. 이는 학생들이 팀 내에서 자유롭게 경험을 하는 것이 크게 작용하지 않을까 함. 한동대는 입학 시 무전공제로 입학하니까 어느 전공을 선택할 것인지 팀 모임을 통해 상당히 도움을 받는 듯함
- 공동체 리더십 훈련의 일환으로 선택해서 등록하게 됨. 1년마다 팀을 교체하고, 학생지원팀에서 팀을 배정. 6학기 동안 총 6학점을 따야 졸업
- 초창기에는 학점이 없었는데 언제부터인가 학점을 부여하는 것으로 바뀌었음. 체계적으로 해 보자는 취지

[연구자 생각] 이것이 팀 모임의 자율적 성격에 어떠한 영향을 미쳤을까?

- 교수들이 주도적으로 하는 팀 모임도 있고 학생들이 주도적으로 하는 팀도 있음. 고학년들은 이미 팀을 4, 5번 해 봐서 너무 잘 알고 있음. 신임 교수들이 팀을 어떻게 운영하는지 모를 때는 고학년 학생들이 알려 주기도 함. 팀장, 부팀장과 1주일에 1번씩(목요일) 만나서 지도교수가 팀 모임을 어떻게 진행하고 있는지 체크하고 있음
- 팀 제도가 1학점이긴 하지만 교수들은 부여된 학점보다 이를 훨씬 더 중요하게 생각함. 공식적인 팀 활동도 중요하지만 팀을 통해 얻을 수 있는 다양한 경험이 학생발달을 위해 중요하다고 생각하기 때문임
- 큰 RC(Residential College * 필자 주: 숙식과 교육 프로그램이 함께 제공되는 기숙형 대학을 말함)는 25개 팀이 소속되고, 어떤 RC는 20개 정도의 팀이 소속되어 있음. 한 팀은 무조건 같은 RC에 소속되도록 하여 같은 팀 구성원이 같은 RC에 살도록 안배되어 있음. 생활 공동체이면서 팀으로 활동도 같이하도록 하고 있음
- 수업도 중요하지만, 팀원끼리 여행, 활동, 공모전도 함. 팀은 매주 수요일 5교시에 주기적으로 만남
- 1학년 학생이 학교 생활에 잘 적응할 수 있도록 각 팀별로 남학생 1명, 여학생 1명을 선택하여 '새내기 섬김이(새섬이)'를 지정하여 운영함. 매 2학기 말에 다음 해의 새내기 섬김이를 모집함. 그 학생들은 각 팀별로 골고루 배치하여 활동할 수 있도록 함

- 1학기에 첫 모임을 하면 바로 팀장을 뽑을 수도 있고, 첫째 주 팀 MT, 둘째 주 전공 MT, 셋째 주는 동아리 MT를 가게 됨. 여기서 볼 수 있듯이 제일 먼저 가는 것이 팀 MT일 정도로 그만큼 한동대에서는 팀 제도를 중요시함. 면담참여자 교수님의 경우 두 번째 수요일날 팀장을 뽑고, 일단 첫 번째는 MT 준비위원장만 뽑음. 학교에서 5학기 이상 된 학생을 팀장으로 뽑으라는 가이드라인은 있지만, 지도교수들 선호에 따라 융통성 있게 적용하고 있음

3. 팀에서 소극적 팀원에 대한 배려

- 공식적 모임에는 어쩔 수 없지만, 가급적 팀 가족 등 소그룹을 활용하여 비공식적 활동에서는 배려하려고 하고 있음
- 예컨대, 팀 가족(팀내 소그룹)을 구성하여 운영 중임. 무조건 만들어야 하는 것은 아닌데 대부분 만듦. 우리 팀에는 팀 가족 4개가 있는데 이를 통해 소극적 학생도 참여할 수 있도록 배려함. 가족들끼리 식사도 하고, (기숙사) 방에서 또 카톡 등으로 이야기를 나누도록 함. 가족장도 지정하고, 아빠, 엄마 등 호칭으로 친근감을 부여함
- 목요일 운영진 학생들과 만나면 학생들(팀장, 부팀장)도 심각하게 소극적인 학생에 대해서는 교수들과의 만남에서 상의하고, 이에 따라 교수들이 직접 나서는 경우도 있고, 너무 심하지 않을 경우에는 고학년 학생들을 통해 챙겨 보라고 할 때도 있음
- 팀 CC(팀내 남학생 + 여학생으로 구성). 재미 반, 친해지는 것 반으로 운영하고 있음. 밥 같이 먹는 것 인증샷 3점, 시내 나가서 밥 먹으면 4점 등. 교수님 찾아가서 같이 묻기 2점 등 활동별로 점수를 줌. 예전에 남자 혹은 여자 그룹별로만 각각 친해지는 경향이 있었는데 이를 깨 보자는 취지로 도입했다고 함. 지도교수님이 2010년 부임했을 때부터 이미 존재했었음

[연구자 질문] 부정적인 효과는 없나?

→ 진짜 CC가 발생했을 경우 팀 전체의 공동체성을 해치는 경우도 있고, 특히 깨졌을 경우 사실 고학년 학생과 저학년 여학생이 사귀다가 깨진 경우 실제 휴학한 경우도 있음. 따라서 어떤 교수님은 진짜 CC를 금하는 경우도 있음. 다른 학생에 대한 관심이 소홀해져서 본연의 임무를 소홀히 할 가능성이 있으므로 새내기 섬김이는 최소한 특정인과 CC가 안 되면 좋겠다는 가이드라인은 있음

4. 팀에서 교회 안 다니는 학생에 대한 배려

- 모든 팀이 기도로 시작해서 기도로 끝나는 것을 안 하는 팀도 있음. 학생들이 결정할 수 있도록 하고 있음. 기도보다는 팀 활동이 잘 이루어지는 것이 훨씬 중요하다고 생각함
- 수업도 기도로 시작해서, 기도로 끝나는 교수님들이 있음. 지도교수님은 이에 대해서는 개방적 입장을 가지고 있고, 기독교가 아닌 학생들에게는 불편한 점이 없는지 항상 체크하고 있음
- 채플은 어쩔 수 없지만, 팀 활동은 비기독교 학생들이 불편을 느끼는 점에 대해 최대한 배려하고 있다고 생각함
- 지도교수님의 개인적인 생각은 기독교에 호감을 가질 수 있도록 하는 것이 핵심이며, 차라리 삶에서 보여 주는 것이 훨씬 더 효과적인 전도 방법이라고 생각함

5. 한동대에서 팀 제도의 의미: 한동대의 관계지향적 교육의 핵심

- 한동대의 인재상은 배워서 남 주자. 장인 '공(工)'자 교육철학임
- 다른 대학의 경우 지식적으로 배우는 것은 많지만, 어떤 바탕 위에서 이러한 지식이 쌓이는가가 매우 중요하다고 생각함. 그래서 자신은 바탕교육(인성/영성교육)이 매우 중요하다고 생각함. 한동대는 지식도 중요하기는 하지만, 바탕, 관계 중심. 교수-학생 간의 관계를 중요하게 생각함
- 한동대가 완벽하다는 것은 아니지만, 학생 대 교수 시스템에서 학생들을 길러 내는 관계가 다른 학교와는 다르다고 생각함. 한동대에서 인성교육은 수업 속에서만 이루어지는 것은 아니고 학생들과의 관계를 통해 이루어짐
  - 부임 초기 도서관에 있는 개인 연구실에 있었는데 지나가면서 학생들이 연구실에 수시로 들어옴. 따라서 퇴근 시간은 늦을 수밖에 없음. 하지만 주말에 일하더라도 주중에 학생들이 연구실에 찾아오면 무조건 받아 준다는 원칙을 가지고 있음. 본인의 미국에서의 경험을 반추해 보았을 때 미국 교수들이 스스럼없이 도와주는 것이 너무 좋았던 경험 때문
  - 교수마다 편차는 있는데, 더 많이 챙기는 교수님도 있고, 자신은 중간 정도가 아닐까 생각함. 팀 운영에 자기 쌈짓돈 100만 원 쓰는 교수, 자기 집에 초대하는 교수도 있음. 사실 먹성 좋은 대학생들이 와서 먹으면 돈도 많이 듦. 학교에

서 공식적으로 지원해 주는 돈은 15만 원 정도인데 이걸로는 턱없이 부족함
- 한동대에서 휴학, 장학금 신청은 전공교수가 아니라 팀 교수에게 사인을 받도록 하도록 규정이 되어 있음
- 가장 인상적이었던 팀 모임은 어떤 1학년 학생이 '교수님은 한동대에서 자기 아빠'라고 이야기했던 학생과 한 때였음. 팀 모임을 하면서 "정서적으로, 신앙적으로 지지가 많이 된다", "고민이 있을 때 이야기할 수 있는 사람이 있어서 좋다"고들 이야기하는 학생들이 많이 있음. 타지에 떨어져 있는 학생들에게는 학내에 쉽게 찾아갈 수 있는 사람이 있다는 것이 굉장히 중요하다고 생각함. 학생들 중에는 결혼, 이성교제 이야기를 하러 오는 학생들이 있고, 또한 정말 CC가 되면 축복해 달라고 오는 학생들도 있음. 작년 팀 부모님 돌아가셨을 때 찾아온 학생들도 있었음

2 교수님이 보시는 한동대 교육의 특징

1. **학생과 교수 모두 헌신도가 높다.**

• (학생) 면접 보러 오는 데 돈이 많이 든다. 처음에는 자신도 학생들이 왜 멀리 떨어진 지방의 학교에 올까? 수도권에 갈 수도 있는 학생들이 왜 한동대에 올까? 하는 의문을 가졌음
- 한동대는 전국권에서 학생들이 오고, 전라도 쪽에서도 10% 이상 옴. 한동대에 대해 남다른 생각을 가진 학생들이 옴
- 사실 부모들에게 등 떠밀려 온 학생들도 많이 있음. 놀라운 것은 정말 모든 학생이 다 신앙이 독실한 것은 아닌 것 같음. 비기독교인 중에서도 면접에 와서 이런 학교가 다 있구나라는 감동, 교수님들에게 홀렸다고 말하는 몇몇 학생이 있음. 등 떠밀려서 쓰고, 교수님들과 면접을 보면서 감동을 받은 학생들이 많음

• (교수) 이미 각오하고 지원한 사람들이 많이 있는 것 같음
- 교수들도 단순히 가르치기보다는 남다른 사명을 가지고 옴. 학생들이 전공분야에서 교수들을 롤 모델로 삼음. 인성, 지성, 영성이라고 이야기하는데 서로 구분되기 어렵다고 봄. 교수 입장에서 보면 학생들 지도하는 것이 피곤한 일일 수도 있는데 그걸 감수함

- 2010년에 왔을 때 교수 오리엔테이션. 반복적으로 정신교육이 반복되는 것 같은 느낌이어서 그렇게 유쾌한 경험은 아니었음. 어느 정도만 하면 되는데 좀 심한 느낌

[연구자 생각] 지난번 사전방문 때 만났던 센터장 이야기와는 상반되는 것이어서 추후 확인 필요

2. 사회봉사: 학교가 좋은 학부교육을 위해 가장 역점적으로 강조하는 것

- 사회봉사는 선택으로 하는 것이 취지에 맞는 것이라고도 할 수 있지만, 반드시 필수과목으로 들어야 하는 것이 있음
- 사회봉사는 자원봉사의 개념이 강하긴 하지만, 한동대의 교육철학인 '배워서 남 주자'를 학교 다닐 때 실천해 봐야 한다는 차원에서 중요한 의미가 있는 것임
- 따라서 '인성교육(1학점)'을 한 학기 동안 선수과목으로 듣고, '사회봉사'를 2학기(사회봉사 1학점)에 걸쳐서 진행함
- 사회봉사를 해야 하는 학생들, 필수와 선택이 있음. 기관을 선택할 수 있으니 일단 학생들에게 사회봉사를 원하는 기관 리스트를 제출하게 함. 주로 다른 학생들이 신청하는 기관을 일반적으로 많이 신청하는데, 소문, 평판이 있으니 학생들이 선착순으로 신청
- 학기가 시작되면 사회봉사 기본교육을 함. 봉사기관에서 교육을 별도로 하겠다고 하면 기관별로 교육을 할 수 있도록 함

3. 무전공/복수전공: 입학시 무전공으로 입학, 반드시 복수전공을 하도록 의무화

- 무전공으로 들어와 전공을 자유롭게 선택할 수 있도록 한 한동대의 독특한 제도는 기본적으로 학생들을 믿는 데서 출발한 것. 최소한 3학년 2학기까지는 전공을 계속 바꿀 수 있음(요즘은 4학년 때까지 바꿀 수 있도록 변경하였음)
- 물론 좋은 점만 있는 것은 아니고 보완해야 할 점도 있는 것 같음
- 자유가 주어졌을 때 학생들에게 능력이 없으면 방종이 되거나, 고민을 너무 많이 하게 되는 문제가 있음. 아울러 늦게 전공을 시작하는 만큼 진로준비가 부족하다는 문제도 있음

- 하지만 교수들과 관계가 좋으면 좀 더 자연스럽게 고민을 풀어 나갈 수 있음. 자주 못 만나는 학생들의 경우에는 지도하는 것에 문제가 있을 수 있음
- 대부분의 학생이 선택하지 않는 전공에 소수로 남아 있는 학생들, 전공을 자주 바꾸려고 하는 학생들을 어떻게 지도할 것인가라는 점에서 고민이 있음. 기초교양학부에서 전공 선택과 관련한 조언을 많이 해 주는 것, 무작정 전공을 선택하는 것이 아니라 관련 전공의 개론이라도 들어 보고 전공을 선택하도록 하는 것이 필요하지 않을까 생각함
- 팀 제도가 이런 측면에서 좋은 것은 다양한 선배를 만나서 전공을 선택하는 데 도움을 받을 수 있다는 것임

4. 교수님이 가장 역점을 두고 있는 것
   • 전공 수업이 매우 힘들다고 학생들에게 공공연하게 말하는 편임. 수업시간에는 강의 위주로 많이 하기는 하지만, 수업에는 정답은 없다고 생각함
   • 지식은 믿음에서 시작함. 과학적인 지식은 경험적으로 증명하는데, 경험적으로 증명할 수 없으면 신앙에 기반하는 것이라고 봄. 어쨌든 지식은 믿음에 기초하고 있다고 봄
   • 하지만 경험적으로 증명되는 지식은 최소한 다른 사람이 말하는 것을 이해는 해야 한다고 생각함. 기독교인이긴 하지만 모든 사람과 함께 협업하는 역량을 발휘하기 위해서는 이러한 지식의 이해 수준도 높아야 함. 이런 견지에서 진화론을 그대로 받아들이는 것은 아니지만 진화론도 이해할 필요가 있음

5. 교수님이 생각할 때 개선해야 할 점
   • 교수 수를 늘려 주어야 함. 아무리 개인적으로 노력하더라도 한계가 있음. 한동대에서 이런 교육철학을 구현하려면 비용이 많이 드는 구조일 수밖에 없음. 학생들과 친밀한 관계를 유지하려면 교수 대 학생 숫자가 더 줄어들어야 함. 대학평가 기준과 관련 없이 한동대의 교육철학이나 운영방식을 감안할 때 교수들이 더 늘어나야 함
   • 교수들의 분위기는 분명히 '개혁'에 대한 피로가 있는 것 같음. 따라서 좀 바꾸자는 생각은 있는 것 같은데, 어떻게 바꾸자는 방법론에 대해서는 서로 다른 것 같음

- 앞으로 20년을 어떻게 할 것인가? 공론화되지는 않았지만 앞으로 공론화되어야 할 필요가 있다는 이야기는 하고 있음. 태어났을 때 모습과 20세 정도가 된 아이가 있는 가정의 모습은 달라야 한다고 생각함
- 본부 리더십의 입장에서는 안 좋게 생각할 수도 있을지 모르지만 프로그램의 효과 측면에서 다양성이 있어야 한다고 생각함. 획일적으로 해 나가는 것이 반드시 효과적이지는 않음. 장기적으로 한동대의 건강성을 유지하기 위해서는 다양성이 표출될 필요가 있음. 다양성이 존재하는 것이 건강의 증표라고 생각함. 다양성의 존재가 학생들에게 긍정적인 영향을 미치고, 교수님들에게 다양성이 있으면 학생들도 숨 쉴 구멍이 커지게 되는 것이라고 생각함

박스 8-6 한동대 1차 방문(2014. 9. 24.~26.) 종합 성찰일지

1. 면담이 전부가 아니고 때로는 '참여관찰'이 매우 중요한 자료 수집 수단이라는 느낌
   - 어떤 경우, 예컨대 수업과 관련해서는 참여관찰이 현상을 이해하는 훨씬 중요한 방법인 것 같은 느낌이 들었음. 이러한 관점에서 1일차 수행했던 팀 모임 참여 관찰은 한동대의 팀 제도 이해와 교육 방식의 이해에 매우 큰 도움이 되었음
   - 한동대 교육의 핵심인 '배워서 남 주자'가 생활 속에서 그대로 구현되는 느낌. 예컨대, 10만 원 프로젝트에서 학교에서 10만 원을 팀원들에게 시드 머니로 주면 (1) 이 돈을 어떻게 효과적으로 불릴 것인가(협동학습, 문제해결 능력 배양), 그리고 (2) 남을 위해 불린 돈을 어떻게 효과적으로 활용할 것인가(인성교육)를 팀 모임을 통해 고민하고, 실천해 나가는 것이 매우 인상적이었음
   - 수업이 아닌 학생들의 일상적 모임을 통해 그동안 수업에서 배웠던 세속적인 지식을 가지고 현실적으로 돈을 버는 방법을 배우면서 '배워서 남 주자'라는 한동대의 교육철학을 실천해 나가는 정말 좋은 교육수단이라는 느낌이 들었음

2. ○○○ 교수 채플 참관 및 면담
   - 채플 참관은 별다른 의미가 없었음. 사전에 충분한 준비 없이 단순히 행사를 참관해서는 필요한 정보를 얻기는 어렵다는 생각을 하게 됨
   - ○○○ 교수와의 면담도 사전에 해당 교수의 경험과 특징을 사전에 충분히 조사

하여 이를 감안하여 면담질문을 체계적으로 작성해 가지는 못했기 때문에 내용이 구체적이지 못하고 면담이 생각보다 잘 흘러가지는 않는다는 느낌이 들었음

3. **학교에서 모집해 준 교수 면담자에 대해 사전에 충분히 점검(전공, 기본경력)하는 시간 없이 면담을 하게 되어 공동연구자와 역할 분담이 모호해진 느낌**
   - 내가 수행한 면담자 중 3명(학생처장, 학생처장, RC헤드마스터)이 모두 생명과학부 출신이어서 같은 이야기만 반복해서 듣게 되어 무척 아쉬웠음
   - 복수의 연구자가 분담하여 면담을 할 경우 각자가 서로 다른 배경(이공자연 vs. 인문사회)을 가진 사람들을 골고루 면담할 수 있도록 미리 조율해 놓는 것이 필요할 듯함

   [연구자 생각] 2차 방문 시에는 사전에 학내 코디네이터 등과 면담자의 특성, 전공 등에 대해 충분히 이야기하고 이를 바탕으로 면담계획을 세워서 체계적으로 해야겠다는 생각이 들었음

4. **개별면담과 그룹면담: 그룹면담의 경우 목적이 명확할 경우에만 한정적으로?**
   - 2일차 8명씩 포커스 그룹 면담 후 시간이 되는 학생 2명을 심층 면담했는데, 학생 2명을 연구자 3명이 함께 면담함. 좀 지쳐서 그렇게 하기는 했지만 면담을 하는 과정에서 이 두 학생을 연구자가 각각 별도로 면담했으면 훨씬 더 많은 정보를 얻을 수 있지 않을까 하는 생각이 들었음
   - 일껏 학생을 불러 놓고 1시간 동안 두 사람이 번갈아 말하니 무척 아쉬운 생각이 들었음. 개별면담과 그룹면담의 장점과 단점, 그룹면담을 하는 것이 좋은 경우에 대한 보다 명확한 사전 인식과 학습을 한 후 면담을 진행했었더라면 좋았겠다는 생각이 들었음
   - 2차 방문 때 시간을 내서 학생들과 개별적으로 심층면담을 할 수 있을지도 모르겠지만, 과연 2차 방문을 위한 시간을 그만큼 내는 것이 가능할까? 매우 바쁜 현실적 제약 속에서 어떤 것이 우리 프로젝트 맥락에서 가장 효과적인 접근방식일까 하는 의문이 계속 들었고, 사전에 이에 대해 충분히 고민한 후 면담을 구성했더라면 더 좋지 않았을까 하는 생각을 하게 되었음

5. **2일차 중식 및 석식**
   - 학사부총장, 교무처장, 입학인재개발처장 등과 저녁을 하면서 사전에 공부한 내용, 면담결과를 바탕으로 한동대 교육의 특징, 성공요인에 대한 의견을 나누었음
   - 비교적 성공적으로 교감이 이루어져서 향후 연구추진을 위한 구성원들과의 신뢰감을 형성하지 않았나 하는 생각이 들었고, 이러한 믿음을 사례연구 대학 관계자에게 심어 주기 위한 노력을 전략적, 의도적으로라도 하는 것이 필요하지 않나 하는 생각이 들었음

6. **직원 면담의 경우 학교 측에서 그룹면담 형식으로 면담을 주선했는데, 매우 부적절한 것이 아니었나 하는 생각이 들었음**
   - 특히 필자가 면담한 직원은 서로 다른 성격의 업무를 하는 사람이어서 짧은 시간에 면담을 하기에는 그룹 구성이 효과적이지 못하다는 생각이 들었음. 즉, 이러한 경우에는 그룹면담에 많은 한계가 있다는 생각이 들었음. 2명이 갔을 때 2명 모두 충분한 연구역량을 가지고 있는 경우 따로 따로 면담을 하는 것이 보다 효과적이지 않을까 하는 생각이 들었음
   - 아울러 면담한 직원들은 한동대 졸업생이어서, 다른 직원들과는 달리 이들의 특성을 감안한 면담질문을 사전에 준비해서 면담을 하는 것이 필요했겠다는 생각이 들었음
   - 면담에 가기 전에 사전에 적절한 면담계획 수립과 함께 충분한 준비가 필요하다는 것을 다시 한번 느끼게 되었음

7. **핵심학생을 면담할 때는 연구원 2명, 연구보조원이 각각 1명씩을 면담하였음**
   - 면담자에 따라 프로젝트의 중심 질문과는 다른 자신의 개인적 관심에 시간을 할애하는 경향이 암묵적으로 나타난다는 생각이 들었음. 공동 프로젝트에서 면담을 수행할 때는 공동연구진들이 개인적 관심보다는 미리 합의한 프로젝트 프로토콜이나 면담개요에 충실할 필요가 있다는 생각이 들었음. 즉, 프로젝트에 참여하는 한 명의 공동연구자(면담자)로서 수행할 역할에 대해 연구자들 간 충분한 공감대 형성과 이해를 먼저 이루어 놓고 가는 것이 필요하겠다는 생각이 들었음
   - 아울러 특정 대학 사례연구 보고서의 주 집필자와 부 집필자가 나누어 별도의 면

담을 할 경우에는 주 집필자에게 먼저 보다 의미 있는 학생을 선택할 기회를 부여하는 것이 좋을 듯함. 그리고 학내 코디네이터와 사전에 일정이나 면담참여자를 조율할 때, 연구진들 간 역할 분담에 대해 사전에 명확히 정리해 놓는 것이 좋을 듯함

• 새내기 섬김이 위원회 부위원장을 면담했는데, ○○○ 박사와 사전에 잘 정리가 되지 않아 면담학생 선정에 우왕좌왕한 느낌이 있었음

8. 마지막으로 면담한 총학생회 학생의 경우 면담이 부드럽게 흘러 나갔다는 생각이 들었음

• 주어진 시간에 그래도 의미 있는 정보를 매우 많이 얻었다는 느낌. 면담질문 중 어떤 부분에 초점을 두고, 어떤 부분을 스킵해도 좋겠다는 계획이 앞서의 면담을 통해 어느 정도 확실해졌기 때문이 아닌가 생각이 듦

• 면담 전에 면담운용에 대한 계획이 머리에 확실하게 잡혀 있어야 면담이 부드럽게 진행될 수 있다는 것을 다시 한번 확인하였음. 물론 피면담자가 말을 잘하는 학생이었기 때문인 것도 있는 것 같음

9. 1차 방문을 마치고 현장 방문 마무리는 피곤하기도 했지만, 일단 향후 추진일정 설명 정도로 마무리하였음

• 사전에 충분히 정리해 놓지 않으면 현장 방문에서 마무리하는 것은 매우 어렵다라는 생각을 하였음

• 어떻게 보면 2일차 저녁에 식사를 하면서 한동대 교육의 성공요인에 대해 이야기하는 과정에서 이러한 발견사항의 타당화 작업을 부지불식간에 일부분 수행했다는 생각도 듦. 연구자가 이해한 사항을 말했더니 처장들이 상당히 진심으로 공감하는 분위기가 있었음

10. 8월 말 1일짜리 사전방문이 이번 1차 방문과정에서 매우 유용하였다는 생각이 듦

• 내년 연구수행과 관련해서는 미리 사전 방문을 통해 중요한 사람들을 만나고, 이 과정에서 외부자로서는 구할 수 없었던 중요한 자료를 미리 수집해 놓은 것이 1차 현장 방문을 보다 의미 있게 만드는 데 중요한 역할을 한 것이 아닌가 하는 생각이 들었음

11. 면담과정에서 '교수들에게는 무엇을 왜 물어볼 것인가?'라는 의문이 생겼음

- 교수들의 경우 수업과 관련한 질문에 대해서는 형식적으로 답변을 하는 경향이 있어 면담자가 보다 정교하게 준비해 가야겠다는 생각이 들었음
- 아울러 학업도전, 지적활동, 능동적 · 협동적 학습 등 학부교육 실태조사(K-NSSE)의 주요 영역과 관련, 특히 수업에서 일어나는 교수 스타일, 새로운 교수 기법 등에 대해서는 무엇을 교수에게 물어보고, 무엇을 학생들에게 물어보는 것이 효과적인지에 대한 의문이 들었음
- 이에 대해 귀경길에 함께 방문을 했던 공동연구진인 ○○○ 박사, ○○○ 학생과 논의를 해 본 결과는 다음과 같음
  - 교수들이 많이 활용하는 '교수 스타일과 효과'에 대해서는 다양한 교수를 많이 겪어 본 학생에게 물어보는 것이 좋겠음(어떤 교수 스타일을 많이 사용하나? 그것이 자신에게 얼마나 효과적이었나?)
  - 왜 특정한 교수 스타일을 택하는지는 교수들에게 물어보는 것이 좋겠음. 어떤 티칭 스타일(예컨대, 토론식 수업)을 주로 사용하나? 왜 그런가? 학생의 특성, 교육환경 등 특정한 목적을 가지고 그러한 티칭 스타일을 활용하나? 학과 교수들 간 어떤 티칭 스타일을 활용할 것인지에 대한 협의를 하나? 이를 통해 교수법을 발전시키려는 노력을 하나? 아니면 전적으로 개인적으로만 이에 대한 노력을 하고, 학교/학과 차원의 시스템적 노력은 없나?
- 아울러 2차 방문 시 면담할 교수 표집 방법과 면담 시 주요 초점도 다음과 같이 해야 되는 것이 아닌가 하는 생각이 들었음
  - 표집: 포커스 그룹면담을 한 학생들의 연락처가 있으니 그 학생들에게 인상적인 강의를 한 〈교수〉를 사전에 물어보고 그 교수를 대상으로 면담하는 방법; 학생들의 경우 타 학교에 재학한 경험이 있는 〈편입생〉을 선정하여 서로 다른 학교의 티칭 스타일을 비교해서 평가해 보도록 하는 것이 좋겠음
  - 초점영역: '어떻게 잘 가르칠 것인가?'가 아니라 vs. '어떻게 하면 잘 가르치게 만들 수 있을 것인가?', '특정 대학에서 왜 잘 가르치는 교수가 많은가?'가 우리 프로젝트에서 알고 싶은 핵심이라고 생각함. 강의자가 생각하는 한동대 학생들의 특성, 조직적 특성은 무엇인지? 그러한 특성을 교수법에 얼마나 반영하고 있나, 반영하려고 고민하고 있는지 학교/학과 차원의 노력에 대해서도 알아볼 필요가 있을 것 같음

– 예컨대, 한동대에서는 팀 프로젝트가 정말 많음. 팀 프로젝트의 경우 통상적으로 프리라이더 문제가 발생하는데 한동대의 경우 이를 어떻게 극복하나? (총학생회 ○○○ 학생 답변) 거의 대부분 RC에 살기 때문에 가능. 학생들이 모두 잘 알기 때문에 프리라이더가 적다는 답변을 들었음

[연구자 생각]
그렇다면 교수들은 티칭스타일을 선정할 때 그러한 상황을 감안해서 하고 있는 것일까? 그런 것들이 교수들 간에 공식적으로 논의되는가? 티칭 스타일, 교수–학습의 질 개선을 위한 교수 방법 개선을 위해 교수들 간의 논의가 얼마나 있나?

12. 3일차 중식 후 '히즈빈즈(한동대 내에 있는 사회적 카페)' 방문
- 히즈빈즈는 '사회적 카페'이며 한동대 졸업생이 운영하고 있음. 포항 시내에 분점이 4~5개 있고, 카페 직원은 '지적 장애인'들이 근무하고 있음. 따라서 시키면 으레 늦게 나온다고 생각해야 함
- 흥미로운 점은 자기가 감사하고 싶은 사람에게 선불로 카페에 돈을 지불하여 차나 커피를 선물할 수 있도록 하는 게시판을 만들어 운영하고 있다는 점임. 예컨대, 어떤 학생이 시험 공부를 도와 준 선배나 동료에게 차나 커피를 선물하려면 미리 돈을 지불하고, 감사의 메모를 카페 게시판에 남겨 둠. 카페에서 문자를 통해 이를 전달하면 그 대상자가 카페에 와서 메모를 보고 흐뭇하게 커피를 마시게 됨

- 휴대전화를 통한 기프티콘 선물 등 과거와는 달리 직접 만나지 않고도 디지털화된 감사를 전하는 통로가 얼마든지 존재하는 상황에서, 지극히 아날로그적 감성을 지닌 감사를 전달하는 이러한 수단이 한동대에서 왜 성공할 수 있었을까 하는 의문이 들었음

[연구자 생각]

- 생활 속에서 사회적 기업의 물건을 팔아 줌으로써 간접적으로 사회적 봉사를 체험할 수 있도록 하는 한동대의 기본 교육철학과 잘 매치되기 때문이 아닐까?
- 만약 다른 학교에서 이런 것을 흉내내서 시행하면 성공할 수 있을까? 개인적으로 안 될 것 같은 느낌. 사회적 기업에게 후원한다는 학교의 교육철학이 아날로그적 감성의 감사의 표현방식과 맞아 떨어지기 때문에 이것이 비교적 성공적이 아닌가 하는 생각이 들었음
- 어쨌든 2차 방문 시에는 학생들에게 '히즈빈즈 감사의 차 선물'에 대해 어떻게 생각하는지에 대해서도 물어보아야겠음

제9장 근거이론적 방법에서의 자료 분석

1. 자료 분석에 들어가기 전 준비해야 할 일들
   1) 녹취한 파일의 전사
   2) 전사자료 분석을 위한 준비와 자료 분석 과정 개관
2. 근거이론적 방법에서 코딩의 수행과 관련한 사전적 논의
   1) 패러다임 모형의 발전적 활용
   2) 질적 자료 분석 소프트웨어의 활용
3. 근거이론적 방법에서 코딩의 실제
   1) 근거이론적 방법에서의 코딩의 의미와 절차
   2) 실제 코딩의 수행
4. '이론적 포화'의 개념과 판단 기준

근거이론 연구 수행 과정에서 일단 계획된 1차 면담이 모두 끝나면 본격적 자료 분석에 들어가게 된다. 근거이론 연구에서는 필요하다면 다양한 자료 유형을 모두 수집하지만, 그래도 가장 핵심이 되는 자료는 면담자료인 경우가 많다. 따라서 본격적 자료 분석에 들어가기 전에 먼저 녹취한 파일을 문서화하는 전사 작업이 이루어진다. 전사된 자료는 현장에서 작성했던 필드노트와 성찰 일지 등과 함께 분석을 위한 가장 중요한 자료가 된다. 전사자료를 코딩하는 방법은 주요 근거이론가에 따라 서로 다른 방식으로 제시되어 왔으며, 이는 초보연구자들에게 혼란을 초래하는 진원지가 되고 있다. 이 책에서는 기존 근거이론가들(Strauss & Corbin, 1998/2001; 기노시타, 2013/2017; Birks & Mills, 2015/2015)이 제안한 코딩 방식을 종합적으로 정리하고, 필자의 실제 연구수행 경험을 바탕으로 자료 분석과정에서 이러한 코딩 스킴이 어떻게 활용될 수 있는지를 구체적으로 살펴보기로 한다.

1. 자료 분석에 들어가기 전 준비해야 할 일들

1) 녹취한 파일의 전사

'전사'란 면담과정에서 (면담참여자의 허락을 받고) 녹취한 파일을 문서화시키는 작업을 말한다. 따라서 전사 작업은 면담자 본인 혹은 면담 현장에 있었던 사람이 직접 하는 것이 가장 효율적이다. 본인이 면담에 직접 참여하여 현장의 맥락을 잘 알고 있기 때문에 전사하기가 한결 쉬워지기 때문이다. 아울러 면담 내용이 민감한 사항인 경우에는 면담자 본인이 직접 전사를 하는 것이 면담참여자 보호를 위해서도 필요하다.

전사는 기계적으로 녹취된 내용을 받아 적는 매우 고통스럽고 많은 시간이 걸리는 작업이다. 대규모 프로젝트로 수행되어 면담의 양이 많은 연구의 경우 면담자 본인이 녹취자료를 직접 전사할 수 없는 경우가 대부분이다. 이런 경우에는 타인에게 전사를 시키게 되는 경우도 많이 발생한다. 전사는 용어의 전문성, 1 대 1 면담인가 그룹면담인가, 녹취의 질, 면담참여자의 사투리의 사용 정도 등에 따라 난이도가 크게 달라질 수밖에 없어 같은 분량이라도 전사에 드는 시간이 달라진다. 통상적으로 필자의 경우 주로 인건비를 받으며 연구보조원으로 참여하는 대학원생에게 본인의 질적 연구 참여과정에서 실습을 겸해 전사를 시킨다. 연구비가 있는 연구과제의 경우 속기사 등 전문으로 전사를 하는 업체(개인)에게 전사를 맡길 수도 있다. 연구비 예산 사정에 따라 다르나 2020년 1월 기준의 시세로는 대략 1장 6천 원, 1시간 6~7만 원 정도의 비용을 지급하는 것이 보통이다. 하지만 물론 구체적 비용은 전사의 어려움과 전사를 맡기는 파일 수에 따라 약간씩 조정하여 지급한다.

전사를 하는 경우 면담참여자의 익명성 보호를 위해 성명, 직위 등은 반드시 이니셜이나 익명으로 처리하도록 해야 한다. 특히 타인에게 맡겨 전사를 하는 경우 사전에 윤리적 고려와 관련된 사항을 충분히 숙지시키고 작업에 임하게 해야 할 것이다. 녹취 파일은 공유 컴퓨터나, 인터넷이 연결된 컴퓨터가 아니라 별도의 외부 저장 장치에 보관하고 연구가 끝나면 즉시 파기하도록 하는 것이 원칙이다.

2) 전사자료 분석을 위한 준비와 자료 분석 과정 개관

연구자에 따라 전사자료를 분석하는 방법은 다양하다. 필자의 경우 녹취한 파일들에 대한 전사가 모두 이루어지고 나면, 일단 문서화된 모든 파일을 하나의 통합된 파일(혹은 분량이 많을 경우 일자별로 별도의 파일을 만듦)로 만들어서 해당 파일 내에서 키워드로 검색하기 쉽도록 한다. 이와 함께 전체 자료를 출력한 후 스프링 제본을 하여 시간 날 때 읽으면서 분석을 할 수 있도록 준비한다. 이 경우 1차 방문, 2차 방문 면담자료 등 단계별로 나누어 휴대하기 좋을 정도인 200~300쪽 정도로 제본을 한다. 한편, 최근에는 질적 자료 분석 소프트웨어(예컨대, Nvivo 등)가 많이 나와 개인의 선호에 따라 이러한 프로그램을 활용하여 질적 자료를 분석하는 연구자도 늘어나고 있다. 질적 자료 분석 소프트웨어를 사용하는 경우 전사한 파일들을 분석을 위해 해당 프로그램에 불러올 수 있는데, 필자의 경우 뒤에서 설명하는 이유로 질적 자료 분석 소프트웨어를 사용하는 것을 그렇게 선호하지 않는다. 하지만 이는 개인의 연구목적과 선호에 달려 있는 것이니만큼 연구자 개인이 판단해야 할 문제이다. 하지만 이때 명심할 것은 어떤 방법을 사용하든 자신이 도출한 분석 결과의 타당성을 높일 수 있는 방안을 항상 생각하면서 이를 독자에게 명확히 설득할 수 있어야 한다. 기본적 준비가 이루어진 다음 자료 분석 절차는 대체로 다음의 과정으로 이루어지게 된다.

- 자신이 면담한 면담참여자별 전사자료를 탐구하고자 하는 중심 연구문제를 생각하면서 '가장 정보가 풍부하다고 생각하는 순서'로 각각의 단위 면담자료에 별표를 붙여 분류를 해 둔다(예컨대, 가장 중요한 것 ***, 그다음 중요한 것**, 덜 중요한 것 *). 이 중 가장 정보가 풍부한 전사자료부터 먼저 분석을 시작하여 코딩을 하는 것이 초기에 범주를 많이 형성하는 데 효과적이다.
- 필자의 경우 일단 중심 연구문제를 염두에 두고 가벼운 마음으로 출력한 스프링 제본된 전사자료를 읽어 나간다. 이때 생각나는 대로 착안되는 부분(보통 문단 단위)에 밑줄을 치고 가능할 것 같은 개념명을 일단 적어 둔다['개념의 부스러기' 만들기 작업(라벨링)].
- 이 작업을 하는 동안 출력한 전사자료의 여백에 적어 두는 것만으로는 생각을 종합하여 정리하기 어려운 경우가 많다. 따라서 아이디어의 발전과정을 별도로 기록해 두는('이론적 메모') 노트를 준비해서 중요한 생각들이 떠오를 때마다 즉시 노트에 적으면서 생각을 정리해 두는 것이 효과적이다. 이러한 메모가 일정 정도 축적되면 주기적으로 생각들을 보다 체계적으로 정리 · 종합해 놓는 작업을 별도로 해 놓을 필요가 있다. 이러한 메모들은 추후 논문/보고서를 작성할 때 효과적으로 활용되는 경우가 많다.
- 작업이 진행되면서 몇 개의 개념들이 동시 다발적으로 초기 단계에서 형성되는데, 이 과정에서 기노시타(2013/2017)가 제안하는 워크시크를 활용하여 개념을 형성하는 것이 효과적이다(* 워크시트에 대해서는 뒤에서 설명).
- 출력한 전사자료를 통해 분석하더라도 어느 정도 작업이 이루어지면 다시 컴퓨터로 돌아와

서 워크시트 파일을 활용하여 분석 내용을 정리하도록 한다. 코딩을 하기 위해 착안한 전사자료에는 밑줄(혹은 하이라이트)을 치고 이를 전체 파일에 표시해 두도록 한다. 나중에 이 부분을 워크시트에 복사해서 붙여 넣으려면 찾기 쉽도록 표시를 해 두어야 하기 때문이다(워크시트에 분석해 놓을 때는 어디에서 나왔는지를 알 수 있도록 1차 방문 전사자료집 1권 452쪽 등으로 표기해 두어 나중에 찾아보기 쉽도록 해 두는 것이 좋다).

2. 근거이론적 방법에서 코딩의 수행과 관련한 사전적 논의

1) 패러다임 모형의 발전적 활용

앞서 제5장에서 교육행정학 분야에서 수행된 근거이론 연구에서는 개방코딩한 개념들을 Strauss와 Corbin의 패러다임 모형의 각 요소에 기계적으로 배분하는 방식으로 자료를 분석하는 경향이 지배적이라는 점과 이에 따른 문제점을 지적하였다. 사실 이는 교육행정학 분야뿐만 아니라 교육학 분야 전반, 나아가 사회학(김은정, 2017), 사회복지학(김인숙, 2012), 한국어교육학(김가람, 2019) 분야에서도 마찬가지로 나타나는 현상이다.

박스 9-1 **Strauss와 Corbin의 패러다임 모형의 활용 실태와 비판(김은정, 2017: 43-44)**

우리나라에서 이루어진 근거이론 연구방법을 적용한 논문의 대부분은 Strauss와 Corbin의 자료 분석과정을 채택하고 있는 경우가 대부분이었다. 왜냐하면 Strauss와 Corbin의 저작에서는 실제로 어떠한 절차를 거쳐서 분석을 진행할 것인가를 체계적으로 설명함으로써 자의적이고 모호한 데이터 분석 과정에 대한 지침을 제공하고 있다……. 개방코딩으로부터 도출된 범주는 범주끼리의 관계성을 (연구자가 개입함으로써) 만들게 되는데, 이 과정을 축코딩(axial coding)이라고 한다. 개방코딩을 통해 출현된 범주들을 패러다임 모형이라는 틀에 맞게 연결시키는 과정이다(Strauss & Corbin, 1990; Moghaddam, 2006). 패러다임 모형은 중심 현상을 기본 축으로 중심현상을 이끌어 내는 인과적, 맥락적, 중재적 조건, 그리고 중심현상이 발전해 가는 양상, 즉 상호작용 전략 및 결과 등의 틀로 이루어진다(Strauss & Corbin, 1990; Creswell, 2002). 이러한 축코딩의 과정은 모형이 제시된다는 점에서 연구자에게 매우 매력적으로 다가온다. 이것은 질적 연구를 처음 접하는 연구자들에게는 더욱 그러한데, 모호한 데이터 분석의 과정에서 분석의 지침이 되는 패러다임 모형이 제공되고, 이 틀에 맞추어 자신의 이야기를 구성하면 되기 때문이다(LaRossa, 2005). 사실 이러한 분석의 용이성 때문에 Strauss와 Corbin의 방법론이 각광받았다고도 할 수 있다. 그러나 동시에 이 부분은 Strauss와 Corbin의 방법론, 더 나아가서는 이들의 작업이 대세(또는 동일시)가 되는 근거이론적 방법 전체에 대한 비판의 소지가 되기도 한다(Thomas & James, 2006). 즉, 축코딩 과정은 미리 모형을 제시함으로써 연구자가 자료로부터 이론을 창조적으로 형성할 수 있는 여지를 없애 버리기 때문에 개념적 서술을 넘어서 이론을 형성하는 데 방해가 된다는 것이다(Glaser, 1992; Cutcliffe, 2005). * 밑줄은 필자

패러다임 모형은 당초 Strauss(1987: 29)가 제시한 것으로서 (1) 중심현상(focal phenomena), (2) 인과적 조건(causal conditions), (3) 맥락적 속성(contextual conditions), (4) 중재적 조건(intervening conditions), (5) 전략적 행위/상호작용(strategic action/interaction), 그리고 (6) 결과(consequences)의 여섯 가지 요소로 구성되어 있다(Strauss & Corbin, 1998/2001).

박스 9-2 패러다임의 구성요소(Strauss & Corbin, 1998/2001)

(1) 현상: '여기서 무엇이 진행되고 있는가?'라는 질문에 답하는 용어. 현상을 찾는다는 것은 사람들이 자신들이 처해 있는 문제나 상황에 대하여 단독으로든 여러 가지가 결합되어서든 행하고 말하는 것을 나타내는 일이나 사건, 혹은 행위/상호작용의 반복된 양상을 찾고 있는 것을 말함. 코딩을 할 때 범주는 현상을 대표하는 것이라고 할 수 있음

(2) 조건(condition): 현상과 관련된 상황, 쟁점, 문제를 만들어 내는 일단의 사건이나 일을 말하며, 어떤 정도까지는 왜 그리고 어떻게 사람이나 집단이 그러한 방식으로 반응하는지를 설명해 줌. 조건은 자료 안에서 발견되어야만 하며 분석가에 의해 완벽하게 추적되어야 함. 행위/상호작용에 이들이 영향을 미치는 방식은 직접적 혹은 간접적일 수 있음. 완벽한 설명이 되기 위해서는 미시 · 거시적인 조건 양자가 포함되어야 하며, 이들이 서로서로, 그리고 행위/상호작용과 어떻게 교차하는지를 밝혀 주는 것이 담겨 있어야 함

- 인과적 조건(causal condition): 특정한 현상에 영향을 미치는 사건이나 일들을 대변
- 중재적 조건(intervening condition): 인과적 조건이 현상에 미치는 영향을 경감시키거나 변화시키는 것들
- 맥락적 속성(contextual condition): 특정한 현상에 영향을 미치는 상황적 특성

(3) 행위(action)/상호작용(interaction): 전략적(strategic) 혹은 일상적 전술(routine tactics), 다시 말하면 행위자들이 마주치게 되는 상황, 문제, 쟁점을 다루는 방식. 전략적 행위/상호작용은 문제를 풀기 위해 취해지는 의도적이며 의식적인 행위를 말하며, 이렇게 함으로써 현상을 목적한 방식으로 만들어 나가는 것임

(4) 결과(consequences): 행위/상호작용이 취해졌기 때문에(혹은 존재했기 때문에) 혹은 이러한 행동/상호작용이 부족할 경우 나타나는 결과. 이러한 결과를 정확히 밝혀내고 이들이 상황을 어떻게 변화시켰으며 연구 중인 현상에 어떤 영향을 주었는지를 설명하는 것은 보다 완벽한 설명을 이끌어 내 줄 수 있음

Corbin과 Strauss(2008/2009)에 따르면 “경험이 많은 연구자들은 직관적으로 문제를 한정하고 상황 안으로 들어가는 조건의 범위를 규정할 수 있지만, 반면에 초보연구자들은 어디서 어떻게 맥락을 찾을 것인지에 대한 많은 지침을 필요”로 하고, 이에 따라 “분석적 도구로서 패러다임과 조건적/결과적 매트릭스가 유효한 것”이라고 주장하고 있다. 하지만 문제는 이러한 패러다임 모형을 우리나라 사회과학 분야의 연구자들이 활용하는 방식이다. Strauss와 Corbin(1998/2001)이 거듭 강조하고 있듯이 패러다임 모형은 “자료를 보는 데 취하는 하나의 관점 이상의 것은 아니다. 이것은 체계적으로 구조와 과정이 통합될 수 있는 방식으로 자료를 수집하고 정돈하는 것을 돕는 하나의 분석적 관점(115)”일 뿐이며, “유용하기는 하지만, 패러다임은 결코 경직된 방식으로 사용되어서는 안 된다. 그렇지 않으면 이것은 수단이라기보다는 목적이 되어 버릴 것(129)”이라는 지적을 귀담아 들을 필요가 있다.

패러다임 모형을 적용하여 자료 분석을 한다고 해서 하나의 연구에서 여섯 가지의 요소를 다 설명하려고 하는 현재 연구자들의 관행은 특히 문제가 있다. 아울러 기존에 출판된 근거이론적 방법을 적용한 연구에서처럼 위에서 설명한 여섯 가지의 구성 요소의 순서가 항상 [그림 9-1]에서와 같이 배열되어야 한다고 생각하는 것도 잘못된 생각이다(김은정, 2017). 즉, 중재적 조건이 행위/상호작용 앞에 온다거나, 맥락적 조건이 중심현상에만 영향을 미치는 것으로 그려진 패러다임 모형의 구조가 항상 법칙적으로 정해져 있는 것은 아니다. 사실

Strauss와 Corbin은 자신들의 저작(Strauass, 1987; Strauss & Corbin, 1990; 1998/2001 등)에서 이 여섯 가지 구성요소의 개념에 대해 설명했을 뿐 한 번도 구조화된 도형이나 그림을 제시한 바가 없다. 흔히 패러다임 모형이라고 널리 인용되는 [그림 9-1]과 같은 도식화한 그림은 Creswell(2002)이 자신의 저서에서 근거이론을 설명하면서 편의를 위해 제공한 것이며, 인과적, 맥락적, 중재적 조건 등 요소들의 위치와 영향관계도 축코딩을 설명하기 위해 제시한 한 가지 사례에 불과한 것이다(김은정, 2017: 51).

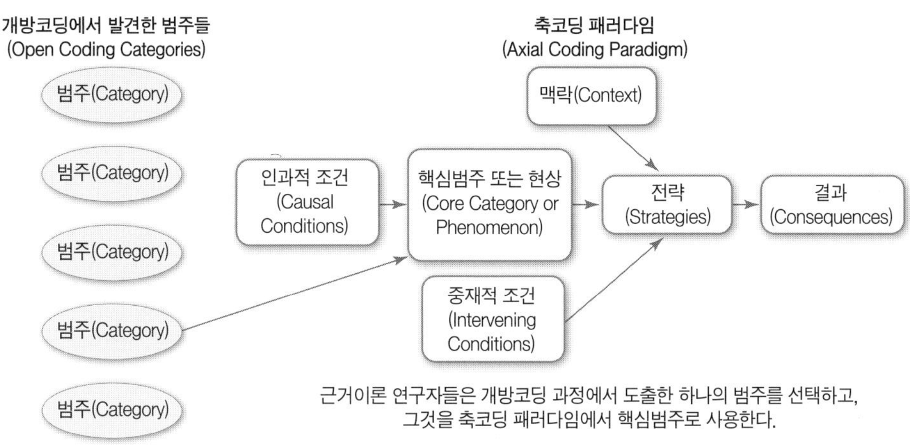

[그림 9-1] Creswell(2002: 401)에 제시된 Strauss와 Corbin의 코딩 패러다임 그림

그럼에도 우리 사회과학계, 거기서 영향을 받은 교육행정학계에서는 [그림 9-2]에서 볼 수 있듯이 이러한 도식 혹은 이를 약간 변형한 도식을 근거이론적 방법을 적용한 논문에서 자료를 분석하는 불변의 원칙처럼 적용하고 있다. 이와 관련 김은정(2017)은 흥미롭게도 우리나라와는 달리 근거이론의 발원지인 미국을 비롯한 해외의 근거이론 접근방법을 적용한 논문에서는 Strauss와 Corbin의 코딩 패러다임을 경직적으로 적용한 사례가 거의 발견되지 않고 있다는 점을 지적하면서, "각 요소의 인과관계가 이처럼 명확히 정해져 있는 정형화된 패러다임 모형 틀 내에서 자료 분석이 이루어지는 것은 근거이론의 활용과 방법론적 논의를 위해 짚어 봐야 할 부분"이라고 비판하고 있다. 근거이론을 처음 적용하는 초보연구자들이 흔히 저지르는 실수는 패러다임 모형의 활용에 대한 구상과 그 이면에 내재해 있는 논리성에 대한 깊은 성찰에 기초하지 않고, 정해진 패러다임의 구조에 기계적으로 개념들을 배분하고 이에 따라 스토리를 작위적으로 창작해 낸다는 점이다. 이러한 관행들은 연구대상인 현상을 심층적으로 이해하고, 현상에 영향을 미치는 요인들의 역동적 흐름과 관계의 본질을

포착하는 것을 방해할 뿐이며, 현장밀착형 실체이론을 형성한다는 근거이론의 취지에도 맞지 않다.

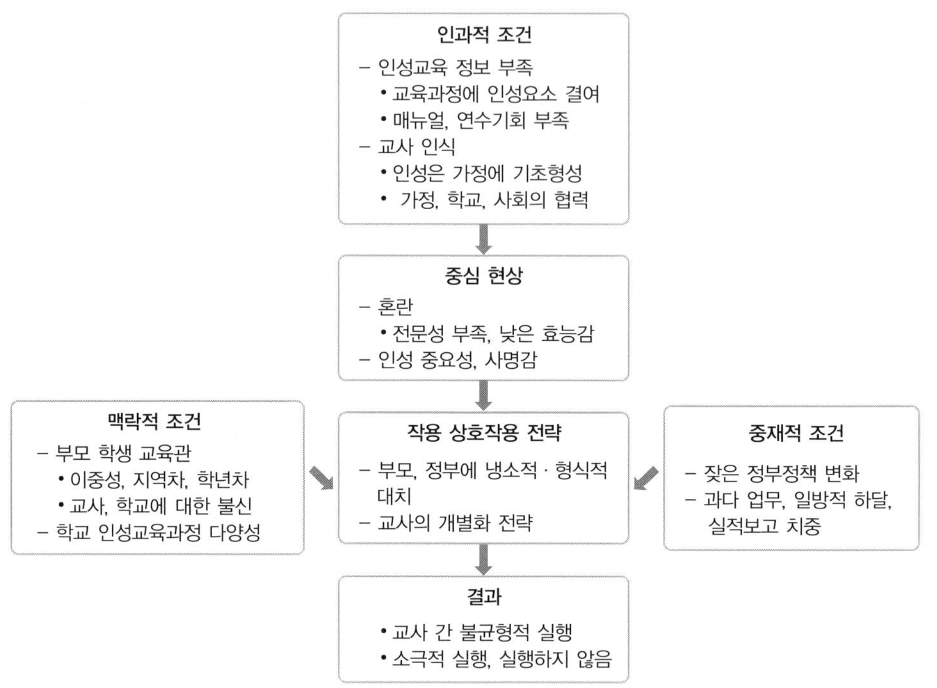

[그림 9-2] 엄상현(2014: 85)에 제시된 패러다임 모형을 적용한 분석 결과 예시

하지만 필자는 기본적으로 패러다임 모형 자체가 문제가 있는 것은 아니다라는 생각을 가지고 있다. 근거이론적 방법 혹은 질적 연구에 처음 입문하여 자료 분석에 혼란을 겪을 가능성이 많은 초보연구자들이, 특히 초기 단계에 패러다임 모형을 참고하면 많은 도움을 받을 수 있다. 김은정(2017)이 언급하고 있듯이, 사실 이것이 근거이론이 질적 연구방법 중에서 가장 빠른 속도로 확산하게 된 중요한 이유 중 하나이기도 하다. 문제는 현재와 같은 경직적, 기계적 적용 방식에 기초한 패러다임 모형의 오남용에 있다. 따라서 초보연구자들이 패러다임 모형의 의미를 보다 명확히 이해하고 활용할 수 있도록 최소한 다음의 원칙을 반드시 염두에 둘 필요가 있다고 생각한다(변기용 · 김한솔, 2020 출판 예정).

첫째, 특정한 현상을 연구하는 하나의 소규모 연구에서 패러다임 모형의 여섯 개 요소를 다 설명해야 한다는 기계적 강박 관념에서 벗어나야 한다. 상황에 따라 다르기는 하겠지만 짧은 시간 동안에 고작 8~20명 정도의 면담참여자로부터 자료를 수집하여 여섯 가지 요소를 피상적으로 설명하려고 하기보다는, 이 책의 제6장에서 언급한 대로 패러다임 모형의 각 부분을 보다 정교화하는 데 목표를 두고 연구를 수행하려는 자세가 바람직하다.

둘째, 교육행정학 연구에서는 패러다임 모형에서 제시된 '맥락'의 의미를 간호학 분야와는 다른 방식으로 재규정할 필요가 있다. 제5장에서 이미 언급한 대로, 필자가 볼 때 만성 질환자 등 개인을 분석대상으로 하는 간호학 분야에서 고려해야 하는 맥락과 교육행정학 연구에서 맥락은 그 의미가 다를 수밖에 없다. 따라서 기존 근거이론 교과서에서 설정한 '맥락'에 대한 설명을 교육행정학 분야의 연구주제의 성격에 맞게 적절히 재해석하여 적용할 필요가 있다.

교육행정학 분야의 연구대상이 되는 '행정 현상'을 이해하기 위해서는 이에 영향을 미치는 환경적, 정책적, 제도적 맥락의 파악이 선행되어야 한다. 이는 질환자를 대상으로 하는 간호학 분야의 연구와는 달리, 교육행정 현상의 연구에서는 사회의 구조적, 거시적 측면이 중심 현상의 발현 양상과 구성원들의 행위와 상호작용 패턴을 이해하는 데 좀 더 핵심적 역할을 해야 한다는 것을 의미한다. 즉, 사회과학 분야의 근거이론 연구자들은 출현하는 아이디어나 개념들을 보다 적절히 이해하기 위해 그 아래에 구조적 요인들이 존재하고, 작동하고 있다는 사실을 염두에 둘 필요가 있다(Layder, 1992: 김인숙, 2012에서 재인용). 이러한 관점에서 필자는 교육행정학 연구에서 근거이론을 주로 활용하게 되는 조직이나 정책 연구에서 '맥락'은 Creswell(2002)이나 권향원(2016)에서 제시된 것처럼 '전략(행위/상호작용)'이나 '중심현상'에만 영향을 미치는 패러다임 모형의 한 요인으로 간주할 것이 아니라, 연구자가 관심을 가지고 연구를 하고 있는 '기본적 사회 과정(중심 현상과 이에 영향을 미치고 받는 다른 요인들 간에 나타나는 패턴) 전반'에 영향을 미치는 환경적 · 조직적 특성'이라고 보는 것이 훨씬 타당하다고 생각한다. 물론 이는 주어진 시점에서는 쉽게 변하지 않는 속성을 지니므로 단기적으로는 상수로 취급하는 것이 좋다(예컨대, 학교의 규모, 관련 법과 제도).[1] 예컨대, '잘 가르치는 대학의 특징과 성공요인 분석' 연구라면, (1) 해당 대학이 처해 있는 환경적(예컨대, 학령인구 감소, 등록금 동결, 주변의 경쟁대학의 분포 등), (2) 제도적 여건(교육부의 정책, 정부의 산업 정책 등)과 (3) 조직성 특성(소규모, 사립, 비수도권 대학 등) 등이 바로 맥락이 되는 것이다. 또한 좀 더 좁혀서 자신의 교수 프로그램의 질을 개선하려는 영어 교사의 입장에서 본다면, 맥락은 교육부의 입시 정책, 영어에 대한 해당 학교 학부모의 관심 등 '외부적 환경'과 영어 수준을 포함하는 재학생의 특성, 학교의 재정상황 및 시설 등 학교의 '조직적 특성'을 지칭하는 것으로 볼 수 있을 것이다.

1) 물론 법과 제도, 학교 규모 등은 단기적으로는 상수지만 중장기적으로 볼 때 환경의 변화, 행위자의 적극적 노력 등에 의해 변할 수 있는 변수이다.

근거이론적 방법에서 주어진 현상과 그에 영향을 미치는 요인들 간에 발견되는 패턴이 '어떠한 맥락'에서 발생했는가는 매우 중요한 의미를 가진다. 맥락(외부 환경적 조건과 조직의 내부적 특성들)에 따라 기본적 사회 과정(중심현상을 발생시킨 조건, 중심현상이 초래한 행위/상호작용의 특징과 이들 간의 상호 관계)이 발현하는 양상과 패턴이 달라지기 때문이다. 근거이론적 방법이 일차적으로 특정한 맥락에서 설명력을 가지는 실체이론(맥락기속적 이론)을 도출한 후 이를 보다 다양한 맥락에서 범용적 설명력을 가지는 중범위이론(다맥락적 이론)으로 발전시켜 나가는 것을 추구한다는 점에서, 맥락을 규정하는 이러한 관점은 매우 중요한 의미를 가진다.

박스 9-3 근거이론 연구에서 '맥락'이란 무엇인가

'잘 가르치는 대학의 특징과 성공요인' 연구에서 주된 연구문제인 '잘 가르치는 대학의 특징이 무엇이며, 이것이 어떻게 만들어졌는가?'라는 문제는 곧 해당 대학에서 학부교육이라는 현상을 둘러싸고 나타나는 '기본적 사회 과정(중심현상과 이에 영향을 미치고 받는 다른 요인들 간에 나타나는 패턴) 전반'을 파악하는 것이 된다. 근거이론 연구에서 '특정한 사회적 과정과 현상'을 연구하는 데 있어 그러한 과정과 현상이 발생하고 있는 특정한 '맥락'은 매우 중요한 의미를 가진다. 이때 맥락은 연구자가 설정한 분석 대상과 범위에 따라 달라진다. 예컨대, 연구자가 '학부교육 성공요인'을 연구하기 위해 분석대상을 A 대학(예컨대, 소규모 사립대학) 혹은 B 대학(대규모 국립대학)으로 선정하는 경우 각 대학이 처한 외부적 환경과 조직적 특성이 달라지기 때문에 고려해야 하는 맥락이 달라진다. 또한 A 대학을 선택했다고 하더라도 A 대학 내의 사범대학 혹은 교육학과를 분석대상으로 삼는 경우 고려해야 하는 맥락이 달라진다. 교육행정학 연구에서 맥락은 이러한 관점에서 생각하면 보다 이해하기 쉬울 것이다. 예컨대, 필자가 '잘 가르치는 대학의 특징과 성공요인 연구'의 일환으로 수행한 한동대 사례연구에서 고려한 맥락적 요인들은 다음과 같다. (1) 기관의 역사, (2) 대학의 재정 및 학생 모집 현황, (3) 대학의 미션과 교육철학, (4) 구성원의 특징, (5) 물리적 환경, (6) 행정부서와 대학 지배구조 등.

마지막으로, 두 번째 논점과 밀접히 연계되는 것이지만, 패러다임 모형을 설명하는 근거이론 방법론 교과서(예컨대, Strauss & Corbin, 1998/2001; 2008/2009)에서 '인과적 조건(causal conditions)', '맥락적 조건(contextual conditions)', '중재적 조건(intervening conditions)'의 개념

은 매우 애매모호하게 기술되어 있다. 이는 바로 국내 연구자들이 이를 자의적으로 해석하여 일관성 없이 이들 개념들을 적용하게 만드는 중요한 원인들 중의 하나로 생각된다. 실제 교육행정학 분야에서 기출판된 학술지 논문에서 인과적, 맥락적, 중재적 조건으로 분류된 항목들을 몇 가지 예시적으로 제시해 보면 이러한 문제점이 명료하게 드러난다(〈표 9-1〉 참조).

〈표 9-1〉 출판된 논문에서의 '인과적-맥락적-중재적 조건' 개념의 적용 실태

논문명(중심현상)	인과적 조건	맥락적 조건	중재적 조건
초등학교 교사들이 경험하는 학교 평가 실체 연구(학교평가에 대한 회의)	• 학교평가에 대한 부담 • 학교평가로 인한 업무 증가	• 바뀌지 않는 고정관념	• 학교평가 변화 희망 구상
나이스 학부모서비스 신청 · 승인 절차상에 나타나는 학부모의 인식 고찰(지속적으로 게시되는 학부모 서비스 승인 요청)	• 자녀의 정보열람 기대	• 학부모서비스의 구조적 결함	• 안일하게 대처하는 학교와 교사
학교현장실습을 통한 중등 예비교사들의 교직태도 변화 탐색(교직진출 소망, 교직 탐색, 교직 무관심, 진출 기대 포기)	• 교직에 대한 환상 • 목적의식 부재 • 주변의 지지와 권유	• 진출 가능성 • 교직 적성 • 비교우위 • 부정적 평가	• 적극적 기대감과 태도 • 소극적 · 폐쇄적 태도 • 부수적 목적의식 • 학생에 대한 이해 수준 • 역할모델 • 협동적 분위기 • 면학풍토
교직이수 여대생들의 진로선택 및 결정에 관한 갈등분석(진로선택 및 결정에 대한 고민과 갈등)	• 진로선택 시기 돌입 • 진로선택의 압박	• 여성으로의 부담 • 진로정보, 상담 부재 • 교생실습 후 인식 변화 • 전공 갈등	• 교수면담 • 진로전문가 상담 • 가족 간의 대화

〈표 9-1〉에서 볼 수 있듯이 '인과적-맥락적-중재적 조건'으로 구분되어 있는 개념 혹은 요인들이 왜 그러한 조건에 속하는 것인지는 매우 불분명하다. 특히 인과적 조건과 맥락적 조건은 어떤 점에서 차이가 나는지, 어떤 기준으로 분류하고 있는지 매우 혼란스럽다. 또한 출판된 논문에서는 통상적으로 어떤 기준으로 해당 요인들을 인과적(causal), 맥락적 조

건(contextual condition)으로 구분했는지에 대한 판단의 근거와 과정에 대한 설명도 제공하지 않는다. 한편, 근거이론적 방법에서 말하는 '중재적 조건(intervening condition)'은 통계적 방법에서 말하는 '조절변수(moderating variable)'[2]의 개념과 유사한 것이다. 즉, '독립변수가 종속변수에 미치는 영향력을 조절하는 변수 혹은 독립변수와 종속변수 간의 관계의 강도, 방향에 영향을 미치는 변수'로 생각하면 된다. 예를 들어 설명하자면 성과급(독립변수)이 교원 사기(종속변수)에 영향을 미치는 것을 조사하는 데 있어서 성과급 평가 방식(개인 vs. 소그룹) 등이 어떤 영향(조절 효과)을 미치는지를 탐구하는 양적 연구문제와 같다. 이 경우 성과급 지급을 위한 교원 평가의 방식(개인 vs. 소그룹 단위)이 일종의 조절변수로 작동하는 셈이다. 실제 해외에서 출판된 논문들(Browning et al., 1995; Deeter-Schmelz et al., 2019 등)은 중재적 조건을 이러한 방식으로 이해하여 적용하고 있다(예컨대, Battisti & Deakins, 2018; Gregory & Jones, 2009 등; 이와 관련한 자세한 논의는 제10장을 참조).

국내에서 출판된 논문들에서는 이와는 달리 중재적 조건이 무엇인지, 그리고 중재적 조건이 자신의 실체이론 도출에서 어떤 의미를 가지는지에 대한 명확한 근거가 매우 부족한 채 '그냥 코딩 패러다임에 있으니까' 해당 요소를 기계적으로 적용하는 방식이 주류를 이루고 있다는 점에 문제가 있다. 이러한 실제 적용상의 오남용과 비판을 의식했는지는 모르겠지만, Strauss가 사망한 후 Corbin이 주도하여 출판한 3/4판(Corbin & Strauss, 2008/2009; 2015)에서는 패러다임 모형을 (1) 조건(conditions), (2) 행위-상호작용(action-interactions), (3) 결과(consequences or outcomes)로 단순화하여 제시하고 있다. 이러한 개정 방향은 국내 연구자들이 패러다임 모형을 바이블화하면서 구성요소들을 획일적으로 적용하는 행태와는 달리, 해외에서는 완전히 다른 방향으로 이론 발달이 전개되고 있다는 것을 보여 주는 증거라고 할 수 있다. 필자가 볼 때 현재 출판된 거의 대부분의 기존 연구에서처럼 굳이 인과적, 맥락적, 중재적 조건 분류기준을 납득할 만한 근거도 제시하지 않은 채 자의적으로 구분하여 제시하는 것보다는, 명확하지 않은 경우 굳이 각각의 조건으로 구분하려는 강박 관념을 버리는 것이 낫다. 의미가 있다면 연구자가 발견한 내용 그대로 제시하고 그 한계를 명확히 언급해 두는 것이 연구윤리에도 보다 적합한 연구자의 태도가 아닌가 생각된다.

---

2) 조절변수와 자주 혼동되는 개념으로서 '매개변수(intervening variable)'라는 개념이 있다. 이는 종속변수에 일정한 영향을 주는 변수로서, 독립변수와 종속변수(결과변수)의 사이에 개입하여 두 변수를 매개하는 변수를 말한다. 즉, 매개변수는 독립변수의 관점에서 보면 결과변수가 되고, 동시에 종속변수의 관점에서 보면 원인변수로 작용하는 변인이다. 직장동료와의 관계(독립변수)가 이직률(종속변수)에 미치는 영향을 연구한다고 할 때, 직장만족도가 흔히 매개변수로 작용한다. 이때 직장만족도는 직장동료와의 관계라는 변수에 대해서는 결과변수로 작용하고, 이직률이라는 변수에 대해서는 원인변수도 작용하는 것으로 이해하면 된다.

2) 질적 자료 분석 소프트웨어의 활용

최근 컴퓨터 기술의 발달로 SPSS, STATA, R 등과 같은 통계 패키지 프로그램뿐만 아니라 방대한 양의 질적 자료를 분석할 수 있는 질적자료 분석 소프트웨어들(예컨대, N-vivo, MAXQDA, Atlas.ti, Ethnograph 등)도 속속 개발되어 출시되고 있다. 대부분의 경우 이러한 질적 자료 분석 소프트웨어들은 관련 사이트에서 시험용 버전을 무료로 다운받을 수 있으며, 학생 버전의 경우 사용기간이 한정적이기는 하지만 구입 비용도 그리 높지 않아 접근성도 높다. 질적 자료 분석 소프트웨어들은 연구자의 관점에서 볼 때 다양한 방식으로 수집한 방대한 질적 자료들을 분석 가능한 형태로 체계적으로 정돈하고, 코딩 과정을 통해 자료가 정리가 이루어진 후에는 연구자가 원하는 다양한 방식으로 결과의 제시가 가능하여 특히 컴퓨터 사용에 익숙한 연구자들에게 인기를 끌고 있다. 이에 따라 Corbin과 Strauss(2008/2009), 김영천 · 김진희(2008) 등은 질적 연구 자료 분석에서 소프트웨어의 사용을 적극적으로 권장하고 있다.

하지만 질적 연구 소프트웨어의 사용을 반드시 긍정적으로만은 보지 않는 연구자들도 존재한다(예컨대, Birks & Mills, 2015/2015; 최희경, 2008 등). 예컨대, Birks와 Mills(2015/2015)는 자신들의 책에서 안드리아 고라라는 연구자의 실제 컴퓨터 소프트웨어 사용 경험을 예시적으로 제시하면서, 질적 자료 소프트웨어가 연구자에 따라 일정한 도움은 되지만 결코 연구자를 대신하여 자료 분석을 해 주는 것은 아니라는 점을 지적하며 이에 대한 과도한 의존을 경고하고 있다.

> 질적 분석 소프트웨어인 NVivo는 내가 상당한 면담자료를 조직하고, 재정리하고, 관리하는 데 도움을 주었다……. 그러나 면담을 코딩하기 위해 소프트웨어의 사용이 지닌 많은 이점에도 불구하고 이 방법이 내 근거이론의 분석을 돕는 데 가장 유용한 접근이라는 것은 증명되지 않았다. 내가 NVivo를 사용해 첫 면담을 코딩하였을 때, 4개의 짧은 면담에 100개가 넘는 코드들이 할당되었다. 더구나 몇 개의 코드와 범주들은 아마도 Glaser와 Strauss가 말한 '자료에 강요된' 것이었다……. 성찰적으로 살펴보니 NVivo 소프트웨어는 이미 확정된 코드를 다룰 때 유용한 도구라는 것이 증명되었다. 그러나 나는 이 소프트웨어 사용이 일을 번잡하게 만들고 새로운 코드를 발전시킬 때 창의성을 억압한다는 느낌이 들었다(112-113). * 밑줄은 필자

이러한 사례를 기반으로 그들은 "…우리는 소프트웨어를 질적 자료의 분석을 해결하기 위한 수단으로서보다 보조적 수단으로 취급하는 것이 필요하다고 제시한다. 많은 연구자(특히 초보자들)가 그렇듯이, 여러분도 컴퓨터화된 코딩과 직접 손으로 하는 매뉴얼 코딩의 조합이 가장 효과적이라는 점을 발견할 것이다……. 우리의 의도는 여러분이 가장 최적의 방법을 발견할 때까지 여러 방법을 시도해 보라고 격려하는 것이다"라고 언급하고 있다. 질적 자료 분석 소프트웨어에 대한 필자의 기본적 입장도 이와 같다. 연구자 개인의 선호에 따라 자료 분석 과정에서 이를 적절히 활용하되, 결국 자료의 분석은 연구자가 하는 것이지 컴퓨터 프로그램이 하는 것은 아니라는 점을 명심할 필요가 있다.

한편, 이 문제와 관련 자신의 실제 질적 자료 분석 소프트웨어 사용 경험을 바탕으로 작성한 최희경(2008)의 연구결과는 매우 흥미롭다. 그는 실제로 동일한 면담자료를 질적 자료 분석 소프트웨어와 전통적인 분석방법으로 동시에 분석한 후 그 장단점을 비교하고 있다. 분석결과 연구자는 "예상 밖의 많은 시간과 노력이 들지만 복잡하고 비정형적인 질적 자료를 체계적으로 정리하고 세부적으로 분석하는 데 질적 자료 분석 소프트웨어는 분명 유용한 측면이 있다"고 지적하면서도, "소프트웨어 자체가 연구자를 위해 분석을 직접 해 주는 것은 아니다. 세부적인 코딩 작업에서부터 산출된 정보를 해석하고 범주들 간의 관계를 설정하는 것까지, 매 단계에서의 핵심은 결국 연구자의 판단과 아이디어였다"라는 점을 명확히 하고 있다. 이를 기초로 질적 자료 분석 소프트웨어를 쓰는 것은 어디까지나 연구자의 연구 수행을 효율적으로 도와주는 보조적 수단이라는 점을 결론에서 다시 한번 명확히 상기시키는 것으로 글을 마무리하고 있다.

박스 9-4 **최희경(2008). 질적 자료 분석 소프트웨어(NVivo2)의 유용성과 한계: 전통적 분석 방법과 Nvivo2 분석방법의 비교**

본 연구는 우선 질적자료 분석의 개념과 일반적인 과정을 문헌 중심으로 제시하고, 질적자료의 분석에 전용 소프트웨어를 활용하지 않은 다양한 개별적 소박한 분석 방식을 총칭하여 '전통적 분석 방법'이라 하고 그 의미와 과정을 개관하였다. 또한 소프트웨어를 활용한 질적 자료 분석의 공통적 기능과 과정을 NVivo2 중심으로 설명하였다. 이어서 200자 원고지 1,300매에 달하는 심층면담자료를 각기 두 방식으로 분석한 과정과 내용을 제시하였다.

두 분석 방법을 비교하기 위한 기준은 관련 문헌들을 참고하였으며, 각 방법이 분석

결과의 타당성과 진실성 확보에 도움이 되는지, 분석 과정의 효율성 증진에 도움이 되는지의 두 기준으로 구분하여 제시하였다. 〈전통적 분석〉은 기본적으로 연구자가 자료에 대한 이해와 인식을 바탕으로 기본 틀을 먼저 그린 다음 원 자료들을 그 틀 또는 범주에 따라 분류하는 top-down 형태의 분석으로 행해졌다. 반면, 〈NVivo2 분석〉에서는 원 자료에 세세히 노드를 부여하는 코딩작업을 선행하고 노드들을 병합, 계층화 · 체계화하여 전체적인 틀을 만들어 나가는 bottom-up 형태의 분석 방식에 충실하였다.

NVivo2 소프트웨어를 분석 결과의 타당성과 진실성이라는 기준에서 보았을 때, 우선 세부적인 내용을 파악하는 데 강점이 있고 분석의 최종 단계에서는 전체적인 내용도 체계화할 수 있어 유용함이 있었다. 특히 노드들에 관한 구체적인 수치 정보를 분석의 근거로 제시할 수 있고 분석과정에서 언제든지 원 자료를 쉽게 확인할 수 있다는 것은 신빙성 있고 설득력 있는 연구로 주장하는 데 이점이 될 수 있다. 그러나 여기서 제시되는 수치들은 대표성을 염두에 둔 표본에서 도출된 것이 아니며 내용의 중요성을 고려한 것이 아니므로 분석과정의 계량분석에서처럼 인식하거나 해석하여-실제로 그럴 가능성이 높은데-잘못된 판단을 할 수 있다는 점을 유념해야 한다.

코딩작업과 노드의 속성 부여 시 연구자의 주관과 집중력에 따라 내용이 달라지는 경우가 많아 연구의 신뢰성 측면에서는 NVivo2가 다소 회의적이다. 반면, 전통적 분석에서와는 달리 특정 사례에 편향되거나 과장된 연구결과를 도출할 가능성은 줄어든다. 코딩작업은 연구자를 기계적 기능에 몰두시켜 분석의 기본 목적과 의미를 놓치게 할 수 있으나 노드를 편집하고 최종적으로 체계화하는 과정에서는 다시 연구자가 논리 작업의 주체로 역할할 수 있다.

효율성이라는 측면에서 보았을 때, 소프트웨어 운용법을 익히는 데 많은 시간이 들지는 않지만 코딩의 단순하고 지루한 작업에 예상 밖의 많은 시간과 노력이 들었다. 특히 자료를 읽고 코딩하는 과정에서 분석단위를 문장이나 구문과 같이 지나치게 세분화하는 경향이 있어 더욱 많은 시간과 노력이 들었다. 또한 전통적 분석방식과는 달리 연구자가 자료의 내용에 몰입하기보다는 컴퓨터가 개입함으로써 거리감을 느낄 수 있고 연구자가 기계적으로 기능하는 측면이 있었다. 이는 창의성을 중시하는 정통 질적 연구자들이 가장 우려하는 한계 중의 하나이다.

예상 밖의 많은 시간과 노력이 들지만 복잡하고 비정형적인 질적 자료를 체계적으로 정리하고 세부적으로 분석하는 데 질적 분석 소프트웨어는 분명 유용한 측면이 있다.

그러나 소프트웨어 자체가 연구자를 위해 분석을 직접 해 주는 것은 아니다. 세부적인 코딩 작업에서부터 산출된 정보를 해석하고 범주들 간의 관계를 설정하는 것까지, 매 단계에서의 핵심은 결국 연구자의 판단과 아이디어였다. 계량분석 프로그램에 익숙한 연구자가 특별한 고민 없이 질적 분석 프로그램을 시도할 경우 인식적 · 기술적으로 혼란을 피할 수 없으며 분석 내용을 해석하는 데도 오류가 발생할 수 있음을 유의해야 한다. "워드 프로세서를 사용한다고 해서 좋은 글을 쓸 수 있는 것은 아니"라는(Gibbs, 2005: 13) 비유는 질적 자료 분석 소프트웨어를 활용할 때도 적용되는 표현이다(144-145).

3. 근거이론적 방법에서 코딩의 실제

1) 근거이론적 방법에서의 코딩의 의미와 절차

근거이론적 방법에서는 자료의 수집이 1차적으로 끝나면 일단 (1) 수집된 자료로부터 연구자가 자신이 설정한 연구문제와 대응하는 단어, 줄, 문장, 문단 등 의미 요소들을 식별하고(segmenting), (2) 이에 대하여 연구자가 생각하는 개념적 의미 단위인 코드를 부여(coding)하는 작업으로부터 코딩작업을 시작한다. 이러한 1차적 작업을 근거이론에서는 흔히 '개방코딩(open coding)'이라고 부른다. 이후 연구자들은 (1) 이러한 1차적 단계에서 산출(코딩)한 개념적 단위를 자신이 생각하는 기준에 따라 유형별로 분류(혹은 유형별로 분류된 개념들 간의 중첩성 등을 조정) 혹은 추상화된 중간(혹은 상위) 개념을 새로 생성함으로써 개념으로서의 의미를 더욱 정치화하거나, (2) 생성한 개념과 개념 간의 논리적 연관성을 파악하는 작업을 수행하게 된다. 이러한 일련의 논리적 분석 활동을 근거이론적 방법에서는 바로 '코딩'이라고 부르는 것이다. 즉, 다양한 방식으로 수집한 질적 자료들을 연구자 자신이 설정한 연구목적을 감안하여 의미 있는 정보로 축약해 나가는 과정이 코딩 작업(Miles & Huberman, 1984: 94; Saldaña, 2012; 김영천, 2012: 권향원, 2016에서 재인용)이다. 기존의 근거이론가들(예컨대, Strauss & Corbin, 1998/2001, 2008/2009, 2015; Birks & Mills, 2015/2015 등)은 코딩 작업에 익숙하지 않은 초보연구자들에게 자신의 경험을 바탕으로 참고할 수 있는 다양한 가이드라인을 제시하고 있다.

하지만 앞서 언급했듯이 일단 근거이론가들마다 이러한 코딩 작업에 사용하는 용어 자체가 매우 다르다. 심지어는 같은 작업을 다른 용어로 부르기도 한다. 예컨대, Strauss와 Corbin(1990; 1998/2001)은 '개방코딩(open coding) → 축코딩(axial coding) → 선택코딩(selective coding)'의 순으로 코딩의 순서를 설명하지만, Glaser(1978)의 경우는 '개방코딩(open coding) → 선택코딩(selective coding) → 이론적 코딩(theoretical coding)'의 순으로 사용하고 있어 혼란을 가중시키고 있다. 근거이론적 방법에서 코딩의 마지막 단계도 근거이론가들에 따라 이론적 코딩(Glaser, 1978; Charmaz, 2014), 선택적 코딩(Strauss & Corbin, 1990; 1998/2001) 등 다양한 이름으로 부르고 있고, 그 의미도 약간씩 차이가 있다. 한편, Birks와 Mills(2015/2015)는 이와는 달리 1차, 2차, 3차 코딩으로 코딩 절차를 단계로 구분하여, 근거이론 연구자별로 서로 달리 제시하여 복잡해진 코딩의 유형과 관련한 용어들을 비교적 단순하게 정리하고 있다. '축코딩', '선택코딩' 등의 개념이 주는 경직성과 모호성을 탈피하여 연구자에게 보다 큰 융통성과 재량을 주기 위해 단순히 이를 1-2-3차라는 단계적 순서로 표현하고 있는 것으로 보인다. 근거이론적 방법에서 코딩의 절차가 이렇게 순차적 단계로 표현되는 것은 코딩이 진행됨에 따라 개념적 추상화의 수준이 심화되고 있음을 나타내 주는 것이다.

〈표 9-2〉 주요 근거이론가들에 의한 코딩 스킴의 비교

Birks & Mills (2015/2015)	1차 코딩	2차 코딩	3차 코딩
Glaser & Strauss (1967/2011)	코딩과 사건의 비교	범주와 속성 통합	이론 구체화
Glaser (1978)	개방코딩	선택적 코딩	이론적 코딩
Strauss & Corbin (1990, 1998/2011)	개방코딩	축코딩	선택적 코딩
Chamaz (2014)	1차 코딩	초점코딩	이론적 코딩
기노시타 (2013/2017)	개방적 코딩(오픈화)에서 수렴적 코딩(마무리화)으로 진행 1차, 2차 코딩은 사실상 동시에 진행. 3차 코딩은 사실상 기존 근거이론과 별 차이가 없으나 매우 애매하게 설명되어 있음		

출처: Birks & Mills (2015/2015)의 〈표 7-1〉에 기노시타(2013/2017)를 추가하여 제시함.

이 책에서는 용어의 혼란으로 초보연구자들이 맞닥뜨릴 수 있는 이러한 혼란을 최소화하기 위해 일단 Birks와 Mills(2015/2015)에서와 같이 각 코딩 단계를 지칭하는 용어를 1-2-3차 코딩으로 단순화하여 사용하기로 한다. 하지만 각각의 단계에 대한 구체적인 의미를 정의하는 데 있어서는 다소 애매모호하게 기술되어 있는 Birks와 Mills(2015/2015)의 단계 구분을

그대로 따르지 않고, 필자 나름의 이해를 기반으로 〈표 9-3〉과 같이 제시하기로 한다.

〈표 9-3〉 근거이론적 방법에서 코딩의 각 단계와 목적

	1차 코딩	2차 코딩	3차 코딩
내용	연구문제와 대응하여 연구자가 의미 있다고 생각하는 코드를 최대한 풍부하게 생성해 내는 작업 식별해 낸 코드들을 다시 자료와 비교, 혹은 코드와 코드 상호 간을 비교하면서 개념들을 보다 정치하게 추상화하는 작업	개념과 개념 간, 개념과 범주(상위 개념) 간, 범주와 범주 간의 구조적 관계를 이론화를 목적으로 체계적으로 연관시키는 작업	연구자가 도출한 '잠정이론(실체이론)'에 대한 타당성을 학문공동체 구성원들로부터 검증받기 위해, 자신의 연구결과를 다른 맥락에서 수행된 실체이론 혹은 기존에 정립된 일반(중범위)이론에 비추어 성찰해 보는 작업 과정적 이론으로서 '근거이론'은 연구자가 도출한 연구결과의 타당성을 이러한 과정을 통해 보다 광범위한 학문적 지식의 맥락에서 지속적으로 확인해 나가게 됨
목적	정보의 풍부화, 정치화 개념의 형성	정보의 관계화, '속성 구조' 혹은 '개념 간의 관계'의 파악	도출한 연구결과의 범용적 적용 가능성의 탐색(중범위이론의 생성)

즉, 이 책에서 사용하는 〈1차 코딩〉은 정보의 풍부화를 목적으로 연구문제와 대응하여 연구자가 의미 있는 코드를 최대한 풍부하게 생성하는 작업, 그리고 생성해 낸 정보들을 보다 정치화하려는 목적 하에서 식별해 낸 코드들을 다시 자료와 비교하거나, 혹은 코드와 코드 상호 간을 지속적으로 비교하면서 개념의 추상화 수준을 높여 가는 작업을 의미한다. 〈2차 코딩〉은 1단계에서 생성된 개념들을 바탕으로 (1) 개념과 개념 간, (2) 개념과 범주(상위 개념) 간, (3) 범주와 범주 간의 관계를 이론화를 목적으로 체계적으로 연관시키는 작업을 말한다. 실제 우리나라 연구자들이 수행하는 상당수의 근거이론 연구는 이 단계에서 종료되는 경우가 많다. 하지만 근거이론적 방법은 이러한 단순한 '속성 구조' 혹은 '개념 간의 관계'에 대한 '진술(description)'의 단순한 제시에 그쳐서는 안 된다(Glaser, 2019). 연구자 개인이 자신의 연구를 통해 생성한 이러한 '잠정적 이론'의 타당성에 대해 학문공동체 구성원들로부터 동의를 받는 추가적 과정을 통해 '자신이 발견한 결과가 순전히 주관적인 것만은 아니다'라는 점을 보여 주는 것이 필요하다. 즉, 연구자가 자신의 연구결과의 타당성을 검증받기 위해 (1) 2차 코딩의 결과로 도출한 연구자의 '잠정이론'을 이미 구축되어 있는 다른 이론(일반이론/다맥락적 이론/중범위이론) 혹은 다른 실체이론들(유사한 문제인식을 가지고 다른 맥락에서

수행된 연구에서 도출된 실체이론)과 연계하거나, (2) 자신의 연구결과에 기초한 새로운 '가설의 형성'을 통해 도출한 실체이론이 중범위이론으로 발전될 수 있는 가능성을 제시하는 작업이 추가적으로 필요하다. '과정적 이론(a theory as a process)'으로서 성격을 가지고 있는 '근거이론'은 이러한 과정을 통해 개별 연구자가 도출한 '잠정이론'의 타당성을 지속적으로 확인해 나감으로써, 개별 연구자의 연구결과를 보다 광범위한 학문공동체의 지식 체계에 체계적으로 통합시켜 나갈 수 있는 것이다. 다시 말하자면 근거이론적 방법에서는 다수의 맥락에서 범용적 설명력을 가질 수 있는 '중범위이론(다맥락적 이론)'을 산출하는 것을 최종적 목적으로 하며, 이를 위한 개별 연구자들의 집합적 노력들(서로 다른 맥락에서 타당성을 가지는 실체이론들의 생성)이 오랜 기간 축적될 경우 사회현상을 보다 체계적으로 이해할 수 있는 '중범위이론들'이 축적될 수 있는 것이다.

예컨대, 필자가 특정한 맥락에서 개인적으로 도출한 잠정적 이론(예컨대, 한동대를 대상으로 도출한 학부교육 우수대학의 특징과 성공요인)을 유사한 맥락에서 수행된 다른 근거이론 연구의 결과(예컨대, K-DEEP 프로젝트에 참여한 다른 대학, 즉 아주대, 서울여대, 대구가톨릭대 등에서 도출된 실체이론)와 비교하거나, 기존에 정립된 일반이론(general theory) 혹은 다맥락적 이론(예컨대, 미국의 맥락에서 도출된 Kezar, 2018의 조직변화 이론)에 비추어 해석해 봄으로써 범용적인 이론으로의 발전 가능성을 모색할 수 있다. 이 책에서는 이러한 마지막 단계를 〈3차 코딩〉이라고 지칭할 것이다. 이는 Glaser나 Charmaz가 말하는 이론적 코딩과 유사한 개념이라고 할 수 있다. 이러한 3차 코딩 과정을 통해 연구자는 자신이 근거이론적 방법을 통해 산출한 '잠정적 이론'을 보다 광범위한 학문적 지식의 맥락에 자리매김할 수 있게 된다(2차 코딩과 3차 코딩의 구분과 관련해서는 이 장의 마지막 부분에서 다시 자세히 설명하기로 한다).

이 책에서는 또한 코딩 과정에서 Glaser(1978; 1992)가 '이론적 민감성(theoretical sensitivity)'이라고 부르고 있는 연구자의 통찰력을 매우 강조한다. 방대한 질적 자료에서 의미 있는 정보를 추출하는 것은 전적으로 연구자의 통찰력에 달려 있기 때문이다. 실제 근거이론적 방법에서 이루어지는 코딩 과정에서 (1) 기존 이론에 대해 연구자가 가지고 있는 생각, (2) 전문가로서의 실천적 경험과 지식, 그리고 (3) 자신의 직무 및 일상과 관련한 경험과 지식은 의미 있는 코드를 파악하는 데 매우 중요한 영향을 미치게 된다(Birks & Mills, 2015/2015).

2) 실제 코딩의 수행

근거이론의 발전 과정에서 근거이론가들마다 각기 다른 용어를 사용하고 구체적 내용에도 다소간 차이가 있긴 하지만, 궁극적으로 자료를 수집하고 이것을 분석하여 개념을 생성하며, 개념과 개념 간의 관계를 체계적으로 파악하여 이론화한다는 기본적 목적은 동일하다. 즉, (1) 자료의 1차(초기) 코딩과 범주화, (2) 동시에 행해지는 자료의 수집과 분석, (3) 메모 작성하기, (4) 이론적 표집, (5) 귀납적 그리고 가추적(abductive) 논리를 사용한 지속적 비교 분석, (6) 이론적 민감성, (7) 2차(중간) 코딩, (8) 핵심(중심)범주 선정, (9) 3차(고급) 코딩과 이론적 통합 등의 특성이 그것이다(Birks & Mills, 2015/2015). 데이터로부터 개념의 생성, 개념과 개념과의 비교를 통한 범주의 생성, 범주와 범주를 비교하면서 핵심범주 혹은 이론을 발견해 가는 것이 근거이론의 목적이며, 이를 위한 핵심적 방법으로서 이론적 표집, 메모 작성, 가추적 논리를 사용한 지속적 비교 분석을 강조하고 있는 것이다.

하지만 앞에서 기술한 Birks와 Mills(2015/2015)의 근거이론적 방법과 기노시타(2013/2017)가 제안한 수정근거이론 방식의 자료 분석과 코딩 방식에는 앞서 설명한 것과 같이 다음과 같은 몇 가지 중요한 차이가 있다. 즉, 기노시타의 수정근거이론은 기존의 근거이론적 방식과는 확연히 구별되는 다음과 같은 추가적 특징을 가지고 있다.

- 주관성을 방지하기 위해 연구자가 가능한 한 최대한의 노력을 기울이지만, 질적 연구에서 연구자의 주관을 완전히 통제하는 것은 불가능하다는 점을 솔직히 인정한다. 이에 따라 '연구하는 인간'이라는 관점을 도입하여 연구자의 역할을 명시적으로 강조하고 오히려 이를 드러내는 데 초점을 둔다.
- 데이터의 단순한 '기계적 절편화'를 통한 피상적 개념의 과다 생성을 반대한다. 예컨대, 질적 자료 분석 소프트웨어를 사용하는 분석에서 흔히 나타나는 ① 기계적으로 절편화한 데이터(단어, 줄, 문장, 문단)와 개념 간의 1대 1 대응을 통해 지나치게 얕은 개념을 생성하고, ② 이렇게 산출된 개념의 출현 빈도와 해당 개념의 중요도를 직접적으로 연결하는 것에 대해 반대한다.
- 데이터의 해석과 일반화 범위를 설정하기 위한 기본단위로서 '분석초점자' 관점을 채택한다.
- 이론적 포화에 대해 통상적인 연구자가 당면하고 있는 현실적 제약을 감안하여 보다 합리적 접근방식을 채택한다.
- 워크시트를 통해 개념 생성과정을 외재화하여 보여 줌으로써 연구결과를 읽는 사람들에게 분석과정의 신뢰성을 제고할 수 있도록 한다.

이 책에서는 기본적으로 근거이론의 토대를 확립한 Strauss와 Corbin(1990; 1998/2001), 그리고 복잡한 근거이론 발전과정을 통해 대두된 다양한 견해를 종합하여 제시하고 있는 제3세대 근거이론가인 Birks와 Mills(2015/2015)의 코딩 방법을 기본적으로 참조하고 있다. 하지만 동시에, '개념의 생성'과 관련 데이터의 기계적 절편화에 따른 피상적 개념의 생성을 반대하면서, 맥락과 연계된 보다 견고한 개념 생성을 강조하는 기노시타(2013/2017)의 수정 근거이론의 코딩 방식을 적극적으로 활용한다.

박스 9-5 질적 자료 분석에 있어서 '분석초점자(기노시타, 2013/2017)'의 의미

분석초점자를 설정하는 것은 크게 다음의 두 가지 의미를 가지고 있다. 첫 번째 의미는 사실 통상적 사례연구에서 '분석범위'를 설정하는 것과 유사한 것이다. 이러한 측면에서의 분석초점자 설정은 자료 수집 범위, 그리고 도출된 실체이론의 일반화 범위를 제한해 준다는 의미가 있다(예컨대, 대학의 자기설계전공 vs. 한동대에서 시행하는 자기설계전공이 연구문제로 설정되었을 때 자료 수집의 범위와 도출된 실체이론의 일반화 범위를 각각 비교해서 생각해 보라!). 두 번째이자 교육행정학 연구에서 '분석초점자' 설정이 보다 중요한 의미를 가지는 것은 자료의 해석과정에서 가지는 의미이다. 자료의 해석과정에서 분석초점자 관점으로 의미를 생각한다는 것은 '면담에 참여한 개개인(예컨대, 자기설계전공에 참여한 특정 학생, 이를 운영하는 특정 교수)'이 사회적 현상과 상호작용 과정을 자신의 관점에서 어떻게 생각하는지를 있는 그대로 이해하는 것과는 다르다. 물론 그것은 그것대로 중요하지만, 개별 면담참여자 본인은 의식하고 못하고 있는 사항까지도 연구의 목적상 필요하다면 연구자가 '분석초점자'의 관점에서 그 행간을 읽어 나가야 한다는 것이다. 이런 의미에서 '분석초점자'가 자료의 해석과정에서 기준으로 삼아야 하는 대상은 연구 수행과정에서 실제로 면담에 응해 준 개별 학생, 교수와 같은 실재 존재하는 특정한 개인을 가리키는 것이 아니라, 그 대상자를 연구목적에 따라 '추상화한 가상적 집단(예컨대, A 대학 자기설계전공에 참여하는 학생들, 혹은 자기설계전공 운영에 참여하는 관련 교수와 운영지원 등 모든 이해관계자 집단)'을 이미한다. 즉, 면담에 참여한 특정한 학생 개인이 아니라 연구자가 설정한 중심 연구문제(목적)에 답하기 위해 가상적으로 설정한 '분석초점자'의 관점에서 전체적/집합적 의미가 있는 답을 찾아 나가는 것이라고 보면 된다. 예컨대, (1) '한동대 자기설계 융합전공에 참여하는 학생들이 경험하는 어려움 탐색'이 연구목적이라면 해당 프로그램에 참여한 학생들의 집합적 경험을 대변할 수 있는 가상적 학생이, (2) '자기설계전공 프로그램의 효과적 운영방안 탐색'이 연구목적이라면 관련된 모든 이해관계자 집단의 집합적 관점을 효과적으로 대변하여 최선의 대안을 찾아내야 하는 '가상적 프로그램의 운영자'가 분석초점자로 설정될 수 있을 것이다. 따라서 근거이론적 방법의 경우 행간을 읽어 낼 수 있는 연구자의 통찰력, 즉 '이론적 민감성'이 좋은 연구결과를 도출하는 데 있어 매우 중요한 역할을 담당하게 되는 것이다.

'분석초점자'란 개념은 (1) 개인이 경험하는 주관적 의미를 탐색하는 것이 아니라, (2) 조직의 장이나 프로그램 운영자의 관점에서 주어진 맥락(조직 혹은 프로그램이 시행되는 여건)에서 잠정적으로 가장 타당한 대안 도출을 해야 하는 경우가 많은 교육행정학 분야의 연구에서 그 유용성이 클 것으로 생각된다. 즉, 외부자로서의 전문 연구자(혹은 해당 조직의 구성원으로서 직접 연구를 수행하는 내부 연구자)는 자신이 가진 이론적 민감성과 통찰력을 가지고, 연구결과를 활용하기를 원하는 '분석초점자'(예컨대, 주어진 제약 조건하에서 관련된 모든 이해관계자들의 요구를 균형 있게 받아들여 향후 시행할 수 있는 효과적인 프로그램을 도출해야 하는 운영자 등)의 관점에서, 참여자들의 집합적 경험과 의견을 균형 있게 해석하여 잠정적이긴 하지만 가장 타당한 것으로 보이는 대안(현장밀착형 이론/실체이론)을 도출한다. 이 경우 연구결과를 활용하기를 원하는 사람(예컨대, 프로그램 운영자)의 입장에서는 연구결과의 이해가 용이할 뿐만 아니라 해당 연구결과를 실천에 활용하기도 쉬워진다. 따라서 분석초점자를 설정하여 (1) 연구목적(분석의 관점) 혹은 (2) 자료 수집과 일반화의 범위를 명확히 하는 것은 근거이론 연구자가 자신의 해석 결과에 명확한 설득력을 부여하기 위해 수행하는 적극적인 연구활동이라고 볼 수 있다.

(1) 1차 코딩

① 개념의 부스러기 만들기(라벨링)

1차 코딩은 정보의 풍부화를 목적으로 연구문제와 대응하여 연구자가 자신이 생각하는 의미 있는 개념을 최대한 풍부하게 생성하는 작업을 말한다. 이 과정은 근거이론가에 따라 개방코딩(Strauss & Corbin, 1998/2001; Birks & Mills, 2015/2015 등), 혹은 오픈화 단계(기노시타, 2013/2017)라고 부르기도 한다. 1차 코딩(개방코딩)을 설명하면서 Strauss와 Corbin(1998/2001: 109-110)은 절편화 단위(segmenting unit)와 관련하여 다음과 같은 세 가지 방식의 코딩이 가능함을 제언하고 있다.

- '줄 단위'로 하는 코딩 형태는 자료를 줄별로 꼼꼼히 검사하는 것과 관련되어 있으며, 때로는 '단어 단위' 분석을 하기도 한다. 이는 가장 시간이 많이 걸리는 형태의 코딩인데, 특히 연구를 시작할 때 의미가 있다. 이를 통해 연구자는 초기 단계의 범주를 신속하게 만들어 나갈 수 있으며, 그 범주가 가지는 '속성(예컨대, 길이)'과 '차원(짧다 vs. 길다)'에 따라 추가적 표본 추출을 함으로써 해당 범주를 발전시켜 나갈 수 있기 때문이다. 이러한 표본 추출을 근거이론가들은 '이론적 표집'이라 한다.
- 연구자는 또한 '문장이나 문단 전체'를 단위로 코딩을 할 수 있다. 예컨대, '이 문장이나 문단에서 제기되는 중심 생각은 무엇인가?'라는 질문을 한 후 연구자가 연구문제와 대응하여 포착한 개념을 초동적으로 코딩한 후 해당 개념을 더욱 정치화해 나갈 수 있다. 이러한 방식의 코딩은 항상 사용될 수 있지만, 특히 연구자가 이미 몇 개의 생성한 개념을 가지고 있고 이에 해당되는 개념들을 보다 정치화해 나갈 때 유용하다.
- 마지막으로 전체 문서를 먼저 한번 읽어 보면서 '연구자가 이미 코딩했던 문서와 어떤 차이가 있는지?'에 대한 개략적 감을 잡은 후에 해당 문서로 돌아가서 유사점과 차이점을 염두에 두고 코딩을 하는 방식이 있다.

필자의 경험에 따르면 교육행정학 연구에서 수행되는 대부분의 연구에서 '단어 단위'로 분석을 해야 하는 경우는 매우 드물다. 초동적 개념을 생성하는 단계에서는 물론 '줄 단위 코딩'을 하는 경우도 있지만, 특히 초보연구자들은 이러한 교과서에 기술된 내용을 기계적으로 적용하여 반드시 모든 줄에 코딩을 해야 한다는 강박관념을 가질 필요는 없다. 그야말로 개념을 생성하는 초기 단계에서 혹시라도 있을지 모르는 정보의 손실을 최소화하기 위해 필요하다면 줄 단위로 접근할 수도 있다는 정도로 해석하면 족하다. 전체 문서를 먼저 읽어 보고 개략적 감을 잡은 후 코딩을 하는 것은 시간이 충분하다면 권장할 수 있는 일이지만, 실제 자신이 직접 면담을 수행했다면 가장 정보가 풍부한 것으로 생각되는 면담 전사자료부터 코딩을 시작하는 것이 일반적이다.

필자가 수행한 대부분의 연구에서는 초기 개념 형성 단계에서도 '문장 혹은 문단 전체'를 단위로 코딩하는 것이 적절한 경우가 대부분이었다. 방대한 질적 자료를 단어, 혹은 줄 단위로 일일이 코딩하는 것이 실천적으로 매우 어려울 뿐만 아니라, 피상적 개념이 아니라 어느 정도 맥락의 의미를 함축하는 개념을 생성하는 기노시타(2013/2017)의 관점에서 보면 별로 실익도 없어 보이기 때문이다. 필자의 연구방법론 강의에서는 이러한 초동적 과정을 '개념의 부스러기 만들기(라벨링) 과정'이라고 부른다. 이는 즉 연구자가 전사자료를 읽어 나가면서, 자신의 중심 연구문제에 비추어 데이터의 특정 부분에 초동적으로 떠오르는 '개념' 혹은 의미 있는 개념 형성으로 이어질 수 있는 가능성을 가진 '주제어'들을 자유롭게 써 나가는 과정이라고 할 수 있다. 다음에 제시된 [그림 9-3]은 초기 단계에서 자유롭게 이루어지는 '개념의 부스러기 만들기 과정'을 예시적으로 보여 주고 있다.

아이들도 있고요. 그것이 상담센터와 저희 역할인 것 같아요. 저희가 학습 파트에서는 학습 기술은 여러 가지 프로그램이 있지만 1:1 튜터링 하는거는 일반 학생들 보다는 소수자를 위해서 많이 해요. 외국인 학생들, 새터민 학생들이 여기 많거든요. 낙오된, 어찌 보면 영어도 못 따라가는, 그런 아이들 중심으로 저희가 지원을 해요] 제가 생각하기에 앞에 대다수의 아이들은 자기네들끼리 알아서 해결을 비교적 하는 편이라서 우리가 그쪽에 끼지 못하는 아이들이 어떻게 보면 저희의 큰 관심거리죠. 그거를 끊임없이 교수님들의 걱정이기도 하고. 잘하는 애들은 괜찮은데 잘 어울리지 않고 참여하지 않고 기숙사에 있으면서 조금 그런 어려움을 겪는 아이들이 있고, 그런 아이들을 어떻게 할거냐. 그리고 요즘 참여보다는 취업을 위해서 공부하겠다, 다른걸 안 하는 아이들은 어떻게 할거냐. 그런 몇 가지 예가 있는데 그래도 majority가 지금은 여전히 똑 같은 것 같아요. Majority 퍼센트는 달라졌을지 모르지만 여전히 한동 전체를 끌고 가는 학생들은 뭐냐면, 다양하게 무언가를… 그게 주는 기쁨이 있거든요. 기쁨이 있으니까 하는 것 같아요. 또 시험 때 보면 팀 별로도 하고 과 별로도 하고 중간 시험 잘 봐라 해서 시험 때 되면 여기저기에 음식물들 쌓아두고 공대 쪽도 보면 이건 전자 전공 학생들을 위한겁니다, 컵라면 뭐뭐뭐 해서 자기 전공학생들만 가져가세요 하면 정직하게 가져가요. 그런 문화. 시험 때 너도나도 다 바쁜데 누가 그거 타서 놓고 하는거 하고 싶겠어요. 그런데 그런거 하면 재미있잖아요. 기쁘잖아요. 남들이 이렇게 해서 컵라면 먹었어 하는 얘기 들으면 재미있고 하니까. 그게 움직일 수 있는 것 같아요] 교수님들도 계속 엉뚱한 것들을 일을 많이 벌이세요. [저는 교수님들이 왜 저러지? 실속도 없는. 어떻게 보면 연구로 잡히지도 않고 교육도 아니고 그런데 열정적으로 참여해서 쓸데없는걸 할까. 그게 오는 기쁨이 있어서 그런거 같아요. 즐거워하시고 기뻐하시고. 약간은 다른 가치관이 있어서 가능하다는 생각이 들어요. 항상 약간 그런, 파급되는 그런 효과가 조금 있는 것 같아요. 저는 아무래도 포스텍에 있다가 여기 왔기 때문에 포스텍 문화도 알고 여기 문화도 아는데, 포스텍 식으로 정말 합리적으로 체계적으로 하고 싶은 생각이 많이 들거든요. 그런데 그게 안 먹힐 때가 정말 많아요]

> 메모:1 CTL은 소수자를 집중 지원
>
> 메모:2 한동대 문화 - 자발적 헌신
>
> 메모:3 한동대 문화 - 교수들의 자발적 헌신, 열정: 합리성으로는 이해 안 됨

KB: 여기서는?

AA: 네. 운영을 어느 날 갑자기 확 무언가를 할 때가 굉장히 많거든요. 포스텍 같으면 직원 선생님들이 딱 터치해요. 그럼 그렇게 갑자기는 안 됩니다 하는데. 여기는 직원들이 무조건 꼭 해주셔야 해요 이렇게 하거든요. _____(50:11) 힘이 없지만 불만하고 싶다가도, 다른 선생님들이 어떻게 하는지 보면, 다른 선생님들은 저보다 더 힘든 분들인데 다 즐겁게 하시거든요. 그거 보면 할 말이 없어서 그냥 따라가요.

KB: 아… 직원 분들도?

AA: 직원 분들이 주로 ____(50:38) 태도 때문에 따라갈 것 같고요. 저는 주로 보면 저희랑 많이 관련된 [교무처장님이나, 기획처장님, 부총장님이 저희랑 같이 일을 하게 되는데 그 분들이 하시는게 태도나 그런걸 보면 도움을 주지 태클을 못 걸겠어요. 할 수 없이 그냥 따라요. 학생들도 그럴 것 같아요. 학생 리더나 분위기가 그럴 때, 자기는 아니라고 생각해, 취업이 중요해. 취업 공부 아니면 안 할거야 하다가도 다른 아이들이 취업 준비도 하면서 다른 활동도 하고 봉사활동도 할 때, 자기도 한 번 그러게 살아보고 싶다] 이런

> 메모:4 리더들의 솔선수범, 헌신

[그림 9-3] 초동적 코딩 과정: 개념 부스러기의 생성

즉, 필자의 경우 전사자료를 읽어 나가면서 중심 연구문제(예컨대, 학부교육 우수대학의 성공요인)를 항상 염두에 두면서, 이와 관련되어 포착되는 개념 혹은 관련되는 주제어가 있다면 해당 부분에 메모로 이를 적어 두는 작업으로부터 코딩을 시작한다. 이러한 작업을 수행하는 과정에서는, 항상 옆에다 별도의 노트를 준비해 두고 좋은 생각이 떠오를 때마다 이를 수시로 기록하면서 코딩작업을 수행하는 것이 좋다. 하나의 전사자료(예컨대, 면담대상자 A)에 대한 코딩이 다 끝나기 전이라도, 이제까지 수행했던 코딩 작업을 통해 초동적 개념 형성에 대한 생각이 떠오를 때마다 이를 별도의 노트에 적어 둔다. 이러한 개념의 부스러기(초동적 개념)들 혹은 유사한 주제어들이 반복적으로 출현하거나, 빈도가 높지 않더라도 해당 개념이 연구문제와 관련하여 매우 중요한 의미를 가지고 있다고 판단을 하게 되는 경우, 일단 향후 개념으로 발전할 가능성이 높다고 보고 수시로 노트에 메모를 해 둔다. 물론 이 메모는 향후 코딩 시에 일종의 가이드라인으로 사용한다. 초동적 단계에서 이루어진 개념의 부스러기들과 메모들은 실제 모두가 개념으로 발전하지는 않는다. 따라서 하나의 전사자료에 대한 코딩이 종료되면 이러한 개념의 부스러기들을 한번 전체적으로 살펴보면서, 어떤 것이 개념으로 발전되어 나갈 수 있을 것인지에 대해 다시 한번 성찰을 하는 과정을 가질 필요가 있다. 마치 깨를 탈곡할 때 체로 부스러기를 걸러 내듯이, 만들어 낸 개념들의 부스러기 중 '중심 연구질문에 도움이 되는 개념을 형성하는 재료가 되는 것'과 '그렇지 않은 것'을 걸러 내는 과정이 필요한 것이다('개념의 부스러기 중 옥석 가리기').

예컨대, [그림 9-3]의 예에서 보면 전사자료를 읽으면서 개념의 부스러기 생성(라벨링)을 해 나가는 과정에서 연구자가 '한동대 문화-자발적 헌신', '한동대-교수들의 자발적 헌신, 열정, 합리성으로는 이해 안 됨', '리더들의 솔선수범과 헌신'이라는 초동적 개념의 재료들을 지속적으로 포착하고 있음을 알 수 있다. 이런 경우 필자는 별도의 노트에 '교수들의 헌신과 열정', '리더들의 솔선수범과 헌신'이 한동대 학부교육의 성공에 중요한 요인을 미치는 요인(개념)이 될 수 있겠다는 생각, 그리고 이것은 곧 '한동대 문화'라는 상위 범주로 통합될 수도 있을 것 같다는 메모를 적어 두게 되는 것이다. 실제 이는 한동대 사례연구 보고서에서 '움직이는 교수(솔선수범 헌신)', '한동 스피릿의 창출과 정착(솔선수범/이타적 가치/내리사랑)'이라는 개념과 범주의 창출로 연결되었다.

② 워크시트를 통해 초동적으로 발견한 개념의 정치화 작업

이하에서는 독자의 편의를 위해 기노시타(2013/2017)의 수정 근거이론에서 제안하고 있는 워크시트를 통한 개념의 생성과정을 필자가 수행한 한동대 사례연구를 바탕으로 재구성하여 제시해 보았다.

먼저, 수정근거이론에서 생성되는 '개념'과 다른 근거이론, 특히 초보연구자들이 질적 자료 분석 소프트웨어를 사용하여 자료를 분석할 때 흔히 발생하는 '기계적 절편화를 통한 코딩(예컨대, 현상과 개념과의 '1 대 1 대응을 통한 라벨화')'과는 차이가 크다. 기노시타(2013/2017)는 연구자가 데이터를 해석하여 생성하는 개념은 하나의 '구체적 예의 의미'만을 생각하여 만들어지는 것이 아니라, 초동적으로 착안한 개념이 속성이 유사한 다른 구체 예들까지도 설명할 수 있는 일정 정도 추상화된 개념을 생성하는 접근방식이 필요하다는 점을 강조하고 있다. 그의 표현에 따르면 "1 대 1 대응의 관계가 아니라, 비유적으로 말하면 1 대 10 대응"이 되어야 한다는 것이다. 즉, 연구자가 자료로부터 생성한 개념은 특정한 구체 예뿐만 아니라 어느 정도 다른 유사한 예를 설명할 수 있는 범용적 설명력을 가져야 한다는 의미로 받아들이면 될 것이다. 특히 우리나라 교육행정학계에서 출판된 근거이론 논문에서 흔히 볼 수 있는 문제는 '얕은' 개념을 많이 만드는 것으로 지적(변기용 외, 2020)되고 있는데, 그 주요 원인 중 하나는 개념을 생성하는 과정에서 하나의 구체적 예와 그것을 설명하는 개념이라는 1 대 1 대응관계로 생성되는 개념의 의미를 생각하고 있기 때문이라고 생각된다.

기노시타(2013/2017)의 수정근거이론[3]에서는 자료 분석의 큰 흐름을 (1) '데이터로부터(from data)'의 방향성을 특징으로 하는 '오픈화'로부터, (2) '데이터를 향하여(toward data)' 확인 작업을 하는 '마무리화'라는 2단계로 나누어 설명하고 있다. 즉, 워크시트를 통한 개념의 생성 작업은 (1) 연구자가 설정한 연구문제에 따라 자료의 특정한 부분(구체 예)에 착안하여 초동적 개념(개념의 부스러기)을 만드는 1차 코딩(오픈 코딩)의 단계(from the data)와 (2) 이렇게 특정한 구체 예에 기초하여 생성된 초동적 개념을 중심에 놓고 생성된 초동적 개념을 뒷받침하는 유사한 예 혹은 발견된 유사한 예들의 변이가 하나의 개념으로 포함될 수 있는 것인지를 판단하는 검토작업(toward data)으로 구성된 서로 연관된 두 가지의 단계로 이루어진다. 일단 생성된 초동적 개념을 보다 정치하게 만들기 위해 필요한 경우 목적적으로 추가자료 수집을 하는 것을 근거이론에서는 '이론적 표집'이라고 한다. 워크시트는 이러한 개념 생성 작업을 도와주면서 이 과정에서 연구자가 수행하는 성찰과정을 체계적으로 기록하는 도구라고 할 수 있다.

3) 수정근거이론에서의 코딩 방법에 대한 보다 자세한 내용은 기노시타(2013/2017)를 참조하기 바란다.

〈표 9-4〉 분석 워크시트의 예

개념명		
정의		
구체 예	유사 예	• 유사 예 1 • 유사 예 2 • 유사 예 3… • 계속 기입해 나감
	대극 예	• 대극 예 1 • 대극 예 2… • 계속 기입해 나감
이론적 메모		

출처: 독자의 이해를 돕기 위해 기노시타(2013/2017)를 약간 변형하여 제시함.

박스 9-6 기노시타(2013/2017)의 분석 '워크시트'는 완전히 새로운 분석도구인가

비록 기노시타(2013/2017)가 자신의 접근방식을 수정근거이론 접근방법(Modified Grounded Theory Approach: MGTA)이라고 부르고 있고, 개념 생성을 돕는 도구로서 워크시트의 사용을 제안하고 있기는 하지만, 그가 제안한 방안이 전에 없던 완전히 새로운 자료 분석방법을 새로 창출하여 제시한 것은 아니다.

예컨대, 최희경(2008)의 자료 분석 방법과 기노시타(2013/2017)의 워크시트를 활용한 자료 분석방법의 기본적 절차는 사실상 동일하다. 기노시타(2013/2017)가 제안한 개념 생성을 위한 '분석 워크시트'란 것도 사실상 최희경(2008)이 말하는 '소주제별로 별도로 만든 한글 파일'을 조금 체계적으로 도표화하여 제시한 것에 불과하며, 본질적으로 새로운 접근방식을 만들어 제안한 것은 아니다. 참고로 최희경(2008: 131-132)에서 제시된 자료 분석 방법은 다음과 같다.

1. 자료 수집에 앞서 조사설계 단계에서, 심층면담 시 다루어질 예상 질의 및 응답 문항들을 구상하고 이들을 미리 개략적으로 소주제별로 분류하였다. 이들 내용은 연구 주제의 문헌연구를 기반으로 만들어진 것으로, 후에 분석 단계에서 자료를 범주화하고 범주들간의 관계를 설정하는 데 기초가 될 것으로 기대되었다.

2. 심층면담 후 음성파일로 저장된 면담자료를 모두 문서파일 형태로 입력하였다. 면담자료를 반복 청취하였으며 문서파일로 입력한 후에도 수차에 걸쳐 숙독하여 면담 내용을 이해하는 데 시간과 노력을 기울였다.
3. 면담 내용의 질과 중요성을 기준으로, 모든 면담자료를 네 등급으로 구분하였다. A 등급의 면담자료는 연구대상인 각 단체의 특징과 입장을 가장 잘 나타낸 것으로, 소속 단체의 내부 정황과 의사결정과정, 정부와의 관계에 대한 구체적이고 내부적인 내용을 충실하게 담은 것이었다. A 등급에 해당하는 면접 원고를 반복하여 숙독한 후 면담 내용과 흐름에 따라 문단을 세세히 구분하였다. 면접 시 현장에서의 별도 기록이 이 과정에서 도움이 되었다. 매 문단의 끝 부분에 면접자의 이름을 표시하여 편집 과정에서 혼란이 없도록 하였다.
4. 자료의 범주화 과정에서는 A 등급 면접 원고를 우선적으로 검토하면서 전체 내용을 도식화해 보고 내용의 세부 주제별로 목차를 체계화하고자 시도하였다. 전체 틀을 만들고 하위의 소주제들을 구성하였는데 하위 소주제들의 기준과 내용은 자료가 분석에 더해질 때마다 조금씩 수정되었다. 소주제를 구성하는 데는 조사설계 단계에서 구성했던 틀이 참조되었다.
5. 흔글 프로그램을 활용하여 소주제별로 문서파일을 만들어 이름을 붙이고 A 등급의 원 자료들에서 특정 소주제에 해당하는 면담내용을 블록으로 복사하여 해당 문서파일에 옮겨 나갔다. 결과적으로 개별 문서 파일마다 특정 소주제에 해당하는 내용들이 모이도록 하였다.
6. A 등급 면담자료를 바탕으로 구성된 틀에 따라 다른 등급의 면담내용들도 세분화하여 소주제 파일에 담아 나갔다. 면담자료가 추가되는 과정에서 범주와 분류 체계는 조금씩 수정되고 다듬어졌다.
7. 소주제별로 목차를 체계화하여 결과를 서술하였는데 특정한 소주제마다 내용을 대표적으로 나타낼 수 있는 면담자료를 직접 인용하여 연구결과물을 작성하였다.

코딩작업이 아직까지 생소한 초보연구자들을 위해 기노시타(2013/2017)의 워크시트를 활용한 개념 생성과정을 필자가 수행한 한동대 사례연구에서의 코딩 경험에 기초하여 보다 자세히 설명하면 다음과 같다.

- 먼저, 연구자가 생각할 때 면담 수행 중 가장 풍부한 정보를 제공했다고 생각하는 면담참여자로부터 분석을 시작하는 것이 효과적이다. 정보가 풍부한 전사자료의 경우 보다 많은 초동적 개념을 생성할 가능성이 크기 때문이다.
- 중심 연구문제를 생각하면서 연구자는 스스로 자신이 왜 자료의 특정 부분에 착안(데이터와 초동적 개념과의 관계)해야 하는지를 지속적으로 성찰한다. 즉, '연구문제에 답하기 위해 이 부분이 왜 필요한가?'가 초동적 개념을 생성하게 되는 가장 큰 이유가 된다. 오픈 코딩이라고 불리는 이 작업은 초보연구자로서는 매우 고통스러운 작업이며, 연구하는 주제에 대한 연구자의 이론적 민감성과 함께 엄청난 시간, 집중력과 노력이 필요하다. 방대한 자료 속에서 헤매면서 자신이 제대로 하고 있는지 의문이 생길 때 만약 지도교수, 동료 연구자들의 도움을 받을 수 있다면 많은 도움이 될 것이다.
- 일단 전사자료를 읽으면서 자료의 특정 부분에서 초동적 개념 생성의 단초를 발견했다면 이를 해당 부분에 메모로 적어 둔다. 앞서 이야기했듯이 교육행정학 연구에서는 피상적 개념의 생성으로 이어지기 쉬운 단어, 혹은 줄 단위 코딩을 하기보다는, 해당 개념의 맥락적 의미를 상실하지 않도록 문장 혹은 문단 단위로 코딩을 하는 것이 적절한 경우가 많다(segmenting, 절편화). 앞서 말한 [그림 9-3]에서 메모로 적어 둔 연구자의 초동적 생각이 바로 개념 형성을 위한 최초의 단서(개념의 부스러기)가 되는 것이며, 이것이 추가적 개념 형성 작업의 재료가 되는 최초의 구체 예가 되는 것이다.
- 가장 정보가 풍부한 1~2개 전사자료를 통해 일단 초동적 개념(개념의 부스러기)들을 상당 수 만들고 난 후에는 연구자가 이를 종합적으로 정리해서 이에 기초하여 어떠한 개념들이 생성될 수 있는지를 생각해 본다. 이러한 성찰과정을 통해 개념 생성을 위한 나름의 단초를 발견했다면, 일단 개념 생성의 재료가 된 '특정한 구체 예' 혹은 '복수의 구체 예'들을 복사해서 워크시크의 해당란에 붙인다([그림 9-4]의 '1. 개념의 포착'). 워크시트에 복사하여 붙이고 나서는 추후 해당 구체 예(인용문)가 어떤 전사자료 혹은 면담대상자의 인용문인지를 쉽게 파악할 수 있도록 문장의 마지막에 반드시 필요한 정보를 메모해 두는 것이 필요하다(예컨대, 면담참여자 A, 전사자료 289쪽). 이렇게 개념 생성의 단초를 발견한 경우에는 해당 개념의 내용을 간결한 문장으로 워크시트의 '정의' 란에 기입해 둔다([그림 9-4]의 '2. 개념의 정의'). 물론 이때 기입하는 개념의 정의는 확정된 것이라기보다는 다음 단계에서 일단 초동적으로 생성한 개념이 성립될 수 있는지를 다시 자료로 돌아가서 확인하는 과정에서 기준점으로 활용되는 잠정적 정의라고 볼 수 있다. 따라서 추후 분석과정에서 정의의 구체적 내용과 개념명은 적절하게 수정해 나갈 수 있다. 개념의 범위는 지나치게 추상적이거나, 지나치게 피상적(일반적인 단어)인

것이 아닌 다양한 구체 예를 설명할 수 있는 일정 수준의 추상성이 담보되는 정도가 좋다(기노시타, 2013/2017).

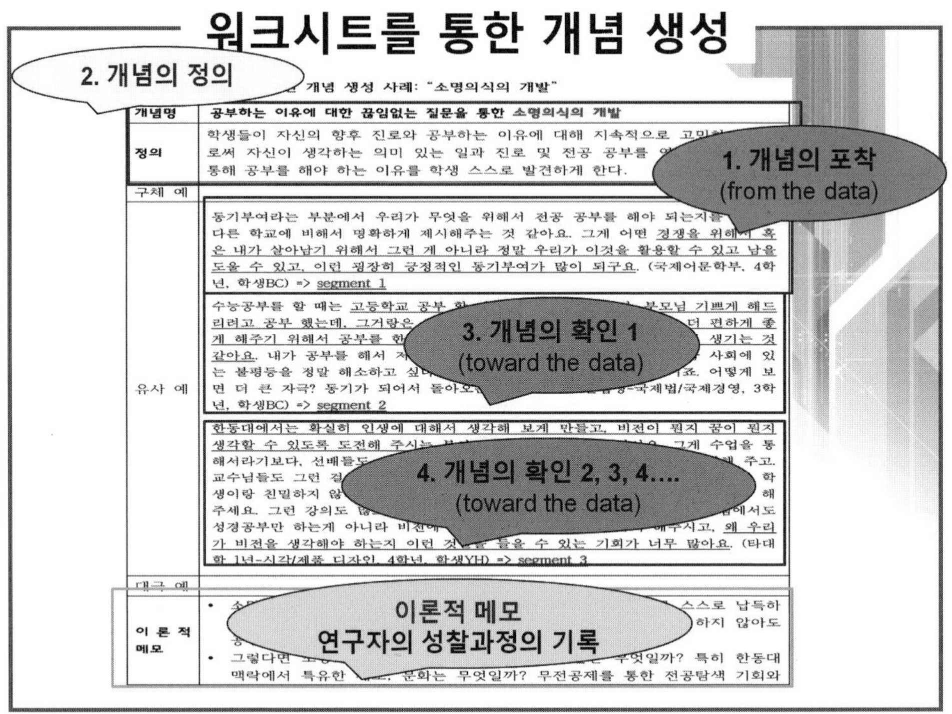

[그림 9-4] 워크시트를 사용한 개념 생성 과정: 한동대 사례연구

- 일단 하나의 워크시트를 만들었다면, 다음 작업은 해당 워크시트에서 정의한 개념이 성립할지 여부와 관련 완성도를 높여 가는 작업을 하게 된다. 이 단계에서 핵심적 작업은 연구자가 다시 자료로 돌아가 '개념의 정의' 란에 기입한 내용(개념)을 뒷받침하는 '유사 예' 혹은 개념의 확장 가능성을 판단할 수 있는 '대극 예'를 확인해 나가는 것이다. 즉, 같은 개념적 속성을 공유하고 있으면서 수용 가능한 정도의 '차원적 다양성'을 가진 복수의 구체 예(데이터)와 초동적으로 생성된 개념 정의 간을 왕복하면서 개념을 정치하게 완성시켜 나가는 과정이다([그림 9-4]의 '3. 개념의 확인 1', '개념의 확인 2, 3, 4'). 분석이 진행됨에 따라 새로 워크시크를 만드는 횟수보다는 만들어 놓은 개념을 확인하는 횟수가 더 많아지게 된다.
  - 이때 일단 특정한 구체 예에 착안하며 초동적 개념을 정의하여 워크시크를 만들었다고 하더라도, 이후 다시 자료로 돌아가 확인한 결과 해당 개념을 뒷받침하는 구체 예가 충분하지

않을 경우에는 최초로 생성한 개념 자체가 적절하지 않은 것으로 판단하고 다른 개념과의 통합 가능성을 검토하도록 한다. 반대로 생성한 개념에 대한 구체 예를 많이 발견할 수 있어 해당 개념이 포화가 되었다고 판단되는 경우에는 유사 예의 검토 작업을 종료하도록 한다. 이론적 포화의 판단은 구체 예가 얼마나 많은가라는 출현 빈도의 문제가 아니기 때문이다(기노시타, 2013/2017).

- 길이가 매우 긴 구체 예의 경우에는 인용한 문단 가운데 연구자가 생각하기에 핵심적 부분이라고 생각하는 곳은 하이라이트나 밑줄 등으로 표시를 해 두는 것이 좋다. 같은 부분을 두 개 이상의 워크시트에 구체 예로서 사용하는 경우에는 각각의 워크시트에 어떤 의미로 해당 구체 예를 추출한 것인지에 대해 메모를 남겨 두는 것이 좋다.
- 생성한 개념의 정의가 너무 넓은 경우에는 다시 한번 생각해 보고 적절한 조건을 추가함으로써 복수의 개념으로 나누어 가는 방안도 생각해 볼 필요가 있다. 예컨대, 학부교육 우수대학의 특징으로서 '위기의식'이라는 개념을 초기에 생성했는데, 이를 생산적 위기의식으로 보다 범위를 좁혀 제시할 수 있다. 이 경우 학부교육 우수대학을 만드는 데 도움이 되는 위기의식은 위기의식 중에서도 구성원들을 뭉치게 하는 '생산적 위기의식'이라고 할 수 있는 것이다.
- 한편, 이와는 반대의 경우도 있다. 대극 예의 검토 작업이 그것인데, 이는 적절한 조건을 추가하여 개념의 완성도를 높이는 것과는 다르지만 이와 유사한 목적으로 행해지는 작업이라고 할 수 있다. 즉, 대극 예의 존재를 발견하게 되면 그것을 구체 예로 하여 새로운 워크시트를 만들 수도 있지만, 경우에 따라 대극 예의 존재를 통해 이미 생성된 기존 개념의 범위를 확장하여 보다 적절한 추상적인 개념으로 발전시켜 나갈 수도 있다. 예컨대, 자신이 생성한 초동적 개념(예컨대, 학부교육 우수대학의 특징으로서 '카리스마적 리더의 존재')의 성립 여부는 주로 유사 예(예컨대, 카리스마적 리더십을 보여 주는 다양한 사례들)가 많이 존재하는지를 검증함으로써 확정한다. 하지만 여기서 개념 생성 작업이 종료되는 것이 아니라 새로 생성되는 개념의 범위는 대극 예(예컨대, 학부교육 우수대학의 성공요인으로서 카리스마적 리더십뿐만 아니라 '감성적 리더십'도 존재한다는 것을 발견하는 경우)의 존재를 탐색함으로써 조성해 나갈 수 있다. 즉, 당초에는 학부교육 우수대학의 성공요인을 '카리스마적 리더십의 존재'를 뒷받침하는 구체 예를 발견함으로써 개념화를 진행시켜 나갔는데, 이후 대극 예를 검색하는 과정에서 '감성적 리더십'이라는 새로운 방식의 리더십도 학부교육 우수대학의 중요한 특징 중 하나로 판명이 될 수도 있다. 이 경우 기존의 '카리스마적 리더십의 존재'라는 개념은 '감성적 리더십의 존재'를 포괄할 수 있는 확장된 개념인 '유능한 리더의 존재'라는

개념으로 보다 추상화(개념 범위의 확장)하여 코딩할 수 있는 것이다. 하지만 필자의 연구 경험상 실제 코딩작업을 해 보면 대극 예를 발견하는 것은 매우 이례적이었다. 그럼에도 불구하고 대극 예가 존재하는가를 검토했는지의 여부는 코딩과정에서 중요한 의미가 있으므로 검토결과를 기록해 두고, 논문의 연구방법 섹션에서도 그 내용을 자세히 기술해 두는 것이 바람직하다(기노시타, 2013/2017).

박스 9-7 Strauss와 Corbin(1998/2001)의 속성과 차원 vs. 기노시타(2013/2017)의 유사 예와 대극 예

Strauss와 Corbin(1998/2001: 92)은 "자료는 개별부분으로 분해(segmenting)되어 꼼꼼히 검사된 후, 유사성과 차이점을 찾아 비교된다. 본질상 개념적으로 유사하거나 의미상 관련되어 여겨지는 사고나 사건, 물체, 행위/상호작용은 '범주'라 불리는 한층 추상적인 개념하에 무리지워진다"라고 하면서, 코딩 작업은 '범주와 하위 범주의 이름 짓기' → '속성과 차원에 따라 범주 발전시키기'의 순서로 진행되며, 또한 "자료 안의 한 범주에 대한 어떤 속성과 마주치게 될 때마다 우리는 그것을 차원적 연속선에 따라 위치시키려고 한다", 그런데 "각 범주가 대개 하나 이상의 속성이나 특질을 가지고 있기 때문에 우리는 각 속성을 차원을 따라 위치시키길 원한다"고 설명하고 있다.

여기서 속성은 하나의 범주의 일반적 혹은 구체적 특성이나 특질(예컨대, 길이, 속도)인 반면에, 차원은 연속선상에 존재하는 특정한 위치(예컨대, 길다 vs. 짧다, 빠르다 vs. 느리다)를 나타내는 것이다. 하지만 대부분의 초보연구자는 개념(혹은 범주)을 구성할 때 각각의 속성과 차원에 따라 개념을 발전시켜 나가라는 Strauss와 Corbin(1998/2001)의 조언이 실제 적용상 매우 어렵다는 것을 느낀다. 예컨대, 속성과 차원을 사용하여 개념을 생성해 나간 최종혁(2011)의 사례를 [참고자료 1]을 통해 살펴보자. 필자의 연구경험에 따르면 이러한 방식으로 절편화(segmenting)된 자료를 속성과 차원에 의해 분류하는 것이 시간은 많이 걸리지만 개념의 생성에 그다지 도움이 되지 않았던 것으로 기억한다.

[참고자료 1] 속성과 차원, 그리고 라벨명 붙이기: 최종혁(2011)의 사례

번호	자료	속성	차원	라벨명
1-1	원래요…. 막 말 안 듣고 그래 가지고요. 그냥 아무 일도 없고 그랬는데, 그래서 교내봉사였어요, 원래. 근데 뭐 훔쳐 가지고 사회봉사로 늘었어요. 그러니까 원래 말 되게 안 듣는다고.	행동에 대한 판단	말 안 들음	교칙 위반 심화에 대한 학교 조치 강화
		행동의 결과	아무 일도 없음	
		초기 제재 조치	약함(교내봉사)	
		일탈 행위	절도	
		제재 조치 정도	강함(사회봉사)	
1-2	그냥, 별거 아닌데. 학교에서 담배 피우지 말라고 그러고, 옷 제대로 입으라고 그러고. 수업시간에 나가지 말라고 그러고. 그냥….	학교규칙 인식	부정적(별거 아님)	학교규칙에 대한 불만스러운 인식
		규제내용	다양(흡연금지, 복장규정 지키기, 학교 중도이탈 금지 등)	
1-3	그래서 원래 교내봉사 시키려고 그랬는데, 그때 뭐 훔쳐 가지고, (중략) 그냥 애들 mp3나…, 2학년 애들 꺼. 처음은 아니죠(웃음).	초기 징계수준	교내봉사	부적절한 행위에 무력한 제재 위주 학교규칙
		징계 강화 원인	다양(절도 등)	
		절도 품목	MP3	
		절도 대상자	2학년 후배	
		제재조치 유효성	낮음(처음 아님)	
1-4	제가 어떻게 변해요. 그래서 변하고 싶을 땐 학교를 아가죠.	자신에 대한 인식	부정적	긍정적 변화 가능성에 대한 회의적 시각
		긍정적 변화 가능성	낮음(학교 안감)	
1-5	화가 나면요, 제가 하고 싶은걸 해요. 예를 들어서…, 어…, 막 학교나, 엄마 아빠가, 짜증나는 일이 생기면, 예를 들어서 학교를 안 나간다거나 그래요. 그러니까 화를 돋구는 거죠. 아니면. 복수를 한다든지…, 복수해 본 적이요? 신고했잖아요.	행동규제 역량	낮음(하고 싶은 것 하기)	분노 시의 무절제 행동
		분노 표출방식	다양(등교 거부, 화 돋구기, 신고)	
		부모와의 갈등 정도	높음	

이러한 문제점을 감안하여 기노시타(2013/2017)의 수정근거이론에서는 '유사 예'와 '대극 예'라는 개념을 도입하여 Strauss와 Corbin이 제안한 속성과 차원을 각각 검토하기보다는 하나의 맥락 속에서 총체적으로 고려하는 방법을 제안했다고 생각된다. 즉, '유사 예'는 어느 정도 추상화된 수준에서 같은 속성으로 묶일 수 있는 개념의 집합들을 의미하며, '대극 예'는 같은 속성을 가지지만 차원의 측면에서 상대적으로 멀리 떨어진 예들을 의미한다. 이러한 측면에서 보면 기노시타(2013/2017)의 '유사 예', '대극 예'를 사용한 코딩 방식은 Strauss와 Corbin(1998/2001)의 속성과 차원을 활용하여 개념을 생성하는 방식과 긴밀하게 연계되고 있음을 알 수 있다. 연구자의 선호와 판단의 문제이기는 하지만, 필자의 경우 기노시타(2013/2017)의 접근방식이 훨씬 더 직관적이고 적용하기 쉽다고 생각한다.

- 한편, 구체 예가 한 사람의 전사자료에서밖에 나오지 않는 경우라면, 연구자는 다시 한번 자료로 돌아가 확인 작업을 꼼꼼하게 하는 것이 좋다. 그래도 여전히 같은 결과가 나온다면 개념으로서는 성립하지 않는다고 판단한다. 하지만 구체 예의 대부분이 한 사람의 자료에서만 나오지만, 그래도 최소한 일부의 구체 예가 다른 사람의 자료에서 확인이 되는 경우라면 일단 다른 사람의 자료에서 나온 구체 예를 신중하게 검토하여 이것이 생성하려는 개념의 정의와 합치된다고 생각되는 경우에는 개념으로 인정할 수도 있다. 물론 이때 논문에서 구체 예(인용문)의 선택은 특정한 한 사람의 구체 예에만 치중되지 않도록 유의하는 것이 필요하다(기노시타, 2013/2017).

• 워크시트는 필자가 익숙한 아래 한글 파일(워드 파일)을 사용하여 하나의 워크시트를 하나의 파일로 만든다(대개 개념명을 파일명으로 작성하고 작성한 날자를 함께 적어 둔다). 기노시타(2013/2017)의 경우 워크시트는 개념 생성 과정에서 연구자의 성찰 목적으로만 활용하도록 제안하고 있으나, 필자의 경우 개념 생성과정을 외재화하여 외부 심사자나 독자에게 보여 주어서 분석과정의 타당성을 검증하는 자료로 활용하는 것을 적극적으로 권장한다.

• 교육행정학 분야에서 출판된 기존 논문에서는 통상적으로 하나의 연구에서 지나치게 많은 개념을 생성하는 경향이 있다. 예컨대, 이기명(2009)은 27개, 김수구(2009)는 32개, 정주영(2017)은 53개, 가신현 · 김정주(2012)는 65개, 신현석 외(2018)는 학생 57개/학부모 58개, 엄상현(2014)은 110여 개 등의 개념을 생성한 것으로 보고하고 있다(변기용 외, 2020). 하지만 데이터와 개념 간 1:1로 대응하는 방식으로 얕은 개념을 많이 생성하는 것에 대해 기노시

타(2013/2017)는 비판적 관점을 가진다. 따라서 수정근거이론을 적용한 접근방식에서는 통상적으로 생성되는 개념의 수가 그다지 많지는 않다. 기노시타(2013/2017)의 표현을 빌리면 "하나하나를 완성해 가면서 개념의 상호관계를 개별적으로 검토해 가므로 수의 기준으로는 전부가 자신의 머릿속에 기억할 수 있는 정도"가 적당하다고 제언한다. 필자가 수행한 한동대 사례연구는 1년 반에 걸친 대규모 연구였음에도 불구하고 생성된 상위 범주는 10개 정도였다(자세한 내용은 변기용 외, 2015 참조).

- 한편, 워크시트의 '이론적 메모([그림 9-4]의 5. 이론적 메모)' 란은 개념 생성을 위한 분석 과정과 해당 과정을 수행하는 과정에서의 연구자의 성찰 과정을 기록해 두는 곳이다. 즉, 연구자가 어떻게 그러한 판단에 이르게 되었고, 또한 판단이 어려울 때 어떠한 부분을 추가적으로 고려해야 할 필요가 있는지에 대한 연구자의 성찰내용과 과정을 여기에 속속들이 기록해 두는 곳이다. 원래는 연구자 자신을 위한 작업이지만, 앞서 말했듯이 개념 생성과 분석 과정을 외재화하여 타인에게 보여 줄 수 있는 목적으로도 활용이 가능하다. 특정한 개념 생성 과정에서 나타난 성찰과정은 워크시트의 '이론적 메모' 란에 기입해 두지만, 연구자는 이와는 별도로 성찰의 기록을 정리할 노트를 준비하여 연구 수행 과정 전반에 대한 아이디어와 성찰 내용들을 그때그때 생각날 때마다 기록해 나가는 것이 좋다. 통상적으로 이러한 목적을 위한 노트는 항상 손에 들고 다니면서 생각날 때마다 기록해 나가며, 일정한 정도가 쌓이면 필자의 경우 컴퓨터 파일로 만들어 보관한다.

(2) 2차 코딩: 생성된 개념(범주)과 개념(범주) 간의 관계를 체계화하여 제시하는 작업

Strauss와 Corbin(1998/2001)은 그들의 전체 코딩 스킴의 두 번째 단계에 위치하는 축코딩(axial coding)을 "범주 사이 그리고 범주 내의 요소를 연결시켜, 개방코딩 다음에 자료를 새로운 방식으로 분석하는 과정"이라고 말하고 있다. 즉, 2차 코딩은 워크시트를 통해 분석의 기초단위인 개념이 생성되고 난 이후 (1) 개념과 개념 간의 관계를 파악하는 작업(복수의 개념들 간 수평적 관계의 파악), (2) 생성된 복수의 개념들을 묶어 개념적으로 유사한 것끼리 유형화하여 보다 상위 수준에서 추상화된 개념이라고 할 수 있는 '범주(상위의 개념)'를 생성하는 작업(발견된 개념들의 유형화를 통한 범주의 생성, 즉 개념과 범주와의 수직적 관계의 파악), (3) 이렇게 형성된 상위 수준의 개념인 범주와 범주 간의 관계를 체계적으로 파악하는 작업(범주와 범주 간의 수평적 관계의 파악)으로 이루어진다고 할 수 있다. Charmaz(2014: Birks & Mills, 2015/2015에서 재인용)의 경우 "대부분의 [근거이론] 연구는 적절한 1차 코딩과 초점 코딩(2차 코딩)만으로 완료될 것"이지만, "이론적 코딩(3차 코딩)을 정확하게 사용하면 많은 이

점이 있다"고 주장하고 있다. 실제 우리나라에서 이제까지 수행된 대부분의 근거이론 연구는 2차 코딩에서 끝나는 경우가 많다(이러한 관행적 행태가 과정적 이론으로서 근거이론의 축적에 미치는 문제점은 '3차 코딩'을 기술할 때 언급하기로 한다).[4]

워크시트를 통해 일단 개념이 생성이 된 이후 이루어지는 2차 코딩의 가장 첫 번째 단계는 생성된 개념을 단위로 비교를 하면서, 유사한 속성을 가진 개념들을 유형화하여 보다 높은 차원의 개념이라고 할 수 있는 범주를 만드는 작업이다. 물론 실제로는 워크시트를 통해 개념을 형성하는 과정에서부터 이를 위한 초동적 작업은 이론적 메모와 성찰하기 과정을 통해 이미 이루어져 왔다고 할 수 있다. 즉, 워크시트를 통해 개념을 만드는 과정에서 A 개념과 B 개념은 나중에 동일한 범주로 묶을 수 있다거나, 서로 인과 관계가 있다든가 하는 생각들을 이론적 메모와 성찰의 기록을 정리하는 노트에 적어 두었다가, 개념 생성이 끝나고 2차 코딩 단계에서 이루어지는 개념 단위의 비교를 통해 이러한 생각들을 보다 구체화해 나가는 것으로 생각하면 된다. 워크시트를 통해 개념을 생성할 때는 방대한 양의 자료에 묻혀 잘 생각이 나지 않았던 아이디어도, 이 단계에서 데이터에서 한 발 물러서 보다 구체적으로 개념과 개념과의 관계를 중심으로 생각을 하다 보면 개념 생성 단계에서 드러나지 않았던 다양한 발견이 가능하게 되는 경우가 많다(기노시타, 2013/2017). 물론 앞서 이론적 메모와 성찰 기록 노트에 적어 두었던 다양한 성찰의 기록들이 이러한 과정에서 많은 도움이 된다.

2차 코딩의 핵심은 (1) 개념과 개념, (2) 개념과 범주(상위의 개념), (3) 범주와 범주 간의 관계를 체계적으로 파악하여 제시하는 것이라고 할 수 있다. 실제 작업을 할 때는 일단 노트에 개념과 개념의 관계(수평적 관계), 개념과 범주와의 관계(수직적 관계)를 그림으로 그려 보면서 생각을 진전시켜 나가게 된다. 물론 초기에 생성했던 하나의 개념이 그대로 범주가 되는 경우가 전혀 없는 것은 아니지만, 이 경우에는 복수의 개념이 합쳐 생성된 다른 범주와의 비교를 통해 추상성과 중요도 등의 차원에서 이를 범주로 설정하는 것이 타당한지 신중하게 다시 한번 검토한다(기노시타, 2013/2017). 동시에 이를 뒷받침하는 데이터와 논거가 충분한지 그리고 단일 개념을 범주로 설정하게 된 근거를 스스로 명확히 정리해 둘 필요가 있다. 이러한 작업을 통해 상위의 개념이라고 할 수 있는 범주가 생성되기 시작하면, 동시에 생성된 범주와 범주의 관계를 연결하는 다음 단계의 작업에 들어가게 된다. 이 단계에서의 핵심적 작업은 '과정을 위한 코딩(Strauss & Corbin, 1998/2001)', 즉 "시간의 흐름과 공간에 따라서,

4) 실제 기존에 출판된 국내 논문 중 필자가 제시한 의미에서 3차 코딩의 단계까지 나간 논문은 극소수(예컨대, 주혜진, 2014; 변기용 외, 2017)를 제외하고는 발견하기 힘들었다(변기용 외, 2020). 해외에서 출판된 논문들(예컨대, Browning et al., 1995)의 경우 3차 코딩의 단계까지 나간 것들이 보다 많았는데 이과 관련한 자세한 논의는 이 책의 제10장을 참고하기 바란다.

상황이나 맥락에 따라 변화하거나 때로는 그 상태로 남아 있게 되는 행위/상호작용이 이루는 일련의 발전하는 순차적 순서(149)"를 발견하는 것이다. 과정을 위한 코딩을 한다는 것은 인간의 행위와 상호작용이 주어진 맥락에 따라, 그리고 특정한 의도된 개입이나 돌발 상황에 따라 어떻게 변화하는지를 파악함으로써 일정한 패턴을 파악하는 데 목적이 있다. 즉, 연구자들은 자신의 연구가 관심을 가지는 특정한 현상과 관련한 구성원들의 행위와 상호작용이 발생하는 패턴과 맥락 간의 역동적 속성을 포착하여 이론화하는 것을 목표로 한다. 이때 중요한 것은 과정의 분석에서 특정한 현상과 행위/상호작용이 존재하는 맥락이 연계되어야 한다는 것이다. 왜냐하면 맥락(구조)은 특정한 현상과 이에 대한 행위/상호작용을 발생시키는 데 중요한 영향을 미치기 때문이다. 특정한 현상에 대한 구성원들의 행위/상호작용은 맥락에 따라 상이하게 나타난다(예컨대, 성과급에 대한 교원들의 반응은 농어촌 지역에 위치한 소규모 A 학교와 대도시 지역에 위치한 대규모 B 학교에서 다르게 나타날 수 있다). 앞서 언급한 대로 이때 맥락(구조)은 주어진 시점에서는 고정된 상수로 간주될 수 있는 변수(예컨대, 소규모 학교, 농어촌 지역 학교, 열악한 재정 상황 등)를 말한다. 물론 구조(행위자와 조직이 당면한 맥락)는 단기적으로는 불변의 상수로 취급되는 것이 타당하지만, 시간이 지남에 따라 행위자들의 적극적 노력(행위/상호작용)에 의해 변할 수 있다.

여기서는 이 세 가지 작업을 편의상 나누어 설명하고 있지만, 이들 작업은 사실상 동시병행적으로 이루어진다. 즉, (1) '범주 사이 그리고 범주 내의 요소를 연결(Strauss & Corbin, 1998/2001)' 혹은 '각각의 수준 내(가로방향)에서의 비교와 (2) 추상도의 다른 수준 간(세로 방향)에서의 비교(기노시타, 2013/2017)'가 동시다발적으로 이루어지는 것이다. 실제 이렇게 2차 코딩을 수행한 결과는 '개념적으로 높은 수준에서 범주 통합이나 연결을 가능하게 하는 관계적 진술의 발전(Strauss & Corbin, 1998/2001)'으로 나타나는 것이 보통이다. 연구경험이 쌓여갈수록 느낄 것이지만, 실제 연구결과의 핵심을 이루는 발견사항의 단초는 대개 직접 방대한 자료에 파묻혀 개념을 생성해 내는 1차 코딩의 단계에서보다는, 추상성을 높여 개념과 개념, 개념과 범주, 범주와 범주 간의 비교가 이루어지는 단계에서 만들어지는 경우가 많다(기노시타, 2013/2017). 아울러 개념 생성의 단계에서와 마찬가지로, 개념과 개념, 개념과 범주, 범주와 범주와의 관계를 분석하는 2차 코딩의 단계에서도 이론적 포화의 판단은 어디까지나 이를 뒷받침하는 자료로부터 나와야 한다. 만약 초동적으로 발견해 낸 관계적 진술을 뒷받침하는 자료가 부족하다고 생각한다면 근거이론적 방법에서 연구자가 원칙적으로 다시 이론적 표집을 통해 추가적 자료를 수집해야 한다는 것을 잊어서는 안 된다.

(3) 3차 코딩: 중범위이론(다맥락적 이론)으로의 발전 가능성 탐색

2차 코딩과 3차 코딩의 관계에 대한 기존 근거이론가들의 설명은 매우 모호하게 되어 있다. 어디까지가 2차 코딩이고, 어디까지가 3차 코딩인지, 그리고 각 단계에서 이루어져야 하는 구체적 내용이 무엇인지에 대해 근거이론가들마다 각각 다른 용어와 설명을 제시하고 있다. 예컨대, 2차 코딩(축코딩), 3차 코딩(선택코딩, 혹은 이론적 코딩)을 설명하고 있는 Strauss와 Corbin(1998/2001), 그리고 Birks와 Mills(2015/2015)의 설명을 보자. 초보연구자뿐만 아니라 경험 많은 숙련연구자가 보더라도 잘 이해할 수 없을 정도로 거의 암호 수준으로 애매하게 기술되어 있다.

박스 9-8 주요 근거이론가들의 2차 코딩과 3차 코딩에 대한 설명

1. Strauss & Corbin (1998/2001)

축코딩(axial coding)은 범주들을 속성과 차원의 선을 따라서 그 하위범주들과 연결시키는 행위를 말한다. 축이라고 불리는 이유는 코딩이 한 범주의 축을 중심으로 일어나며, 속성과 차원의 수준에서 범주들을 연결시키기 때문이다. 축코딩의 목적은 개방 코딩기간 동안에 분해되었던 자료를 재조합하는 과정을 시작하는 것이며, 축코딩에서 우리의 목표는 범주를 체계적으로 발전시키고 연결시키는 것이다. 분석자가 축코딩을 할 때 이들은 왜, 어떻게, 어디서, 언제, 어떤 결과로와 같은 질문에 대한 대답을 찾으며, 그렇게 함으로써 범주들 간의 관계를 밝혀낸다. 다시 말하면 현상을 맥락화하기 위해서 조건적 구조 내에 위치시켜 어떻게, 즉 그를 통해 범주가 명시되는 수단을 밝히는 것이다……. 축코딩은 다음의 기본적 과업과 관련이 있다. (1) 하나의 범주 속성과 그 차원을 찾아낸다. 이것은 개방코딩 기간 중에 시작되는 과업이다, (2) 현상과 연관된 다양한 조건, 행위/상호작용, 그리고 결과를 밝혀낸다, (3) 범주들이 서로 어떻게 연결되는지 나타내는 진술을 통해서 범주를 하위 범주와 연결시킨다, (4) 자료 안에서 주요 범주가 서로와 어떻게 연결되는지를 나타내는 단서를 찾아낸다(111-114).

축코딩에서 범주는 체계적으로 발전하고 하위/다른 범주들과 연결된다. 하지만 여전히 주요 범주들이 '최종적으로 통합되어 하나의 큰 이론적 도식'을 형성하지는 못한 상태이다. 선택코딩(3차 코딩)은 '조사결과가 이론의 형태를 갖추었다고 할 수 있을 정도로 범주를 통합시키고 정교화하는 과정'을 말한다. 만일 이론 구축이 진실로 연구 프로젝트의 목적이라면 조사 · 발견은 반드시 일련의 상호 연결된 개념으로 제시되어야

지, 주제들의 목록으로 제시되어서는 안 된다(131). 물론 연구의 궁극적 목표가 이론 전개가 아니라 몇 가지 발견을 하는 것이라면 통합은 그다지 필요치 않다. 관계를 진술하는 데는 단지 하나의 옳은 방식이 있는 것은 아니다. 핵심적인 요소는 범주들이 하나의 더 큰 이론적 도식으로 상호 연결되어야 한다는 것이다(141).

2. Birks & Mills (2015/2015: 108–110, 135–137)

2차 코딩의 핵심작업 중 하나는 범주를 서로 연결시키는 것이나 통합시키는 것이다. 자료의 지속적인 비교를 통하여 범주 및 하위 범주가 서로 비교되며, 동시에 연구자는 중간 수준의 개념들 사이의 관계를 조사하게 된다. [2차적 코딩]의 결과는 개념적으로 높은 수준에서 범주 통합이나 연결을 가능하게 하는 관계적 진술의 발전으로 나타난다(Strauss & Corbin, 1998). 이러한 진술은 또한 생성되는 근거이론에서 나타나는 과정이나 실천을 설명해 준다. 여러분은 자신이 분석에 도움을 주는 메모에서 관계적 진술을 탐구하고 발전시키고 있다는 사실을 발견하게 될 것이다.

이론적 코딩은 '이론적 방향으로 여러분의 분석적 이야기'를 이동시킬 목적으로 근거이론 분석의 후기단계에 이루어진다(Charmaz, 2014: 150). 이론적 코드들은 이론으로서의 잠재력을 높이고, 스토리라인의 설명력을 높이기 위한 틀을 제공하는 고급추상화 작업이다. Charmaz(2014)는 이 단계가 최종 산출물의 명확성과 정확성을 향상시킨다는 것을 인정하면서도 대부분의 프로젝트가 꼭 이론적 코딩을 할 필요는 없다고 믿는다. Glaser와 Holton(2005: 8)은 이론적 코딩이 이론 발전에 필수적인 단계가 아니라고 주장하지만, 그들은 최종 산출물이 "출현하는 이론적 코드에 의해 통합되고 형성될 때, 더 그럴듯하고, 더 적절하고, 더 향상된다"라고 인정한다. 우리는 이 입장을 지지하며, 이론적 코딩이 없다면 다른 연구와 근거이론 연구를 구분하는 설명능력을 보여 주는 데 한계가 있을 것이라고 생각한다. 여러분이 어떻게 이론적 코딩을 사용하는가는 여러분이 2차 코딩에 접근하는 방식에 의해서 결정될 것이다. 만일 고급 분석단계까지 이론에서의 개념들의 관계를 파악하는 과정이 늦추어진다면, 여러분의 이론적 코딩에 대한 의존은 더욱 커질 것이다. 그러나 이런 개념적 관계들은 여러분이 1차 코딩에서 2차 코딩으로 진전할 때 이미 명확하게 드러날 것이다. 핵심 근거이론 방법을 정확하게 적용하였다면 초기의 통합 틀이 자료로부터 스스로 도출될 것이다(Glaser & Strauss, 1967).

여기서 Strauss와 Corbin(1998/2001)이 말하는 '범주는 체계적으로 발전하고 하위/다른 범주들과 연결되었지만, 주요 범주들이 최종적으로 통합되어 하나의 큰 이론적 도식을 형성하지는 못한 상태(축코딩이 이루어진 결과)'와 '조사결과가 이론의 형태를 갖추었다고 할 수 있을 정도로 범주를 통합시키고 정교화한 상태(선택코딩이 이루어진 결과)'의 차이는 과연 무엇인가? 필자가 보기에 이러한 모호한 기술이 Strauss와 Corbin의 근거이론적 방법을 활용해 왔던 국내 연구자들이 실제 연구를 수행함에 있어 많은 혼란을 초래하게 만든 중요한 이유들 중의 하나가 아닌가 생각된다.

한편, 기존 근거이론가들의 이론들을 집약한 제3세대 근거이론가라고 할 수 있는 Birks와 Mills(2015/2015)의 경우 2차 코딩은 '범주 내 또는 범주 간의 연결을 설명하여 근거이론을 통합하는 작업'이며, 2차 코딩의 핵심작업 중 하나는 '범주를 서로 연결시키는 것이나 통합시키는 것'으로 설명한다. 한편, 3차 코딩은 '이론 통합의 핵심'이며, 이 과정을 통해 자료는 궁극적으로 이론이 된다. 그리고 '스토리라인 기법'과 '이론적 코딩' 모두 고급분석과 이론 개발을 촉진하는 중요한 전략이라는 점을 알게 될 것이라고 주장한다. 나아가 "현실적으로 여러분의 이론 구축은 첫 번째 자료와 함께 시작한다……. 2차(중간) 코딩에서 범주들 사이에 관계가 나타남에 따라 여러분의 연구는 이론적 약속을 실현하기 시작한다(LaRossa, 2005: 849). 점차 앞에서 서술한 바와 같이 3차(고급) 코딩 기법들이 효과적으로 사용되어 이론적인 틀을 잘 통합시켜 최종 근거이론으로 출현하는 시간이 올 것이다"라고 설명하고 있다.

필자가 보기에 매우 혼란스럽기는 하지만 이러한 논의사항을 관통하는 핵심적 이슈는 (1) 어느 단계까지가 2차 코딩이고 어떤 단계부터가 3차 코딩이라고 불릴 수 있을 것인지, 그리고 (2) 이렇게 단계를 구분하는 의미와 실익이 무엇인가라는 점이 될 것이다. 독자들의 이해를 돕기 위해 이 책에서는 2차 코딩과 3차 코딩을 다음과 같이 명확히 구분하여 제시하기로 한다.

[2차 코딩] 개념 간, 개념과 범주 간, 범주 간의 관계를 파악하여 체계적으로 구조화하는 작업

- 기본적으로 1차 코딩(개방코딩)에서 생성한 (1) 개념과 개념, (2) 개념과 범주 간의 관계를 구조화함으로써 상위 수준의 개념이라고 할 수 있는 범주를 체계적으로 발전시키고, 나아가 (3) 이렇게 발전된 범주들 간의 관계를 파악하여 체계적으로 구조화하는 작업

[3차 코딩] 이론적 통합 작업

- 연구자가 자신의 연구결과의 타당성을 검증받기 위해 (1) 2차 코딩의 결과로 도출한 연구자

> 자신의 '잠정이론(실체이론)'을 이미 구축되어 있는 다른 이론(일반이론/중범위이론) 혹은 다른 실체이론들(유사한 문제인식을 가지고 다른 맥락에서 수행된 연구에서 도출된 실체이론)과 연계시키거나, 혹은 (2) 자신의 연구결과에 기초한 잠정이론(실체이론)을 새로운 '가설'의 형태로 제시하여 도출한 실체이론이 중범위이론으로 발전될 수 있는 가능성을 제시하는 작업

이렇게 2차 코딩과 3차 코딩을 명확하게 구분하여 두는 실익은 근거이론에 입문하는 초보 연구자들이 서로 다르게 기술되어 있는 다양한 근거이론 교과서들의 복잡한 설명에 더 이상 당혹감을 느끼지 않도록 하기 위함이다. 실제 현재 우리나라 연구자들이 수행하는 상당수의 근거이론 연구는 해외에서 출판된 대부분의 논문과는 달리 2차 코딩 단계에서 그냥 종료되는 경우가 많다. 하지만 근거이론적 방법은 이러한 '속성 구조' 혹은 '개념 간의 관계'에 대한 단순한 '진술(description)'[5]에 그치는 것이 아니라, 연구자 개인이 만든 '잠정이론(실체이론)'을 학문공동체 구성원들로부터 동의를 받는 절차를 통해 '자신이 발견한 결과가 순전히 주관적인 것만은 아니다'라는 점을 보여 주는 추가적 과정이 반드시 필요하다.[6] '과정적 이론(a theory as a process)'으로서 성격을 가지고 있는 '근거이론(grounded theory)'은 이러한 과정을 통해 개별 연구자가 도출한 '잠정이론(실체이론)'의 타당성을 지속적으로 확인해 나감으로써, 개별적으로 수행된 연구결과들을 보다 광범위한 학문공동체의 지식 체계에 체계적으로 통합시켜 나갈 수 있는 것이며, 그 핵심적 수단이 바로 '3차 코딩'이 되는 것이다. 이런 의미에서 '3차 코딩'은 근거이론의 발전을 위해 단순한 '필요 조건'이 아니라 '충분 조건'에 해당된다고 할 것이다.

앞서 제3장에서 언급했듯이 근거이론적 방법에서 추구하는 이론 발전의 과정은 특정한 맥락에서만 제한적으로 타당성을 가지는 맥락기속적 이론(실체이론 혹은 잠정이론)이 축적되면서 점차적으로 다양한 맥락에서 범용적으로 적용될 수 있는 다맥락적 이론(중범위이론)으

---

5) 이를 Glaser (2019)는 근거이론과 대비하여 '근거 진술(grounded description)'이라 부르면서 강하게 비판하고 있다.

6) 근거이론은 특정한 맥락에서 도출된 실체이론의 발견이 최종적인 목적이 아니라 실체이론들의 축적을 통해 보다 다양한 맥락에서 적용되는 중범위이론의 구축을 지향하고 있다. 따라서 도출된 실체이론을 지속적으로 확장 · 수정하는 추가적 노력이 매우 중요하며 이것이 3차 코딩의 핵심적 의미라고 할 수 있다. 이를 윤견수는 필자가 개최했던 안암교육학회 질적 연구 스터디(2019. 10. 26.)에서 다음과 같이 약간 다른 방식으로 설명하고 있다. "그것[이론]을 만드는 과정이 관찰이든 면담이든 경험 자료에 대한 여러 번의 접촉을 통해 이루어졌다면 이것은 귀납의 과정을 거친 것이고, 기 연구된 개념과 이론들을 통해 유도된 것이라면 (이런 것을 보통 '가설'이라고 한다) 연역의 과정을 거치며 이루어진 것이다. 이렇게 해서 만들어진 진술이 일단 연구자 개인이 만든 잠정이론이라고 할 수 있다. 그리고 그것의 지위는 불안할 수밖에 없다. 자기 진술의 동의를 확보하기 위해서는 어떤 형태로든 그 진술이 순전히 주관적인 것은 아니라는 것을 보여 주어야 한다. 연역을 통해 얻어 낸 진술은 가설을 조작화하고 검증 과정을 거치며 다수의 동의를 얻는다. 귀납을 통해 만들어지는 진술은 그 진술이 적용되는 맥락의 성격을 기존의 이론적 개념/진술을 통해 보완하면서 다수의 동의를 얻는다."

로 발전해 나가는 것을 지향하고 있다. 즉, A 학교에서 발견한 효과적 교수-학습 전략(실체이론)은 B 학교에서는 효과적일 수도 그렇지 않을 수도 있다. 만약 A 학교에서 발견된 효과적 학습 전략이 같은 교육지원청 관내의 B, C, D, E 학교에서도 모두 효과적이었다면 이는 잠정이론(실체이론)의 불안한 지위를 벗어나 다맥락적 적용 가능성을 가지는 '중범위이론'으로서 발전 가능성을 가지고 있다고 말할 수 있는 것이다. 이런 관점에서 이 책에서 필자는 3차 코딩 혹은 이론적 코딩(Glaser, 1978; Charmaz, 2014; Birks & Mills, 2015/2015)을 앞서 언급했듯이 (1) 2차 코딩의 결과로 도출한 연구자의 '잠정이론(실체이론)'을 이미 구축되어 있는 다른 이론(일반이론/중범위이론) 혹은 다른 실체이론들(유사한 문제인식을 가지고 다른 맥락에서 수행된 연구에서 도출된 실체이론)과 연계하거나, (2) 자신의 연구결과에 기초한 새로운 '가설의 형성'을 통해 도출한 실체이론이 중범위이론으로 발전될 수 있는 가능성을 제시하는 '이론적 통합' 작업으로 정의한다.

한편, 이러한 개념적 명확화 작업과는 별개로 초보연구자들이 실제 연구 수행과정, 특히 2차 혹은 3차 코딩 과정 중에 부닥치는 실제적 문제점들도 많다. 여기서는 이를 위해 초보연구자들이 가장 빈번히 제기하고 있는 몇 가지 의문점에 대한 대답을 제공하는 차원에서 다음의 추가적 이슈들에 대해서도 간략히 필자의 의견을 제시해 두기로 한다.

① 핵심(중심)범주 선택의 필요성

핵심범주는 그 연구의 중심 주제를 대변하는 것으로, 약간 과장해서 말하자면 이것은 '이 연구가 무엇에 관한 것'인지를 응축적으로 알려 주는 몇몇 단어로 요약될 수 있다. 예컨대, '10대의 약물복용: 실험의 시기(Strauss & Corbin, 1998/2001)', '학부교육 혁신: 학부교육에 대한 구성원들의 가치관과 태도의 변화(변기용 외, 2018)' 등으로 제시될 수 있다.

Strauss와 Corbin(1998/2001)에 따르면 이론적 통합(선택코딩, 3차 코딩)의 첫 번째 단계는 '핵심범주(central/core category)'를 결정하는 것이며, 핵심범주 선택의 기준으로서 다음의 여섯 가지를 제시하고 있다. (1) 기타 모든 주요 범주가 그것과 관련될 수 있어야 한다, (2) 핵심범주는 자료에 자주 나타나야 한다(중심적), (3) 범주들을 연결시킴으로써 발전하게 되는 설명은 논리적이고 일관성이 있어야 한다, (4) 핵심범주를 서술하기 위해 사용되는 이름이나 어구는 더 일반적 이론으로 발전시킬 수 있도록 충분히 추상적이어야 한다, (5) 개념이 다른 개념들과 통합을 통해 분석적으로 정교화됨에 따라 이론의 깊이와 설명적 힘에서 성장해야 한다, (6) 개념은 자료가 나타내는 요점뿐 아니라 변화까지도 설명할 수 있어야 한다. 중심 생각에 따라서 모순되는 사례나 대체 사례도 설명할 수 있어야 한다(Strauss, 1987: 36).

일단 핵심범주가 선정이 되고 나면, 추후의 이론적 표집은 바로 선정된 핵심범주와 관련된 범주와 하위 범주를 포화시키는 것으로 제한된다(Strauss & Corbin, 1998/2001).

한편, 핵심범주가 분석의 가장 후반부(즉, '개방-축-선택코딩' 중에서 가장 마지막 단계인 선택 코딩)에서 나타나는 Strauss와 Corbin의 접근방식과는 달리, Glaser의 경우 분석의 초반부, 즉 개방코딩단계에서 핵심범주가 발견된다. Glaser(1992/2014)는 근거이론은 '하나'의 '핵심범주'를 중심으로 이론을 생성하는 것이라고 본다. 따라서 그에게 핵심범주란 근거이론이 성립하기 위해 없어서는 안 될 필수적인 요소가 된다. 근거이론은 "핵심범주를 중심으로 만들어지기 때문에 핵심범주가 없는 근거이론은 관련성과 작동성에서 멀어"지기 때문이다. 또한 그는 "핵심범주는 하나이고 만일 두 개인 경우에는 나머지 하나를 핵심범주의 하위범주로 위치시켜야 한다"라고 하며, "핵심범주가 두 개 이상이 되는 경우 이론적 기능을 상실한다"고까지 주장하고 있다. 그에 따르면 개방코딩에서 두 번째 단계인 선택코딩으로 넘어가는 시점은 "…이론에 대한 전망을 보면서 하나의 핵심범주로 제한하는 것이 합당하고 적합하다고 여겨질 때"이며 선택코딩은 "개방코딩에서 선택된 하나의 핵심범주에 대해 '선택적으로 코딩'하는 것"을 말한다고 한다. 이때 '선택적'으로 코딩한다는 것은 "코딩을 핵심범주와 관련되는 범주만을 중심으로 제한한다는 것을 의미"하며, 이 경우 "핵심범주 주변의 다른 범주들은 가능한 한 핵심범주에 도움이 되는 역할로 강등된다"고 한다. 또한 Glaser에게 있어 핵심범주는 이론적 표집을 위해 중요한 역할을 수행한다. 그에 따르면 "이론적 표집은 핵심범주를 중심으로 이론적 관련성을 높여 줄 수 있는 집단을 개념적 차원에서 표집하며, 이는 범주가 포화될 때까지 이루어진다"고 본다(Glaser, 1992/2014).

하지만 이후 등장한 근거이론가들(Charmaz, 2014; Clarke, 2005: Birks & Mills, 2015/2015에서 재인용)은 Strauss와 Corbin(1998/2001), Glaser(1992/2014), Birks와 Mills(2015/2015)의 견해와는 달리 반드시 핵심범주를 선택할 필요는 없다고 하며, 생성된 범주와 범주 간의 관계를 체계적으로 파악하여 추상적인 근거이론을 형성하는가를 보여 주는 것이 보다 중요하다고 주장하고 있다. 특히 수정근거이론을 제안한 기노시타(2013/2017)의 경우 핵심범주의 설정과 관련 다음과 같이 자신의 입장을 분명히 정리하여 제시하고 있다.

> 핵심을 중심으로 하고 전체를 정리할 수도 있지만 MGTA[수정근거이론]의 경우 그것뿐만이 아니라 결과로서 뭔가 중요한 '움직임'을 잡아내는 것을 중시(한다)……. 핵심범주를 필수요건으로 하면 이론적 포화화로의 판단 압력이 강해지기 때문에 그에 대응하는 것이 어렵게 될 가능성(이 있다)…… 핵심범주를 불가결하다고 자리매김하고 불안하게 데이터의 범위를 확대하여 자

> 신도 불확실한 상태로 이론적 포화화의 판단을 하기보다 MGTA는 현실적, 합리적(인 접근방식을 택하고 있다)……. 하나의 핵심범주를 중심으로 분석이 정리된다면 그보다 좋은 일은 없다……. (하지만) 중심적인 해석 내용이 있고 동시에 분석결과가 중요한 과정을 분명하게 해 주고, 나아가 거기서의 변화, 움직임의 역학을 잡아내고 있다면 그것으로 좋다는 입장[이다](기노시타, 2013/2017).

이 책에서도 핵심범주에 대해서는 기본적으로 기노시타(2013/2017)와 같은 입장을 취하고 있다. 실제적으로 초보연구자들이 행하는 대부분의 소규모 연구에서는 이론적 통합까지 가지는 어려운데, 핵심범주의 선정을 필수 조건으로 하는 경우 '본인이 발견한 무엇인가 중요한 움직임'에 초점을 맞추기보다는 작위적으로 핵심범주를 선정하고 스토리라인을 창작하는 경향이 있기 때문이다. 필자의 경험으로 볼 때 핵심범주는 하나의 소규모 연구에서 드러나기보다는, 동일한 주제에 대한 지속적 연구와 관심이 이어질 때 점차적으로 파악할 수 있는 것이라고 생각한다. 예컨대, 필자가 수행한 K-DEEP 프로젝트(잘 가르치는 대학의 특징과 성공요인 연구)에서 1차년도에 수행했던 '한동대 사례연구'에서는, 필자의 역량이 부족하기는 했지만 거의 1년 동안에 걸쳐 수많은 사람을 면담하고 자료를 수집하는 과정을 거쳤음에도 불구하고 핵심범주가 무엇인지를 제대로 파악하기 어려웠다. 단순히 발견한 범주의 목록을 나열하는 수준에 그쳤을 뿐이다. 하지만 이후 후속적으로 연구가 진행되는 과정에서 '잘 가르치는 대학의 특징과 성공요인'을 관통하는 핵심범주는 '구성원들의 우수한 학부교육 제공의 필요성에 대한 납득과정' 혹은 '구성원들의 우수한 학부교육 제공의 필요성에 대한 가치관과 태도의 변화'라는 점을 파악할 수 있었다. 따라서 이러한 필자의 연구경험을 반추해 보면 하나의 연구에서 핵심범주를 발견할 수 있다면 좋겠지만, 억지로 단일 연구에서 핵심범주를 선정하고 작위적으로 연결시키는 것은 반드시 좋은 방식은 아니라고 생각한다. 핵심범주가 명확히 밝혀지지 않더라도 새롭고 가능성 있는 발견이 이루어졌다면, 현재로서는 그것만으로도 의미가 있다고 생각하는 기노시타(2013/2017)의 접근이 훨씬 현실적이고 합리적이다. 따라서 모든 연구에서 핵심범주를 선택해야 한다는 강박관념보다는 추후 연구를 통해 핵심범주 파악에 가까이 갈 수 있다고 생각하는 것이 (1) 논문의 양적 실적을 중시하는 우리 사회의 논문 평가 방식과, (2) 이에 따라 학문 탐구가 아니라 '논문 출판 자체'가 목적이 되고 있는 우리 사회의 씁쓸한 출판 현실을 생각할 때도 훨씬 타당한 접근방식이라고 생각된다.

② 스토리라인 기법의 유용성

Strauss와 Corbin(1990)에 의해 3차 코딩의 핵심인 이론적 통합을 돕기 위한 수단으로 스토리라인 기법이 처음 소개되었다. 그들은 스토리를 연구의 '핵심현상에 대한 서술적 묘사'로, 스토리라인은 '이야기의 개념화, 핵심범주'라고 정의하고 있다. 이에 대해서는 Glaser(1992/2014)의 혹독한 비판이 가해졌으며, 이는 근거이론의 창시자라고 할 수 있는 Glaser와 Strauss가 갈라서는 본격적 계기로 작용했다. Glaser(1992/2014)는 기본적으로 근거이론적 방법에서 자료가 스토리의 발전과 출현을 인도하는 것이 되어야 하는데, 스토리라인은 이러한 그의 생각과는 반대로 자료를 스토리라인에 맞추어 끼워 맞추도록 하기 때문에 근거이론의 발달을 위해 전혀 도움이 되지 않는다고 비판했다. 이에 따라 Strauss 사후 발간된 Corbin과 Strauss(2008/2009)에서는 이론 통합을 돕는 수단으로서 스토리라인에 대한 논의를 대폭적으로 줄이고 있다(Birks & Mills, 2015/2015).

Birks와 Mills(2015/2015)에 따르면 스토리라인은 근거이론적 방법에서 최종이론의 생성을 도울 뿐만 아니라, 생성된 이론이 독자에게 잘 전달될 수 있도록 하는 이중적 역할을 수행한다. 생생한 현장의 목소리와 느낌을 통해 보다 생동감 있게 결과를 제시하는 것을 특성으로 하는 질적 연구의 특성상, 근거이론의 최종 결과물인 논문과 보고서에서도 적절히 작성된 스토리라인이 없으면 독자의 입장에서는 생성된 이론이 건조하고 재미가 없게 느껴질 가능성이 크다. 따라서 이 책에서도 근거이론가들이 자신이 도출한 실체이론 혹은 이를 발전시킨 중범위이론을 제시하는 방법으로서 스토리라인을 적절하게 활용할 것을 권장한다. Birks와 Mills(2015/2015)는 이와 관련 "핵심 근거이론방법으로서 스토리라인이 지니는 잠재력을 1세대 근거이론가나 2세대 근거이론가들이 제대로 활용하지 못하고 있다"고 주장하며 스토리라인을 작성하기 위한 다섯 가지 원칙(TALES)을 다음과 같이 제시하고 있다. (1) 스토리라인에 집착하다가 이론으로부터 벗어나면 안 됨(Theory), (2) 전반적인 이론적 틀에 부적합하게 보이는 사례들(변이)을 허용(Allow), (3) 스토리라인을 구축할 때 드러나는 구멍과 갭 줄이기(Limit), (4) 자료에 기반하지 않은 추정을 감소시킬 수 있도록 증거는 자료에 근거해야 함(Evidence), (5) 적절한 스타일의 사용(Style).[7)]

③ 근거이론에서 기존 이론의 활용

'질적 연구에서는 이론적 틀을 가지고 자료 수집과 분석을 시작해서는 안 된다'라는 말은

7) 스토리라인의 활용과 관련한 보다 자세한 설명은 Birks와 Mills(2015/2015: 128-135)를 참조하기 바란다.

양적 연구와 질적 연구로 대별되는 이분법적 구도가 확고히 자리 잡고 있었던 과거 우리 교육행정학계에서 필자가 지난 10여 년 동안 교수로 재직하면서 학회와 논문 심사과정 등 다양한 학문공동체의 모임에서 무수히 들어 왔던 이야기이다. 실제 Glaser(1992/2014)와 같은 연구자들은 근거이론 연구에서 이론 발전이 완성될 때까지 연구자들은 기존 이론이나 관련 선행연구의 검토를 피해야 한다는 주장을 해 왔다. Birks와 Mills(2015/2015)가 적절히 지적하고 있듯이 "외부의 이론적 코드가 귀납적으로 구축된 근거이론을 순응하도록 강요하는 선입견적 틀을 의미하는 것"이라면 필자도 물론 이러한 주장에 동의할 것이다.

하지만 실제 연구를 수행해 보면 어떤 사회과학 연구라 하더라도 기존이론과 관련 선행연구와 유리된 진공 상태에서 연구가 이루어지는 경우는 거의 없다고 해도 과언이 아닐 것이다. 이와 관련 김은정(2018)은 자신의 연구경험을 바탕으로 기존 이론과 관련 선행연구의 검토를 하면 안 된다는 조언을 실제 연구 상황에서 그대로 적용하는 것은 문제가 있다는 비판을 하고 있다(이와 관련한 자세한 내용은 제6장 참조). 필자의 생각으로는 기존이론과 관련 선행연구를 참조하되, 이러한 기존의 틀을 절대시하지 말고 새로운 발견사항에 대해 항상 개방적이고 유연한 자세를 가지는 것이 질적 연구자로서 바람직한 태도라고 생각된다.

이러한 견지에서 권향원(2016)은 Edmondson과 McManus(2007)를 인용하면서 "최근의 질적 연구자들은 연구에 있어서 '기존이론'의 역할을 '이론발전 수준'의 상황적 맥락에서 파악하는 모습을 보이고 있다"고 주장하고 있다. 즉, 질적 연구에서 기존이론을 이용해서는 안 된다는 기존의 지배적 견해와는 달리, '연구자가 관심이 있는 현상에 대한 기존이론의 축적 정도'라는 상황적 맥락에 따라 다음과 같이 기존이론의 역할을 다르게 설정할 수 있다는 흥미로운 주장을 하고 있는 것이다.

(1) 연구대상인 특정한 현상에 대한 이론들이 매우 희소하게 축적되어 있는 상황: 참조할 수 있는 이론적 앎이 부재하므로 '발견의 맥락'과 '귀납적 탐색'의 원리(즉, Glaser, 1992/2014; 1998)가 연구의 주된 지향점이 된다. 이러한 연구의 예는 변기용 외(2015; 변기용 · 배상훈 외, 2017)가 수행한 학부교육 우수대학의 특징과 성공요인 연구, Interzari와 Pauleen(2017)의 Wise Decision Making 속성 연구 등이 있다.

(2) 연구대상인 특정한 현상에 대한 이론들이 매우 풍부하게 축적되어 있는 상황: 이러한 경우는 귀납적 탐색을 통한 발견이라는 연구의 역할은 축소되며, 연구는 준비된 이론의 틀이 주어진 현상에서 도출된 개념들을 설명하는 데 얼마나 타당한지를 살펴보는 것이 주된 지향점이 된다(즉, Strauss & Corbin, 1990; 1998/2001). 이러한 연구의 예는 허준영 · 권향원

(2016), Deeter-Schmelz et al.(2019), Gregory와 Jones(2009)를 참조할 수 있다.

박스 9-9 허준영·권향원(2016). '일과 삶 균형' 저해요인에 관한 탐색적 이론화 연구: 세종시 중앙부처 공무원에 대한 근거이론의 적용

이 연구는 근거이론(grounded theory)을 통해 "어떠한 요인들이 한국 중앙부처 공무원들의 '일과 삶 균형'을 저해하는지?"를 질적 · 탐색적으로 이론화하였다. 이는 글로벌 맥락에서 '일과 삶 균형'에 대한 이론적 연구가 충분히 숙성되어 왔으나, 한국의 공공부문이라는 특수한 맥락 속 사각지대에 아직 미처 포착되지 않은 요인들(개념들)이 있을 수 있다는 문제의식에 바탕을 두고 있다.

'질적 코딩'의 과정에서 '기존이론'의 역할을 어디까지 인정할 것인지에 대하여 연구자에 따라 다양한 견해와 논쟁이 발생할 수 있다. 이에 대하여 이 연구는 "기존의 이론을 앎의 바탕으로 삼고 출발하되, 질적 코딩을 통해 새롭게 발견되는 개념들을 기존의 이론에 보완"하는 이론적 정련의 전략을 선택하였다(Meyer, 2006: 121). '일과 삶의 균형'에 대한 이론적 연구들이 이미 충분히 숙성되어 있는 상황에서 이러한 앎의 자원을 외면하는 것은 바람직하지 않으며, 동시에 이에 지나치게 의존하는 것은 우리 맥락의 특수성을 잘 포착하지 못할 수 있다. 따라서 주지한 보완적인 접근을 선택함으로써 얻는 실익이 보다 크다고 판단하였다.

연구자 A는 기존의 이론에 대한 학습 및 숙지를 바탕으로 일종의 개념 맵(conceptual map)을 구축하였다. 그리고 이를 이론적 앎의 바탕으로 삼고 추후의 질적 코딩 분석의 반구조적인 출발점으로 삼았다(Miles & Huberman, 1984).

(3) 1과 2의 중간적 상황의 경우: 이 경우 연구는 '발견된 개념들'과 '기존의 개념들'을 균형 있게 상호 참조하여 기존의 실체이론과 중범위이론들을 정치화하는 것을 지향하게 된다. 아마 초보연구자들이 당면하게 될 대부분의 연구는 이러한 중간적 상황에 처해 있는 경우일 것으로 생각된다. 이와 관련된 좋은 연구의 예는 주혜신(2014), Browning et al.(1995), 변기용 · 이석열 외(2017)를 참고할 수 있을 것이다.

박스 9-10 주혜진(2014). 수퍼우먼의 비애: 소수자들의 인지부조화 경험과 상징적 자기-완성

이 연구는 조직사회 소수자들이 경험하는 인지부조화의 조건과 그 대응 방식을 탐색하기 위하여 여성과학기술인 집단을 대상으로 수행되었다. 인지부조화란 기존에 가지고 있었던 태도와 일치하지 않는 행동을 한 경우, 이 행동을 상황 탓으로 돌릴 수 없게 되었을 때 경험하는 심리적인 불편함을 의미한다.

이 연구를 수행하기 위하여 연구자는 질적 연구방법의 하나인 초점집단 면담(focus group interview: FGI)를 활용하였으며 그 결과를 분석하였다. 또한 연구대상 집단인 여성 과학기술인이 과학기술 직종에서의 경험을 글로 표현한 에세이집도 분석의 대상으로 활용하였다. Strauss와 Corbin(1997)의 근거이론에 의하여 '개방코딩(open coding)' 기법으로 주요 주제어를 찾아냈으며(Creswell, 2013/2015: 99-101), 찾아진 주제어를 가지고 다시 녹취록을 분석하여, 중심현상과 주제어들을 범주화하고, 범주 간 관련성을 찾았다. 범주들은 '과학기술 분야를 전공한다는 것에 대한 태도', '심리적 긴장과 갈등의 심화', '인지부조화 해소 전략 찾기', '상징적 자기-완성에 대한 성찰'이다.

분석의 다음 단계로 주제어와 묶어진 범주들을 추상화했는데, 이 추상화의 과정에서 사회심리학 이론 중 인지부조화론이 활용되었다. 인지부조화론에서 쓰이는 용어인 '인지부조화 대응/해소 전략'의 방법과 '자아개념과 인지부조화 간 관계'에 주목하여 자료를 분석할 수 있었다.

또한 이 연구의 분석과정에서 주목한 것은 성별 정체성과 직업에 대한 태도 사이에서 발생한 심리적 긴장(인지부조화)을 해소하는 방법이다. 심리적 긴장의 해소가 자아개념 및 자존감 등과 연관이 있음을 발견하고, 이를 인지부조화 이론이 설명해 낼 수 있음을 서술했다. 긴장감 해소 전략의 특성을 파악하여 개인적 차원의 해소 전략은 결국 여성 과학기술인 지원 법률 및 정책이 인적 자원 개발과 활용의 측면에 머물게 하는 한계를 가져왔다고 보았다.

권향원(2016)은 나아가 근거이론 연구자는 위에서 언급한 관심대상인 특정한 현상에 대한 이론화의 정도라는 요소와 함께, "[연구자] '자신의 인식론적 견해'를 종합적으로 고려하여 하나의 유형을 선택할 수 있다(c.f. Wallace, 1971)"고 주장하고 있다. 이와 유사한 맥락에서 Birks와 Mills(2015/2015) 역시 다음과 같은 주장을 하고 있다.

> 우리는 여러분의 학문적 분야에서 도출된 이론적 틀의 사용을 강하게 추천한다. 그렇게 하는 것이 여러분의 근거이론을 설명하고 여러분의 전문적인 영역에서 공헌할 지식에 대해 논의하는 데 더 적절하다. 현실적으로 이러한 지식들이 여러분에게 가장 익숙한 이론적 구축물이기 때문이다……. 다른 학자의 이론을 여러분의 스토리라인에 적용하면서, 여러분은 현재 이론들을 확대하고 지지하고, 검증할 수 있으며 그렇게 함으로써 여러분 자신의 가치를 설명하고 강화할 수 있다……. 연구자는 더 광범위한 학문적 맥락에서 자신의 이론을 위치지울 수 있다……. Glaser(2005)가 지적한 바와 같이 이론적 코드를 이렇게 사용하는 것은 지식과정을 호혜적으로 만들며, 지식 토대를 확장한다는 공통의 목표에 기여할 수 있게 된다(136).

필자는 근거이론적 방법에서 이론의 활용과 관련하며 앞서 언급했던 권향원(2016)과 Birks와 Mills(2015/2015)의 의견에 전적으로 동의한다.

4. '이론적 포화'의 개념과 판단 기준

이론적 포화는 당초 Glaser와 Strauss(1967/2011)가 얼마나 오랫동안 범주 혹은 범주 간의 관계를 포화시키기 위해 자료를 수집해야 하는가에 대한 기준을 정하기 위해 도입한 용어이다(Birks & Mills, 2015/2015). Strauss와 Corbin(1990; 1998/2001)은 "(a) 특정한 범주를 포화시키기 위해 더 이상 새로운 코드나 관련된 자료가 나오지 않을 때, (b) 범주가 모든 하위 범주들과의 관계에서 속성과 차원에 따라 연결되고 통합되는 지점까지 개념적으로 충분히 발전되었을 때, (c) 범주 간의 관계가 잘 설정되고 검증이 이루어졌을 때" 이론적 포화에 도달한 것으로 정의한다.

한편, 기노시타(2013/2017)는 이론적 포화를 다음의 두 가지 단계로 나누어 제시한다. 첫 번째는 그가 '작은 이론적 포화화'라고 부르는 것으로서 워크시트를 통한 개념의 생성 단계에서 적용되는 것이다. 즉, 개념 생성 과정에서 구체 예가 충분히 발견된 경우 이론적 포화에 도달했다고 판단하게 된다. 두 번째는 '큰 이론적 포화화'라고 부르는 것으로서 이 단계에서는 "개념 상호 간의 관계, 범주 간의 관계, 전체로서의 통합성 등을 검토하고, 각각의 수준에서 중요한 부분이 누락되지 않았는가?"가 이론적 포화에 도달했는지 여부를 판단하는 기준이 된다. 여기서 유의할 점은 이론적 포화에 도달했는지의 판단은 그 성격상 이분법적으로 가부 혹은 유무로 판단해야 하는 문제라기보다는, 어디까지나 주어진 제약 조건하에서 연구자가 이론적 포화에 도달하기 위해 어떠한 노력을 했으며, 그것이 얼마나 타당성이 있는가 라는 정도 판단의 문제라는 것이다. 이와 함께 필자는 Morse(1995: Birks & Mills, 2015/2015에서 재인용)의 견해와 같이 이론적 포화의 판단 기준은 출현하는 코드의 빈도수를 사용하는 것은 타당하지 않다는 점을 분명히 해 둔다. 질적 연구의 특성상 이론적 포화의 판단은 어디까지나 질적인 판단의 문제이지 수량적 판단의 문제가 될 수는 없다고 보기 때문이다.

이론적 포화란 근거이론적 방법을 통해 도출한 실체이론의 타당성을 담보하는 가장 중요한 개념 중 하나이다. 왜냐하면 이론적 포화에 도달하지 않은 피상적인 개념과 범주를 과다 생성하게 되는 경우, 분석이 진전되면서 범주 생성과 범주 간의 관계를 체계화하는 과정(실체이론을 만드는 과정)에서 빈 곳이 명확히 드러남에도 불구하고, 추가적으로 자료를 수집하여 그러한 빈 곳을 메우기보다는 연구자의 추측과 상상력에 의존하여 대충 빈 곳을 메꾸고 싶은 유혹에 빠지기 쉽기 때문이다. 초보연구자일수록 이러한 유혹에 쉽게 넘어갈 수밖에 없다. 이 경우 도출된 이론의 타당성에 문제가 생기는 것은 당연하다. 자료에 철저히 근거하여 이론을 생성한다는 근거이론의 기본 전제에도 정면으로 어긋날 수밖에 없다.

하지만 실제 연구를 수행하다 보면 Strauss와 Corbin(1990; 1998/2001)의 기준을 엄격히 적용하여 어떤 시점에서 이론적 포화에 도달했는지를 판단하는 것은 매우 어렵다. 이론적 포화에 도달했는지의 판단기준이 매우 주관적이고 애매하기 때문이다(이와 관련 제10장의 관련 논의를 함께 참조하기 바란다). 이에 따라 앞서 언급한 바와 같이 많은 초보연구자는 이론적 포화를 위해 자신이 어떤 노력을 했는가에 대한 설명은 전혀 없이 단순히 다른 선행연구에서 기술된 대로 '더 이상 새로운 코드나 자료가 나오지 않았다'라는 기술만 앵무새처럼 반복하는 경향이 있다. 심지어 어떤 논문의 경우에는 '이론적 포화'에 대한 인식 자체가 없거나, 잘못된 이해를 가지는 경우도 있다(변기용 외, 2020). 이러한 실천적인 문제점들을 개선하기 위해 기노시타(2013/2017)는 당초에 제안된 '이론적 포화'라는 개념과 함께 '방법론적 한정(연구자가 실제 연구에서 수집했던 데이터의 범위와 현실적 한계를 명확히 제시)'이라는 조건을 명확히 제시하도록 하는 현실적 접근방법을 제안하고 있다. 이는 (1) Strauss나 Corbin이 주로 연구의 대상으로 삼았던 만성질환자 등 개인에 대한 미시적 연구와는 달리, 주로 사회현상과 조직을 연구대상으로 하는 사회과학에서는 Strauss와 Corbin(1998/2001)이 제시한 엄밀한 의미에서의 '이론적 포화'는 현실적으로 불가능하다는 점, 그리고 (2) 초기 문화인류학자들(예컨대, Claude Lévi-Strauss, Margaret Mead)처럼 장기간 동안 온전히 자료 수집에만 전념할 수 있는 사회과학자들은 사실 거의 없으며, 대부분의 연구자는 실제 제한된 기간과 조건하에서 자료 수집을 한다는 점을 고려한 것이다. 필자가 보기에 실제 교육행정학 분야의 대부분의 연구자도 이와 유사한 상황에서 연구를 수행하고 있다고 보는 것이 훨씬 현실에 가깝다. 이러한 현실을 고려하지 않고 원론적인 '이론적 포화'에 대한 기준을 규범적으로 엄격히 적용하려고 하면, 앞서 이야기한 바대로 기준의 적용이 오히려 형식화되어 도출되는 근거이론의 타당성을 보다 크게 위협하게 될 가능성이 크다. 또한 필자의 실제 연구경험과 학위 논문 지도 경험에 비추어 보더라도, 대개 이론적 포화는 [박스 9-11]에 제시된 노벨 화학상 수상자 강연을 통해 제시된 예시적 사례에서 볼 수 있듯이, 규범적 기준보다는 연구자가 당면한 현실적 상황에 따라 결정되는 경우가 많았던 것으로 생각된다.

박스 9-11 노벨상 수상 화학자의 강연(Greenwood & Levin, 2007/2020)

노벨상 수상자의 강연은 개인적 명망과 함께 그가 가진 친근하고 현실적인 태도와 결합되어 대부분의 참석자에게 매우 효과적으로 받아들여졌다. 강연을 시작할 때 학생들은 이 저명한 과학자로부터 매우 추상적이고 이론적인 강연을 기대했다. 그들은 훌륭한 과학이란 심오하고 추상적 개념, 일반적인 법칙들, 거대 이론들과 동일한 것으로 생각했다. 하지만 그들이 강연을 통해 얻은 것은 당초 그들이 생각했던 것과는 다른 것이었다.

강연자는 다음으로 학생들에게 그들이 충분한 가설들을 만들었는지 어떻게 알 수 있는지를 질문했다. 학생들은 특정한 행동의 양식으로서의 가설 형성이 그들이 수강한 과학 강좌에서는 자주 논의되지 않았기 때문에 어리둥절할 수밖에 없었다. 강연자의 냉철한 답변은 가설 형성 작업이 종료되는 시점은 학생들이 더 이상의 가설을 생각해 낼 수 없거나, 계속하기에는 너무 지쳐서 계속할 수 없을 때라는 것이었다. 학생들은 처음에 강연자가 농담을 하고 있다고 생각했지만, 그것이 아니라는 점이 곧 명확해졌다. 강연자는 학생들로 하여금 과학이 완전한 정보, 무한한 가용 자원, 그리고 완벽하게 합리적인 인간이 있는 이상적이고 공상적인 공간에서 일어나는 활동이 아니라는 것을 학생들이 이해시키고자 했다. 과학은 주어진 순간에 존재하는 모든 요소 사이에서 일련의 실용적인 타협이 결합된 인간 활동의 한 형태인 것이다. * 밑줄은 필자

즉, 실제 대부분의 연구자가 자료 수집을 멈추게 되는 시점은 엄밀한 의미에서 '이론적 포화'에 도달했다고 판단되는 시점이라기보다는, (1) 자료 수집을 위한 시간과 자원이 거의 소진된 상황에서, (2) 학술지 논문이라면 자기가 소속된 학문 분야에서 출판된 선행연구에 비추어 볼 때 그리고 학위 논문이라면 자기가 소속한 학과의 학문적 분위기와 지도 교수의 성향에 따라 '이 정도면 이론적 포화에 도달했다고 주장해도 될 것 같은 시점'이라고 보는 것이 오히려 현실적이다. 따라서 이 책에서도 이론적 포화에 대한 규범적 기준의 적용보다는 현실적 제약을 감안한 보다 현실적 접근방식을 취하기로 한다. 즉, 연구자로 하여금 자신의 연구결과 도출 과정에서 이론적 포화를 위해 어떤 노력을 했고, 그러한 노력이 도출된 결과에 비추어 얼마만한 타당성이 있는지를 명확히 제시하여 독자와 심사자를 설득하도록 하는 것이 훨씬 효과적이라는 입장을 견지한다. 필자가 볼 때 이러한 입장이 오히려 결과적으로 근거이론적 방법을 적용한 연구결과의 신뢰성과 타당성을 높일 수 있는 계기가 될 수 있을 것으로 생각한다.

제10장 근거이론 논문 작성의 실제

1. 논문 작성, 어떻게 접근할 것인가
   1) 근거이론적 방법에 대한 학습과 관심 주제 잡기: 처음 1~2학기
   2) 연구의 틀 만들기: 제3학기
   3) 실제 논문 작성하기: 제4~5학기
2. 근거이론적 방법을 활용한 학위 논문 작성
   1) 학위 논문의 구성요소와 형식
   2) 구성요소별 논문 작성방법
   3) 학위 논문을 학술지 논문으로 변환하기
3. 좋은 근거이론 연구를 위해 고려해야 할 사항들

논문 작성은 연구자들이 수행한 근거이론 연구의 결과를 마무리하는 최종적 단계이다. 특히 초보연구자들은 논문 작성 과정과 학술지 논문 심사과정에서 자신이 수행한 근거이론 연구의 내용과 방법에 대해 건설적 비평을 통해 논문의 질을 높여 나갈 수 있는 중요한 기회라고도 할 수 있다. 이와 함께 연구자들은 연구결과의 발표와 출판이라는 수단을 통해 자신이 수행한 연구결과를 학문공동체와 현장 실천가들에게 널리 공유하고, 이를 통해 학문 발전과 사회적 현실 개선에 긍정적인 영향을 미칠 수도 있다. 하지만 실제 논문 작성은 매우 고통스럽고 어려운 작업이다. 특히 연구 경험이 일천하여 한 번도 긴 글을 짜임새 있게 써 본 경험이 없는 초보연구자일수록 실제 논문 작성을 하는 단계에 이르면 매우 막막한 느낌을 가질 수밖에 없다. 이 장에서는 이러한 초보연구자의 입장에서 특히 근거이론적 방법을 활용하여 학위 논문과 학술지 논문을 작성할 때 참고가 될 만한 팁들을 구체적으로 제시해 보고자 한다.

1. 논문 작성, 어떻게 접근할 것인가

학문 연마를 위해 대학원에 진학하는 것은 개인의 인생에서 매우 중요한 결정 중 하나이다. 일단 공부가 좋아 대학원에 입학했다 하더라도 초보연구자로서 대학원생들은 졸업을 위해 필요한 학위 논문을 어떻게 작성해야 되는지 막막한 경우가 많다. 이 절에서는 초보연구자들이 졸업을 위해 작성해야 하는 학위 논문 그리고 때로 학위 논문 제출 자격을 얻기 위해 작성해야 하는 학술지 논문 작성을 어떻게 준비해 나갈 것인가라는 문제에 대해 필자의 대학원 학생 지도 경험을 바탕으로 실천적인 팁을 제공하고자 한다. 물론 필자가 재직하고 있는 고려대학교 교육학과의 경우에도 점차적으로 일과 학습을 병행하는 파트타임 학생들의 비중이 점차적으로 늘어나고 있다. 따라서 전일제 학생(full-time)이냐, 아니면 파트타임(part-time) 학생이냐에 따라 구체적인 접근방식은 상당 부분 차이가 날 수 있을 것으로 생각한다. 이 중에서도 특히 대학원 생활의 경험이 전혀 없는 석사과정 학생의 경우 학위 논문을 어떻게 준비해야 할지 매우 막막할 것이다. 따라서 여기서는 일단 석사과정 대학원 학생들의 관점에서 대부분의 학생이 경험하는 일반적 학습 주기를 감안해 논문 작성 준비를 어떻게 해 나가는 것이 좋을지를 개략적으로 제시해 보고자 한다. 아울러 이미 석사과정에서 학위 논문을 써 본 경험이 있는 박사과정 학생들도 질적 연구, 특히 근거이론적 방법을 사용해서 논문을 쓸 생각이 있는 경우 이하에 제시된 내용들이 많은 참고가 될 수 있을 것이다.

1) 근거이론적 방법에 대한 학습과 관심 주제 잡기: 처음 1~2학기

외국에 가서 의사소통을 하기 위해서는 해당 국가의 언어를 공부해야 하듯이, 대학원에 와서 같은 학문공동체에 속한 동료들과 의사소통을 하기 위해서는, (1) 연구방법론(과학적 탐구에 대한 철학적 관점)에 대한 심층적 이해와 함께 (2) 자신이 관심을 가지는 주제를 적절하게 연구하기 위해 필요한 연구방법(구체적 연구를 수행하기 위한 절차와 방법, 예컨대 분산분석, 회귀분석, 구조방정식과 같은 '양적 연구방법' 혹은 근거이론적 방법, 현상학, 문화기술지와 같은 '질적 연구방법')을 공부해야 한다. 연구방법을 제대로 숙지하지 않으면 자신이 속한 학문공동체 내에서 다른 연구자들과 제대로 의사소통을 할 수 없게 된다. 따라서 초보연구자, 특히 석사과정 학생일수록 시작 단계에서 학문공동체 내에서 연구와 관련한 의사소통을 원활히 할 수 있도록 연구방법에 대한 전문적 소양을 기르는 것이 무엇보다 중요하다.

필자의 경험으로 볼 때 석사과정 재학생들은 처음으로 학문의 세계에 입문한 상태이기 때문에, 일단 양적 연구와 질적 연구 강좌 모두를 다양하게 수강하면서 연구방법에 대한 기초적 소양을 폭넓게 쌓아 나가는 것이 중요하다. 이와 동시에 자신이 특별히 관심을 가지는 연구주제가 무엇인지 생각하면서 이를 탐구하기에 적합한 연구방법을 중심으로 점차 범위를 좁혀 체계적으로 학습해 가는 전략이 필요하다. 필자가 보기에는 현재 우리 학문공동체 내에서는 연구의 목적과 문제의 성격과 관계없이 지나치게 고급 통계방법을 맹신하는 일종의 환상이 존재하는 것이 아닌가 하는 생각이 들 때가 적지 않다. 고급 통계방법을 사용하지 않고 회귀 분석 정도의 중급 통계기법을 사용해서는 학술지에 논문을 게재하는 것이 사실상 거의 불가능하다는 인식이 대학원생들 사이에 암묵적으로 존재하고 있는 것 같다. 하지만 학문의 선진국인 미국에서는 실제 고차원적 통계방법을 적용했는지 여부보다는 연구자가 연구문제에 적합한 연구방법을 사용했는지 여부를 보다 중요하게 생각한다. 심지어 구조방정식과 같은 고차원적인 통계기법을 적용하여 결과를 도출한 경우라 하더라도 독자와의 소통을 위해 이를 가장 간단한 OLS(Ordinary Least Squares)로 바꾸어 결과를 보고(Byun et al., 2012)하거나, 실제로는 로짓 분석을 사용하였으나 승산비(Odds Ritio)로 해석하면 실질적인 의미가 독자들에게 잘 와닿지 않기 때문에 평균한계효과(Average Marginal Effects)를 사용하여 좀 더 독자 친화적인 방법으로 결과를 보고하는 경우도 있다(예컨대, Posselt et al., 2012; Rodriguez, 2018 등).

특히 통계적 방법이 자신에게 잘 맞지 않고 복잡한 조직 혁신 및 정책 결정 · 집행 과정에 보다 큰 관심을 가진 연구자라면, 반드시 자신이 감당할 수 없는 수준의 고급 통계기법의 숙지에 너무 스트레스를 받기보다는 중급 통계(예컨대, 회귀분석) 수준까지 일단 숙지한 이후, 질적 연구의 학습에 보다 노력을 기울이는 것도 나름의 방법일 수 있다. 특히 현재 직업을 가지고 있으면서 대학원에 진학한 교사나 대학의 직원들은 이러한 전략적 접근방식을 취하는 것이 보다 현실적이고, 실제 교육 현실을 개선하는 데 오히려 도움이 될 것이라고 생각한다. 하지만 실무경험이 없는 초보연구자들(대개 학부에서 바로 대학원으로 진학한 일반대학원 석사과정생)은 일단 이 단계에서 '양적 연구방법 → 질적 연구방법'의 순으로 연구방법론 공부를 해 나가는 것이 일반적인 접근방법이다. 물론 동의하지 않을 사람도 있겠지만, 일반적으로 볼 때 추론 통계가 중심이 되는 양적 연구방법의 경우 학문공동체 내에서 의사소통을 할 수준에 도달하기까지 훨씬 더 많은 시간과 노력이 필요하며, 이 때문에 석사 과정에서부터 충분한 시간을 들여 필요한 소양을 차근차근 쌓아 나가는 것이 중요하기 때문이다. 하지만 다시 한번 강조하지만, 이러한 조언이 '문제 상황에 관계없이 고급통계를 쓰면 더 좋다'라는 식의 오해로 연결되어서는 안 된다.

한편, 연구방법에 대한 학습과 함께 본인이 관심을 가지고 연구할 주제를 발견하는 것도 매우 중요하다. 이른바 '가슴이 뛰는' 연구주제를 발견할 수 없다면 중장기적으로 연구를 하는 과정에서 연구자 스스로 별로 의미를 느끼기 어렵기 때문이다. 연구주제를 설정하는 방법과 관련해서는 이 책의 제6장에서 이미 설명한 대로 본인의 경험 혹은 출판된 논문이나 학회 참석 등을 통해 나름의 영감과 통찰력을 얻는 것이 중요하다. 일반적으로 가장 먼저 시작할 수 있는 작업은 본인이 재학하고 있는 대학원 그리고 다른 대학원에서 출판된 학위 논문이나 자신의 학문 분야의 국내외 대표 학술지에 출판된 논문을 검색하여 관심 논문들의 목록을 작성해 보는 것이다. 직장이 있는 대학원생이라면 자신의 업무와 관련하여, 혹은 자신이 경험을 통해 가장 잘 아는 문제, 가장 잘 알고 싶은 문제를 선정하는 것이 '가슴 뛰는 연구'를 하기 위해 매우 중요한 것은 말할 나위도 없다.

2) 연구의 틀 만들기: 제3학기

(1) 선행연구 분석을 통한 연구의 필요성, 연구목적에 대해 생각해 보기

일단 연구주제를 정했으면, 이와 관련한 선행연구를 RISS(학술연구정보서비스, riss.kr), Google 학술, 소속 대학 도서관 통합검색 시스템 등 학술연구정보 검색 엔진을 통해 자신이 관심이 있는 주제와 관련된 영역에서 이미 이루어진 선행연구를 철저히 검색해 본다. 효율적 선행연구 리뷰를 위해서는 다음의 절차를 염두에 두는 것이 좋을 것이다.

- 논문의 제목을 보면서 자신에게 도움이 되는 논문의 목록을 작성한다.
- 작성된 목록에 포함된 논문의 경우 인터넷에서 일단 요약을 읽어 보고, 도움이 된다고 생각되면 다운받아 전체 논문을 개략적으로 살펴보도록 한다. 이때 서론, 연구방법론, 연구결과 부분의 목차를 중심으로 살펴보면서 시간을 절약하도록 한다.
- 이러한 과정을 통해 찾아낸 논문 중 자신의 문제인식과 주제, 연구방법론, 논문 기술 방법 등의 측면에서 아주 크게 참고가 될 것 같은 논문은 중요 논문으로 표시해 둔다. 아울러 해당 논문의 참고문헌 섹션으로 가서, 다시 한번 자신이 구상하고 있는 논문과 유사한 문제인식을 가진 논문이 없는지 살펴본다. 흔히 이러한 핵심적 참고 논문에는 유사한 문제인식을 가진 논문들이 많이 인용되어 있어 인터넷 검색을 통해 찾을 수 없었던 중요한 문헌들을 찾을 수 있는 경우가 많다.

- 이렇게 필요한 논문을 검색했다면 핵심적 참고 논문부터 먼저 꼼꼼히 읽어 보면서 자신이 구상하고 있는 논문에 어떤 시사점을 줄 수 있는지를 다음의 포맷을 참고하여 정리해 본다. (1) 연구의 필요성 및 목적, (2) 연구문제, (3) 연구방법 및 절차, (4) 연구결과, (5) 내 논문 작성에 참고할 사항(내용적 측면+방법론적 측면). 이러한 절차를 통해 자신이 구상하는 연구의 필요성과 연구목적, 이에 필요한 연구방법 사용의 정당성을 견고하게 제시하는 것이 선행연구 분석의 핵심 목적이다. 다른 말로 하면 기존에 수행된 선행연구와 자신의 연구를 어떻게 차별화시킬 것인가라는 관점에서 정당화 논리를 발견해 내는 과정이라고 할 수 있다. 선행연구 분석의 중요성은 특히 많이 연구된 주제 영역(예컨대, 리더십, 동기 부여 등)일수록 더욱 커지게 된다.

연구의 필요성과 연구목적, 연구문제를 도출하는 과정에서 해당 연구문제를 연구하기 위해 어떤 연구방법을 사용하는 것이 적절한지를 함께 결정하게 된다. 이 책에서 우리는 일단 근거이론적 방법을 쓰기로 했기 때문에, 근거이론적 방법을 적용하기에 적합한 주제는 무엇인지를 찾아보아야 할 것이다(이와 관련된 자세한 논의는 이 책의 제6장 참조). 이와 함께 근거이론적 방법을 쓰는 것이 결정된 경우라 하더라도, 이 단계에서는 일단 연구의 타당성과 실현 가능성을 고려하여 분석대상과 자료 수집 범위 및 절차를 개략적으로라도 생각해 보는 것이 좋다. 예컨대, 누구를 면담참여자로 선정하며, 이것이 내가 가진 시간과 능력, 여건을 고려할 때 얼마나 가능할 것인지를 기초적으로 판단해 보는 과정이 필요하다는 뜻이다.

(2) 보다 구체적인 연구의 기본 틀에 대해 생각해 보기

뒤에 기술하는 바와 같이 근거이론적 방법을 적용한 연구에도 다양한 유형이 있다. 속성연구, 기존 이론을 특정한 맥락에서 더욱 정련화하는 연구, 특정한 맥락에서 실체이론의 도출 후 기존 이론에 연계시키는 연구 등 어떤 방식으로 연구를 추진할 것인지에 대해 앞서의 선행연구 분석 과정을 통해 대체적인 감을 잡는 것이 필요하다. 어떤 하나의 방향으로 결정되었다면 이를 보다 실행 가능한 수준으로 발전시켜 나가는 성찰과정이 필요하다. 이 단계에 이르게 되면 일단 간략하게 불릿 포인트로 작성한 아이디어 페이퍼를 가지고 지도교수와 논문 작성 방향에 대해 본격적 상의를 시작하는 것이 좋다. 지도교수는 초보연구자인 여러분들보다 훨씬 연구 경험이 많기 때문에 시행착오를 상당부분 줄여 줄 수 있다.

지도교수와의 협의를 통해 어느 정도 방향이 결정되었다면 해당 연구주제에 대해 개략적 목차를 작성해 본다(작성된 목차 초안에 대해서는 어느 정도 만족한 수준이 될 때까지 지도교수에게 지속적으로 피드백을 받는 것이 좋다). 사실 초보연구자가 논문 작성 과정에서 가장 어려움을 겪는 단계가 바로 이 시점이다. 이제까지 모으고 읽었던 분산된 자료의 파편들을 종합하여 하나의 통합된 연구설계를 만들어 내야 하는 논문 작성에서 가장 결정적 단계의 하나이기 때문이다. 따라서 이를 위해서는 반드시 집중적으로 투자할 시간이 필요하다. 직장을 다니면서 대학원에 재학 중인 학생들에게는 특히 힘든 시간이 될 수밖에 없다. 하지만 이 단계를 잘 극복하여 연구의 전체적 틀과 개략적 목차 초안이 작성되면 그다음부터는 작업을 모듈별로 나누어서 하나하나씩 짜투리 시간을 활용하여 부분적으로 작업을 진척시켜 나가는 것도 가능하다.

목차 초안에 대한 지도교수의 잠정적 승인을 받으면 일단 작성된 목차의 개별 부분(소절)을 작성하는 데 필요한 기초자료들을 모은다. 시간이 나는 대로 이 자료들을 읽고 해당 자료의 중요한 부분들(예컨대, 나중에 논지를 전개하는 데 도움이 될 것 같은 내용들)에 대해서는 하이라이트를 해 둔다. 이러한 핵심 부분들은 나중에 참고할 수 있도록 목차의 해당 부문에 타이핑을 해 두는 것이 좋다(일단 '글뭉텅이 만들기' 작업). 이 단계에서 주요 목표는 논문제안서(프로포절)에 들어갈 '이론적 배경' 부분의 골격과 주요 내용을 개략적으로 정리하고, 이를 통해 서론에 들어갈 연구 필요성을 정당화할 핵심 논거를 추출해 내는 데 있다. 즉, 자신의 연구주제와 관련한 다양한 선행연구를 검토해 봄으로써, 연구주제와 관련한 배경지식을 소개함과 동시에 구체적 연구의 필요성을 도출하는 것이 이 단계에서의 목표라는 것을 유의하기 바란다. 타이핑한 내용에는 반드시 출처를 표시해 두도록 한다(필자의 경우에는 각주로 문헌정보를 함께 적어 두는 경우가 많다. 나중에 인용된 내용이 어디에서 왔는지 찾으려면 훨씬 많은 시간이 들 가능성이 많기 때문이다). 이러한 기초적 과정은 1~3학기까지 수업을 들으면서 기말 페이퍼 작성 혹은 학술대회 대학원생 논문 발표와 연계하여 진행하는 것이 효과적이다.

3) 실제 논문 작성하기: 제4~5학기

학위 논문의 경우 학교에 따라 다르기는 하지만 구두 심사(현장에서는 흔히 '논문 디펜스'라고 칭함)를 받는 학기 직전에 논문제안서(흔히 '프로포절'이라 칭함)를 발표하게 된다. 필자가 재직하고 있는 고려대학교의 경우 일반대학원 석사 과정의 경우 3학기를 마치고 난 후, 교육대학원 석사과정의 경우 4학기를 마치고 난 후 통상적으로 논문제안서 제출 자격이 주어진다. 논문제안서에 들어갈 주요 요소는 다음과 같다(구체적 논문제안서 작성과 관련한 팁에 대해서는 이 책의 제6장을 참조).

(1) 서론
(2) 이론적 배경
(3) 연구방법
(4) (잠정적) 목차
(5) 참고문헌

논문제안서는 통상적으로 지도교수와 동료 학생들 앞에서 공개적으로 발표하고, 지도교수나 지정 토론자 혹은 같이 참석한 동료 학생들의 비평과 질문을 받게 된다. 이때 가장 중요한 것은 근거이론적 방법의 초보연구자로서 자신이 감당할 수 있는 주제와 분석대상을 선정하는 것, 그리고 일단 논문제안서를 발표했다면 근거이론적 방법에 대한 자신의 이해 정도를 자신감 있게 심사위원들에게 보여 주는 것이다. 특히 근거이론적 방법의 핵심인 이론적 표집과 포화, 코딩방식과 지속적 비교 등의 원칙에 대해 자신이 명확히 이해하고 있다는 점을 구체적으로 보여 줄 필요가 있다. 이 단계에서는 특히 지도교수나 토론자의 비평을 두려워하지 말고, 자신의 연구에 내재된 취약점을 보완하는 계기로 삼는 개방적 자세를 가지는 것이 중요하다. 대체로 연구의 틀 만들기와 논문제안서 작성 단계에서 논문의 구성요소인 제1장 서론(연구의 필요성 및 목적; 연구문제), 제2장 이론적 배경, 제3장 연구방법까지를 작성하는 것이 보통이다. 이후 연구제안서에 기술된 연구계획에 따라 자료를 수집하고, 이를 분석하여 제4장 연구결과 및 제5장 결론 및 제언을 쓰는 순서로 진행된다.

2. 근거이론적 방법을 활용한 학위 논문 작성

1) 학위 논문의 구성요소와 형식

학위 논문(dissertation)은 '논증된 주장(Birks & Mills, 2015/2015)'이라는 뜻이며, 논문 작성 과정은 학생이 독자적으로 연구를 수행할 수 있는 능력을 숙련된 연구자들에게 인정받는 일련의 활동들로 구성되어 있다. 학위 논문의 구성요소는 국가, 학문 분야, 적용된 연구방법, 대학에 따라 부분적으로 차이가 있다. 심지어는 지도교수의 성향에 따라서도 일정 부분 차이를 보이는 경우도 있다. 따라서 학생들의 입장에서 볼 때 가장 안전한 접근방법은 자신의 지도교수가 가장 최근에 배출한 석사 혹은 박사 학위 취득자의 논문을 도서관에서 검색하여 살펴보는 것이다. 필자가 재직 중인 고려대학교 교육학과의 경우 학위 논문의 주요 구성요소는 대개 다음과 같다.

박스 10-1 학위 논문의 주요 구성요소(예시)

(논문 제목)

요약

I. 서론

1. 연구의 필요성과 목적
2. 연구문제
3. 용어의 정의(필요한 경우)

II. 이론적 배경/선행연구 분석

1. (독자를 위해) 연구하는 현상(제도, 프로그램, 정책)에 대한 기본적 내용 제시
2. 선행연구(관련 이론) 분석(* 필요한 경우 이를 통한 초동적 분석틀의 도출)

☞ (1) 연구하는 현상(제도, 프로그램, 정책)에 대해 이미 이루어진 선행연구 분석
(2) 연구를 가이드해 줄 수 있는 이론에 대한 분석과 이를 기초로 한 분석의 기본틀 도출

☞ 선행연구 분석(literature review)의 목적은 연구하는 현상에 대한 기초적 이해와 함께 보다 넓은 학문적 지식체계의 맥락에서 해당 연구의 위치를 자리매김하는 데 있음

III. 연구방법

1. 연구자가 해당 연구방법을 채택하게 된 논거 및 이에 대한 기본적 설명
2. 분석대상에 대한 설명(연구의 맥락 설정, 예컨대 한동대의 맥락 설명)
3. 자료 수집: 자료 수집 절차, 내용 및 방법을 포함한 전체 연구 수행절차를 설명
4. 자료 분석: 구체적 자료 분석 방법과 분석의 타당성, 진실성 방어를 위한 근거 제시

IV. 연구결과

1. 연구문제 1에 대한 발견사항
2. 연구문제 2에 대한 발견사항
3. 연구문제 3에 대한 발견사항

☞ 설정된 연구문제를 중심으로 발견된 결과를 제시

☞ 필요한 경우 발견된 결과를 해석할 때 주의할 점, 특히 달리 해석 가능한 경쟁이론과 관련하여 여전히 애매하게 남아 있는 부분을 밝히기 위한 추가 연구의 필요성 등을 연구결과의 제시에 이어 언급하도록 함

V. 요약, 결론 및 제언

1. 요약
2. 결론

☞ 설정한 연구문제를 중심으로 주요 발견 사항과 그 이론적 · 실천적 의미를 논의

3. 제언

☞ 결론에서 제시한 이론적 · 실천적 의미와 연계하여 추후 이론 발전을 위해 필요한 후속연구와 현상의 개선을 위한 실천적 제언을 기술

근거이론적 방법을 사용한 논문도 큰 틀에서는 이러한 학위 논문의 통상적인 틀과 구성을 따르게 된다. 하지만 귀납적인 자료 수집과 지속적 비교를 통해 새로운 이론을 생성하는 것이 목적인 근거이론의 특성상, 특히 연구결과와 결론 부분을 중심으로 이러한 기존 논문의 형식과는 다른 방식으로 기술되는 것이 필요한 때가 많다.

기존에 국내에서 출판된 근거이론적 방법을 적용한 선행연구에서의 결과 제시방식은 크게 (1) 코딩한 개념들을 Strauss와 Corbin의 코딩 패러다임의 각 범주에 따라 배분하고, 이에 대해 이야기 윤곽을 기술하는 방식으로 작성된 연구([박스 10-2] 참조)와 (2) 이와 동일한 작업을 수행하고 난 뒤에 이에 추가하여 부수적으로 연구한 대상 혹은 그룹을 개념적으로 유형화하여 제시하고 있는 연구([박스 10-3] 참조)로 나눌 수 있다.

박스 10-2 **개방코딩한 결과를 코딩 패러다임의 각 범주에 배분하고, 스토리라인을 기술하는 형태(가장 전형적으로 나타나는 사례)**

[참고사례] 김수구(2009). 나이스 학부모 서비스 신청 · 승인 절차상에 나타나는 학부모의 인식 고찰. 교육행정학연구, 27(4), 139-164.

I. 서론

II. 이론적 배경

1. 학부모 서비스
   가. 이용방법 및 가입절차
   나. 학부모 서비스 질의응답 게시판
2. 가상공간의 질적 연구(virtual ethnography)
3. 근거이론(grounded theory) 방법론
   가. 개방코딩(open coding)
   나. 축코딩(axial coding)
   다. 선택코딩(selective coding)
4. 선행연구 고찰
   가. 학부모 서비스 관련
   나. 질적 연구방법을 인터넷 게시판에 게시된 텍스트에 적용한 연구

III. 연구방법
1. 연구자료의 특성 및 수집
2. 연구의 절차 및 자료 분석
   * Strauss & Corbin(1998)의 코딩방법 사용, Nvivo 8 프로그램으로 분석
3. 타당성 검토

IV. 연구결과
1. 학부모 서비스 신청 · 승인 절차상의 개념의 범주화(개방코딩)
2. 범주들 간의 관계분석(축코딩)
   가. 자녀의 정보열람 기대(인과적 조건)
   나. 지속적으로 게시되는 학부모 서비스 승인요청(현상)
   다. 학부모 서비스의 구조적 결함(맥락적 조건)
   라. 안일하게 대처하는 학교와 교사(중재적 상황)
   마. 서비스의 비교 & 소극적인 반응(작용/상호작용)
   바. 학부모 서비스를 부정적으로 인식(결과)
3. 범주들 간의 통합(선택코딩)
   * 핵심범주는 '부정적으로 변해 가는 학부모 서비스에 대한 학부모들의 인식'

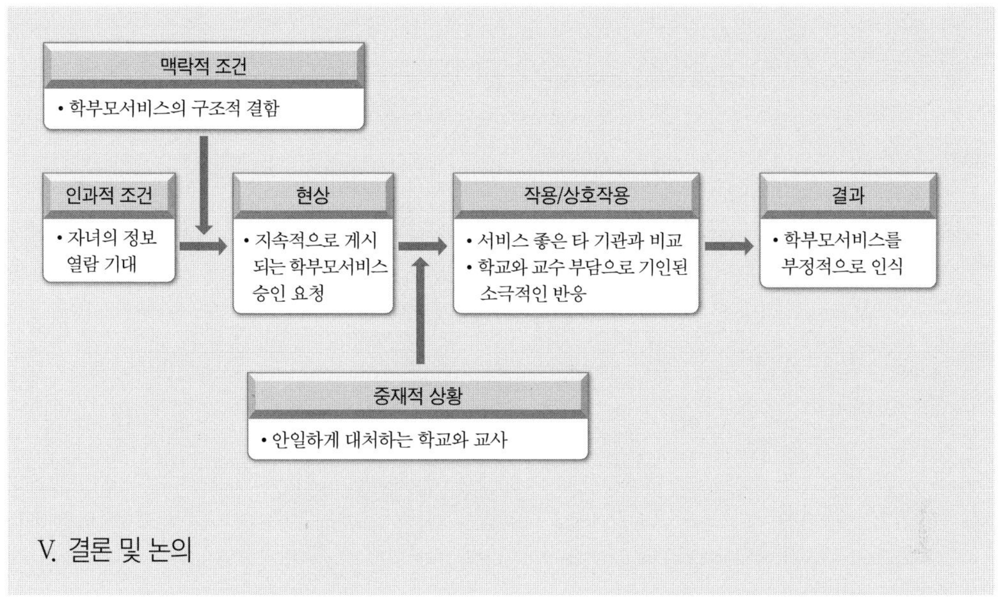

V. 결론 및 논의

박스 10-3 전형적인 사례와 유사하지만, 연구결과를 바탕으로 개념적 유형화를 추가적으로 시도하는 사례

[참고사례] 나경은(2012). 예비 특수교사들의 교육실습 경험에 관한 근거이론 연구. 특수교육저널: 이론과 실천, 13(3), 269-289.

I. 서론
II. 연구방법
  1. 연구참여자
  2. 자료수집
  3. 자료분석
  4. 분석결과의 신뢰도와 타당도
III. 연구결과
  1. 개방코딩: 근거자료 분석에 의한 개념 및 개념의 범주화
  2. 축코딩: 근거이론 패러다임에 따른 범주 분석
    1) 축코딩에 의한 패러다임 모형

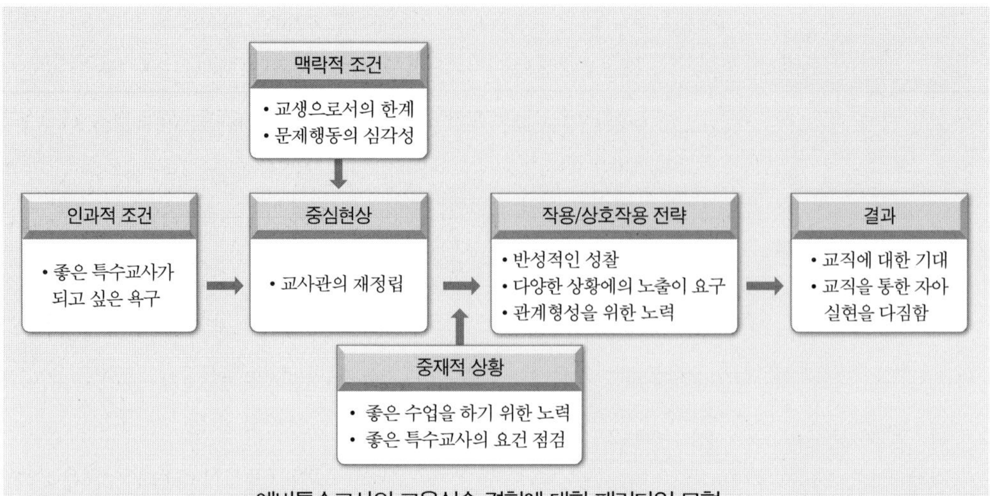

예비특수교사의 교육실습 경험에 대한 패러다임 모형

2) 과정분석

3. 선택코딩: 핵심범주의 도출과 정교화

1) 핵심범주

* 핵심범주는 '교직관의 재정립을 통한 자아실현 구체화하기'

2) 예비특수교사들의 교육실습경험의 유형: 소통형/반성형/갈등형/갈망형

〈표〉 예비특수교사들의 교육실습경험 유형

범주	하위범주	소통형	반성형	갈등형	갈망형
인과적 조건	좋은 특수교사가 되고 싶은 욕구	높음	높음	높음	높음
맥락적 조건	교육실습생으로서의 한계	높음	높음	높음	낮음
	문제행동에 대한 고민	적극적	적극적	적극적	적극적
중심현상	교직관의 재정립	긍정적	긍정적	긍정적	긍정적
중재적 조건	좋은 수업을 하기 위한 노력	많음	많음	많음	많음
	좋은 특수교사의 요건 점검	높음	낮음	높음	높음
작용/상호작용 조건	반성적인 성찰	높음	낮음	높음	낮음
	다양한 상황에의 노출	많음	많음	적음	적음
	관계형성을 위한 노력	많음	많음	많음	많음
결과	교직에 대한 기대	높음	높음	낮음	높음
	교직을 통한 자아실현을 다짐	많음	많음	많음	많음

Ⅳ. 논의 및 제언

하지만 필자가 해외 학술지에 출판된 근거이론 연구를 검색하여 분석해 본 결과 국내에서 출판된 근거이론 논문들에서 사용되는 방식으로 연구결과를 제시하는 경우는 거의 찾아볼 수 없었다(변기용 · 김한솔, 2020 출판 예정). 연구결과 제시방식에서 국내외 출판 논문들 간의 이러한 현격한 차이가 왜 발생한 것인지에 대해서는 추후 보다 심층적 분석이 있어야겠지만, 앞서 제9장에서 자세히 설명한 대로 이미 설정되어 있는 Strauss와 Corbin의 코딩 패러다임에 지나치게 의존하는 국내 연구자들의 자료 분석방식은 필자가 추구하는 '질적 연구자의 창의성'을 강조하는 근거이론적 방법과는 분명한 차이가 있다. 즉, 필자 개인적으로는 뒤에서 제시하는 해외 학술지 논문에서 발견되는 근거이론 연구결과 제시방식이, 연구자의 이론적 민감성에 기초한 '맥락에 근거한 유연한 이론의 생성'이라는 근거이론의 당초 취지에 훨씬 잘 부합하는 것이 아닌가 생각된다. 독자들도 이미 짐작하고 있겠지만, 사실 어떤 유형에 속하는 근거이론 연구를 수행하느냐에 따라 연구결과를 보고하는 방식인 논문의 구성방식도 일정 부분 차이를 가지게 된다. 참고로 제6장에서 제시했던 근거이론 연구의 유형과 유형별로 참고할 만한 논문들은 다음과 같다.

1. **실용적 사례연구**('근거이론을 만들기 위한 씨앗'): **강지은**(2019), **강지은 외**(2020)
근거이론을 적용한 연구는 아니지만, 실제로 근거이론의 문제인식과 가장 가깝고 후속 연구를 통해 근거이론 도출로 연결될 수 있는 연구

2. **특정한 맥락에서 새로운 이론**(실체이론)**을 형성하기 위한 연구**
연구자가 관심을 가지고 있는 주제 영역에서 '기존에 수행된 연구가 별로 없는 경우' 특정한 새로운 이론(실체이론)을 창출하는 것을 목적으로 수행하는 연구
   2-1. 개념적 이론화: 속성연구(Interzari & Pauleen, 2017; 변기용 외, 2015; 변기용 · 배상훈 외, 2017)
   2-2. 관계적 이론화 1: 도출된 실체이론을 공식이론에 연계하는 연구(Browing et al., 1995; 주혜진, 2014)
   2-3. 관계적 이론화 2: 도출된 실체이론을 유사한 맥락에서 수행된 연구에서 도출된 다른 실체이론과 연계하는 연구(변기용 · 이석열 외, 2017)

3. **기존 이론의 타당성을 새로운/특수한 맥락에서 보완 · 정련하는 연구**
연구자가 관심을 가지고 있는 주제 영역에 기존 이론이 존재하는 경우 특정한 맥락에서 해

당 이론의 구체적 타당성을 높이기 위해 수행하는 연구

3-1. 기존 이론의 설명력을 높이기 위한 가설 형성(Deeter-Schmelz et al., 2019)

3-2. 기존 이론의 설명력을 높이기 위한 새로운 요인 탐색(허준영 · 권향원, 2016)

3-3. 기존 이론의 설명력을 높이기 위한 맥락에 따른 유형화, 개념 속성 재정의, 영향요인의 탐색(Battisti & Deakins, 2018)

3-4. 기존 이론의 설명력을 높이기 위한 맥락에 따른 유형화, 새로운 실체이론의 형성, 영향요인의 탐색(Gregory & Jones, 2009)

2) 구성요소별 논문 작성방법

다시 한번 말하지만 논문의 구성방식에 정해진 하나의 답은 없다. 구체적 연구문제와 발견된 사항에 따라 상황에 맞게 적절하게 조정해 나가는 것이 필요하다. 교육행정학 분야를 포함한 사회과학 분야에서는 문헌 인용이나 참고문헌 작성과 관련 미국심리학회가 정한 문헌 작성 양식인 APA 양식(American Psychological Association Style)을 가장 많이 사용한다. 초보연구자의 경우 대개 해당 학과에서 산출된 박사학위 논문을 참고하거나, 해당 학문 분야의 대표적인 학술지에 제시된 지침을 따르는 것이 가장 편하다. 이러한 방식으로 해결이 되지 않는 경우 인터넷에서 쉽게 찾아볼 수 있는 다양한 참고문헌 인용법을 직접 찾아서 확인해 보면 된다.[1] 이하에서는 필자의 경험을 바탕으로 논문의 구성요소별 작성방법과 관련한 간단한 팁을 제공하고자 한다. 논문 작성 방법과 관련된 일반적 참고사항은 이용숙 외(2005) 등에 자세히 기술되어 있으니 그 책을 함께 참고하면 좋을 것이다.

(1) 논문 제목

교육학 분야, 특히 교육행정학 분야에서 근거이론적 방법은 다른 사회과학 분야에 비해 아직 널리 활용되는 수준까지는 이르지 못하고 있다. 따라서 Birks와 Mills(2015/2015)가 지적하고 있듯이 근거이론에 관심을 가지는 사람의 범위를 확대하여 학문 공동체의 외연을 넓히는 것이 무엇보다 중요하다고 생각한다. 실제 연구자들이 학술 논문 서치 엔진을 통해 선행연구를 검색하는 경우가 많기 때문에 일단 근거이론적 방법을 사용한 논문임을 가장 잘 드러내기 위해서는 키워드보다는 우선적으로 논문 제목에 '근거이론' 혹은 '근거이론적 방법'

1) 예컨대, https://library.khu.ac.kr/seoul/referencingNcitation/apa

을 붙이는 것이 현재 우리 교육행정학계의 맥락에서는 가장 좋은 방법이 아닌가 한다. 그래야 해당 논문이 근거이론적 방법을 사용했는지 누구라도 쉽게 알 수 있고, 이에 따라 근거이론적 방법이 보다 많은 연구자들의 관심을 받을 수 있을 것이기 때문이다.

(2) 서론

서론의 구성은 통상적으로 ① 연구의 필요성, ② 연구의 목적과 연구문제로 구성된다. 연구의 필요성은 먼저 '사회적, 이론적으로 연구자가 관심을 가지는 주제가 왜 중요한가?'를 독자, 특히 심사자에게 설득력 있게 보여 주는 것으로 시작한다. 이어서 이렇게 의미가 있는 주제에 대해 기존에 이루어진 선행연구들에서 어떤 연구결과를 축적해 왔으며, 그럼에도 본인이 하는 연구가 왜 여전히 필요한지에 대한 정당화 논리를 제시하게 된다. 선행연구 분석은 서론에 이어지는 장인 이론적 배경 혹은 선행연구 분석 섹션에서 다시 자세히 다루는 경우가 많으므로, 서론에서 언급하더라도 본인의 연구의 필요성을 정당화하는 데 필요한 가장 핵심적인 부분만을 간략히 언급하는 것이 좋다. 즉, 이론적 배경 부분에서 기술한 선행연구 분석의 종합적 결론(혹은 소결)만을 서론 부분에 쓰면 된다고 생각하면 된다. 하지만 실제 서론에 들어가는 연구의 필요성은 구체적인 논문의 맥락에 따라 다소 달라지기도 한다. 따라서 기존에 출판된 좋은 논문을 평소에 많이 읽으면서 다양한 상황에 따른 기술방법에 대해 충분한 학습을 미리 해 놓는 것이 최선이다.

연구의 목적은 해당 주제 영역에 대해 연구가 필요하다고 하더라도 본인이 수행하는 연구가 구체적으로 무엇을 위한 것인지를 명확히 밝히는 부분이라고 생각하면 된다. 예컨대, 같은 주제(예컨대, 잘 가르치는 교수의 특징)라 하더라도 양적 연구와 질적 연구의 경우에는 연구목적이 달라질 수밖에 없다. 양적 연구의 경우에는 잘 가르치는 교수의 특징이 무엇이며, 이것이 연구대상이 되는 교수 집단에서 얼마나 광범위하게 나타나는가를 파악하는 것을 목적으로 한다. 반면, 질적 연구에서는 잘 가르치는 교수의 특징이 어떻게 형성되는지를 이해하는 것을 목적으로 하는 경우가 많다고 볼 수 있다. 연구목적은 간결하고 명확하게 제시하는 것이 효과적이다(예컨대, '본 연구는 잘 가르치는 대학의 특징과 성공요인이 형성되는 과정을 심층적으로 파악함으로써 학부교육 체제를 개선하고자 노력하는 대학의 담당자들에게 유용한 시사점을 제시하는 것을 목적으로 한다').

한편, 연구문제는 이러한 연구목적을 달성하기 위해 해당 주제의 주로 어떤 측면을 어떻게 연구할 것인가를 보다 구체적으로 기술한 것이다. 예컨대, '잘 가르치는 교수의 특징이 형성되는 과정의 파악'이라는 연구목적을 달성하기 위한 연구문제는 (1) 학부교육 우수대학에서 나타나는 특징은 어떻게 형성되었는가? (2) 이 과정에서 영향을 미친 요인들은 무엇인가? 등이 될 수 있을 것이다. 참고로 서론의 기술과 관련해서는 변기용(2009), Byun et al. (2011), 허준영 · 권향원(2016) 등의 논문을 예시적으로 참고하면 좋을 것이다.

논문제안서(프로포절) 발표를 위해서는 서론을 반드시 써 두어야 하겠지만, 학술지 게재 논문 작성 등에서는 대체적인 연구의 필요성과 목적, 연구문제만을 잠정적으로 결정한 후 서론을 맨 나중에 쓰는 것이 훨씬 효과적인 경우도 있다. 특히 근거이론 연구를 비롯한 질적 연구의 경우에는 자료 수집을 해 나가는 과정에서 당초 설정한 연구의 목적과 구체적인 연구문제를 수정해야 하는 경우도 얼마든지 발생할 수 있기 때문에 더욱 그렇다.

(3) 이론적 배경/선행연구 분석

이론적 배경은 기본적으로 두 가지 목적을 수행한다. 첫 번째는 본인이 수행하는 연구가 특정한 이론에 기반하고 있는 경우 이에 대한 연구자의 이해 정도와 본인의 연구에서 해당 이론이 어떠한 의미를 가지고 있는지, 이를 어떻게 활용하여 추후 분석을 진행해 나갈 것인지에 대한 연구자의 계획을 보여 주는 것이다. 예컨대, 주혜진(2014), 허준영 · 권향원(2016), Deeter−Schmelz et al. (2019) 등의 논문이 이러한 방식으로 기술되어 있다. 두 번째는 우리나라의 근거이론을 활용한 논문들에서 많이 나타나는 방식인데, 이론적 배경이라기보다는 연구주제에 이해를 돕기 위해 연구의 대상이 되는 제도 등에 대한 설명과 선행연구 분석으로 이론적 배경이 구성되는 경우이다. 이 경우는 엄밀히 말하자면 이론적 배경이라고 부르기는 어렵지만, 우리나라의 대부분의 학위 논문과 학술지 논문의 경우 이러한 구성을 취하는 경우가 많다. 이러한 방식으로 이론적 배경을 구성한 예는 신현석 외(2018), 변기용 외(2017), 김수구(2009) 등을 참고하기 바란다.

한편, 선행연구 분석은 초보 연구자들이 가장 어려움을 겪는 부분 중 하나이기도 하다. 특히 초보연구자들이 가장 많이 저지르는 실수 중 하나는 선행연구를 '분석'하지 않고 단순히 '나열'하는 것이다. 분명히 말하지만 선행연구에 대한 분석은 선행연구의 단순한 요약과 나열이 아니라, 해당 이슈와 관련하여 이미 이루어진 선행연구의 주제, 방법론적 타당성, 연구결과의 적절성과 한계를 분석적으로 검토해 봄으로써, 어떤 영역에 추가적 연구가 필요한 것인지에 대해 연구자 나름대로의 정당화 논거를 도출해 나가는 작업이라고 할 수 있다. 즉, 동일한 연구의 단순 중복을 피하되, 선행연구에 기초하여 연구자가 어떤 추가적 학문적, 실천적 기여를 해 나갈 수 있는지에 대해 연구자 나름대로의 합당한 논리를 도출해 나가는 논문 작성을 위해 가장 우선적으로 이루어져야 하는 작업이라고 할 수 있다.

(4) 연구방법

연구방법의 기술은 연구자가 자신이 채택한 연구방법이 해당 연구문제의 탐구에 왜 적절한가, 그리고 해당 연구방법의 핵심 사항을 연구자가 얼마나 충실히 이해하고 있는지를 보여 줌으로써 독자, 특히 심사자들을 설득하기 위해 이루어진다. 이와 함께 해당 연구방법을 사용하여 어떻게 자료 수집과 분석을 해 나갈 것인지에 대한 구체적인 실행 절차와 타당성(진실성) 확보 방안 등을 기술한다. 이를 위해 물론 연구자는 사전에 본인이 사용할 연구방법에 대한 철저한 학습을 통해 실력을 길러 놓는 것이 가장 중요하다. 하지만 실제 논문 작성과정에서 연구방법 부분의 기술은 사실상 매우 구조화되어 있으므로 미리 출판된 논문 중 동일 혹은 유사한 연구방법을 적용하고 있는 잘 쓴 논문 몇 가지를 검색하여 어떻게 썼는지를 살펴보며 도움을 받는 것이 가장 효과적이다. 특히 근거이론적 방법의 경우 교육행정학 분야 연구자(심사자)들이 아직까지 이 연구방법에 대한 이해가 깊지 못한 경우가 많을 것으로 보여, 연구자들은 자신의 연구목적과 탐구주제에 비추어 볼 때 왜 근거이론적 방법을 적용하는 것이 적절한지, 근거이론적 방법에서 사용되는 기법(예컨대, 이론적 표집, 이론적 포화, 이론적 코딩)을 어떻게 사용하여 자료를 수집하고 분석했는지에 대해 상세히 설명할 필요가 있다. 학위 논문 심사위원이 연구방법에 대해 질문할 경우에는 당황하지 말고 본인의 이해를 바탕으로 자신감 있게 자신이 적용한 연구방법에 대해 설명할 수 있도록 철저히 준비할 필요가 있다.

(5) 연구결과

근거이론적 방법을 사용해서 논문을 쓰는 경우에는 사실상 자료 수집과 분석 단계에서부터 워크시트의 이론적 메모나 연구수행 과정 전반에 걸쳐 수시로 작성하는 성찰기록과 메모, 면담 이후 즉시 작성하는 성찰일지 등을 통해 논문을 작성하기 위한 기초자료를 지속적으로 축적해 나갈 필요가 있다. 특히 면담을 하는 도중에 작성하는 메모, 그리고 면담이 끝난 후에 기억이 사라지기 전에 작성하는 면담 성찰일지, 그리고 전사자료를 읽으며 코딩을 하면서 그때그때 떠오르는 생각들을 수시로 기록해 둔 성찰기록과 메모들은 실제 논문을 작성하는 과정에서 결정적인 통찰력을 주는 경우가 많다. 사실 연구결과는 자신이 수행한 연구내용의 모든 것을 보여 주는 논문에서 가장 핵심적 부분이다. 따라서 초보연구자일수록 내가 제대로 하고 있는지 확신이 들지 않을 경우가 적지 않을 것이다. 이때는 지도교수를 찾아 뵙고 상의를 하거나, 동료 학생들을 디스커션 파트너로 삼고 열심히 토론을 해 보는 것이 좋다. 이러한 과정을 거친 후 자신이 생각할 때 주어진 여건상 최선의 노력을 기울였다고 판단되는 상황이 오면 Birks와 Mills(2015/2015)의 다음과 같은 조언을 상기하면서 스스로 확신을 가지는 것이 필요하다.

> ……완전하기란 정말 어렵다. 여러분이 자료에 흠뻑 빠져 있어 '이제 그만'이라고 말하기가 가끔은 매우 어렵다. 여러분은 더 잘하고 싶겠지만, 지도교수나 멘토나 동료들에게 쓴 것을 보여 주고 자문을 받아라. 여러분의 근거이론의 결과물이 최선을 다한 것이면 이제 발표를 해도 된다고 과감히 받아들여야 한다……. 여러분의 분석이 계속 진전되지만 충분히 스스로 받아들일 만하다고 생각되면, 이제 미래의 비판과 개선에 맡겨도 된다(141-142). * 밑줄은 필자

실용적 사례연구의 경우 당초 설정한 연구문제를 중심으로 연구결과 부분을 구성하는 것이 일반적이지만, 근거이론적 방법을 사용한 경우 실제 연구결과 부분을 어떻게 구성할지는 앞서 살펴본 바와 같이 연구문제와 상황에 매우 달라지니 이를 충분히 고려하여 논문을 작성할 필요가 있다.

(6) 논의, 결론 및 제언

연구자에 따라 논의를 연구결과 부분에서 특정한 발견사항의 제시와 함께 제시하는 것을 선호하는 경우도 있고, 반면 이와는 달리 연구결과와 별도로 분리하여 연구결과에서는 발견사항만을 제시하고 별도로 논의 부분을 두어 발견한 사항의 의미와 다르게 해석될 수 있는 가능성과 후속 연구의 필요성 등을 기술하는 것을 선호하는 사람도 있다. 이는 전적으로 개인적 선호에 달려 있는 문제이라고 생각되나, 학위 논문의 경우 지도교수의 성향을 잘 살펴서 어떤 쪽으로 하는 것이 불필요한 추가적 작업을 줄일 수 있는 방법인지를 판단하는 것이 가장 현실적이다.

결론 부분은 특히 분량 제한이 있는 학술지 논문의 경우에는 논의와 통합하여 쓰는 경우가 많다. 결론은 대체로 당초 설정한 연구문제들에 대한 핵심적 발견 사항과, 해당 발견사항의 이론적 · 실천적 의미에 대해 간략히 기술하는 것으로 이루어진다. 이때 결론 부분에서 제시한 발견사항의 의미, 즉 이론적 · 실천적 시사점에 기초해 제언(실천적 혹은 후속연구를 위한 제언)을 함께하게 되는 것이다. 초보연구자일수록 발견한 연구내용과 전혀 관련 없는 제언을 하는 경우가 있는데, 제언은 반드시 발견된 내용의 범위 내에서만 이루어져야 한다. 그렇지 않는다면 연구를 한 의미가 없기 때문이다. 제언은 분석이 어느 정도 이루어지고 난 후 보고서를 쓰는 전 과정에 걸쳐 중요한 생각이 날 때마다 수시로 메모를 해 두는 것이

좋다. 필자의 경우 대중 목욕탕이나 산보를 하면서 생각을 가다듬는 경우가 많다. 좋은 생각은 갑자기 떠오르는 경우가 많으니 그때그때 메모를 하는 습관을 들이는 것이 답이다.

3) 학위 논문을 학술지 논문으로 변환하기

분량의 제한 없이 작성한 학위 논문을 엄격한 분량 제한을 가진 학술지 논문으로 변환하는 작업은 초보연구자들에게는 매우 어려운 작업이다. 주로 질적 연구에 특화된 일부 학술지를 제외하고 대부분의 국내 학술지에는 엄격한 분량 제한이 있다. 교육행정학 분야의 학술지도 예외는 아닌데, 학술지에 따라 지정된 포맷에 따라 한 장에 들어가는 글자 수가 다소 차이가 있긴 하지만, 대개 참고문헌과 요약 등을 포함하여 20장을 기준으로 하고 최대 30장을 초과하지 못하도록 하고 있다(20장이 초과되는 부분은 추가적인 게재료를 징수함). 해외 학술지의 경우 보통 7,000~8,000단어 정도 수준을 요구하는 경우가 많다.

근거이론적 방법을 쓴 논문의 경우 양적 논문과는 달리 연구의 과정과 결과를 명확하게 보여 주어야 하므로 이러한 분량 제한을 맞추기가 쉽지만은 않다. 하지만 일단 학술지가 요구하는 분량 제한을 맞추기 위해서는 인용하는 내용들을 잘 선택하고 축소시키는 것이 중요하다. 인용문들은 꼭 필요한 것만 포함시키고, 인용하더라도 최대한 분량을 줄이는 것이 필요하다. 분량을 줄이기 위해 보통 학술지에서는 학위 논문과는 달리 보다 융통성 있게 논문을 구성하는 경우가 많다. 예컨대, '논의 및 결론' 혹은 '결론 및 제언' 등으로 관련되는 내용을 함께 제시하거나, 선행연구 분석이 많지 않은 경우에 이를 서론에 통합하여 기술하는 방법 등이 그것이다. 도저히 30장으로는 줄이기 어려운 경우 간혹 분량 제한이 없는 학술지들도 있으니 처음부터 타깃 학술지를 잘 찾아보아야 할 것이다. 학위 논문은 학위 취득자 단독으로 출판되는 경우가 많겠지만, 지도교수가 연구의 설계, 자료의 수집과 분석 등에 핵심적으로 관여했을 경우 공동으로 출판할 수도 있다. 초보연구자들, 특히 논문 출판 경험이 전혀 없는 석사과정 학생들은 지도교수와 공동으로 논문을 출판하는 것도 좋은 전략이라고 할 수 있다.

한편, Suddaby(2006)는 학술지 논문 심사위원으로서 근거이론적 방법을 사용한 원고를 심사할 때 자신의 경우 최소한 다음의 사항을 중점적으로 검토한다고 조언하고 있다. 초보연구자들이 참고할 수 있는 하나의 좋은 정보 소스가 될 수 있을 것이다.

(1) 연구자가 데이터를 수집 · 생성하는 데 있어 근거이론의 핵심적 원칙(예컨대, 이론적 표집, 지속적인 비교)을 따랐는지 심사자가 확인할 수 있도록, 그리고 (2) 주요한 개념 범주를 생

성하는 데 데이터가 어떻게 사용되었는지를 심사자가 합리적으로 평가할 수 있기에 충분할 정도로 연구자가 자신의 연구방법론 부분을 명료하게 기술하고 있는가?

- 연구자가 자신의 이론적 민감성의 증표(Indicia of the researchers' theoretical sensitivity)를 어떻게 보여 주고 있는가? 예컨대, 데이터에 대한 새로운 혹은 예상치 못한 해석에 대한 개방성, 연구자가 선행연구, 데이터, 자신의 경험을 통합하여 해석할 수 있는 기술(skills), 그리고 미묘한 의미의 차이를 포착해 낼 수 있는 연구자의 관심과 노력 등을 어떻게 보여 주고 있는가?
- 연구질문(그리고 연구자의 세상에 대한 가정과 연구자가 어떻게 이러한 세상을 이해하게 되는가)과 그러한 질문에 답하기 위해 사용되는 방법 간에 일관성이 있는가?
- 연구자가 자신의 연구방법론을 기술하는 데 있어 전문 용어들을 어떻게 사용하고 있는가? 왜냐하면 용어 사용에서의 엄격성과 연구수행의 엄격성 간에는 강한 연관성이 있는 경우가 많다. 따라서 전문 용어를 어떤 방식으로 사용하고 있는가는 연구의 엄격성을 판단하는 데 매우 중요한 기준이 될 수 있다.

3. 좋은 근거이론 연구를 위해 고려해야 할 사항들

근거이론 논문을 출판하는 『Academy of Management Journal』의 편집장인 Sara L. Rynes는 새로운 인식론적 기반에 기초하여 주창된 근거이론적 방법이 연구자들에 따라 지나치게 넓은 의미로 사용되고 있다는 문제인식을 가지고, 해당 저널에 실린 근거이론 연구 논문의 심사를 주로 맡아 왔던 Suddaby 교수(University of Alberta)에게 이러한 혼란을 최소화하기 위한 특별 기고를 요청했다. 근거이론 연구 논문을 포함하여 해당 저널에 실린 질적 연구 논문 전반에 대한 심사를 맡아 왔던 Suddaby 교수는 동 저널(2006년, 49권 4호)에 실린 '근거이론 연구가 아닌 것(What Grounded Theory Is NOT)'이란 제하의 기고문에서 연구자들 사이에 근거이론에 대한 잘못된 오해가 있다고 주장하며, 좋은 근거이론연구를 수행하기 위해서는 다음 여섯 가지 사항들을 주의깊게 고려하여야 한다고 언급하고 있다.[2)]

2) 이하의 6가지 항목에 대한 기술은 Suddaby(2006)의 기고문에 기술되어 있는 구조와 내용을 기초로 그 핵심 주장들을 필자 나름대로 해석하여 이 책의 목적에 맞도록 제시한 것이다. 따라서 대체로 기고문에 있는 내용을 중심으로 작성이 되었지만, 우리나라의 맥락과 필자의 관점을 반영하여 재구성하여 제시하였기 때문에 원문과는 일부 내용과 뉘앙스에서 차이가 있을 수 있음을 밝혀 둔다.

① 근거이론적 방법은 선행연구를 무시해도 되는 구실로 사용되어서는 안 된다(Grounded theory is Not an excuse to ignore the literature)

근거이론적 방법에서 선행연구를 미리 검토해서는 안 된다는 오해가 있다. 하지만 근거이론적 방법을 적용한 연구의 실제 수행과정을 통해 보면 '이론에 기초하여 세상을 보는 관점'과 '이론에 전혀 구속되지 않은 순수한 경험주의' 사이에서 실현 가능한 절충 지점을 찾도록 노력하는 것이 가장 타당한 접근방법이라는 것을 쉽게 알 수 있다. 이러한 절충 지점을 찾는 가장 단순하고 확실한 방법은 기존의 이론에 주의를 기울이되, 연구 수행과정에서 자신은 항상 한 명의 평범한 인간에 불과하며, 이러한 한 명의 인간으로서 연구자가 관찰하는 것은 자신의 사회화 과정에서 형성된 특정한 준거 틀의 영향을 받을 수밖에 없다는 점을 끊임없이 성찰하고 또 성찰하는 것이라는 점을 명심할 필요가 있다.

② 근거이론적 방법은 원 데이터(raw data) 자체를 그대로 제시하는 것이 아니다(Grounded theory is Not presentation of raw data)

논문 심사를 하다 보면 연구의 문제인식과 방법은 매우 견고한데 불완전하게 분석된 자료를 그대로 제시하는 데 그치는 논문들이 있다. 필자가 볼 때 이는 다음의 세 가지 원인에 기인한다고 생각된다.

먼저, 근거이론 연구와 현상학적 연구를 혼동하는 경우가 있다. '현상학적 연구'는 행위자가 살아가는 현장에서 체험한 주관적인 경험을 강조하는 반면, 근거이론 연구는 개별 행위자의 주관적 경험 자체에 초점을 두기보다는 그러한 주관적 경험이 행위자들 간의 인과적 관계에 대한 이론적 언명(statements)으로 추상화될 수 있는지에 보다 관심을 둔다. 이 두 가지 질적 연구방법에서 접근방식의 차이는 면담 기법을 어떻게 활용하고 있는가에서 쉽게 찾아볼 수 있다. 현상학적 연구에서는 오염되지 않은(uncontaminated) 면담참여자의 살아 있는 경험을 탐색하는 것을 목적으로 하기 때문에, 면담참여자가 심층면담에서 표현하고 있는 스토리의 세부 사항과 뉘앙스, 그리고 그들이 선택한 단어 그 자체가 주된 분석단위를 구성한다. 반면, 근거이론적 방법에서는 면담이 참여자의 경험에 대한 이해라는 현상학적 관심으로 시작할지는 모르지만, 주된 관심은 스토리 그 자체가 아니다. 스토리는 연구 중에 있는 사회적 현상에 대한 정보를 도출해 낼 수 있는 여러 가지 수단들 중 하나에 불과한 것이다. 따라서 현상학적 연구와는 달리, 근거이론적 방법에서는 면담을 데이터 수집의 유일한 수단으로 생각하는 경우는 매우 드물다.

두 번째 경우는 연구자가 데이터를 개념적 수준으로 충분히 끌어올리는 데 실패하는 데서 비롯된다. 이는 대부분의 경우 연구자가 단순히 데이터를 충실히 분석하지 못했기 때문에 발생한다. 근거이론적 방법의 핵심적 요소는 '데이터 자체보다는 조금 더 높은 수준의 추상화 수준(Martin & Turner, 1986: 147: Suddaby, 2006: 636에서 재인용)'을 발견해 내는 데 있다. 상대적으로 피상적인 관찰에서부터 보다 추상적인 이론적 범주로 발전해 나가는 것은 데이터 수집과 분석 간을 지속적으로 반복하는 지난한 노력과 과정을 거쳐야만 달성될 수 있다는 점을 명심해야 한다.

세 번째 경우는 연구자가 단순히 데이터 수집을 너무 일찍 중단하는 데서 비롯된다. 너무 일찍 자료 수집을 중단하게 되면 당연히 충실한 분석이 제대로 이루어질 수 없다. 따라서 보다 추상화된 이론적 수준으로 범주를 포화시키는 데 실패할 수밖에 없게 되는 것이다.

③ 근거이론적 방법은 이론의 검증이나 단순한 단어의 빈도수 계산이 아니다(Grounded theory is Not theory testing, content analysis, or word counts)

근거이론적 방법은 연구자가 '객관적 실재(an objective reality)'에 대한 지식 주장(Knowledge claim)을 창출하려고 하는 경우에는 적절하지 않은 반면, 주어진 맥락에서 행위자들이 실재를 어떻게 해석하는지(how individuals interpret reality)에 대한 지식 주장을 하려는 경우에는 보다 적절한 방법이다. Martin과 Turner(1986: Suddaby, 2006: 636에서 재인용)가 지적하고 있듯이, (1) 근거이론적 방법은 검증할 명확한 가설이 없거나, 혹은 (2) 가설이 존재하더라도 논리적, 연역적 방법으로 검증하기에는 너무 추상적인 경우 가장 적절히 활용될 수 있다.[3] 하지만 근거이론적 방법은 전통적으로 연구자가 이제까지 설명이 이루어지지 않은 흥미로운 현상에 대한 개념을 발견하려고 하거나, '데이터로부터 이론을 발견(Glaser & Strauss, 1967: 1: Suddaby, 2006: 636에서 재인용)'하는 것을 목적으로 할 때 가장 많이 사용해 온 것이 사실이다(Birks & Mills, 2015/2015).[4] 한편, 근거이론적 방법을 가설 검증 방법으로 사용하는 경우 가장 우려되는 점은 연구자들이 자신이 보고 싶은 범주만 보고, 새로 출현하는 범주들을 간과할 경향이 커진다는 점이다. 즉, 근거이론적 방법이 당초 제안된 새로운 이론의 형성이라는 목적에서 벗어나, 연구자가 자신의 의도를 데이터에 강제함으로써 사회적 현상에 대한 기존의 이해를 단순히 확인하는 수단으로 전락할 가능성이 크다는 점을 유의할

3) 전자의 경우 앞서 기술했던 실체이론의 형성 연구, 후자는 공식이론의 주어진 맥락에서의 설명력을 높이기 위해 이론을 정련화하는 연구로 보면 될 것이다.

4) 물론 앞서 살펴본 바와 같이 이미 연구가 많이 이루어진 영역에서도 주어진 맥락에서 기존 이론의 설명력을 높이기 위한 이론의 정련화 연구도 근거이론적 방법을 통해 이루어질 수 있다.

필요가 있다.

또한 근거이론적 방법은 단순한 단어 빈도수 분석과 혼동되어서는 안 된다. 특히 질적 자료 분석 소프트웨어를 사용하여 단어 혹은 줄 단위 코딩을 하고, 출현하는 단어 혹은 개념의 빈도수를 해당 개념 혹은 단어의 중요성으로 판단하는 근거로 삼는 경우가 있는데, 출현 빈도는 의미를 판단하는 다양한 맥락적 정보들 중 하나에 불과하다. 내용 분석의 하위 범주의 하나라고 할 수 있는 단어 빈도수 분석은 빈도수와 의미 간의 관계에 대한 실증주의적 가정을 담고 있기 때문에 근거이론적 연구와는 기본적 출발점이 다르다. 따라서 근거이론적 방법에서는 빈도수 분석과 중요성을 연관시키는 것에는 명확한 반대 입장을 표명하고 있다.

④ 근거이론적 방법은 단순히 공식화된 기법을 데이터에 기계적으로 적용하는 것이 아니다 (Grounded theory is Not simply routine application of formulaic technique to data)

일부 근거이론 연구자들은 근거이론적 방법은 상대적으로 '기계적인 기법(mechanical technique)'이라는 잘못된 관점에 기초하여 연구를 수행하기도 한다. 이러한 오해 중 일부는 근거이론적 방법이 일련의 경직적으로 설정된 규칙에 따라 수행되는 것이라고 믿는 것이다. 예컨대, '이론적 포화는 연구자가 25명에서 30명과 면담을 수행했을 때 달성된다', '문서화된 자료를 질적자료 분석 소프트웨어에 넣기만 하면 연구결과가 도출될 것이다' 등의 오해가 그것이다. 한편, 이러한 근거이론적 방법에 대한 오해는 우리나라의 맥락에서도 많이 발생하고 있다. 예컨대, 근거이론적 방법을 사용한 대부분의 국내 논문들에서는 연구자가 개방코딩을 통해 발견한 피상적 개념들을 Strauss와 Corbin의 코딩 패러다임에 기계적으로 배분해 놓고 이것을 근거이론의 도출이라고 칭하는 경우가 많다. 이는 해외의 근거이론 논문에서는 발견할 수 없는 매우 잘못된 근거이론의 적용방식 중 하나라고 할 수 있다.

근거이론적 연구방법은 기본적으로 연구자의 이론적 민감성에 기초한 복합적인 해석과 판단 작업이지, 단순한 논리-귀납적(logico-deductive)으로 축소될 수 있는 기계적 작업은 아니다. 이 때문에 연구자는 전체 연구과정에서 가장 중요한 요소로 간주되고, 연구 활동은 어떠한 종류의 일상적 알고리듬에 전적으로 맡겨질 수 없는 창의적 활동인 것이다. 질적 자료 분석 소프트웨어는 물론 데이터를 소식화하고 코딩하는 데 유용하지만, 그 자체가 스스로 데이터를 해석하는 기능을 수행할 수는 없다. 다른 모든 질적 연구에서처럼 연구자가 어떤 범주들에 초점을 맞추어야 하고, 다음에는 어떤 데이터를 수집해야 하며, 특정한 데이터들에 어떤 의미를 부여하는 것이 타당한 것인가 등에 대한 결정을 해야 하는 것이다. Glaser(1978)는 이를 '이론적 민감성(theoretical sensitivity)'이라고 지칭하고 있다. 비록 Strauss

와 Corbin의 경우에는 데이터를 분석하는 데 있어 코딩 패러다임이라고 하는 미리 정해진 분석 모형을 제시하고 있기는 하지만, 이들조차도 다음과 같이 지나치게 기계적인 분석방법의 적용은 피해야 한다고 누차 경고하고 있는 점을 절대 가볍게 여겨서는 안 된다.

> 만일 연구자가 특정한 데이터가 무엇을 의미하는지에 대해 상상력이나 통찰력 없이 단순히 근거이론적 방법의 절차나 규준을 따르게 되는 경우, 출판된 논문은 근거이론의 기준을 충족하지 못하게 될 것이다. 왜냐하면 연구자는 매우 사소하거나 이미 잘 알려진 현상을 제외한다면 그러한 데이터가 진실로 무엇을 의미하는지 발견해 내는 데 실패할 것이기 때문이다(Corbin & Staruss, 1990: 19: Suddaby, 2006: 638에서 재인용).

⑤ '근거이론적 방법론 교재에서 설명되는 내용'과 '근거이론 연구를 수행하는 과정에서 나타나는 실제' 간에는 일정 부분 차이가 날 수밖에 없다(Grounded theory is Not perfect)

근거이론적 방법을 실제 적용하는 과정에서는 관련 교재에서 설명되는 내용을 모두 그대로 적용하기는 현실적으로 어렵다. 실제 그러한 차이는 주로 개인연구자들이 짧은 기간 동안에 근거이론적 방법을 적용한 연구를 수행하는 경우가 많은 우리나라의 맥락에서는 더욱 큰 폭으로 나타나는 경향이 있다. 사실 원론적인 관점에서 이야기되는 이상적 기준과 실제 적용되는 원칙과는 일정 부분 괴리가 생길 수밖에 없다. 따라서 현장에서 근거이론을 실제 수행하는 연구자들이 적용하는 기준과 이상적으로 제시되는 기준 사이에는 건강한 긴장 관계를 유지하도록 만드는 것이 필요하다.

이와 관련 Strauss와 Corbin(1998/2001)이 언급하고 있듯이, 근거이론적 방법의 인식론적 기초 중 하나는 '실용주의'라는 점을 명심할 필요가 있다. 근거이론적 방법은 연구자들로 하여금 복잡한 사회적 과정을 이해할 수 있도록 도와주는 연구기법으로서 제안되었다. 제3장에서 언급하고 있듯이 인식론적 관점에서 보자면 실증주의와 구성주의의 경계를 묘하게 넘나드는 제3의 영역에 속하는 연구방법으로 설계되었다고 볼 수 있다. 이러한 근거이론의 인식론 지도상의 위치 때문에 일부 질적 연구자들은 '근거이론적 방법'이 질적 연구가 아니라고 주장하는 사람들까지도 있다. 따라서 근거이론적 방법은 본질적으로 '지저분하고(messy)(Parkhe, 1993: Suddaby, 2006: 638-639에서 재인용)', 연구자들로 하여금 순수 방법론주의자들의 주장이 자신들의 연구에 적합하지 않거나, 무시되어도 좋다는 암묵적 생각을 가지도록 만드는 경향이 있다.

하지만 이러한 설명이 근거이론적 방법을 적용할 때 존재론적, 인식론적 이슈들을 완전히 무시해도 좋다는 일종의 핑계를 제공하는 것은 아니다. 다만, 여기서 명확히 강조하고자 하는 점은 연구자 자신의 인식론적 입장을 명확히 하는 것이, 바로 근거이론 연구 수행과정에서 특정한 관점이나 접근방식의 교조주의적 입장을 취하는 것을 정당화해 주는 것은 아니라는 점이다. 예컨대, 언제 이론적 포화가 성취되느냐, 어떻게 코딩이 이루어져야 하는가 등에 대한 질문들은 궁극적으로 실용주의적 관점에 따라 해결될 수밖에 없다. 요약하자면 근거이론 방법론자들과 실제 연구자들 간에 건강한 긴장 관계가 존재하는 것은 당연하며, 이는 어떤 의미에서는 바람직한 것이라고 볼 수도 있다. 하지만 다양한 인식론적 관점에 터한 근거이론적 방법이 존재하고 있는 현실에서, 연구자들은 자신들이 어떤 근거이론적 방법을 어떻게 적용할 것인지, 그리고 보다 중요하게는 근거이론 연구를 평가하는 데 있어서 특정한 입장만이 옳다고 하는 경직된 교조주의적 입장을 가지지 않도록 노력해야 한다는 점을 반드시 명심할 필요가 있다.

⑥ 기존에 출판된 논문에서 보이는 것처럼 근거이론적 방법의 적용이 그렇게 쉬운 것이라고 생각하는 것은 오산이다(Grounded theory is Not easy)

우리나라에서 출판된 근거이론 연구들, 특히 7명에서 10명 정도의 대상자를 면담하여 질적자료 분석 소프트웨어를 통해 피상적으로 산출한 개념을, Strauss와 Corbin의 코딩 패러다임에 기계적으로 배분하고 난 후 충분한 논거도 없이 스토리를 만들어 내고 있는 논문들을 읽어 본 초보연구자들의 반응은 아마 '이 정도라면 나도 할 수 있겠다'라는 것이 아닐까 싶다. 특히 그러한 방식으로 작성된 논문이 하나둘 출판되고 나면 기존 논문에서 적용한 방식을 판박이한 또 다른 논문들이 연이어서 나오는 상태로, 근거이론적 방법을 취지에 맞지 않게 적용한 논문들이 우리나라 학계에 축적되어 온 것이 아닌가 하는 의문이 든다.

하지만 좋은 근거이론 연구는 상당한 연구 경험, 지난한 노력과 창의성, 그리고 때때로 일정한 운이 뒤따를 때 비로소 이루어질 수 있다. 근거이론 연구에서 적용되는 대부분의 기법은 경험을 통해서 점차적으로 향상되어 가는 것이다. 이른바 '시간과 경험이 가르쳐 주는 지혜'라고 할 수 있다. 물론 데이터를 분석하여 존재하는 패턴을 분석해 내는 데 있어서 타고난 사람도 있다. 즉, 어떤 연구자들은 다른 연구자들에 비해 수집한 데이터를 통해 남이 보지 못하는 패턴과 의미를 파악해 내는 탁월한 능력을 가지거나, 혹은 그러한 능력을 다른 사람보다 빨리 습득하는 경우가 분명히 존재한다. 통계를 배우는 과정에서도 이러한 개인차는 존재하지만, 필자가 볼 때 그러한 천부적 능력을 가진 사람은 사실 그리 많지는 않다고 생각한다. 대부분의 학생은 그야말로 오십보백보 차이의 범위 내에 존재한다고 보는 것이 오히려 현실에 가깝다. 기노시타를 비롯한 경험 많고 유능한 근거이론가들은 자신도 의식하지 못하지만, 데이터에 몰입하여 지속적으로 성찰하는 과정에서 '무엇인가가 떠오르는 경험'을 한 적이 많았다는 고백을 하고 있다. 필자도 가끔씩 이런 경험을 한 경우가 있다. 지속적으로 연구의 문제인식과 데이터에 몰입하여 분석을 하다 보면 어느 순간(다른 연구자와 이야기를 하다가, 길을 가다가, 목욕을 하다가, 때로는 신기하게도 잠을 자다가도) 좋은 생각이 불현듯 떠오르고, 그것을 메모해 둔 것이 새로운 이론 발견의 중요한 단초가 되기도 한다.

하지만 근거이론적 연구의 이러한 특성상, 천부적으로 그러한 능력을 타고난 사람과 경험을 통해 통찰력을 축적한 연구자들에게 많은 이점을 가져다 주는 것은 틀림없지만, 이것이 곧 초보연구자들이 근거이론적 방법을 적용한 연구를 할 수 없다는 것을 의미하는 것은 아니다. 오히려 이러한 연구방법론 교재에서의 언급들은 초보연구자들로 하여금 (1) 자신이 데이터를 분석하여 이론을 발견하는 천부적 능력을 타고났다고 과도하게 자부하거나, (2) 상당한 기간에 걸친 특별한 훈련이 없이도 근거이론적 방법을 적용하여 쉽게 논문을 쓸 수 있다는 그야말로 근거없는 자신감을 가지지 말라는 합리적인 경고 정도로 해석되는 것이 타당할 것이다. 근거이론적 방법을 활용하기를 원하는 초보연구자들은 자신이 특정한 통계기법을 숙달할 때처럼, 관련 강좌(일반적 질적 연구방법론 강의, 근거이론 방법론 강의)의 지속적 수강과 함께, 이론적 민감성을 키우기 위한 경험과 훈련을 꾸준히 해 나가는 것이 필요하다. 이 경우 필요할 때마다 조언을 해 줄 수 있는 경험 많은 연구자(지도교수, 질적 연구자, 연구수행 경험이 있는 다른 선배 학생들)와 같이 연구를 수행할 수 있다면 더욱 효과적으로 연구역량을 키워 나갈 수 있을 것이다.

아울러 근거이론적 방법은 특정한 맥락에 기초하고 있는 것이기 때문에 자신이 관심을 가진 주제나 맥락적 상황에 대한 실제적 경험을 많이 하는 것도 매우 중요하다. 따라서 교사라면 자신이 소속하는 학교에서 자신이 주로 하는 활동과 관련된 주제(예컨대, 교수 행위, 교사 학습공동체, 혁신학교)를 연구하게 되면 당연히 이론적 민감성이 상대적으로 높아지게 될 것이다. 아무런 직장 경험이 없이 학부를 졸업한 후 바로 대학원에 진학한 학생들의 경우에는 가장 친숙한 영역이 자신의 학부생활 경험, 대학원 생활 경험이 될 가능성이 높다. 따라서 이러한 학생들의 경우 일단 자신이 재학하고 있는 학교나 다른 학교에 재학 중인 학생들의 경험을 탐구하는 근거이론 연구를 해 나간다면, 나름의 이론적 민감성을 가지고 근거이론적 연구를 수행하는 데 필요한 주요 기법들을 보다 용이하게 습득해 나갈 수 있을 것이다.

객관적 연구를 위해서는 '연구 대상과 연구자가 엄격히 분리되어야 한다'는 원칙을 강조하는 기존의 지배적인 관점과는 달리, 근거이론 연구에서는 연구자와 연구 현장과의 긴밀하고 지속적인 관계 유지가 매우 중요하다. 그래야만 근거이론의 핵심적 방법인 지속적 비교 방법을 잘 적용할 수 있기 때문이다. 이러한 근거이론적 방법의 특성 때문에 연구자의 개인적 특성, 경험 등이 연구결과의 도출에 있어서 중요한 영향력을 미치게 된다. 따라서 근거이론적 방법에서는 기노시타가 제안하는 것처럼, 연구과정에서 자신의 위치와 입장에 대해 명시적으로 고려하고 이를 지속적으로 성찰해 나가는 것이 매우 중요하다. 즉, 연구자들은 데이터를 수집, 해석, 분석하는 과정에서 자신이 가지고 있는 고유의 준거 틀(예컨대, 세계관, 가치관, 혹은 개인적 편견들)을 충분히 고려하는 지속적 자아 성찰의 과정이 필요한 것이다. 또한 근거이론적 방법을 적용한 연구에서는 연구자와 연구대상 간 인위적인 경계는 제거되어야 한다는 입장을 취하고 있기 때문에, 연구자와 연구 현장, 그리고 산출된 연구의 질 간에는 직접적인 연관성이 존재한다. 즉, 연구자들이 연구 현장에 얼마나 오래 시간을 보내는가라는 점은 연구자들의 자기 학습(self-learning)의 정도, 그리고 최종적 연구성과의 질과 밀접한 관련성을 가지게 된다.

초보연구자로서 좋은 근거이론 논문을 쓰기 위한 가장 현실적 접근방법은 뭐니 뭐니 해도 기존의 훌륭한 근거이론 연구자들이 산출한 좋은 논문의 절차와 기술방식을 분석적으로 살펴보면서 적용 맥락과 주제를 바꾸어서 일단 그대로 따라 해 보는 것이다. 이러한 과정이 축적되면 자연스럽게 좋은 근거이론 연구를 할 수 있는 역량과 통찰력이 축적되어 나갈 것이다.

이러한 이제까지의 논의결과와 필자의 연구 경험을 종합하여 향후 근거이론적 방법을 보다 적극적으로 활용하고자 하는 연구자들에게 주고 싶은 몇 가지 제언은 다음과 같다.

첫째, 필자의 연구 경험을 돌이켜 보면 어느 정도 완결된 근거이론, 즉 이론적 통합에까지 이르는 '근거이론'은 개인이 수행하는 하나의 단일 연구에서 도출된다고 보기는 매우 어려울 것 같다. 하나의 연구를 통해 초동적 근거이론 혹은 근거이론을 도출하기 위한 단초가 만들어지고, 연구자의 지속적 관심과 성찰, 이에 기초한 후속 연구를 통해 초기에 생성되었던 실체이론으로서의 근거이론이 보다 정련화되는 과정을 거치게 되는 것으로 보는 것이 오히려 타당하다. 특히 우리 학계의 현실을 보면 대부분의 교수와 연구자, 특히 학위 논문을 쓰는 대학원생 연구자의 경우 하나의 연구에 투자할 수 있는 시간과 노력이 매우 한정되어 있으므로 그러한 소규모 연구에서 교과서에서 말하는 규범적 기준들이 제대로 갖추어진 '근거이론'이 도출된다고 생각하는 것은 오히려 정상적이지 않은 것으로 보인다. 따라서 자신이 도출한 근거이론이 규범적 기준에 비추어 볼 때 어떤 한계가 있는지, 그리고 이를 어떻게 보완해야 할 것인지, 그럼에도 불구하고 도출한 근거이론이 어떤 의미와 가치가 있는지를 솔직하게 기술하는 것이 보다 타당한 실천적 접근방법이 아닌가 생각된다.

둘째, 대학과 같은 거대하고 복잡한 조직의 연구(학교 조직의 연구도 일정 부분 마찬가지라고 생각되지만)에 있어서는 외부자인 연구자들만의 지식과 전문성을 가지고서는 현장에서 발생하는 문제들을 제대로 파악할 수 없는 것은 당연하다고 할 수 있다. 필자의 연구 수행 경험에 비추어 볼 때 이 경우 연구는 (1) 해당 대학에서 그러한 문제들을 직접 몸으로 부대끼며 고민하면서 오랜 시간 경험적 지식과 통찰력을 축적해 온 내부의 전문가들(예컨대, 보직교수, 현장 교수 및 직원, 교수학습센터 연구원 등)과 (2) 해당 분야에서 오랜 연구 경험을 축적해 온 외부인으로서의 전문 연구자들의 통찰력이 (3) 지속적인 대화와 협력적 상호작용을 통해 결합하면서 '새로운 지식과 통찰력을 공동 생성해 나가는 과정(Co−generative process of knowledge creation)'이라고 생각된다. 따라서 이러한 연구가 성공적인 것이 되려면 연구의 대상이 되는 대학의 구성원들이 연구의 목적에 공감하도록 하는 적절한 문제 설정, 구성원들의 연구과정에 대한 적극적인 참여와 소유감(ownership)의 형성, 그리고 실현이 어려운 포장만 그럴듯한 프로그램과 방법보다는 이들이 실제로 실현 가능한 구체적인 행동계획의 창출과 이에 대한 공감대 형성(sense−making)이 무엇보다 중요하다고 할 수 있다.

셋째, 초보연구자로서 근거이론 접근방법에 도전하는 사람들은 자신의 능력에 맞는 주제와 범위로부터 연구를 시작하여 먼저 연구역량을 키워 나가는 단계를 차근차근 밟아 나가는 것이 필요하다. 이런 측면에서 초보연구자가 근거이론 연구(다른 질적 연구 접근방법도 마찬가지지만)를 시작할 때는 자신이 이론적, 실천적으로 많은 경험을 쌓아 잘 아는 영역(이론적 민감성이 높은 영역)부터 시작하는 것이 필요하다(예컨대, 학생들의 경우 '학생'을 연구하는 것이 일반적으로 가장 '이론적 민감성'이 높을 것이다). 아울러 처음 연구를 시작할 때는 분석범위를 최대한 좁히는 것이 필요하다. 이를 기노시타(2013/2017)의 용어로 이야기하자면 '분석초점자'를 자신이 감당할 수 있는 수준으로 적절히 설정하라는 말이 된다. 앞서 언급했던 (1) 필자의 '학부교육 우수대학으로서 한동대의 특징과 성공요인 분석' 연구와 (2) 필자의 석사과정 지도학생이었던 강지은(2019)이 수행한 '한동대 학생설계융합전공의 특징과 성공요인' 연구는 자료의 수집 범위, 자료 분석과 해석에 필요한 역량, 투입되는 시간과 노력 측면에서 많은 차이가 있기 때문이다. 처음부터 잘 할 수는 없지만 관심을 가지고 노력하다 보면 부지불식간에 숙련된 연구자가 되어 있는 자신을 볼 수 있을 것이다.

제 3 부

내 눈높이에 맞게 알아 가는 근거이론적 방법

제11장 학생들이 흔히 제기하는 질문들[1]

이 책의 초안을 집필하면서 필자는 재직하고 있는 고려대학교 일반대학원과 교육대학원 학생들을 대상으로 2019년 2학기에 근거이론적 방법에 대한 강좌를 개설하여 가르쳤다. 강의 과정 전반에 걸쳐 필자는 수강생들에게 사전에 나누어 준 학습자료들을 읽고 의문 사항들을 교수-학습자가 온라인으로 소통하는 '블랙보드' 토론방에 올리도록 하는 과제를 주었다. 아울러 수업 중에도 익명으로 질문을 올릴 수 있는 프로그램을 활용하여 필자의 강의 내용에 대해 의문이 있는 경우 학생들이 언제든지 질문을 할 수 있도록 하였다. 강의를 들으면서 근거이론적 방법 혹은 질적 연구에 대해 다른 수준의 이해와 경험을 가진 학생들(석 · 박사과정, 전일제와 재직자 학생들)은 자신의 관점에서 실로 다양한 질문을 제기하였다. 필자가 보기에 당연해 보이는 초보적 질문들도 없지 않았지만, 수강생들의 눈높이에서 필자가 미처 생각하지 못했던 부분을 날카롭게 지적하는 질문들도 많았다. 이 책의 마지막 장은 학생들이 제기한 질문들에 대한 필자 나름의 답변을 제시하는 것으로 마무리하고자 한다. 물론 앞서 부분 부분 설명을 하기는 했지만, 이 책을 활용하는 직접적인 당사자들인 학생들의 관점에서 흔히 제기될 수 있는 중요한 의문사항에 대해서는 필요할 때 즉시 찾아볼 수 있는 보다 체계적 설명이 제공될 필요가 있다고 생각했기 때문이다. 아울러 이 장에서는 필자의 답변뿐만 아니라 학생들이 제기한 실제 질문들도 정리하여 그대로 제시하였다. 근거이론적 방법에 처음 입문하는 독자들은 학생들이 제기한 이러한 질문들을 살펴봄으로써 초보자들이 가지는 기본적 질문이 무엇인지를 개괄적으로 살펴볼 수 있을 것이다.

1. 근거이론적 방법 자체에 대한 근본적 의문들

1-1. 근거이론은 '이론(theory)'인가 '방법론(methodology)'인가?

1-2. 근거이론에서 말하는 '이론'의 의미는 무엇인가? 중범위이론은 무엇인가?

1-3. 근거이론적 방법은 다른 질적 연구방법과 어떠한 점에서 차이가 있는가?

1-4. 근거이론 연구수행의 결과로서 이론을 산출해야만 하는가?

1) 이 장에서 '학생 질문'이라고 기술된 내용은 필자가 2019년 2학기 고려대학교 일반대학원/교육대학원에서 '근거이론적 방법'에 대한 강의를 하는 과정에서 수강생들이 수업 시간 등을 통해 직접 제기한 질문들을 체계적으로 분류하여 제시한 것이다.

1-5. 학문공동체와 함께 근거이론을 만들어 나가는 연구를 하기 위해서는 어떻게 계획하고 진행해 나가야 하는가?

2. 연구 설계과정에서 드는 의문들

2-1. 근거이론적 방법을 통해 수행하기에 적절한 연구는 무엇인가?

2-2. 초보연구자들도 근거이론적 방법을 활용한 연구를 할 수 있는가?

2-3. 근거이론 연구를 수행하는 데 통상적으로 얼만큼의 시간을 투입해야 하는가?

2-4. 근거이론적 방법에도 다양한 유형이 있는데 어떤 유형의 접근방법을 채택하는 것이 좋은가?

2-5. 근거이론 연구는 단독으로 하는 것이 좋은가 혹은 팀을 이루어 하는 것이 좋은가?

3. 자료 수집과정에서 드는 의문들: 이론적 민감성, 이론적 표집과 포화

3-1. 연구자가 가진 편견이 근거이론 연구수행에 영향을 미치는 것을 어떻게 막을 수 있는가?

3-2. 근거이론 연구에서 선행연구를 어떻게 활용하는 것이 바람직한가?

3-3. 이론적 민감성(theoretical sensitivity)이란 무엇이며, 어떻게 길러지는 것인가?

3-4. 근거이론 연구에서 양적인 데이터를 사용할 수 있는가?

3-5. '이론적 표집(theoretical sampling)'이란 무엇인가?

3-6. 이론적 포화를 판단하는 기준은 무엇인가?

4. 자료 분석과정에서 드는 의문들: 코딩 패러다임, 분석초점자, 핵심범주

4-1. '데이터(data)', '코드(code/label)', '개념(concept)', '범주(sub-/upper-level category)'는 어떻게 다른가? 어떻게 구분하는 것이 타당한가?

4-2. 기노시타의 '개념 워크시트'를 활용한 개념의 생성 방식은 기존 코딩방식에 따른 개념의 생성방식과 다른가?

4-3. 기노시타의 '분석초점자'란 무엇을 말하는가? '분석초점자'를 설정하는 이유는 무엇인가?

4-4. 근거이론적 방법에서 말하는 1차(개방) 코딩, 2차(축, 선택) 코딩, 3차(이론적) 코딩이란 무엇을 말하는가?

4-5. 2차 코딩과 3차 코딩은 무엇이 다른가?

4-6. Strauss와 Corbin의 패러다임 모형의 6개 구성요소의 정확한 개념과 패러다임 모형을 적절하게 활용하는 방법은 무엇인가?

4-7. 핵심(중심)범주란 무엇인가? 핵심(중심)범주의 설정은 반드시 필요한가?

1. 근거이론적 방법 자체에 대한 근본적 의문들

1-1. 근거이론은 '이론(theory)'인가 '방법론(methodology)'인가?

학생 질문

– "근거이론을 연구방법으로 볼 것인지, 아니면 실행연구와 실용적 사례연구로 대표되는 실용주의적 질적 연구를 통해 개발된 이론이라는 점에 중점을 두어야 하는 것인지 궁금하다."

답변

엄밀히 말해서 근거이론은 바로 '근거이론적 방법의 적용을 통해 도출된 이론(a theory that has resulted from the use of GTM)(Bryant & Charmaz, 2007a)' 자체를 의미한다. 하지만 권향원(2016)이 적절히 지적하고 있는 것처럼 실제 근거이론이란 용어는 "(1) '현실에 기반한 자료(data)에 근거(grounded)'하여 '귀납적 발견의 맥락'에서 '이론'을 도출할 것을 제안하는 '질적 연구의 방법론적 전통'을 의미함과 동시에 (2) 그렇게 도출된 '이론 그 자체'를 아울러 의미하는 개념"으로 동시에 사용되고 있다. 따라서 근거이론을 처음 접하는 사람들에게 '근거이론(grounded theory)'이란 용어는 상당한 혼란을 초래한다. 이러한 혼란을 피하기 위해 이 책에서는 『근거이론 핸드북(The SAGE Handbook of Grounded Theory)』(Bryant & Charmaz, 2007a)에서 제안된 용례와 같이 이 두 가지를 서로 구분하는 의미에서, 원칙적으로 전자의 용례를 의미하는 경우 '근거이론적 방법' 혹은 '근거이론 연구'라는 용어(Grounded Theory Method: GTM)를 사용하고, 후자의 경우에는 그냥 '근거이론(Grounded Theory: GM)'이란 용어를 사용하기로 한다.

☞ 보다 자세한 설명은 제2장 제1절 '근거이론의 개념' 참조

1-2. 근거이론에서 말하는 '이론'의 의미는 무엇인가? 중범위이론은 무엇인가?

학생 질문

- "근거이론에서 말하는 이론의 수준은 어느 정도를 말하는 것이며 어떤 결과로 도출된 것을 말하는지 그 기준이 모호한 것 같다."
- "[근거이론에서 말하는 이론의 수준은] 실제 사회 현상과 동떨어진 거대 담론적 성격이 아니라 연구되는 맥락에 적용할 수 있고 또 비슷한 맥락에서 이를 적용해 볼 수 있는 중범위이론이다. 그렇다면 근거이론에서 말하는 이론이란 연구를 통해 도출해 낸 결론, 혹은 특정 맥락에서 나타나는 패턴 정도를 말하는 것인지 궁금하다."
- "특정한 맥락에 기반한 중범위이론이 과연 사회적으로 유의미한 이론으로 통용될 수 있을까?"
- "근거이론적 접근을 이용한 연구방법은 특정 현상에서 개념을 도출하고 이러한 개념과 개념의 관계 그리고 개념과 범주와의 관계를 분석하는 과정을 통해 새로운 이론을 형성하는 것입니다. 저의 연구의 경우 일선 대학이 비정규직을 어떻게 활용하고 있으며, 이러한 비정규직 활용 방식이 대학 운영에 어떠한 영향을 미치고 있는지 살펴보고 향후 대학들이 대학 운영에 참고할 수 있는 보다 실천적인 시사점을 제공하는 것을 목적으로 하고 있습니다. 연구를 통해 도출된 이론을 모든 대학에 적용하는 것은 각 대학이 처한 상황, 즉 그 맥락이 다르기 때문에 적용이 되더라도 각각 다른 효과가 나올 것입니다. 이 경우 제 연구를 통해 도출된 이론을 이론이라 할 수 있을까요?"
- "근거이론방법으로 작성된 연구의 이론은 무엇인가라는 것입니다. 이론에 대한 정의를 궁금해하는 것은 아닙니다. 예를 들어, 한동대의 사례를 대상으로 실시한 강지은 선생님의 연구에서 어떤 것이 이론이라고 말하는 것인지 궁금합니다. 양적 연구에서는 가설에 대한 검증이 연구결과라고 할 수 있을 텐데요, 근거이론에서는 어떤 것을 산출된 이론이라고 하는 것인지 궁금합니다. 제가 연구하는 삼성고 사례의 연구결과에서는 어떤 이론이 도출될 수 있는 것일까요? 연구문제가 교육과정 운영의 성과와 요인이니까, 어떤 성과가 있었는지, 그 성과의 요인을 무엇인지 밝히면 그것을 이론이라고 하는 것인가요?"

답변

'개념(concept)'은 현상을 요약하여 이를 추상화된 언어로 표현한 것이고, 이러한 개념과 개념들이 논리적으로 연결되어 진술의 형태로 표현된 것을 흔히 '이론(theory)'이라 부른다. 학문공동체에서 전통적으로 이러한 형태의 추상화되고 공식화된 이론에 부여해 온 가치와 권위와는 대조적으로, 근거이론적 방법은 '모든 지식은 근본적으로 이론이다(all knowledge is theoretical to its core)'라는 생각으로부터 출발한다. 즉, 근거이론적 방법에서 이론은 가장 기초적 수준의 추상화(특정한 맥락에서만 타당성을 가지는 '실체이론'– substantive theory)로부터 시작되며, 최종적 목적은 이러한 실체이론에 기초하여 보다 다양한 맥락에서 범용적 설명력을 가지는 '다맥락적 이론' 혹은 '중범위이론(middle range theory)'을 생성하는 데 있다.

근거이론에서 추구하는 이론은 '선험적이고 불변의 진리(the truth out there)'가 아니라, 지속적 발달 과정에 있는 '과정으로서의 이론(a theory as a process)'이다. 이러한 관점에서 Glaser와 Strauss는 『근거이론의 발견(The discovery of grounded theory』(1967/2011: 40)이란 책에서 "출판된 원고는 최종적인 것이 아니라, 이론을 형성하는 끝없는 과정 속에서 단지 하나의 기착지에 불과하다(The published word is not the final one, but only a pause in the never–ending process of generating theory)"라고 언급하고 있다.

☞ 보다 자세한 설명은 제3장 제1절 '2) 이론의 중층적 구조: 실체이론 vs. 공식이론(중범위이론) vs. 일반이론' 참조. 아울러 '1–4. 근거이론 연구수행의 결과로서 이론을 산출해야만 하는가?'의 답변도 동시에 참고하기 바람

1-3. 근거이론적 방법은 다른 질적 연구방법과 어떠한 점에서 차이가 있는가?

[관련 질문] 1. 근거이론은 실용적 사례연구, 실행연구와 어떻게 다른가?
2. 근거이론은 현상학적 연구와 어떻게 다른가?

학생 질문

– "근거이론과 실용적 사례연구 간 분석 방법상의 차이점은 무엇일까요. 수업을 들으면서 근거이론과 실용적 사례연구가 비슷하다는 생각이 들었습니다."
– "실용적 사례연구, 근거이론적 방법, 실행연구 개념을 구분할 수 있는 경계, 가장 큰 차이점이 무엇인지 궁금하다."
– "근거이론과 실행연구 간 현장에서 발생하는 문제 개선을 위한 이론을 도출하는 점에 있어서는 두 접근방식 간 공통점이 있는 듯한데, 질적 연구의 다섯 가지 접근방

식에 있어서 별도로 분리한 것으로 보아 두 접근방식 간의 차이가 있다는 것을 알 수 있습니다. 연구수행 시 근거이론과 실행연구의 차이점에 대해 좀 더 알고 싶습니다."

- "근거이론은 사례연구보다 범주가 큰 연구방법이 되는 거지요. 그리고 말씀하신 부분에서 사례연구, 실행연구와 근거이론과의 차이가 아직 모호합니다."
- "수업을 들으면서 계속적으로 들었던 의문 중 하나는 근거이론이 다른 질적 연구방법과 어떠한 점에서 다른가라는 것이었습니다."
- "현상학적 연구가 현상에 대한 [개인이 느끼는 주관적] 의미를 파악하기 위해 참여자로부터 자료를 수집하여 분석함으로써 현상을 설명하는 연구방법인데, 근거이론적 방법의 자료 수집 방법과 연구절차가 비슷하다고 느껴져 두 연구방법의 차이가 무엇인지, 어떤 경우에 근거이론을 선택하는 것이 좋은지 궁금합니다."

답변

1. 근거이론적 방법, 실용적 사례연구, 실행연구와의 관계

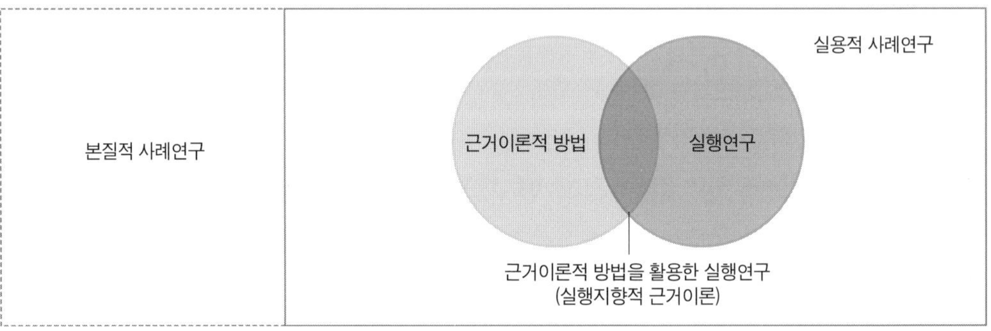

[그림 11-1] 실용적 사례연구, 근거이론적 방법, 실행연구 간의 관계

먼저, 〈실용적 사례연구〉는 일단 '이론화를 직접적 목적으로 수행되는 실용주의적 질적 연구'를 가장 넓게 포괄하는 개념으로 볼 수 있다. 특히 실용적 사례연구의 특징이 '(1) 이론화를 목적으로 하되, (2) 현상과 맥락의 경계가 명확하지 않은 상황에서 사례를 통해 특정한 맥락에서 발생하는 사회적 과정의 심층적 · 총체적 이해를 목표로 하고 있다'고 본다면, 사실상 '근거이론적 방법'과 '실행연구'는 두 가지 접근방법 모두 이러한 '실용적 사례연구'의 특징을 기본적으로 공유하고 있다고 볼 수 있다. 다만, 이에 더하여 두 가지 접근방법은 다음과 같은 추가적 특징을 가지고 있다. 즉, 〈근거이론적 방법〉은 '이론적 표집과 지속적 비교

를 통한 이론적 포화, 이를 통한 실체이론(중범위이론)의 생성'이라는 특징을 명시적으로 가지고 있고, 〈실행연구〉는 '현실 개선을 위한 현장밀착형 지식의 개발'이라는 명시적 목적과 함께 '이론 개발–적용–성찰–이론 수정'이라는 순환적 피드백 루프와 연구 수행과정에서 연구대상자의 참여를 강조하는 추가적 특징을 가지고 있다고 이해할 수 있다. 이러한 실용적 사례연구, 근거이론적 방법, 실행연구 간의 관계를 도식화하여 제시하면 [그림 11–1]과 같다. 물론 실행연구와 근거이론적 방법을 혼합하여 제3의 새로운 접근방식을 만들어 낼 수도 있다.

☞ 보다 자세한 설명은 제4장 제1절 '3) 실용적 사례연구, 근거이론적 방법, 실행연구의 관계' 참조

2. 근거이론과 현상학적 연구와의 관계

'현상학적 연구'는 행위자가 살아가는 현장에서 체험한 '주관적인 경험'을 강조하는 반면, 근거이론 연구는 개별 행위자의 주관적 경험 자체에 초점을 두기보다는 '그러한 주관적 경험이 행위자들 간의 인과적 관계에 대한 이론적 언명(statements)으로 추상화될 수 있는지'에 보다 관심을 둔다. 이 두 가지 질적 연구방법에서 접근방식의 차이는 면담기법을 어떻게 활용하고 있는가에서 찾아볼 수 있다. 현상학적 연구에서는 오염되지 않은(uncontaminated) 면담참여자의 살아 있는 경험을 탐색하는 것을 목적으로 하기 때문에, 면담참여자가 심층면담에서 표현하고 있는 스토리의 세부 사항과 뉘앙스, 그리고 그들이 선택한 단어 그 자체가 주된 분석단위를 구성한다. 따라서 현상학적 연구에서는 '사태를 사태 자체'로 보는 것을 강조하며, 연구를 수행할 때 선행연구에 대한 검토 없이 백지상태 혹은 '판단중지(epoche)' 상태로 임해야 한다고 주장하기도 한다. 이와는 달리 근거이론적 방법은 우리의 지식의 근원은 '기존에 가지고 있던 선행지식과 경험을 통해 얻은 관찰과의 변증법적 상호작용'에서 온다고 가정한다. 따라서 근거이론적 논리에서는 선행연구나 개념의 분석 없이 백지상태로 연구에 임한다는 것은 현실적으로 불가능할 뿐만 아니라, 이렇게 철저하게 비구조적인 연구는 무작위적이고 형체가 없는 것으로 전락되어 버릴 가능성이 농후한 것으로 비판한다(권향원 · 최도림, 2011). 즉, 근거이론적 방법에서는 면담이 참여자의 경험에 대한 이해라는 현상학적 관심으로 시작할지는 모르지만, 주된 관심은 스토리 그 자체가 아니다. 스토리는 연구 중에 있는 사회적 현상에 대한 정보를 도출해 낼 수 있는 여러 가지 수단 중 하나에 불과한 것이다. 이에 따라 근거이론적 방법에서는 현상학적 연구와는 달리, 면담을 데이터 수집의 유일한 수단으로 생각하는 경우는 매우 드물다(예컨대, 문헌 자료, 양적 데이터도 중요한 자료로 간주한다).

☞ 보다 자세한 설명은 제1장 제2절 '3) 실용주의적 질적 연구에서 근거이론의 위치' 참조

1-4. 근거이론 연구수행의 결과로서 이론을 산출해야만 하는가?

[관련 질문] 근거이론적 방법을 활용하여 '실체이론'이 형성된 후 이를 '중범위이론'으로 발전시켜 나가기 위해서는 어떻게 해야 하는가?

학생 질문

- "근거이론적 방법을 적용한 초보연구자들의 연구에서 결과는 어느 수준까지 제시하는 것이 타당한가?"
- "교과서에서는 단순한 개념적 서술에 그쳐서는 안 된다고 하는데, 실제로 어떤 방식으로 개념과 개념 간의 관계를 설명하는 이론의 수준으로 제시할 것인가에 대해서는 명확하지 않아 보입니다. 논문으로 제출하기 위해서 어떤 수준에서 마무리해야 할지, 어떠한 측면을 더 보완하여 제시해야 할 것인지에 대한 기준이 있는지요?"
- "현재까지의 연구결과처럼 단순한 개념적 서술에 그치는 것이 아니라, 앞으로 개념과 개념 간의 관계를 설명하는 이론으로 제시될 때까지는 어떠한 단계를 거쳐야 하는지 막막함, 어려움이 있는 것도 사실입니다. 실질적으로 그냥 이 정도의 선에서 마무리를 지어야 할지 아니면 어떠한 면을 보강시켜 더 나아가야 할지에 대한 고민이 들기도 합니다."
- "통합사회 교과의 효과적 운영방안에 관한 탐색적 연구의 경우 결과 발표에서 개념이 도출 또는 적용되는 맥락을 구체화하는 것이 필요하다고 조언을 주셨는데 본 연구의 결과를 통해 중범위이론 구축을 목표로 한다면 먼저 구체적인 학교의 맥락에 맞는 이론을 생성 및 적용하고 다른 학교에서 다시 연구를 진행하고 이를 통해 중범위이론을 구축해 나가는 것인가요?"

답변

이와 관련 Birks et al. (2019)은 다음과 같은 견해를 표명하고 있다.

근거이론적 방법이라고 칭하는 많은 연구들 중에 실제 이론적 산출물(a theoretical product)을 얻는 데 실패하는 경우가 많다. Glaser(2019)는 그러한 연구를 "근거 기술(grounded description)"(p. 441)이라고 부른다. Glaser는 질적 연구자들은 종종 기술(description)의 단계로부터 이론적 설명(theoretical explanation)의 단계로 넘어가는 데 어려움을 겪고 있다고 지적한다. 그러한 어려움의 일부는 '이론이 구체적으로 무엇을 의미하는가?'에 대한 이해의 부족에서 비롯된다고 주장한다. 이론은 '서로 연계되어 있는 일련의 개념들로 구성된 설명의 틀(an explanatory scheme comprising a set of concepts related to each other)'로 정의될 수 있다(Birks & Mills, 2015: 108). 필자들이 언급한 대로, 설명력(explanatory power)은 근거이론적 방법의 핵심적 특성이다. 현상을 기술하고 있는 연구결과들은 과정을 분명히 하기 위해 노력한다. 범주들 간의 관계는 이론적 틀(theoretical framework)이 결여된 상태에서는 (설명력을 제대로 갖추지 못한) 경직된 관계에 대한 진술이 될 가능성이 크다. 요약하자면, 어떤 연구가 근거이론 연구로 지칭되기 위해서는 데이터가 근거한 이론이 산출되어야만 한다.

하지만 필자가 보기에 이 질문에 대한 답변은 Birks et al. (2019)이 제시한 것처럼 그렇게 간단하지만은 않다. 무엇보다 '이론이 무엇인가?'라는 질문에 대한 답이 학자에 따라 서로 다르기 때문이다. 즉, Birks et al. (2019)의 견해와는 달리, 이론을 지나치게 개념과 개념 간의 관계로 파악하여 현상에 대한 인과적 진술만을 이론으로 간주하는 입장에서 탈피하여, '현상의 특징을 포착하는 개념[예컨대, 유민봉 · 심형인(2009)의 체면, Stone(2012)의 정책 패러독스]'이나 '특정 개념의 속성을 좀 더 구체적으로 이해하려는 목적에서 도출된 현상의 유형을 분류하려는 노력[예컨대, Birnbaum(1988)의 동료형, 관료형, 정치형, 무정부형, 사이버네틱 조직 모형]' 등도 이론에 포함시켜야 한다는 입장도 있기 때문이다(예컨대, 2019. 10. 26. 안암 질적 연구스터디 모임 토론에서 고려대 윤견수 교수). 이때 전자의 이론을 만드는 것을 '관계적 이론화'(기존의 이론적 개념들 간의 상호관계에 대한 새로운 규명), 후자의 이론을 만드는 것을 '개념적 이론화'(기존의 이론적 개념들이 잘 포착하지 못하였던 현상에 대한 새로운 개념적 범주의 제시)라고 할 수 있다(권향원 · 최도림, 2011). 이렇게 '개념적 이론화'를 통해 산출된 연구결과물을 '이론'의 범주에 포함하는 입장에서 본다면 '근거이론 연구'에 포함되는 연구의 범위는 Birks et al. (2019)이 정의하는 근거이론 연구의 범위보다는 훨씬 넓어질 수 있을 것이다.

또한 제3장에서 언급했듯이 '이론이 무엇을 의미하는가?'라는 질문과 관련하여 또 하나의 중요한 쟁점은 우리가 추구해야 하는 바람직한 이론이 (1) 맥락을 초월하여 적용될 수 있는 일반이론 혹은 보편적 이론(예컨대, 맥락자유이론)인가 아니면 (2) 우리에게 주어진 크고 작은 특정한 맥락에서 발생하는 문제를 해결할 수 있는 보다 현장에 밀착된 특수성을 가진 이론(예컨대, 실체이론/맥락기속이론, 혹은 중범위이론/다맥락적 이론)인가라는 것이다. 이와 관련하여 권향원(2017)은 이론이 단일한 층위로 구성되어 있는 것이 아니라 추상도를 기준으로 '맥락기속적이론(실체이론/잠정이론) → 다맥락적 이론(중범위이론/공식이론) → 일반이론'의 중층적 구조로 이루어져 있다고 설명하고 있다. 근거이론적 방법에서는 맥락을 초월하여 적용될 수 있는 보편이론보다는, (1) 특정한 맥락에서만 제한적으로 타당성을 가지는 맥락기속적 이론(실체이론/잠정이론)을 먼저 생성하고, (2) 이러한 맥락기속적 이론에 기초하여 다양한 맥락에서 범용적으로 적용될 수 있는 다맥락적 이론(중범위이론)으로 점차적으로 발전시켜 나가는 것을 지향하고 있다. 예컨대, A 학교에서 발견된 효과적 학습 전략(실체이론)이 다른 특성을 가지는 B, C, D, E 학교에서도 모두 효과적이었다는 연구결과가 산출된다면 이는 기존의 A 학교에서 도출된 실체이론(맥락기속적 이론)이 범용적 설명력을 가지는 다맥락적 이론으로 발전될 잠재력을 가지고 있다고 말할 수 있는 것이다. 하지만 대부분의 초보연구자는 여전히 자신의 연구에서 도출한 연구결과가 단순한 '개념적 진술'인지, '실체이론(맥락기속적 이론)'인지 어떻게 구분할 것인지 혼란에 빠지는 경우가 많다. 필자가 볼 때 이러한 혼란은 연구자가 근거이론적 방법이 제시하는 원칙(예컨대, 이론적 표집과 지속적 비교, 개념과 개념 간 관계의 이론적 포화화)을 제대로 따랐는가라는 기본적 문제와 함께, 다음과 같은 '2차 코딩'과 '3차 코딩' 개념 간의 관계에 대한 이해가 제대로 이루어지지 못했기 때문에 일어난다고 생각한다.

이 책에서 〈2차 코딩〉은 1단계에서 생성된 개념들을 바탕으로 (1) 개념과 개념 간, (2) 개념과 범주(상위 개념) 간, (3) 범주와 범주 간의 관계를 이론화를 목적으로 체계적으로 연관시키는 작업을 말한다. 실제 우리나라 연구자들이 수행하는 상당수의 근거이론 연구는 이 단계에서 종료되는 경우가 많다. 하지만 근거이론적 방법은 이러한 단순한 '속성 구조' 혹은 '개념 간의 관계'에 대한 '진술(description)'의 단순한 제시에 그쳐서는 안 된다(Glaser, 2019). 연구자 개인이 자신의 연구를 통해 생성한 이러한 '잠정적 이론'의 타당성에 대해 학문공동체 구성원들로부터 동의를 받는 추가적 과정을 통해 '자신이 발견한 결과가 순전히 주관적인 것만은 아니다'라는 점을 보여 주는 것이 필요하다. 즉, 연구자가 자신의 연구결과의 타당성을 검증받기 위해 (1) 2차 코딩의 결과로 도출한 연구자의 '잠정이론'을 이미 구축되어 있는 다른 이론(일반이론/중범위이론) 혹은 다른 실체이론들(유사한 문제인식을 가지고 다른 맥락에서 수행된 연구에서 도출된 실체이론)과 연계하거나, (2) 자신의 연구결과에 기초한 새로운 '가설의 형성'을 통해 도출한 실체이론이 중범위이론으로 발전될 수 있는 가능성을 제시하는 작업이 추가적으로 필요하다. 이 책에서는 이러한 마지막 단계를 〈3차 코딩〉이라고 지칭하고 있다. 이는 Glaser나 Charmaz가 말하는 이론적 코딩과 유사한 개념이라고 할 수 있다. '과정적 이론(a theory as a process)'으로서 성격을 가지고 있는 '근거이론'은 이러한 3차 코딩 과정을 통해 개별 연구자가 도출한 '잠정이론'의 타당성을 지속적으로 확인해 나감으로써, 개별 연구자의 연구결과를 보다 광범위한 학문공동체의 지식 체계에 체계적으로 통합시켜 나갈 수 있는 것이다.

요약하자면 단순한 '개념적 서술'이냐, 근거이론(개념적/관계적 이론화를 포두 포함한 실체이론)의 특성을 가지고 있는 '이론'인가의 구분은 연구자가 (1) 개념과 이론을 도출하는 과정에서 근거이론적 방법의 기본원칙(예컨대, 이론적 표집과 지속적 비교, 이론적 포화 등)을 얼마나 엄격하게 적용하였는지, 그리고 (2) 도출된 개념과 이론들이 기존이론이나 이미 산출된 다른 근거이론(실체이론)에 어떻게 연계 · 확장될 수 있는지를 얼마나 체계적으로 논의하고 있는가(예컨대, 도출된 근거이론과 기존에 통용되고 있는 '일반이론' 혹은 다른 맥락에서 도출된 '실체이론'과의 연계, 연구결과에 터한 '가설의 형성'을 통해 중범위이론으로서 발전 가능성 제시) 등을 종합적으로 판단하여 결정되어야 할 것이다.

☞ 보다 자세한 설명은 Birks et al. (2019). 5~6쪽 'Do I have to produce a theory as a result of the research?' 및 제3장 제1절 '근거이론적 방법에서 추구하는 이론과 이론화 논리', 그리고 제9장 제3절 '2) 실제 코딩의 수행' 부분을 참조

1-5. 학문공동체와 함께 근거이론을 만들어 나가는 연구를 하기 위해서는 어떻게 계획하고 진행해 나가야 하는가?

학생 질문

- "학교 현장의 정책 적용과 개선에 관심이 있는 저로서는 비슷한 주제의 연구가 동시에 다양한 배경으로 이루어진다면 이를 종합하여 하나의 큰 틀에서 학교 현장을 바라볼 수 있고 중범위에서 여러 맥락에 적용 가능한 하나의 이론을 창출할 수 있는 기회로 여겨지는데, 구체적으로 어떤 방식으로 실행 가능할 것인지 고민이 됩니다."
- "여러 연구자 간의 협업을 통해 중범위이론(또는 중범위 담론)을 형성해 나갈 때 비로소 근거이론적 방법의 의미가 부각될 수 있는 것인지 궁금합니다."

답변

근거이론적 방법에서는 맥락을 초월하여 적용될 수 있는 보편이론보다는, (1) 특정한 맥락에서만 제한적으로 타당성을 가지는 맥락기속적 이론(실체이론/잠정이론)을 먼저 생성하고, (2) 이러한 맥락기속적 이론에 기초하여 다양한 맥락에서 보다 범용적으로 적용될 수 있는 다맥락적 이론(중범위이론)으로 점차적으로 발전시켜 나가는 것을 지향하고 있다. 예컨대, A 학교에서 발견된 효과적 학습 전략(실체이론)이 다른 특성을 가지는 B, C, D, E 학교에서도

모두 효과적이었다는 연구결과가 산출된다면 이는 기존의 A 학교에서 도출된 실체이론(맥락 기속적 이론)이 범용적 설명력을 가지는 다맥락적 이론으로 발전될 잠재력을 가지고 있다고 말할 수 있는 것이다.

'과정적 이론(a theory as a process)'으로서 성격을 가지고 있는 '근거이론'은 이러한 과정을 통해 개별 연구자가 도출한 '잠정이론'의 타당성을 지속적으로 확인해 나감으로써, 개별적으로 수행된 연구결과들을 보다 광범위한 학문공동체의 지식 체계에 체계적으로 통합시켜 나갈 수 있는 것이다. 다시 말하자면 근거이론적 방법에서는 다수의 맥락에서 범용적 설명력을 가질 수 있는 중범위이론(다맥락적 이론)'을 산출하는 것을 최종적 목적으로 하며, 이를 위한 연구자들의 집합적 노력이 오랜 기간 축적될 경우 사회현상을 보다 체계적으로 이해할 수 있는 '중범위이론들'이 축적될 수 있는 것이다. 물론 이는 (1) 동일한 주제에 대한 개인 연구자의 오랜 기간 동안의 노력 혹은 (2) 동일한 문제인식을 가지는 다수 연구자의 집합적이고 체계적인 노력을 통해 모두 성취될 수 있다.

예컨대, 필자가 2013년부터 수행해 온 '학부교육 우수대학의 특징과 성공요인' 연구는 전자에 해당된다. 필자는 먼저 한동대 사례연구를 통해 '잠정적 이론/실체이론(예컨대, 한동대의 특징과 성공요인)'을 도출하고, 이를 동료 연구자들이 다른 참여대학을 대상으로 도출한 잠정적 이론(예컨대, K-DEEP 프로젝트에 참여한 다른 대학, 즉 건양대, 대구가톨릭대, 서울여대, 아주대 등에서 도출된 연구결과)과 비교하여 일종의 초동적 다맥락적 이론을 도출하였다. 이후 후속적으로 수행된 연구(변기용 · 이석열 외, 2017; 변기용 외, 2019 등)와 대학원 수업 과정(예컨대, 미국의 맥락에서 도출된 Kezar, 2018의 조직변화 이론과의 비교) 등을 통해 이를 보다 발전된 다맥락적 이론으로 만들어 나가는 작업을 계속하고 있다. 즉, 후속 연구결과를 통한 검증 또는 기존에 정립된 일반이론(general theory) 혹은 다맥락적 이론에 비추어 자신의 연구결과를 해석해 봄으로써 보다 범용적인 이론으로의 발전 가능성을 모색해 나갈 수 있는 것이다.

반면, 교사학습공동체에 관심을 공유하고 있는 많은 교사 연구자가 만약 '어떻게 하면 교사학습공동체를 보다 성공적으로 운영할 수 있을 것인가?'라는 문제의식을 사전에 집합적으로 공유하고, 서로 합의된 근거이론적 방법을 통해 자신의 학교에서 연구를 수행하되 자신들의 연구결과를 체계적 · 협력적으로 공유해 나가는 접근방식은 후자에 해당될 것이다. 이를 위해서는 무엇보다 현장(해당 맥락)에 필요한 지식(이론)을 누구보다 잘 알고 있는 교사(교수)와 현장 행정가들이 연구 역량을 배양하여 자신이 발견한 문제에 대해 '직접' 연구를 수행하는 것이 가장 현실적이다. 물론 교사(교수)와 현장 행정가들이 앞서 언급한 대로 전문연구자들과 함께 협업하여 연구를 수행할 수도 있다. 이러한 방식의 연구는 미국의 고등교육 맥락에서는 기관연구(institutional research)의 형태로 이미 활성화되어 해당 대학에 필요한 현장밀착형 이론(실체적 지식)을 산출하는 데 기여하고 있다. 심지어 이러한 현장 연구자들이 주축이 된 학회(Association for Institutional Research: AIR)까지 오래전부터 매우 활발하게 운영되고 있다. 우리나라 고등교육의 맥락에서도 최근 대학들이 학령인구 감소와 재정난 속에서 (1) 어떻게 하면 학생들의 교육을 제대로 할 것인가? (2) 어떻게 하면 대학 운영을 효과적으로 할 것인가라는 두 가지의 핵심적 문제에 대해 관심을 가지게 됨에 따라 교수학습센터(Center for Teaching and Learning), 교육의 질 관리 센터 등에 전문 연구자 채용이 늘어나고 있다. 따라서 이들을 중심으로 해당 대학의 맥락에 기초한 현장밀착형 이론(지식) 창출을 목적으로 하는 연구와 연구결과를 공유하는 장들이 점차적으로 늘어나고 있다.

한편, 초중등교육의 맥락에서도 이미 오래전부터 이용숙, 조용환 교수 등을 중심으로 교사들의 교육현장 개선 연구 역량 배양과 이들이 직접 수행하는 '실행연구'를 활성화하려는 움직임이 있어 왔다. 이용숙 외(2005)에 실린 다음의 인용문은 그러한 문제인식을 단적으로 보여 주고 있는 예라고 할 수 있다.

> 이제까지의 연구가 현실을 제대로 반영하지 못하였거나 반영하였다고 하더라도 현장에 적용하기에는 너무 이상시 되어 온 것이 사실이다……. '연구를 위한 연구', '현실과 유리된 연구'가 아닌 이론을 현장에서 직접 실천해 나가며, 체계적으로 반성하고, 개선해 나가는 실행연구를 통해 현장에 보다 가치 있는 공감을 주고, 가까운 연구를 하고자 하였기 때문이다(이용숙 외, 2005: 19).

이와 관련하여 핀란드의 예비교사들은 교사교육 프로그램을 통해 학위 논문 외에 교직학과정 이수 과정에서 실행연구 논문을 작성하면서 연구 역량을 키워 나간다고 한다(김병찬, 2013b). 즉, 핀란드 대학교에서는 실행연구에 대한 이해 및 연구수행을 위해 필요한 다양한 연구방법론 강좌를 운영하고 있으며, 예비교사들은 이 연구방법론 강좌를 반드시 이수해야 한다. 필자가 볼 때 우리나라에서도 이러한 핀란드의 사례를 주의 깊게 살펴볼 필요가 있다. 우리 학교 현장에서 공통된 문제인식을 가진 교사 집단들이 '자신들의 가슴을 뛰게 하는 연구 주제'를 발견하고, 이러한 주제(예컨대, 교사학습공동체, 교사 리더십, 교장 리더십 등)에 대해 함께 연구하여 결과를 공유하는 제3지대 학문공동체를 활성화시켜 나간다면 개인 연구자가 독자적으로 연구를 수행하는 것보다 훨씬 효과적이고 빠른 시간 내에 유용한 근거이론(실체이론/중범위이론)을 생성해 나갈 수 있을 것이다. 이때 다양한 질적 연구방법 중 자신의 연구 분야에 유용한 이론의 발달로 직결되는 자료 분석 절차를 가장 체계적으로 제시(김준현,

2010)하고 있는 근거이론적 방법은 질적 연구의 초보자인 교사들에게 유용한 방법론적 지침을 제공해 줄 수 있지 않을까 생각해 본다.

☞ 보다 자세한 설명은 제4장 제2절 '실행지향적 근거이론 방법의 가능성 탐색' 참조

2. 연구 설계과정에서 드는 의문들

2-1. 근거이론적 방법을 통해 수행하기에 적절한 연구는 무엇인가?

학생 질문

– "근거이론에 적합한 연구주제가 따로 있는가 하는 의문이 들었습니다. 학교에서 수업을 진행하며, 학생과의 관계나 교사와의 관계 속에서 수많은 문제가 존재하지만 이것이 연구주제로 의미가 있으며, 이것을 근거이론적 접근법으로 연구하는 것이 과연 적절할까 하는 의문이 들었습니다. 교수님께서 다양한 예시를 주셨지만 막상 연구주제로 설정하려니 너무 지엽적이고 한정된 문제가 아닌지, 주제를 확장하기 위해 범위를 어떻게 잡아야 할지 아직 막막한 기분이 들었습니다."

– "이번 수업에서 제가 원하는 주제를 고르지 못해 아쉬웠던 것도 있지만 사실 어떤 주제를 선택해야 할지도 어려웠고 주제로 선정한 것에 대해서도 이것이 과연 근거이론적 방법에 적합한 주제였을까 하는 고민도 해 보았습니다. 앞으로 저도 논문주제를 선택해야 할 것이고 아직 연구방법에 대해서는 정해진 것이 없기 때문에 질적 연구방법, 근거이론적 방법의 경우에는 어떠한 주제를 선별해야 할지에 대해서 조언을 구하고 싶습니다. 특히나 질적 연구방법은 느낌, 사고과정, 감정과 같은 부분이 들어간 현상에 대해 연구를 해야 하는데 이 느낌이 사실 잘 와닿지 않습니다. 요즘 생각해 보고 있는 주제가 교수님의 '한동대 논문'과 같이 '기술계열 특성화고 살리기'인데 이것도 근거이론으로 접근하기 괜찮을지도 여쭤보고 싶습니다."

– "근거이론을 통해 연구가 가능한 적정 수준에 관한 질문입니다. 일단 근거이론 접근을 통해 연구를 진행하기 위해서는 연구자가 연구주제에 대해 이론적 민감성이 있는 상황이어야 한다고 생각합니다. 어느 정도의 전문성을 갖추고 있는 사람이 선행연구 혹은 선행 문헌을 공부하여 연구해야 타당한 연구결과가 나올 수 있을 것이라 생각됩니다. 그렇기 때문에 이론의 첫 발자취를 남기는 탐색 연구를 위한 주제보다는 기초적인

연구가 되어 있는 주제여야 근거이론적 접근이 가능하지 않을까 싶습니다. 앞으로 연구주제와 연구방법을 정하기 위해 고민하다 보니 어느 정도 수준으로 연구된 주제가 근거이론 연구가 가능한 주제인 것인지 궁금해졌습니다."

- "자신이 터한 곳에서 내부전문가이자 연구자의 역할을 동시에 수행함으로써 실행연구의 효과를 살리되, 이를 발전시켜 실행지향적 근거이론으로까지 나아갈 수 있는 있는 방안에는 무엇이 있을지 궁금합니다."
- "저의 고민은 '담론'은 연구자의 개입이 있기 전 이미 주어진 것으로 해석과 분석의 대상이 아닌가 하는 고민이 있습니다. 이러한 경우 근거이론을 어떻게 활용할 수 있을지 궁금합니다."
- "교육행정을 비롯한 행정이라는 주제는 각각의 맥락에도 존재하기 때문에 이를 해결하기에 탁월하다고 볼 수 있지만, 종국에는 국가적 차원의 문제를 해결해야 하는 것이라고 생각하는데 이런 과제를 해결함에도 실행지향적 근거이론이 중용될 수 있을까요?"
- "외부 연구자가 내부자와 협력하여 중범위이론을 주관적인 방법으로 도출해 냈을 때, 그 이론은 과연 '현실 개선'을 할 수 있을까? 그리고 그렇게 도출된 중범위이론을 정말 정부 정책 결정자들과 교육자에게 도움이 될까?"

답변

Birks와 Mills(2015/2015)는 근거이론적 방법은 현장에서 수집한 데이터에 기초하여 새로운 지식과 이론을 생성하는 것을 목적으로 하므로 '아직까지 제대로 알려지지 않은 미지의 영역'에서 가장 가치로운 기여를 할 수 있다고 한다. 이러한 유형의 근거이론 연구는 (1) 특정한 현상의 속성을 탐색하는 '개념적 이론화' 연구, (2) 개념적 이론화에 그치지 않고 개념과 개념의 관계에 대한 탐색을 통해 '관계적 이론화'를 추구하는 연구로 나눌 수 있다. 하지만 기존 선행연구가 별로 이루어지지 않은 경우라 하더라도 연구목적이 '특정한 현상을 설명하는 이론의 생성'보다는 단순히 현상을 탐색하고 기술하는 데 있다면, 근거이론보다는 그 목적에 맞는 다른 접근방법(예컨대, 현상의 두터운 기술을 목적으로 하는 본질적 사례연구, 문화기술지)을 찾아야 한다고 조언하고 있다.

하지만 근거이론적 방법이 탐색적 목적을 가진 실체이론 형성을 목적으로 하는 것이기는 하지만, '아직까지 제대로 알려지지 않은 미지의 영역'에서만 연구가 이루어질 수 있는 것은 아니다. 즉, '기존에 존재하는 해당 영역의 소위 일반이론을 특정한 맥락에 맞게 수정, 정련화하는 연구'도 근거이론적 방법의 주요한 적용 영역이 될 수 있다. 예컨대, '연구가 이미 많이 이루어진 영역에서 일반적으로 받아들여지고 있는 이론(예컨대, 외국에서 개발되어 도입된 이론, 다른 학문 영역에서 개발된 이론)이 특정한 맥락에서도 타당성을 가지기 위해서 어떤 부분이 추가적으로 고려되어야 하는가?'라는 관점에서 근거이론적 방법을 적용할 수 있다. 이러한 관점에서 볼 때 교육행정학 분야에서도 특히 기존 연구가 많이 축적되어 있는 영역(예컨대, 리더십 등의 영역)에서는 통용되고 있는 기존 이론(예컨대, '감성적 리더십은 교원 사기를 올린다')이 특정한 맥락(예컨대, 서울 강남지역, 서울 강북지역, 농어촌 지역)에서 설명력을 높이기 위해서는 어떤 부분을 추가적으로 고려하거나 보완해 나가는 것이 타당할 것인지라는 문제인식하에서도 근거이론적 연구를 시도해 볼 수 있다(중재적 조건의 탐색 연구).

☞ 보다 자세한 설명은 제6장 제1절 '근거이론적 방법을 활용하여 수행하기에 적합한 연구' 참조

2-2. 초보연구자들도 근거이론적 방법을 활용한 연구를 할 수 있는가?

학생 질문

– "근거이론에 대해 학습할수록 그 필요성과 목적에 공감하며 내가 속한 현장에서 발견한 문제를 적용하여 연구하고 싶다는 생각이 듭니다. 그러나 한편으로는 석사 학위를 준비하는(아직 논문 한 편 완성해 보지 않은) 학생이 특정 맥락에 적용되는 이론을 창출해 내고 이를 다맥락적 이론으로 발전시키는 과정에 대한 신뢰와 인정을 받을 수 있을까 하는 생각이 들었습니다. 즉, 연구자의 역할이 중요한 이런 연구방법을, 연구경험이 없는 연구자가 사용해도 괜찮은 것인지, 얼핏 보면 분명한 근거에 의해 결론이 맺어지는 것으로 보이는 양적 연구가 연구 초심자에게 적합한 건 아닌지 현실적인 의문이 듭니다."

답변

우리나라에서 출판된 근거이론 연구들, 특히 7명에서 10명 정도의 대상자를 면담하여, 질적자료 분석 소프트웨어를 통해 피상적으로 산출한 개념을, Strauss와 Corbin의 코딩 패러다임에 기계적으로 배분하고 난 후, 충분한 논거도 없이 스토리를 만들어 내고 있는 논문들을 읽어 본 초보연구자들의 반응은 아마 '이 정도라면 나도 할 수 있겠다'라는 것이 아닐까 싶다. 그러한 방식으로 작성된 논문이 하나둘 출판되고 나면, 그러한 잘못된 방식을 그대로 판박이한 또 다른 논문들이 연이어서 나오는 상황(소위 'publication bias')이 반복되어, 외국의 상황과는 달리 우리나라 학문공동체에서는 근거이론적 방법을 원래의 취지에 맞게 활용한 연구

들이 별로 나오지 못하고 있는 상태가 된 것이 아닌가 하는 의문이 든다.

좋은 근거이론 연구는 상당한 연구경험, 지난한 노력과 창의성이 뒷받침될 때 비로소 이루어질 수 있다. 근거이론 연구에서 적용되는 대부분의 주요 기법은 경험을 통해서 점차적으로 향상되어 가는 것이다. 이른바 '시간과 경험이 가르쳐 주는 지혜'라고 할 수 있다. 물론 데이터를 분석하여 존재하는 패턴을 분석해 내는 것은 타고난 연구자 개인의 감수성 혹은 능력에도 상당 부분 의존한다. 어떤 연구자들은 다른 연구자들에 비해 수집한 데이터로부터 남이 잘 보지 못하는 패턴과 의미를 파악해 내는 탁월한 능력을 가지거나, 혹은 그러한 능력을 다른 사람보다 빨리 습득하는 경우가 분명히 존재한다. 통계를 배우는 과정에서도 이러한 개인차는 존재하지만, 필자가 볼 때 그러한 천부적 능력을 가진 사람은 사실 그리 많지는 않다고 생각한다. 대부분의 학생은 그야말로 오십보백보의 차이의 범위 내에 존재한다고 보는 것이 오히려 현실에 가깝다.

근거이론적 방법의 이러한 특성상, 천부적으로 그러한 능력을 타고난 사람과 경험을 통해 통찰력을 축적한 연구자들에게 많은 이점을 가져다 주는 것은 틀림없지만, 이것이 곧 초보연구자들이 근거이론적 방법을 적용한 연구를 할 수 없다는 것을 의미하는 것은 아니다. 오히려 이러한 연구방법론 교재에서의 언급들은 초보연구자들로 하여금 (1) 자신이 데이터를 분석하여 이론을 발견하는 천부적 능력을 타고났다고 과도하게 자부하거나, (2) 상당 기간에 걸친 특별한 훈련이 없이도 근거이론적 방법을 적용하여 쉽게 논문을 쓸 수 있다는 그야말로 '근거없는 자신감'을 가지지 말라는 합리적인 경고 정도로 해석되는 것이 타당할 것이다. 근거이론적 방법을 활용하기를 원하는 초보연구자들은 자신이 특정한 통계기법을 숙달할 때처럼, 관련 강좌(일반적 질적 연구방법론 강의, 근거이론 방법론 강의)의 지속적 수강과 함께 이론적 민감성을 키우기 위한 경험과 훈련을 지속적으로 해 나가는 것이 필요하다. 이 과정에서 당면하는 다양한 문제에 대해 조언을 해 줄 수 있는 경험 많은 연구자(지도교수, 질적 연구자, 연구수행 경험이 있는 다른 선배 학생들)들은 특히 유능한 근거이론 연구자로 성장해 나가는 데 많은 도움이 될 것이다.

아울러 근거이론적 방법은 특정한 맥락에 기초하고 있는 것이기 때문에 자신이 관심을 가진 주제나 맥락적 상황에 대한 실제적 경험을 많이 하는 것도 매우 중요하다. 따라서 교사라면 자신이 소속된 학교에서 자신이 주로 하는 활동과 관련된 주제(예컨대, 교수 행위, 교사학습공동체, 혁신학교 등)를 연구하게 되면 당연히 주제에 대한 이론적 민감성이 높아질 수 있을 것이다. 아무런 직장 경험이 없이 학부를 졸업한 후 바로 대학원에 진학한 학생들의 경우에는 가장 친숙한 영역이 자신의 학부생활 경험, 대학원 생활 경험이 될 가능성이 높다. 따라서 이러한 학생들의 경우 일단 자신이 재학하고 있는 학교나 다른 학교에 재학 중인 학생들의 경험을 탐구하는 근거이론 연구를 해 보는 것이 좋다. 이 경우 초보연구자이지만 자신이 연구하는 주제에 대한 나름의 이론적 민감성을 가지고 근거이론적 연구를 수행할 수 있고, 이 과정에서 관련된 주요 기법들을 보다 용이하게 습득해 나갈 수 있을 것이다.

☞ 보다 자세한 설명은 제10장 제3절 '좋은 근거이론 연구를 위해 고려해야 할 사항들' 참조

2-3. 근거이론 연구를 수행하는 데 통상적으로 얼만큼의 시간을 투입해야 하는가?

답변

근거이론을 생성하는 것은 전통적으로 박사학위 과정 기간 전반에 걸쳐 연구가 수행될 정도로 매우 긴 기간이 걸리는 것으로 알려져 있다. 실제 근거이론적 방법을 개발하여 소개한 Glaser와 Strauss는 6년간에 걸쳐 미국의 6개 병원에서 다양한 형태로 나타났던 죽음의 양상을 관찰하여 『근거이론의 발견(The discovery of grounded theory)』이라는 책을 저술한 바 있다. 하지만 모든 근거이론 연구가 반드시 이렇게 오랜 시간이 걸려야 하는 것은 아니다. 그리고 현실적으로 대부분의 연구자는 하나의 연구를 이렇게 오랜 기간 동안 수행할 수 있는 형편에 있지 못하다.

최근 국내외에서 출판된 근거이론 연구 논문들은 비교적 짧은 기간 동안 수행되었지만 좋은 연구결과를 도출할 수 있음을 실제로 보여 주고 있다. 특히 미시적 수준, 혹은 제한된 분석 단위를 설정하여 도출된 단기적 · 실행지향적 근거이론(short action–oriented grounded theories)은 실천적으로 타당성이 높고, 연구 수행과정도 상대적으로 단순하고 이해하기 쉽다(Birks et al., 2019). Glaser는 좋은 근거이론은 독자들의 관심을 끌어낼 수 있어야 하고, 독자들이 생성된 근거이론을 이해하기 쉽도록 제시해야 한다고 제안하고 있다. 이러한 근거이론 연구의 예는 Vajta et al. (2015), Hoare와 Decker(2015), Hoare et al. (2018) 등이 있다. 이들 연구들은 불과 수개월 동안 수행되었지만, 근거이론적 방법의 취지대로 현장의 데이터에 기반하여 좋은 근거이론을 생성할 수 있음을 보여 주고 있다. 따라서 좋은 근거이론을 생성하는 것은 기간의 문제가 아니라, 근거이론적 방법을 얼마나 명료하고, 정확하게 적용하여 주어진 상황에서 타당한 근거이론을 도출할 수 있느냐에 달려 있다(Birks et al., 2019: 2).

☞ 보다 자세한 설명은 Birsks, Hoare, & Mills (2019). 2쪽 'How long does it take to do a GT' 참조

2-4. 근거이론적 방법에도 다양한 유형이 있는데 어떤 유형의 접근방법을 채택하는 것이 좋은가?

학생 질문

– 근거이론에도 다양한 접근방법이 존재하는 가운데 연구자가 하나의 접근방법을 채택하여 연구를 수행한다면 과연 학계에서 인정될 수 있는 것일까? 특히 Strauss와 Corbin의 패러다임 모형을 활용한 연구가 지배적인 가운데 그러한 기존 논문의 형식을 벗어난 논문들이 설 자리는 너무 비좁지 않을까? 이를 위해 초보연구자들이 해야 하는 일들은 무엇인가?

답변

근거이론적 방법은 1967년 Glaser와 Strauss가 처음으로 창안한 이래 근거이론 진영 내부에서도 매우 치열한 방법론적 논쟁을 거쳐 온 바 있다. 근거이론적 방법은 간헐적으로 구성주의 과학철학관의 전통에 충실한 질적 연구자들로부터 실증주의에 경도되었다는 비판을 받기도 했지만, 새로운 질적 연구방법으로서 다양한 학문 분야에서 커다란 영향력을 발휘하고 있다(Charmaz, 2006/2013). 문제는 근거이론의 다양한 분파 때문에 구체적 발전과정과 내용에 대한 이해가 부족한 연구자들, 특히 초보연구자들 사이에서 실제 근거이론적 방법이 무엇인지에 대한 혼선이 벌어지고 있다는 데 있다. 즉, 근거이론의 역사적 발전단계에서 나타난 다양한 접근방식에 대한 충분한 이해 없이 '전통적인 Glaser의 근거이론이나 Strauss의 근거이론을 때로는 광적으로 고수(Birks & Mills, 2015/2015)'하는 사람이 있다는 것이 문제이다. 유연한 연구설계와 연구자의 해석이 중요시되는 질적 연구의 특성상 어느 하나의 접근방식이 절대적으로 옳다고 주장하는 편협한 접근방식은 현장에 기초한 이론의 생성을 강조하는 근거이론의 도입 취지에 절대 부합되지 않는다. Charmaz(2011/2014)가 적절히 지적하는 바와 같이 "근거이론 연구는 객관주의자 관점에서 구성주의자 관점까지의 범위를 가지며, 종종 이 두 가지 관점의 요소를 모두 포함(554)"하므로, 자신의 연구목적과 연구문제에 따라 보다 적합한 연구방식을 단독으로 혹은 적절히 혼합하여 적용하면 된다.

☞ 보다 자세한 설명은 제2장 근거이론의 발전과정과 유형, 그리고 Birks et al. (2019). 2~3쪽 'How do you decide which version of GT to do?' 참조

2-5. 근거이론 연구는 단독으로 하는 것이 좋은가 혹은 팀을 이루어 하는 것이 좋은가?

학생 질문

- "연구의 맥락과 상황을 아는 연구진들이 계속해서 후속연구를 진행하면서 추가로 외부전문가와 내부전문가가 계속 더해져서 연구를 진행해야 하는 것인지 궁금하다. 만약 그렇다면 연구진들의 수가 많아져서 연구진들 간의 의견 합치도 어려워질 것 같고, 외부전문가와 내부전문가가 없다면 연구 내용에 대한 타당도의 확보는 어려울 것으로 보이는데……."
- "근거이론의 접근 자체가 이론의 특수성을 전제로 하고 있다고 보았는데, 그렇다면 이론이 가진 보편성을 충족하기 위해서는 광범위한 맥락에서 적용 가능한 '중범위 이론'(결과)을 도출할 수 있어야 한다고 생각하였다. 그렇다면 그러한 연구를 수행하는 연구진 또한 광범위한 맥락을 이해할 수 있는, 다양한 입장을 대변할 수 있는 연구진으로 구성되어야 하는 것일까가 나의 의문점이다."

답변

근거이론 연구는 종종 개인연구자가 데이터 수집, 분석, 이론 개발을 독자적으로 수행한다. 하지만 대부분의 경우 이러한 연구들은 경험 있는 연구자나 심사위원들의 지도하에 수행되는 경우가 많다. 독자적으로 연구를 수행할 때는 심지어 경험 있는 근거이론 연구자들이라 할지라도 종종 동료들로 하여금 자신의 분석결과를 검토해 달라고 한다. 근거이론적 방법을 적용한 연구를 심사하는 사람들은 통상적으로 이러한 과정을 연구의 질적 수준을 높일 수 있는 일반적 수단 중 하나로 간주한다.

근거이론적 연구는 개별 연구자가 독자적으로 수행하는 경우도 적지 않지만, 사실 팀 기반으로 이루어질 때 보다 장점이 많다. 팀 기반 연구는 물론 속성상 팀원의 다양한 경험과 전문성을 활용하게 되는데, 이는 장점과 함께 한계를 가진다. 팀원들이 가진 다양한 경험과 전문성을 활용할 수 있는 반면, 서로 의견이 충돌될 수 있는 위험도 존재하기 때문이다. 따라서 팀 구성원들의 배경과 각자가 잘할 수 있는 영역을 명확히 파악하는 것은 팀 기반 연구에서 성공적 결과를 이끌어 내기 위해 가장 기초적인 작업이 된다.

팀 기반으로 수행하는 근거이론 연구의 가장 큰 이점은 팀원들이 가지는 다양한 견해를 데이터 분석과 이론 개발에서 활용할 수 있다는 점이다. 자료 수집과 코딩과정에서 다양한 팀 구성원 간의 상호작용과 협의를 통해 개별 연구자로서는 파악하기 어려운 풍부한 개념화를 가능하게 하고, 데이터로부터 관찰되는 행위와 상호작용에 대해 다양한 관점에서의 설명을 가능하게 한다. '연구자와 데이터 간의 분리'를 강조하는 Glaser와는 달리, 대부분의 주요 근거이론가들(Strauss와 Corbin, Charmaz 등)은 데이터의 분석과 해석과정에서 연구자의 경험과 사회화 과정에서 비롯되는 인식 틀의 영향을 명시적으로 인정하는 추세로 가고 있다. 팀 기반 연구를 통한 연구자들 간 서로 다른 경험들의 공유는 자연스럽게 서로 다른 견해와 관점의 이해로 이어지며, 이는 구성들 간의 협의를 통해 보다 타당한 해석을 도출할 수 있는 기반이 된다. 이런 이유 때문에 팀 기반 연구는 데이터 분석과 이론 생성에 있어 개인 연구보다 통상적으로 많은 시간과 노력이 들기는 하지만, 훨씬 가치로운 연구결과를 도출하는 경우가 많다.

☞ 보다 자세한 설명은 Birks et al. (2019). 3쪽 'Should GT be done independently or Can I work in a team?' 참조

3. 자료 수집과정에서 드는 의문들: 이론적 민감성, 이론적 표집과 포화

3-1. 연구자가 가진 편견이 근거이론 연구수행에 영향을 미치는 것을 어떻게 막을 수 있는가?

[관련 질문]

1. 근거이론적 연구방법에서 연구자의 주관성을 어떻게 바라보는 것이 타당한가?
2. 질적 연구방법인 근거이론적 연구방법을 적용한 연구에서 연구의 타당성을 검증하고 신뢰도를 확보할 수 있는 방법은 무엇인가?

학생 질문

"이론적 일반화 과정에서도 주관이 개입된다. 10명이 넘는 면담참여자들은 모든 이슈에 대해서 똑같은 입장을 취하지 않는다. 만일 그렇다면 면담대상 선정부터 주관성이 개입되었을 가능성을 의심해 볼 수 있다. 그렇게 생각이 다 다르고, 어쩌면 상반되는 생각을 가진 대상자들로부터 하나의 결론을 이끌어 낸다는 자체가 연구자의 주관이 개입될 수밖에 없는 부분이다."

- "결국은 주관성을 완전히 배제할 수 없음을 인정하되 여러 연구자가 현상을 같은 방향으로 바라보고 있느냐를 확인하거나, 여러 자료에서 다각적으로 검토하여 타당성을 확보하는 것이 중요하다고 하였다. 또한 연구절차의 엄격성을 얼마나 잘 지키며, 실행연구로 확장해서 그것을 검증해 보는 방법이 타당성을 확보할 수 있는 방법이라고 했다. 연구절차의 엄격성을 얼마나 잘 지켰느냐의 문제도 연구자들 간의 내부적 검증을 통해서만 가능한 것이고, 결국은 연구자들이 얼마나 윤리적 태도/자세를 가지고 연구에 임했느냐, 자료를 다원화하여 정말 세밀하게 검토하고 검증하였느냐 등은 연구자의 양심에 달려 있는 것 같다."
- "근거이론에서 연구자의 주관을 철저히 배제할 수는 없다는 것을 전제로 하되, 독자들을 설득시킬 수 있는 범위에서 주관성을 최소화하는 입장을 취하면 될까? 연구자의 주관이 들어간 부분은 결론에서 연구의 제한점으로 솔직히 밝히면 될까?"
- "연구의 결과가 얼마나 설득력이 있는 것인지 판단할 수 있는 기준은 무엇인지요? 그리고 신뢰성 있는 연구결과를 얻기 위해 연구자가 유의해야 할 사항은 무엇인지요?"
- "과연 연구자가 해석한 그 추론과정을 어떻게 보장받을 수 있으며 과연 연구를 통해 도출해 낸 결과가 충분한 비판적 검토는 거쳤는지, 또는 잘 만들어진 몇 개의 샘플에만 의존하고 있다는 의견에 대해 어떻게 준비해야 하는 것인지 궁금합니다."
- "연구자 개인의 자질과 연구수행 과정에서의 절차적 타당성만으로 근거이론적 방법에서의 신뢰성과 타당성, 과정적 엄밀함을 담보할 수 있다고 주장하기에는 다소 무리가 있지 않을까 하는 생각입니다."
- "연구절차의 엄격성을 얼마나 지키고 있는지, 잘 지켰는지 아니면 그렇지 못한지를 판단하는 기준이 모두 다를 것이라고 생각하는데요, 질적 연구를 진행하는 초보연구자 입장에서 연구자의 정체성과 주관성에 따를 수밖에 없다는 것을 어느 선까지 명시하고 드러내야 하는 것인가라는 또 다른 질문이 생겼습니다. 실제 과제를 진행하면서 체득해 나가야 하는 것이라는 생각과 참고할 수 있을 만한 기준이나 가이드가 있었으면 좋겠다는 생각이 동시에 들기도 합니다."
- "근거이론이 중범위이론 형성을 목적으로 하는 연구방법이기에 질적 연구방법이긴 하지만 연구방법과 연구결과 도출된 이론의 타당성과 신뢰성을 어느 정도 담보할 수 있는 일종의 기준 등이 필요하지 않을까 하는 생각이 듭니다."
- "근거이론적 방법에서 연구자의 주관성을 어떻게 바라보는 것이 타당한가? 근거이론적 방법을 적용한 연구에서 연구의 타당성을 검증할 수 있는 방법은 무엇인가?"

– "코딩을 진행하며 확신이 부족했음. 풍부한 면담자료가 수집되지 않은 상태에서 본 연구자의 이론적 민감성만을 믿고 자료 분석을 진행하며 코딩에 대한 타당도와 신뢰도에 의문이 생김. 오히려 본 연구자의 이론적 민감성이 머릿속에 있던 정해진 답으로 이끄는 역할을 한 것은 아닌가 하는 의문이 들기도 하였음. 추후 면담자료가 충분히 확보된다면 어느 정도 해결될 수 있을 것으로 보이나 타당도와 신뢰도를 어떻게 얼마만큼 확보할 수 있을지는 아직 의문임."

답변

질적 연구에 있어서 연구의 신뢰성과 타당성을 높이기 위한 방법으로서 연구방법론 교과서(예컨대, Yin, 2014/2016, Creswell, 2013/2015, Strauss & Corbin, 1998/2001 등)에서는 흔히 (1) 복수의 연구자들이 독립적인 코딩을 하고 난 후 결과를 상호 검토 혹은 비교하게 함(멤버 검토), (2) 연구자에 의한 잘못된 해석과 오류를 줄이기 위해 면담참여자들로 하여금 연구결과를 검토하게 함(참여자 검토), (3) 수집한 서로 다른 형태의 자료(예컨대, 면담 vs. 참여관찰 자료 vs. 문헌자료)가 각각 같은 방향을 가리키는가를 검증하는 자료의 다원화 기법(triangulation) 활용, (4) 연구자가 도출한 이론과 가능한 경쟁이론과의 비교를 통한 최선의 설명 찾기(경쟁이론과의 비교), (5) '붉은 깃발 흔들기(연구자가 연구수행과정 전반에 걸쳐 자신의 편견을 항상 성찰하면서 그러한 느낌이 들 때마다 스스로 경종을 울리기, Strauss & Corbin, 1998/2001)' 등의 기법을 제시하고 있다.

근거이론적 방법으로 도출된 이론의 신뢰성과 타당성을 높이기 위해 연구자들은 자신이 가진 주관을 최소화하기 위해 이러한 기법들을 최대한 활용할 필요가 있다. 하지만 필자의 실제 연구 경험에 비추어 보면 질적 연구에서 연구자의 주관을 완전히 통제하는 것은 사실상 불가능하다. 따라서 필자는 실현 불가능한 '판단중지'보다는 오히려 연구자의 정체성을 명확히 기술하는 것이 필요하다. 기노시타(2013/2017)의 수정근거이론에서는 연구자의 주관성을 완전히 배제하는 것은 불가능하기 때문에 오히려 이를 명시적으로 인정한다. 따라서 사람에 따라 해석내용에 일정 부분 차이가 나는 것은 매우 자연스러운 일이라고 주장한다. 다만, 연구자들 간 연구의 목적의식과 연구주제에 대한 이해가 충분히 공유된 상태라면 결과적으로 해석 결과의 차이가 크지는 않을 것이라고 가정한다. 따라서 어떻게'를 이야기하기 전에 '누가'를 명확히 하는 것이 필요하다는 차원에서, 연구자의 사회화 과정과 주요 경력, 그리고 그에 따라 형성된 준거 틀(reference framework)을 명확히 밝혀 주는 것이 좋다고 생각한다.

이와 함께 연구자가 도출한 결론에 도달한 판단의 과정과 근거를 언어화, 외재화하여 보여주는 것도 매우 중요하다. 기노시타(2013/2017)가 제안하고 있는 '워크시트(제9장 참조)'의 활용은 이러한 수단 중 하나라고 할 수 있다. 이러한 '연구자의 성찰 과정의 언어화'를 통한 외재화의 목적은 연구자가 자신의 선행지식과 이론적 민감성을 객관적인 분석을 위해 '판단 중지, 혹은 동결'하는 것에 있지 않고, 오히려 연구자가 가진 통찰력을 가능한 한 적극적으로 활용하여 의미 해석을 충실하고 사실감 있게 수행하도록 하는 데 있다.

☞ 보다 자세한 설명은 제3장 제2절 '근거이론적 방법에서 추구하는 귀납적-질적 이론화의 정당화 문제' 참조

3-2. 근거이론 연구에서 선행연구를 어떻게 활용하는 것이 바람직한가?

[관련 질문] 근거이론에서 기존이론을 어떻게 활용하는 것이 타당한가?

학생 질문

- "선행연구가 대체로 구비되어 있지 않을 때는 연구방향을 어떤 식으로 잡는게 좋을지 궁금합니다. 저희가 전문적으로 연구를 하기 어렵기 때문에 선행연구를 통해서 논문에 대한 기본적인 방향성을 잡고 선행연구에서 찾을 수 없던 질문을 연구질문으로 활용 변형을 하는데 이번에 '메이커 스페이스 운영 연구' 같은 경우에 새롭게 추가된 정책이기에 선행연구 자료가 외국자료는 있어도 국내자료는 별로 없어 어려움이 있었던 걸로 알고 있습니다. 이럴 경우에는 선행연구를 꼭 논문이 아닌 정책자료를 활용을 해도 되는지, 그리고 어떤 문헌을 쓰면 좋을지에 대해 질문 드리고 싶습니다."

답변

근거이론 연구설계에서 선행연구 검토와 기존 이론의 활용 문제에 대해서는 근거이론의 발달과정에서 근거이론 진영 내부에서도 치열한 논쟁이 이루어져 왔다. 예컨대, Glaser(1992/2014)는 연구자들이 기존 연구에 사로잡히지 않고 최대한 자유롭게 자료 자체로부터 개념이나 해석을 출현시키고 발견하도록 하게 하기 위해, 연구주제와 관련된 문헌을 사전에 읽는 것을 피해야 한다고 주장한 바 있다. 반면, Corbin과 Strauss(1998/2001)는 이론적 틀이 어느 정도 실용적 가치를 지니고 있으며, 특히 연구결과의 해석에 중요하게 기여하

고 있다고 하면서 다른 입장을 표명하고 있다. 여기서 한 걸음 더 나아가 실용적 사례연구를 주장하는 대표적 학자인 Yin(2014/2016)의 경우 완전한 연구설계에서는 연구대상이 되는 '이론'을 반드시 포함해야 한다고 주장한다. 물론 여기서 "이론이란 사회과학에서 인정되는 유명한 이론의 형식을 갖추어야 하는 것이 아니며, 연구를 위한 충분한 청사진을 가진다는 의미"를 가지는 것이라고 설명하고 있다. 나아가 Yin(2014/2016)은 연구설계는 무슨 자료를 수집할 것인지, 자료 분석은 어떻게 할 것인지를 결정하는 데에 매우 강력한 지침을 제공하는 역할을 한다고 주장한다. 이러한 이유로 자료를 수집하기 전에 이론을 개발하는 것은 사례연구를 수행하는 데 매우 중요한 것이며, 연구와 관련된 이론의 전체적인 영역을 숙지할 필요가 있다고 강조한다. 다른 말로 하면 연구자가 관심이 있는 영역과 관련된 실질적인 이론과 선행연구에서 밝혀진 내용이 무엇인지를 체계적으로 이해하게 되면 연구의 본질적인 부분이 아닌 다른 부분에 초점이 맞추어지는 상황을 피할 수 있게 된다는 것이다.

이와 유사한 맥락에서 권향원 · 최도림(2011)의 경우에도 "근거이론적 접근방법은 우리의 지식의 근원은 '기존에 가지고 있던 선행지식과 경험을 통해 얻은 관찰과의 변증법적 상호작용'에서 온다고 가정"한다고 주장하며, "근거이론적 논리에서는 선행연구나 개념의 분석 없이 백지상태로 연구에 임한다는 것은 현실적으로 불가능할 뿐만 아니라, 이렇게 철저하게 비구조적인 연구는 무작위적이고 형체가 없는 것으로 전락되어 버릴 가능성이 농후한 것으로 비판"하고 있다. 필자도 이러한 입장에 동의하며, Dey(1999)가 이야기한 바와 같이 "텅 빈 머리와 열린 마음은 다르다"라는 점을 강조한다. 즉, 중요한 것은 선행연구나 이론의 고찰을 하지 않는 것이 아니고, 그것이 연구과정에서 연구자에게 미치는 영향에 대해 얼마나 유념하면서 열린 마음으로 연구를 수행할 수 있을 것인가의 문제이다. "뛰어난 통찰력과 혜안이 있는 선행연구자의 발자취를 찾는 작업은 후학이 자신의 종착지로 가는 길에 반드시 넘어야 할 고지(Charmaz, 2006/2013)"라는 사실은 사실 의문의 여지가 없다.

어떤 사회과학 연구라 하더라도 기존이론과 관련 선행연구와 유리된 진공상태에서 연구가 이루어지는 경우는 거의 없다고 해도 과언이 아닐 것이다. 김은정(2018)은 자신의 연구경험을 바탕으로 기존 이론과 관련 선행연구의 검토를 하면 안 된다는 조언을 실제 연구상황에서 그대로 적용하는 것은 문제가 있다는 비판을 하고 있다(이와 관련한 자세한 내용은 제6장 참조). 기존이론과 관련 선행연구를 참조하되, 이러한 기존의 틀을 절대시하지 말고 새로운 발견사항에 대해 항상 개방적이고 유연한 자세를 가지는 것이 질적 연구자로서 바람직한 태도라고 생각된다.

한편, 이러한 견지에서 권향원(2016)은 Edmondson과 McManus(2007)를 인용하면서 "최근의 질적 연구자들은 연구에 있어서 '기존이론'의 역할을 '이론발전 수준'의 상황적 맥락에서 파악하는 모습을 보이고 있다"고 주장하고 있다. 즉, 질적 연구에서 기존이론을 이용해서는 안 된다는 기존의 지배적 견해와는 달리, 연구자가 관심이 있는 현상에 대한 기존이론의 축적 정도라는 상황적 맥락에 따라 기존이론의 역할을 다르게 설정할 수 있다는 흥미로운 주장을 하고 있다.

☞ 보다 자세한 설명은 제6장 제2절 '3) 연구계획서(논문 프로포절) 작성하기' 그리고 제9장 제3절 '2) 실제 코딩의 수행 (3) 3차 코딩: 중범위이론(다맥락적 이론)으로의 발전 가능성 탐색 ③ 근거이론에서 기존 이론의 활용' 참조

3-3. 이론적 민감성(theoretical sensitivity)이란 무엇이며, 어떻게 길러지는 것인가?

학생 질문

- "근거이론적 방법의 목표를 실현하기 위해 연구자가 키워야 하는 안목, 역량은 무엇인가?"
- "면담과 코딩을 직접 경험하면서 이를 통한 개념의 형성이 전적으로 연구자의 능력에 달린 것이라는 생각이 들었습니다. 개인 연구일 경우 연구자의 역량, '이론적 민감성'이 더욱더 중요하겠다는 생각이 듭니다."
- "이론적 민감성은 순수하게 얻은 자료(예: 면담자료)의 꾸준한 분석을 통해 도출되어야 하는 건지, 연구자의 현장에서의 경험 등을 통해 복합적으로 형성이 되는 건지 궁금합니다."
- "연구자의 이론적 통찰과 분석적 지각으로 민감성을 표현한다면 어느 정도의 수준이라고 해야 할지 모호한 개념입니다. 창의력도 모방에서 나올 수 있듯이 폭넓고 다양한 연구들을 접하고 모방하면서 연구자의 통찰이 만들어질 수 있을까요?"
- "근거이론 연구를 수행할 때 연구의 질에 영향을 미치는 요소 중 하나인 '연구자 숙련도'의 경우, 저와 같은 초보연구자들이 이를 극복하기 위해서는 많은 문헌을 읽는 것이라고 하였는데, 이 외에 연구자가 갖춰야 할 자세가 있는지 궁금합니다. 또한 연구자의 '이론적 민감성'을 높이기 위한 요소 중 하나로 문헌고찰을 제시하였는데, 문헌을 많이 읽다 보면 이론적 민감성이 높아지고 이것이 곧 연구자의 숙련도로 연결되는 것으로 보면 되는 것인지 알고 싶습니다."
- "수업자료 중 코딩은 체계화되지 않은 자료를 체계적으로 구조화된 축약을 통해 개념적으로 의미 있는 정보로 변환하는 과정으로, 일반적으로 양적 연구에 있어 코딩 과정은 중립적, 기계적, 일회적 특성을 갖는 반면, 근거이론에서의 코딩은 연구자의 의식적

인 선택, 즉 주관적 판단에 의해 반복되는 과정이라고 배웠습니다. 모든 연구를 진행하는 데 있어서 연구자의 연구대상에 대한 학습 및 이해를 통한 이론화 과정(코딩)이 중요한 요인이겠지만, 특히 근거이론 연구에서의 코딩은 연구자가 연구대상에 대해 얼마나 이해하고 있는지와 연구자의 이론적 민감성의 차이에 따라 동일한 주제로 연구를 진행하더라도 연구결과에 차이를 보이게 됩니다. 수업을 통해 실제 연구를 진행하면서 주어진 주제에 대해 업무 경험이 있었기 때문에 잘 알고 있다고 생각했지만, 면담 과정에서 적절한 질문내용과 순서를 정하는 것, 전사자료를 코딩 후 워크시트 작성을 통한 개념을 도출하는 데 있어 어려움을 겪었습니다. 이는 연구자의 이론적 민감성이 부족했기 때문이라고 생각되는데, 추후 근거이론을 통한 연구진행 시 연구자의 이론적 민감성을 높이기 위한 방법이 궁금합니다."

답변

근거이론적 연구를 제대로 수행하기 위해서는 기본적으로 연구자의 이론적 민감성에 기초한 복합적인 해석과 판단 작업을 해야 할 경우가 많다. 여기서 '이론적 민감성'은 연구자가 자신이 연구하는 주제에 대해 살아온 과정에서 직간접적 경험을 통해 습득한 일종의 '통찰력'을 말한다.

이론적 민감성의 획득은 특정한 기법에 대한 기계적 숙달만을 가지고 이루어지는 것이 아니라, 선행연구의 철저한 숙지와 함께 오랜 기간에 축적된 연구자의 실천적 경험 등을 통해 연구하는 현상을 꿰뚫어 볼 수 있는 '주제에 대한 친밀감'과 '연구자의 통찰력'이 함께 결합됨으로써 나타나는 것이라고 볼 수 있다. 따라서 근거이론적 방법을 활용하기를 원하는 초보연구자들은 자신이 통계기법을 숙달할 때처럼, 관련 강좌(일반적 질적 연구방법론 강의, 근거이론 방법론 강의)를 지속적으로 수강하는 노력과 함께, 이론적 민감성을 키우기 위한 경험과 훈련을 조언을 해 줄 수 있는 경험 많은 연구자(지도교수, 질적 연구자, 연구수행 경험이 있는 다른 선배 학생들)와 같이 연구를 수행해 나가면서 역량을 키워 나가는 것이 필요하다.

또한 초보연구자로서 근거이론 접근방법에 도전하는 사람들은 자신의 능력에 맞는 주제와 범위로부터 연구를 시작하여 차근차근 연구역량을 키워 나가는 단계적 접근을 하는 것이 중요하다. 이런 측면에서 초보연구자가 근거이론 연구(다른 질적 연구 접근방법도 마찬가지지만)를 시작할 때는 자신이 이론적, 실천적으로 많은 경험을 쌓아 상대적으로 잘 아는 영역(이론적 민감성이 높은 영역)으로부터 시작하는 것이 바람직하다(예컨대, 학생들의 경우 '학생'을 연구주제로 설정하는 것이 일반적으로 가장 '이론적 민감성'이 높을 것이다). 아울러 처음 연구를 시작할 때는 자신이 가진 시간과 자원의 한계를 감안하여 분석 범위를 최대한 좁히는 것이 중요하다. 이를 기노시타(2013/2017)의 용어로 이야기하자면 '분석초점자'를 자신이 감당할 수 있는 수준으로 적절히 설정하라는 말이 되겠다. 앞서 언급했던 (1) 필자의 '학부교육 우수대학으로서 한동대의 특징과 성공요인 분석' 연구와 (2) 필자의 석사과정 지도학생이었던 강지은(2019)이 수행한 '한동대 학생 자기설계 융합전공의 특징과 성공요인' 연구는 자료의 수집 범위, 자료 분석과 해석에 필요한 역량, 투입되는 시간과 노력 측면에서 많은 차이가 있다. 분석범위가 넓어질수록 자료 수집의 부담은 늘어나고 해석은 어려워지게 마련이다. 하지만 미리 기죽을 필요는 없다. 세상의 다른 모든 일과 같이 처음부터 잘할 수는 없지만 관심을 가지고 노력하다 보면 부지불식간에 숙련된 연구자가 되어 있는 자신을 볼 수 있을 것이다.

☞ 이와 함께 '2-2. 초보연구자들도 근거이론적 방법을 활용한 연구를 할 수 있는가?' 참조

3-4. 근거이론 연구에서 양적인 데이터를 사용할 수 있는가?

답변

근거이론적 방법에서 양적 데이터의 활용은 점차 일반적인 것이 되고 있다. 특히 Glaser(2008)의 경우 "모든 것이 데이터이다"라는 그의 지론에 따라 당초부터 근거이론 연구에서 양적 데이터를 활용할 수 있다고 주장해 왔다. 이러한 그의 주장은 근거이론 연구자들로 하여금 데이터 수집 및 생성과 관련 가능한 것이 무엇인지를 가늠하게 해 주며, 이를 통해 서로 다른 연구방법에 대한 보다 개방된 관점을 허락하게 해 준다. 이는 Yin(2014/2016)의 실용적 사례연구나 Greenwood와 Levin(2007/2020)이 주창하고 있는 실행연구에서 필요하다면 질적 데이터뿐만 아니라 양적 데이터도 함께 수집하여 활용할 수 있다는 입장과 맥을 같이하는 것이다. 아울러 Birks et al. (2019)의 경우 근거이론 연구에서 다른 목적을 위해 수집된 양적 데이터도 활용될 수 있다고 주장하고 있다. 예컨대, 그들은 Redman-Maclaren(2015)의 경우 기본적으로 면담 자료를 주된 자료원으로 활용했지만, 동시에 자신의 초동적 분석적 개념들을 개발하고 검증하기 위해 과거에 이루어진 양적 설문조사 결과를 활용했다는 것을 소개하며 근거이론적 방법의 방법론적 유연성을 강조하고 있다.

☞ 보다 자세한 설명은 Birks et al. (2019). 4쪽 'Can I use quantitative data in GT?' 참조

3-5. '이론적 표집(theoretical sampling)'이란 무엇인가?

[관련 질문] 하나의 연구에서 연구자가 가지는 시간과 노력의 한계를 감안할 때 어느 정도 숫

자의 면담참여자를 모집해야 하나?

학생 질문

- "이론적 표집을 더 이상 새로운 것이 나타나지 않을 때까지 표집하는 것으로 이해하였는데, 이 정의에 의하면 연구문제에서 제기한 것을 찾기 위한 단서를 추적해 가는 것으로 이해하는 것이 맞는지에 대해서 궁금합니다. 이론적 표집은 연구계획서 단계에서 연구를 위해 적합한 참여자를 정하고 필드에 들어가는 것으로 생각했는데 표집은 지속적으로 연구에서 변화되는 것으로 이해해야 되는지요?"
- "어느 수준과 정도까지 진행해야 모두에게 납득 가능한 이론적 표집과 이론적 포화라고 할 수 있을까가 궁금합니다."
- "초보 연구자마다 어느 정도까지 데이터를 수집해야 하는지 기준은 다를 수 있는데 각자 주관적으로 할 수밖에 없는 것인가요. 아니면 다른 좋은 방법이 있는지요?"

답변

근거이론 연구에서 연구자가 일단 생성된 초동적 개념을 보다 정치하게 만들기 위해 필요한 경우 목적적으로 추가적 자료 수집을 하는 것을 근거이론에서는 '이론적 표집'이라고 한다. 근거이론적 방법을 적용한 연구에서 초기 표집은 대개 연구목적과 중심 연구문제에 대해 가장 풍부한 정보를 제공할 수 있는 사람들을 의도적으로 표집한다. 이후 수집한 자료를 통해 개념과 범주 생성, 그리고 개념과 개념, 개념과 범주, 범주와 범주 간의 관계를 형성해 나가면서, 보다 밀도 높은 개념(범주) 형성 또는 이들 간의 관계를 정치화하기 위해 필요한 경우 추가적 자료 수집을 위한 '이론적 표집'을 하게 된다.

* * *

한편, '이론적 표집'의 개념에 대한 질문과 함께 면담자의 선정과 관련 초보연구자들이 가장 많이 하는 질문 중 하나는 '하나의 연구에서 연구자가 가지는 시간과 노력의 한계를 감안할 때 어느 정도 숫자의 면담참여자를 모집해야 하는가?'라는 것이다. 이 문제에 대한 교과서적 대답은 '면담참여자들로부터 더 이상 새로운 정보가 나오지 않을 정도로 자료를 수집하였을 때' 면담을 중단한다는 것이다. 따라서 이런 관점에서는 '어떤 상황에서나 적용될 수 있는 절대적 기준은 없다'는 것이며, 다른 말로 하자면 '연구목적을 달성하기에 충분할 정도의 정보를 얻을 수 있는 규모의 면담참여자를 모집해야 한다'는 것이 될 것이다. 이를 근거이론적 방법에서 사용하는 개념을 사용하여 설명하자면 '이론적 포화'가 이루어질 수 있을 때 면담을 멈추라는 것이 된다. 하지만 이런 교과서적 대답은 실제 연구 수행과정에서는 별로 도움이 되지 않는다. 실제 연구자들은 대개 시간과 자원의 제약상 가능한 범위에서, 자신의 상황에 비추어 연구목적을 대체로 달성했다고 판단하는 수준(예컨대, 이 정도면 학위 논문을 디펜스할 수 있을 것이라 라는 판단)에서 면담을 멈추게 된다. 또한 연구목적과 문제에 따라 다르기는 하지만 유사한 연구방법을 사용하여 기존에 출판된 학위 논문, 학술지 게재 논문에서 얼마나 많은 면담참여자를 모집하여 면담을 수행했는지 등이 또 하나의 현실적 판단 기준이 될 것이다. 이와 관련한 구체적 논의는 '이론적 포화'를 설명하는 3-6에서 다시 설명하도록 할 것이다. Suddaby(2006)가 적절히 지적하고 있는 바대로 "근거이론 방법론 교재에서 설명되는 내용'과 '근거이론 연구를 수행하는 과정에서 나타나는 실제' 간에는 일정 부분 차이가 날 수밖에 없다"라는 조언을 항상 유념하는 것이 이상과 실제의 괴리에 보다 현실적으로 대처하는 방안이 될 것이다.

☞ 보다 자세한 설명은 Morse (2007). Sampling in Grounded Theory, Suddaby (2006). "What Grounded Theory is NOT)", '3-6. 이론적 포화를 판단하는 기준은 무엇인가?' 부분을 참조

3-6. 이론적 포화를 판단하는 기준은 무엇인가?

학생 질문

- "자료 수집을 끝내는 시기로 '더 이상의 관찰, 면접, 또는 문서고찰이 불필요한 것을 반복한다는 느낌을 주며 새로운 정보를 더 이상 주지 못할 때'를 의미한다고 배웠습니다. 이 부분은 온전히 연구자의 판단인지, 일정한 기준이 있는 것인지 궁금합니다. 즉, 자료수집을 끝내는 시기는 연구자가 이론적 포화에 대한 확신이 드는 시점인지 궁금합니다."
- "근거이론적 접근을 통해 맥락을 반영한 이론을 만들고자 하였으나, 현실적 제약 등으로 인해 현재 상황에서 연구성과를 정리하여 학술지에 투고할 경우 근거이론적 접근으로 보아야 할지, 사례연구(case study)로 보아야 할지 궁금합니다."
- "연구자 스스로의 판단에서 나아가 해당 연구를 접하는 독자까지 설득 가능한 수준의 이론적 포화는 어느 수준이 적정한가에 대한 고민입니다."
- "개인의 연구에서 이론적 포화에 대한 확신을 가지게 만드는 것은 연구자의 다년간 경험에 의존하는 방법밖에 없는지에 궁금합니다."

– "만약 이론적 포화 수준을 연구자 스스로가 알기 어렵다면 가능한 많은 면담을 진행하여 유사 예를 많이 확보하는 것이 연구를 진행하는 학생들에게는 확실한 선택이 아닐까 궁금합니다."
– "같은 자료를 가지고도 연구자마다 이론적 포화라고 느끼는 시기가 다를 것인데 이런 부분을 공동연구자가 있으면 상의해 보고 하면 좋겠지만, 또 크로스 체킹은 그다지 좋은 방법이 아니라고 하셨고, 혼자 연구할 경우에는 스스로 판단을 해야 하는데, 어떻게 판단을 해야 되는지가 궁금합니다."
– "개념화할 수 있는 부분들이 지속적으로 발견되어 납득 가능한 주제 및 패턴이 나타난다면 이론적 포화가 이루어진 것이라고 설명할 수 있을지, 그렇다면 납득 가능한 주제 및 패턴이 어느 정도가 되어야 이론적 포화라고 볼 수 있는지 판단하기가 어렵다는 것을 느꼈습니다."
– "연구가 지나치게 얕은 개념을 산출하고 있는 것은 아닌지에 대한 비판을 고려한다면, 개념의 수, 개념의 내용 등을 스스로 확인할 수 있는 기준 매트릭스나 관련 분야 전문가 등을 통한 검증의 과정을 거치는 것을 연구방법에 있어서의 중요한 프로세스 중 하나로 포함할 필요성은 없을까 하는 의문이 들었습니다."
– "면담의 종료시점을 결정하는 기준에는 어떤 것이 있는가? 근거이론은 효용성 있는 연구결과를 도출하기 위해 연구의 기초자료가 되는 면담의 품질을 확보하는 것이 중요하다. 실제로 면담을 수행해 보니 계획했던 질문에서 만족스러운 답변을 얻지 못하거나, 예상치 못한 연구문제가 제시되어 질문을 수정하여 다시 면담을 진행해야 하거나, 피면담자의 특수한 상황으로 인해 연구주제와 관련성이 낮은 응답이 나오는 등 예상했던 것보다 많은 어려움이 있었다. 심지어 재면담 이후 코딩과정에서 또 다른 추가 질문사항이 발생하여 3차 면담을 계획해야 하는 경우도 있었다. 일정한 면담내용의 품질을 확보하기 위한 최소 면담 횟수가 지정되어 있을까? 만일 정형화된 횟수가 없다면 면담을 종료해도 되는 시점은 언제일까? 최지영(2009)은 연구자의 연구과정에서 범주의 포화가 일어날 때까지 면담을 시행하였다고 기술하였는데, 범주의 포화 여부를 결정하는 판단 근거와 기준으로는 어떤 것이 있을까?"

답변

이론적 포화는 당초 Glaser와 Strauss(1967/2011)가 얼마나 오랫동안 범주 혹은 범주 간의 관계를 포화시키기 위해 자료를 수집해야 하는가에 대한 기준을 정하기 위해 도입한 용어이다(Birks & Mills, 2015/2015). Strauss와 Corbin(1990; 1998/2001)은 "(a) 특정한 범주를 포화시키기 위해 더 이상 새로운 코드나 관련된 자료가 나오지 않을 때, (b) 범주가 모든 하위 범주들과의 관계에서 속성과 차원에 따라 연결되고 통합되는 지점까지 개념적으로 충분히 발전되었을 때, (c) 범주 간의 관계가 잘 설정되고 검증이 이루어졌을 때" 이론적 포화에 도달한 것으로 정의한다.

한편, 기노시타(2013/2017)는 이론적 포화를 다음의 두 가지 단계로 나누어 제시한다. 첫 번째는 그가 '작은 이론적 포화화'라고 부르는 것으로서 워크시트를 통한 개념의 생성 단계에서 적용되는 것이다. 즉, 개념 생성 과정에서 구체 예가 충분히 발견된 경우 이론적 포화에 도달했다고 판단하게 된다. 두 번째는 '큰 이론적 포화화'라고 부르는 것으로서 이 단계에서는 "개념 상호 간의 관계, 범주 간의 관계, 전체로서의 통합성 등을 검토하고, 각각의 수준에서 중요한 부분이 누락되지 않았는가?"가 이론적 포화에 도달했는지 여부를 판단하는 기준이 된다. 여기서 유의할 점은 이론적 포화에 도달했는지의 판단은 그 성격상 이분법적으로 가부 혹은 유무로 판단해야 하는 문제라기보다는, 어디까지나 주어진 제약 조건하에서 연구자가 이론적 포화에 도달하기 위해 어떠한 노력을 했으며, 그것이 얼마나 타당성이 있는가 라는 정도 판단의 문제라는 것이다. 이와 함께 필자는 Morse(1995: Birks & Mills, 2015/2015에서 재인용)의 견해와 같이 이론적 포화의 판단 기준은 출현하는 코드의 빈도수를 사용하는 것은 타당하지 않다는 점을 분명히 해 둔다. 질적 연구의 특성상 이론적 포화의 판단은 어디까지나 질적인 판단의 문제이지 수량적 판단의 문제가 될 수는 없다고 보기 때문이다.

하지만 실제 연구를 수행하다 보면 Strauss와 Corbin(1990; 1998/2001)의 기준을 엄격히 적용하여 어떤 시점에서 이론적 포화에 도달했는지를 판단하는 것은 매우 어렵다. 이론적 포화에 도달했는지의 판단기준이 매우 주관적이고 애매하기 때문이다. 이에 따라 앞서 언급한 바와 같이 많은 초보연구자는 이론적 포화를 위해 자신이 어떤 노력을 했는가에 대한 설명은 전혀 없이 단순히 다른 선행연구에서 기술된 대로 "더 이상 새로운 코드나 자료가 나오지 않았다"라는 기술만 앵무새처럼 반복하는 경향이 있다. 심지어 어떤 논문의 경우에는 '이론적 포화'에 대한 인식 자체가 없거나, 잘못된 이해를 가지는 경우도 있다(변기용 외, 2020). 이러한 실천적인 문제점들을 개선하기 위해 기노시타(2013/2017)는 당초에 제안된 '이론적 포화'라는 개념과 함께 '방법론적 한정(연구자가 실제 연구에서 수집했던 데이터의 범위와 현실적 한계를 명확히 제시)'이라는 조건을 명확히 제시하도록 하는 현실적 접근방법을 제안하고 있다. 이는 (1) Strauss나 Corbin이 주로 연구의 대상으로 삼았던 만성질환자 등 개인에 대한 미시적 연구와는 달리, 주로 사회현상과 조직을 연구대상으로 하는 사회과학에서는 Strauss와 Corbin(1998/2001)이 제시한 엄밀한 의미에서의 '이론적 포화'는 현실적으로 불가능하다는 점, 그리고 (2) 초기 문화인류학자들(예컨대, Claude Lévi-Strauss, Margaret Mead)처럼 장기간 동안 온전히 자료 수집에만 전념할 수 있는 사회과학자들은 사실 거의 없으며, 대부분의 연구자는 실제 제한된 기간과 조건하에서 자료 수집을 한다는 점을 고려한 것이다. 필자가 보기에 실제 교육행정학 분야의 대부분의 연구자도 이와 유사한 상황에서 연구를 수행하고 있다고 보는 것이 훨씬 현실에 가깝다. 이러한 현실을 고려하지 않고 원론적인 '이론적 포화'에 대한 기준을 규범적으로 엄격히 적용하려고 하면, 앞서 이야기한 바대로 기준의 적용이 오히려 형식화되어 도출되는 근거이론의 타당성을 보다 크게 위협하게 될 가능성이 크다.

따라서 이 책에서도 이론적 포화에 대한 규범적 기준의 적용보다는 연구자에게 주어진 다양한 제약 조건을 감안한 보다 현실적 접근방식을 취하기로 한다. 즉, 연구자로 하여금 자신의 연구결과 도출 과정에서 이론적 포화를 위해 어떤 노력을 했고, 그러한 노력이 도출된 결과에 비추어 얼마만한 타당성이 있는지를 명확히 제시하여 독자와 심사자를 설득하도록 하는 것이 훨씬 효과적이라는 입장을 견지한다. 필자가 볼 때 이는 오히려 결과적으로 근거이론적 방법을 적용한 연구결과의 신뢰성과 타당성을 높일 수 있는 계기가 될 수 있을 것으로 생각한다.

☞ 보다 자세한 설명은 제9장 제4절 ''이론적 포화'란 무엇인가? 이를 어떻게 판단할 것인가?' 참조

4. 자료 분석과정에서 드는 의문들: 코딩 패러다임, 분석초점자, 핵심범주

4-1. '데이터(data)', '코드(code/label)', '개념(concept)', '범주(sub-/upper-level category)'는 어떻게 다른가? 어떻게 구분하는 것이 타당한가?

답변

근거이론 방법론 교과서를 읽다 보면 데이터, 코드(라벨), 개념, 범주 등의 용어들이 저자에 따라 약간씩 다른 의미를 가지면서 무질서하게 쓰이는 경향이 있다. 국내에서 활용되는 대부분의 근거이론 방법론 교과서는 대개 외국의 근거이론가들이 저술한 책을 번역한 것이어서 이러한 혼란이 좀 더 커지는 경향이 있다. 이에 대해 하나의 정답을 제시하기는 어려우나 필자가 생각하기에 학문공동체 내에서 용어의 사용과 관련하여 일단의 원칙을 세우고 소

통과정에서 용법과 해당 개념에 대한 이해를 공유하는 노력이 향후 필요할 것으로 보인다. 이러한 견지에서 필자가 이 책에서 사용하는 용어들의 개념은 다음 〈표 11-1〉과 같다.

〈표 11-1〉 이 책에서 사용되는 데이터, 코드(라벨), 개념, 범주의 정의

구분	설명
데이터 (Data)	면담을 통해 수집한 분석 대상이 되는 원 자료(raw data) 자체
코드/라벨 (Code/ Label)	전사자료(녹취한 면담 파일을 문서화한 자료)를 분석하는 과정에서 절편화(segmenting)한 부분에 연구자가 생각한 '초동적 개념'을 부여한 것 이 책에서는 이들을 다음 단계에서 생성할 본격적 '개념'을 생성하기 위한 원 재료라는 의미에서 '개념의 부스러기'라고 칭하고 있음 다른 근거이론 방법론 교과서에서 초기 단계에서 단어나 줄 단위 코딩을 통해 생성한 '피상적 개념'이 이와 유사한 것이라고 생각됨
개념 (Concept)	앞 단계에서 생성한 '코드/라벨(혹은 개념의 부스러기들)'들을 분석적으로 성찰하여 만들어진 '코드/라벨'보다는 좀 더 추상화된 수준의 의미 단위 이 책에서는 '워크시트'에서 일단 개념 정의를 부여받은 단계를 '개념'이라고 칭하고 있음
범주 (Category)	앞 단계에서 워크시트를 통해 생성된 '개념'중 유사한 속성을 가지는 것들을 유형화하여 생성된 보다 상위의 의미 단위를 지칭함 범주는 보다 추상화 수준이 낮은 단계인 '하위 범주', 보다 추상화 수준이 높은 단계인 '상위 범주'로 추가로 구분될 수 있음

참고로 이 책에서는 기노시타(2013/2017)의 견해와 같이 자료 분석과정에서 '얕은' 개념을 양산하는 데이터의 '기계적' 절편화를 반대한다. 흔히 질적자료 분석 S/W를 사용하는 연구에서는 주로 줄 단위 코딩을 통해 데이터의 '기계적' 절편화를 하는 경향이 있다. 이 경우 '데이터'와 '개념'을 1 대 1 대응에 가까운 형태로 코딩을 하게 되어 코딩된 개념 자체가 맥락을 반영하지 못한 피상적인 것이 되는 경우가 많다. 기노시타의 수정근거이론에서 생성되는 개념은 어느 정도 다양성에 관한 설명 가능성이 요구되기 때문에 개념은 어느 정도 추상화된 것이 되며, 데이터(구체적인 예)와 개념 간 1 대 1 대응의 관계가 아니라 비유적으로 말하면 1 대 10 대응이 될 필요가 있다고 주장한다(기노시타, 2013/2017). 최근 우리나라에서 출판된 근거이론을 사용한 논문(특히 질적 자료 분석 S/W를 사용하여 자료를 분석한 논문)에서 흔히 나타나는 문제점은 기계적 절편화를 활용한 '얕은' 개념을 많이 만드는 것이라고 할 수 있다. 이러한 연구에서 지칭하는 '피상적 개념'을 이 책에서는 '개념'이 아니라 이보다는 추상화된

개념을 만들기 위한 '개념의 부스러기'로 보는 데 기본적 차이가 있다. 즉, 이 책에서 '개념'이란 하나의 구체적 예만을 설명하는 수준이 아니라, 최소한 그와 유사한 다양한 예를 설명할 수 있는 어느 정도의 추상적 수준을 가지게 될 때 비로소 '개념'으로 보는 것이다.

☞ 보다 자세한 설명은 제9장 제3절 '2) 실제 코딩의 수행'을 참조

4-2. 기노시타의 '개념 워크시트'를 활용한 개념의 생성 방식은 기존 코딩방식에 따른 개념의 생성 방식과 다른가?

학생 질문

- "워크시트라는 틀만 이용할 뿐이지 막상 내용을 넣고, 개념을 도출해 내는 과정에서 개인적으로 석사논문을 작성할 때 했던 사례연구와 다른 점이 거의 없었기 때문에 그 부분에 있어 어려움을 느꼈던 것 같다."
- "저에게 기노시타의 워크시트지 작성은 차마즈의 1차 코딩과 2차 코딩의 단계를 합쳐 놓은 것으로 이해가 됩니다……. 코드를 만드는 단계를 생략함으로 인해 데이터를 세밀하게 분석하여 미처 발견하지 못한 코드와 범주를 만들 수 있는 기회가 생략되는 것은 아닌지 염려가 됩니다."
- "기노시타 워크시트는 전통적 분석방법보다 좀 더 축약적으로 진행되기 때문에 이러한 위험이 더 크지는 않은지에 대해서 궁금합니다. 주로 연구자가 연구할 때 계획한 연구문제 영역으로 치우쳐서 분석을 하게 되지는 않을지에 대해서 궁금합니다."

답변

기노시타(2013/2017)의 수정근거이론에서는 자료 분석의 큰 흐름을 (1) '데이터로부터(from data)'의 방향성을 특징으로 하는 '오픈화'로부터, (2) '데이터를 향하여(toward data)' 확인 작업을 하는 '마무리화'라는 2단계로 나누어 설명하고 있다. 즉, 워크시트를 통한 개념의 생성 작업은 (1) 연구자가 설정한 연구문제에 따라 자료의 특정한 부분(구체 예)에 착안하여 초동적 개념(개념의 부스러기)을 만드는 단계(from the data)와 (2) 이렇게 착안한 특정한 구체 예에 기초하여 생성된 초동적 개념을 중심에 놓고, 이를 뒷받침하는 유사한 예 혹은 발견된 유사한 예들의 다양한 변이(대극 예)가 하나의 개념으로 포함될 수 있는 것인지를 판단하는 검토작업(toward data)으로 구성된 서로 연관된 두 가지의 단계로 이루어진다. 일단 생성된 초

동적 개념을 보다 정치하게 만들기 위해 필요한 경우 목적적으로 추가자료 수집을 하는 것을 근거이론에서는 '이론적 표집'이라고 한다. 워크시트는 이러한 개념 생성작업을 도와주면서 이 과정에서 연구자가 수행하는 성찰과정을 체계적으로 기록하는 도구라고 할 수 있다.

비록 기노시타(2013/2017)가 자신의 접근방식을 수정근거이론 접근방법(Modified Grounded Theory Approach: MGTA)이라고 부르고 있고, 개념 생성을 돕는 도구로서 워크시트의 사용을 제안하고 있기는 하지만, 그가 제안한 방안이 전에 없던 완전히 새로운 자료 분석방법을 새로 창출하여 제시한 것은 아니다. 예컨대, 최희경(2008: 131-132)의 자료 분석 방법과 기노시타(2013/2017)의 워크시트를 활용한 자료 분석방법의 기본적 절차는 사실상 동일하다. 기노시타(2013/2017)가 제안한 개념 생성을 위한 '분석 워크시트'란 것도 사실상 최희경(2008)이 말하는 '소주제별로 별도로 만든 한글 파일'을 체계적으로 도표화하여 제시한 것에 불과하며, 본질적으로 새로운 접근방식을 만들어 별도로 제안한 것은 아니라는 점을 쉽게 알 수 있다. 따라서 기노시타가 제안하고 있는 '워크시트'는 새로운 방법이라기보다는 기존의 방법을 알기 쉽게 체계화한 것으로 보면 될 것이다.

☞ 보다 자세한 설명은 제9장 제3절 '2) 실제 코딩의 수행'을 참조

4-3. 기노시타의 '분석초점자'란 무엇을 말하는가? '분석초점자'를 설정하는 이유는 무엇인가?

학생 질문

- "'분석초점자'의 개념을 분명하게 이해하고 싶었습니다. 분석초점자의 시각이 적용되는 부분이 데이터를 해석할 때인지 데이터를 수집할 때인지 아니면 명확히 시기가 있는 것이 아닌 그 개념을 연구 전반에 둔다는 것인지 궁금합니다. 분석초점자의 개념을 연구 범위나 대상 한정을 명확히 설정하여 그 범위 내에서 철저한 해석을 한다는 의미 정도로 이해하면 되는 것인지 궁금합니다."
- "기노시타의 수정근거이론(MGTA)와 관련하여 분석초점자 설정의 경우 면담에 응한 사람이 아닌 면담에 응한 집단을 설정한다는 얘기는 만약에 초등학교 6학년 교사 A와 B를 설정했을때 분석초점자는 초등학교 6학년 교사로 한정한다는 얘기인건가요 아니면 초등학교 교사를 집단으로 할까 하는 것은 연구자 개인의 예상결과에 따른 기준으로 설정하는 건가요?"

– "교육행정 분야에 근거이론을 적용하게 되면 분석초점자를 관리자의 입장으로 하는 것이 가장 타당한 것일까? 혹은 편리한 것일까? 분석초점자에 대한 개념이 아직 익숙지 않아서일지도, 내가 아직 관리자의 입장을 이해하기에는 너무나 괴리가 커서일지도 모르겠지만. 교육행정 분야는 효율적인 관리와 문제의 개선을 목적으로 하니 그런 것인지 의문이 든다."

답변

분석초점자를 설정하는 것은 크게 다음의 두 가지 의미를 가지고 있다. 첫 번째 의미는 사실 통상적 사례연구에서 '분석범위'를 설정하는 것과 유사한 것이다. 이러한 측면에서의 분석초점자 설정은 자료 수집 범위, 그리고 도출된 실체이론의 일반화 범위를 제한해 준다는 의미가 있다(예컨대, 대학의 자기설계전공 vs. 한동대에서 시행하는 자기설계전공이 연구문제로 설정되었을 때 자료 수집의 범위와 도출된 실체이론의 일반화 범위를 각각 비교해서 생각해 보라!). 두 번째이자 교육행정학 연구에서 '분석초점자' 설정이 보다 중요한 의미를 가지는 것은 자료의 해석과정에서 가지는 의미이다. 자료의 해석과정에서 분석초점자 관점으로 의미를 생각한다는 것은 '면담에 참여한 개개인(예컨대, 자기설계전공에 참여한 특정 학생, 이를 운영하는 특정 교수)'이 사회적 현상과 상호작용 과정을 자신의 관점에서 어떻게 생각하는지를 있는 그대로 이해하는 것과는 다르다. 물론 그것은 그것대로 중요하지만, 개별 면담참여자 본인은 의식하고 못하고 있는 사항까지도 연구의 목적상 필요하다면 연구자가 '분석초점자'의 관점에서 그 행간을 읽어 나가야 한다는 것이다. 이런 의미에서 '분석초점자'가 자료의 해석과정에서 기준으로 삼아야 하는 대상은 연구 수행과정에서 실제로 면담에 응해 준 개별 학생, 교수와 같은 실재 존재하는 특정한 개인을 가리키는 것이 아니라, 그 대상자를 연구목적에 따라 '추상화한 가상적 집단(예컨대, A대학 자기설계전공에 참여하는 학생들, 혹은 자기설계전공 운영에 참여하는 관련 교수와 운영직원 등 모든 이해관계자 집단)'을 의미한다. 즉, 면담에 참여한 특정한 학생 개인이 아니라 연구자가 설정한 중심 연구문제(목적)에 답하기 위해 가상적으로 설정한 '분석초점자'의 관점에서 전체적/집합적 의미가 있는 답을 찾아 나가는 것이라고 보면 된다. 예컨대, (1) '한동대 자기설계 융합전공에 참여하는 학생들이 경험하는 어려움 탐색'이 연구목적이라면 해당 프로그램에 참여한 학생들의 집합적 경험을 대변할 수 있는 가상적 학생이, (2) '자기설계전공 프로그램의 효과적 운영방안 탐색'이 연구목적이라면 관련된 모든 이해관계자 집단의 집합적 관점을 효과적으로 대변하여 최선의 대안을 찾아내야 하는 '가상적 프로그램의 운영자'가 분석초점자로 설정될 수 있을 것이다. 따라서 근거이론적 방법의 경우 행간을 읽어 낼 수 있는 연구자의 통찰력, 즉 '이론적 민감성'이 좋은 연구결과를 도출하는 데 있어 매우 중요한 역할을 담당하게 되는 것이다.

'분석초점자'란 개념은 (1) 개인이 경험하는 주관적 의미를 탐색하는 것이 아니라, (2) 조직의 장이나 프로그램 운영자의 관점에서 주어진 맥락(조직 혹은 프로그램이 시행되는 여건)에서 잠정적으로 가장 타당한 대안 도출을 해야 하는 경우가 많은 교육행정학 분야의 연구에서 그 유용성이 클 것으로 생각된다. 즉, 외부자로서의 전문 연구자(혹은 해당 조직의 구성원으로서 직접 연구를 수행하는 내부 연구자)는 자신이 가진 이론적 민감성과 통찰력을 가지고, 연구결과를 활용하기를 원하는 '분석초점자'(예컨대, 주어진 제약 조건하에서 관련된 모든 이해관계자의 요구를 균형 있게 받아들여 향후 시행할 수 있는 효과적인 프로그램을 도출해야 하는 운영자 등)의 관점에서, 참여자들의 집합적 경험과 의견을 균형 있게 해석하여 잠정적이긴 하지만 가장 타당한 것으로 보이는 대안(현장밀착형 이론/실체이론)을 도출한다. 이 경우 연구결과를 활용하기를 원하는 사람(예컨대, 프로그램 운영자)의 입장에서는 연구결과의 이해가 용이할 뿐만 아니라 해당 연구결과를 실천에 활용하기도 쉬워진다. 따라서 분석초점자를 설정하여 (1) 연구 목적(분석의 관점) 혹은 (2) 자료 수집과 일반화의 범위를 명확히 하는 것은 근거이론 연구자가 자신의 해석 결과에 명확한 설득력을 부여하기 위해 수행하는 적극적인 연구 활동이라고 볼 수 있다.

☞ 보다 자세한 설명은 제9장 제3절 '2) 실제 코딩의 수행' 그리고 제2장 제3절 '근거이론의 제 유형과 기본 입장' 부분을 참조

4-4. 근거이론적 방법에서 말하는 1차(개방) 코딩, 2차(축, 선택) 코딩, 3차(이론적) 코딩이란 무엇을 말하는가?

학생 질문

- "핵심 근거이론방법 중 코딩 부분에서 3차 코딩까지의 설명이 나오는데, 연구과정에서 코딩작업을 해 보기는 하였지만 1차, 2차 코딩과정이 와닿지 않습니다. 아직 더 연구해야 할 것이 남아 있으므로 저희들이 한 작업은 3차 코딩까지 간 것인지 잘 모르겠습니다."
- "제가 소속했던 팀은 2차 코딩 후 개념을 뭉치고, 중복해서 나오지 않는 개념들은 버리는 작업을 해 왔습니다. 지난 수업시간에 교수님께서 말씀해 주셨던 대로 2차

코딩 후 도출된 개념들을 개념/이론화할 때 연구자의 주관적인 의견 및 이끌어 내고자 하는 결론 방향으로 선택하는 부분이 있었습니다. 연구자도 사람인지라 주관적인 견해가 반영될 수밖에 없는데, 이를 극복할 수 있는 방안과 연구자로서 가져야 하는 자세가 궁금합니다. 특히 이번 수업과 같이 팀으로 연구를 진행할 때에는 2차 코딩 작업에서 의견을 모으기가 힘들었습니다. 여러 사람이 팀을 이루어 연구할 때 2차 코딩 또는 3차 코딩을 통해 의견을 합치하여 개념화하는 방안에 대해서 궁금합니다."

- "사실 코딩을 하기 전에 면담을 하면서 이미 나에게 큰 개념이 자리가 잡혀 버렸던 것 같다. 교수님의 코칭이 있고 나서야 좀 더 명확하게 흐름이 잡혔지만 아마 코칭이 없었다면 원래 내가 가지고 있던 고정 개념으로 코딩을 진행하지 않았을까 싶다. 혹시 이런 코딩을 객관적인 입장 (초보연구자가 아닌 숙련된 연구자)의 타인에게 조언을 구해도 괜찮은 것인가?"

답변

주요 근거이론가들마다 코딩작업에 사용하는 용어 자체가 매우 다르다는 점은 초보연구자에게 커다란 혼란을 초래하는 원인이 된다. 예컨대, Strauss와 Corbin(1990; 1998/2001)은 '개방코딩(open coding) → 축코딩(axial coding) → 선택코딩(selective coding)'의 순으로 코딩의 순서를 설명하지만, Glaser(1978)의 경우는 '개방코딩(open coding) → 선택코딩(selective coding) → 이론적 코딩(theoretical coding)'의 순으로 사용하고 있어 혼란을 가중시키고 있다. 근거이론적 방법에서 코딩의 마지막 단계도 근거이론가들에 따라 이론적 코딩(Glaser, 1978; Charmaz, 2014), 선택적 코딩(Strauss & Corbin, 1990; 1998/2001) 등 다양한 이름으로 부르고 있고, 그 의미도 약간씩 차이가 있다. 한편, Birks와 Mills(2015/2015)는 이와는 달리 1차, 2차, 3차 코딩으로 코딩 절차를 단계로 구분하여, 근거이론 연구자별로 서로 달리 제시하여 복잡해진 코딩의 유형과 관련한 용어들을 비교적 단순하게 정리하고 있다. '축코딩', '선택코딩' 등의 개념이 주는 경직성과 모호성을 탈피하여 연구자에게 보다 큰 융통성과 재량을 주기 위해 단순히 이를 1-2-3차라는 단계적 순서로 표현하고 있는 것으로 보인다. 근거이론적 방법에서 코딩의 절차가 이렇게 순차적 단계로 표현되는 것은 코딩이 진행됨에 따라 개념적 추상화의 수준이 심화되고 있음을 나타내 주는 것이다.

〈표 11-2〉 주요 근거이론가들에 의한 코딩 스킴의 비교

Birks & Mills (2015/2015)	1차 코딩	2차 코딩	3차 코딩
Glaser & Strauss (1967/2011)	코딩과 사건의 비교	범주와 속성 통합	이론 구체화
Glaser (1978)	개방코딩	선택적 코딩	이론적 코딩
Strauss & Corbin (1990, 1998/2011)	개방코딩	축코딩	선택적 코딩
Chamaz (2014)	1차 코딩	초점코딩	이론적 코딩
기노시타 (2013/2017)	개방적 코딩(오픈화)에서 수렴적 코딩(마무리화)으로 진행 1차, 2차 코딩은 사실상 동시에 진행. 3차 코딩은 사실상 기존 근거이론과 별 차이가 없으나 매우 애매하게 설명되어 있음		

출처: Birks & Mills (2015/2015)의 〈표 7-1〉에 기노시타(2013/2017)을 추가하여 제시함.

이 책에서는 복잡한 용어의 사용으로 초보연구자들이 맞닥뜨릴 수 있는 이러한 혼란을 최소화하기 위해 일단 Birks와 Mills(2015/2015)와 같이 각 코딩 단계를 지칭하는 용어를 1-2-3차 코딩으로 단순화하여 사용하였다. 하지만 각각의 단계에 대한 구체적인 의미를 정의하는 데 있어서는 다소 애매모호하게 기술되어 있는 Birks와 Mills(2015/2015)의 단계 구분을 그대로 따르지 않고, 필자 나름의 이해를 기반으로 〈표 11-3〉과 같이 단계를 구분하여 제시하였다. 대부분의 초보연구자가 혼란을 느끼는 2차 코딩과 3차 코딩의 구분과 관련해서는 4-5 질문에서 보다 자세한 설명을 제공한다.

〈표 11-3〉 근거이론적 방법에서 코딩의 각 단계와 목적

	1차 코딩	2차 코딩	3차 코딩
내용	• 연구문제와 대응하여 연구자가 의미 있다고 생각하는 코드를 최대한 풍부하게 생성해 내는 작업 • 식별해 낸 코드들을 다시 자료와 비교, 혹은 코드와 코드 상호 간을 비교하면서 개념들을 보다 정치하게 추상화하는 작업	• 개념과 개념 간, 개념과 범주(상위 개념) 간, 범주와 범주 간의 구조적 관계를 이론화를 목적으로 체계적으로 연관시키는 작업	• 연구자가 도출한 '잠정이론(실체이론)'에 대한 타당성을 학문공동체 구성원들로부터 검증받기 위해, 자신의 연구결과를 다른 맥락에서 수행된 실체이론 혹은 기존에 정립된 일반(중범위)이론에 비추어 성찰해 보는 작업 • 과정적 이론으로서 '근거이론'은 연구자가 도출한 연구결과의 타당성을 이러한 과정을 통해 보다 광범위한 학문적 지식의 맥락에서 지속적으로 확인해 나가게 됨
목적	• 정보의 풍부화, 정치화 • 개념의 형성	• 정보의 관계화 • '속성 구조' 혹은 '개념 간의 관계'의 파악	• 도출한 연구결과의 범용적 적용 가능성의 탐색(중범위이론의 생성)

☞ 보다 자세한 설명은 제9장 제3절 '1) 근거이론적 방법에서의 코딩의 의미와 절차' 부분을 참조

4-5. 2차 코딩과 3차 코딩은 무엇이 다른가?

[관련 질문] '이론적 코딩(theoretical coding)'이란 무엇인가?

이 책에서 사용하는 〈1차 코딩〉은 정보의 풍부화를 목적으로 연구문제와 대응하여 연구자가 의미 있는 코드를 최대한 풍부하게 생성하는 작업, 그리고 생성해 낸 정보들을 보다 정치화하려는 목적하에서 식별해 낸 코드들을 워크시트를 활용하여 다시 자료와 비교하거나, 혹은 코드와 코드 상호 간을 지속적으로 비교하면서 개념의 추상화 수준을 높여 가는 작업을 의미한다.

하지만 2차 코딩과 3차 코딩의 관계에 대한 기존 근거이론가들의 설명은 매우 모호하게 되어 있다. 어디까지가 2차 코딩이고, 어디까지가 3차 코딩인지, 그리고 각 단계에서 이루어져야 하는 구체적 내용이 무엇인지에 대해 초보연구자뿐만 아니라 경험 많은 숙련연구자가 보더라도 잘 이해할 수 없을 정도로 거의 암호 수준으로 애매하게 기술되어 있다. 독자들의 이

해를 돕기 위해 이 책에서는 2차 코딩과 3차 코딩을 다음과 같이 명확히 구분하여 설명한다.

[2차 코딩] 개념 간, 개념과 범주 간, 범주 간의 관계를 파악하여 체계적으로 구조화하는 작업

• 기본적으로 1차 코딩(개방코딩)에서 생성한 (1) 개념과 개념, (2) 개념과 범주 간의 관계를 구조화함으로서 상위 수준의 개념이라고 할 수 있는 범주를 체계적으로 발전시키고, 나아가 (3) 이렇게 발전된 범주들 간의 관계를 파악하여 체계적으로 구조화하는 작업

[3차 코딩] 이론적 통합 작업

• 연구자가 자신의 연구결과의 타당성을 검증받기 위해 (1) 2차 코딩의 결과로 도출한 연구자 자신의 '잠정이론(실체이론)'을 이미 구축되어 있는 다른 이론(일반이론/중범위이론) 혹은 다른 실체이론들(유사한 문제인식을 가지고 다른 맥락에서 수행된 연구에서 도출된 실체이론)과 연계시키거나, 혹은 (2) 자신의 연구결과에 기초한 잠정이론(실체이론)을 새로운 '가설'의 형태로 제시하여 도출한 실체이론이 중범위이론으로 발전될 수 있는 가능성을 제시하는 작업

이렇게 2차 코딩과 3차 코딩을 명확하게 구분하여 두는 실익은 근거이론에 입문하는 초보 연구자들이 서로 다르게 기술되어 있는 다양한 근거이론 교과서들의 복잡한 설명에 더 이상 당혹감을 느끼지 않도록 하기 위함이다. 실제 현재 우리나라 연구자들이 수행하는 상당수의 근거이론 연구는 해외에서 출판된 대부분의 논문과는 달리 2차 코딩 단계에서 그냥 종료되는 경우가 많다. 하지만 근거이론적 방법은 이러한 '속성 구조' 혹은 '개념 간의 관계'에 대한 단순한 '진술(description)'에 그치는 것이 아니라, 연구자 개인이 만든 '잠정이론(실체이론)'을 학문공동체 구성원들로부터 동의를 받는 절차를 통해 '자신이 발견한 결과가 순전히 주관적인 것만은 아니다'라는 점을 보여 주는 추가적 과정이 반드시 필요하다. '과정적 이론(a theory as a process)'으로서 성격을 가지고 있는 '근거이론(Grounded Theory)'은 이러한 과정을 통해 개별 연구자가 도출한 '잠정이론(실체이론)'의 타당성을 지속적으로 확인해 나감으로써, 개별적으로 수행된 연구결과들을 보다 광범위한 학문공동체의 지식 체계에 체계적으로 통합시켜 나갈 수 있는 것이며, 그 핵심적 수단이 바로 '3차 코딩'이 되는 것이다. 이런 의미에서 '3차 코딩'은 근거이론의 발전을 위해 단순한 '필요 조건'이 아니라 '충분 조건'에 해당된다고 할 것이다.

☞ 보다 자세한 설명은 제9장 제3절 '2) 실제 코딩의 수행 (3) 3차 코딩: 중범위이론(다맥락적 이론)으로의 발전 가능성 탐색' 참조

4-6. Strauss와 Corbin의 패러다임 모형의 6개 구성요소의 정확한 개념과 패러다임 모형을 적절하게 활용하는 방법은 무엇인가?

학생 질문

- "Strauss와 Corbin의 패러다임 모형에서 말하는 개념들의 차이점이 무엇인지 여전히 구별하기가 어려웠고, 해당 원문을 읽어보니 사실상 여섯 개의 개념들을 정확히 구별해서 활용하는 것이 목적은 아닌 것을 확인할 수 있었다."
- "패러다임 모형에서 말하는 중심현상과 인과적 조건, 중재적 조건, 맥락적 속성이 무엇인지, 그 개념과 구체적인 활용 방법 예시가 궁금합니다."
- "Strauss와 Corbin이 제시한 코딩 패러다임의 장점을 잘 살릴 수 있도록 하려면 어떠한 점에 주의를 기울여야 할까요?"
- "Strauss와 Corbin은 개념을 여섯 가지로 유형화 하기는 했지만 패러다임 모형의 활용 목적은 데이터 간의 복잡한 관계를 나타내기 위함이며 연구되는 맥락, 즉 행위자의 행동과 상호작용이 나타내는 그 현상을 중심으로 각 개념간의 관계를 설정하려는 것을 이해할 수 있었다. 그렇다면 연구자가 이러한 관점을 빌려와 패러다임 모형을 재구성할 재량이 있는지 궁금하다."
- "패러다임 모형의 오류와 '해석의 틀'일 뿐 절대적이지 않다는 부분에서 여섯 가지 유형들로 반드시 코딩되지 않아도 패러다임 모형으로 간주해도 되는 것인가 의문입니다."
- "근거이론에 있어 핵심적 요소는 코딩을 통해 도출한 범주들이 하나의 더 큰 이론적 도식으로 상호 연결되어야 한다는 것으로 생각합니다만, 근거이론의 범주 간 관계 연결하기에 있어 패러다임 모형에 제시된 '맥락적 속성', '인과적 조건', '중심현상', '중재적 조건', '행위-상호전략', '결과' 이외에 포함되어야 할 조건이 있는지 궁금합니다."

답변

패러다임 모형은 당초 Strauss(1987: 29)가 제시한 것으로서 (1) 중심현상(focal phenomena), (2) 인과적 조건(causal conditions), (3) 맥락적 속성(contextual conditions), (4) 중재적 조건(intervening conditions), (5) 전략적 행위/상호작용(strategic action/interaction), 그리고 (6) 결과(consequences)의 여섯 가지 요소로 구성되어 있다(Strauss & Corbin, 1998/2001).

Corbin과 Strauss(2008)에 따르면 "경험이 많은 연구자들은 직관적으로 문제를 한정하고 상황 안으로 들어가는 조건의 범위를 규정할 수 있지만, 반면에 초보연구자들은 어디서 어떻게 맥락을 찾을 것인지에 대한 많은 지침을 필요"로 하고, 이에 따라 "분석적 도구로서 패러다임과 조건적/결과적 매트릭스가 유효한 것"이라고 주장하고 있다. 하지만 문제는 이러한 패러다임 모형을 우리나라 사회과학 분야의 연구자들이 활용하는 방식이다. 이를 제안한 Strauss와 Corbin(1998/2001)이 거듭 강조하고 있듯이 패러다임 모형은 "자료를 보는 데 취하는 하나의 관점 이상의 것은 아니다. 이것은 체계적으로 구조와 과정이 통합될 수 있는 방식으로 자료를 수집하고 정돈하는 것을 돕는 하나의 분석적 관점(115)"일 뿐이며, "유용하기는 하지만, 패러다임은 결코 경직된 방식으로 사용되어서는 안 된다. 그렇지 않으면 이것은 수단이라기보다는 목적이 되어 버릴 것(129)"이라는 지적을 귀담아 들을 필요가 있다.

이런 관점에서 패러다임 모형을 적용하여 자료 분석을 한다고 해서 하나의 연구에서 여섯 가지의 요소를 다 설명하려고 하는 현재 국내 연구자들의 관행은 특히 문제가 있다. 아울러 기존에 출판된 근거이론적 방법을 적용한 연구에서처럼 앞에서 설명한 여섯 가지의 구성 요소의 순서가 항상 동일한 위치로 배열되어야 한다고 생각하는 것도 잘못된 생각이다(김은정, 2017). 따라서 초보연구자들이 패러다임 모형의 의미를 보다 명확히 이해하고 활용할 수 있도록 최소한 다음의 원칙을 반드시 염두에 두고 이를 활용하도록 할 필요가 있다고 생각한다.

먼저, 특정한 현상을 연구하는 하나의 소규모 연구에서 패러다임 모형의 여섯 개 요소를 다 설명해야 한다는 기계적 강박 관념에서 벗어나야 한다. 상황에 따라 다르기는 하겠지만 짧은 시간 동안에 고작 8~20명 정도의 면담참여자로부터 자료를 수집하여 여섯 가지 요소를 피상적으로 설명하려고 하기보다는, 이 책의 제6장에서 언급한 대로 패러다임 모형의 각 부분을 보다 정교화하는 데 목표를 두고 연구를 수행하려는 자세가 바람직하며, 필자가 보기에 그러한 자세가 코딩 패러다임을 활용하는 보다 타당한 접근방식이라고 보인다.

둘째, 교육행정학 연구에서는 패러다임 모형에서 제시된 '맥락'의 의미를 간호학 분야와는 다른 방식으로 재규정할 필요가 있다. 즉, 제5장과 제9장에서 언급한 대로, 필자가 볼 때 만성 질환자 등 개인을 분석대상으로 하는 간호학 분야와 교육행정학 연구에서 고려해야 하는 맥락은 그 의미가 다를 수밖에 없다. 따라서 기존 근거이론 교과서에서 설정한 '맥락'에 대한 설명을 교육행정학 분야의 주된 연구주제의 성격에 맞게 적절히 재해석하여 적용할 필요가 있다.

☞ 보다 자세한 설명은 제9장 제2절 '1) 패러다임 모형의 발전적 활용' 및 제6장 제1절 '근거이론적 방법을 활용하여 수행하기에 적합한 연구' 부분 참조

4-7. 핵심(중심)범주란 무엇인가? 핵심(중심)범주의 설정은 반드시 필요한가?

학생 질문

– "자료의 코딩을 통해 비슷한 의미들끼리 묶어 범주화하고, 핵심적인 범주를 중심으로 관계를 연결하는데, '핵심적인 범주'란 연구자의 연구목적에 해당하는 문제의식과 관련된 개념의 집합체로 보아야 할지, 코딩을 통해 도출한 개념 중 다수를 차지한 (빈도가 높은) 개념의 집합체가 핵심범주가 되는 것인지 궁금합니다."

답변

핵심범주는 그 연구의 중심 주제를 대변하는 것으로, 약간 과장해서 말하자면 이것은 '이 연구가 무엇에 관한 것'인지를 응축적으로 알려 주는 몇몇 단어로 요약될 수 있다. 예컨대, '10대의 약물복용: 실험의 시기(Strauss & Corbin, 1998/2001)', '학부교육 개선: 학부교육에 대한 구성원들의 가치관과 태도의 변화(변기용 외, 2018)' 등으로 제시될 수 있다.

핵심범주가 분석의 가장 후반부(즉, '개방–축–선택코딩' 중에서 가장 마지막 단계인 선택 코딩)에서 나타나는 Strauss와 Corbin의 접근방식과는 달리, Glaser의 경우 분석의 초반부, 즉 개방코딩단계에서 핵심범주가 발견된다. Glaser(1992/2014)는 근거이론은 '하나'의 '핵심범주'를 중심으로 이론을 생성하는 것이라고 본다. 따라서 그에게 핵심범주란 근거이론이 성립하기 위해 없어서는 안 될 필수적인 요소가 된다. 근거이론은 핵심범주를 중심으로 만들어지기 때문에 핵심범주가 없는 근거이론은 관련성과 작동성에서 멀어지기 때문이다. 또한 그는 "핵심범주는 하나이고 만일 두 개인 경우에는 나머지 하나를 핵심범주의 하위범주로 위치시켜야 한다"라고 하며, "핵심범주가 두 개 이상이 되는 경우 이론적 기능을 상실한다"고까지 주장하고 있다. 그에 따르면 개방코딩에서 두 번째 단계인 선택코딩으로 넘어가는 시점은 "…이론에 대한 전망을 보면서 하나의 핵심범주로 제한하는 것이 합당하고 적합하다고 여겨질 때"이며 선택코딩은 "개방코딩에서 선택된 하나의 핵심범주에 대해 '선택적으로 코딩'하는 것"을 말한다고 한다. 이때 '선택적'으로 코딩한다는 것은 "코딩을 핵심범주와 관련되는 범주만을 중심으로 제한한다는 것을 의미"하며, 이 경우 "핵심범주 주변의 다른 범주들은 가능한 한 핵심범주에 도움이 되는 역할로 강등된다"고 한다. 또한 Glaser에게 있어 핵심범주는 또한 이론적 표집을 위해 중요한 역할을 수행한다. 그에 따르면 "이론적 표집은 핵심범주를 중심으로 이론적 관련성을 높여 줄 수 있는 집단을 개념적 차원에서 표집하며, 이는 범주가 포화될 때까지 이루어진다"고 본다(Glaser, 1992/2014).

하지만 이후 등장한 근거이론가들(Charmaz, 2014; Clarke, 2005: Birks & Mills, 2015/2015에서 재인용)은 Strauss와 Corbin(1998/2001), Glaser(1992/2014), Birks & Mills(2015/2015)의 견해와는 달리 반드시 핵심범주를 선택할 필요는 없다고 하며, 생성된 범주와 범주 간의 관계를 체계적으로 파악하여 추상적인 근거이론을 형성하는가를 보여 주는 것이 보다 중요하다고 주장하고 있다. 이 책의 입장도 이러한 입장을 취하고 있다. 필자의 연구 경험을 반추해 보면 하나의 연구에서 핵심범주를 발견할 수 있다면 좋겠지만, 억지로 단일 연구에서 핵심범주를 선정하고 작위적으로 연결시키는 것은 반드시 좋은 방식은 아니라고 생각한다. 핵심범주가 명확히 밝혀지지 않더라도 새롭고 가능성 있는 발견이 이루어졌다면, 현재로서는 그것만으로도 의미가 있다고 생각하는 기노시타(2013/2017)의 접근이 훨씬 현실적이고, 합리적이다. 따라서 모든 연구에서 핵심범주를 선택해야 한다는 강박 관념보다는 추후 연구를 통해 핵심범주 파악에 가까이 갈 수 있다고 생각하는 것이 (1) 논문의 양적 실적을 중시하는 우리 사회의 논문 평가 방식과, (2) 이에 따라 학문 탐구가 아니라 '논문 출판 자체'가 목적이 되고 있는 우리 사회의 씁쓸한 출판 현실을 생각할 때도 훨씬 타당한 접근방식이라고 생각된다.

☞ 보다 자세한 설명은 제9장 제3절 '2) 실제 코딩의 수행 (3) 3차 코딩: 중범위이론(다맥락적 이론)으로의 발전 가능성 탐색 ① 중심(핵심)범주 선택의 필요성' 참조

부록 교육학 분야 학술지에 출판된 근거이론 논문 목록

연번	전공	저자	연도	제목	서지정보
1	특수교육	박민정, 이병인	2010	다문화가정 유아의 교육기관 적응과정과 상호작용 행동유형에 관한 근거이론적 접근	특수교육학연구, 45(1), 129-151
2		한경임, 송미승	2011	장애 남자 대학생 생활 경험의 근거이론적 분석	지체중복건강장애연구, 54(2), 1-23
3		나경은	2012	예비특수교사들의 교육실습 경험에 관한 근거이론연구	특수교육저널: 이론과 실천, 13(3), 269-289
4		문상진, 고진복, 전병운	2014	정신지체학교에서 체육을 지도하는 교사의 체육수업 경험분석: 근거이론을 중심으로	특수교육학연구, 48(4), 81-105
5		강성리, 이병인	2015	통합학급 유아특수교사의 자유선택활동 놀이지도 전략 탐색: 근거이론방법을 적용하여	유아특수교육연구, 15(2), 85-112
6		조현진, 서보순, 박재국, 박량은	2016	장애대학생의 진로결정 과정에 대한 근거이론적 접근	특수교육저널: 이론과 실천, 17(1), 239-267
7		조현진, 박재국	2016	요양보호사 보조원으로 취업한 지적장애인의 직업적응 과정에 대한 근거이론적 접근	특수교육학연구, 51(3), 163-193
8		임혜경, 박재국, 이연재	2017	발달장애 자녀의 성인기 삶을 준비하는 어머니의 견해에 대한 근거이론적 접근	특수교육저널: 이론과 실천, 18(4), 289-326
9		이광원	2017	사지마비 경수손상 장애인의 레질리언스 연구: 근거이론 접근	특수교육재활과학연구, 56(1), 377-407

10		김주선, 김동일	2017	특수아동 치료교육기관 운영과정 탐색: 근거이론을 중심으로	특수교육학연구, 52(3), 1-22
11		이재섭, 최민석, 감소영, 김소영, 김지연	2018	전국장애학생직업기능경진대회 발달장애영역에 대한 전문가들의 경험과 인식: 근거이론연구	특수교육논총, 34(2), 187-209
12		나경은, 서선진, 최승숙	2019	심각한 읽기 어려움을 지닌 학령기 자녀의 학습 지원에 대한 부모의 경험 분석	학습장애연구, 16(2), 43-68
13		김민창, 한민규	2019	특수체육교육과 학생들의 진로결정 과정 탐색	스포츠사이언스, 36(2), 209-221
14	유아교육 및 아동학과	장인희	2011	한국 초등 교사들이 생각하는 아동의 창의성에 관한 암묵적 지식 연구	교육문제연구, 40, 141-167
15		안도연	2012	예비유아특수교사의 통합교육 환경에서의 교육실습 경험분석-근거이론 중심으로	통합교육연구, 7(1), 117-138
16		박미경	2013	유아교사의 다문화교육 효능감 형성에 관한 연구	유아교육연구, 33(3), 349-375
17		김승희	2014	근거이론적 접근을 통해 본 보육교사의 과학교육 실제	유아교육학논집, 18(2), 365-393
18		이연승, 임수진, 최진령	2015	유치원 교사의 R-러닝 수용과정에 대한 근거이론적 접근	유아교육학논집, 19(2), 297-320
19		황정희, 정계숙	2015	실행주체(agent)로서 장애유아 통합교육을 경험한 유아교사의 발달과정 연구	유아교육연구, 35(1), 83-111
20		김영주, 이경화	2015	유아교사의 관점에서 본 교사와 학부모의 갈등과정 : 근거이론적 접근	한국보육지원학회지, 11(5), 237-260
21		이효림	2016	유아사회교육 실제에 대한 근거이론적 접근	열린유아교육연구, 21(4), 401-427
22		이은숙, 김소향	2016	근거이론에 의한 보육교사의 사회관계 교육 인식과 실제	학습자중심교과교육연구, 16(10), 215-239
23		김혜숙, 정미라, 김경숙	2018	영 · 유아 아버지의 부모역할 실제와 유형에 대한 근거이론연구	유아교육연구, 38(1), 367-389

24		양유진	2018	병설유치원 교사의 교직생활에 대한 근거이론적 접근	교육연구논총, 39(4), 213–246
25		김종우, 주수산나	2018	학교상담현장에서 인식하는 학업중단숙려제의 실제: 근거이론 접근을 중심으로	상담학연구, 19(2), 107–124
26		권경숙, 황인애, 이승숙	2019	근거이론 분석으로 본 결혼이민자가정 어머니의 자녀 이중언어 교육 경험	유아교육학논집, 23(5), 247–274
27	교육공학	송해덕	2009	문제중심학습 환경에서 성찰적사고 지원요인 탐색	열린교육연구, 17(3), 215–232
28		김정겸, 김지숙	2010	근거이론적 접근을 통한 대학생의 수업참여 특성 이해	한국교육, 37(4), 149–185
29		김지숙	2012	대학 수업에서 교수자의 매체활용 특성에 관한 연구:근거이론을 중심으로	교육공학연구, 28(3), 497–529
30		송연옥,변호승	2012	교사들의 디지털교과서 사용 경험에 관한 근거이론적 접근	교육공학연구, 28(2), 231–262
31		송연옥,변호승	2013	교사들의 디지털교과서 수용 방해요인에 관한 질적 탐색	교육공학연구, 29(1), 27–53
32		이은화, 조용개, 김난희	2014	한국 대학에서 유학생이 겪는 학습의 어려움 분석	수산해양교육연구, 26(6), 1261–1277
33		이지현, 이은주	2014	성인 학습자들의 전자책(e-book) 활용에 영향을 미치는 요소에 대한 질적 탐색	교육공학연구, 30(1), 133–162
34		신선애, 송해덕	2015	직업교육 실제적 학습환경 설계요소탐색: 근거이론을 중심으로	열린교육연구, 23(3), 337–357
35		이준, 이윤옥	2016	예비교사가 교육실습 과정에서 겪는 인성교육 경험에 관한 근거 이론적 접근	학습자중심교과교육연구, 16(1), 723–744
36		정종원	2017	근거이론적 접근을 통한 초등학교 부장교사의 전문성 향상을 위한 교육요구 탐색	평생교육 · HRD연구, 13(4), 115–146
37		심현	2017	국립대학 학생의 중도탈락 요인에 관한 근거이론 기반 분석	교육문화연구, 23(2), 105–128
38		안가연, 정종원	2019	근거이론을 적용한 상담자의 스마트폰 과의존 청소년 상담경험의 탐색	학습자중심교과교육연구, 19(5), 961–987

39	교육과정	홍영기	2004	주제중심의 통합단원 설계모형의 근거이론적 접근	교육인류학연구, 7(2), 109-135
40		나홍하, 변용철, 김대현	2007	초등학생이 일제시험 기간 동안에 겪는 경험의 실체: 근거이론 방법론적 접근	초등교육연구, 20(2), 113-138
41		김대현, 김아영, 강이화	2007	중국인 대학원 유학생들의 학업적응 경험에 대한 근거이론적 연구	아시아교육연구, 8(3), 159-187
42		김아영, 강이화, 김대현	2009	국제 유학생들의 한국어 학습과정에 대한 근거이론적 연구	수산해양교육연구, 21(4), 523-542
43		박민정, 성열관	2011	초등교사의 교육과정 인식 분석에 대한 근거이론적 접근	열린교육연구, 19(3), 1-26
44		홍영기	2011	교육과정 재구성 및 개발과정에서의 근거이론 접근	통합교육과정연구, 5(2), 1-18
45		이동성, 김영천	2012	질적 연구방법으로서 근거이론의 철학적 배경과 방법론적 특성에 대한 고찰	열린교육연구, 20(2), 1-26
46		방기용, 강현석	2014	근거이론을 적용한 교육과정 재구성 저해 요인 분석	교육종합연구, 12(3), 23-54
47		성열관, 이형빈	2014	'수업시간에 자는 중학생'연구: 수업참여 기피 현상에 대한 근거이론	교육사회학연구, 24(1), 141-171
48		류영규, 최류미, 김대현	2014	초등교사 수업의 획일화 과정에 대한 근거 이론적 접근	열린교육연구, 22(4), 279-299
49		박민선, 최성욱	2017	단위학교 교사학습공동체 내 초등교사의 교육과정 실행 경험에 관한 근거이론 연구	교원교육, 33(2), 171-203
50		박민정	2018	대학 전공교육과정 개편과정의 문제점에 대한 근거이론적 분석	한국교육, 45(2), 31-55
51	평생교육	전남익, 최은수	2010	교사리더십 개발과정에 대한 근거이론적 접근: 교사학습공동체의 경험과 상호작용을 중심으로	*Andragogy Today*, *13*(4), 149-176
52		정서린, 기영화	2011	대학원 준고령 학습자의 경험을 활용한 학습 과정 탐색 -근거이론을 중심으로	HRD연구, 13(4), 137-170
53		전신영, 유기웅	2011	성인학습자의 선행경험으로 인한 학습방해 과정에 관한 연구	교육문제연구, 41, 93-119

54		권대봉, 허선주, 김재현	2013	학교문화의 교육적효과 -H 자율고교를 중심으로	문화예술교육연구, 8(4), 201-226
55		김은애, 진성미	2015	대학생들이 진로탐색 과정에서 겪는 경험: 근거이론적 접근	직업교육연구, 34(3), 67-90
56		노경란, 전연숙	2017	북한이탈주민이 남한 정착과정에서 경험하는 학습활동 특성과 학습에 대한 주관적 인식 분석	평생교육학연구, 23(1), 109-136
57		최유연, 유기웅	2017	화장품 판매사원의 스마트러닝을 통한 학습경험과정 탐색	교육방법연구, 29(2), 397-419
58		배현순, 강진숙	2017	초등방과후학교 영어강사의 직업정체성에 대한 근거이론적 연구	교육문화연구, 23(4), 255-285
59		허선주	2019	지방대 학사경고자의 학습 경험에 대한 이해	한국교육학연구, 25(2), 343-369
60	교육 심리	도승이, 김은주	2007	협동학습에서 과제와 사회적 요소의 작용	교육심리연구, 21(4), 1047-1070
61		도승이	2005	교실토론상황에서 학생의 감정, 인지, 행동의 상호작용 -근거이론 분석법을 통한 모델을 중심으로	교육심리연구, 19(1), 17-39
62		김동일, 정소라, 고혜정, 김주선, 김수연	2013	장애대학생들의 대학생활 적응 과정에 관한 질적분석: 근거이론을 바탕으로	지체중복건강장애연구, 56(1), 65-95
63		김진아, 박병기	2013	학습몰입과정의 이론 개발과 확인: 근거이론과 구조방정식모형의 순차적 혼합연구	교육심리연구, 27(1), 241-262
64		이영민, 조한익	2018	기숙형 공립 고등학교 학생들의 기숙생활 적응과정에 관한 질적 연구-근거이론을 중심으로.	교육혁신연구, 28(2), 189-212
65		홍송이, 임성택	2018	대학신입생의 첫 학기 전환 유형과 통시적 변화 분석	교육학연구, 56(1), 47-84
66		김동일, 안예지, 김은삼, 안제춘	2019	교육행정지도자 직무연수 참여를 통한 교육지도성 성찰 경험에 대한 연구: 근거이론을 중심으로	아시아교육연구, 20(2), 431-460
67		임경수, 문정욱, 손은령, 김향란, 이혜정	2019	박사과정 대학원생들의 BK21 플러스 사업 참여 경험	진로교육연구, 32(1), 119-143

68	교육상담	박승민, 김창대	2005	온라인게임 과다사용 청소년의 게임행동 조절 유형 분석	교육심리연구, 19(4), 999-1022
69		노성덕	2007	인문계 여자 고등학교 또래상담 정착 과정에 대한 근거이론 분석	아시아교육연구, 8(3), 189-222
70		김영희, 최보영	2013	대학생의 핵심역량 육성을 위한 Action Learning에서의 경험과정 연구: 근거이론 접근	한국콘텐츠학회 논문지, 13(11), 477-491
71		허난설	2015	근거 이론을 활용한 초등교사 소진 및 대처 과정에 대한 연구	한국교원교육연구, 32(4), 73-101
72		오인수, 이승연, 김화영, 김혜미	2016	근거이론에 기반한 초등학교 저학년 학교폭력 특징에 대한 교사의 인식 탐색 연구	교육과학연구, 47(4), 73-93
73		유은선, 이종연	2017	진로진학상담교사의 직업정체성에 대한 근거이론 연구	진로교육연구, 30(2), 127-156
74		오인수, 손지향, 조유경	2018	근거이론적 접근을 통한 대학생들의 대2병 경험 분석 연구	교육과학연구, 49(2), 27-58
75		오연희, 손현동, 오익수	2019	근거이론에 의한 초등학교 교사의 소진과 회복 경험에 관한 연구	교육문화연구, 25(4), 553-576
76	교육행정	김수구	2009	나이스 학부모서비스 신청 · 승인 절차상에 나타나는 학부모의 인식 고찰	교육행정학연구, 27(4), 139-164
77		이기명	2009	초등학교 교사들이 경험하는 학교평가 실체 연구	교육행정학연구, 27(2), 329-352
78		가신현, 김정주	2012	학교현장실습을 통한 중등 예비교사들의 교직태도 변화 탐색	열린교육연구, 20(4), 293-314
79		김선영	2014	중국 유학생들의 정서적, 사회적, 그리고 학업수행 측면에서의 문화적응과 만족도 탐색	교육행정학연구, 32(1), 131-157
80		엄상현	2014	초등학교 인성교육 실태분석-근거이론 연구방법에 기초하여	한국교육, 41(4), 79-101
81		정주영	2017	교직이수 여대생들의 진로선택 및 결정에 관한 갈등분석	한국교원교육연구, 34(2), 387-415

82	사회교육	신현석, 이예슬, 정양순	2018	'자유학년제'에 대한 학생, 학부모들의 참여경험에 대한 분석: 근거이론 패러다임 모형을 중심으로	교육문제연구, 31(3), 53-98
83		오연주	2008	한국 중등 사회과 교사의 토론수업 인식 특성: 근거이론 접근	시민교육연구, 40(3), 65-97
84		구정화, 연미자	2011	근거이론 분석으로 본 초등교사의 다문화교육에 대한개념적 인식 특성	한국교육, 38(2), 5-27
85		김영순, 박미숙	2016	다문화멘토링에 참여한 대학생의 사회적 실천에 대한 근거이론적 패러다임 분석	한국교육문제연구, 34(2), 69-89
86		곽주은, 김병수	2017	다문화 청소년의 온라인 사회연결망 형성과정과 유형에 관한 근거이론적 연구	한국교육문제연구, 35(3), 49-78
87		정다운, 김병수	2019	북한이탈청소년의 진로결정과정에 관한 근거이론 연구: 문화자본을 중심으로	한국교육문제연구, 37(2), 29-59
88	인적자원 개발 (HRD)	오헌석, 성은모	2013	융합인재역량분석 -K대학교 공과대학 신기술융합학과 대학원 사례를 중심으로	아시아교육연구, 14(4), 201-228
89		채병민	2014	대학원생의 사회적 네트워크 형성 과정	한국교육사회학회 학술대회자료집, 1-20
90		류혜현, 오헌석	2016	기술경영 인재의 전문성 확장 과정 연구	HRD연구, 18(2), 65-100
91	교육사회	김경윤, 구소연, 이은숙, 이충란	2012	교원성과급제에 대한 초등학교 교사들의 대처방식: 근거이론 연구	교육학연구, 50(1), 161-192
92		권진옥, 오진아, 김은하, 한대동	2015	초등학교 보건교사의 직업정체성: 근거이론적 접근	*Child Health Nursing Research, 21*(1), 64-73
93		이한나, 최운실	2019	신입사원의 취업 전과 후로 인성에 대한 인식 전환 경험 연구: 근거이론을 바탕으로	학습자중심교과교육연구, 19(15), 925-955
94	기타 전공	김민정, 김대호	2012	근거 이론(Grounded theory)에 따른 한국 전통 교육에 대한 인식 고찰	벤처창업연구, 7(1), 105-111
95		강경리	2018	대학생의 팀 기반 프로젝트학습 과정 탐색: 근거이론 중심으로	학습자중심교과교육연구, 18(17), 385-421

96	기타 전공	김민정	2019	대학 교수자의 플립러닝 적응과정에 관한 근거이론	교육방법연구, 31(3), 405-433
97		윤수정, 정혜영	2013	초등교사의 재중한국학교 교직경험에 대한 연구	한국교원교육연구, 30(4), 35-62
98		안연선, 강은주, 백규호, 곽유진, 송재홍	2019	대교사의 발달과정에 대한 근거이론 연구: 초등학교 교사를 중심으로	초등교육연구, 23, 25-44
99		김대훈	2014	지리교사들의 교사학습공동체 참여 경험에 대한 근거이론적 연구	대한지리학회지, 49(6), 970-984
100		배성희, 김형범	2016	중등 교사의 과학 교수 효능감이 천문 수업에 미치는 영향: 근거이론을 중심으로	한국콘텐츠학회 논문지, 16(3), 607-616
101		권기남, 임수원, 이정래	2008	체육교육과 학생들의 진로 결정 과정에 관한 근거이론적 접근	한국스포츠사회 학회지, 21(2), 327-342
102		김성곤	2011	체육 교과 교육학 연구에 있어서 근거이론적 접근 방법의 활용	교과교육학연구, 15(2), 371-390
103		이인	2018	체육 전공자들의 진로탐색 및 결정 과정에 관한 근거이론적 분석	한국체육교육 학회지, 23(1), 17-35
104		김동학, 남윤신	2019	다문화 청소년들의 스포츠 프로그램 참여 경험에 관한 근거이론적 접근	한국체육과학회지, 28(3), 483-495
105		박인실	2018	결혼이주여성의 여가활동 수용과정에 관한 근거이론적 연구: 커뮤니티 아트 참여경험을 중심으로	문화예술교육연구, 13(4), 99-121
106		홍애령	2019	홀리스틱 학교무용교육을 위한 교사수준 교육과정의 근거이론 패러다임 모형 연구	홀리스틱융합교육연구, 23(3), 153-169
107		채동현, 양일호, 정성안	2011	초등학교 5, 6학년 과학교과서 집필자가 겪은 어려움과 대처 방법: 근거이론을 중심으로	한국과학교육 학회지, 31(8), 1121-1144
108		정영희, 신세인, 이준기	2017	고등학생들의 이공계 진로동기 형성 과정 연구: 근거이론적 접근	과학교육연구지, 41(1), 36-59

109	기타 전공	강혜영	2018	혁신학교 학생의 긍정적 변화과정 탐색: 근거이론에 기초한 사례분석을 중심으로	교육문화연구, 24(5), 471–498
110		김연정, 주경필	2019	청소년의 자발적 학교이탈에 관한 연구: 근거이론을 중심으로	청소년학연구, 26(8), 259–285
111		김나라, 이현민, 이윤진, 정윤경, 조연수	2018	근거이론을 활용한 고등학교 교사의 교과연계 진로교육 수업 경험 분석	진로교육연구, 31(2), 27–50.
112		임미가, 김진수	2019	기술적 문제해결에서 학습자의 아이디어 탐색에 대한 근거이론적 연구	한국실과교육학회지, 32(4), 147–163
113		전수경, 조정수	2014	기하 수업에서 중등 수학교사가 경험한 공학도구 사용의 어려움에 대한 근거이론적 탐색	수학교육학연구, 24(3), 387–407
114		전영은, 박원진	2018	근거이론을 활용한 초등교사의 다문화 특별학급에 대한 인식 분석 –경기도 다문화 특별학급 사례를 중심으로	시민교육연구, 50(1), 141–169

참고문헌

가신현 · 김정주(2012). 학교현장실습을 통한 중등 예비교사들의 교직태도 변화 탐색. 열린교육연구, 20(4), 293-314.

강은숙 · 이달곤(2005). 정책사례연구에 대한 방법론적 논의. 한국정책학회 추계학술발표논문집, 59-83.

강지영 · 소경희(2011). 국내 교육관련 실행연구(action research) 동향 분석. 아시아교육연구, 12(3), 197-224.

강지은(2019). 한동대학교의 학생설계전공 운영방안에 대한 사례연구. 고려대학교 일반대학원 석사학위논문.

강지은 · 이현주 · 변기용(2020). 학생설계전공의 효과적 운영방안에 대한 연구: A 대학교 학생설계 융합전공 사례를 중심으로. 한국교육학연구, 26(2), 1-28.

곽태진(2018). 비판적 실재론과 교육학: 교육학의 학문적 성격과 방법. 고려대학교 일반대학원 박사학위 청구논문.

권영민 · 박근갑 · 송호근 · 김재현 · 박상섭 · 양준모(2013). 한국 인문 · 사회과학 연구, 이대로 좋은가? 서울: 푸른역사.

권향원(2016). 근거이론의 수행방법에 대한 이해: 실천적 가이드라인과 이론적 쟁점을 중심으로. 한국정책과학학회보, 20(2), 181-216.

권향원(2017). 행정이론의 한국화를 위한 연구방법 및 이론화 전략. 한국행정학보, 51(2), 1-31.

권향원 · 최도림(2011). 근거이론적 방법의 이론화 논리에 대한 이해: 한국행정학의 비맥락성과 방법론적 편향성 문제를 중심으로. 한국행정학보, 45(1), 275-302.

기노시타 야스히토(2017). 질적연구법 실천: 수정판 근거이론 접근방법의 모든 것(*M-GTA: Modified*

Grounded Theory Approach). (황경성 역). 서울: 범우. (원서 출판, 2013).

김가람(2019). 한국어교육학 연구에서 근거이론 연구 방법론의 동향 분석. **한글**, 80(3), 595-626.

김동식(2002). **프래그머티즘**. 서울: 아카넷.

김미향(2002). 여가, 레크리에이션: 근거 이론적 접근을 통한 스키 매니아의 경험 연구. **한국체육학회지**, 41(5), 323-335.

김병찬(2010). 교육행정학 연구의 질적 연구 방법. **교육연구**, 18(2), 131-184.

김병찬(2013a). 교육행정의 인식론적 기반. 한국교육행정학회 편. **한국 교육행정학 연구 핸드북**(pp. 143-166). 서울: 학지사.

김병찬(2013b). 핀란드 교사양성교육 프로그램의 특성. **비교교육연구**, 23(1), 45-79.

김병찬(2017. 6. 2.). 질적연구방법. 고려대학교 교육대학원 특강자료.

김병찬 · 유경훈(2017). '교육행정학연구' 게재 논문의 연구 동향 특징 분석: 연구주제 및 연구방법을 중심으로. **교육행정학연구**, 35(4), 173-200.

김선영(2014). 중국 유학생들의 정서적, 사회적, 그리고 학업수행 측면에서의 문화적응과 만족도 탐색. **교육행정학연구**, 32(1), 131-157.

김선희(2009). 비판적 실재론에 의한 제도변화 설명가능성 탐색: 역사적 제도주의와 비교를 중심으로. **행정논총**, 47(2), 337-374.

김수구(2009). 나이스 학부모서비스 신청 · 승인 절차상에 나타나는 학부모의 인식 고찰. **교육행정학연구**, 27(4), 139-164.

김수홍(2010). 한동대학교 학생들의 교육적 경험과 그 영향요인에 관한 질적연구. 고려대학교 대학원 석사학위논문.

김승현(2008). 행정학분야의 실증적 사례연구에 관한 분석과 평가. **한국행정학회 학술발표 논문집**, 353-371.

김영천(2012). **질적연구방법론 I-Bricoleur**(제2판). 서울: 아카데미프레스.

김영천 · 김진희(2008). 질적 연구에서의 자료분석-소프트웨어 접근의 이해. **교육인류학연구**, 11(1), 1-35.

김영화(2010). **교육사회학**. 경기: 교육과학사.

김우성(2018. 11. 30.). 학생 설계 융합 전공 사례: 산업 공학 전공. 학생설계융합전공 워크숍 전공 설명발표 PPT.

김은정(2017). 한국의 사회학 연구영역에서의 근거이론의 활용 방법과 전개, 그리고 향후 방향의 모색. 한국사회학, 51(3), 37-70.

김은정(2018). 보다 나은 질적연구 방법 모색기. 문화와 사회, 26(2), 281-282.

김인숙(2011). 근거이론의 분기: Glaser와 Strauss의 차이를 중심으로. 사회복지연구, 42(2), 351-380.

김인숙(2012). 근거이론 담론과 사회복지 지식형성. 비판사회정책, 34, 77-128.

김준현(2010). 행정사례연구 접근방법으로서 근거이론의 전망과 한계. 한국사회와 행정연구, 21(2), 321-341.

김춘일(1998). 질적연구의 성격을 보는 시각. 교육연구의 질적 접근, 그 방법과 쟁점. 교육인류학연구회 1998년 춘계 학술대회 자료집, 25-30.

김현구(2013). 한국 행정학의 한국화론. 서울: 법문사.

김현주(2015). 미국 대학을 졸업한 조기유학 경험자의 진로 탐색 경험 및 진로 탐색에 영향을 미치는 요인. 비교교육연구, 25(3), 147-178.

나경은(2012). 예비 특수교사들의 교육실습 경험에 관한 근거이론 연구. 특수교육저널: 이론과 실천, 13(3), 269-289.

문성미(2003). 간질을 가진 청소년의 사회심리적 적응 과정에 대한 근거이론. 연세대학교 대학원 박사학위논문.

박선형(1999). 주관주의적 교육행정이론에 대한 비판적 고찰. 교육행정학연구, 17(3), 217-249.

박선형(2010). 교육행정학의 혼합방법연구 활성화를 위한 예비적 논의. 교육행정학연구, 28(2), 27-54.

박선형(2011). 교육행정학 연구의 방법론상 쟁점. 교육행정연구법(pp. 41-106). 경기: 교육과학사.

박찬종(2012). 사회학에서 인과성의 문제. 경제와 사회, 94, 177-208.

박혜경(2018). 공동체에서 인성까지: 한동RC(Residential College) 사례 탐구. The 4th International Forum on INNOVATION IN HIGHER EDUCATION 발표 자료집. 성균관대학교 대학교육혁신센터.

방청록(2018). 한동대 ACE+ 사업과 교육혁신의 성과. 제4회 창의 · 리더 · 심포지엄 '잘 가르치는 대학'을 향한 대학교육의 혁신 발표 자료집. 성균관대학교 대학교육혁신센터 ACE+.

변기용(2009). 옹호연합모형을 통한 법학전문대학원제도 도입과정 분석. 교육행정학연구, 27(1), 247-275.

변기용(2018). 한국 교육행정학의 학문적 정체성과 연구 방법론에 대한 비판적 성찰: 이분법적 배타성 극복을 통한 대안적 지점의 모색을 중심으로. 교육행정학연구, 36(4), 1-40.

변기용 · 권경만 · 이현주 · 홍바울(2020). 교육행정학 연구에서 근거이론 접근방식 활용 실태와 비판적 성찰. **교육행정학연구**, 38(1), 169-197.

변기용 · 김병찬 · 배상훈 · 이석열 · 변수연 · 전재은 · 이미라(2015). **잘 가르치는 대학의 특징과 성공요인: 학부교육 우수대학 성공사례 보고서 I**. 서울: 학지사.

변기용 · 배상훈 · 이석열 · 변수연 · 전재은 · 전수빈(2017). **잘 가르치는 대학의 특징과 성공요인: 학부교육 우수대학 성공사례 보고서 II**. 서울: 학지사.

변기용 · 송인영(2018). 문재인 정부 고등교육 개혁 추진 현황 및 개선과제: 대학 구조개혁 및 재정지원 사업 재편 정책을 중심으로. **한국교육학연구**, 24(2), 51-79.

변기용 · 이석열 · 배상훈(2017). 학부교육 우수대학의 특징과 성공요인: 5개 대학 사례연구. **교육문제연구**, 30(1), 229-262.

변기용 · 이석열 · 변수연 · 송인영 · 전수경(2019). 소규모 대학 특성화 추진전략과 성공요인: 3개 대학 사례연구. **교육행정학연구**, 37(4), 333-358.

신현석(2017). 한국 교육행정학의 정체성. **교육행정학연구**, 35, 195-232.

신현석 · 박균열 · 이예슬 · 윤지희 · 신범철(2018). 한국 교육행정학 연구동향의 심층분석 및 미래 전망: 2009년~2018년까지의 교육행정학연구를 중심으로. **한국교육학연구**, 24(4), 247-286.

신현석 · 이예슬 · 정양순(2018). '자유학년제'에 대한 학생, 학부모들의 참여경험에 대한 분석. **교육문제연구**, 31(3), 1-35.

신희영(2013). 행정학에 있어서의 '과학적'연구방법론의 쟁점에 대한 고찰. **서울행정학회 학술대회발표논문집**, 395-423.

심준섭(2006). 행정학 연구의 대안적 방법으로서의 방법론적 다각화(Triangulation): 질적 방법과 양적 방법의 결합. **한국행정연구**, 17(2), 3-31.

심준섭(2009). 조직연구에서 실용주의 시각의 적용 가능성: 질적 방법과 양적 방법의 혼합을 중심으로. **국가정책연구**, 23(4), 251-278.

안동현(2016). 자기설계전공의 가능성. **문화와융합**, 38(3), 275-300.

엄상현(2014). 초등학교 인성교육 실태 분석-근거이론 연구방법에 기초하여. **한국교육**, 41(4), 79-101.

유민봉 · 심형인(2009). 공무원의 체면에 대한 심층적 이해: 근거이론(Grounded Theory)을 적용하여. **한국행정학회 동계학술대회 발표논문집**.

윤견수(2008). 질적 연구의 다양성과 공공조직 연구의 확장. **한국조직학회보**, 5(3), 163-198.

윤견수(2013). 경험의 의미와 질적 연구의 연구 과정: 근거이론에 대한 사례를 중심으로. **한국정책과**

학학회보, 17(2), 163-200.

윤견수(2017. 8. 25.). 정책과 행정 연구에서의 질적 연구의 접근방법과 한계. 미출판 특강자료.

윤견수(2019). 연구자의 역할과 담론적 사례연구: 행정학자들의 사례연구 논문 검토를 중심으로. **정부학연구**, 25(3), 1-34.

윤영수 · 채승병(2008). **복잡계 개론: 세상을 움직이는 숨겨진 질서 읽기**. 서울: 삼성경.

이기명(2009). 초등학교 교사들이 경험하는 학교평가 실체 연구. **교육행정학연구**, 27(2), 1-35.

이기홍(1998). 실재론적 과학관과 사회과학의 연구방법. **경제와사회**, 38, 178-205.

이기홍(2003). 추상화: 비판적 실재론의 해석. **사회과학연구**, 42, 75-88.

이성회(2018). 대안적 교육정책평가 모델로서의 실재론적 평가(realist evaluation): "정말 쓸모있는" 교육정책평가를 위한 '이론적' 재음미. **교육사회연구**, 28(3), 97-127.

이성회 · 정바울(2015). 아처의 형태발생론적 접근(Morphogenetic Approach)에 대한 탐색적 연구: '성찰'의 재개념화를 중심으로. **교육사회학연구**, 25(1), 189-210.

이영철(2006). 사회과학에서 사례연구의 이론적 지위: 비판적 실재론을 바탕으로. **한국행정학보**, 40(1), 71-90.

이영철(2009). 보다 나은 사례연구: 논의와 예시. **정부학연구**, 15(1), 189-213.

이영철(2014). 근거이론의 근거에 대한 음미: 방법론과 방법. **한국정책과학학회보**, 18(1), 187-214.

이용숙(2014). 예비교수와 신임교수를 위한 〈대학교수법 코스〉 개발 실행연구. **열린교육연구**, 22(1), 479-521.

이용숙(2015. 5. 20.). 교육현장 개선을 위한 질적 연구방법의 적용: 실행연구(Action Research). 고려대학교 고등교육정책연구소 콜로키움 발표자료.

이용숙 · 김영천 · 이혁규 · 김영미 · 조덕주 · 조재식(2005). **교육현장 개선과 함께 하는 실행연구방법**. 서울: 학지사.

이원섭(2018. 11. 30.). 한동대학교 학생설계전공 UX Engineering. 학생설계융합전공 워크숍 전공설명발표 PPT.

이종주(2017). 근거이론(Grounded Theory)의 방법론적 전제에 대한 현상학-해석학적 반성. **현상학과 현대철학**, 75, 69-108.

임연기(2003). 한국 교육행정학의 학문적 특성과 과제. **교육행정학연구**, 21(1), 331-353.

임연기 · 김훈호(2018). 한국 교육행정학 연구 동향 및 활용 지식의 특성 분석. **교육행정학연구**, 36, 355-382.

정주영(2017). 교직이수 여대생들의 진로선택 및 결정에 관한 갈등분석. **한국교원교육연구**, 34(2), 329-352.

조영달(2015). **질적연구방법론(실제편): 학교와 수업 연구의 새 지평**. 서울: 근사.

조용환(1999). **질적 연구: 방법과 사례**. 서울: 교육과학사.

주영효(2017). 학교 조직 이해의 새로운 틀: 비선형 자기조직화. **교육행정학연구**, 35(2), 275-300.

주혜진(2014). 수퍼우먼의 비애: 소수자들의 인지부조화 경험과 상징적 자기-완성. **한국사회학**, 48(5), 243-284.

최병선(2006). 정책사례 연구 다시 보기: 사례연구에 대한 오해와 편견. **한국정책학회보**, 15(1), 171-198.

최종혁(2011). **질적연구방법론: 근거이론과 수정근거이론의 실제**. 서울: 신정.

최희경(2008). 질적 자료 분석 소프트웨어(NVivo2)의 유용성과 한계: 전통적 분석방법과 Nvivo2 분석방법의 비교. **정책분석평가학회보**, 18(1), 123-151.

하연섭(2011). **제도분석: 이론과 쟁점(2판)**. 서울: 다산출판사.

허준영 · 권향원(2016). '일과 삶 균형' 저해요인에 관한 탐색적 이론화 연구: 세종시 중앙부처 공무원에 대한 근거이론의 적용. **행정논총**, 54(2), 1-30.

木下康仁(1999). グラウンデッド・セオリー・アプローチ: **質的実証研究の再生(근거이론 접근법: 질적 실증 연구의 재생)**. 弘文堂.

木下康仁(2003). グラウンデッド・セオリー・アプローチの実践: **質的研究への誘い(근거이론 접근법의 실천: 질적 연구로의 권유)**. 弘文堂.

Abbott, A. (1998). The causal devolution. *Sociological Methods & Research, 27*(2), 148-181.

Aldridge, J. M., Fraser, B. J., & Huang, T. I. (1999). Investigating classroom environments in Taiwan and Australia with multiple reserach methods. *Journal of Educational Research, 91*(1), 46-62.

Alvesson, M., & Skoldberg, K. (2000). Reflexive methodology. *New vistas for qualitative researchers*. London: SAGE Publications Ltd.

Appleton, J. V. (2002). Critiquing approaches to case study design for a constructivist inquiry. *Qualitative Research Journal, 2*, 80-97.

Archer, M. S. (1995). *Realist social theory: The morphogenetic approach*. Cambridge:

Cambridge University Press.

Baskerville, R., & Pries-Heje, J. (1999). Grounded action research: A method for understanding IT in practice. *Accounting, Management and Information Technologies, 9*(1), 1-23.

Battisti, M., & Deakins, D. (2018). Micofoundations of small business tax behavior: A capability perspective. *British Journal of Management, 29*(3), 497-513.

Benoliel, J. Q. (1996). Grounded theory and nursing knowledge. *Qualitative Health Research, 6*(3), 406-428.

Bhaskar, R. (1975). Feyerabend and bachelard: Two philosophers of science. *New Left Review, 94*(3), 31-55.

Bhaskar, R. (1998). Philosophy and scientific realism. In M. S. Archer (Ed.), *Critical realism: Essential readings* (pp. 16-47). New York: Routledge.

Bhaskar, R. (2008). *Dialectic: The pulse of freedom.* New York: Routledge.

Birks, M., & Mills, J. (2011). *Grounded theory: A practical guide.* London: SAGE Publications Ltd.

Birks, M., & Mills, J. (2015). **근거이론의 실천**(*Grounded theory: A practical guide*). (공은숙 · 이정덕 공역). 서울: 청담미디어. (원서 출판, 2015).

Birnbaum, R. (1988). *How Colleges work.* San Francisco, CA: Jossey-Bass,

Birsks, M., Hoare, K., & Mills, J. (2019). Grounded theory: The FAQs. *International Journal of Qualitative Methods, 18,* 1-7. doi: 10.1177/1609406919882535.

Bogdan, R. C., & Biklen, S. K. (1982). *Qualitative research for education: An introduction to theory and methods.* Boston: Allyn and Bacon.

Browning, L. D., Beyer, J. M., & Shetler, J. C. (1995). Building cooperation in a competitive industry: SEMATECH and the semiconductor industry. *Academy of Management Journal, 38*(1), 113-151.

Bryant, A., & Charmaz, K. (Eds.). (2019). *The SAGE handbook of current developments in grounded theory.* London: SAGE Publications Ltd.

Bryant, A., & Charmaz, K. (2007a). Introduction. In A. Bryant & K. Charmaz (Eds.), *The SAGE handbook of grounded theory* (pp. 1-28). London: SAGE Publications Ltd. doi: 10.4135/9781848607941.

Bryant, A., & Charmaz, K. (2007b). Grounded theory in historical perspective: An epistemological account. In A. Bryant & K. Charmaz (Eds.), *The SAGE handbook of grounded theory.* London: SAGE Publications Ltd.

Bunge, M. (1997). Mechanism and explanation. *Philosophy of the Social Sciences, 27*(4), 410-465.

Byun, K., Chu, H., Kim, M., Park, I., Kim, S., & Jung, J. (2011). English-medium teaching in Korean higher education: Policy debates and reality. *Higher Education, 62,* 431-449. doi: 10.1007/s10734-010-9397-4

Byun, S. Y., Schofer, E., & Kim, K. K. (2012). Revisiting the of cultural capital in East Asian educational systems: The case of South Korea. *Sociology of Education, 85*(3), 219-239.

Carnap, R. (1993). 과학철학입문(*An introduction to the philosophy of science*). (윤용택 역). 서울: 서광사. (원서 출판, 1966).

Charmaz, K. (1990). 'Discovering' chronic illness: Using grounded theory. *Social Science & Medicine, 30*(11), 1161-1172.

Charmaz, K. (2000). Grounded theory: Objectivist and constructivist methods. In N. K. Denzin & Y. S. Lincoln (Eds.), *The handbook of qualitative research.* Thousand Oaks, CA: Sage Publications, Inc.

Charmaz, K. (2005). Grounded theory in the 21st Century: Applications for advancing social justice studies. In N. K. Denzin & Y. S. Lincoln (Eds.), *The handbook of qualitative research* (pp. 509-536). Thousand Oaks, CA: Sage Publications.

Charmaz, K. (2008). Constructionism and the grounded theory. In J. A. Holstein & J. F. Gubrium (Eds.), *Handbook of constructionist research* (pp. 397-412). New York: The Guilford Press.

Charmaz, K. (2013). 근거이론의 구성: 질적 분석의 실천 지침(*Constructing grounded theory: A practical guide through qualitative analysis*). (박현선 · 이상균 · 이채원 공역). 서울: 학지사. (원서 출판, 2006).

Charmaz, K. (2014). *Constructing grounded theory: A practical guide through qualitative analysis.* London: SAGE Publications Ltd.

Charmaz, K. (2014). 사회정의 연구에서의 근거이론 분석법(Grounded theory methods in social justice research). (도승이 역). In N. K. Denzin & Y. S. Lincoln (Eds.), 질적연구 핸드북(*The SAGE handbook of qualitative research*, 4th ed.). (최욱 외 23인 공역). 서울: 아카데미 프레

스. (원서 출판, 2011).

Clarke, A. (2005). *Situational analysis: Grounded theory after the postmodern turn.* Thousand Oaks, CA: SAGE.

Clarke, A. E., Friese, C., & Washburn, R. S. (2017). *Situational analysis: Grouned theory mapping after the interpretive turn* (2nd ed.). Thousand Oaks, CA: SAGE.

Cobb, P. (1994). Where is the mind? Constructivist and sociocultural perspectives on mathematical development. *Educational Researcher, 23*(7), 13-20. https://doi.org/10.3102/0013189X023007013.

Coffey, A., Holbrook, B., & Atkinson, P. (1996). Qualitative data analysis: Techniques and representations. Sociological research online. *Retrieved 15 March 2007* from www.soc.surrey.ac.uk/socresonline Vol. 1, No. 1.

Corbin, J. & Strauss, A. L. (2014). *Basics of qualitative research: Techniques and procedures for developing grounded theory* (4th ed.). Thousand Oaks, CA: SAGE Publications, Inc.

Creswell, J. W. (1998). *Qualitative inquiry and research design: Choosing among five approaches.* Thousand Oaks, CA: Sage Publications, Inc.

Creswell, J. W. (2002). *Educational research: Planning, conducting and evaluating quantitative and qualitative research.* NJ: Pearson Education.

Creswell, J. W. (2014). *A concise introduction to mixed methods research.* Thousand Oaks, CA: SAGE publications.

Creswell, J. W. (2015). **질적 연구방법론: 다섯 가지 접근**(*Qualitative inquiry and research design: Choosing among five approaches*, 3rd ed.). (조홍식 · 정선욱 · 김진숙 · 권지성 공역). 서울: 학지사. (원서 출판, 2013).

Creswell, J. W., & Clark, V. L. P. (2007). *Designing and conducting mixed methods research.* Thousand Oaks, CA: Sage Publications.

Cutcliffe, J. (2005). Adapt or Adopt: Developing and transgressing the methodological boundaries of grounded theory. *Journal of the Advanced Nursing, 51*(4), 421-428.

Czarniawska, B. (2004). Narratives in social science research. *Introducing qualitative methods.* London: Sage Publications.

Danermark, B., Ekström, M., Jakobsen, L. & Ekstrom, M. (2004). **새로운 사회과학방법론: 비판적**

실재론의 접근(*Explaining society: An introduction to critical realism in the social sciences*). (이기홍 역). 서울: 한울. (스웨덴어 원서 출판 1997, 영어 번역본 출판 2002).

Davis, G. F., & Marquis, C. (2005). Prospects for organization theory in the early twenty-first century: Institutional fields and mechanisms. *Organization Science, 16*(4), 332-343.

Deeter-Schmelz, D. R., Lauer, T. P., & Rudd, J. M. (2019). Understanding cross-cultural sales manager-salesperson relationships in the Asia-Pacific Rim Region: A grounded theory approach. *Journal of Personal Selling & Sales Management, 39*(4), 334-351.

Dewey, J. (1976). Creative democracy: The task before us. In J. Boydston (Ed.), *John Dewey: The later works,* 1925-1953 (vol. 14, pp. 224-230). Carbondale: Southern Illinois University Press.

Dey, I. (1999). *Grounding grounded theory: Guidelines for qualitative inquiry.* San Diego, CA: Academic Press.

Dick, B. (2007). What can grounded theorists and action researchers learn from each other? In A. Bryant & K. Charmaz (Eds.), *The SAGE handbook of qualitative research* (pp. 398-416). London: SAGE Publications Ltd.

Diggins, J. P. (1994). *The promise of pragmatism: Modernism and the crisis of knowledge and authority.* Chicago: The University of Chicago Press.

Edmondson, A., & McManus, S. (2007). Methodological fit in management field research. *Academy of Management Review, 32,* 1155-1179.

Elster, J. (1998). Deliberation and constitution making. *Deliberative Democracy, 97,* 111.

Fay, B. (1996). *Contemporary philosophy of social science: A multicultural approach* (vol. 1). Oxford: Blackwell.

Flyvbjerg, B. (2011). Case Study. In N. K. Denzin & Y. S. Lincoln (Eds.), *The SAGE handbook of qualitative research* (pp. 301-317). London: SAGE Publications Ltd.

Gartrell, C. D., & Gartrell, J. W. (2002). Positivism in sociological research: USA and UK (1966-1990). *The British Journal of Sociology, 53*(4), 639-657.

Gibbs, G. R. (2005). *Qualitative data analysis: Exploring with NVivo.* New York: Open University Press.

Giddens, A. (1984). *The constitution of society: Outline of the theory of structuration.* Berkeley,

CA: University of California Press.

Gilgun, J. F., Daly, K., & Handel, G. (Eds.). (1992). *Qualitative methods in family research.* Newbury Park, CA: SAGE.

Glaser, B. G. (2007). Theoretical elaboration of quantitative data. *The Grounded Theory Review, 6*(3), 1-37.

Glaser, B. G. (1978). *Theoretical sensitivity: Advances in the methodology of grounded theory.* Mill Valley, CA: Sociology Press.

Glaser, B. G. (1998). *Doing grounded theory.* Mill Valley, CA: Sociology Press.

Glaser, B. G. (2001). *The grounded theory perspective.* Mill Valley, CA: Sociology Press.

Glaser, B. G. (2005). *The grounded theory perspective III: Theoretical coding.* Mill Valley, CA: Sociology Press.

Glaser, B. G. (2008). *Doing quantitative grounded theory.* Thousand Oaks, CA: Sociology Press.

Glaser, B. G. (2014). **근거이론 분석의 기초: 글레이저의 방법**(*Basics of grounded theory analysis*). (김인숙 · 장혜경 공역). 서울: 학지사. (원서 출판, 1992).

Glaser, B. G. (2019). Grounded description: No no. In A. Bryant & K. Charmaz (Eds.), *The Sage handbook of current developments in grounded theory* (pp. 441-445). London: SAGE Publications Ltd.

Glaser, B., & Strauss, A. (2011). **근거이론의 발견: 질적 연구 전략**(*The discovery of grounded theory: Strategies for qualitative research*). (이병식 · 박상욱 · 김사훈 공역). 서울: 학지사. (원서 출판, 1967).

Glaser, B. G., & Holton, J. A. (2005). Basic social processes. *Grounded Theory Review, 4*(3), 1-29.

Glaser, B. G., & Holton, J. A. (2005). Staying open: The use of theoretical codes in grounded theory. *The Grounded Theory Review, 5*(1), 1-20.

Glaser, B. G., & Strauss, A. L. (2011). **근거이론의 발견: 질적 연구를 위한 전략들**(*Discovery of grounded theory: Strategies for qualitative research*). (이병식 · 박상욱 · 김사훈 공역). 서울: 학지사. (원서 출판, 1967).

Greenall, P. (2006). *The barriers to patient-driven treatment in mental health.* Leadership in Health Services.

Greenwood, D. J., & Levin, M. (2020). **사회개혁과 교육실천을 위한 실행연구 입문**(*Introduction to action research: Social research for social change,* 2nd ed.). (변기용 역). 서울: 학지사. (원서 출판, 2007).

Gregory, J., & Jones, R. (2009). 'Maintaining competence': A grounded theory typology of approaches to teaching in higher education. *Higher Education, 57,* 769-785.

Hale, A. R. (2000). Culture's confusions. *Safety Science, 34*(1-3), 1-14.

Healy, M., & Perry, C. (2000). Comprehensive criteria to judge validity and reliability of qualitative research within the realism paradigm. *Qualitative Market Research: An International Journal, 3*(3), 118-126. doi: 10.1108/13522750010333861.

Hedström, P., & Swedberg, R. (1998). *Social mechanisms.* Cambridge: Cambridge University Press.

Hedström, P. (2005). *Dissecting the social: On the principles of analytical sociology.* Cambridge: Cambridge University Press.

Henfridsson, O., & Lindgren, R. (2005). Multi-contextuality in ubiquitous computing: Investigating the car case through action research. *Information and Organization, 15*(2), 95-124.

Hoare, K., & Decker, E. (2015). The role of a sexual health promotion leaflet for 15-18 year olds in catalysing conversations: A constructivist grounded theory. *Collegian, 23,* 3-11.

Hoare, K., Ward, K., & Walker, R. (2018). English children's respectful reflections of the rights and lives of their Kenyan peers: A grounded theory study. *Children & Society, 32,* 145-155. doi: 10.1111/chso.12244.

Intezari, A., & Pauleen, D. J. (2017). Conceptualizing wise management decision-making: A grounded theory approach. *Decision Sciences, 49*(2), 335-400.

Johannesen, K. S. (1996). Action research and epistemology: Some remarks concerning the activity-relatedness and contextuality of human language. *Concepts and Transformation, 1*(2/3), 281-297.

Joo, Y. H., & Halx, M. (2012). Framing school organizations as complexity systems: An educational leadership policy creation tool. Paper presented at the 2012 American Educational Research Association. Vancouver, Canada.

Kearney, M. H. (2003). 근거 포말이론에서의 새로운 방향근거이론 연구방법론(New directions in grounded formal theory). In R. S. Schreiber & P. N. Stern (Eds.), **근거이론 연구방법론**(*Using grounded theory in nursing*, pp. 227-246). (신경림 · 김미영 공역). 서울: 현문사. (원서 출판, 2001).

Kelle, U. (2007). "Emergence" vs. "Forcing" of Empirical Data? A Crucial Problem of "Grounded Theory" Reconsidered. Historical Social Research/Historische Sozialforschung. *Supplement, 19,* 133-156. Retrieved March 27, 2020, from www.jstor.org/stable/40981074

Kemmis, S., & McTaggart, R. (1988). *The action research planner: Doing critical participatory action research* (3rd ed.). Geelong, Victoria: Deakin University Press.

Kezar, A. (2018). *How colleges change: Understanding, leading, and enacting change* (2nd ed.). New Youk: Routledge.

Kock, N. (2004). The psychobiological model: Towards a new theory of computer-mediated communication based on Darwinian evolution. *Organization science, 15*(3), 327-348.

Kuh, G. D., Kinzie, J., Schul, J. H., & Whitt, E. J. (2005). *Student success in college: Creating conditions that matter.* San Francisco, CA: Jossey-Bass.

Kuteeva, M., & Airey, J. (2014). Disciplinary differences in the use of English in higher education: Reflections on recent language policy developments. *Higher Education, 67*(5), 533-549.

Lane, J. E., & Kivisto, J. A. (2008). Interests, information, and incentives in higher education: Principal-agent theory and its potential applications to the study of higher education governance. In J. C. Smart (Ed.), *Higher education: Handbook of theory and research. springer* (pp. 141-179).

Langley, A. (1999). Strategies for theorizing from process data. *The Academy of Management Review, 24*(4), 691-710.

LaRossa, R. (2005). Grounded theory methods and qualitative family research. *Journal of Marriage and Family, 67*(4), 837-857.

Layder, D. (1993). *New strategies in social research.* Cambridge: Polity Press.

Lee, R. M., & Fielding, N. (1996). Qualitative data analysis: Representations of a technology: A comment on Coffey, Holbrook and Atkinson. Sociological Research Online, Vol. 1, no. 4.

Retrieved 15 March 2007 from http://www.socresonline.org.uk/socresonline/1/4/lf.html

Locke, K. (2001). *Grounded theory in management research.* London: SAGE Publications Ltd.

Lofland, L. H., Lofland, J., Snow, D. A., & Anderson, L. (2005). *Analyzing social settings: A guide to qualitative observation and analysis* (4th ed.). Belmont, CA: Wadsworth/Thomson Learning.

Longino, H. E. (1990). *Science as social knowledge: Values and objectivity in scientific inquiry.* Princeton, NJ: Princeton University Press.

Longino, H. E. (1993). Feminist standpoint theory and the problems of knowledge. *Journal of Women in Culture and Society, 19*(1), 201-212.

Longino, H. E. (1993). Subjects, power, and knowledge: Description and prescription in feminist philosophies of science. In L. Alcoff & E. Potter (Eds.), *Feminist epistimologies* (pp. 101-120). New York: Routledge.

Longino, H. E. (1996). Cognitive and non-cognitive values in science: Rethinking the dichotomy. In *Feminism, science, and the philosophy of science* (pp. 39-58). Dordrecht, NED: Springer.

Martin, J, R. (2011). Bridging troubled waters: Interdisciplinarity and what makes it stick. In F. Christie & K. Maton (Eds.), *Disciplinarity* (pp. 35-61). London: Continuum.

Martin, P. Y., & Turner, B. A. (1986). Grounded theory and organizational research. *Journal of Applied Behavioral Science, 22,* 141-157.

McKim, V. (1997). Causality in crisis? Statistical methods and the search for causal knowledge in the social sciencese. In V. McKim & S. Turner (Eds.), *Statistical methods and the search for causal knowledge in social sciences.* University of Notre Dame Press.

Meyer, K. (2006). Asian management research needs more self-confidence. *Asia Pacific Journal of Management, 23*(2), 119-137.

Miles, M. B., & Huberman, A. M. (1984). *Qualitative data analysis: A sourcebook of new methods.* London: SAGE Publications Ltd.

Mills, G. E. (2005). **교사를 위한 실행연구**(*Action Research: A Guide for the Teacher Researcher*). (강성우 · 부경순 · 심영택 · 양갑렬 · 오세규 · 이경화 · 이혁규 · 인진영 · 허영식 공역). 서울: 우리교육. (원서 출판, 2003).

Minichiello, V., Aroni, R., & Hays, T. N. (2008). *In-depth interviewing: Principles, techniques, analysis* (3rd ed.). Pearson Education Australia.

Moghaddam, A. (2006). Coding issues in grounded theory. *Issues in Educational Research, 16*(1), 52-66.

Mohatt, G. V., Hazel, K. L., Allen, J., Stachelrodt, M., Hensel, C., & Fath, R. (2004). Unheard Alaska: Culturally anchored participatory action research on sobriety with Alaska Natives. *American Journal of Community Psychology, 33*(3-4), 263-273.

Morse, J. M. (1995). The significance of saturation. *Qualitative Health Research, 5*(2), 147-149.

Morse, J. M. (2007). Sampling in grounded theory. In A. Bryant & K. Charmaz (Eds.), *The SAGE handbook of grounded theory* (pp. 229-243). London: SAGE Publications Ltd. doi: 10.4135/9781848607941.

Morse, J. M. (2011). **근거이론의 발전: 제2세대**(*Developing Grounded Theory: The Second Generation*). (신경림 · 김미영 · 신수진 · 강지숙 공역). 서울: 도서출판 하누리. (원서 출판, 2009).

Morse, J. M. (2011). Tussles, Tension, and Resolution(난투, 긴장, 그리고 와해). In J. M. Morse, P. N. Stern, J. Corbin, B. Bowers, K. Charmaz & A. E. Clarke (Eds.), **근거이론의 발전: 제2세대**(*Developing grounded theory: The second generation,* pp. 15-22). Left Coast Press. (원서 출판, 2009).

Moustakas, C. (1994). *Phenomenological research methods.* Thousand Oaks, CA: Sage Publications.

Oliver, C. (2012). Critical realist grounded theory: A new approach for social work research. *British Journal of Social Work, 42*(2), 371-387.

Pajunen, K. (2008). The nature of organizational mechanisms. *Organization Studies, 29*(11), 1449-1468.

Parkhe, A. (1993). "Messy" research, methodological predispositions and theory development in international joint ventures. *Academy of Management Review, 18,* 227-268.

Pike, G. R., & Kuh, G. D. (2005). A typology of student engagement for American colleges and universities. *Research in higher education, 46*(2), 185-209.

Porpora, D. V. (2011). Recovering causality: Realist methods in sociology. In D. V. Porpora.

(Ed.), *Sociological realism* (pp. 155-173). New York: Routledge.

Posselt, J. R., Jaquette, O., Bielby, R., & Bastedo, M. N. (2012). Access without equity: Longitudinal analyses of institutional stratification by race and ethnicity, 1972-2004. *American Educational Research Journal, 49*(6), 1074-1111.

Ragin, C. C. (1992). Introduction: Cases of "What is a case?". *What is a Case,* 1-17.

Redman-MacLaren, M., & Mills, J. (2015). Transformational grounded theory: Theory, voice, and action. *International Journal of Qualitative Methods, 14(*3), 1-12.

Redman-MacLaren, M. (2015). The implications of male circumcision practices for women in Papua New Guinea including for HIV prevention (Doctoral dissertation). James Cook University, Townsville. Retrieved from https://researchonline.jcu.edu.au/42315/1.hasligh tboxThumbnailVersion/42315-redman-maclaren-2015-thesis.pdf

Regehr, C. (2000). Action research: Underlining or undermining the cause? *Social Work and Social Sciences Review, 8*(3), 194-206.

Rodriguez, A. (2018). Inequity by design? Aligning high school math offerings and public flagship college entrance requirements. *The Journal of Higher Education, 89*(2), 153-183.

Rogers, A., Day, J., Randall, F., & Bentall, R. (2003). Patients' understanding and participation in a trial designed to improve the management of anti-psychotic medication. *Social Psychiatry and Psychiatric Epidemiology, 38*(12), 720-727.

Rubin, H. J. (2011). *Qualitative interviewing: The art of hearing data* (3rd ed.). Thousand Oaks, CA: Sage Publications, Inc.

Saldaña, J. (2012). *The coding manual for qualitative researchers.* Thousand Oaks, CA: Sage Publications, Inc.

Sash, S. K., & Corley, K. G. (2006). Building better theory by bridging the quantitative-qualitative divide. *Journal of Management Studies, 43*(8), 1821-1835.

Sayer, A. (1999). 사회과학방법론: 실재론적 접근(*Method in Social Science: A realist Approach,* 2nd ed.). (이기홍 역). 서울: 한울. (원서 출판, 1992).

Schachter, Candice, Teram, Eli and Stalker, Carol (2004). Integrating grounded theory and action research to develop guidelines for sensitive practice with childhood sexual abuse survivors. In Hammell, Karen Whalley and Carpenter, Christine (Eds.) Qualitative research in evidence-based practice, 77-88. Edinburgh: Churchill Livingstone.

Stake, R. E. (1995). *The art of case study research*. Thousand Oaks, CA: Sage Publications, Inc.

Schatzman, L.(1991). Dinensional analysis: Notes on an alternative to the grounding of theory in qualitative rsearch. In D. Maines (Ed.), *Social organization and social process: Essays in honor of Anselm Strauss* (pp. 303-332). New York: Aldine De Gruyter.

Schreiber, R. S., & Stern, P. N. (2003). 근거이론 연구방법론(*Using grounded theory in nursing*, pp. 227-246). (신경림 역). 서울: 현문사. (원서 출판, 2001).

Schwandt, T. A. (1994). Constructivist, interpretivist approaches to human inquiry. In N. K. Denzin & Y. S. Lincoln (Eds.), *The SAGE handbook of qualitative research* (pp. 221-259). London: SAGE Publications, Inc.

Schwandt, T. A. (2000). Three epistemological stances for qualitative inquiry: Interpretivism, Hermeneutics, and Social constructionism. In N. K. Denzin & Y. S. Lincoln (Eds.), *The SAGE handbook of qualitative research* (pp. 189-200). London: SAGE Publications, Inc.

Scott, D. (2007). Resolving the quantitative-qualitative dilemma: A critical realist approach. *International Journal of Research & Method in Education, 30*(1), 3-17.

Seidman, I. (2005). *Interviewing as qualitative research: A guide for researchers in education and the social sciences* (3rd ed.). Teachers College Press.

Sil, R. (2000). The division of labor in social science research: Unified methodology or organic solidarity. *Polity, 32*(4), 499-531.

Spradley, J. P. (1988). 문화탐구를 위한 참여관찰 방법(*Participant observation*). (이희봉 역). 서울: 대한교과서주식회사. (원서 출판, 1980).

Stainback, S. B., & Stainback, W. C. (1988). *Understanding & conducting qualitative research*. Dubuque, IA: Kendall/Hunt Pub. Co. Ltd.

Stake, R. E. (1995). *The art of case study research*. Thousand Oaks, CA: Sage Publications, Inc.

Stern, P. N. (2011). 초기에 근거이론을 개발한 Glaser와 Strauss(Glaser and Strauss created grounded theory). In J. M. Morse, P. N. Stern, J. Corbin, B. Bowers, K. Charmaz & A. E. Clarke (Eds.), 근거이론의 발전: 제2세대(*Developing grounded theory: The second generation*, pp. 27-34). Left Coast Press. (원서 출판, 2009).

Stone, D. (2012). *Policy paradox: The art of political decision making*. New York: W. W. Norton

& Company, Inc.

Strauss, A. (1987). *Qualitative analysis for social scientists.* New York, NY: Cambridge University Press.

Strauss, A., & Corbin, J. M. (1990). *Basics of qualitative research: Grounded theory procedures and techniques.* Thousand Oaks, CA: Sage Publications, Inc.

Strauss, A., & Corbin, J. (1994). Grounded theory methodology: An overview. In N. K. Denzin & Y. S. Lincoln (Eds.), *Handbook of qualitative research* (pp. 273-285). Thousand Oaks, CA: Sage Publications, Inc.

Strauss, A., & Corbin, J. (1997). *Grounded theory in practice.* California: Sage Publications.

Strauss, A., & Corbin, J. (2001). **질적연구: 근거이론의 단계**(*Basics of qualitative research: Grounded theory procedures and techniques*, 2nd ed.). (신경림 역). 서울: 현문사. (원서 출판, 1998).

Strauss, A., & Corbin, J. (2009). **근거이론**(*Basics of qualitative research,* 3rd ed.). (신경림 · 김미영 · 김정선 · 신수진 · 강지수 공역). 서울: 현문사. (원서 출판, 2008).

Strübing, J. (2007). Research as pragmatic problem-solving: the pragmatist roots of empirically-grounded theorizing. In A. Bryant & K. Charmaz (Eds.), *The SAGE handbook of grounded theory* (pp. 580-601). London: SAGE Publications Ltd. doi: 10.4135/9781848607941.

Suddaby, R. (2006). From the editors: What grounded theory is NOT. *Academy of Management Journal, 49*(4), 633-642.

Taylor, W., Schauder, D. E., & Johanson, G. (2005). Australian civil society, WSIS and the social appropriation of ICT: Account and interpretation of a consultative research process. In *International Conference on Engaging Communities* (pp. 1-20). Queensland Department of Main Roads.

Teram, E., Schachter, C. L., & Stalker, C. A. (2005). The case for integrating grounded theory and participatory action research: Empowering clients to inform professional practice. *Qualitative Health Research, 15*(8), 1129-1140.

Thomas, G., & James, D. (2006). Reinventing grounded theory: Some questions about theory, ground and discovery. *British Educational Research Journal, 32*(6), 767-795.

Titscher, S., Meyer, M., Wodak, R., & Vetter, E. (2000). *Methods of text and discourse analysis.* London: SAGE Publications, Inc.

Turner, J. (2001). Positivism: Sociological. *International Encyclopedia of the Social & Behavioral Sciences, 17,* 11827–11831.

Uzzi, B. (1997). Social structure and competition in interfirm networks: The paradox of embeddedness. *Administrative Science Quarterly, 42*(1), 35–67.

Vajta, B., Holberg, M., Mills, J., & McBride, W. (2015). Weighing up the costs of seeking health care for dengue symptoms: A grounded theory study of backpackers' decision-making processes. *Australian Journal of Primary Health, 21,* 245–248.

van Manen, M. (1990). *Researching lived experience: Human science for an action sensitive pedagogy.* Albany, NY: SUNY Press.

Walker, D., & Myrick, F. (2006). Grounded theory, an exploration of process and procedure. *Qualitative Health Research, 16,* 547–559. https://doi.org/10.1177/1049732305285972.

Wallace, W. L. (1971). *The logic of science in sociology.* Transaction Publishers.

Wastell, D. G. (2001). Barriers to effective knowledge management: Action research meets grounded theory. *ECIS 2001 Proceedings*, 107.

Waterman, R. W., & Meier, K. J. (1998). Principal-agent models: An expansion? *Journal of Public Administration Research and Theory, 8*(2), 173–202.

Wild River, S. (2005). Enhancing the sustainability efforts of local governments. *International Journal of Innovation and Sustainable Development, 1*(1–2), 46–64.

Yin, R. K. (2009). *Case study research: Design and method* (4th ed.). Thousand Oaks, CA: Sage Publications, Inc.

Yin, R. K. (2011). *Qualitative research from start to finish.* New York, NY: Guilford Press.

Yin, R. K. (2016). **사례연구방법**(*Case study research,* 5th ed.). (신경식 · 서아영 · 송민채 공역). 서울: 한경사. (원서 출판, 2014).

찾아보기

인명

내용

ㄴ

ㄷ

저자 소개

저자 **변기용(Byun, Kiyong)**은 서울대학교를 졸업하고 2000년 6월 미국 University of Oregon에서 교육정책 및 행정 전공(고등교육 집중 트랙)으로 박사학위를 받았다. 교육부 대학원 개선팀장, 기획담당관, 장관 정책보좌관 등을 역임하였으며, 2002년부터 2005년까지 OECD 사무국(프랑스 파리)에서 상근 컨설턴트로 근무하면서 '지역발전을 위한 고등교육기관의 역할(Contribution of Higher Education Institutions to Regional Development)'이라는 국제 협력 프로젝트를 운영하였다. 현재 고려대학교 교육학과 교수 및 고등교육정책연구소 소장으로 재임하고 있다. 한국교육정치학회 회장(2018), 안암교육학회 학회지 한국교육학연구 편집위원장(2017~2018) 등을 역임하였으며, 현재 한국교육행정학회 연구방법론 위원회 위원장(2020~)을 맡고 있다.

최근의 연구 관심 분야는 (1) 대학 조직 혁신['조직 변화(Organizational Change)'의 관점에서 학부교육 체제 혁신이라는 시대적 과업을 어떻게 수행해 나갈 것인가?], (2) 고등교육 국제화(국제화란 환경적 변화가 고등교육 체제의 조직 및 운영 방식에 미치는 영향과 의미는 무엇인가?), (3) 대학평가체제 개편(대학이 제대로 역할을 수행하도록 만들 수 있는 대학평가 체제 개편은 어떻게 이루어지는 것이 타당한가?) 등이다.

방법론적으로는 복잡한 현실을 단순화한 이론과 모형을 통해 한정된 변인 간의 관계를 분석하는 양적 접근방식보다는, 해당 이슈가 존재하는 특정한 대학(혹은 정책 하위체제)의 맥락 속에서 정책 효과의 발생에 영향을 미치는 무수한 변인의 역동적 상호작용 과정과 의미를 심층적으로 분석하는 '실용적 사례연구'에 큰 관심을 가지고 있다. 잘 이루어진 사례연구의 경우 연구가 단순히 연구에 그치지 않고, 현장에서 문제해결을 위해 꼭 필요한 통찰력을 상당 부분 제공할 수 있기 때문이다. 특히 최근에는 (1) 전문가로서의 외부 연구자와 (2) 오랜 기간 동안의 현장 경험을 바탕으로 체화된 전문지식을 가진 내부 구성원들 간에, 협동적이고 반복적 상호작용을 통해 실행 가능한 지식을 창출하는 것을 목적으로 하는 실행연구(Action Research)와 이를 방법론적 측면에서 지원하는 근거이론적 방법(Grounded Theory Approach)에 대해 큰 관심을 가지고 연구를 수행하고 있다. 응용지향적 학문임에도 불구하고, 그동안 지나치게 '이론적 연구'에만 우월한 가치를 부여하면서 실제 학교와 대학의 교육 현실 개선에는 상대적으로 제한된 역할만을 수행해 온 기존의 우리 교육행정학계의 연구의 편향성과 이에 따른 연구방법상의 한계를 보완할 수 있는 상당한 가능성과 잠재력을 가지고 있다고 보기 때문이다.

근거이론적 방법

현장기반 이론 생성을 위한 질적 연구

Grounded Theory Approach:

Qualitative Research Method to Create a Site-based Theory

2020년 9월 30일 1판 1쇄 발행
2021년 10월 20일 1판 2쇄 발행

지은이 • 변 기 용
펴낸이 • 김 진 환
펴낸곳 • (주) 학지사
04031 서울특별시 마포구 양화로 15길 20 마인드월드빌딩 5층
대표전화 • 02) 330-5114 팩스 • 02) 324-2345
등록번호 • 제313-2006-000265호
홈페이지 • http://www.hakjisa.co.kr
페이스북 • https://www.facebook.com/hakjisabook

ISBN 978-89-997-2181-6 93370

정가 23,000원

이 도서의 국립중앙도서관 출판시도서목록(CIP)은 서지정보유통지원시스템 홈페이지(http://seoji.nl.go.kr)와 국가자료공동목록시스템(http://www.nl.go.kr/kolisnet)에서 이용하실 수 있습니다.
(CIP제어번호: CIP2020034965)